陕西统计年鉴 2016

SHAANXI STATISTICAL YEARBOOK

陕西省统计局
国家统计局陕西调查总队 编

中国统计出版社
China Statistics Press

图书在版编目（CIP）数据

陕西统计年鉴. 2016 : 汉英对照 / 陕西省统计局，国家统计局陕西调查总队编. -- 北京 : 中国统计出版社，2016.8
ISBN 978-7-5037-7918-3

Ⅰ. ①陕… Ⅱ. ①陕… ②国… Ⅲ. ①统计资料－陕西－2016－年鉴－汉、英 Ⅳ. ①C832.41-54

中国版本图书馆 CIP 数据核字 (2016) 第 198500 号

陕西统计年鉴—2016

作　　者 / 陕西省统计局　国家统计局陕西调查总队
责任编辑 / 郭　栋
封面设计 / 翟　竞
出版发行 / 中国统计出版社
通信地址 / 北京市丰台区西三环南路甲 6 号　邮政编码 /100073
电　　话 / 邮购（010）63376909　书店（010）68783171
网　　址 /http://www.zgtjcbs.com/
印　　刷 / 河北天普润印刷厂
经　　销 / 新华书店
开　　本 /880mm×1230mm　1/16
字　　数 /1200 千字
印　　张 /37　彩页 1.25 印张
版　　别 /2016 年 8 月第 1 版
版　　次 /2016 年 8 月第 1 次印刷
定　　价 /398.00 元

本书附同版本 CD-ROM 一张，光盘内容以书面文字为准。
如有印装差错，由本社发行部调换。

陕西一日

5.64
地方财政收入（亿元）

1047
出 生（人）

651
死 亡（人）

976
结 婚（对）

203
离 婚（对）

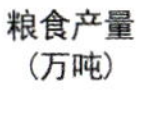
3.36
粮食产量（万吨）

42.23
住户存款（亿元）

1717
油料产量（吨）

8028
入境旅游人数（人次）

2.84
苹果产量（万吨）

2.68
进口总值（亿元）

4.99
蔬菜产量（万吨）

2.52
出口总值（亿元）

3182
肉类产量（吨）

194
客运量（万人）

生产总值（亿元）	第一产业	第二产业	第三产业
49.37	4.38	24.88	20.11

10.24
原油产量（万吨）

386
货运量（万吨）

1.14
天然气（亿立方米）

4.37
发电量（亿千瓦小时）

935
汽车产量（辆）

32.10
能源消费量（万吨标准煤）

18.02
社会消费品零售额（亿元）

生产总值（亿元）

人均生产总值（元）

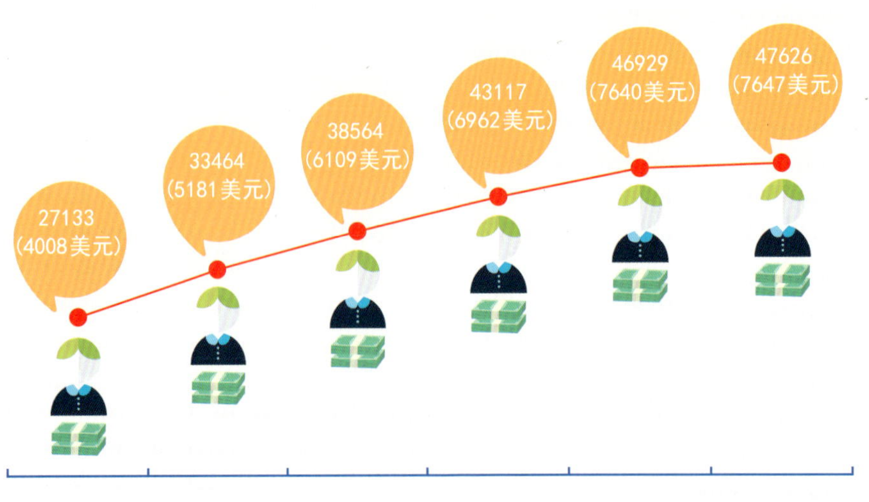

常住人口及城镇人口比重

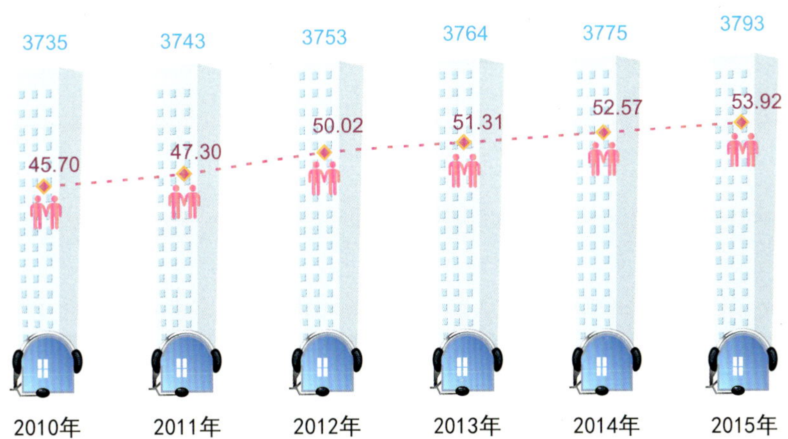

60岁及以上人口和比重

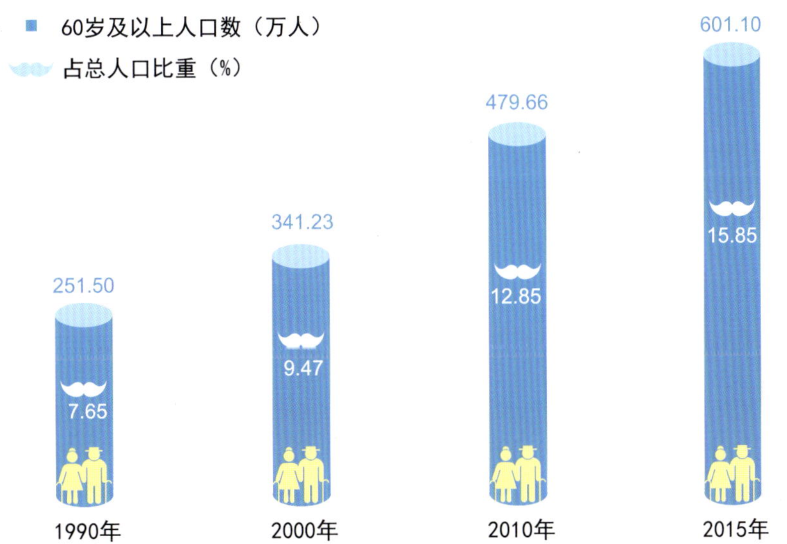

全社会固定资产投资

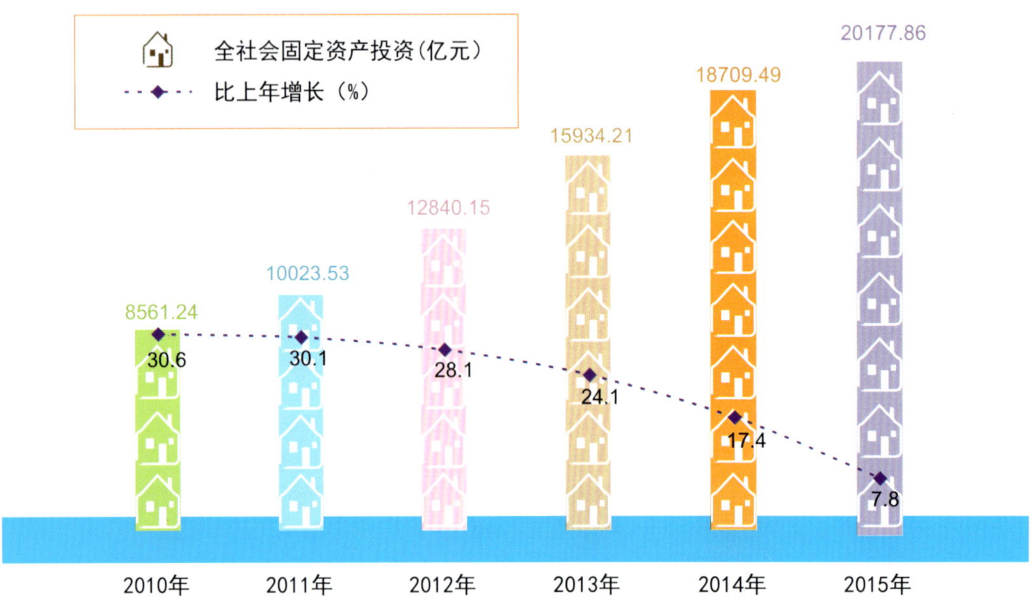

地方财政收入（亿元）

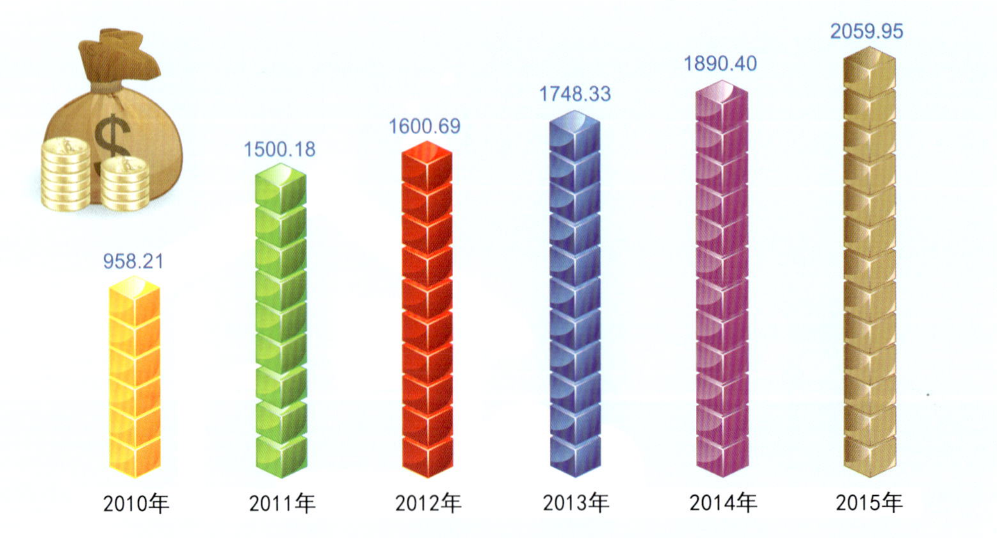

能源生产总量（万吨标准煤）

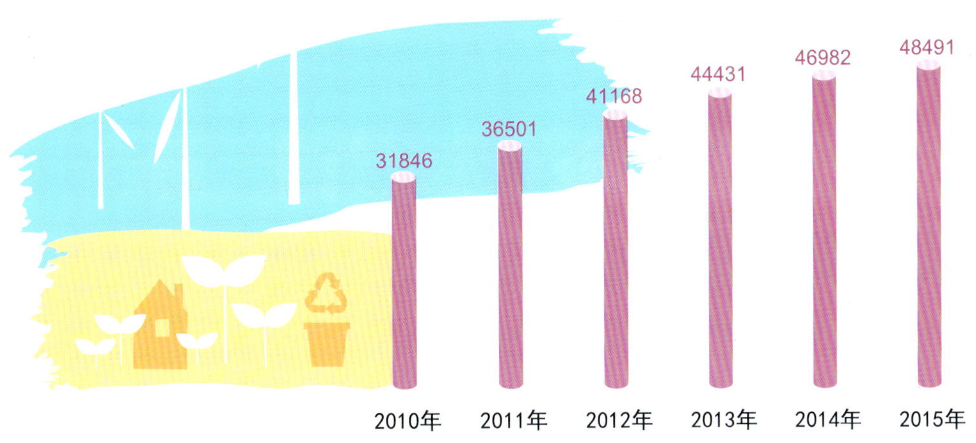

能源消费总量（万吨标准煤）

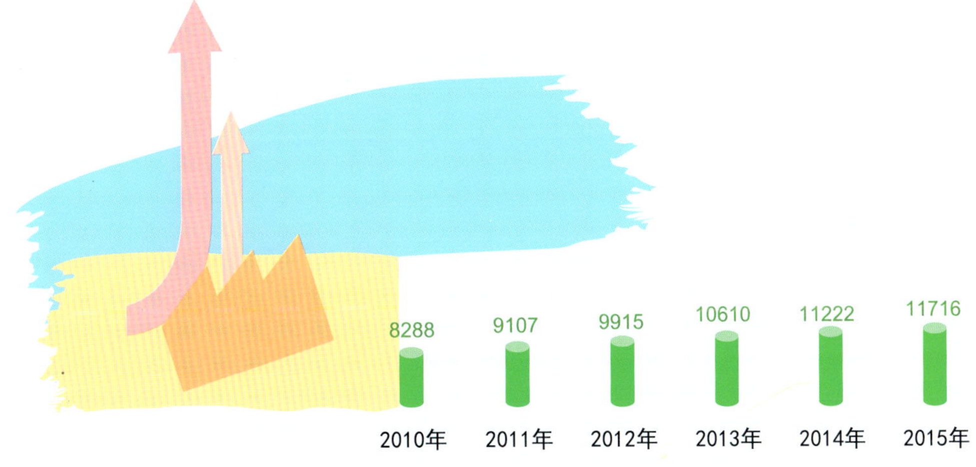

农村居民人均收入（元）

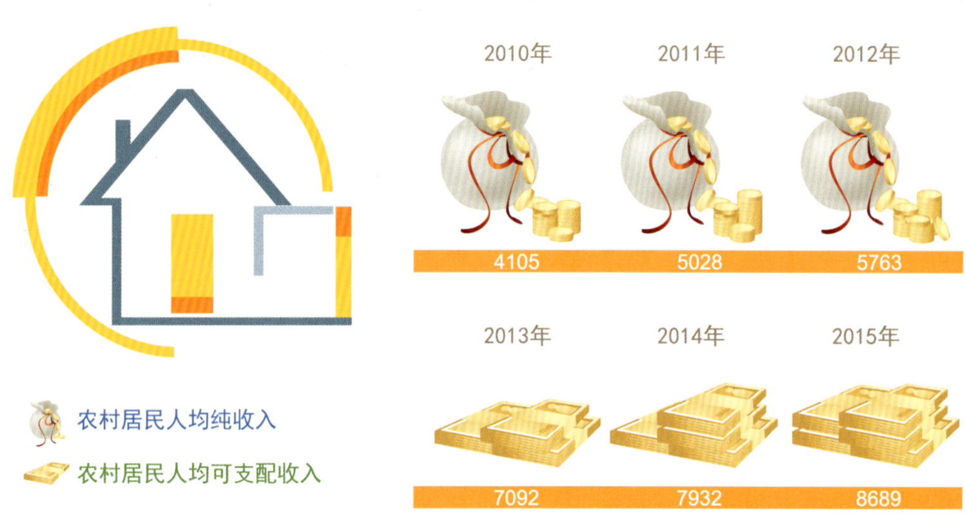

城镇居民人均可支配收入（元）

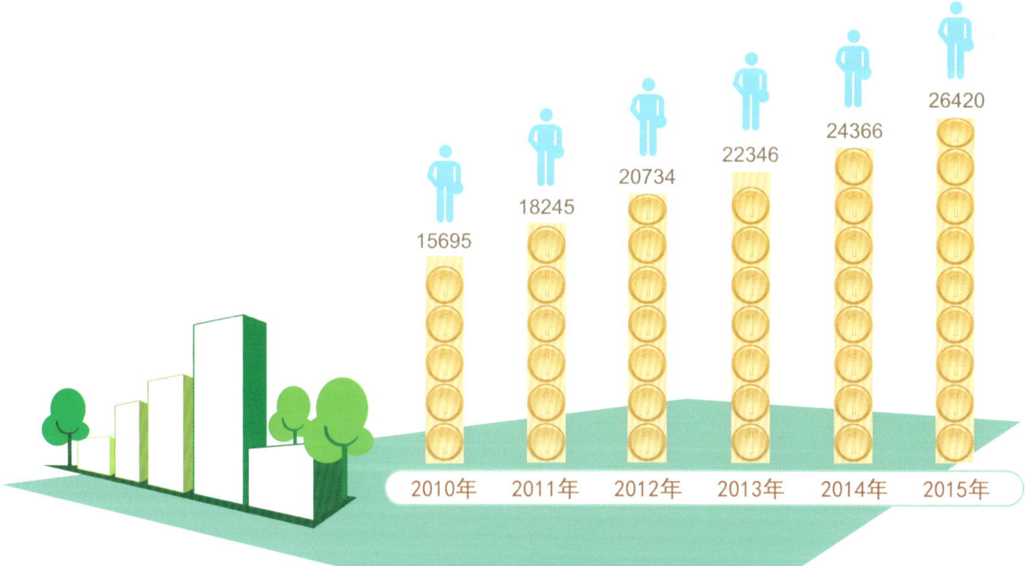

城乡居民收入比（以农村居民为1）

居民人均生活消费支出构成

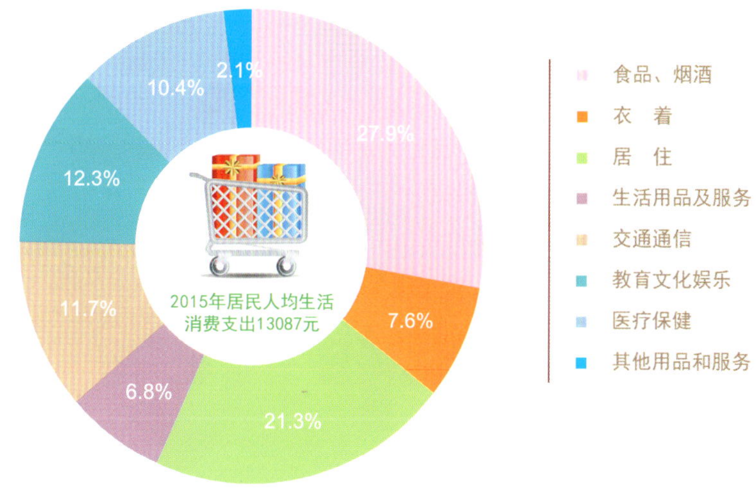

高速公路里程（公里）

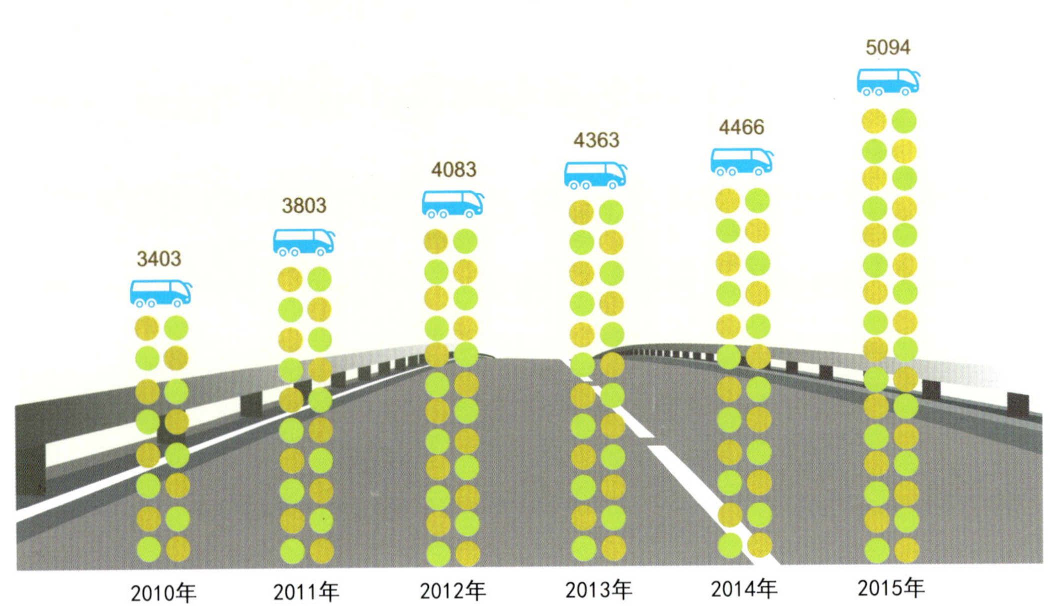

私人汽车拥有量（万辆）

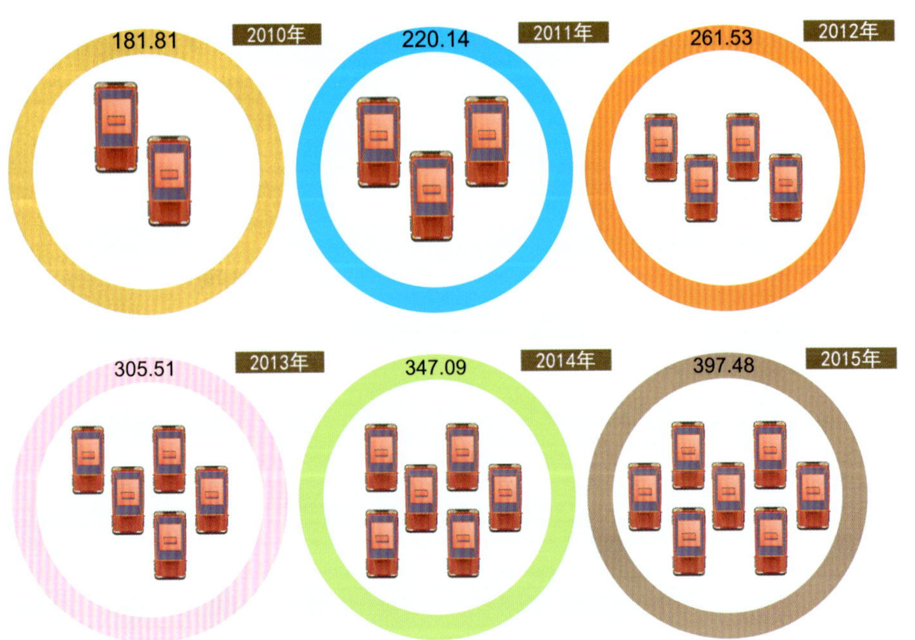

粮食产量（万吨）

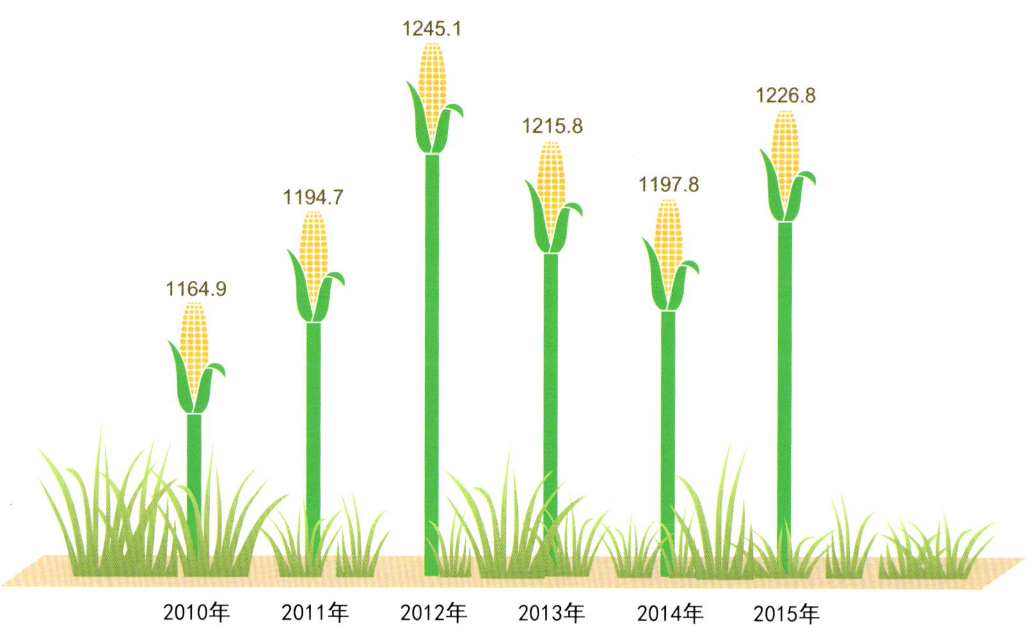

苹果产量（万吨）

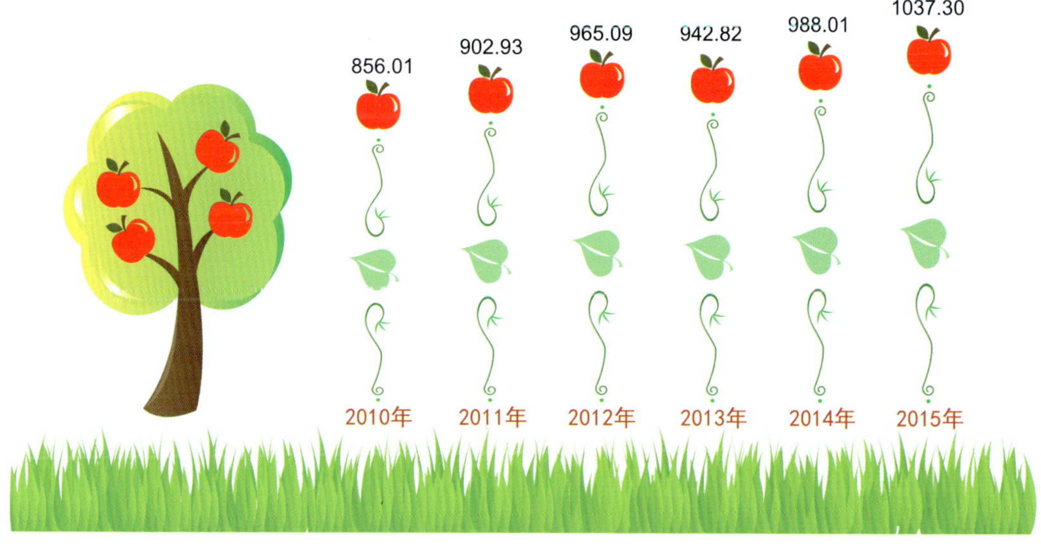

天然原油产量（万吨）

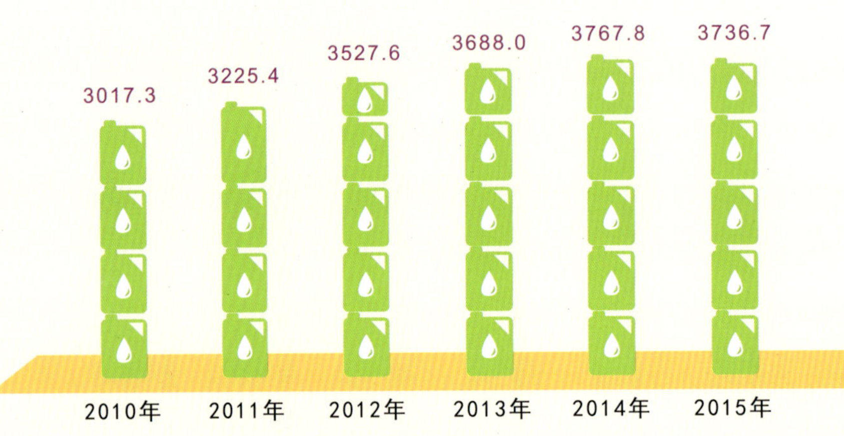

天然气产量（亿立方米）

发电量（亿千瓦小时）

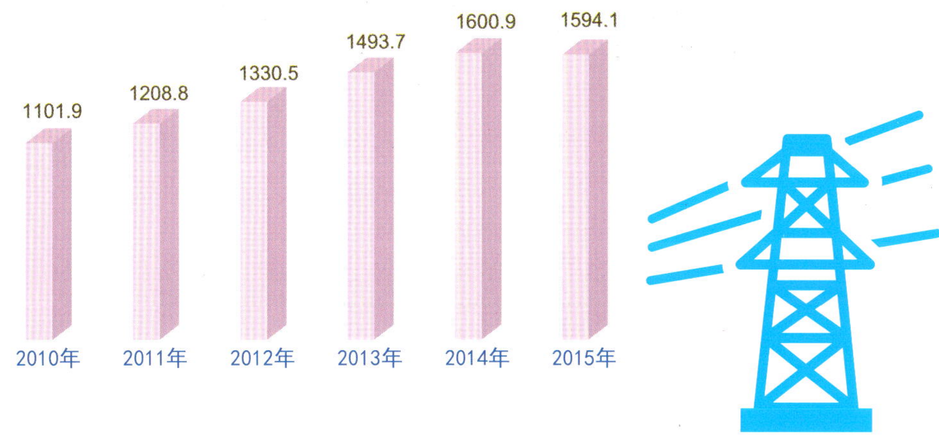

汽车产量（万辆）

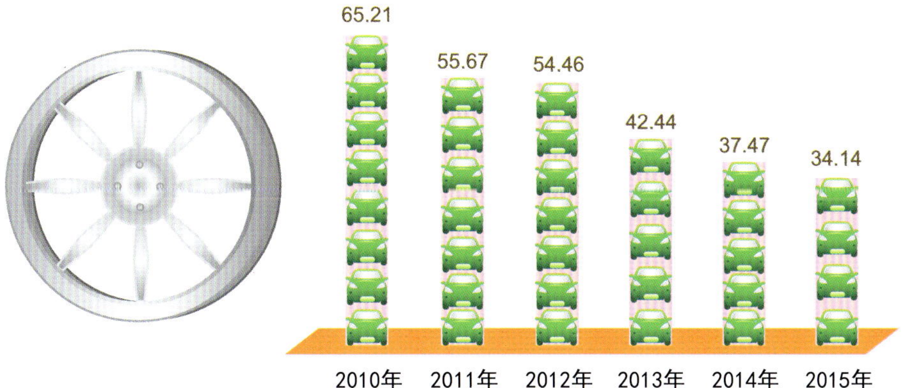

移动电话年末用户（万户）

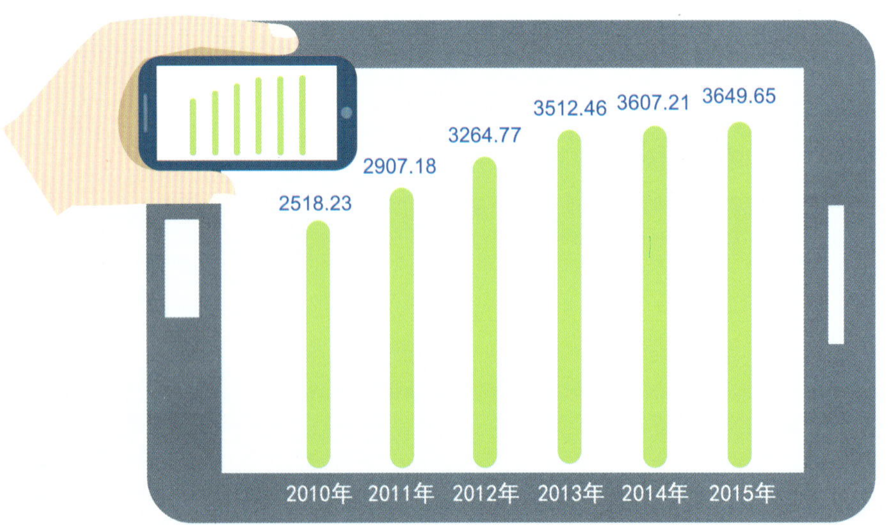

社会消费品零售总额

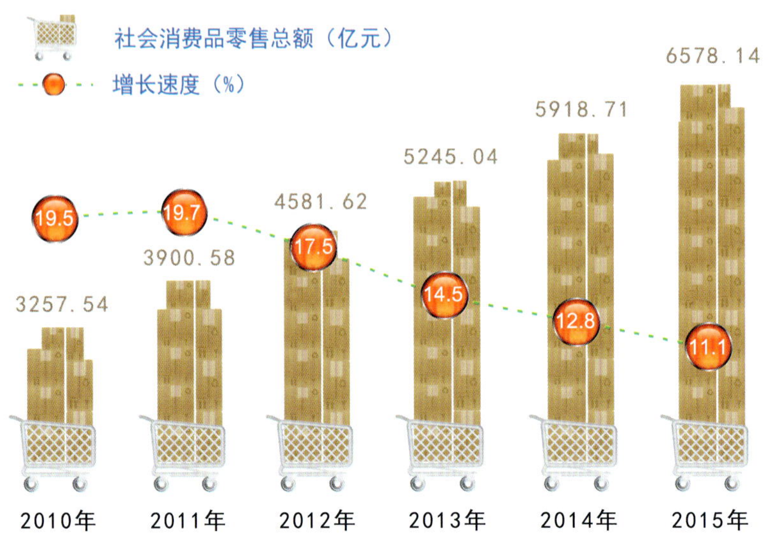

进出口总额

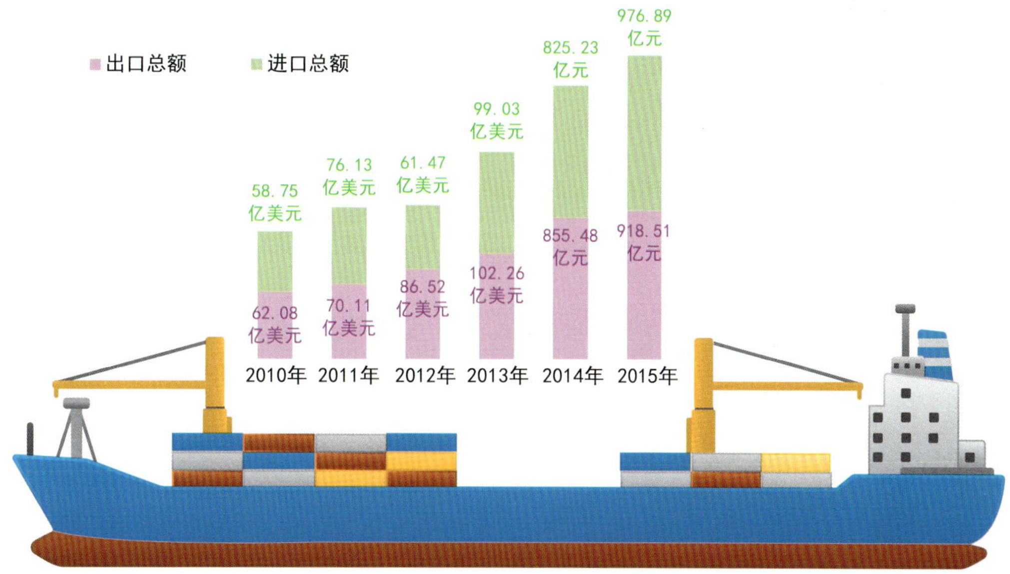

实际利用外资额

研究与试验发展经费(R&D)内部支出（亿元）

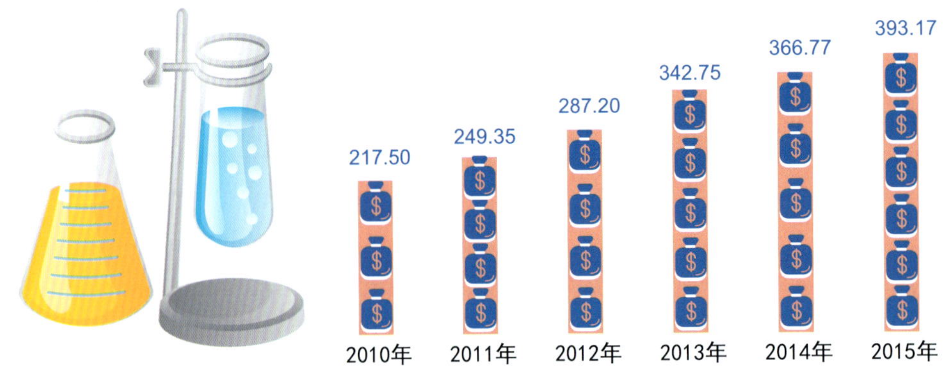

普通高等学校毕业生数（万人）

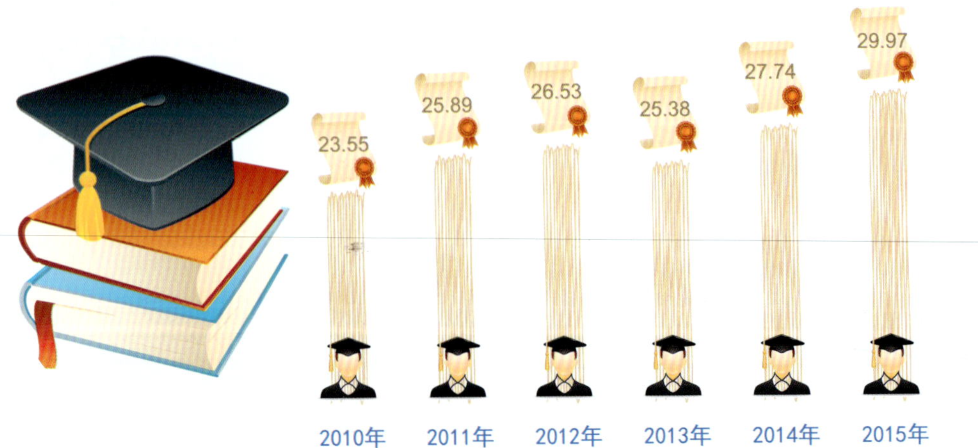

《陕西统计年鉴—2016》

编委会和编辑工作人员名单

Shaanxi Statistical Yearbook - 2016

EDITORIAL BOARD AND EDITORIAL STAFF

I. Editorial Board

II. Editorial Staff

编 者 说 明

一、《陕西统计年鉴－2016》是一部全面系统反映陕西省经济、社会、科技发展状况的资料性年刊。书中资料根据全省各专业统计年报加工而成，并收录了各市、县及省级有关部门的统计数据。

二、全书内容分为21部分：1．行政区划和自然资源；2．综合；3．国民经济核算；4．人口；5．就业和工资；6．固定资产投资；7．能源；8．财政、金融和保险；9．价格指数；10．人民生活；11．环境和城市；12．农业；13．工业；14．建筑业；15．运输、邮电和服务业；16．批发、零售和住宿、餐饮业；17．对外经济贸易和旅游；18．教育、科技和文化；19．体育、卫生和其他；20．水利；21．全国各省、市、自治区主要指标。附录为2015年陕西省统计局大事记、2015年陕西调查总队大事记、陕西省统计局机构一览表、陕西调查总队机构一览表。为方便读者使用，各篇章前设有简要说明，列示主要统计指标提要和统计图，后面附主要统计指标解释。

三、本年鉴数据以2015年为主，主要指标列示改革开放以来重点年份的资料。

四、2012年韩城市试点设立省内计划单列市，本年鉴在各市（区）主要指标中增加了韩城市的数据。

五、本年鉴全国及各省、市、自治区主要指标资料来源于《中国统计摘要－2016》，部分数据为初步统计数，正式数据以《中国统计年鉴－2016》为准。

六、本年鉴表中的符号使用说明："..."表示数据不足本表最小单位；"空格"表示该项统计指标数据不详或无该项数据；"#"表示其中项。

EDITOR'S NOTES

Ⅰ. *Shaanxi Statistical Yearbook-2016* is an annual statistical publication, which reflects various aspects of province's economic, social science and technology development.

The major data sources of the publication are statistical annual report of different sectors. Also some other statistical data of city, county, and relevant departments are filled.

Ⅱ. The yearbook contains the following twenty-one chapters:

1. Divisions of Administrative Areas and Natural Resources;
2. General Survey;
3. National Accounts;
4. Population;
5. Employment and Wages;
6. Investment in Fixed Assets;
7. Energy;
8. Government Finance, Banking and Insurance;
9. Price Indices;
10. People's Livelihood;
11. Environment and Cities;
12. Agriculture;
13. Industry;
14. Construction;
15. Transport, Post and Telecommunication Services, and Service Industry;
16. Wholesale and Retail Trades, Hotels and Catering Services;
17. Foreign Trade and Tourism;
18. Education, Science, Technology and Culture;
19. Sports, Public Health and Others;
20. Irrigation;
21. Main Indicators of National Economy by Countrywide, Province, Municipality and Autonomous Region.

The addenda include chronicle of events of Shaanxi Provincial Bureau of Statistics in 2015, chronicle of events of NBS Survey Office in Shaanxi in 2015, list of institutions of Shaanxi Provincial Bureau of Statistics and list of institutions of NBS Survey Office in Shaanxi.

As a matter of convenience for readers, we make Brief Introduction, abstract of major indicators and statistical charts at the beginning of each chapter and explanatory notes on main statistical indicators at the end of each chapter.

Ⅲ. The yearbook is based on data of 2015. Each part includes statistical materials for historically important years, especially from 1978. Since then we have been implementing the reform and opening policy.

Ⅳ.The Hancheng city has established the city specifically designated in the province plan in 2012. So, the main index by city(district) has added the data of Hancheng city in the yearbook.

Ⅴ.The rough data of the nation and other provinces are taken from *China Statistical Abstract-2016*. The official data should refer to *China Statistical Yearbook-2016* later.

Ⅵ.Explanatory symbol for notations used in this yearbook:

"..." indicates that the figure is not large enough to be measured with the smallest unit in the table;

"　" (blank) indicates that the data not available;

"#" indicates that the major items of the total.

目　　录

CONTENTS

一、行政区划和自然资源
Divisions of Administrative Areas and Natural Resources

二、综合
General Survey

三、国民经济核算
National Accounts

四、人口
Population

五、就业和工资
Employment and Wages

六、固定资产投资
Investment in Fixed Assets

七、能源
Energy

八、财政、金融和保险
Government Finance, Banking and Insurance

九、价格指数
Price Indices

十、人民生活
People's Livelihood

十一、环境和城市
Environment and Cities

十二、农业
Agriculture

十三、工业
Industry

十四、建筑业
Construction

十五、运输、邮电和服务业
Transport, Post and Telecommunication Services, and Service Industry

十六、批发、零售和住宿、餐饮业
Wholesale and Retail Trades, Hotels and Catering Services

十七、对外经济贸易和旅游
Foreign Trade and Tourism

十八、教育、科技和文化
Education, Science, Technology and Culture

十九、体育、卫生和其他
Sports, Public Health and Others

二十、水利
Irrigation

二十一、全国各省、市、自治区主要指标
Main Indicators of National Economy by Countrywide, Province, Municipality and Autonomous Region

一、行政区划和自然资源

Divisions of Administrative Areas and Natural Resources

资料整理：李　娟　潘英杰

简 要 说 明

一、本篇资料反映陕西行政区划、自然资源的开发和利用等情况。自然资源包括土地、气候、森林、水利、矿产资源情况。

二、本篇资料来源：行政区划、矿产资源、森林资源、水利、气象资料分别由省民政厅、省国土资源厅、省林业厅、省水利厅、省气象局提供，土地资源资料取自省国土资源厅《陕西省国土资源公报（2013年度）》。

Brief Introduction

Ⅰ.This chapter reflects the data on administrative division's areas and the exploitation and utilization of the natural resources of Shaanxi Province. Natural resources cover land, climate, forest, water conservancy and mineral resources.

Ⅱ.Data resources: the data on administrative divisions, mineral resources, forest resources, water conservancy and meteorology are provided by Shaanxi Province Department of Civil Affairs, Shaanxi Province Department of Land and Resources, Shaanxi Province Forestry Department, Shaanxi Province Water Department of Resources and Shaanxi Province Meteorological Bureau. The data on land resources are obtained from "Shaanxi Territorial Resources communiqué (2013)".

1.行政区划和自然资源

陕西位于东经105° 29′ －111° 15′ 和北纬３１° ４２′ －３９° ３５′ 之间，东隔黄河与山西相望，西连甘肃、宁夏，北临内蒙古，南连四川、重庆，东南与河南、湖北接壤。2015年全省设西安、铜川、宝鸡、咸阳、渭南、延安、汉中、榆林、安康、商洛10个省辖市和杨凌农业高新技术产业示范区，有３个县级市，79个县和25个市辖区，991个镇，23个乡，277个街道办事处。

全省面积为20.56万平方公里。地势南北高、中间低，西部高、东部低，地形复杂多样，北部为陕北黄土高原，中部为号称“八百里秦川”的关中平原，南部为陕南秦巴山地。

全省以秦岭为界南北河流分属长江水系和黄河水系。主要有渭河、泾河、洛河、无定河和汉江、丹江、嘉陵江等。陕西属大陆性季风气候，年平均气温13.6摄氏度，年平均降水量598.1毫米，南北差异明显。

全省自然资源丰富，矿产多，储量大，探明矿产居全国前十位的矿种60种。

主要城市降水量（毫米）

（2015年）

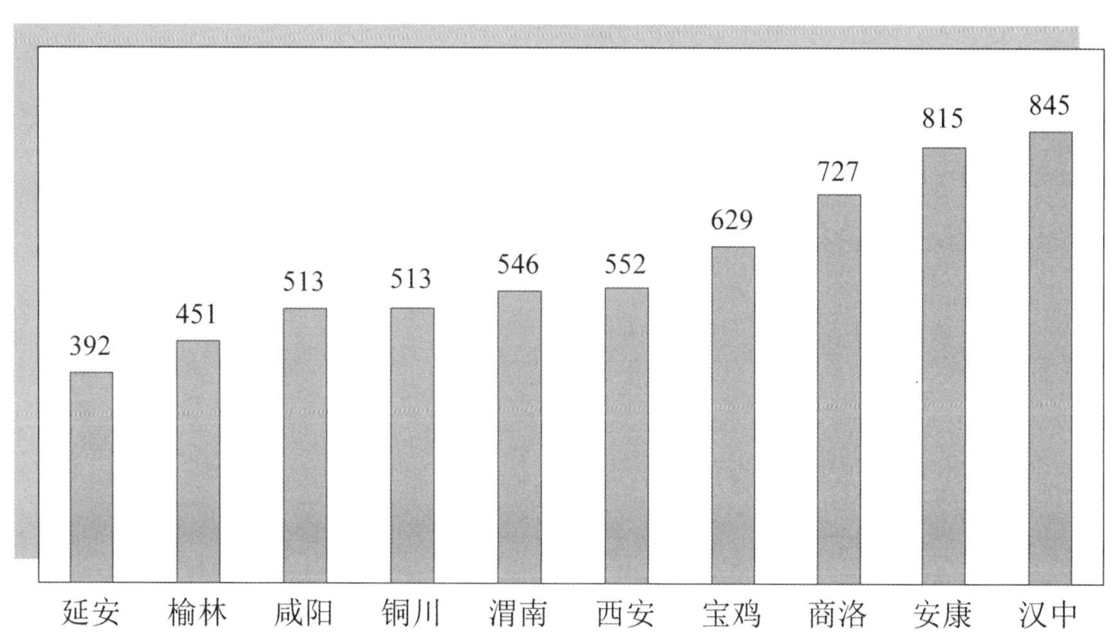

1-1 陕西省行政区划(2015年)
Divisions of Administrative Areas in Shaanxi (2015)

单位: 个 (unit)

地区	Region	地级市 Cities at Prefecture Level	县级市 Cities at County Level	县 Counties	市辖区 Districts under the Jurisdiction of Cities	镇 Towns	乡 Townships	街道办事处 Street Communities
全省	**Shaanxi**	**11**	**3**	**79**	**25**	**991**	**23**	**277**
西安市	Xi'an	1		3	10	55		114
铜川市	Tongchuan	1		1	3	20	1	17
宝鸡市	Baoji	1		9	3	101		15
咸阳市	Xianyang	1	1	10	2	99		37
渭南市	Weinan	1	2	8	1	110		20
延安市	Yan'an	1		12	1	84	12	16
汉中市	Hanzhong	1		10	1	152		24
榆林市	Yulin	1		11	1	146	10	15
安康市	Ankang	1		9	1	136		4
商洛市	Shangluo	1		6	1	86		12
杨凌示范区	Yangling	1			1	2		3

1-2 陕西省行政区划一览(2015年)
Divisions List of Administrative Areas in Shaanxi (2015)

单位：个 (unit)

地　　区	Region	镇 Towns	乡 Townships	街道办事处 Street Communities	村民委员会 Village Committees	居民委员会 Neighbourhood Committees
全　　省	**Shaanxi**	**991**	**23**	**277**	**22423**	**2598**
西 安 市	**Xi'an**	**55**		**114**	**2936**	**866**
新 城 区	Xincheng			9		103
碑 林 区	Beilin			8		100
莲 湖 区	Lianhu			9	1	133
灞 桥 区	Baqiao			9	218	42
未 央 区	Weiyang			12	140	132
雁 塔 区	Yanta			8	81	134
阎 良 区	Yanliang	2		5	80	23
临 潼 区	Lintong			23	284	42
长 安 区	Chang'an			25	631	95
高 陵 区	Gaoling	3		3	88	18
蓝 田 县	Lantian	18		1	519	9
周 至 县	Zhouzhi	19		1	376	14
户　　县	Huxian	13		1	518	21
铜 川 市	**Tongchuan**	**20**	**1**	**17**	**477**	**75**
王 益 区	Wangyi	1		6	39	20
印 台 区	Yintai	5		4	107	24
耀 州 区	Yaozhou	8		6	153	29
宜 君 县	Yijun	6	1	1	178	2
宝 鸡 市	**Baoji**	**101**		**15**	**1710**	**167**
渭 滨 区	Weibin	5		5	104	55
金 台 区	Jintai	4		7	102	52
陈 仓 区	Chencang	15		3	332	15
凤 翔 县	Fengxiang	12			233	4
岐 山 县	Qishan	9			144	15
扶 风 县	Fufeng	8			169	6
眉　　县	Meixian	8			123	7
陇　　县	Longxian	10			158	3
千 阳 县	Qianyang	7			97	2
麟 游 县	Linyou	7			82	2
凤　　县	Fengxian	9			100	4
太 白 县	Taibai	7			66	2
咸 阳 市	**Xianyang**	**99**		**37**	**2347**	**245**
秦 都 区	Qindu			12	107	107
渭 城 区	Weicheng			10	130	46
三 原 县	Sanyuan	9		1	172	9
泾 阳 县	Jingyang	12		1	231	8
乾　　县	Qianxian	15		1	200	7

1-2 续表 1 continued

单位：个 (unit)

地　区	Region	镇 Towns	乡 Townships	街道办事处 Street Communities	村民委员会 Village Committees	居民委员会 Neighbourhood Committees
礼泉县	Liquan	11		1	213	13
永寿县	Yongshou	6		1	177	7
彬　县	Binxian	8		1	236	15
长武县	Changwu	7		1	145	2
旬邑县	Xunyi	9		1	123	2
淳化县	Chunhua	7		1	204	2
武功县	Wugong	7		1	190	6
兴平市	Xingping	8		5	219	21
渭南市	**Weinan**	**110**		**20**	**2297**	**302**
临渭区	Linwei	16		8	500	54
华　县	Huaxian	9		1	121	29
潼关县	Tongguan	4		1	18	10
大荔县	Dali	15		1	272	26
合阳县	Heyang	11		1	127	94
澄城县	Chengcheng	9		1	163	14
蒲城县	Pucheng	15		1	275	14
白水县	Baishui	7		1	124	11
富平县	Fuping	14		1	337	9
韩城市	Hancheng	6		2	246	26
华阴市	Huayin	4		2	114	15
延安市	**Yan'an**	**84**	**12**	**16**	**3166**	**115**
宝塔区	Baota	9	4	5	611	31
延长县	Yanchang	7		1	288	6
延川县	Yanchuan	7		1	346	7
子长县	Zichang	8		1	358	8
安塞县	Ansai	8		1	211	6
志丹县	Zhidan	7		1	200	5
吴起县	Wuqi	8		1	164	3
甘泉县	Ganquan	3	2	1	62	9
富　县	Fuxian	6	1	1	114	22
洛川县	Luochuan	7	1	1	371	2
宜川县	Yichuan	4	2	1	202	5
黄龙县	Huanglong	5	2		47	3
黄陵县	Huangling	5		1	192	8
汉中市	**Hanzhong**	**152**		**24**	**1960**	**255**
汉台区	Hantai	7		8	189	67
南郑县	Nanzheng	20		1	292	21
城固县	Chenggu	15		2	232	36
洋　县	Yangxian	15		3	271	13
西乡县	Xixiang	15		2	179	36
勉　县	Mianxian	17		1	173	25
宁强县	Ningqiang	16		2	200	11
略阳县	Lueyang	15		2	145	20
镇巴县	Zhenba	19		1	159	24
留坝县	Liuba	7		1	76	1
佛坪县	Foping	6		1	44	1

1-2 续表 2 continued

单位：个 (unit)

地 区	Region	镇 Towns	乡 Townships	街道办事处 Street Communities	村民委员会 Village Committees	居民委员会 Neighbourhood Committees
榆 林 市	**Yulin**	**146**	**10**	**15**	**4701**	**136**
榆 阳 区	Yuyang	14	5	8	317	49
神 木 县	Shenmu	15			325	8
府 谷 县	Fugu	14			232	10
横 山 县	Hengshan	13		1	361	6
靖 边 县	Jingbian	16		1	213	14
定 边 县	Dingbian	14	4	1	335	6
绥 德 县	Suide	15			661	8
米 脂 县	Mizhi	8		1	396	4
佳 县	Jiaxian	12		1	653	7
吴 堡 县	Wubu	5		1	98	9
清 涧 县	Qingjian	9			560	4
子 洲 县	Zizhou	11	1	1	550	11
安 康 市	**Ankang**	**136**		**4**	**1669**	**238**
汉 滨 区	Hanbin	25		4	423	101
汉 阴 县	Hanyin	10			141	8
石 泉 县	Shiquan	11			141	20
宁 陕 县	Ningshan	11			68	12
紫 阳 县	Ziyang	17			210	20
岚 皋 县	Langao	12			125	11
平 利 县	Pingli	11			137	6
镇 坪 县	Zhenping	7			58	4
旬 阳 县	Xunyang	21			253	52
白 河 县	Baihe	11			113	4
商 洛 市	**Shangluo**	**86**		**12**	**1105**	**176**
商 州 区	Shangzhou	14		4	255	29
洛 南 县	Luonan	14		2	206	38
丹 凤 县	Danfeng	11		1	132	23
商 南 县	Shangnan	9		1	101	23
山 阳 县	Shanyang	16		2	198	41
镇 安 县	Zhen'an	14		1	148	6
柞 水 县	Zhashui	8		1	65	16
杨凌示范区	**Yangling**	**2**		**3**	**55**	**23**
杨 陵 区	Yangling	2		3	55	23

1-3 自然状况及资源
Natural Conditions and Resources

指标		Item		2015
一、自然状况		**Natural Conditions**		
1.土 地		Land		
土地总面积	(万平方公里)	Land Area	(10 000 sq.km)	20.56
2.气 候		Climate		
全省年平均降水量	(毫米)	Annual Average Precipitation in the Whole Province	(mm)	598.1
全省年平均气温	(摄氏度)	Annual Average Temperature in the Whole Province	(℃)	13.6
全省年平均日照时数	(小时)	Annual Average Sunshine Hours in the Whole Province	(hour)	2012.5
全省年平均风速	(米/秒)	Annual Average Wind Speed in the Whole Province	(m/s)	1.8
全省年平均无霜期	(天)	Annual Average Frost-free Period in the Whole Province	(day)	236.5
二、自然资源		**Natural Resources**		
1.土地资源		Land Resources		
耕地面积	(万公顷)	Area of Cultivated Land	(10 000 hectares)	399.2
园地面积	(万公顷)	Area of Plantation Land	(10 000 hectares)	82.6
林地面积	(万公顷)	Area of Forestland	(10 000 hectares)	1120.3
草地面积	(万公顷)	Area of Grassland	(10 000 hectares)	287.4
居民点及工矿用地	(万公顷)	Residential Purpose, Manufacturing and Mining Land	(10 000 hectares)	77.6
交通用地	(万公顷)	Transportation Land	(10 000 hectares)	24.8
水利设施用地	(万公顷)	Water-conservancy Projects Land	(10 000 hectares)	31.0
其他土地面积	(万公顷)	Area of Unused Land	(10 000 hectares)	33.4
2.林木资源		Forest Resources		
森林面积	(万公顷)	Forest Area	(10 000 hectares)	887.00
森林覆盖率	(%)	Forest-coverage Rate	(%)	43.06
林木蓄积量	(亿立方米)	Stock Volume of the Forest	(100 million cu.m)	4.79
3.水利资源		Water Resources		
河流流域面积	(万平方公里)	Drainage Area of Rivers	(10 000 sq.km)	
黄河流域		Yellow River (Huanghe River) Drainage Area		13.33
长江流域		Yangtze River (Changjiang River)Drainage Area		7.23
水资源总量	(亿立方米)	Total Amount of Water Resources	(100 million cu. m)	333.43
地表水资源量		Surface Water		309.22
地下水资源量		Ground-Water		120.61
地表水与地下水资源重复量		Duplicated Measurement between Surface and Underground		90.40

注：本表土地资源数据为2013年数。

a) The data of land resources in this table are 2013.

1-4 主要山脉
Main Mountain Ranges

名　称	Mountain Range	海拔高度(米) Altitude above Sea Level (m)
太白山	Taibai Mountains	3767
化龙山	Hualong Mountains	2917
首阳山	Shouyang Mountains	2719
终南山	Zhongnan Mountains	2604
华　山	Huashan Mountains	2160
白于山	Baiyu Mountains	1823
巴　山	Bashan Mountains	1500～2000
子午岭	Ziwuling Mountains	1400～1600

1-5 主要河流
Major Rivers

名　称	River	流域面积(平方公里) Drainage Area (sq.km)	河　长(公里) Length (km)
无定河	Wudinghe River	30261	491.2
延　河	Yanhe River	7687	284.3
泾　河	Jinghe River	45421	455.1
渭　河	Weihe River	62440	818.0
北洛河	Beiluohe River	26905	680.3
嘉陵江	Jialingjiang River	9930	244.0
汉　江	Hanjiang River	61959	652.0
丹　江	Danjiang River	7551	244.0

1-6 主要矿产保有储量(2015年)
Ensured Reserves of Major Mineral (2015)

矿　种	Item	保有储量 Ensured Reserves
钠　盐 (亿吨)	Sodium Salt NaCl (100 million tons)	8860.81
煤 (亿吨)	Coal (100 million tons)	1610.41
石油(剩余可采储量) (万吨)	Petroleum(Surplus Developable Resources) (10 000 tons)	38445.30
天然气(剩余可采储量) (亿立方米)	Natural Gas(Surplus Developable Resources) (100 million cu.m)	7587.10
岩　金 (金属吨)	Rock Gold (Metal,ton)	402.41
砂　金 (金属吨)	Placer Gold (Metal,ton)	14.81
伴生金 (金属吨)	Associated Gold (Metal,ton)	4.36
钼 (金属万吨)	Molybdenum (Metal, 10 000 tons)	126.56
铅 (金属万吨)	Lead (Metal, 10 000 tons)	239.27
锌 (金属万吨)	Zinc (Metal, 10 000 tons)	350.61
汞 (金属吨)	Mercury (Metal, 10 000 tons)	1452.00
锑 (金属吨)	Antimony (Metal, 10 000 tons)	42000.00
水泥用石灰岩 (矿石亿吨)	Cement Limestone (Ore, 100 million tons)	77.37
玻璃用石英岩 (矿石亿吨)	Glass Quartzite (Ore, 100 million tons)	1.89
铁 (矿石亿吨)	Iron (Ore, 100 million tons)	7.82

1-7 陕西重要矿产保有储量在全国和西部的位次(2015年)

Precedence of Shaanxi Major Mineral Ensured Reserves in China and Western China(2015)

矿种	Item	位次 Precedence 全国 National Total	西部 West	矿种	Item	位次 Precedence 全国 National Total	西部 West
煤	Coal	4	3	钼矿	Molybdenum	7	3
石油	Petroleum	3	2	金矿	Gold	9	6
天然气	Natural Gas	3	3	银矿	Silver	23	9
铁矿	Iron	18	7	硫铁矿	Pyrite Ore	18	9
铜矿	Copper	17	8	磷矿	Phosphorus Ore	7	4
铅矿	Lead	12	8	盐矿	Sodium Salt NaCl	1	1
锌矿	Zinc	14	10	水泥用灰岩	Cement Limestone	4	2
铝土矿	Bauxite	12	6				

1-8 陕西矿产保有储量居全国前十位的矿种(2015年)

Mineral Kinds of Shaanxi Mineral Ensured Reserves Within the Top Ten Places in China (2015)

位次 Precedence	矿种 Item	矿种数 Types
1	盐矿、水泥配料用黄土、片麻岩、透辉石、 Salt(NaClmilliontons),Cement batching with loess,Gneiss,Diopside	4
2	煤层气、铼矿、毒重石、透闪石 CBM,Rhenium ore,Witherite,Tremolite	4
3	石油、天然气、钛矿(金红石)、制碱用灰岩、镁盐$MgSO_4$、镁盐$MgCl_2$、高岭土、饰面用板岩、蓝石棉、蛭石、石榴子石(矿物) Petroleum,Natural Gas,Titanium ores(rutile TiO_2), Soda limestone, Magnesium($MgSO_4$), Magnesium($MgCl_2$), Kaolin,Finishes with slate,Blue asbestos,Vermiculite,Garnet(mineral)	11
4	煤炭、锶矿、碲矿、矽线石、电石用灰岩、长石、玻璃用石英岩、水泥用灰岩、海泡石粘土、陶粒页岩、陶粒用粘土 Coal,Strontium,Tellurium ore,Sillmanite,Calcium carbide with limestone,Feldspar,Glass with quartz,Cement with limestone, Sepiolite clay,Haydite shale,Ceramsite clay	11
5	锗矿、重晶石、石墨（隐晶质）、伴生硫 Germanium,Barite,Graphite(aphanitic),Associated with sulfur	4
6	钒矿、化肥用蛇纹岩、石榴子石（矿石）、饰面用大理岩、石棉 Vanadium, Fertilizer with serpentinite,Garnet (mineral),Marble,Asbestine	5
7	石煤、钛矿(原生钛[磁]铁矿)、钼矿、汞矿、岩金、铌矿、磷矿、富铬矿 Stone coal,Titanium (Ti-native [magnetic] iron ore),Molybdenum ore,Mercury, Rock old, Niobium, Phosphate, Chromium ore (Cr_2O_3> 32%)	8
8	油页岩、镍矿、铍矿(绿柱石矿)、冶金用白云岩、石墨（晶质）、云母（片云母） Oil shale,Nickel,Berylliume(Beryl mineral),Metallurgical dolomite,Graphite (crystalline),Mica (mica)	6
9	钛矿(钛铁砂矿矿物)、砂金、冶金用石英岩、冶金用脉石英、自然硫、 Titanium (ilmenite placer minerals),Gold dust,Metallurgical quartzite,Metallurgical vein quartz,Natural sulfur	5
10	红柱石、玻璃用白云岩 Andalusite,Glass with dolomite	2

1-9 主要城市气候基本情况(2015年)

Basic Statistics on Climate of Major Cities (2015)

城 市	City	平均气温(摄氏度) Average Temperature (℃)	日照时数(小时) Sunshine Hours (hour)	平均风速(米/秒) Average Wind Speed (m/s)	相对湿度(%) Relative Humidity (%)	无霜期(天) Frost-free Period (day)	气 压(百帕) Pressure (hPa)	降水量(毫米) Precipitation (mm)
西安市	Xi'an	15.2	1795.9	2.3	62	234	969	552
铜川市	Tongchuan	11.2	2314.5	2.1	70	228	906	513
宝鸡市	Baoji	14.5	1746.3	1.2	64	258	946	629
咸阳市	Xianyang	14.0	2018.7	2.2	68	195	962	513
渭南市	Weinan	15.3	1743.3	1.2	64	269	975	546
延安市	Yan'an	10.2	2624.7	2.1	58	187	884	392
汉中市	Hanzhong	15.9	1397.4	1.0	77	283	957	845
榆林市	Yulin	10.0	2900.5	2.8	50	216	886	451
安康市	Ankang	16.4	1595.1	1.2	74	266	982	815
商洛市	Shangluo	13.2	1988.8	2.1	69	229	932	727

1-10 主要城市平均气温(2015年)

Monthly Average Temperature of Major Cities(2015)

单位：摄氏度 (℃)

月 份	Month	西安市 Xi'an	铜川市 Tongchuan	宝鸡市 Baoji	咸阳市 Xianyang	渭南市 Weinan	延安市 Yan'an	汉中市 Hanzhong	榆林市 Yulin	安康市 Ankang	商洛市 Shangluo
一 月	Jan.	2.3	-1.3	2.1	0.5	2.2	-3.3	4.4	-4.8	5.0	2.2
二 月	Feb.	5.6	1.3	5.0	4.0	5.7	-0.5	6.7	-2.2	7.4	4.0
三 月	Mar.	10.5	6.7	10.2	9.3	10.6	6.3	12.0	5.4	12.6	9.2
四 月	Apr.	16.3	12.1	15.5	15.0	16.4	12.0	17.2	11.5	17.0	14.0
五 月	May	21.4	16.8	20.4	20.0	21.5	16.9	20.9	17.8	20.9	18.1
六 月	June	24.3	20.0	23.3	23.3	24.6	20.2	23.5	20.8	23.5	20.6
七 月	July	28.1	23.0	27.1	27.2	28.1	22.7	26.4	24.0	26.8	24.2
八 月	Aug.	26.0	21.7	25.1	25.0	26.2	20.8	25.6	21.8	26.5	23.2
九 月	Sept.	21.7	17.8	20.1	20.7	21.8	16.5	21.1	16.6	22.1	18.7
十 月	Oct.	15.0	11.4	14.5	13.5	15.1	9.5	16.6	10.0	17.5	13.7
十一月	Nov.	8.2	5.2	8.1	7.4	8.3	4.4	10.7	3.4	11.3	7.6
十二月	Dec.	3.1	-0.7	2.8	1.5	3.2	-2.8	5.3	-3.9	6.1	2.9
极端最高	Highest	39.5	34.9	39.6	39.2	39.4	35.3	36.0	35.6	39.5	36.1
极端最低	Lowest	-6.7	-11.1	-5.2	-10.7	-6.9	-16.9	-3.4	-20.6	-3.9	-9.1
年平均	Annual Average	15.2	11.2	14.5	14.0	15.3	10.2	15.9	10.0	16.4	13.2

1-11 主要城市降水量(2015年)

Monthly Precipitation of Major Cities(2015)

单位：毫米 (millimeters)

月 份	Month	西安市 Xi'an	铜川市 Tongchuan	宝鸡市 Baoji	咸阳市 Xianyang	渭南市 Weinan	延安市 Yan'an	汉中市 Hanzhong	榆林市 Yulin	安康市 Ankang	商洛市 Shangluo
一 月	Jan.	3.3	5.3	5.1	4.6	4.7	10.0	9.4	3.5	8.8	15.2
二 月	Feb.	1.4	6.9	1.6	2.4	2.5	6.4	10.1	5.5	7.1	9.5
三 月	Mar.	42.6	41.4	52.5	37.3	45.9	12.2	22.1	0.2	29.6	44.8
四 月	Apr.	88.8	71.5	111.9	80.1	87.7	21.6	152.2	30.5	109.4	72.4
五 月	May	50.2	36.8	44.1	50.7	63.5	42.4	90.6	24.9	126.0	122.9
六 月	June	91.5	129.6	113.2	91.3	96.5	29.4	203.1	51.7	187.3	117.0
七 月	July	20.8	7.2	20.7	15.5	24.1	25.3	29.3	57.6	64.2	30.5
八 月	Aug.	71.2	26.8	95.2	45.5	43.1	20.1	72.8	75.8	98.1	97.9
九 月	Sept.	90.9	78.7	108.0	93.3	82.0	82.9	158.1	100.0	107.7	87.7
十 月	Oct.	60.2	54.7	33.4	59.4	52.6	64.6	51.8	21.8	54.2	65.1
十一月	Nov.	28.6	47.9	36.3	31.6	41.0	65.8	38.5	74.2	19.3	63.2
十二月	Dec.	2.1	6.3	6.7	1.0	2.2	11.0	6.5	5.3	3.2	0.4
全 年	Annual Total	551.6	513.1	628.7	512.7	545.8	391.7	844.5	451.0	814.9	726.6

1-12 主要城市日照时数(2015年)

Monthly Sunshine Hours of Major Cities(2015)

单位：小时 (hours)

月 份	Month	西安市 Xi'an	铜川市 Tongchuan	宝鸡市 Baoji	咸阳市 Xianyang	渭南市 Weinan	延安市 Yan'an	汉中市 Hanzhong	榆林市 Yulin	安康市 Ankang	商洛市 Shangluo
一 月	Jan.	127.0	186.6	116.9	141.9	81.8	204.6	61.8	228.7	64.1	147.8
二 月	Feb.	127.1	169.8	117.4	151.2	128.6	197.9	71.6	213.1	111.8	147.4
三 月	Mar.	144.3	175.3	138.9	152.2	116.1	219.9	96.8	283.9	119.3	156.3
四 月	Apr.	214.3	246.0	181.5	195.5	204.2	261.1	172.4	276.9	181.2	197.4
五 月	May	200.4	273.2	218.4	231.0	216.7	267.2	178.9	295.6	170.5	218.7
六 月	June	116.6	142.0	121.9	147.2	134.5	214.3	106.8	254.6	99.8	130.6
七 月	July	257.1	302.1	248.9	279.6	262.2	292.5	222.5	308.3	243.2	267.5
八 月	Aug.	208.5	243.9	199.9	228.0	207.7	260.5	203.2	274.6	232.5	228.6
九 月	Sept.	119.8	158.2	109.3	140.0	127.0	208.3	71.2	213.5	88.0	132.6
十 月	Oct.	95.0	150.2	127.5	145.5	100.7	210.9	108.8	245.2	128.4	135.4
十一月	Nov.	58.5	87.9	52.4	74.2	49.5	102.4	23.7	101.8	31.9	64.2
十二月	Dec.	127.3	179.3	113.3	132.4	114.3	185.1	79.7	204.3	124.4	162.3
全 年	Annual Total	1795.9	2314.5	1746.3	2018.7	1743.3	2624.7	1397.4	2900.5	1595.1	1988.8

1-13 历届陕西省人民代表大会代表人数
Number of Deputies to All the Previous Shaanxi Province People's Congresses

单位：人 (person)

届 次	Congress	年 份 Year	代表人数 Number of Deputies	# 女代表 Female Deputies 人 数 Number	# 女代表 Female Deputies 占代表总数% As Percentage to Total Deputies (%)	# 少数民族代表 Ethnic Minority Deputies 人 数 Number	# 少数民族代表 Ethnic Minority Deputies 占代表总数% As Percentage to Total Deputies (%)
第一届	First Congress	1954	386	51	13.2	9	2.3
第二届	Second Congress	1959	400	67	16.8	12	3.0
第三届	Third Congress	1964	520	84	16.0	15	2.9
第四届	Fourth Congress	1975					
第五届	Fifth Congress	1978	1186	234	19.7	26	2.2
第六届	Sixth Congress	1983	727	168	23.1	29	4.0
第七届	Seventh Congress	1988	600	117	19.3	19	3.2
第八届	Eighth Congress	1993	602	118	19.6	22	3.7
第九届	Ninth Congress	1998	566	129	22.8	19	3.4
第十届	Tenth Congress	2003	565	117	20.7	18	3.2
第十一届	Eleventh Congress	2008	574	142	24.9	19	3.3
第十二届	Twelfth Congress	2013	578	132	22.8	18	3.1

1-14 历届陕西省政治协商会议委员人数
Number of Deputies to All the Previous Shaanxi Province People's Political Consultative Conferences

单位：人 (person)

届 次	Congress	年 份 Year	委员人数 Number of Deputies	中国共产党党员代表 Deputies from the Communist Party of China 人 数 Number	中国共产党党员代表 Deputies from the Communist Party of China 占代表总数% As Percentage to Total Deputies (%)	民主党派和无党派爱国人士代表 Deputies from Democratic Parties and Non-partisan Patriot 人 数 Number	民主党派和无党派爱国人士代表 Deputies from Democratic Parties and Non-partisan Patriot 占代表总数% As Percentage to Total Deputies (%)
第一届	First Congress	1955	165	42	25.5	123	74.5
第二届	Second Congress	1958	262	85	32.4	177	67.6
第三届	Third Congress	1963	275	91	33.1	184	66.9
第四届	Fourth Congress	1977	420	205	48.8	215	51.2
第五届	Fifth Congress	1983	428	162	37.9	266	62.1
第六届	Sixth Congress	1988	502	191	38.0	311	62.0
第七届	Seventh Congress	1993	506	244	48.2	262	51.8
第八届	Eighth Congress	1998	539	216	40.1	323	59.9
第九届	Ninth Congress	2003	590	235	39.8	355	60.2
第十届	Tenth Congress	2008	627	248	39.6	379	60.4
第十一届	Eleventh Congress	2013	648	258	39.8	390	60.2

主要统计指标解释

行政区划 指国家对行政区域的划分。根据有关法规规定，我国的行政区域划分如下：(1)全国分为省、自治区、直辖市；(2)省、自治区分为自治州、县、自治县、市；(3)自治州分为县、自治县、市；(4)县、自治县分为乡、民族乡、镇；(5)直辖市和较大的市分为区、县；(6)国家在必要时设立的特别行政区。

气候 指地球与大气之间长期能量交换与质量交换所形成的一种自然环境状态，它是多种因素综合作用的结果。气候既是人类生活和生产的环境要素之一，又是供给人类生活和生产的重要资源。气温、降水、湿度等气象要素的多年平均值是用来描述一个地区气候状况的主要参数，而各种气象要素某年、某月的平均值(或总量)则可以反映出该时期天气气候状况的重要特征。

自然资源 指人类可以直接从自然界获得，并用于生产和生活的物质资源。自然资源一般可以分成可再生资源和非再生资源两大类。可再生资源指在较短时间内可以再生、可以循环利用的资源，包括土地资源、水资源、气候资源、生物资源和海洋资源等。非再生资源指在使用后不能再生的资源，包括矿产资源和地热能源。

土地资源 土地指陆地的表层部分，它主要由岩石、岩石的风化物和土壤构成。土地资源按利用类型可以分为农用地、建筑用地和未利用地。农用地包括耕地、园地、林地、牧草地和水面。建筑用地包括居民点及工矿用地、交通用地和水利设施用地。未利用地指农用地和建筑用地以外的土地，包括滩涂、荒漠、戈壁、冰川和石山等。

森林面积 指由乔木树种构成，郁闭度0.2以上(含0.2)的林地或冠幅宽度10米以上的林带的面积，即有林地面积。森林面积包括天然起源和人工起源的针叶林面积、阔叶林面积、针阔混交林面积和竹林面积，不包括灌木林地面积和疏林地面积。

森林蓄积量 指一定森林面积上存在着的林木树干部分的总材积。它是反映一个国家或地区森林资源总规模和水平的基本指标之一，也是反映森林资源的丰富程度、衡量森林生态环境优劣的重要依据。

森林覆盖率 指一个国家或地区森林面积占土地总面积的百分比。森林覆盖率是反映森林资源的丰富程度和生态平衡状况的重要指标。在计算森林覆盖率时，森林面积包括郁闭度0.2以上的乔木林地面积和竹林地面积，国家特别规定的灌木林地面积、农田林网以及四旁(村旁、路旁、水旁、宅旁)林木的覆盖面积。计算公式为：

$$\text{森林覆盖率}(\%)=\frac{\text{森林面积}}{\text{土地总面积}}\times 100\%$$

矿产资源 矿产资源指由地质作用形成的，具有利用价值的，呈固态、液态、气态的自然资源，是社会生产发展的重要物质基础。目前我国已发现矿种有170多种，按其特点和用途，可分为能源矿产(如煤炭、石油、天然气、地热)、金属矿产(如铁矿、锰矿、铜矿、铅矿、铝土矿)、非金属矿产(如金刚石、石灰岩、粘土)和水气矿产(如地下水、矿泉水、二氧化碳气)四大类。其中：金属矿产按其物质成份和性质又可分为：黑色金属矿产、有色金属矿产、贵金属矿产、稀有金属矿产、稀土金属矿产、分散元素金属矿产六类。

气温 指空气的温度，我国一般以摄氏度(℃)为单位表示。气象观测的温度表是放在离地面约1.5米处通风良好的百叶箱里测量的，因此，通常说的气温指的是离地面1.5米处百叶箱中的温度。其统计计算方法为：

月平均气温是将全月各日的平均气温相加，除以该月的天数而得。

年平均气温是将12个月的月平均气温累加后除以12而得。

降水量 指从天空降落到地面的液态或固态(经融化后)水，未经蒸发、渗透、流失而在地面上积聚的深度。其统计计算方法为：

月降水量是将全月各日的降水量累加而得。

年降水量是将12个月的月降水量累加而得。

日照时数 指太阳实际照射地面的时间。其统计方法与降水量相同。

Explanatory Notes on Main Statistical Indicators

Divisions of Administrative Areas refers to the division of administrative areas by the State. The relative laws stipulate that 1) the whole country is divided into provinces, autonomous regions and municipalities directly under the Central Government; 2) provinces and autonomous regions are further divided into autonomous prefectures, counties, autonomous counties and cities; 3) autonomous prefectures are further divided into counties, autonomous counties and cities; 4) counties and autonomous counties are further divided into townships, ethnic townships and towns; 5) municipalities directly under the Central Government and large cities are divided into districts and counties, 6) the State shall, when necessary, establish special administrative regions.

Climate refers to the natural environmental status formed by the long-term exchange of energy and mass between the earth and the atmosphere, and is the result of interaction of many factors. Climate is both one of the environment factors and also the important resources for living and production activities of the human being. The average values across several years of meteorological factors such as temperature, rainfall and humidity are used as important parameters to describe the climate of a region, while the average values (or total values) of a given year or month of meteorological factors reflect the key characteristics of climate for that period of time.

Natural Resources refers to material resources that could be obtained from the nature by human being and used for production and living. Natural resources in general can be classified as renewable resources and non-renewable resources. Renewable resources refer to resources that could be renewed and recycled during a relatively short period of time, including land resource, water resource, climate resource, biology resource and marine resource. Non-renewable resources include resources that could not be renewed, such as minerals and geothermal resource.

Land Resource Land refers to the surface of the earth, consisting of mainly rocks and its weathering and earth. Land resource can be classified, by its utilization, as land for agriculture, land for construction and unused land. Land for agriculture includes cultivated land, plantation land, forestland, grassland and waters. Land for construction includes land for residential purpose, for manufacturing and mining, for transportation and for water-conservancy projects. Unused land refers to land other than land for agriculture and construction, including beaches, deserts, Gobi, glaciers and rock mountains

Forest Area refers to the area of forest where trees and bamboo grow with canopy density above 0.2, including land of natural woods and planted woods, but excluding bush land and thin forest land. It reflects the total areas of afforestation.

Stock Volume of Forest refers to total stock volume of wood growing in forest area, which shows the total size and level of forest resources of a country or a region. It is also an important indicator illustrating the richness of forest resource and the status of forest ecological environment.

Forest Coverage Rate refers to the ratio of area of afforested land to total land area. It is a very important indicator that reflects the status of abundance of forest resource and balance of the ecosystem. Forest area includes the area of trees and bamboo grow with canopy density above 0.2, the area of shrubby tree according to regulations of the government, the area of forest land inside farm land and the area of trees planted by the side of villages, farm houses and along roads and rivers. The formula for calculating forest coverage rate is as follows:

$$\text{Forestry coverage rate (\%)} = \frac{\text{Area of Afforested Land}}{\text{Area of Total Land}} \times 100\%$$

Mineral Resources refers to useful minerals, with solid state, liquid state, gaseity, due to the geological process. Minerals are important natural resources, and important material base for social development. At present, there are more than 170 types of minerals discovered in China. They can be categorized into four groups: energy producing minerals (including coal, petroleum, natural gas and terrestrial heat), metallic minerals (including iron, manganese, copper, lead and bauxite), non metallic minerals (including diamond, limestone and clay), and water/gas related minerals (including ground water, mineral water and carbon dioxide). Metallic minerals can be further classified as ferrous, non-ferrous, noble metal, rare metal, rare earth metal and dispersed metals.

Temperature refers to the air temperature. China uses centigrade as the unit. The thermometry used for weather observation is put in a breezy shutter, which is 1.5 meters high from the ground. Therefore, the commonly used temperature refers to the temperature in the breezy shutter 1.5 meters away from the ground. The calculation method is as follows:

Monthly average temperature is the summation of average daily temperature of one month divided by the actual days of that particular month.

Annual average temperature is the summation of monthly average of a year divided by 12 months.

Volume of Precipitation refers to the deepness of liquid state or solid state (thawed) water falling from the sky to the ground that has not been evaporated, infiltrated or run off. The calculation method is as follows:

Monthly precipitation is the summation of daily precipitation of a month.

Annual precipitation is the summation of 12 months precipitation of a year.

Sunshine Hours refers to the actual hours of sun irradiating the earth. The calculation method is the same as that of the precipitation.

二、综　合

General Survey

资料整理：马　靖　吴小龙

简 要 说 明

一、本篇资料反映陕西经济、科技、社会等方面的规模、水平、速度、结构、比例、效益情况，并收录了基本单位统计情况。

二、国民经济综合资料是抽取全书的精华，通过对各篇章主要统计指标及其速度、结构、比例和效益等的加工计算，来反映国民经济和社会发展的总体情况。

三、本篇资料根据各专业统计年报资料以及国家统计局、省级有关部门提供的统计资料加工整理而成。

Brief Introduction

Ⅰ.This chapter reflects the scale, level, speed, structure, proportion and efficiency of the national economy, science and technology and the social development of Shaanxi Province.

Ⅱ. The summary data on the national economy reflect the overall situation of the economic and social development by presenting further processed statistics including growth, structure, ratio, and efficiency data derived from other chapters.

Ⅲ.The summary data are processed and prepared on the basis of the annual reports of various specialized fields provided by Statistics Bureau of Shaanxi Province and the statistics provided by the National Bureau of Statistics and some related departments of Shaanxi Province.

2.综　合

2015年全省				
生产总值	18021.86	亿元	比2010年增长	68.9%
全社会固定资产投资	20177.86	亿元	比2010年增长	135.7%
地方财政收入	2059.95	亿元	比2010年增长	115.0%
社会消费品零售总额	6578.14	亿元	比2010年增长	101.9%
进出口总额	1895.40	亿元	比2010年增长	151.9%
城镇居民人均可支配收入	26420	元		
农村居民人均可支配收入	8689	元		

生产总值增长速度

(比上年增长%)

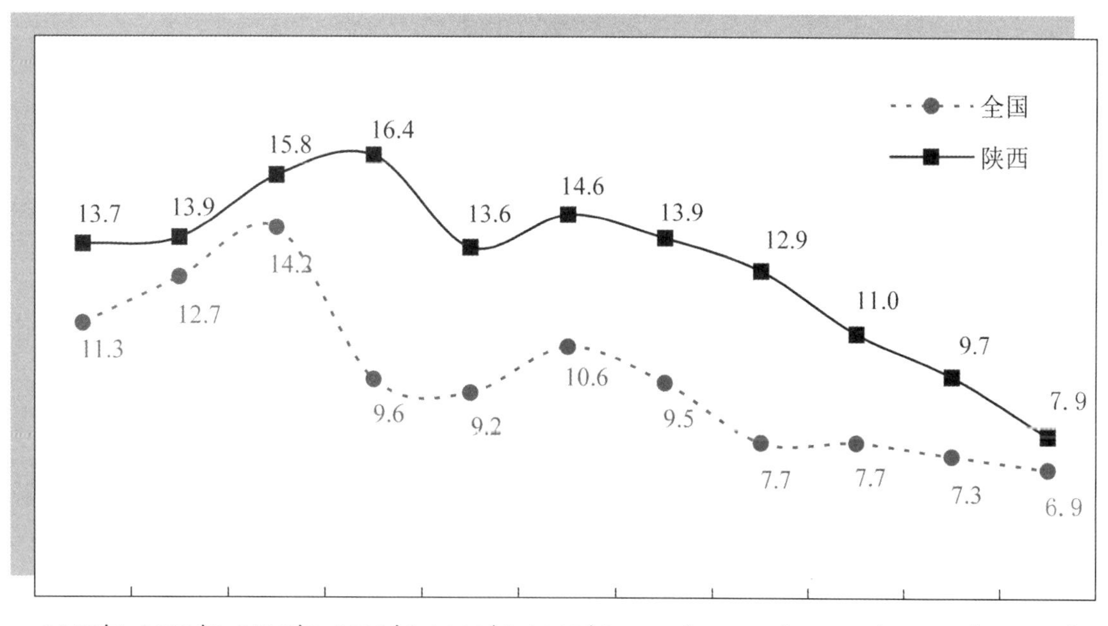

2-1 陕 西 一 日

Selected Indicators on Average Daily Social and Economic Activities

指　　标		Item		2005	2010	2013	2014	2015
每天创造的财富		**Daily Production**						
生产总值	(万元)	Gross Domestic Product	(10 000 yuan)	107773	277356	443985	484656	493750
第一产业		Primary Industry		11939	27081	40027	42875	43771
第二产业		Secondary Industry		53462	149208	244174	262390	248825
第三产业		Tertiary Industry		42372	101067	159785	179391	201153
地方一般预算收入	(万元)	Local General Bugetary Revenue	(10 000 yuan)	7543	26252	47899	51792	56437
粮　食	(万吨)	Grain	(10 000 tons)	3.12	3.19	3.33	3.28	3.36
棉　花	(吨)	Cotton	(ton)	213	190	159	116	106
油　料	(吨)	Oil-bearing Crops	(ton)	1242	1536	1631	1707	1717
肉　类	(吨)	Meat	(ton)	3674	2812	3083	3199	3182
布	(万米)	Cloth	(10 000 m)	217.26	206.16	157.26	167.04	186.51
发 电 量	(万千瓦小时)	Electricity	(10 000 kwh)	13834	30189	40922	43860	43674
原　油	(吨)	Crude Oil	(ton)	48717	82665	101042	103228	102376
粗　钢	(吨)	Crude Steel	(ton)	8419	16570	26852	28445	28144
每天消费量		**Daily National Consumption**						
能源消费量	(万吨标准煤)	Energy Consumption	(10 000 tons of SCE)	15.26	22.71	29.07	30.75	32.10
社会消费品零售额	(万元)	Total Retail Sales of Consumer Goods	(10 000 yuan)	36475	89248	143700	162156	180223
每天其他经济活动		**Other Daily Economic Activities**						
货 运 量	(万吨)	Freight Traffic	(10 000 tons)	125.27	286.09	418.39	372.32	386.05
客 运 量	(万人)	Passenger Traffic	(10 000 persons)	107.16	257.41	324.14	189.41	193.99
邮电业务总量	(万元)	Business Volume of Postal and Telecommunication Services	(10 000 yuan)	9072	24736	11438	15525	20742
进出口总值	(万美元)	Total Value of Imports and Exports	(USD 10 000)	1253.93	3310.36	5514.74	46047 (万元)	51929 (万元)
# 出口总值		Total Exports		842.69	1700.75	2801.69	23438 (万元)	25165 (万元)
入境旅游人数	(人次)	Number of Overseas Visitor Arrivals	(person-times)	2544	5813	9646	7296	8028
个人储蓄额	(万元)	Outstanding Amount of Savings Deposit	(10 000 yuan)	96821	218021	335599	367914	422256
每天人口变动和婚姻		**Daily Population Changes and Marriages**						
出　生	(人)	Births	(person)	1013	994	1031	1047	1047
死　亡	(人)	Deaths	(person)	608	613	633	647	651
结　婚	(对)	Marriages	(couples)	571	950	1085	1046	976
离　婚	(对)	Divorces	(couples)	64	122	173	187	203

注：1.本表价值量指标中，除邮电业务总量按不变价格计算，其余均按当年价格计算。
2.工业产品产量为规模以上企业数据。
3.能源消费量按等价值计算。

a) Figures in value terms in this table are at current prices, except that on the business volume of postal and telecommunication services which is at constant prices.
b) Output of industrial products are obtained from above designated size enterprises.
c) Energy consumption are calculated at equivalent value.

2-2　陕西省主要国民经济指标占全国比重(2015年)

Percentage of Shaanxi Main Indicators on National Economic to National Total(2015)

指　　标	Item	陕　西 Shaanxi	全　国 National Total	陕西占全国% Shaanxi as Percentage of National Total (%)
年底总人口　(万人)	Population at Year-end　(10 000 persons)	3793	137462	2.8
就业人员　(万人)	Number of Employed Persons　(10 000 persons)	2071	77451	2.7
生产总值　(亿元)	Gross Domestic Product　(100 million yuan)	18021.86	676708	2.7
第一产业	Primary Industry	1597.63	60863	2.6
第二产业	Secondary Industry	9082.13	274278	3.3
第三产业	Tertiary Industry	7342.10	341567	2.1
全社会固定资产投资总额　(亿元)	Total Investment in Fixed Assets　(100 million yuan)	20177.86	562000	3.6
地方一般预算收入　(亿元)	Local General Bugetary Revenue　(100 million yuan)	2059.95	82983	2.5
主要产品产量	Output of Major Products			
粮　食　(万吨)	Grain　(10 000 tons)	1226.80	62143.9	2.0
棉　花　(万吨)	Cotton　(10 000 tons)	3.86	560.3	0.7
油　料　(万吨)	Oil-bearing Crops　(10 000 tons)	62.66	3537.0	1.8
肉　类　(万吨)	Meat　(10 000 tons)	116.15	8625.0	1.3
水　果　(万吨)	Fruits　(10 000 tons)	1630.62	27375.0	6.0
原　油　(万吨)	Crude Oil　(10 000 tons)	3736.73	21455.6	17.4
天 然 气　(亿立方米)	Natural Gas　(100 million cu.m)	415.92	1346.1	30.9
发 电 量　(亿千瓦小时)	Electricity　(100 million kwh)	1594.11	58105.8	2.7
粗　钢　(万吨)	Crude Steel　(10 000 tons)	1027.27	80382.5	1.3
水　泥　(万吨)	Cement　(10 000 tons)	8580.09	235939.6	3.6
化　肥　(万吨)	Fertilizers　(10 000 tons)	187.13	7432.0	2.5
纱　(万吨)	Yarn　(10 000 tons)	49.46	3538	1.4
布　(亿米)	Cloth　(100 million m)	6.81	892.6	0.8
汽　车　(万辆)	Motor Vehicles　(10 000 units)	34.14	2450.4	1.4
货物周转量　(亿吨公里)	Total Freight Ton-kilometers　(100 million ton-km)	3264.64	177835.1	1.8
邮电业务总量　(亿元)	Business Volume of Postal and Telecommunication Services　(100 million yuan)	757.09	28220.4	2.7
社会消费品零售总额　(亿元)	Total Retail Sales of Consumer Goods　(100 million yuan)	6578.14	300930.8	2.2
进出口总值　(亿元)	Total Value of Imports and Exports　(100 million yuan)	1895.40	245740.5	0.8
# 出口总值	Exports	918.51	141255.2	0.7
入境旅游人数　(万人次)	Number of Overseas Visitor Arrivals (10 000 person-times)	293.03	13382.0	2.2
国际旅游外汇收入　(亿美元)	Foreign Exchange Earnings from International Tourism　(USD 100 million)	20.00	1136.5	1.8
大学生在校学生数　(万人)	Students Enrollment of College and University　(10 000 persons)	109.97	2625.3	4.2

2-3 国民经济和社会发展总量与速度指标

指　　标		Item		1978	2000
人口与就业		**Population and Employment**			
人　口		Population			
年底总人口	(万人)	Population at Year-end	(10 000 persons)	2779	3644
城镇人口		Urban		454	1176
乡村人口		Rural		2325	2468
男性人口		Male		1444	1896
女性人口		Female		1335	1748
就　业		Employment			
就业人员	(万人)	Number of Employed Persons	(10 000 persons)	1078	1813
# 职工人数		Number of Staff and Workers		257	328
城镇登记失业人数	(万人)	Registered Unemployment in Urban Areas	(10 000 persons)		11.39
宏观经济		**Macro Economy**			
国民经济核算		National Accounting			
生产总值	(亿元)	Gross Domestic Product	(100 million yuan)	81.07	1804.00
第一产业		Primary Industry		24.70	258.22
第二产业		Secondary Industry		42.13	782.58
第三产业		Tertiary Industry		14.24	763.20
固定资产投资		Investment in Fixed Assets			
全社会固定资产投资总额	(亿元)	Total Investment in Fixed Assets	(100 million yuan)	20.35	745.85
# 固定资产投资		Investment in Fixed Assets			
# 房地产开发投资		Investment in Real Estate Development			78.89
财　政		Government Finance			
地方一般预算收入	(亿元)	Local General Bugetary Revenue	(100 million yuan)		114.97
一般预算支出	(亿元)	General Bugetary Expenditure	(100 million yuan)	18.30	271.76
物价指数	(上年＝100)	Price Indices	(preceding year=100)		
商品零售价格指数		Retail Price Index		100.5	98.3
居民消费价格指数		Consumer Price Index		100.6	99.5
利用外资		Utilization of Foreign Capital			
签订利用客商直接投资协议额	(万美元)	Contracted Value of Direct Investments	(USD 10 000)		49931
实际利用客商直接投资额	(万美元)	Actually Utilized Value of Direct Investments	(USD 10 000)		28842
能源生产与消费(等价值)		Production and Consumption of Energy	(Equivalent Value)		
能源生产总量	(万吨标准煤)	Total Energy Production	(10 000 tons of SCE)		
能源消费总量	(万吨标准煤)	Total Energy Consumption	(10 000 tons of SCE)		

注：1.本表价值量指标中，除邮电业务总量按不变价格计算，其余指标均按当年价格计算。

2.2000年及以后工业产品产量、财务指标为规模以上企业数据。

3.1998年及以后职工人数、职工工资总额、职工平均工资为在岗职工数据。

4.本表速度指标中，生产总值及三次产业增加值、物价指数、农林牧渔业增加值、工业增加值、城乡居民收入和职工平均工资指标均按不变价格计算。固定资产投资平均增长速度按累计法计算。

Principal Aggregate Indicators on National Economic and Social Development and Growth Rates

2005	2010	2014	2015	2015年为下列年份% 2015 as Percentage of the Following Years(%)					1979-2015 平均增长% Average Annual Growth Rate(%)
				1978	2000	2005	2010	2014	
3690	3735	3775	3793	136.5	104.1	102.8	101.5	100.5	0.8
1374	1707	1985	2045	450.5	173.9	148.8	119.8	103.0	4.2
2316	2028	1790	1748	75.2	70.8	75.5	86.2	97.6	-0.8
1899	1930	1949	1958	135.6	103.3	103.1	101.5	100.5	0.8
1791	1805	1826	1835	137.4	105.0	102.4	101.6	100.5	0.9
1976	2074	2067	2071	192.1	114.2	104.8	99.9	100.2	1.8
323	343	479	474	184.4	144.5	146.7	138.3	99.0	1.7
21.54	21.42	22.35	22.35		196.3	103.7	104.3	100.0	
3933.72	10123.48	17689.94	18021.86	4603.3	591.2	337.7	168.9	107.9	10.9
435.77	988.45	1564.94	1597.63	658.8	224.3	174.7	129.7	105.1	5.2
1951.36	5446.10	9577.24	9082.13	6847.1	754.0	381.1	177.9	106.6	12.1
1546.59	3688.93	6547.76	7342.10	8593.7	557.5	333.3	166.3	110.5	12.8
1982.04	8561.24	18709.49	20177.86	99130.7	2705.4	1018.0	235.7	107.8	20.4
		18357.84	19826.65					108.0	
298.95	1159.47	2426.49	2494.29		3161.7	834.3	215.1	102.8	
275.32	958.21	1890.40	2059.95		1791.7	748.2	215.0	109.0	
638.96	2218.83	3962.50	4376.06	23909.5	1610.3	684.9	197.2	110.4	16.0
100.1	103.6	100.7	99.8	515.4	130.7	129.7	109.7	99.8	4.5
101.2	104.0	101.6	101.0	645.1	144.4	136.2	114.8	101.0	5.2
158237	221030	585453	578208		1158.0	365.4	261.6	98.8	
62839	182006	417557	462118		1602.2	735.4	253.9	110.7	
14576	31846	46982	48491			332.7	152.3	103.2	
5571	8288	11222	11716			210.3	141.4	104.4	

a) Figures in value terms in this table are at current prices, except that on the business volume of postal and telecommunication services which is at constant prices.

b) Since 2000, Output of industrial products and financial indicators are obtained from above designated size enterprises.

c) Figures on number of staff and workers ,total wage bill and average wage refer to fully employed staff and workers since 1998 .

d) The indices and growth rates of the follow indicators are calculated at constant prices: gross domestic product, value-added of the three strata of industry,price indices,value-added of agriculture, forestry, animal husbandry and fishery ,value-added of industry, per capita income of urban and rural residents, average wage of staff and workers. The average annual growth rate of total investment in fixed assets is calculated at the accumulate method.

2-3 续表 1

指 标	Item	1978	2000
产 业	**Industry**		
农 业	Agriculture		
常用耕地面积 (千公顷)	Cultivated Land (1 000 hectares)	3854	3114
农林牧渔业增加值 (亿元)	Value-added of Agriculture, Forestry, Animal Husbandry and Fishery (100 million yuan)	24.70	258.22
主要农产品产量	Output of Major Farm Products		
粮 食 (万吨)	Grain (10 000 tons)	800	1089
棉 花 (万吨)	Cotton (10 000 tons)	10.54	2.74
油 料 (万吨)	Oil-bearing Crops (10 000 tons)	5.65	38.76
烤 烟 (万吨)	Flue-Cured Tobacco (10 000 tons)	1.38	7.36
茶 叶 (吨)	Tea (ton)	1408	6126
水 果 (万吨)	Fruits (10 000 tons)	33.41	493.79
蔬 菜 (万吨)	Vegetables (10 000 tons)		556.53
肉 类 (万吨)	Meat (10 000 tons)	14.20	92.12
工 业	Industry		
工业增加值 (亿元)	Value-added of Industry (100 million yuan)	36.52	629.88
主要工业产品产量	Output of Major Industrial Products		
纱 (万吨)	Yarn (10 000 tons)	13.85	15.68
布 (亿米)	Cloth (100 million m)	5.81	7.18
原 油 (万吨)	Crude Oil (10 000 tons)	6.03	746.44
天然气 (亿立方米)	Natural Gas (100 million cu.m)		21.10
发电量 (亿千瓦小时)	Electricity (100 million kwh)	66.10	272.28
粗 钢 (万吨)	Crude Steel (10 000 tons)	24.29	53.65
钢 材 (万吨)	Rolled Steel (10 000 tons)	17.38	57.70
水 泥 (万吨)	Cement (10 000 tons)	210.66	989.44
化 肥 (万吨)	Fertilizers (10 000 tons)	13.69	93.90
汽 车 (万辆)	Motor Vehicles (10 000 units)		1.93
规模以上工业企业	Industrial Enterprises above Designated Size		
资产总计 (亿元)	Original Value of Fixed Assets (100 million yuan)		2683.07
主营业务收入 (亿元)	Revenue from Principal Business (100 million yuan)		1133.82
利润和税金总额 (亿元)	Total Profits and Tax (100 million yuan)		155.51
交通运输	Transportation		
货物运输量 (万吨)	Freight Traffic (10 000 tons)	7160	29973
# 铁 路	Railways	2400	4697
公 路	Highways	4733	25200
货物周转量 (亿吨公里)	Freight Ton-kilometers (100 million ton-km)	176.11	593.24
# 铁 路	Railways	165.58	448.15
公 路	Highways	10.39	143.64
旅客运输量 (万人)	Passenger Traffic (10 000 persons)	5628	28693
# 铁 路	Railways	2009	2661
公 路	Highways	3605	25600
旅客周转量 (亿人公里)	Passenger-Kilometers (100 million passenger-km)	60.73	376.99
# 铁 路	Railways	47.56	178.89
公 路	Highways	12.95	151.04

continued

2005	2010	2014	2015	2015年为下列年份% 2015 as Percentage of the Following Years(%)					1979-2015 平均增长% Average Annual Growth Rate(%)
				1978	2000	2005	2010	2014	
2788	2861	2866	2904	75.4	93.3	104.1	101.5	101.3	-0.8
435.77	988.45	1635.85	1673.22	660.0	224.7	175.0	129.9	105.1	5.2
1140	1165	1198	1227	153.4	112.6	107.7	105.3	102.4	1.2
7.78	6.92	4.22	3.86	36.6	140.8	49.6	55.8	91.5	-2.7
45.35	56.08	62.30	62.66	1109.1	161.7	138.2	111.7	100.6	6.7
5.88	6.73	7.20	7.21	522.4	97.9	122.6	107.1	100.1	4.6
11382	25052	49128	54854	3895.9	895.4	481.9	219.0	111.7	10.4
765.74	1238.50	1553.98	1630.62	4880.6	330.2	212.9	131.7	104.9	11.1
869.93	1384.02	1724.68	1822.53		327.5	209.5	131.7	105.7	
134.11	102.64	116.76	116.15	818.0	126.1	86.6	113.2	99.5	5.8
1650.63	4558.97	7993.39	7344.62	7585.5	787.7	381.0	179.2	105.9	12.4
19.43	27.12	40.05	49.46	357.1	315.4	254.5	182.4	123.5	3.5
7.93	7.52	6.10	6.81	117.2	94.8	85.8	90.5	111.7	0.4
1778.16	3017.28	3767.81	3736.73	61969.0	500.6	210.1	123.8	99.2	19.0
80.59	223.47	410.11	415.92		1971.2	516.1	186.1	101.4	
504.94	1101.91	1600.88	1594.11	2411.7	585.5	315.7	144.7	99.6	9.0
307.28	604.82	1038.26	1027.27	4229.2	1914.8	334.3	169.8	98.9	10.7
337.10	994.89	1683.92	1655.58	9525.8	2869.3	491.1	166.4	98.3	13.1
1972.13	5463.79	9083.49	8580.09	4073.0	867.2	435.1	157.0	94.5	10.5
122.86	82.74	179.33	187.13	1366.9	199.3	152.3	226.2	104.4	7.3
4.26	65.21	37.47	34.14		1768.2	801.1	52.4	91.1	
5085.90	14688.70	24371.44	26393.17		983.7	518.9	179.7	108.3	
3302.50	10888.80	18622.14	18823.01		1660.1	570.0	172.9	101.1	
676.50	2401.96	3506.18	2922.24		1879.2	432.0	121.7	83.3	
45724	104423	135897	140908	1968.0	470.1	308.2	134.9	103.7	8.4
12123	27121	37483	32951	1373.0	701.5	271.8	121.5	87.9	7.3
33483	77123	98221	107731	2276.2	427.5	321.7	139.7	109.7	8.8
1115.31	2465.99	3263.87	3264.64	1853.8	550.3	292.7	132.4	100.0	8.2
905.76	1267.90	1603.38	1435.91	867.2	320.4	158.5	113.3	89.6	6.0
207.85	1195.91	1658.80	1826.80	17582.3	1271.8	878.9	152.8	110.1	15.0
39137	93954	69133	70806	1258.1	246.8	180.9	75.4	102.4	7.1
3600	5411	7077	7866	391.5	295.6	218.5	145.4	111.2	3.8
34780	87457	60645	61436	1704.2	240.0	176.6	70.2	101.3	8.0
571.60	851.45	918.87	908.58	1496.1	241.0	159.0	106.7	98.9	7.6
279.08	362.60	464.74	464.44	976.5	259.6	166.4	128.1	99.9	6.4
206.54	383.99	287.21	293.23	2264.3	194.1	142.0	76.4	102.1	8.8

2-3 续表 2

指　　标		Item	1978	2000
邮电通信业		Postal and Telecommunication Services		
邮电业务总量	(亿元)	Business Volume of Postal and Telecommunication Services (100 million yuan)	0.50	85.04
函　件	(万件)	Number of Letters Delivered (10 000 pieces)	9188	17444
报刊期发数	(万份)	Number of Newspapers and Magazines Distributed (10 000 copies)	319	454
固定电话	(万户)	Number of Fixed Telephone Subscribers (10 000 subscribers)	4.65	345.24
城　市		Urban Telephone Subscribers	3.24	252.86
农　村		Rural Telephone Subscribers	1.41	92.39
移动电话	(万户)	Number of Mobile Telephone Subscribers (10 000 subscribers)		151.67
互联网宽带用户	(万户)	Number of Internet Subscribers (10 000 subscribers)		19.87
国内商业		Domestic Trade		
社会消费品零售总额	(亿元)	Total Retail Sales of Consumer Goods (100 million yuan)	33.37	725.64
对外贸易和旅游		Foreign Trade and Tourism		
进出口总值	(万美元)	Total Value of Imports and Exports (USD 10 000)		214009
进口总值		Imports		83006
出口总值		Exports	1190	131003
国际旅游		International Tourism		
入境旅游人数	(万人次)	Number of Overseas Visitor Arrivals (10 000 person-times)	1.37	71.28
旅游收入	(万美元)	Foreign Exchange Earnings from International Tourism (USD 10 000)	177	28025
金　融		Financial Intermediation		
金融机构人民币存款	(亿元)	Deposits of National Banking System in RMB (100 million yuan)		
金融机构人民币贷款	(亿元)	Loans of National Banking System in RMB (100 million yuan)		
教育·科技·文化		**Education, Science and Technology and Culture**		
教　育		Education		
专任教师数	(万人)	Full-time Teachers (10 000 persons)		
普通高等学校		Regular Institutions of Higher Education	1.07	2.07
中等职业学校		Vocational Secondary Schools	0.33	2.17
普通中学		Secondary Schools	9.17	12.23
小　学		Primary Schools	17.30	18.23
在校学生数	(万人)	Students Enrollment (10 000 persons)		
普通高等学校		Regular Institutions of Higher Education	3.44	24.17
中等职业学校		Vocational Secondary Schools	2.93	36.37
普通中学		Secondary Schools	193.47	230.52
小　学		Primary Schools	450.51	480.93
科　技		Science and Technology		
全省从事科技活动人员数	(万人)	Personnel Engaged in S&T Activities in the Whole Province (10 000 persons)		15.51
R&D经费内部支出	(亿元)	Internal Expenditure on Research and Development (100 million yuan)		
文　化		Culture		
出版数量		Number of Publication		
图　书	(万册)	Books (10 000 copies)	7661	15958
杂　志	(万册)	Magazines (10 000 copies)	1423	4944
报　纸	(万份)	Newspapers (10 000 copies)		70389
制作电视节目	(小时)	Time for TV Programs Production (hour)		16174

continued

2005	2010	2014	2015	2015年为下列年份% 2015 as Percentage of the Following Years(%)					1979-2015 平均增长% Average Annual Growth Rate(%)
				1978	2000	2005	2010	2014	
331.13	902.85	566.66	757.09	150664.0	890.3	228.6	83.9	133.6	21.9
15119	9734	3310	2499	27.2	14.3	16.5	25.7	75.5	-3.5
286	517	375	379	118.8	83.5	132.5	73.3	101.0	0.5
859.32	781.89	750.79	723.28	15569.1	209.5	84.2	92.5	96.3	14.6
561.84	519.55	556.61	558.04	17246.7	220.7	99.3	107.4	100.3	14.9
297.47	262.34	194.17	165.24	11719.2	178.9	55.5	63.0	85.1	13.7
938.10	2518.23	3607.21	3649.65		2406.3	389.0	144.9	101.2	
236.90	368.83	552.44	605.42		3046.2	255.6	164.1	109.6	
1331.35	3257.54	5918.71	6578.14	19712.7	906.5	494.1	201.9	111.1	15.4
457684	1208283	1680.72亿元	1895.40亿元		1422.0	664.9	251.9	112.8	
150103	587510	825.23亿元	976.89亿元		1889.6	1044.9	267.0	118.4	
307581	620773	855.48亿元	918.51亿元	123925.0	1125.7	479.5	237.6	107.4	21.2
92.84	212.17	266.30	293.03					110.0	
44625	101596	141630	200022					141.2	
6446.48	16456.05	28111.34	32415.24			502.8	197.0	115.3	
3983.19	10033.12	18837.20	21760.61			546.3	216.9	115.5	
4.29	5.83	6.50	6.65	621.6	320.9	155.2	114.1	102.4	5.1
2.85	3.46	2.75	2.17	658.3	100.1	76.1	62.7	79.0	5.2
15.91	17.05	16.44	16.18	176.4	132.3	101.6	94.9	98.4	1.5
18.66	17.52	14.75	14.31	82.7	78.5	76.7	81.7	97.0	-0.5
66.69	92.78	109.96	109.97	3196.8	455.0	164.9	118.5	100.0	9.8
55.84	89.93	50.26	43.69	1491.0	120.1	78.2	48.6	86.9	7.6
304.56	259.91	196.83	187.57	97.0	81.4	61.6	72.2	95.3	-0.1
340.09	261.04	226.41	233.11	51.7	48.5	68.5	89.3	103.0	-1.8
13.49	20.69	24.91	24.17		155.9	179.2	116.8	97.1	
92.15	217.50	366.77	393.17			426.7	180.8	107.2	
17628	19830	18925							
6450	7522	5305							
68219	62239	68245							
71983	83275	110336	117762		728.1	163.6	141.4	106.7	

2-3 续表 3

指　　标	Item	1978	2000
家庭·生活·环境	**Family, People's Living Conditions and Environment**		
家　庭	Family		
家庭总户数 (万户)	Total Number of Households (10 000 households)	560.82	948.06
居民家庭平均每户居住人口 (人)	Average Household Size of All Households (person)		
城镇居民平均每户居住人口 (人)	Average Household Size in Urban Areas (person)		
农村居民平均每户居住人口 (人)	Average Household Size in Rural Areas (person)		
婚　姻	Marriages and Divorces		
结婚数 (对)	Number of Marriages (couples)	136230	203598
离婚数 (对)	Number of Divorces (couples)		26031
居　住	Housing		
居民家庭人均住房建筑面积 (平方米)	Per Capita Floor Space of All Households (sq.m)		
城镇居民人均住房建筑面积 (平方米)	Per Capita Floor Space of Urban Residents (sq.m)		
农村居民人均住房建筑面积 (平方米)	Per Capita Floor Space of Rural Residents (sq.m)		
生　活	People's Living Conditions		
居民人均可支配收入 (元)	Per Capita Annual Disposable Income of All Households (yuan)		
城镇居民人均可支配收入 (元)	Per Capita Annual Disposable Income of Urban Households (yuan)		
农村居民人均可支配收入 (元)	Per Capita Annual Disposable Income of Rural Households (yuan)		
居民人均生活消费支出 (元)	Per Capita Living Expenditure of All Households (yuan)		
城镇居民人均生活消费支出 (元)	Per Capita Living Expenditure of Urban Households (yuan)		
农村居民人均生活消费支出 (元)	Per Capita Living Expenditure of Rural Households (yuan)		
个人储蓄存款余额 (亿元)	Personal Saving Deposits (100 million yuan)	7.79	1522.53
工　资	Wages		
职工工资总额 (亿元)	Total Wages of Staff and Workers (100 million yuan)	16.44	257.28
职工平均工资 (元)	Average Wage of Staff and Workers (yuan)	654	7804
卫　生	Health Care		
医院数 (个)	Number of Hospitals (unit)	3064	2779
医生数 (万人)	Number of Doctors (10 000 persons)	3.43	6.43
医院床位数 (万张)	Number of Hospital Beds (10 000 units)	4.99	9.26
市政建设	Municipal Works		
自来水供应量 (万立方米)	Volume of Tap Water Supply (10 000 cu.m)	21119	67062
排水管道长度 (公里)	Length of Sewer Pipelines (km)	431	1856
城市天然气供应量 (万立方米)	Volume of Natural Gas Supply in Urban Areas (10 000 cu.m)		17770
道路长度 (公里)	Length of Paved Roads (km)	639	2537
园林绿地面积 (公顷)	Area of Green Land (hectare)	488	9079
环境、灾害	Environment and Disaster		
环境污染治理投资总额 (万元)	Total Investment in the Treatment of Environmental Pollution (10 000 yuan)		
突发环境事件次数 (次)	Environmental Disasters (time)		
火灾发生数 (起)	Number of Fire Disasters (unit)		3818
火灾损失 (万元)	Loss of Fire Disasters (10 000 yuan)		2613
交通事故发生数 (件)	Number of Traffic Accidents (unit)	3979	11846
交通事故损失 (万元)	Loss of Traffic Accidents (10 000 yuan)	165	3978

continued

2005	2010	2014	2015	2015年为下列年份% 2015 as Percentage of the Following Years(%)					1979-2015 平均增长% Average Annual Growth Rate(%)
				1978	2000	2005	2010	2014	
1055.74	1198.37	1265.65	1268.08	226.1	133.8	120.1	105.8	100.2	2.2
		3.21	3.20					99.6	
		2.96	2.90					97.9	
		3.38	3.36					99.5	
208421	346645	381682	356413	261.6	175.1	171.0	102.8	93.4	2.6
23447	44402	68328	74097		284.6	316.0	166.9	108.4	
		35.99	37.00					102.8	
		30.58	31.30					102.4	
		41.01	42.58					103.8	
		15837	17395					108.8	
		24366	26420					107.5	
		7932	8689					108.3	
		12204	13087					107.2	
		17546	18464					105.2	
		7252	7901					108.9	
3533.97	7957.78	13428.86	15412.33	197733.4	1012.3	436.1	193.7	114.8	22.8
477.97	1176.33	2542.73	2734.38	16632.5	1062.8	572.1	232.4	107.5	14.8
14796	34299	52119	56896	1288.8	523.2	284.2	145.1	108.2	7.2
2674	2639	2587	2612	85.2	94.0	97.7	99.0	101.0	-0.4
6.03	6.28	7.65	7.95	231.8	123.6	131.8	126.6	103.9	2.3
10.34	13.72	18.57	20.63	413.4	222.8	199.5	150.4	111.1	3.9
71170	81335	87921	97664	462.4	145.6	137.2	120.1	111.1	4.2
3250	5666	6925	8026	1862.2	432.4	246.9	141.7	115.9	8.2
76285	164654	279088	311286		1751.8	408.1	189.1	111.5	
3191	4810	5794	6508	1018.4	256.5	203.9	135.3	112.3	6.5
15003	26063	34496	56108	11497.5	618.0	374.0	215.3	162.6	13.7
		2763183	2063217					74.7	
		82	58					70.7	
7490	4620	13137	13548		354.8	180.9	293.2	103.1	
4683	8354	13875	11180		427.9	238.7	133.8	80.6	
12011	6004	5055	5406	135.9	45.6	45.0	90.0	106.9	0.8
6242	3311	3652	3742	2267.8	94.1	59.9	113.0	102.5	8.8

2-4 国民经济主要结构指标
Main Composition Indicators on National Economy

单位：% (%)

指　　标	Item	2000	2005	2010	2014	2015
人口与就业	**Population and Employment**					
人　口	Population					
城乡结构	Urban and Rural Composition					
城　镇	Urban	32.3	37.2	45.7	52.6	53.9
乡　村	Rural	67.7	62.8	54.3	47.4	46.1
性别结构	Sexual Composition					
男	Male	52.0	51.5	51.7	51.6	51.6
女	Female	48.0	48.5	48.3	48.4	48.4
宏观经济	**Macro Economy**					
国民经济核算	National Accounting					
生产总值产业结构	Industrial Composition					
第一产业	Primary Industry	14.3	11.1	9.8	8.8	8.9
第二产业	Secondary Industry	43.4	49.6	53.8	54.1	50.4
第三产业	Tertiary Industry	42.3	39.3	36.4	37.0	40.7
生产总值地区结构	By Region					
关　中	Guanzhong	72.5	66.2	62.8	62.7	65.4
陕　南	Southern Shaanxi	14.2	12.2	11.1	12.9	13.7
陕　北	Northern Shaanxi	13.3	21.6	26.1	24.4	20.8
投　资	Investment					
全社会固定资产投资结构	Composition of Total Investment in Fixed Assets					
第一产业	Primary Industry	2.7	2.7	5.7	5.5	6.7
第二产业	Secondary Industry	36.2	34.1	35.1	31.2	31.5
第三产业	Tertiary Industry	61.1	63.2	59.2	63.4	61.7
全社会固定资产投资经济类型结构	Compositione of Total Investment in Fixed Assets by Registration Status					
国有经济	State-Owned Units	63.5	51.3	49.3	42.2	45.2
集体经济	Collective-Owned Units	5.6	3.9	4.8	3.3	3.3
其他经济	Others	18.4	38.1	42.8	52.2	49.6
个　　体	Individuals	12.5	6.7	3.0	2.2	2.0

2-4　续表 1　continued

单位：%　　(%)

指　　标	Item	2000	2005	2010	2014	2015
能　源	Energy					
能源生产总量结构	Composition of Total Energy Production					
原　煤	Coal		74.7	76.5	76.1	76.5
原　油	Crude Oil		17.4	13.5	11.5	11.0
天然气	Natural Gas		6.7	9.1	11.6	11.4
水电、风电及其他能发电	Hydro-power, Wind Power and Others		1.1	0.9	0.9	1.1
能源消费总量结构	Composition of Total Energy Consumption					
煤　品	Coal		75.6	70.5	72.4	72.7
油　品	Petroleum		17.4	17.1	15.1	13.3
天然气	Natural Gas		4.1	9.0	8.9	9.5
水电、风电及其他能发电	Hydro-power, Wind Power and Others		3.0	3.4	3.6	4.5
产　　业	**Industry**					
农　业	Agriculture					
农林牧渔业产值结构	Composition of Gross Output Value of Agriculture, Forestry,Animal Husbandry and Fishery					
农　　业	Farming	70.5	64.7	66.5	68.2	67.9
林　　业	Forestry	5.9	3.4	2.1	2.7	2.7
牧　　业	Animal Husbandry	22.9	27.2	26.1	23.6	23.7
渔　　业	Fishery	0.8	0.8	0.5	0.7	0.8
农林牧渔服务业	Services in Support of Agriculture,Forestry,Animal Husbandry and Fishery		3.9	4.8	4.7	4.9
工　业	Industry					
轻重工业产值结构	Composition of Gross Output Value of Light and Heavy Industry					
轻 工 业	Light Industry	35.1	24.0	18.9	21.3	21.5
重 工 业	Heavy Industry	64.9	76.0	81.1	78.7	78.5
交通运输业	Transportation					
客运量结构	Composition of Passenger Traffic					
铁　　路	Railways	9.3	9.2	5.8	10.2	11.1
公　　路	Highways	89.2	88.9	93.1	87.7	86.8
水　　运	Waterways	0.8	0.9	0.3	0.6	0.5
民用航空	Civil Aviation	0.8	1.1	0.8	1.5	1.6
货运量结构	Composition of Freight Traffic					
铁　　路	Railways	15.7	26.5	26.0	27.6	23.4
公　　路	Highways	84.1	73.2	73.9	72.3	76.5
水　　运	Waterways	0.2	0.3	0.2	0.1	0.2
民用航空	Civil Aviation	…	…	…	…	…

2-4 续表 2 continued

单位：% (%)

指　　标	Item	2000	2005	2010	2014	2015
国内贸易	Domestic Trade					
社会消费品零售总额构成	Composition of Total Retail Sales of Consumer Goods					
城　镇	Urban			87.0	88.4	88.1
乡　村	Rural			13.0	11.6	11.9
国际旅游	International Tourism					
入境旅游人数结构	Composition of Overseas Visitor Arrivals					
外国人	Foreigners	82.0	80.3	73.2	69.8	66.3
港澳台同胞	Hong Kong, Macao and Taiwan Compatriots	18.0	19.7	26.8	30.2	33.7
生活 · 环境	**People's Living Conditions and Environment**					
生　活	People's Living Conditions					
居民可支配收入结构	Annual Per Capita Disposable Income					
工资性收入	Wages Income				55.9	54.8
经营净收入	Net Income from Business				15.2	14.6
财产净收入	Property Income				6.5	6.9
转移净收入	Transfer Income				22.4	23.8
居民消费支出结构	Annual Per Capita Consumption Expenditure					
食品、烟酒	Food,Tobacco and Alcohol				27.9	27.9
衣　着	Clothing				7.7	7.6
居　住	Residence				21.2	21.3
生活用品及服务	Living Articles and Services				6.5	6.8
交通通信	Transportation and Communications				12.6	11.7
教育文化娱乐	Recreation, Education and Culture Services				12.3	12.3
医疗保健	Medicine and Medical Services				9.7	10.4
其他用品和服务	Others				2.1	2.1
环　境	Environment					
工业污染防治投资结构	Consumption of Investment in the Treatment of Industrial Pollution					
治理废水	Waste Water Treatment				19.7	21.9
治理废气	Waste Gas Treatment				70.3	57.9
治理固体废物	Solid Wastes Treatment				0.6	5.1
治理噪音	Noise Abatement				0.4	3.1
其　他	Others				9.0	12.0

2-5　国民经济和社会发展比例与效益指标
Indicators on Proportions and Efficiency in National Economic and Social Development

指　标	Item	2000	2005	2010	2014	2015
人　口	Population					
出生率 (‰)	Birth Rate (‰)		10.02	9.73	10.13	10.10
死亡率 (‰)	Death Rate (‰)		6.01	6.01	6.26	6.28
自然增长率 (‰)	Natural Growth Rate (‰)		4.01	3.72	3.87	3.82
就　业	Employment					
城镇登记失业率 (%)	Registered Unemployment Rate in Urban Areas (%)	2.7	4.2	3.9	3.4	3.4
国民经济核算	National Accounting					
一、二、三产业增加值比例(%) (第一产业＝100)	Ratio of Value-added by Type of Industry(%) (Value added in Primary Industry=100)					
第一产业	Primary Industry	100.0	100.0	100.0	100.0	100.0
第二产业	Secondary Industry	303.1	447.8	551.0	612.0	568.5
第三产业	Tertiary Industry	295.6	354.9	373.2	418.4	459.6
人均生产总值 (元)	Per Capita GDP (yuan)	4968	10674	27133	46929	47626
固定资产投资	Investment in Fixed Assets					
全社会固定资产投资相当于生产总值比例 (%)	Proportion of Investment in Fixed Assets to GDP (%)	41.3	50.4	84.6	105.8	112.0
全社会房屋建筑面积竣工率(%)	Rate of Total Floor Space of Buildings Completed (%)	75.5	49.2	22.9	21.0	21.1
财　政	Government Finance					
地方一般预算收入相当于生产总值比例 (%)	Proportion of Local General Bugetary Revenue to GDP (%)	6.4	7.0	9.5	10.7	11.4
一般预算支出相当于生产总值比例 (%)	Proportion of General Bugetary Expenditure to GDP (%)	15.1	16.2	21.9	22.4	24.3
利用外资	Utilization of Foreign Capital					
实际利用外资额相当于签订利用外资额比例 (%)	Proportion of Actually Utilization of Foreign Capital to Signed Utilization of Foreign Capital (%)	57.8	39.7	82.3	71.3	79.9
能　源	Energy					
能源生产弹性系数	Elasticity Ratio of Energy Production		1.14	1.15	0.59	0.48
能源消费弹性系数	Elasticity Ratio of Energy Consumption		0.99	0.72	0.59	0.56
每万元生产总值消耗的能源 (吨标准煤)	Energy Consumption Per 10 000 yuan of GDP (ton of SCE)		1.416	0.818	0.708	0.685

注：本表能源生产用等价值折算,2005年每万元生产总值消耗的能源GDP按2005年价格计算，2010年及以后GDP按2010年价格计算。

a) Energy production in this table are converted on the basis of equal value.Energy Consumption Per 10 000 yuan of GDP in 2005 is calculated at 2005 constant prices. The Figure are calculated at 2010 constant prices since 2010.

2-5 续表 1 continued

指　　标	Item	2000	2005	2010	2014	2015
农　业	Agriculture					
人均耕地面积 (公顷)	Per Capita Cultivated Land (hectare)	0.09	0.08	0.08	0.08	0.08
每公顷耕地农业机械总动力(千瓦)	Total Power of Agricultural Machinery per Hectare of Cultivated Land (kw)	3.36	5.04	6.60	8.90	9.18
每公顷耕地化肥施用量 (公斤)	Chemical Fertilizer Consumption per Hectare of Cultivated Land (kg)	421	527	688	803	799
每公顷耕地生产的农业产值 (元)	Agricultural Output Value per Hectare of Cultivated Land (yuan)	14929	26205	58243	95667	96880
每公顷播种面积农产品产量(公斤)	Output of Farm Crops per Hectare of Sown Area (kg)					
粮　食	Grain	2850	3300	3687	3893	3992
棉　花	Cotton	911	1107	1361	1358	1407
油　料	Oil-bearing Crops	1277	1638	1861	2071	2098
工　业	Industry					
总资产贡献率 (%)	Ratio of Total Assets to Industrial Output Value (%)	7.8	15.4	17.1	15.7	12.2
资产负债率 (%)	Assets-Liability Ratio (%)	68.2	62.2	56.8	56.8	56.0
流动资产周转次数 (次/年)	Number of Times of Annual of Turnover Circulating Funds (times/year)	1.1	1.7	1.7	2.2	2.1
成本费用利润率 (%)	Ratio of Profits to Industrial Cost (%)	6.1	14.5	16.1	11.5	8.4
产品销售率 (%)	Proportion of Products Sold (%)	96.7	97.7	96.9	95.5	95.2
建筑业	Construction					
产值利润率 (%)	Ratio of Per-tax Profits to Gross Output Value (%)	0.6	1.5	1.9	2.8	3.3
全员劳动生产率 (元/人)	Overall Labor Productivity (yuan/person)	59672	135356	269553	327323	374782
运输邮电通信业	Transportation, Postal and Telecommunication Services					
铁路网密度 (公里/平方公里)	Railway Density (km/sq.km)	0.011	0.016	0.019	0.022	0.022
公路网密度 (公里/平方公里)	Highway Density (km/sq.km)	0.214	0.265	0.717	0.813	0.827
铁路客运密度 (万人公里/公里)	Density of Passenger Traffic (10 000 person-km/km)	658.0	850.8	1004.4	1137.9	1122.3
铁路货运密度 (万吨公里/公里)	Railway Freight Traffic Density (10 000 ton/km)	1634.6	2686.1	2863.5	3405.7	3094.5
固定电话普及率 (部/百人)	Access to Fixed Telephones (set/100 persons)	9.47	23.28	20.93	19.89	19.07
城市电话普及率 (部/百人)	Access to Urban Telephones(set/100 persons)	21.50	40.89	30.44	28.05	27.29
移动电话普及率 (部/百人)	Access to Mobile Telephones (set/100 persons)	4.16	25.42	67.42	95.55	96.22

2-5 续表 2 continued

指 标	Item	2000	2005	2010	2014	2015
国内商业	Domestic Trade					
人均消费品零售额 (元)	Per Capita Retail Sales of Consumer Goods (yuan)	1998	3612	8731	15702	17384
对外贸易	Foreign Trade					
进出口总值相当于生产总值比例 (%)	Proportion of Total Value of Imports and Exports to GDP (%)	9.8	9.5	8.1	9.5	10.5
金 融	Financial Intermediation					
金融机构存款相当于生产总值比例 (%)	Deposits of Financial Institutions as Percentage of GDP (%)				158.9	179.9
金融机构贷款相当于生产总值比例 (%)	Loans of Financial Institutions as Percentage of GDP (%)				106.5	120.7
教育、科技	Education，Science and Technology					
每万人大学生数 (人)	Number of College and University Students per 10 000 Population (person)	66	181	248	291	290
R&D经费内部支出相当于生产总值比例 (%)	Internal Expenditure on Research and Development as Percentage of GDP (%)		2.35	2.15	2.07	2.18
文 化	Culture					
每万人有艺术表演团体 (个)	Number of Troupesper 10 000 Population (unit)	0.03	0.03	0.03	0.02	0.02
每万人有公共图书馆 (个)	Number of Public Libraries per 10 000 Population (unit)	0.03	0.03	0.03	0.03	0.03
每万人有博物馆 (个)	Number of Museums per 10 000 Population (unit)	0.02	0.02	0.03	0.06	0.07
广播电视	Radio and Television					
广播人口覆盖率 (%)	Radio Coverage of Population (%)	90.3	93.2	96.7	97.8	98.1
电视人口覆盖率 (%)	TV Coverage of Population (%)	91.4	94.4	97.7	98.5	98.7
卫 生	Health Care					
每万人医院数 (个)	Number of Hospitals per 10 000 Population (unit)	0.8	0.7	0.7	0.7	0.7
每万人医生数 (人)	Number of Doctors per 10 000 Population (person)	18	16	17	20	21
每万人医院病床数 (张)	Number of Hospital Beds per 10 000 Population (unit)	25	28	37	49	54
市政建设	Municipal Works					
城市用水普及率 (%)	Coverage Rate of Urban Population with Access to Tap Water (%)	96.50	93.20	99.39	96.31	97.12
城市燃气普及率 (%)	Coverage Rate of Urban Population with Access to Gas (%)	74.53	79.80	90.39	95.08	94.73
人均公园绿地面积 (平方米)	Per Capita Public Green Area (sq.m)			10.67	12.48	12.57
灾 害	Disasters					
平均每起火灾损失 (元)	Average Loss of per Fire Disaster (yuan)	7028	6253	18082	10562	8252
平均每起交通事故损失 (元)	Average Loss of per Traffic Accident (yuan)	3358	5197	5515	7225	6922

2-6 “十一五”、“十二五”时期国民经济主要指标

指　　标		Item		2005
国民经济核算		National Accounting		
生产总值	(亿元)	Gross Domestic Product	(100 million yuan)	3933.72
第一产业		Primary Industry		435.77
第二产业		Secondary Industry		1951.36
第三产业		Tertiary Industry		1546.59
人均生产总值	(元)	Per Capita GDP	(yuan)	10674
固定资产投资		Investment in Fixed Assets		
全社会固定资产投资总额	(亿元)	Total Investment in Fixed Assets	(100 million yuan)	1982.04
# 房地产开放投资		Investment in Real Estate Development		298.95
财政和金融		Government Finance and Financial Intermediation		
地方一般预算收入	(亿元)	Local General Bugetary Revenue	(100 million yuan)	275.32
一般预算支出	(亿元)	General Bugetary Expenditure	(100 million yuan)	638.96
金融机构人民币各项存款余额	(亿元)	Deposits of National Banking System	(100 million yuan)	6446.48
金融机构人民币各项贷款余额	(亿元)	Loans of National Banking System	(100 million yuan)	3983.19
人民生活		People's Living Conditions		
城镇居民人均可支配收入	(元)	Per Capita Annual Disposable Income of Urban Households	(yuan)	8272
城镇居民人均消费支出	(元)	Annual Per Capita Consumption Expenditure of Urban Households	(yuan)	6656
农村居民人均纯(可支配)收入	(元)	Per Capita Net (Annual Disposable)Income of Rural Households	(yuan)	2052
农村居民人均生活消费支出	(元)	Annual Per Capita Living Expenditure of Rural Households	(yuan)	1896
主要产品产量		Output of Major Products		
粮　食	(万吨)	Grain	(10 000 tons)	1140
水　果	(万吨)	Fruits	(10 000 tons)	765.74
# 苹　果	(万吨)	Apple	(10 000 tons)	560.12
蔬　菜	(万吨)	Vegetables	(10 000 tons)	869.93
肉　类	(万吨)	Meat	(10 000 tons)	134.11
原　油	(万吨)	Crude Oil	(10 000 tons)	1778.16
天然气	(亿立方米)	Natural Gas	(100 million cu.m)	80.59
发电量	(亿千瓦小时)	Electricity	(100 million kwh)	504.94
汽　车	(万辆)	Motor Vehicles	(10 000 units)	4.26
国内商业和对外贸易		Domestic Trade and Foreign Trade		
社会消费品零售总额	(亿元)	Total Retail Sales of Consumer Goods	(100 million yuan)	1331.35
进出口总值	(亿美元)	Total Value of Imports and Exports	(USD 100 million)	45.77
# 出口总值		Exports		30.76
实际利用外商直接投资额	(亿美元)	Actually Utilized Value of Direct Investments	(USD 100 million)	6.28
国际旅游		International Tourism		
入境旅游人数	(万人次)	Number of Overseas Visitor Arrivals	(10 000 persons)	92.84
旅游收入	(亿美元)	Foreign Exchange Earnings from Tourism	(USD 100 million)	4.46

注：1.本表除固定资产投资平均增长速度按累计法计算，生产总值及三次产业增加值、人均生产总值和城乡居民收入增长速度按不变价格计算，其他指标均按当年价格计算。
2.2013年及以后城乡居民人均可支配收入为城乡一体化住户调查新口径数据。

Main Indicators on National Economic in 11th Five-year Plan Period and 12th Five-year Plan Period

2010	2011	2012	2013	2014	2015	"十一五"时期平均增长% (2006-2010) Average Annual Growth Rate in 11th Five-year Plan Period (%)	"十二五"时期平均增长% (2011-2015) Average Annual Growth Rate in 12th Five-year Plan Period (%)
10123.48	12512.30	14453.68	16205.45	17689.94	18021.86	14.9	11.1
988.45	1220.90	1370.16	1460.97	1564.94	1597.63	6.1	5.3
5446.10	6935.59	8073.87	8912.34	9577.24	9082.13	16.5	12.2
3688.93	4355.81	5009.65	5832.14	6547.76	7342.10	14.9	10.7
27133	33464	38564	43117	46929	47626	14.6	10.8
8561.24	10023.53	12840.15	15934.21	18709.49	20177.86	34.4	20.6
1159.47	1410.90	1835.93	2240.17	2426.49	2494.29	32.9	20.2
958.21	1500.18	1600.69	1748.33	1890.40	2059.95	28.3	16.5
2218.83	2930.81	3323.80	3665.07	3962.50	4376.06	28.3	14.5
16456.05	19227.09	22657.74	25577.19	28111.34	32415.24	20.6	14.5
10033.12	11865.26	13865.61	16219.84	18837.20	21760.61	20.3	16.7
15695	18245	20734	22346	24366	26420	13.7	11.5
11822	13783	15333	16399	17546	18464	12.2	9.3
4105	5028	5763	7092	7932	8689	14.9	14.2
3794	4496	5115	6488	7252	7901	14.9	15.8
1165	1195	1245	1216	1198	1227	0.4	1.0
1238.50	1332.68	1437.74	1487.38	1553.98	1630.62	10.1	5.7
856.01	902.93	965.09	942.82	988.01	1037.30	8.9	3.9
1384.02	1432.50	1525.61	1629.36	1724.68	1822.53	9.7	5.7
102.64	99.60	107.09	112.52	116.76	116.15	-5.2	2.5
3017.28	3225.42	3527.56	3688.04	3767.81	3736.73	11.2	4.4
223.47	272.21	309.62	371.65	410.11	415.92	22.6	13.2
1101.91	1208.82	1330.50	1493.66	1600.88	1594.11	16.9	7.7
65.21	55.67	54.46	42.44	37.47	34.14	72.6	-12.1
3257.54	3900.58	4581.62	5245.04	5918.71	6578.14	19.6	15.1
120.83	146.23	147.99	201.29	1680.72亿元	1895.40亿元	21.4	18.3
62.08	70.11	86.52	102.26	855.48亿元	918.51亿元	15.1	16.9
18.20	23.55	29.36	36.78	41.76	46.21	23.7	20.5
212.17	270.41	335.24	352.07	266.30	293.03	18.0	6.7
10.16	12.95	15.97	16.76	14.16	20.00	17.9	14.5

a) Figures in this table are at current prices, except that the average annual growth rate of total investment in fixed assets is calculated at the accumulate method,gross domestic product,value-added of the three strata of industry, per Capita GDP,per capita income of urban and rural households which are at constant prices.

b) Since 2013,Per capita annual disposable income of urban and rural households data is new range data of the rban-rural integration Investigation.

2-7 社会经济主要指标平均每人水平
Per Capita Main Indicators on Society and Economy

单位：元 (yuan)

年 份 Year	生产总值 Gross Domestic Product	工农业总产值 Gross Industrial and Agricultural Output Value	工业总产值 Gross Industrial Output Value	农林牧渔业总产值 Gross Output Value of Agriculture, Forestry, Animal Husbandry and Fishery	社会消费品零售总额 Total Retail Sales of Consumer Goods
1978	291	480	349	131	121
1980	334	539	390	149	154
1985	604	910	644	267	268
1990	1241	1881	1359	522	490
1995	2965	4147	3056	1091	1141
1996	3446	4583	3312	1271	1346
1997	3834	4892	3611	1281	1553
1998	4070	5019	3681	1338	1680
1999	4415	5416	4162	1254	1824
2000	4968	6001	4721	1280	1998
2001	5511	6649	5336	1312	2218
2002	6161	7423	6031	1392	2482
2003	7057	8781	7387	1394	2757
2004	8638	10992	9220	1771	3163
2005	10674	13133	11150	1983	3612
2006	12840	16430	14206	2224	4175
2007	15546	20495	17787	2708	4961
2008	19700	25954	22512	3442	6241
2009	21947	29257	25665	3592	7322
2010	27133	37759	33293	4465	8731
2011	33464	47796	42290	5506	10433
2012	38564	55752	49607	6145	12225
2013	43117	62214	55396	6818	13956
2014	46929	65491	58218	7274	15702
2015	47626	63091	55656	7435	17384

2-7 续表 continued

年 份 Year	职工平均工资(元) Average Wage of Staff and Workers (yuan)	人均储蓄存款余额(元) Per Capita Balance of Saving Deposits (yuan)	每万人有 Per 10 000 Population		
			大学生(人) College and University Students (person)	医院床位(张) Hospital Beds (unit)	医生数(人) Doctors (unit)
1978	654	28	12	18	12
1980	785	48	19	19	13
1985	1122	149	27	22	17
1990	2042	617	29	24	18
1995	4396	2089	37	26	18
1996	4882	2659	38	26	18
1997	5184	3054	39	25	17
1998	6029	3453	42	25	17
1999	6931	3792	50	25	18
2000	7804	4178	66	25	18
2001	9120	4841	87	26	18
2002	10351	5756	112	26	16
2003	11461	6863	136	27	16
2004	13024	8010	159	27	16
2005	14796	9577	181	28	16
2006	16918	10997	196	29	16
2007	21296	11538	209	31	16
2008	25942	14778	226	33	16
2009	30185	18094	240	35	16
2010	34299	21306	248	37	17
2011	39043	24507	258	39	18
2012	44330	28697	273	43	19
2013	48853	32546	286	48	20
2014	52119	35572	291	49	20
2015	56896	40635	290	54	21

2-8 人均工农业主要产品产量

Per Capita Output of Major Industrial and Agricultural Products

年 份 Year	粮 食 (公斤) Grain (kg)	棉 花 (公斤) Cotton (kg)	油 料 (公斤) Oil-bearing Crops (kg)	蔬 菜 (公斤) Vegetables (kg)	水 果 (公斤) Fruits (kg)	肉 类 (公斤) Meat (kg)	禽 蛋 (公斤) Poultry Eggs (kg)	水产品 (公斤) Aquatic Products (kg)
1978	289.3	3.8	2.0		12.1	5.1	0.9	0.1
1980	268.5	2.9	3.9		9.9	8.2	1.1	0.1
1985	319.0	1.4	10.0	99.6	11.2	10.1	3.8	0.2
1990	328.7	2.4	10.3	112.8	19.0	14.4	5.7	0.6
1995	261.2	1.1	10.9	103.8	81.2	22.7	11.5	1.1
1996	345.0	0.9	10.6	122.1	102.7	19.3	10.2	1.2
1997	293.7	0.6	10.3	110.0	91.8	20.8	11.2	1.3
1998	363.7	0.6	9.9	128.3	120.2	23.8	11.1	1.4
1999	299.9	0.5	8.8	138.6	136.8	23.8	11.1	1.6
2000	299.9	0.8	10.7	153.3	136.0	25.4	11.7	1.7
2001	267.7	1.4	10.3	144.0	146.4	26.4	11.6	1.7
2002	274.9	1.2	11.2	180.6	157.9	28.9	12.7	1.8
2003	264.1	1.4	11.3	193.3	169.4	31.1	13.4	1.8
2004	315.6	2.2	12.5	213.6	200.1	33.3	13.2	1.9
2005	309.2	2.1	12.3	236.0	207.8	36.4	13.2	2.0
2006	282.0	2.4	11.2	229.7	238.7	27.5	11.1	1.3
2007	288.4	2.4	10.6	250.6	253.9	25.9	11.7	1.4
2008	310.0	2.7	13.3	287.4	287.5	30.0	12.9	1.4
2009	303.9	2.3	14.6	337.8	309.1	26.5	12.9	1.5
2010	312.2	1.9	15.0	371.0	331.9	27.5	12.6	1.6
2011	319.5	1.8	15.8	383.1	356.4	26.6	13.5	2.2
2012	332.2	1.8	16.1	407.1	383.6	28.6	13.8	2.8
2013	323.5	1.5	15.8	433.5	395.7	29.9	14.7	3.3
2014	317.8	1.1	16.5	457.5	412.3	31.0	14.5	3.7
2015	324.2	1.0	16.6	481.6	430.9	30.7	15.3	4.6

2-8 续表 continued

年 份 Year	纱 (公斤) Yarn (kg)	布 (米) Cloth (m)	机制纸及纸板 (公斤) Machine-made Paper and Paperboard (kg)	原 油 (公斤) Crude Oil (kg)	发电量 (千瓦小时) Electricity (kwh)	粗 钢 (公斤) Crude Steel (kg)	钢 材 (公斤) Rolled Steel (kg)	水 泥 (公斤) Cement (kg)
1978	5.0	21.0	2.4	2.2	239.1	8.8	6.3	76.2
1980	5.3	23.4	3.2	3.0	280.7	8.7	6.6	81.4
1985	5.3	21.5	6.3	7.4	364.5	11.6	8.1	128.6
1990	4.6	22.4	12.9	21.5	459.7	15.0	9.5	162.7
1995	4.0	22.6	24.6	47.8	677.1	15.4	16.9	243.6
1996	3.6	20.8	24.2	62.6	761.6	15.3	13.6	259.6
1997	3.9	22.2	25.5	80.4	758.6	13.5	11.9	327.8
1998	3.9	17.9	6.3	89.6	686.5	14.7	13.7	239.7
1999	4.0	19.1	6.5	178.3	707.1	14.0	17.1	274.4
2000	4.3	19.8	6.6	205.6	749.9	14.8	15.9	272.5
2001	4.3	18.9	7.8	251.0	831.8	19.0	17.6	304.3
2002	4.8	19.9	6.6	290.8	939.2	24.0	22.4	363.2
2003	4.9	20.2	8.7	345.6	1121.4	47.4	36.0	418.4
2004	5.1	20.3	14.2	415.6	1308.2	60.0	54.7	489.7
2005	5.3	21.5	10.9	482.5	1370.1	83.4	91.5	535.1
2006	5.1	21.1	13.8	538.3	1562.6	105.2	135.3	643.0
2007	5.8	22.2	19.2	611.8	1886.8	107.0	151.1	817.1
2008	5.9	19.9	19.8	663.5	2264.3	82.1	134.9	965.0
2009	6.6	20.0	20.0	724.2	2415.6	140.4	238.4	1199.4
2010	7.3	20.2	23.2	808.7	2953.4	162.1	266.7	1464.4
2011	7.3	16.4	24.8	862.7	3233.2	201.0	274.2	1720.0
2012	7.7	17.3	21.4	941.2	3550.0	221.1	342.5	2015.2
2013	9.5	15.3	21.4	981.3	3974.2	260.8	416.5	2273.7
2014	10.6	16.2	18.8	999.6	4247.0	275.4	446.7	2409.8
2015	13.1	18.0	18.5	987.5	4212.8	271.5	437.5	2267.5

2-9 各市(区)国民经济主要指标(2015年)

指 标		Item		关 中 Guanzhong	西安市 Xi'an
年底常住人口	(万人)	Number of Usual Residents in the Households Surveyed at Year-end	(10 000 persons)	2385.08	870.56
城镇非私营单位就业人员年末人数	(万人)	Number of Fully Employed Staff and Workers in Urban Non-private Units at Year-end	(10 000 persons)	347.11	188.97
生产总值	(亿元)	Gross Domestic Product	(100 million yuan)	11585.17	5801.20
全社会固定资产投资总额	(亿元)	Total Investment in Fixed Assets	(100 million yuan)	13432.49	5165.98
# 固定资产投资		Investment in Fixed Assets		12922.76	4930.98
# 房地产开发投资		Investment in Real Estate Development		2243.26	1831.67
地方一般预算收入	(亿元)	Local General Bugetary Revenue	(100 million yuan)	925.33	650.99
一般预算支出	(亿元)	General Bugetary Expenditure	(100 million yuan)	1931.04	917.24
城镇非私营单位就业人员工资总额	(亿元)	Total Wages Bill of Fully Employed Staff and Workers in Urban Non-private Units	(100 million yuan)	1914.69	1182.98
城镇非私营单位就业人员平均工资	(元)	Average Wage of Fully Employed Staff and Workers in Urban Non-private Units	(yuan)		60213
城镇居民人均可支配收入	(元)	Per Capita Annual Disposable Income of Urban Households	(yuan)		33188
农村居民人均可支配收入	(元)	Per Capita Annual Disposable Income of Rural Residents	(yuan)		14072
农林牧渔业总产值	(亿元)	Gross Output Value of Agriculture, Forestry, Animal Husbandry and Fishery	(100 million yuan)	1700.40	380.76
粮食产量	(万吨)	Grain	(10 000 tons)	766.38	180.86
棉花产量	(吨)	Cotton	(ton)	36868	294
油料产量	(万吨)	Oil-bearing Crops	(10 000 tons)	16.26	0.95
规模以上工业总产值	(亿元)	Gross Industrial Output Value above Designated Size	(100 million yuan)	12862.98	4346.16
邮电业务总量	(亿元)	Business Volume of Postal and Telecommunication Services	(100 million yuan)	487.10	298.83
固定电话	(万户)	Number of Fixed Telephone Subscribers	(10 000 subscribers)	526.34	314.39
移动电话	(万户)	Number of Mobile Telephone Subscribers	(10 000 subscribers)	2513.48	1370.63
社会消费品零售总额	(亿元)	Total Retail Sales of Consumer Goods	(100 million yuan)	5247.78	3405.38
进出口总值	(亿元)	Total Value of Imports and Exports	(100 million yuan)	1859.36	1761.75
# 出口总值		Exports		887.28	819.87
实际利用外商直接投资额	(万美元)	Actually Utilized Value of Direct Investments	(USD 10 000)	414984	400833
卫生机构数	(个)	Health Care Institutions	(unit)	18879	5802
卫生机构床位数	(张)	Number of Beds	(unit)	134779	54708
卫生技术人员	(人)	Medical Technical Personnel	(person)	180963	81462

注：本表价值量指标中，除邮电业务总量按不变价格计算，其余均按当年价格计算。

Main Indicators on National Economic by City(District)(2015)

						陕 南				陕 北		
铜川市 Tongchuan	宝鸡市 Baoji	咸阳市 Xianyang	渭南市 Weinan	# 韩城市 Hancheng	杨 凌 示范区 Yangling	Southern Shaanxi	汉中市 Hanzhong	安康市 Ankang	商洛市 Shangluo	Northern Shaanxi	延安市 Yan'an	榆林市 Yulin
84.62	376.33	497.24	535.99	39.86	20.34	844.55	343.81	265.00	235.74	563.24	223.13	340.11
12.02	41.00	54.86	45.74		4.52	68.09	30.32	18.05	19.71	75.31	33.62	41.69
307.16	1787.63	2152.92	1430.41	311.29	105.85	2433.18	1059.61	755.05	618.52	3690.15	1198.27	2491.88
383.98	2589.88	3063.20	2085.21	311.26	144.25	2565.25	1039.40	758.16	767.69	3021.54	1637.17	1384.37
347.55	2543.15	2981.85	1978.22	307.26	141.01	2389.15	930.27	707.82	751.06	2526.08	1392.41	1133.67
28.30	94.78	181.82	97.33	13.76	9.37	153.05	68.20	65.50	19.35	97.97	50.98	46.99
23.11	84.47	85.44	72.06	18.77	9.26	107.30	44.67	30.84	31.79	456.75	161.17	295.58
89.86	264.07	300.19	336.09	34.46	23.58	664.77	258.65	224.60	181.52	780.96	315.60	465.36
56.65	195.33	246.99	208.64		24.09	317.80	147.37	86.77	83.65	436.85	193.33	243.51
47506	47886	45309	45775		52999		48893	48628	42821		56459	58442
25559	29475	29425	25472	27504	33109		23625	23985	23509		28590	27765
8739	9511	9690	8705	11429	13792		8164	7913	7706		9789	9802
42.22	289.89	577.52	397.54	28.80	12.47	677.46	339.66	169.55	168.24	447.71	197.63	250.08
24.11	149.65	192.38	217.27	7.26	2.11	251.83	103.24	87.15	61.44	215.11	72.21	142.90
	52	123	36399	70		82	53	27	2	970	839	131
0.90	1.92	5.18	7.30	0.14	0.01	36.87	19.21	15.26	2.40	9.53	2.14	7.39
565.23	2599.43	3164.89	2053.87		133.41	2660.48	922.03	945.07	793.37	4623.61	1417.24	3206.37
13.04	52.17	61.97	61.10			98.35	43.00	34.86	20.49	116.83	44.33	72.50
13.22	64.76	54.01	79.97			111.85	52.58	34.52	24.74	85.08	33.84	51.25
65.96	295.45	373.66	407.79			567.48	251.83	186.79	128.86	568.69	219.27	349.41
110.05	612.84	601.59	503.25	42.14	14.66	692.86	319.00	219.20	154.66	637.50	241.09	396.41
1.48	53.61	28.64	10.55		3.34	27.21	5.54	2.95	18.72	8.83	6.84	1.99
1.47	40.85	15.22	8.66		1.20	22.57	4.34	2.95	15.28	8.66	6.83	1.83
	268	13443	289		151	1206	1054		152	10653		10653
946	2999	4715	4246		171	10046	3814	3113	3119	8105	3244	4861
5219	23091	28458	22183		1120	45940	20960	13215	11765	31166	12865	18301
7310	24460	39044	26869		1818	47013	20356	14765	11892	37405	15214	22191

a) Figures in value terms in this table are at current prices, except that on the business volume of postal and telecommunication services which is at constant prices.

2-10　按国民经济行业分的法人单位数及从业人数(2015年)

行　　业	Sector	全部法人 Total 单位数(个) Number of Units (unit)	全部法人 Total 从业人员(人) Employed Persons (person)
全 省 总 计	**Total**	**358073**	**9332703**
农、林、牧、渔业	Agriculture, Forestry, Animal Husbandry and Fishery	29687	367372
农　业	Farming	10882	164842
林　业	Forestry	2156	30165
畜牧业	Animal Husbandry	12684	121130
渔　业	Fishery	775	7301
农、林、牧、渔服务业	Services in Support of Agriculture	3190	43934
采矿业	Mining	4663	518878
煤炭开采和洗选业	Mining and Washing of Coal	1032	247340
石油和天然气开采业	Extraction of Petroleum and Natural Gas	82	120131
黑色金属矿采选业	Mining and Processing of Ferrous Metal Ores	323	21325
有色金属矿采选业	Mining and Processing of Non-Ferrous Metal Ores	451	42031
非金属矿采选业	Mining and Processing of Nonmetal Ores	1246	34322
开采辅助活动	Mining Supporting Activities	1429	52333
其他采矿业	Mining of Other Ores	100	1396
制造业	Manufacturing	38397	2028089
农副食品加工业	Processing of Food from Agricultural Products	2838	116615
食品制造业	Manufacture of Foods	1895	82646
酒、饮料和精制茶制造业	Manufacture of Wine,Beverages and Refined Tea	1217	64294
烟草制品业	Manufacture of Tobacco	6	10541
纺织业	Manufacture of Textile	695	83622
纺织服装、服饰业	Manufacture of Textile and Clothing	430	20883
皮革、毛皮、羽毛及其制品和制鞋业	Manufacture of Leather, Fur, Feather and Related Products, and Shoes	126	5275
木材加工及木、竹、藤、棕、草制品业	Processing of Timbers, Manufacture of Wood, Bamboo, Rattan, Palm, and Straw Products	719	20250
家具制造业	Manufacture of Furniture	695	15897
造纸和纸制品业	Manufacture of Paper and Paper Products	790	40632
印刷业和记录媒介的复制	Printing, Reproduction of Recording Media	1257	32560
文教、工美、体育和娱乐用品制造业	Manufacture of Culture, Education,Articles,Sports and Entertainment Supplies	500	14493
石油加工、炼焦及核燃料加工业	Processing of Petroleum, Coking, Processing Nuclear Fuel	325	67679
化学原料及化学制品制造业	Manufacture of Chemical Raw Material and Chemical Products	1944	120156
医药制造业	Manufacture of Medicines	773	64670
化学纤维制造业	Manufacture of Chemical Fibers	47	2371
橡胶和塑料制品业	Manufacture of Rubber and Plastics	1377	70588
非金属矿物制品业	Manufacture of Non-metallic Mineral Products	6763	297590
黑色金属冶炼及压延加工业	Smelting and Pressing of Ferrous Metals	560	61170
有色金属冶炼及压延加工业	Smelting and Pressing of Non-ferrous Metals	1090	93260
金属制品业	Manufacture of Metal Products	2205	65557
通用设备制造业	Manufacture of General Purpose Machinery	4107	153493
专用设备制造业	Manufacture of Special Purpose Machinery	2672	125013
汽车制造业	Automotive Industry	396	116651

Number of Corporation Units and Employed Persons by Sector (2015)

企业法人 Enterprises		事业单位法人 Institutions		机关法人 Agencies		社会团体法人 Social Organizations		其他法人 Others	
单位数(个) Number of Units (unit)	从业人员(人) Employed Persons (person)	单位数(个) Number of Units (unit)	从业人员(人) Employed Persons (person)	单位数(个) Number of Units (unit)	从业人员(人) Employed Persons (person)	单位数(个) Number of Units (unit)	从业人员(人) Employed Persons (person)	单位数(个) Number of Units (unit)	从业人员(人) Employed Persons (person)
255986	**7132356**	**30475**	**1157511**	**9698**	**416602**	**7016**	**110529**	**54898**	**515705**
20751	241895	605	12193					8331	113284
7301	106412	39	826					3542	57604
1692	21744	130	4108					334	4313
9515	86499	30	525					3139	34106
578	4936	5	43					192	2322
1665	22304	401	6691					1124	14939
4663	518878								
1032	247340								
82	120131								
323	21325								
451	42031								
1246	34322								
1429	52333								
100	1396								
38397	2028089								
2838	116615								
1895	82646								
1217	64294								
6	10541								
695	83622								
430	20883								
126	5275								
719	20250								
695	15897								
790	40632								
1257	32560								
500	14493								
325	67679								
1944	120156								
773	64670								
47	2371								
1377	70588								
6763	297590								
560	61170								
1090	93260								
2205	65557								
4107	153493								
2672	125013								
396	116651								

2-10 续表 1

行业	Sector	全部法人 Total 单位数(个) Number of Units (unit)	从业人员(人) Employed Persons (person)
铁路、船舶、航空航天和其他运输设备制造业	Manufacture of Railway,Shipping,Aerospace and Other Transport Equipments	439	50854
电气机械和器材制造业	Manufacture of Electrical Machinery and Equipment	1993	119117
计算机、通信和其他电子设备制造业	Manufacture of Computers,Communication and Other Electronic Equipment	993	71702
仪器仪表制造业	Manufacture of Instrument and Apparatus	632	19967
其他制造业	Other Manufacturing	346	8762
废弃资源综合利用业	Comprehensive Utilization Industry of Waste Resources	170	4630
金属制品、机械和设备修理业	Industry of Metalwork,Machinery, and Equipment Repair	397	7151
电力、热力、燃气及水生产和供应业	Production and Distribution of Electricity, Gas and Water	2493	184889
电力、热力生产和供应业	Production and Supply of Electric Power and Heat Power	1374	145241
燃气生产和供应业	Production and Supply of Gas	268	15713
水的生产和供应业	Production and Supply of Water	851	23935
建筑业	Construction	18889	1198675
房屋建筑业	Construction of Buildings	4643	683353
土木工程建筑业	Civil Engineering Construction	3972	313240
建筑安装业	Construction and Installation	2640	86518
建筑装饰和其他建筑业	Architectural Decoration and Other Construction	7634	115564
批发和零售业	Wholesale and Retail Trades	87320	1026851
批发业	Wholesale Trade	41532	448812
零售业	Retail Trade	45788	578039
交通运输、仓储和邮政业	Transport, Storage and Post	7908	399867
铁路运输业	Railway Transport	115	116974
道路运输业	Road Transport	4838	186767
水上运输业	Water Transport	28	420
航空运输业	Air Transport	83	13317
管道运输业	Transport Via Pipelines	47	3481
装卸搬运和运输代理业	Loading, Unloading and Other Transport Services	1035	16572
仓储业	Storage	1178	24313
邮政业	Post	584	38023
住宿和餐饮业	Hotels and Catering Services	8372	297241
住宿业	Hotels	3321	122114
餐饮业	Catering Services	5051	175127
信息传输、软件和信息技术服务业	Information Transmission, Software and Information Services	7021	167189
电信、广播电视和卫星传输服务	Telecommunications, Broadcasting Television and Satellite Transmission Services	701	70718
互联网和相关服务	Internet and Related Services	1351	13797
软件和信息技术服务业	Software and Information Technology Services	4969	82674
金融业	Financial Intermediation	2811	133630
货币金融服务	Monetary and Financial Services	1361	82100
资本市场服务	Capital Market Services	618	6932

continued

企业法人 Enterprises		事业单位法人 Institutions		机关法人 Agencies		社会团体法人 Social Organizations		其他法人 Others	
单位数(个) Number of Units (unit)	从业人员(人) Employed Persons (person)	单位数(个) Number of Units (unit)	从业人员(人) Employed Persons (person)	单位数(个) Number of Units (unit)	从业人员(人) Employed Persons (person)	单位数(个) Number of Units (unit)	从业人员(人) Employed Persons (person)	单位数(个) Number of Units (unit)	从业人员(人) Employed Persons (person)
439	50854								
1993	119117								
993	71702								
632	19967								
346	8762								
170	4630								
397	7151								
2460	184192	23	657					10	40
1368	144875	6	366						
266	15622	1	85					1	6
826	23695	16	206					9	34
18889	1198675								
4643	683353								
3972	313240								
2640	86518								
7634	115564								
87318	1026793							2	58
41530	448754							2	58
45788	578039								
7481	367991	322	29560					105	2316
107	108537	6	8412					2	25
4557	168010	271	18607					10	150
27	417	1	3						
80	12032	3	1285						
47	3481								
1030	16448	3	72					2	52
1067	21268	29	1026					82	2019
566	37798	9	155					9	70
8343	295466	9	1105					20	670
3313	121446	6	641					2	27
5030	174020	3	464					18	643
6903	164328	100	2453					18	408
627	68709	73	2007					1	2
1337	13716	9	58					5	23
4939	81903	18	388					12	383
2343	126530	95	5014					373	2086
948	75889	67	4308					346	1903
611	6799	4	105					3	28

2-10 续表 2

行业	Sector	全部法人 Total 单位数(个) Number of Units (unit)	全部法人 Total 从业人员(人) Employed Persons (person)
保险业	Insurance	566	41698
其他金融业	Others	266	2900
房地产业	Real Estate	12815	307342
房地产业	Real Estate	12815	307342
租赁和商务服务业	Leasing and Business Services	21989	258249
租赁业	Leasing	2243	18017
商务服务业	Business Services	19746	240232
科学研究和技术服务业	Scientific Research, Technology Services	12392	261245
研究和试验发展	Research and Experimental Development	1055	26614
专业技术服务业	Professional Technical Services	7042	172208
科技推广和应用服务业	Services of Science and Technology Exchangesand Promotion and Application	4295	62423
水利、环境和公共设施管理业	Management of Water Conservancy, Environment and Public Facilities	3668	108865
水利管理业	Management of Water Conservancy	1039	24929
生态保护和环境治理业	Ecological Protection and Environmental Management	452	9674
公共设施管理业	Management of Public Facilities	2177	74262
居民服务、修理和其他服务业	Residents Service, Repair and other Services	6999	89603
居民服务业	Services to Households	2444	37058
机动车、电子产品和日用产品修理业	Motor Vehicle, Electronic Products and Daily Product Repair	3173	34292
其他服务业	Other Services	1382	18253
教　育	Education	16022	660444
教　育	Education	16022	660444
卫生和社会工作	Health, Social Work	14703	302021
卫　生	Health	13753	288224
社会工作	Social Work	950	13797
文化、体育和娱乐业	Culture, Sports and Entertainment	7052	111808
新闻和出版业	Journalism and Publishing Activities	252	10206
广播、电视、电影和影视录音制作业	Broadcasting, Television, Movies and Video Recording	844	21223
文化艺术业	Cultural and Art Activities	2200	40675
体　育	Sports Activities	407	7687
娱乐业	Entertainment	3349	32017
公共管理、社会保障和社会组织	Public Management, Social Security and Social Organization	54872	910445
中国共产党机关	Organs of Communist Party of China	1367	22566
国家机构	Government Agencies	17190	581621
人民政协、民主党派	CPPCC and Democratic Parties	203	4016
社会保障	Social Security	522	7992
群众团体、社会团体和其他成员组织	Mass Organizations, Social Organizations and Religion Organizations	7816	117270
基层群众自治组织	Grass Roots Self-governing Organizations	27774	176980

continued

企业法人 Enterprises		事业单位法人 Institutions		机关法人 Agencies		社会团体法人 Social Organizations		其他法人 Others	
单位数(个) Number of Units (unit)	从业人员(人) Employed Persons (person)	单位数(个) Number of Units (unit)	从业人员(人) Employed Persons (person)	单位数(个) Number of Units (unit)	从业人员(人) Employed Persons (person)	单位数(个) Number of Units (unit)	从业人员(人) Employed Persons (person)	单位数(个) Number of Units (unit)	从业人员(人) Employed Persons (person)
549	41350	15	317					2	31
235	2492	9	284					22	124
12732	305443	78	1765					5	134
12732	305443	78	1765					5	134
20815	241699	747	11678					427	4872
2202	17499	6	230					35	288
18613	224200	741	11448					392	4584
8823	177968	2295	64719					1274	18558
797	19080	163	6719					95	815
5648	129140	1346	42338					48	730
2378	29748	786	15662					1131	17013
2145	47565	1458	60460					65	840
195	3911	799	20659					45	359
252	4618	198	5036					2	20
1698	39036	461	34765					18	461
6689	84002	142	2931					168	2670
2222	32640	106	2202					116	2216
3145	33998	10	199					18	95
1322	17364	26	530					34	359
1222	22187	9402	509052					5398	129205
1222	22187	9402	509052					5398	129205
680	30631	4235	221954			78	746	9710	48690
594	29486	3729	214282					9430	44456
86	1145	506	7672			78	746	280	4234
5322	69947	1397	34714			53	1659	280	5488
173	7520	62	2427					17	259
670	10584	171	10624					3	15
959	16696	1043	19494					198	4485
231	3879	89	1689			53	1659	34	460
3289	31268	32	480					28	269
10	77	9567	199256	9698	416602	6885	108124	28712	186386
		21	209	1346	22357				
		9039	191366	8151	390255				
		2	26	201	3990				
10	77	505	7655					7	260
						6885	108124	931	9146
								27774	176980

2-11 各市、县(市、区)法人单位数及从业人员(2015年)
Number of Corporation Units and Employed Persons by City and County (City and District)(2015)

地 区	Region	法人单位数(个) Corporation Units (unit)	年末从业人员(人) Employed Persons at Year-end (person)	地 区	Region	法人单位数(个) Corporation Units (unit)	年末从业人员(人) Employed Persons at Year-end (person)
全 省	**Shaanxi**	**358073**	**9332703**	千阳县	Qianyang	1116	18257
西安市	**Xi'an**	**122546**	**3417969**	麟游县	Linyou	815	12165
新城区	Xincheng	8492	211917	凤 县	Fengxian	1055	29124
碑林区	Beilin	14186	513295	太白县	Taibai	904	16700
莲湖区	Lianhu	12120	341452	**咸阳市**	**Xianyang**	**37003**	**1215327**
灞桥区	Baqiao	4944	144054	秦都区	Qindu	4446	244133
未央区	Weiyang	20080	534124	渭城区	Weicheng	4617	116468
雁塔区	Yanta	32119	875244	三原县	Sanyuan	3096	92105
阎良区	Yanliang	2700	56523	泾阳县	Jingyang	3956	94425
临潼区	Lintong	4418	95667	乾 县	Qianxian	3206	88620
长安区	Chang'an	7852	282184	礼泉县	Liquan	2725	66903
高陵区	Gaoling	3263	141621	永寿县	Yongshou	1677	32592
蓝田县	Lantian	4005	66638	彬 县	Binxian	1867	67212
周至县	Zhouzhi	3395	54676	长武县	Changwu	1791	33021
户 县	Huxian	4972	100574	旬邑县	Xunyi	1537	36683
铜川市	**Tongchuan**	**8413**	**225114**	淳化县	Chunhua	1312	31029
王益区	Wangyi	1752	75318	武功县	Wugong	2739	168109
印台区	Yintai	1326	33779	兴平市	Xingping	4034	144027
耀州区	Yaozhou	4378	99062	**渭南市**	**Weinan**	**29973**	**853046**
宜君县	Yijun	957	16955	临渭区	Linwei	5710	186840
宝鸡市	**Baoji**	**34383**	**876091**	华 县	Huaxian	1643	50178
渭滨区	Weibin	6980	193936	潼关县	Tongguan	900	24768
金台区	Jintai	6534	149455	大荔县	Dali	3629	80389
陈仓区	Chencang	4078	92345	合阳县	Heyang	2754	49459
凤翔县	Fengxiang	2982	71729	澄城县	Chengcheng	2562	61730
岐山县	Qishan	3185	117560	蒲城县	Pucheng	3405	108952
扶风县	Fufeng	2154	49510	白水县	Baishui	1785	36442
眉 县	Meixian	3272	100673	富平县	Fuping	2852	73555
陇 县	Longxian	1308	24637	韩城市	Hancheng	3004	127531

2-11　续表　continued

地　区	Region	法人单位数(个) Corporation Units (unit)	年末从业人员(人) Employed Persons at Year-end (person)	地　区	Region	法人单位数(个) Corporation Units (unit)	年末从业人员(人) Employed Persons at Year-end (person)
华阴市	Huayin	1729	53202	府谷县	Fugu	3947	110525
延安市	**Yan'an**	**23885**	**507702**	横山县	Hengshan	1857	42877
宝塔区	Baota	8042	246594	靖边县	Jingbian	5251	82279
延长县	Yanchang	1146	14326	定边县	Dingbian	3053	53531
延川县	Yanchuan	1686	21732	绥德县	Suide	2153	31102
子长县	Zichang	1494	26282	米脂县	Mizhi	1450	25794
安塞县	Ansai	1446	25198	佳　县	Jiaxian	1941	24635
志丹县	Zhidan	1515	26538	吴堡县	Wubu	1027	15806
吴起县	Wuqi	1364	22996	清涧县	Qingjian	1786	32572
甘泉县	Ganquan	825	15860	子洲县	Zizhou	1956	23203
富　县	Fuxian	1207	20468	**安康市**	**Ankang**	**14579**	**372730**
洛川县	Luochuan	2096	22765	汉滨区	Hanbin	5179	150038
宜川县	Yichuan	1102	13271	汉阴县	Hanyin	1331	31789
黄龙县	Huanglong	672	7606	石泉县	Shiquan	1174	32933
黄陵县	Huangling	1290	44066	宁陕县	Ningshan	625	13626
汉中市	**Hanzhong**	**26099**	**596810**	紫阳县	Ziyang	903	27866
汉台区	Hantai	8229	207430	岚皋县	Langao	693	15711
南郑县	Nanzheng	3225	65693	平利县	Pingli	1151	30421
城固县	Chenggu	2378	64277	镇坪县	Zhenping	534	8250
洋　县	Yangxian	1735	48173	旬阳县	Xunyang	2074	42866
西乡县	Xixiang	1970	40927	白河县	Baihe	915	19230
勉　县	Mianxian	2574	57841	**商洛市**	**Shangluo**	**13472**	**328104**
宁强县	Ningqiang	1472	34252	商州区	Shangzhou	2714	87520
略阳县	Lueyang	1910	36287	洛南县	Luonan	2654	38471
镇巴县	Zhenba	1595	27974	丹凤县	Danfeng	1957	31068
留坝县	Liuba	559	8777	商南县	Shangnan	1542	39146
佛坪县	Foping	452	5179	山阳县	Shanyang	1939	64226
榆林市	**Yulin**	**45597**	**874999**	镇安县	Zhen'an	1705	41558
榆阳区	Yuyang	13841	251032	柞水县	Zhashui	961	26115
神木县	Shenmu	7335	181643	**杨凌示范区**	**Yangling**	**2123**	**64811**

主要统计指标解释

平均增长速度 平均增长速度表明社会经济现象在一个较长的时期内逐期平均增长变化的程度，它不能根据各个环比增长速度直接求得，但与平均发展速度之间存在着一定的数量关系：平均增长速度＝平均发展速度－1。

平均发展速度是一种根据环比发展速度计算的序时平均数,由于各时期对比的基础不同，所以计算平均发展速度不能采用一般的序时平均数的计算方法，计算方法分为水平法和累计法。水平法，又称几何平均法，即将环比发展速度按连乘法用几何平均数公式计算。累计法，也称方程法，根据一段时期内各年发展水平总和与基期水平的关系，列出方程式计算平均发展速度。水平法着重考虑最后一年所达到的发展水平；累计法着重考虑整个时期累计发展水平的总量。

本《年鉴》内所列的平均增长速度，除固定资产投资用“累计法”计算外，其余均用“水平法”计算。从某年到某年平均增长速度的年份，均不包括基期年在内。如建国六十年以来的平均增长速度是以 1949 年为基期计算的，则写为 1950-2009 年平均增长速度，其余类推。

企业(单位)登记注册类型 是以在工商行政管理机关登记注册的各类企业为划分对象，以工商行政管理部门对企业登记注册的类型为依据，将企业登记注册类型分为内资企业、港澳台商投资企业和外商投资企业三大类。内资企业包括国有企业、集体企业、股份合作企业、联营企业、有限责任公司、股份有限公司、私营公司和其他企业；港澳台商投资企业和外商投资企业分别包括合资经营企业、合作经营企业、独资经营企业和股份有限公司。对不在工商行政管理部门进行登记注册的行政机关、事业单位和社会团体，主要按其经费来源和管理方式进行划分。

国有企业 指企业全部资产归国家所有，并按《中华人民共和国企业法人登记管理条例》规定登记注册的非公司制的经济组织。不包括有限责任公司中的国有独资公司。

集体企业 指企业资产归集体所有，并按《中华人民共和国企业法人登记管理条例》规定登记注册的经济组织。

股份合作企业 指以合作制为基础，由企业职工共同出资入股，吸收一定比例的社会资产投资组建，实行自主经营，自负盈亏，共同劳动，民主管理，按劳分配与按股分红相结合的一种集体经济组织。

联营企业 指两个及两个以上相同或不同所有制性质的企业法人或事业单位法人，按自愿、平等、互利的原则，共同投资组成的经济组织。联营企业包括国有联营企业、集体联营企业、国有与集体联营企业和其他联营企业。

有限责任公司 指根据《中华人民共和国公司登记管理条例》规定登记注册，由两个以上、五十个以下的股东共同出资，每个股东以其所认缴的出资额对公司承担有限责任，公司以其全部资产对其债务承担责任的经济组织。有限责任公司包括国有独资公司以及其他有限责任公司。

股份有限公司 指根据《中华人民共和国公司登记管理条例》规定登记注册，其全部注册资本由等额股份构成并通过发行股票筹集资本，股东以其认购的股份对公司承担有限责任，公司以其全部资产对其债务承担责任的经济组织。

私营企业 指由自然人投资设立或由自然人控股，以雇佣劳动为基础的营利性经济组织。包括按照《公司法》、《合伙企业法》、《私营企业暂行条例》规定登记注册的私营有限责任公司、私营股份有限公司、私营合伙企业和私营独资企业。

其他企业 指上述企业之外的其他内资经济组织。

与港澳台商合资经营企业 指港澳台地区投资者与内地企业依照《中华人民共和国中外合资经营企业法》及有关法律的规定，按合同规定的比例投资设立、分享利润和分担风险的企业。

与港澳台商合作经营企业 指港澳台地区投资者与内地企业依照《中华人民共和国中外合作经营企业法》及有关法律的规定，依照合作合同的约定进行投资或提供条件设立、分配利润和分担风险的企业。

港澳台商独资经营企业 指依照《中华人民共和国外资企业法》及有关法律的规定，在内地由港澳台地区投资者全额投资设立的企业。

港澳台商投资股份有限公司 指根据国家有关规定，经原外经贸部依法批准设立，其中港、澳、台商的股本占公司注册资本的比例达 25% 以上的股份有限公司。凡其中港、澳、台商的股本占公司注册资本的比例小于 25%的，属于内资企业中的股份有限公司。

中外合资经营企业 指外国企业或外国人与中国内地企业依照《中华人民共和国中外合资经营企业法》及有关法律的规定，按合同规定的比例投资设立、分享利润和分担风险的企业。

中外合作经营企业 指外国企业或外国人与中国内地企业依照《中华人民共和国中外合作经营企业法》及有关法律的规定，依照合作合同的约定进行投资或提供条件设立、分配利润和分担风险的企业。

外资企业 指依照《中华人民共和国外资企业法》及有关法律的规定，在中国内地由外国投资者全额投资设立的企业。

外商投资股份有限公司 指根据国家有关规定，经原外经贸部依法批准设立，其中外资的股本占公司注册资本的比例达 25% 以上的股份有限公司。凡其中外资股本占公司注册资本的比例小于 25%的，属于内资企业中的股份有限公司。

行政机关、事业单位和社会团体 参照企业登记注册类型，主要按其经费来源和管理方式划分。具体规定如下：

⑴行政机关：包括国家机关和政党机关，原则上均列为

“国有”。但有特殊规定的，如供销社等，则列为“集体”。

⑵事业单位：包括经国家机构编制部门和有关业务主管部门批准成立的各类事业单位，不包括实行企业化管理的事业单位。事业单位的划分办法如下：

①由国家财政预算拨款或列入财政预算外资金管理以及经费主要来源于国有主管部门或国有上级单位的事业单位，列为“国有”。

②经费主要来源于集体单位的事业单位，列为“集体”。

③公民个人(或个人合伙)开办的事业单位，列为“私营”。

④上述以外的其他事业单位，如果其经费来源不明确，按管理方式进行归类。

⑶社会团体：包括经民政部门批准成立以及未纳入社会团体管理条例范围的工会、妇联等各类社会团体。社会团体的划分办法如下：

①未纳入民政部社会团体管理条例范围的工会、妇联、共青团、青联、工商联、科协、侨联等社会团体，国家拨款设立的基金会或基金管理组织以及经费主要来源于国有业务主管部门或国有上级单位的社会团体，列为“国有”。

②经费主要来源于集体单位的社会团体，列为“集体”。

③公民个人(或个人合伙)开办的社会团体，划为“私营”。

④上述以外的其他社会团体，如果其经费来源不明确，改按管理方式进行归类。

法人单位　指有权拥有资产、承担负债，并独立从事社会经济活动（或与其他单位进行交易）的组织。法人单位应同时具备以下条件：（1）依法成立，有自己的名称、组织机构和场所，能够独立承担民事责任；（2）独立拥有（或授权使用）资产或者经费，承担负债，有权与其他单位签订合同；（3）具有包括资产负债表在内的账户，或者能够根据需要编制账户。

Explanatory Notes on Main Statistical Indicators

Average Annual Growth Rate shows the average growth rate of social and economic development during a longer period. It can not be directly calculated by chain based growth rate. The relation is:

Average Annual Growth Rate = Average Speed of Development – 1

Average speed of development is the time series average of speed which calculated by chain based. Because the reference bases during the different periods are not same, average speed of development can not be calculated by the general method. Level approach and accumulative approach for calculating average speed of development rate are applied. The "level approach", or the method of calculating the geometric average, is derived by the formula of geometric average of the chain-based speeds of development, or comparing the level of the last year of the interval with that of the beginning year; the other is called the "accumulative approach" or the "algebraic average", "equation" method, which is derived by the summation of the actual figure of each year in the interval divided by the figure in the base year. The level approach focuses on the level of the last year, while the accumulative approach emphasizes the aggregate development in the duration.

The average annual growth rates listed in the Yearbook are calculated by the level approach except for the growth rate of investment in fixed assets. The base year is not listed in the duration for which average annual growth rates are computed. For instance, the average annual growth rate of the 60 years since 1949 is shown as the average annual growth rate of 1950-2009 without showing the base year 1949.

Registration Status of Enterprises Enterprises are classified into 3 categories, namely domestic-funded enterprises, enterprises with investment from Hong Kong, Macau and Taiwan, and enterprises with foreign investment, according to the registration status of an enterprise in industrial and commercial administration agencies. Domestic-funded enterprises include State-owned enterprises, collective-owned enterprises, cooperative enterprises, joint ownership enterprises, limited liability corporations, share-holding corporations Ltd., private enterprises and other enterprises. Included in the enterprises with investment from Hong Kong, Macau and Taiwan and enterprises with foreign investment are joint-venture enterprises, cooperative enterprises, sole investment enterprises and share-holding corporations Ltd. For government agencies, institutions and social organizations which are not registered in industrial and commercial administration agencies, they are classified mainly by their sources of funding and manner of management.

State-owned Enterprises refer to non-corporation economic units where the entire assets are owned by the State and which have been registered in accordance with the *Regulation of the People's Republic of China on the Management of Registration of Corporate Enterprises*. Not included from this category are solely State-funded corporations in the limited liability corporations.

Collective-owned Enterprises refer to economic units where the assets are owned collectively and which have been registered in accordance with the *Regulation of the People's Republic of China on the Management of Registration of Corporate Enterprises*.

Cooperative Enterprises refer to a form of collective economic units (enterprises) where capitals come mainly from employees as their shares, with certain proportion of capital from the outside, where production is organized on the basis of independent operation, independent accounting for profits and losses, joint work, democratic management, and a distribution system that integrates remuneration according to work with dividend according to capital share.

Joint Ownership Enterprises refer to economic units established by two or more corporate enterprises or corporate institutions of the same or different ownership, through joint investment on the basis of voluntary participation, equality, and mutual benefits. They include State joint ownership enterprises; collective joint ownership enterprises; joint State-collective enterprises; and other joint ownership enterprises.

Limited Liability Corporations refer to economic units established with investment from 2-50 investors and registered in accordance with the *Regulation of the People's Republic of China on the Management of Registration of Corporations*, each investor bearing limited liability to the corporation depending on its share of investment, and the corporation bearing liability to its debt to the maximum of its total assets. Limited liability corporations include solely State-funded limited liability corporations and other limited liability corporations.

Share-holding Corporations Ltd. refer to economic units registered in accordance with the *Regulation of the People's Republic of China on the Management of Registration of Corporations*, with total registered capital divided into equal shares and raised through issuing stocks. Each investor bears limited liability to the corporation depending on the holding of shares, and the corporation bears liability to its debt to the maximum of its total assets.

Private Enterprises refer to profit-making economic units invested and established by natural persons, or controlled by natural persons using employed labour. Included in this category are private limited liability corporations, private share-holding corporations Ltd., private partnership enterprises and private-funded enterprises registered in accordance with the *Company Law, the Law on Partnership Business* and *Interim Regulations on Private Enterprises* .

Other Domestic-funded Enterprises refer to

domestic-funded economic units other than those mentioned above.

Joint Venture Enterprises with Funds from Hong Kong, Macau and Taiwan are enterprises established by investors from Hong Kong, Macau and Taiwan with enterprises in the mainland of China in accordance with the *Law of the People's Republic of China on Sino-foreign Equity Joint Ventures* and other relevant laws, where the establishment of the investment and the sharing of profits and risks are stipulated under joint venture contracts.

Cooperative Enterprises with Funds from Hong Kong, Macau and Taiwan established by investors from Hong Kong, Macau and Taiwan with enterprises in the mainland of China in accordance with the *Law of the People's Republic of China on Sino-foreign Contractual Joint Venture* and other relevant laws, where the investment or provision of facilities and the sharing of profits and risks are stipulated under cooperative contracts.

Enterprises with Sole (exclusive) Investment from Hong Kong, Macau and Taiwan refer to enterprises established in the mainland of China with exclusive investment from investors from Hong Kong, Macau and Taiwan in accordance with the *Law of the People's Republic of China on Wholly Foreign-owned Enterprises* and other relevant laws.

Share-holding Corporations Ltd. with Investment from Hong Kong, Macau and Taiwan refer to share-holding corporations Ltd. established with the approval from the former Ministry of Foreign Trade and Economic Relations in line with relevant State regulations, where the share of investment from Hong Kong, Macau or Taiwan businessmen exceeds 25% of the total registered capital of the corporation. In case the share of investment from Hong Kong, Macau or Taiwan is less than 25% of the total registered capital, the enterprise is to be classified as domestic-funded share-holding corporation Ltd.

Joint Venture Enterprises with Foreign Investment refer to enterprises jointly established by foreign enterprises or foreigners with enterprises in the mainland of China in accordance with the *Law of the People's Republic of China on Sino-foreign Equity Joint Ventures* and other relevant laws, where the sharing of investment, profits and risks is stipulated under contract.

Cooperative Enterprises with Foreign Investment refer to enterprises jointly established by foreign enterprises or foreigners with enterprises in the mainland of China in accordance with the *Law of the People's Republic of China on Sino-foreign Contractual Joint Venture* and other relevant laws, where the investment or provision of facilities and the sharing of profits and risks are stipulated under cooperative contracts.

Enterprises with Sole (exclusive) Foreign Investment refer to enterprises established in the mainland of China with exclusive investment from foreign investors in accordance with the *Law of the People's Republic of China on Wholly Foreign-owned Enterprises* and other relevant laws.

Share-holding Corporations Ltd. with Foreign Investment refer to share-holding corporations Ltd. established with the approval from the former Ministry of Foreign Trade and Economic Relations in line with relevant State regulations, where the share of investment from foreign investors exceeds 25% of the total registered capital of the corporation. In case the share of foreign investment is less than 25% of the total registered capital, the enterprise is to be classified as domestic-funded share-holding corporation Ltd.

Government Agencies, Institutions and Social Organizations are classified into the following categories by source of funds and manner of management taking reference of the registration status of enterprises:

(1) Government agencies: include State and party agencies, classified in principle as State-owned. There are exceptions, such as supply and marketing cooperatives which are classified as collective-owned.

(2) Institutions: include institutions of various types established with the approval by organization and staffing departments of the government, but exclude institutions where enterprise management system is introduced. Institutions are further classified as follows:

(a) Institutions for which their main budgets are from government budget appropriations or extra-budget funds, or allocated from the budget of their competent government agencies. Such institutions are classified as state-owned.

(b) Institutions for which their budget mainly come from collective units. Such institutions are classified as collective-owned.

(c) Social institutions established by individual or a group of citizens, which are classified as private.

(d) Institutions other than those mentioned above for which their sources of budget are not clear. Such institutions are classified by the manner of management.

(3) Social organizations: include social organizations established with the approval from the Ministry of Civil Affairs, and organizations that are not covered by social organization management regulations such as trade unions, women's federations etc.. Social organizations are further classified as follows:

(a) Social organizations that are not covered by social organization management regulations of the Ministry of Civil Affairs such as trade unions, women federations, communist youth leagues, youth associations, industrial and commerce associations, scientist associations, overseas Chinese associations, etc., foundations and fund management organizations established with funds from the state, and social organizations whose funds mainly come from the budget of their competent government agencies. Such institutions are classified as State-owned.

(b) Social organizations for which their budget mainly come from collective units. Such institutions are classified as collective-owned.

(c) Social organizations established by individual or a group of citizens, which are classified as private.

(d) Social organizations other than those mentioned above for which their sources of budget are not clear. Such organizations are classified by the manner of management.

Industrial Activity Unit refer to any organization of part of an organization located at one site and conducting one or mainly conducting one social and economic activity. An industrial activity unit shall meet all of such conditions as: (1) conducting one or mainly conducting one economic activity at one site; (2) organizing production, operation or business activities in a relatively independent manner; (3) capable of providing relevant data such as income and payment.

三、国民经济核算

National Accounts

资料整理：萨　慧　何晓红　孙小芳　王阿耕
李　阳　杨利强　张　巧

简 要 说 明

一、本篇资料反映陕西国民经济核算情况。

二、国民经济核算资料主要包括生产总值及其有关资料。生产总值是根据不同产业部门、不同支出构成的特点和资料来源情况而采用不同方法计算的。

三、本年鉴公布的国民经济核算资料，如果遇到普查，在能够获得更详细的基础资料情况下，历史数据也会调整。根据2008年全国第二次经济普查结果，对2005-2008年生产总值进行了调整，根据2013年全国第三次经济普查结果，对2013年生产总值进行了最终核实和修订。

四、2012年，根据国家质检总局和国家标准委颁布的《国民经济行业分类》（GB/T 4754—2011），国家统计局对《三次产业划分规定》进行了修订，将"农、林、牧、渔业"中的"农、林、牧、渔服务业"，"采矿业"中的"开采辅助活动"，"制造业"中的"金属制品、机械和设备修理业"等三个大类一并调入第三产业。本年鉴2013-2014年三次产业增加值为修订后的三次产业数据。

五、国民经济核算数据绝对数按当年价格计算，速度按可比价格计算。

Brief Introduction

Ⅰ. This chapter reflects the national accounts of Shaanxi Province.

Ⅱ. The data on national accounts mainly include gross domestic product (GDP) and related data. Data on GDP are calculated with various approaches in accordance with the features of various industrial sectors, various expenditure structures and the data resources.

III. The data of past years may also be revised on the basis of more detailed basic data obtained during a census year. GDP data from 2005 to 2008 were adjusted in accordance with the result of the second national economic census in 2008. GDP data of 2013 was adjusted in accordance with the result of the third national economic census in 2013. Data published in this yearbook are adjusted data.

IV. "Classification Rules of Three Strata of Industry" was adjusted by National Bureau of Statistics of China in accordance with "Industrial Classification for National Economic Activities" (GB/T 4754—2011) in 2012, which was promulgated by AQSIQ and SAC. Services in support of agriculture, forestry, animal husbandry and fishery, support activities for mining, repair service of metal products, machinery and equipment are categorized into tertiary industry. Data in 2013 and 2014 published in this yearbook are adjusted data.

Ⅴ. The data on national accounts are calculated at current prices, and the growth rates are calculated at constant prices.

3.国民经济核算

2015年全省				
生产总值	18021.86	亿元	比上年增长	7.9%
第一产业	1597.63	亿元	比上年增长	5.1%
第二产业	9082.13	亿元	比上年增长	6.6%
第三产业	7342.10	亿元	比上年增长	10.5%
人均生产总值	47626	元	比上年增长	7.5%

生产总值构成

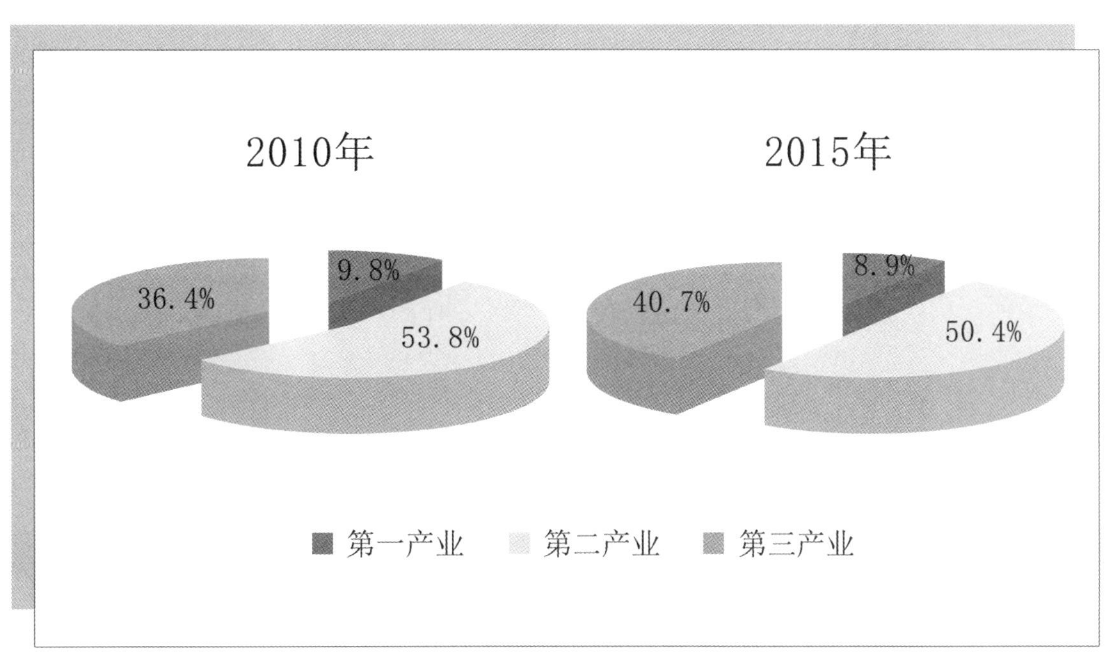

3-1 生产总值
Gross Domestic Product

年 份 Year	生产总值 (亿元) Gross Domestic Product (100 million yuan)	第一产业 Primary Industry	第二产业 Secondary Industry	第三产业 Tertiary Industry	人 均 生产总值 (元) Per Capita GDP (yuan)
1978	81.07	24.70	42.13	14.24	291
1979	94.52	32.52	44.67	17.33	336
1980	94.91	28.47	47.74	18.70	334
1981	102.09	35.40	46.25	20.44	356
1982	111.95	37.02	50.36	24.57	385
1983	123.39	40.00	55.15	28.24	420
1984	149.35	51.05	63.12	35.18	504
1985	180.87	53.39	81.96	45.52	604
1986	208.31	58.00	93.48	56.83	688
1987	244.96	67.84	108.20	68.92	794
1988	314.48	82.69	138.58	93.21	1004
1989	358.37	91.28	158.50	108.59	1124
1990	404.30	105.56	166.95	131.79	1241
1991	468.37	116.88	197.54	153.95	1402
1992	531.63	116.71	232.07	182.85	1571
1993	678.20	148.24	297.49	232.47	1981
1994	839.03	171.81	364.40	302.82	2424
1995	1036.85	217.27	441.67	377.91	2965
1996	1215.84	250.58	514.27	450.99	3446
1997	1363.60	255.42	567.25	540.93	3834
1998	1458.40	266.92	607.82	583.66	4070
1999	1592.64	254.57	681.43	656.64	4415
2000	1804.00	258.22	782.58	763.20	4968
2001	2010.62	263.63	878.82	868.17	5511
2002	2253.39	282.21	1007.56	963.62	6161
2003	2587.72	302.66	1221.17	1063.89	7057
2004	3175.58	372.28	1553.10	1250.20	8638
2005	3933.72	435.77	1951.36	1546.59	10674
2006	4743.61	484.81	2452.44	1806.36	12840
2007	5757.29	592.63	2986.46	2178.20	15546
2008	7314.58	753.72	3861.12	2699.74	19700
2009	8169.80	789.64	4236.42	3143.74	21947
2010	10123.48	988.45	5446.10	3688.93	27133
2011	12512.30	1220.90	6935.59	4355.81	33464
2012	14453.68	1370.16	8073.87	5009.65	38564
2013	16205.45	1460.97	8912.34	5832.14	43117
2014	17689.94	1564.94	9577.24	6547.76	46929
2015	18021.86	1597.63	9082.13	7342.10	47626

注：1.本表按当年价格计算。
2.人均生产总值1991年及以后按常住人口计算，2001-2009年按2010年人口普查修正的常住人口计算。

a) Data in this table are calculated at current prices.

b) Per Capita GDP are calculated at usual residents since 1991.Per Capita GDP were calculated at usual residents which adjusted according to the national population census in 2010 from 2001-2009.

3-2 生产总值指数
Indices of Gross Domestic Product

(上年=100) (preceding year=100)

年 份 Year	生产总值 Gross Domestic Product	第一产业 Primary Industry	第二产业 Secondary Industry	第三产业 Tertiary Industry	人均生产总值 Per Capita GDP
1978	111.0	98.4	114.7	122.2	115.5
1979	107.5	109.1	102.7	123.7	110.0
1980	107.3	109.0	106.4	107.9	98.0
1981	104.5	113.7	96.3	108.1	103.5
1982	109.1	106.5	108.5	115.3	107.6
1983	107.3	101.5	109.5	112.7	106.3
1984	117.8	112.5	120.0	121.9	116.9
1985	116.5	99.3	121.9	131.0	115.1
1986	108.7	104.6	105.9	118.2	107.7
1987	110.0	101.8	110.8	116.6	107.8
1988	121.0	105.3	125.0	127.9	119.2
1989	103.3	106.5	102.8	101.6	101.4
1990	103.4	105.3	101.8	104.5	101.3
1991	107.2	106.8	105.2	110.2	105.7
1992	108.3	103.0	110.4	109.9	106.9
1993	112.1	108.1	115.0	111.5	110.8
1994	108.6	97.0	116.4	106.9	107.4
1995	110.4	104.0	115.2	108.0	109.3
1996	110.9	109.6	112.8	108.9	109.9
1997	110.7	99.7	112.6	114.8	109.8
1998	111.6	107.3	113.8	110.7	110.8
1999	110.3	97.7	112.4	113.7	109.6
2000	110.4	104.0	111.1	112.1	109.6
2001	109.8	101.9	111.2	111.2	109.3
2002	111.1	103.5	113.4	111.0	110.9
2003	111.8	104.1	115.8	109.8	111.5
2004	112.9	108.6	116.7	109.7	112.6
2005	113.7	107.7	116.1	112.5	113.5
2006	113.9	107.4	114.6	114.9	113.7
2007	115.8	105.0	117.5	116.5	115.6
2008	116.4	107.6	118.5	115.8	116.1
2009	113.6	104.9	113.8	115.3	113.3
2010	114.6	105.8	118.0	112.1	114.4
2011	113.9	105.9	116.4	112.5	113.7
2012	112.9	106.0	114.8	111.6	112.6
2013	111.0	104.6	112.6	110.1	110.7
2014	109.7	105.1	110.9	108.9	109.4
2015	107.9	105.1	106.6	110.5	107.5

注：本表按不变价格计算。
a) Data in this table are calculated at constant prices.

3-3 生产总值指数
Indices of Gross Domestic Product

(1978年=100) (year of 1978=100)

年 份 Year	生产总值 Gross Domestic Product	第一产业 Primary Industry	第二产业 Secondary Industry	第三产业 Tertiary Industry	人 均 生产总值 Per Capita GDP
1979	107.5	109.1	102.7	123.7	110.0
1980	115.3	118.9	109.3	133.5	107.8
1981	120.5	135.2	105.3	144.3	111.6
1982	131.5	144.0	114.3	166.4	120.1
1983	141.1	146.2	125.2	187.5	127.7
1984	166.2	164.5	150.2	228.6	149.3
1985	193.6	163.3	183.1	299.5	171.8
1986	210.4	170.8	193.9	354.0	185.0
1987	231.4	173.9	214.8	412.8	199.4
1988	280.0	183.1	268.5	528.0	237.7
1989	289.2	195.0	276.0	536.4	241.0
1990	299.0	205.3	281.0	560.5	244.1
1991	320.5	219.3	295.6	617.7	258.0
1992	347.1	225.9	326.3	678.9	275.8
1993	389.1	244.2	375.2	757.0	305.6
1994	422.6	236.9	436.7	809.2	328.2
1995	466.6	246.4	503.1	873.9	358.7
1996	517.5	270.1	567.5	951.7	394.2
1997	572.9	269.3	639.0	1092.6	432.8
1998	639.4	289.0	727.2	1209.5	479.5
1999	705.3	282.4	817.4	1375.2	525.5
2000	778.7	293.7	908.1	1541.6	575.9
2001	855.0	299.3	1009.8	1714.3	629.5
2002	949.9	309.8	1145.1	1902.9	698.1
2003	1062.0	322.5	1326.0	2089.4	778.4
2004	1199.0	350.2	1547.4	2292.1	876.5
2005	1363.3	377.2	1796.5	2578.6	994.8
2006	1552.8	405.1	2058.8	2962.8	1131.1
2007	1798.1	425.4	2419.1	3451.7	1307.6
2008	2093.0	457.7	2866.6	3997.1	1518.1
2009	2377.6	480.1	3262.2	4608.7	1720.0
2010	2724.7	507.9	3849.4	5166.4	1967.7
2011	3103.4	537.9	4480.7	5812.2	2237.3
2012	3503.7	570.2	5143.8	6486.4	2519.2
2013	3889.1	596.4	5791.9	7141.5	2788.8
2014	4266.3	626.8	6423.2	7777.1	3050.9
2015	4603.3	658.8	6847.1	8593.7	3279.7

注：本表按不变价格计算。
a) Data in this table are calculated at constant prices.

3-4 分行业增加值

Value-added of the Tertiary Industry

单位：亿元 (100 million yuan)

年 份 Year	生产总值 Gross Domestic Product	农、林、牧、渔业 Agriculture, Forestry, Animal Husbandry and Fishery	工 业 Industry	建筑业 Construction	交通运输仓储和邮政业 Transport, Storage and Post	批发和零售业 Wholesale and Retail Trades	住宿和餐饮业 Hotels and Catering Services	金融业 Financial Intermediation	房地产业 Real Estate	其 他 Others
1978	81.07	24.70	36.52	5.61	3.15	5.46		1.72	0.99	2.92
1979	94.52	32.52	39.38	5.29	3.83	6.00		2.01	1.21	4.28
1980	94.91	28.47	42.22	5.52	3.91	6.52		2.31	1.22	4.74
1981	102.09	35.40	40.08	6.17	3.65	7.02		2.67	1.37	5.73
1982	111.95	37.02	43.31	7.05	4.69	7.91		4.13	1.47	6.37
1983	123.39	40.00	47.48	7.67	5.48	8.53		4.45	1.62	8.16
1984	149.35	51.05	53.82	9.30	7.79	9.33		4.87	1.72	11.47
1985	180.87	53.39	68.81	13.15	9.95	10.58		5.63	2.28	17.08
1986	208.31	58.00	78.81	14.67	11.57	13.26		6.52	3.15	22.33
1987	244.96	67.84	90.47	17.73	15.60	15.03		7.54	4.11	26.64
1988	314.48	82.69	117.77	20.81	21.17	17.46		8.73	5.99	39.86
1989	358.37	91.28	136.40	22.10	25.45	21.83		10.10	5.86	45.35
1990	404.30	105.56	143.28	23.67	33.79	25.50		11.69	6.78	54.03
1991	468.37	116.88	168.28	29.26	35.36	35.70		13.52	6.81	62.56
1992	531.63	116.71	198.93	33.14	42.32	41.79		15.65	8.22	74.87
1993	678.20	148.24	250.07	47.42	59.59	48.30		18.10	11.30	95.18
1994	839.03	171.81	307.46	56.94	77.31	59.90		20.95	16.87	127.79
1995	1036.85	217.27	377.91	63.76	90.60	86.71		24.24	19.06	157.30
1996	1215.84	250.58	439.66	74.61	99.56	111.91		28.04	22.56	188.92
1997	1363.60	255.42	477.35	89.90	111.71	130.64		32.45	33.62	232.51
1998	1458.40	266.92	500.26	107.56	115.32	138.05		37.55	41.36	251.38
1999	1592.64	254.57	549.01	132.42	127.03	152.28		43.44	47.18	286.71
2000	1804.00	258.22	629.88	152.70	151.75	175.62		50.27	59.42	326.14
2001	2010.62	263.63	706.62	172.20	182.96	202.17		58.16	68.11	356.77
2002	2253.39	282.21	819.51	188.05	203.15	228.35		67.30	77.68	387.14
2003	2587.72	302.66	1006.92	214.25	217.50	256.16		77.87	83.90	428.46
2004	3175.58	372.28	1306.50	246.60	267.10	311.00		90.10	95.90	486.10
2005	3933.72	435.77	1650.63	300.73	246.48	322.13	88.23	127.58	108.62	653.55
2006	4743.61	484.81	2094.02	358.42	291.76	391.68	107.03	152.25	125.20	738.44
2007	5757.29	592.63	2544.42	442.04	326.99	449.39	132.66	231.03	153.98	884.15
2008	7314.58	753.72	3274.57	586.55	378.63	568.68	165.35	287.16	193.27	1106.65
2009	8169.80	789.64	3501.25	735.17	423.24	707.39	175.01	336.21	239.92	1261.97
2010	10123.48	988.45	4558.97	887.13	474.60	856.65	218.16	384.75	315.95	1438.82
2011	12512.30	1220.90	5857.92	1077.67	552.54	1036.35	266.92	432.11	398.03	1669.86
2012	14453.68	1370.16	6847.41	1226.46	617.39	1166.90	312.27	551.20	450.12	1911.77
2013	16205.45	1526.05	7507.34	1452.79	611.11	1289.60	338.51	738.52	518.60	2222.93
2014	17689.94	1635.85	7993.39	1645.65	675.66	1413.16	365.85	948.93	579.44	2432.01
2015	18021.86	1673.22	7344.62	1780.85	713.02	1504.04	432.02	1082.37	695.53	2796.19

注：本表按当年价格计算。

a) Data in this table are calculated at current prices.

3-5 分行业增加值指数
Indices of Value-added of the Tertiary Industry

(上年＝100) (preceding year=100)

年 份 Year	生产总值 Gross Domestic Product	农、林、牧、渔业 Agriculture, Forestry, Animal Husbandry and Fishery	工 业 Industry	建筑业 Construction	交通运输仓储和邮政业 Transport, Storage and Post	批发和零售业 Wholesale and Retail Trades	住宿和餐饮业 Hotels and Catering Services	金融业 Financial Intermediation	房地产业 Real Estate	其 他 Others
1978	111.0	98.4	114.7	114.7	122.2	122.2				
1979	107.5	109.1	102.7	102.7	121.6	121.7		121.3	122.2	119.7
1980	107.3	109.0	106.4	106.4	102.1	77.9		156.1	100.8	122.9
1981	104.5	113.7	96.2	96.3	92.3	113.0		114.3	111.5	107.2
1982	109.1	106.5	108.5	108.4	123.3	92.9		152.3	102.2	109.6
1983	107.3	101.5	109.5	109.6	114.6	100.2		106.4	108.6	110.5
1984	117.8	112.5	120.0	119.9	139.0	125.1		106.2	104.0	106.8
1985	116.5	99.3	121.9	122.0	101.0	140.1		108.1	122.3	111.6
1986	108.7	104.6	105.9	105.0	138.1	119.3		109.2	131.3	108.9
1987	110.0	101.8	110.8	110.2	128.8	103.6		106.5	118.3	112.1
1988	121.0	105.3	125.0	121.0	132.3	138.1		97.1	132.6	114.1
1989	103.3	106.5	104.0	95.4	102.9	68.2		97.8	93.2	109.3
1990	103.4	105.3	102.2	96.1	112.2	116.9		114.3	105.2	101.8
1991	107.2	106.8	105.3	104.6	102.5	119.8		109.1	112.4	110.4
1992	108.3	103.0	111.2	105.7	105.9	116.1		105.6	116.3	109.1
1993	112.1	108.1	116.1	107.8	117.2	115.9		103.4	115.6	107.1
1994	108.6	97.0	118.1	104.9	115.2	99.5		97.1	113.4	107.1
1995	110.4	104.0	116.4	106.2	110.4	107.0		105.2	110.3	107.1
1996	110.9	109.6	113.8	104.5	109.5	107.6		106.3	111.2	109.2
1997	110.7	99.7	112.7	111.5	112.5	117.1		110.2	112.6	116.3
1998	111.6	107.3	113.6	115.4	111.2	110.1		115.8	118.1	108.7
1999	110.3	97.7	111.6	119.7	111.6	110.8		116.4	113.9	116.1
2000	110.4	104.0	111.3	109.3	112.5	113.4		114.1	116.6	110.2
2001	109.8	101.9	111.8	108.6	114.9	113.6		113.8	114.2	107.2
2002	111.1	103.5	115.2	106.0	113.9	111.4		115.6	114.0	107.9
2003	111.8	104.1	116.8	111.2	110.6	112.0		113.8	107.1	108.0
2004	112.9	108.6	118.6	107.7	110.4	112.1		110.2	102.0	109.4
2005	113.7	107.7	115.9	117.6	110.5	111.4	116.8	109.9	108.1	114.5
2006	113.9	107.4	114.5	115.2	110.7	116.7	119.7	117.6	112.5	139.9
2007	115.8	105.0	118.1	114.0	111.2	114.4	117.3	119.6	116.9	118.8
2008	116.4	107.6	118.7	117.1	109.3	115.8	111.7	112.5	110.4	120.2
2009	113.6	104.9	111.6	126.5	109.3	122.0	109.0	117.3	120.3	113.8
2010	114.6	105.8	118.7	114.6	108.5	113.5	115.8	110.3	121.3	111.0
2011	113.9	105.9	117.1	112.6	110.2	115.4	113.9	106.1	118.9	111.6
2012	112.9	106.0	115.7	110.1	107.8	109.9	111.2	122.9	109.9	111.3
2013	111.0	104.7	112.7	113.0	101.0	108.6	103.6	128.9	111.8	108.8
2014	109.7	105.2	110.8	111.8	107.4	108.8	104.1	117.0	107.8	107.7
2015	107.9	105.1	105.9	109.3	102.5	107.4	114.3	114.2	109.4	114.1

注：本表按不变价计算。
a) Data in this table are calculated at constant prices.

3-6 分行业增加值指数
Indices of Value-added of the Tertiary Industry

(1978年＝100) (year of 1978=100)

年份 Year	生产总值 Gross Domestic Product	农、林、牧、渔业 Agriculture, Forestry, Animal Husbandry and Fishery	工业 Industry	建筑业 Construction	交通运输仓储和邮政业 Transport, Storage and Post	批发和零售业 Wholesale and Retail Trades	住宿和餐饮业 Hotels and Catering Services	金融业 Financial Intermediation	房地产业 Real Estate	其他 Others
1978	100.0	100.0	100.0	100.0	100.0	100.0		100.0	100.0	100.0
1979	107.5	109.1	102.7	102.7	121.6	121.7		121.3	122.2	119.7
1980	115.3	118.9	109.3	109.3	124.2	94.8		189.3	123.2	147.1
1981	120.5	135.2	105.1	105.3	114.6	107.1		216.4	137.3	157.7
1982	131.5	144.0	114.0	114.1	141.3	99.5		329.6	140.4	172.8
1983	141.1	146.2	124.8	125.1	161.9	99.7		350.7	152.4	191.0
1984	166.2	164.5	149.8	150.0	225.1	124.8		372.5	158.5	204.0
1985	193.6	163.3	182.6	183.0	227.3	174.8		402.6	193.9	227.6
1986	210.4	170.8	193.4	192.2	313.9	208.5		439.7	254.6	247.9
1987	231.4	173.9	214.3	211.8	404.3	216.0		468.2	301.2	277.9
1988	280.0	183.1	267.9	256.3	535.0	298.3		454.7	399.3	317.1
1989	289.2	195.0	278.6	244.5	550.5	203.5		444.7	372.2	346.6
1990	299.0	205.3	284.7	235.0	617.6	237.8		508.3	391.5	352.8
1991	320.5	219.3	299.8	245.8	633.1	284.9		554.5	440.1	389.5
1992	347.1	225.9	333.4	259.8	670.4	330.8		585.6	511.8	424.9
1993	389.1	244.2	387.1	280.1	785.7	383.4		605.5	591.7	455.1
1994	422.6	236.9	457.2	293.8	905.2	381.5		587.9	670.9	487.4
1995	466.6	246.4	532.2	312.0	999.3	408.2		618.5	740.1	522.0
1996	517.5	270.1	605.6	326.0	1094.2	439.2		657.4	822.9	570.1
1997	572.9	269.3	682.5	363.5	1231.0	514.3		724.5	926.6	663.0
1998	639.4	289.0	775.3	419.5	1368.9	566.3		839.0	1094.4	720.7
1999	705.3	282.4	865.2	502.1	1527.7	627.4		976.6	1246.5	836.7
2000	778.7	293.7	963.0	548.8	1718.6	711.5		1114.3	1453.4	922.0
2001	855.0	299.3	1076.6	596.0	1974.7	808.2		1268.0	1659.8	988.4
2002	949.9	309.8	1240.2	631.8	2249.2	900.4		1465.8	1892.1	1066.5
2003	1062.0	322.5	1448.6	702.6	2487.6	1008.4		1668.1	2026.5	1151.8
2004	1199.0	350.2	1718.0	756.7	2746.3	1130.5		1838.3	2067.0	1260.1
2005	1363.3	377.2	1991.2	889.9	3034.7	1259.3		2020.3	2234.4	1442.8
2006	1552.8	405.1	2279.9	1025.2	3359.4	1469.6		2375.8	2513.7	2018.5
2007	1798.1	425.4	2692.6	1168.7	3735.6	1681.3		2841.5	2938.5	2398.0
2008	2093.0	457.7	3196.1	1368.5	4083.0	1946.9		3196.7	3244.2	2882.3
2009	2377.6	480.1	3566.8	1731.2	4462.8	2375.2		3749.7	3902.7	3280.1
2010	2724.7	507.9	4233.8	1984.0	4842.1	2695.9		4135.9	4734.0	3640.9
2011	3103.4	537.9	4957.8	2234.0	5336.0	3111.1		4388.2	5628.7	4063.2
2012	3503.7	570.2	5736.2	2459.6	5752.2	3419.1		5393.1	6185.9	4522.3
2013	3889.1	597.0	6464.7	2779.3	5809.7	3713.1		6951.7	6915.8	4920.3
2014	4266.3	628.0	7162.9	3107.3	6239.6	4039.9		8133.5	7455.3	5299.2
2015	4603.3	660.0	7585.5	3396.3	6395.6	4338.9		9288.5	8156.1	6046.4

注：本表按不变价计算。

a) Data in this table are calculated at constant prices.

3-7 三次产业贡献率

Share of the Contributions of the Three Strata of Industry to the Increase of the GDP

单位：% (%)

年 份 Year	生产总值 Gross Domestic Product	第一产业 Primary Industry	第二产业 Secondary Industry	第三产业 Tertiary Industry
2000	100.0	5.9	54.5	39.6
2001	100.0	2.8	49.1	48.1
2002	100.0	4.2	53.4	42.4
2003	100.0	4.3	60.1	35.6
2004	100.0	7.7	60.4	31.9
2005	100.0	6.5	56.7	36.8
2006	100.0	9.1	51.8	39.1
2007	100.0	3.3	55.2	41.5
2008	100.0	4.4	57.0	38.6
2009	100.0	3.1	52.1	44.8
2010	100.0	3.2	63.4	33.4
2011	100.0	4.1	63.2	32.7
2012	100.0	4.2	63.4	32.4
2013	100.0	3.4	63.6	33.0
2014	100.0	4.0	63.3	32.7
2015	100.0	4.8	47.6	47.6

注：三次产业贡献率指各产业增加值增量与GDP增量之比。

a) Share of the contributions of the three strata of industry to the increase of the GDP refers to the proportion of the increment of the value-added of each industry to the increment of GDP.

3-8 三次产业拉动率

Contribution of the Three Strata of Industry to GDP Growth

单位：% (%)

年 份 Year	生产总值 Gross Domestic Product	第一产业 Primary Industry	第二产业 Secondary Industry	第三产业 Tertiary Industry
2000	10.4	0.6	5.7	4.1
2001	9.8	0.3	4.8	4.7
2002	11.1	0.5	5.9	4.7
2003	11.8	0.5	7.1	4.2
2004	12.9	1.0	7.8	4.1
2005	13.7	0.9	7.8	5.0
2006	13.9	1.3	7.2	5.4
2007	15.8	0.5	8.7	6.6
2008	16.4	0.7	9.4	6.3
2009	13.6	0.4	7.1	6.1
2010	14.6	0.5	9.2	4.9
2011	13.9	0.6	8.8	4.5
2012	12.9	0.5	8.2	4.2
2013	11.0	0.4	7.0	3.6
2014	9.7	0.4	6.1	3.2
2015	7.9	0.3	3.8	3.8

注：三次产业拉动率指GDP增长速度与各产业贡献率之乘积。

a) Contribution of the three strata of industry to GDP growth refers to the growth rate of GDP multiplied by the contribution share of every industry.

3-9 分行业增加值构成
Value-added by Sector

行　业	Sector	增加值(亿元) Value Added (100 million yuan) 2014	2015	构　成(%) Composition (%) 2014	2015	2015年比2014年增长% Growth Rate in 2015 over 2014(%)
总　计	**Total**	**17689.94**	**18021.86**	**100.0**	**100.0**	**7.9**
农、林、牧、渔业	Agriculture, Forestry, Animal Husbandry and Fishery	1635.85	1673.22	9.2	9.3	5.1
工　业	Industry	7993.39	7344.62	45.2	40.8	5.9
建筑业	Construction	1645.65	1780.85	9.3	9.9	9.3
交通运输、仓储和邮政业	Traffic, Transport, Storage and Post	675.66	713.02	3.8	4.0	2.5
批发和零售业	Wholesale and Retail Trades	1413.16	1504.04	8.0	8.3	7.4
住宿和餐饮业	Hotels and Catering Services	365.85	432.02	2.1	2.4	14.3
金融业	Financial Intermediation	948.93	1082.37	5.4	6.0	14.2
房地产业	Real Estate	579.44	695.53	3.3	3.9	9.4
其他服务业	Others	2432.01	2796.19	13.7	15.5	14.7
营利性服务业	Profit Services	725.20	857.18	4.1	4.8	11.7
非营利性服务业	Non-profit Services	1706.81	1939.01	9.6	10.8	12.5
第一产业	Primary Industry	1564.94	1597.63	8.8	8.9	5.1
第二产业	Secondary Industry	9577.24	9082.13	54.1	50.4	6.6
第三产业	Tertiary Industry	6547.76	7342.10	37.0	40.7	10.5

注：本表增加值及构成按当年价格计算,增长速度按不变价格计算。

a) Value added and Compositionin in this table are calculated at current prices.The growth rates are calculated at constant prices.

3-10 非公有制经济增加值
Value-added of Non-public Economy

年　份 Year	非公有制经济增加值(亿元) Value-added of Non-public Economy (100 million yuan)	第一产业 Primary Industry	第二产业 Secondary Industry	第三产业 Tertiary Industry	非公有制经济增加值占生产总值比重(%) Value-added of Non-public Economy as Percentage of GDP(%)	第一产业 Primary Industry	第二产业 Secondary Industry	第三产业 Tertiary Industry
2005	1651.14	129.53	728.34	793.27	43.3	29.7	37.6	54.4
2006	2059.16	144.64	991.70	922.82	44.4	29.8	40.9	53.1
2007	2599.06	177.49	1313.63	1107.94	45.6	30.0	44.3	51.6
2008	3462.21	245.79	1817.01	1399.41	47.3	32.6	47.1	51.8
2009	3971.78	248.74	1998.65	1724.39	48.6	31.5	47.2	54.9
2010	5011.39	294.56	2583.52	2133.31	49.5	29.8	47.4	57.8
2011	6318.20	359.80	3355.98	2602.43	50.5	29.5	48.4	59.8
2012	7398.04	488.74	3955.51	2953.79	51.2	35.7	49.0	59.0
2013	8459.01	463.91	4551.32	3443.78	52.2	32.6	51.1	59.0
2014	9323.58	455.75	4999.02	3868.80	52.7	30.1	52.2	59.1
2015	9630.16	490.92	4778.59	4360.65	53.4	30.7	52.6	59.4

注：本表按当年价格计算。

a) Data in this table are calculated at current prices.

3-11 各市(区)生产总值
Gross Domestic Product by City(District)

地 区 年 份 Region Year	生产总值 (亿元) Gross Domestic Product (100 million yuan)	第一产业 Primary Industry	第二产业 Secondary Industry	第三产业 Tertiary Industry	人 均 生产总值 (元) Per Capita GDP (yuan)
西安市 Xi'an					
2000	646.13	44.65	277.13	324.35	9484
2001	734.86	45.87	312.90	376.09	10628
2002	826.68	47.77	353.58	425.33	11831
2003	946.66	50.72	407.38	488.56	13341
2004	1102.39	60.21	476.92	565.26	15294
2005	1313.93	66.01	540.50	707.42	16406
2006	1538.94	70.44	645.65	822.85	18890
2007	1856.63	82.51	781.94	992.18	22463
2008	2318.14	103.45	981.58	1233.11	27794
2009	2724.08	110.38	1144.75	1468.95	32411
2010	3241.69	140.06	1406.72	1694.91	38343
2011	3862.58	173.14	1674.31	2015.13	45475
2012	4366.10	195.59	1881.75	2288.76	51166
2013	4924.97	200.45	1998.82	2725.70	57464
2014	5492.64	214.55	2194.78	3083.31	63794
2015	5801.20	220.20	2126.29	3454.71	66938
铜川市 Tongchuan					
2000	34.55	4.02	15.53	15.00	4171
2001	37.08	3.85	16.42	16.81	4448
2002	40.90	4.12	18.50	18.28	4889
2003	48.69	4.10	23.26	21.33	5804
2004	59.49	5.02	30.56	23.91	7069
2005	71.84	5.87	38.67	27.30	8582
2006	86.41	6.33	49.08	31.00	10993
2007	102.81	7.84	58.81	36.16	12331
2008	129.87	9.68	77.94	42.25	15508
2009	154.40	10.81	93.73	49.86	18375
2010	187.73	14.18	116.50	57.05	22509
2011	232.63	17.41	147.41	67.81	27806
2012	273.31	19.47	176.82	77.02	32556
2013	323.27	20.96	210.85	91.46	38402
2014	325.36	22.61	204.88	97.87	38550
2015	307.16	22.76	170.31	114.09	36322

注：1.本表按当年价格计算。
2.人均生产总值2004年以前按户籍人口计算，2005年及以后按常住人口计算。

a) Data in this table are calculated at current prices.

b) Per Capita GDP are calculated at usual residents since 2005，while were were taken from the statistics of household registration before 2004.

3-11 续表 1 continued

地 区 年 份 Region Year	生产总值 (亿元) Gross Domestic Product (100 million yuan)	第一产业 Primary Industry	第二产业 Secondary Industry	第三产业 Tertiary Industry	人 均 生产总值 (元) Per Capita GDP (yuan)
宝鸡市 Baoji					
2000	195.34	25.18	98.32	71.84	5425
2001	221.88	25.59	114.88	81.41	6097
2002	250.37	27.07	132.18	91.12	6863
2003	287.35	30.66	154.30	102.39	7847
2004	353.24	40.06	196.67	116.51	9594
2005	414.52	44.30	240.13	130.09	11103
2006	490.31	49.70	293.45	147.16	13082
2007	578.78	60.86	345.91	172.01	15402
2008	714.07	78.30	434.70	201.07	19071
2009	806.54	85.18	491.08	230.28	21525
2010	976.09	104.20	614.42	257.47	26274
2011	1175.75	128.56	749.25	297.94	31579
2012	1374.33	143.26	895.92	335.15	36826
2013	1545.91	157.65	1007.72	380.54	41327
2014	1642.90	161.33	1051.65	429.92	43824
2015	1787.63	165.13	1141.43	481.07	47565
咸阳市 Xianyang					
2000	234.46	52.45	102.33	79.68	4980
2001	257.08	53.62	109.26	94.20	5402
2002	281.89	55.36	122.17	104.36	5879
2003	316.77	60.43	140.82	115.52	6564
2004	374.77	74.82	169.77	130.18	7698
2005	432.49	89.10	191.99	151.40	8683
2006	483.87	98.34	220.41	165.12	9721
2007	588.48	120.39	271.39	196.70	11804
2008	764.55	148.97	382.65	232.93	15285
2009	873.20	157.41	434.02	281.77	17434
2010	1098.68	203.29	573.27	322.12	22469
2011	1361.32	252.46	740.40	368.46	27751
2012	1573.68	283.10	876.78	413.80	31982
2013	1860.39	299.56	1073.73	487.10	37695
2014	2085.15	321.72	1227.70	535.73	42128
2015	2152.92	328.78	1230.41	593.73	43365
渭南市 Weinan					
2000	165.47	37.43	60.42	67.62	3149
2001	181.44	39.45	64.56	77.43	3424
2002	201.53	41.55	73.93	86.05	3790
2003	230.39	44.34	91.08	94.97	4320
2004	280.71	52.96	119.81	107.94	5267
2005	330.17	58.66	148.71	122.80	6052
2006	377.40	63.13	171.83	142.44	6907
2007	456.95	80.19	206.06	170.70	8402
2008	563.09	96.26	256.22	210.61	10378
2009	636.96	100.55	294.44	241.97	11728
2010	801.42	128.94	394.55	277.93	15149
2011	1028.97	160.47	545.19	323.31	19424
2012	1157.32	171.54	610.67	375.11	21783
2013	1321.81	193.09	710.74	417.98	24816
2014	1423.75	207.16	751.34	465.25	26675
2015	1430.41	213.92	697.70	518.79	26729

3-11 续表 2 continued

地 区 年 份 Region Year	生产总值 (亿元) Gross Domestic Product (100 million yuan)	第一产业 Primary Industry	第二产业 Secondary Industry	第三产业 Tertiary Industry	人 均 生产总值 (元) Per Capita GDP (yuan)
延安市 Yan'an					
2000	130.63	19.13	78.69	32.81	6690
2001	158.33	22.68	98.38	37.27	8021
2002	179.71	24.94	113.35	41.42	9010
2003	218.33	23.03	151.00	44.30	10746
2004	275.36	25.86	188.99	60.51	13289
2005	394.65	29.47	286.90	78.28	18815
2006	541.86	34.52	415.77	91.57	25567
2007	647.46	41.32	498.40	107.74	30432
2008	760.84	52.15	578.20	130.49	35555
2009	728.26	55.07	515.89	157.30	33898
2010	885.42	71.19	635.49	178.74	40621
2011	1113.35	86.69	815.45	211.21	50807
2012	1271.02	97.06	934.85	239.11	57876
2013	1354.14	105.00	974.39	274.75	61493
2014	1386.09	113.70	968.89	303.50	62714
2015	1198.27	110.88	724.79	362.60	53908
汉中市 Hanzhong					
2000	119.23	31.41	38.41	49.41	3250
2001	129.32	31.55	42.28	55.49	3503
2002	141.31	32.91	47.45	60.95	3819
2003	163.44	36.79	56.57	70.08	4402
2004	192.94	43.01	75.49	74.44	5172
2005	217.72	48.07	85.38	84.27	6255
2006	249.83	55.64	99.01	95.18	7158
2007	299.71	66.77	115.39	117.55	8562
2008	366.19	87.64	135.03	143.52	10435
2009	415.64	91.71	152.48	171.45	11819
2010	509.70	110.39	199.50	199.81	14907
2011	647.48	142.29	267.58	237.61	18952
2012	754.57	159.47	320.42	274.68	22084
2013	890.31	171.52	391.01	327.78	26020
2014	1002.83	183.98	453.60	365.25	29252
2015	1059.61	191.53	459.02	409.06	30849
榆林市 Yulin					
2000	105.05	13.98	46.60	44.47	3264
2001	129.31	13.03	62.10	54.18	3942
2002	162.83	17.68	83.37	61.78	4953
2003	204.76	19.31	113.30	72.15	6176
2004	278.53	26.24	171.05	81.24	8310
2005	447.63	28.34	260.06	159.23	13602
2006	592.34	35.33	358.05	198.96	17943
2007	795.98	47.47	503.92	244.59	24007
2008	1172.76	66.11	796.10	310.55	35177
2009	1302.31	70.09	860.78	371.44	38950
2010	1756.67	92.16	1205.77	458.74	52436
2011	2292.25	111.91	1629.66	550.68	68358
2012	2669.88	125.88	1928.53	615.47	79587
2013	2779.46	134.88	1915.09	729.49	82633
2014	2920.58	145.04	1966.78	808.76	86482
2015	2491.88	143.69	1523.68	824.51	73453

3-11 续表 3 continued

地 区 年 份 Region Year	生产总值 (亿元) Gross Domestic Product (100 million yuan)	第一产业 Primary Industry	第二产业 Secondary Industry	第三产业 Tertiary Industry	人 均 生产总值 (元) Per Capita GDP (yuan)
安康市 Ankang					
2000	74.80	22.76	20.29	31.75	2561
2001	80.74	23.50	21.33	35.91	2758
2002	91.08	24.59	24.42	42.07	3107
2003	105.03	26.61	28.72	49.70	3577
2004	121.97	31.50	35.18	55.29	4141
2005	143.76	36.71	42.83	64.22	5413
2006	163.57	42.44	49.05	72.08	6175
2007	191.37	48.69	60.71	81.97	7218
2008	241.24	63.79	79.42	98.03	9087
2009	274.95	65.59	96.83	112.53	10341
2010	327.06	67.07	130.95	129.04	12428
2011	407.17	72.01	183.13	152.03	15477
2012	496.91	80.95	243.47	172.49	18878
2013	604.55	88.73	315.99	199.83	22938
2014	689.44	93.01	371.03	225.40	26117
2015	755.05	96.06	403.39	255.60	28536
商洛市 Shangluo					
2000	56.35	16.66	20.08	19.61	2382
2001	59.52	17.29	17.88	24.35	2529
2002	67.10	17.29	21.74	28.07	2842
2003	92.43	18.71	32.43	41.29	3902
2004	105.03	22.92	35.47	46.64	4393
2005	114.43	25.43	37.25	51.75	4800
2006	137.77	28.31	46.64	62.82	5787
2007	160.40	33.87	55.19	71.34	6737
2008	197.45	44.57	71.18	81.70	8272
2009	224.47	46.65	83.75	94.07	9383
2010	285.90	58.05	117.82	110.03	12194
2011	362.95	70.61	163.03	129.31	15513
2012	423.31	79.43	195.14	148.74	18097
2013	510.88	85.20	258.97	166.71	21795
2014	574.99	90.82	298.39	185.78	24484
2015	618.52	91.75	318.60	208.17	26274
杨凌示范区 Yangling					
2000	6.20	0.83	2.06	3.31	4941
2001	7.71	0.89	2.63	4.19	5887
2002	9.29	0.94	3.47	4.88	6796
2003	12.33	1.06	5.23	6.04	8805
2004	15.39	1.31	7.19	6.89	10125
2005	17.36	1.42	8.05	7.89	11193
2006	20.75	1.83	9.46	9.46	13233
2007	26.66	2.21	12.73	11.72	16642
2008	30.32	2.78	13.16	14.38	18873
2009	35.59	3.01	15.45	17.13	19670
2010	47.63	3.75	23.50	20.37	23689
2011	61.20	5.31	31.54	24.35	30373
2012	68.17	5.76	34.36	28.05	33771
2013	85.51	6.44	46.91	32.16	42290
2014	97.11	6.92	53.95	36.24	47910
2015	105.85	7.13	54.84	43.88	52093

3-12 各市(区)生产总值指数

Indices of Gross Domestic Product by City(District)

(上年=100) (preceding year=100)

地 区 年 份 Region Year	生产总值 Gross Domestic Product	第一产业 Primary Industry	第二产业 Secondary Industry	第三产业 Tertiary Industry	人 均 生产总值 Per Capita GDP
西安市 Xi'an					
2000	113.0	103.5	115.1	111.5	111.4
2001	113.1	102.5	115.3	112.6	111.4
2002	113.3	103.1	115.0	113.0	112.1
2003	113.5	101.8	117.5	111.2	111.7
2004	113.5	106.7	115.9	112.0	111.7
2005	114.0	107.5	112.3	116.3	112.2
2006	114.0	107.1	113.7	114.9	112.9
2007	115.6	104.5	115.7	116.4	113.9
2008	116.3	107.6	116.4	116.9	115.3
2009	114.5	106.3	114.0	115.5	113.7
2010	114.5	106.9	118.0	112.5	113.8
2011	113.8	106.7	114.9	113.4	113.2
2012	111.8	106.0	111.8	112.2	111.3
2013	111.1	104.7	113.6	109.7	110.6
2014	109.9	105.1	109.3	110.7	109.4
2015	108.2	105.0	105.6	110.4	107.5
铜川市 Tongchuan					
2000	108.3	108.1	108.5	108.1	107.7
2001	107.2	98.5	105.8	110.9	106.5
2002	110.0	104.8	111.8	109.5	109.6
2003	111.5	105.8	113.2	111.3	111.2
2004	112.4	116.1	113.9	110.3	112.0
2005	112.7	106.9	113.2	113.2	113.3
2006	115.0	108.0	119.5	110.2	115.8
2007	115.3	104.9	118.5	112.7	115.0
2008	117.1	107.8	119.9	114.3	116.6
2009	115.2	106.3	114.0	118.9	114.9
2010	115.6	107.7	118.1	112.8	115.3
2011	116.0	107.3	118.0	114.2	115.7
2012	115.8	106.3	119.4	110.5	115.4
2013	113.8	104.9	117.2	107.8	113.4
2014	110.5	104.8	111.0	110.6	110.2
2015	108.5	105.2	107.7	111.1	108.3

注：本表按不变价格计算。

a) Data in this table are calculated at constant prices.

3-12 续表 1 continued

(上年=100) (preceding year=100)

地 区 年 份 Region Year	生产总值 Gross Domestic Product	第一产业 Primary Industry	第二产业 Secondary Industry	第三产业 Tertiary Industry	人 均 生产总值 Per Capita GDP
宝鸡市 Baoji					
2000	110.5	100.6	112.4	111.1	109.1
2001	109.7	101.9	110.2	111.3	107.0
2002	110.5	103.8	113.0	109.0	110.2
2003	112.9	107.2	116.3	109.7	112.5
2004	115.1	112.0	119.2	109.7	114.4
2005	113.0	110.2	116.1	108.9	113.1
2006	113.1	108.0	116.4	108.8	112.7
2007	114.8	104.4	117.9	112.2	114.5
2008	115.5	107.4	118.3	112.3	115.9
2009	115.0	106.2	116.7	113.9	115.4
2010	114.4	106.9	117.5	109.4	114.0
2011	114.5	106.1	117.5	111.0	114.3
2012	115.1	105.7	118.5	109.9	114.8
2013	113.0	104.5	115.3	109.5	112.7
2014	110.8	104.9	111.9	109.4	110.6
2015	110.5	105.4	111.4	109.3	110.1
咸阳市 Xianyang					
2000	111.7	106.5	111.3	115.4	107.8
2001	109.0	104.3	105.7	116.2	107.8
2002	112.0	102.5	117.9	110.6	111.3
2003	113.2	107.6	117.5	110.8	112.0
2004	114.9	110.6	119.3	111.2	113.5
2005	112.6	108.1	114.1	113.2	110.1
2006	111.5	107.1	114.7	110.1	111.6
2007	112.3	104.5	115.5	112.4	112.1
2008	116.0	107.5	119.3	116.1	115.6
2009	114.2	106.3	115.1	117.0	114.1
2010	114.5	107.8	118.7	111.7	114.3
2011	114.2	107.2	119.6	109.1	113.9
2012	114.5	106.1	119.8	109.3	114.1
2013	113.1	104.3	116.5	110.7	112.6
2014	110.9	105.0	113.5	108.2	110.5
2015	108.7	105.3	109.3	109.0	108.3
渭南市 Weinan					
2000	108.2	104.3	107.5	112.0	107.2
2001	108.3	104.4	107.2	111.4	107.4
2002	110.4	104.1	113.9	110.7	110.0
2003	109.5	101.5	116.4	107.3	109.2
2004	112.6	106.3	119.1	109.2	112.2
2005	112.4	105.5	117.7	110.6	111.2
2006	112.9	107.3	114.8	113.3	112.7
2007	114.2	104.9	115.5	116.8	114.7
2008	116.3	107.6	117.3	118.7	116.6
2009	114.3	106.5	116.3	114.7	114.2
2010	115.0	107.3	120.7	110.6	115.1
2011	115.0	107.0	120.6	110.9	114.9
2012	114.5	106.1	119.6	110.3	114.1
2013	112.0	104.6	115.3	109.5	111.7
2014	110.5	104.9	112.1	109.7	110.2
2015	108.5	105.5	108.6	109.5	108.2

3-12 续表 2 continued

(上年=100) (preceding year=100)

地 区 年 份 Region Year	生产总值 Gross Domestic Product	第一产业 Primary Industry	第二产业 Secondary Industry	第三产业 Tertiary Industry	人均生产总值 Per Capita GDP
延安市 Yan'an					
2000	109.8	103.1	114.9	109.5	108.7
2001	112.4	101.0	116.4	109.5	111.2
2002	112.3	104.0	114.9	109.9	111.2
2003	115.5	102.0	121.5	106.6	113.3
2004	119.8	105.7	126.0	107.7	117.5
2005	116.2	110.2	118.8	110.0	114.8
2006	116.5	110.6	118.3	112.2	115.3
2007	115.1	104.5	115.4	117.6	114.6
2008	116.3	107.1	117.0	116.6	115.6
2009	112.2	106.3	110.5	120.2	111.7
2010	113.6	107.0	114.8	111.0	112.7
2011	111.0	107.4	110.9	112.8	110.4
2012	110.5	106.1	110.3	112.7	110.3
2013	106.5	104.3	105.6	110.1	106.2
2014	106.2	105.5	105.3	109.3	105.8
2015	101.7	104.7	99.4	107.5	101.1
汉中市 Hanzhong					
2000	108.2	103.8	109.3	110.2	107.5
2001	106.6	102.5	108.0	109.0	105.9
2002	107.2	101.7	108.7	109.2	107.0
2003	109.1	105.9	111.8	108.4	108.7
2004	110.9	109.1	115.9	107.8	110.4
2005	111.9	109.2	112.0	113.0	111.2
2006	112.1	108.1	115.6	110.8	111.8
2007	113.9	106.0	114.9	117.3	113.6
2008	113.8	107.9	113.8	116.8	113.5
2009	114.5	106.4	113.6	119.3	114.3
2010	115.1	106.6	119.6	114.3	115.2
2011	115.5	106.6	122.2	113.7	115.6
2012	115.2	105.8	121.8	112.9	115.1
2013	112.7	105.3	118.6	109.3	112.5
2014	111.6	105.4	115.5	109.5	111.4
2015	109.6	105.0	110.4	110.4	109.3
榆林市 Yulin					
2000	114.3	128.0	113.3	109.1	112.5
2001	114.2	92.4	116.3	118.9	112.4
2002	112.7	115.9	116.2	108.3	112.1
2003	117.5	120.3	121.9	112.0	116.6
2004	117.9	104.2	125.3	112.9	116.6
2005	120.0	103.1	124.7	115.8	119.4
2006	119.3	108.7	122.6	115.9	119.0
2007	121.4	106.4	124.3	118.9	120.9
2008	125.3	108.3	125.7	127.1	124.6
2009	113.3	106.6	111.6	117.2	113.0
2010	118.3	107.8	119.1	118.2	118.3
2011	115.0	106.0	116.3	113.5	114.9
2012	112.0	105.9	113.6	108.8	111.9
2013	108.8	104.5	109.6	107.4	108.5
2014	109.0	105.4	109.9	107.2	108.6
2015	104.0	104.4	104.3	103.0	103.5

3-12 续表 3 continued

(上年=100) (preceding year=100)

地区 年份 Region Year	生产总值 Gross Domestic Product	第一产业 Primary Industry	第二产业 Secondary Industry	第三产业 Tertiary Industry	人均生产总值 Per Capita GDP
安康市 Ankang					
2000	105.8	106.0	102.8	108.9	105.6
2001	106.4	104.6	102.9	109.9	106.1
2002	108.6	101.3	110.9	112.1	108.5
2003	108.6	98.8	113.1	112.1	108.4
2004	109.2	109.2	113.2	106.7	108.9
2005	109.8	110.4	109.1	109.9	109.6
2006	110.4	108.0	112.5	110.4	110.7
2007	112.8	106.3	116.5	113.9	112.7
2008	115.4	107.7	121.6	115.2	115.3
2009	115.0	106.2	120.2	115.5	114.8
2010	115.0	106.4	121.5	113.9	115.0
2011	115.5	106.5	122.9	112.6	115.5
2012	115.2	105.7	123.6	110.5	115.1
2013	113.4	105.1	119.8	109.5	113.3
2014	111.7	105.5	115.7	109.1	111.5
2015	112.1	104.9	114.8	111.3	111.8
商洛市 Shangluo					
2000	111.2	104.5	118.5	110.8	110.9
2001	110.5	102.3	114.6	113.3	110.4
2002	111.0	104.0	113.6	113.6	110.6
2003	109.8	105.4	114.0	108.5	109.4
2004	109.4	107.7	108.0	111.4	109.2
2005	109.9	107.7	110.4	110.6	109.6
2006	110.8	106.5	111.2	112.6	110.5
2007	112.8	106.3	114.6	114.5	112.5
2008	115.8	107.2	119.9	116.6	115.5
2009	114.1	106.4	115.8	115.8	113.8
2010	114.9	106.5	119.5	114.7	115.3
2011	115.1	106.5	121.2	113.1	115.3
2012	114.8	105.9	120.7	112.5	114.9
2013	112.6	105.0	118.0	109.3	112.3
2014	111.0	104.6	115.2	108.1	110.7
2015	111.2	104.9	113.5	110.7	111
杨凌示范区 Yangling					
2000	117.7	105.3	110.9	125.0	113.4
2001	123.8	105.9	127.3	126.2	118.5
2002	117.5	104.2	127.8	113.8	112.6
2003	121.0	106.7	131.8	116.1	118.1
2004	116.7	115.5	127.0	108.6	115.9
2005	115.1	114.2	117.6	112.9	112.8
2006	113.4	114.8	108.2	118.4	112.1
2007	119.4	106.7	117.9	122.9	116.8
2008	113.2	107.1	105.3	120.3	112.5
2009	112.9	106.7	113.3	113.4	111.4
2010	115.5	108.0	119.1	113.9	115.3
2011	116.5	108.1	120.4	113.6	116.3
2012	114.7	106.9	119.9	109.8	114.5
2013	114.0	105.2	117.2	111.1	113.8
2014	112.5	104.9	114.5	110.8	112.2
2015	112.2	104.9	112.6	112.9	112.0

3-13 各市(区)非公有制经济增加值
Value-added of Non-public Economy by City(District)

地区	Region	非公有制经济增加值(亿元) Value-added of Non-public Economy (100 million yuan)					
		2010	2011	2012	2013	2014	2015
全省	**Shaanxi**	**5011.39**	**6318.20**	**7398.04**	**8459.01**	**9323.58**	**9630.16**
西安市	Xi'an	1611.28	1952.78	2244.25	2569.20	2892.90	3060.38
铜川市	Tongchuan	82.13	107.48	129.00	154.62	158.20	154.25
宝鸡市	Baoji	471.30	578.48	681.17	773.29	822.60	895.61
咸阳市	Xianyang	532.92	668.87	786.81	944.95	1072.42	1121.60
渭南市	Weinan	350.19	459.62	526.82	610.86	676.86	695.19
延安市	Yan'an	151.47	201.55	235.25	266.65	292.62	280.77
汉中市	Hanzhong	252.35	327.03	387.88	467.60	516.86	545.60
榆林市	Yulin	632.37	828.49	1004.65	1081.25	1179.98	1021.56
安康市	Ankang	156.53	198.52	247.20	307.86	364.78	408.86
商洛市	Shangluo	138.93	180.09	211.78	260.15	296.60	328.45
杨凌示范区	Yangling	23.05	29.68	32.43	43.08	49.17	56.78

3-13 续表 continued

地区	Region	非公有制经济增加值占生产总值比重(%) Value-added of Non-public Economy as Percentage of GDP (%)					
		2010	2011	2012	2013	2014	2015
全省	**Shaanxi**	**49.5**	**50.5**	**51.2**	**52.2**	**52.7**	**53.4**
西安市	Xi'an	49.7	50.6	51.4	52.2	52.7	52.8
铜川市	Tongchuan	43.8	46.2	47.2	48.1	48.6	50.2
宝鸡市	Baoji	48.3	49.2	49.6	50.0	50.1	50.1
咸阳市	Xianyang	48.5	49.1	50.0	50.8	51.4	52.1
渭南市	Weinan	43.7	44.7	45.7	46.2	47.5	48.6
延安市	Yan'an	17.1	18.1	18.5	19.7	21.1	23.4
汉中市	Hanzhong	49.5	50.5	51.4	52.5	51.5	51.5
榆林市	Yulin	36.0	36.1	37.6	38.9	40.4	41.0
安康市	Ankang	47.9	48.8	49.8	50.9	52.9	54.2
商洛市	Shangluo	48.6	49.6	50.0	50.9	51.6	53.1
杨凌示范区	Yangling	48.7	48.8	48.1	50.5	50.6	53.6

3-14 各县(市、区)生产总值(2015年)
Gross Domestic Product by County (City and District)(2015)

地 区	Region	生产总值(亿元) Gross Domestic Product (100 million yuan)	生产总值比上年增长(%) Growth Rate of GDP over Preceding Year(%)
西安市	**Xi'an**		
新城区	Xincheng	504.12	8.2
碑林区	Beilin	676.65	9.8
莲湖区	Lianhu	576.41	8.1
灞桥区	Baqiao	332.28	10.6
未央区	Weiyang	725.21	7.4
雁塔区	Yanta	1158.23	7.8
阎良区	Yanliang	191.85	5.9
临潼区	Lintong	192.34	5.3
长安区	Chang'an	512.70	14.2
高陵区	Gaoling	291.40	0.9
蓝田县	Lantian	113.08	7.2
周至县	Zhouzhi	104.06	9.1
户 县	Huxian	150.84	7.2
铜川市	**Tongchuan**		
王益区	Wangyi	83.88	10.0
印台区	Yintai	66.03	5.9
耀州区	Yaozhou	142.11	9.5
宜君县	Yijun	32.53	10.6
宝鸡市	**Baoji**		
渭滨区	Weibin	469.96	11.5
金台区	Jintai	304.23	10.6
陈仓区	Chencang	147.72	8.5
凤翔县	Fengxiang	187.76	10.3
岐山县	Qishan	143.85	10.1
扶风县	Fufeng	97.87	11.2
眉 县	Meixian	106.91	14.0
陇 县	Longxian	59.78	12.0
千阳县	Qianyang	41.11	12.3
麟游县	Linyou	64.48	14.6
凤 县	Fengxian	148.45	14.3
太白县	Taibai	19.60	12.0
咸阳市	**Xianyang**		
秦都区	Qindu	466.54	11.8
渭城区	Weicheng	313.09	8.5
三原县	Sanyuan	177.63	11.5
泾阳县	Jingyang	160.23	11.5
乾 县	Qianxian	150.74	11.6
礼泉县	Liquan	151.83	10.8
永寿县	Yongshou	50.00	11.7
彬 县	Binxian	170.01	9.7
长武县	Changwu	68.83	9.6
旬邑县	Xunyi	118.92	8.4
淳化县	Chunhua	57.38	9.8
武功县	Wugong	112.45	11.1
兴平市	Xingping	203.20	10.0
渭南市	**Weinan**		
临渭区	Linwei	306.81	9.8
华 县	Huaxian	108.03	9.5
潼关县	Tongguan	36.55	6.3
大荔县	Dali	104.73	8.6
合阳县	Heyang	75.31	6.9
澄城县	Chengcheng	82.26	6.0
蒲城县	Pucheng	155.16	10.5
白水县	Baishui	61.54	6.8
富平县	Fuping	130.35	10.1
韩城市	Hancheng	311.29	10.4
华阴市	Huayin	80.42	6.9

3-14 续表 continued

地 区	Region	生产总值(亿元) Gross Domestic Product (100 million yuan)	生产总值比上年增长(%) Growth Rate of GDP over Preceding Year(%)	地 区	Region	生产总值(亿元) Gross Domestic Product (100 million yuan)	生产总值比上年增长(%) Growth Rate of GDP over Preceding Year(%)
延安市	**Yan'an**			横山县	Hengshan	116.51	5.6
宝塔区	Baota	269.40	6.0	靖边县	Jingbian	266.84	-0.1
延长县	Yanchang	43.00	8.3	定边县	Dingbian	257.63	-3.8
延川县	Yanchuan	70.44	-11.5	绥德县	Suide	58.87	9.6
子长县	Zichang	72.22	4.5	米脂县	Mizhi	41.53	5.2
安塞县	Ansai	97.10	6.5	佳 县	Jiaxian	34.44	8.6
志丹县	Zhidan	134.14	-1.1	吴堡县	Wubu	16.76	4.0
吴起县	Wuqi	140.47	1.7	清涧县	Qingjian	41.05	5.0
甘泉县	Ganquan	21.62	-4.2	子洲县	Zizhou	44.03	2.5
富 县	Fuxian	40.95	9.5	**安康市**	**Ankang**		
洛川县	Luochuan	185.48	0.5	汉滨区	Hanbin	233.72	11.6
宜川县	Yichuan	25.32	6.6	汉阴县	Hanyin	77.50	12.4
黄龙县	Huanglong	13.27	8.4	石泉县	Shiquan	62.98	13.9
黄陵县	Huangling	86.20	-1.6	宁陕县	Ningshan	24.52	13.8
汉中市	**Hanzhong**			紫阳县	Ziyang	74.58	12.0
汉台区	Hantai	230.25	11.7	岚皋县	Langao	40.13	13.3
南郑县	Nanzheng	164.88	11.5	平利县	Pingli	67.93	12.4
城固县	Chenggu	192.52	13.8	镇坪县	Zhenping	13.56	13.3
洋 县	Yangxian	100.26	10.4	旬阳县	Xunyang	124.09	11.6
西乡县	Xixiang	81.20	12.0	白河县	Baihe	52.43	13.4
勉 县	Mianxian	105.75	6.6	**商洛市**	**Shangluo**		
宁强县	Ningqiang	64.12	12.2	商州区	Shangzhou	122.90	10.9
略阳县	Lueyang	50.46	-13.2	洛南县	Luonan	99.17	11.5
镇巴县	Zhenba	58.30	12.2	丹凤县	Danfeng	78.94	11.7
留坝县	Liuba	12.77	13.5	商南县	Shangnan	68.92	11.6
佛坪县	Foping	7.32	13.6	山阳县	Shanyang	104.05	13.3
榆林市	**Yulin**			镇安县	Zhen'an	83.91	10.8
榆阳区	Yuyang	543.10	6.0	柞水县	Zhashui	66.17	11.6
神木县	Shenmu	817.41	6.7	**杨凌示范区**	**Yangling**		
府谷县	Fugu	383.76	5.7	杨陵区	Yangling	104.23	12.2

注：本表数据为快报数。

a) Data in this table are from annual statistical reporting forms.

主要统计指标解释

三次产业 指根据社会生产活动历史发展的顺序对产业结构的划分。目前我国的三次产业划分是:

第一产业是指农、林、牧、渔业(不含农、林、牧、渔服务业)。

第二产业是指采矿业(不含开采辅助活动),制造业(不含金属制品、机械和设备修理业),电力、热力、燃气及水生产和供应业,建筑业。

第三产业即服务业,是指除第一产业、第二产业以外的其他行业。

国内生产总值(GDP) 指按市场价格计算的一个国家(或地区)所有常住单位在一定时期内生产活动的最终成果。国内生产总值有三种表现形态,即价值形态、收入形态和产品形态。从价值形态看,它是所有常住单位在一定时期内生产的全部货物和服务价值超过同期投入的全部非固定资产货物和服务价值的差额,即所有常住单位的增加值之和;从收入形态看,它是所有常住单位在一定时期内创造并分配给常住单位和非常住单位的初次收入之和;从产品形态看,它是所有常住单位在一定时期内最终使用的货物和服务价值与货物和服务净出口价值之和。在实际核算中,国内生产总值有三种计算方法,即生产法、收入法和支出法。三种方法分别从不同的方面反映国内生产总值及其构成。

对于一个地区来说,称为地区生产总值或地区 GDP。

劳动者报酬 指劳动者因从事生产活动所获得的全部报酬。包括劳动者获得的各种形式的工资、奖金和津贴,既包括货币形式的,也包括实物形式的,还包括劳动者所享受的公费医疗和医药卫生费、上下班交通补贴、单位支付的社会保险费、住房公积金等。

生产税净额 指生产税减生产补贴后的余额。生产税指政府对生产单位从事生产、销售和经营活动以及因从事生产活动使用某些生产要素(如固定资产、土地、劳动力)所征收的各种税、附加费和规费。生产补贴与生产税相反,指政府对生产单位的单方面转移支出,因此视为负生产税,包括政策亏损补贴、价格补贴等。

固定资产折旧 指一定时期内为弥补固定资产损耗按照规定的固定资产折旧率提取的固定资产折旧,或按国民经济核算统一规定的折旧率虚拟计算的固定资产折旧。它反映了固定资产在当期生产中的转移价值。各类企业和企业化管理的事业单位的固定资产折旧是指实际计提的折旧费;不计提折旧的政府机关、非企业化管理的事业单位和居民住房的固定资产折旧是按照统一规定的折旧率和固定资产原值计算的虚拟折旧。原则上,固定资产折旧应按固定资产当期的重置价值计算,但是目前我国尚不具备对全社会固定资产进行重估价的基础,所以暂时只能采用上述办法。

营业盈余 指常住单位创造的增加值扣除劳动者报酬、生产税净额和固定资产折旧后的余额。它相当于企业的营业利润加上生产补贴,但要扣除从利润中开支的工资和福利等。

支出法国内生产总值 是从最终使用的角度反映一个国家(或地区)一定时期内生产活动最终成果的一种方法,包括最终消费支出、资本形成总额及货物和服务净出口三部分。计算公式为:

支出法国内生产总值=最终消费支出+资本形成总额+货物和服务净出口

最终消费支出 指常住单位为满足物质、文化和精神生活的需要,从本国经济领土和国外购买的货物和服务的支出。它不包括非常住单位在本国经济领土内的消费支出。最终消费支出分为居民消费支出和政府消费支出。

居民消费支出 指常住住户在一定时期内对于货物和服务的全部最终消费支出。居民消费支出除了直接以货币形式购买的货物和服务的消费支出外,还包括以其他方式获得的货物和服务的消费支出,即所谓的虚拟消费支出。居民虚拟消费支出包括如下几种类型:单位以实物报酬及实物转移的形式提供给劳动者的货物和服务;住户生产并由本住户消费了的货物和服务,其中的服务仅指住户的自有住房服务和付酬的家庭雇员提供的家庭和个人服务;金融机构提供的金融媒介服务。

政府消费支出 指政府部门为全社会提供的公共服务的消费支出和免费或以较低的价格向居民住户提供的货物和服务的净支出,前者等于政府服务的产出价值减去政府单位所获得的经营收入的价值,后者等于政府部门免费或以较低价格向居民住户提供的货物和服务的市场价值减去向住户收取的价值。

资本形成总额 指常住单位在一定时期内获得减去处置的固定资产和存货的净额,包括固定资本形成总额和存货增加两部分。

固定资本形成总额 指常住单位在一定时期内获得的固定资产减处置的固定资产的价值总额。固定资产是通过生产活动生产出来的,且其使用年限在一年以上、单位价值在规定标准以上的资产,不包括自然资产。可分为有形固定资本形成总额和无形固定资本形成总额。有形固定资本形成总额包括一定时期内完成的建筑工程、安装工程和设备工器具购置(减处置)价值,以及土地改良、新增役、种、奶、毛、娱乐用牲畜和新增经济林木价值。无形固定资本形成总额包括矿藏的勘探、计算机软件等获得减处置。

存货增加 指常住单位在一定时期内存货实物量变动的市场价值,即期末价值减期初价值的差额,再扣除当期由于价格变动而产生的持有收益。存货增加可以是正值,也可以是负值,正值表示存货上升,负值表示存货下降。存货包括生产单位购进的原材料、燃料和储备物资等存货,以及生产单位生产的产成品、在制品和半成品等存货。

货物和服务净出口 指货物和服务出口减货物和服务进口的差额。出口包括常住单位向非常住单位出售或无偿转让的各种货物和服务的价值;进口包括常住单位从非常住单位购买或无偿得到的各种货物和服务的价值。由于服务活动的提供与使用同时发生,一般把常住单位从非常住单位得到的服务作为进口,非常住单位从常住单位得到的服务作为出口。货物的出口和进口都按离岸价格计算。

Explanatory Notes on Main Statistical Indicators

Three Strata of Industry Classification of economic activities into three strata of industry is a common practice in the world, although the grouping varies to some extent from country to country. In China economic activities are categorized into the following three strata of industry:

Primary industry refers to agriculture, forestry, animal husbandry and fishery(do not include services in support of these industries).

Secondary industry refers to mining and quarrying (do not include support activities for mining), manufacturing (do not include repair service of metal products, machinery and equipment), production and supply of electricity, water and gas, and construction.

Tertiary industry refers to all other economic activities not included in the primary or secondary industries.

Gross Domestic Product (GDP) refers to the final products at market prices produced by all resident units in a country (or a region) during a certain period of time. Gross domestic product is expressed in three different perspectives, namely value, income, and products respectively. GDP in its value perspective refers to the total value of all goods and services produced by all resident units during a certain period of time, minus the total value of input of goods and services of the nature of non-fixed assets; in other words, it is the sum of the value-added of all resident units. GDP from the perspective of income includes the primary income created by all resident units and distributed to resident and non-resident units. GDP from the perspective of products refers to the value of all goods and services for final demand by all resident units plus the net exports of goods and services during a given period of time. In the practice of national accounting, gross domestic product is calculated from three approaches, namely production approach, income approach and expenditure approach, which reflect gross domestic product and its composition from different angles.

For a region, it is called as Gross Regional Product(GRP) or regional GDP.

GDP by Expenditure Approach refers to the method of measuring the final results of production activities of a country (region) during a given period from the perspective of final uses. It includes final consumption expenditure, gross capital formation and net export of goods and services. The formula for computation is.:

GDP by expenditure approach = final consumption expenditure + gross capital formation + net export of goods and services

Final Consumption Expenditure refers to the total expenditure of resident units for purchases of goods and services from both the domestic economic territory and abroad to meet the needs of material, cultural and spiritual life. It does not include the expenditure of non-resident units on consumption in the economic territory of the country. The final consumption expenditure is broken down into household consumption expenditure and government consumption expenditure.

Household Consumption Expenditure refers to the total expenditure of resident households on the final consumption of goods and services. In addition to the consumption of goods and services bought by the households directly with money, the household consumption expenditure also includes expenditure on goods and services obtained by the households in other ways, i.e. the so-called imputed consumption expenditure, which includes the following: (a) the goods and services provided to households by employers in the form of payment in kind and transfer in kind; (b) goods and services produced and consumed by the households themselves, in which the services refer to the owner-occupied housing and services offered by payed family employees; (c) financial intermediate services provided by financial institution.

Government Consumption Expenditure refers to the consumption expenditure spent for the provision of public services provided by the government to the whole country and the net expenditure on the goods and services provided by the government to households free of charge or at reduced prices. The former equals to the output value of the government services minus the value of operating income obtained by the government departments. The latter equals to the market value of the goods and services provided by the government free of charge or at reduced prices to the households minus the value received by the government from the households.

Gross Capital Formation refers to the fixed assets acquired less disposals and the net value of inventory, thus including gross fixed capital formation and changes in inventories.

Gross Fixed Capital Formation refers to the value of acquisitions less those disposals of fixed assets during a given period. Fixed assets are the assets produced through production activities with unit value above a specified amount and which could be used for over one year. Natural assets are not included. Gross fixed capital formation can be categorized into total tangible fixed capital formation and total intangible fixed capital formation. Total tangible fixed capital formation includes the value of the construction projects and installation projects completed and the equipment, apparatus and instruments purchased (less those disposed) as well as the value of land improved, the value of draught animals, breeding stock and animals for milk, for wool and for recreational purposes and the newly increased forest with economic value. Total intangible fixed capital formation includes the prospecting of minerals and the acquisition of computer software minus the disposal of them.

Changes in Inventories refers to the market value of the change in the physical volume of inventory of resident units

during a given period, i.e. the difference between the values at the beginning and at the end of the period minus the gains due to the change in prices. The changes in inventories can have a positive or a negative value. A positive value indicates an increase in inventory while a negative value indicates a decrease in inventory. The inventory includes raw materials, fuels and reserve materials purchased by the production units as well as the inventory of finished products, semi-finished products and work-in-progress.

Net Export of Goods and Services refers to the exports of goods and services subtracting the imports of goods and services. Exports include the value of various goods and services sold or gratuitously transferred by resident units to non-resident units. Imports include the value of various goods and services purchased or gratuitously acquired resident units from non-resident units. Because the provision of services and the use of them happen simultaneously, the acquisition of services by resident units from abroad is usually treated as import while the acquisition of services by non-resident units in this country is usually treated as export. The exports and imports of goods are calculated at FOB.

四、人　口

Population

资料整理：马　瑜

简 要 说 明

一、本篇资料反映陕西人口发展变化基本情况，主要内容和数据来源：

1. 年末常住人口、性别比例、年龄比例、城镇人口比例以及人口出生率、人口死亡率和人口自然增长率等，数据根据人口普查、1%人口抽样调查或年度人口变动情况抽样调查推算所得，2001-2009年年末常住人口根据2010年第六次全国人口普查数据进行了调整。

2. 户籍人口资料数据来源于省公安厅人口统计年报。

二、人口统计调查方法

目前人口统计调查有：在逢“0”的年份进行全国人口普查； 在逢“5”的年份进行全国1%人口抽样调查；其余年份进行人口变动情况抽样调查。

Brief Introduction

Ⅰ. This chapter reflects the basic conditions of development and changes of population in Shaanxi, including mainly:

1. Permanent population at the year-end, proportion of population by sex, proportion of population by age, proportion of urban population, birth rate, death rate and natural growth rate of population. The data are estimated by Shaanxi Provincial Bureau of Statistics on the basis of population censuses, the one percent sample survey on population, or annual sample surveys on population changes. Permanent Population at the Year-end from 2001 to 2009 have been adjusted in accordance with the flash sums of the 6th National Population Census in 2010.

2. The total population with residence registration are obtained from the annual reports of population of Shaanxi Provincial Department of Public Security.

Ⅱ. Sampling Methodology

The statistical surveys on population are as follows:

The national population census is conducted in the year ending with 0; the national 1 percent population sample survey is conducted in the year ending with 5; sample surveys on population changes are conducted in the rest of the years.

4.人 口

2015 年全省

年底总人口	3793	万人	比上年增长 0.5%
# 城镇人口	2045	万人	占总人口比重为 53.92%
人口自然增长率	3.82	‰	比上年下降 0.05个千分点
男女性别比（以女性为100）	106.73		
人口密度	184	人/平方公里	

人口年龄构成

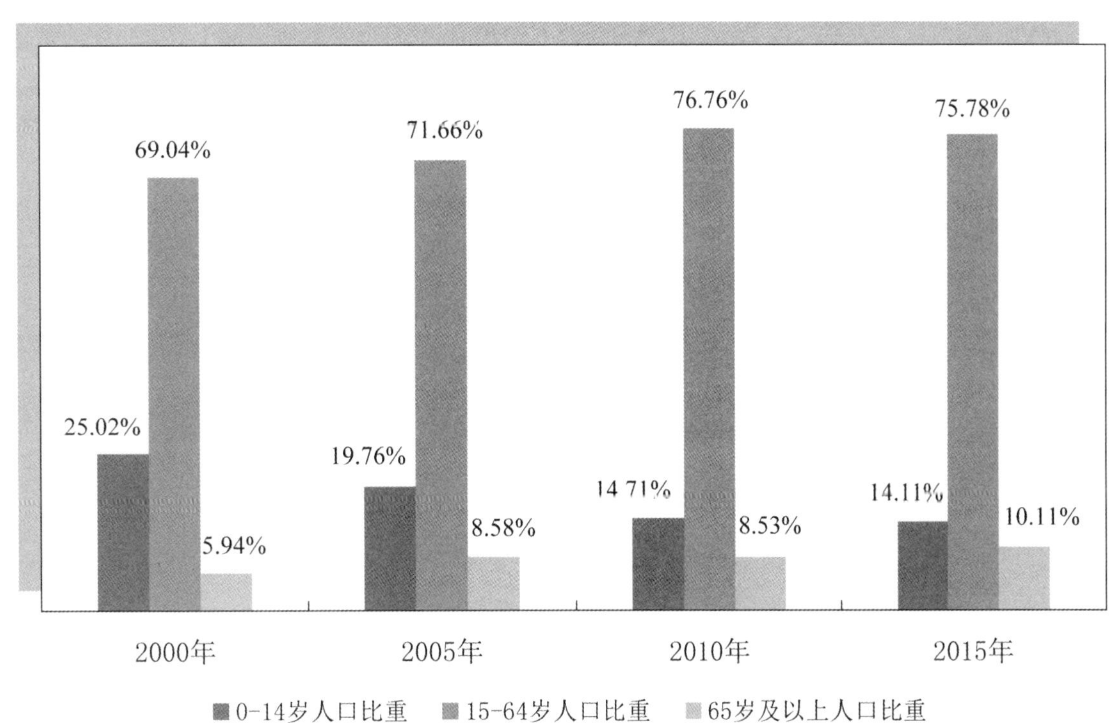

4-1 人口数和构成

Population and Its Composition

单位：万人 (10 000 persons)

年份 Year	年底总人口 Total Population at Year-end	按性别分 By Sex				按城乡分 By Residence			
		男 Male		女 Female		城镇 Urban		乡村 Rural	
		人口数 Population	比重(%) Proportion	人口数 Female	比重(%) Proportion	人口数 Female	比重(%) Proportion	人口数 Female	比重(%) Proportion
1978	2779	1444	51.96	1335	48.04	454		2325	
1979	2807	1456	51.87	1351	48.13	469		2339	
1980	2831	1468	51.85	1363	48.15	522		2309	
1981	2865	1486	51.87	1379	48.13	535		2329	
1982	2904	1507	51.89	1397	48.11	548		2356	
1983	2931	1525	52.03	1406	47.97	577		2354	
1984	2966	1546	52.12	1420	47.88	1111		1865	
1985	3002	1566	52.17	1436	47.83	1167		1834	
1986	3042	1588	52.20	1454	47.80	1203		1839	
1987	3088	1613	52.23	1476	47.80	1244		1844	
1988	3140	1640	52.23	1500	47.77	1405		1735	
1989	3198	1671	52.25	1527	47.75	1438		1759	
1990	3316	1727	52.08	1589	47.92	1501		1815	
1991	3363	1754	52.16	1609	47.84	1539		1824	
1992	3405	1777	52.19	1628	47.81	1576		1829	
1993	3443	1799	52.25	1644	47.75	1654		1789	
1994	3481	1819	52.26	1662	47.74	1668		1813	
1995	3513	1836	52.26	1677	47.74	1738		1775	
1996	3543	1842	51.99	1701	48.01	1939		1604	
1997	3570	1866	52.27	1704	47.73	2279		1291	
1998	3596	1879	52.25	1717	47.75	2547		1049	
1999	3618	1892	52.29	1726	47.71	2593		1025	
2000	3644	1896	52.03	1748	47.97	1176	32.27	2468	67.73
2001	3653	1879	51.44	1774	48.56	1228	33.62	2425	66.38
2002	3662	1882	51.39	1780	48.61	1268	34.63	2394	65.37
2003	3672	1883	51.28	1789	48.72	1305	35.54	2367	64.46
2004	3681	1893	51.43	1788	48.57	1338	36.35	2343	63.65
2005	3690	1899	51.46	1791	48.54	1374	37.24	2316	62.76
2006	3699	1902	51.42	1797	48.58	1447	39.12	2252	60.88
2007	3708	1906	51.40	1802	48.60	1506	40.62	2202	59.38
2008	3718	1911	51.40	1807	48.60	1565	42.10	2153	57.90
2009	3727	1916	51.41	1811	48.59	1621	43.50	2106	56.50
2010	3735	1930	51.67	1805	48.33	1707	45.70	2028	54.30
2011	3743	1931	51.58	1812	48.42	1770	47.30	1973	52.70
2012	3753	1938	51.65	1815	48.35	1877	50.02	1876	49.98
2013	3764	1944	51.64	1820	48.36	1931	51.31	1833	48.69
2014	3775	1949	51.62	1826	48.38	1985	52.57	1790	47.43
2015	3793	1958	51.63	1835	48.37	2045	53.92	1748	46.08

注：1.1990年以前为公安年报数，1990年及以后为人口普查及人口变动情况抽样调查推算的常住人口数。
2.2001-2009年人口数根据2010年人口普查进行了修正。
3.城乡人口，2000年以前按乡（镇、街办）级行政区域统计，2000年及以后是以《国家统计局统计上划分城乡的规定》为标准的人口普查和人口变动抽样调查推算数。

a) Data before 1990 were taken from the statistics of household registration.Since 1990, data have been estimated on the basis of the national population census or usual residents of the annual national sample surveys on population changes.

b) Data of population from 2001 to 2009 were adjusted according to the national population census in 2010.

c) Data by residence before 2000 were from the divisions of administrative areas. Since 2000, data have been estimated on the national population census and the basis of the annual national sample surveys on population changes,which regard "The provisions on the division of urban and rural areas" as standard.

4-2 人口自然变动情况
Population Natural Changes

年 份 Year	出生人口 (万人) Births (10 000 persons)	死亡人口 (万人) Deaths (10 000 persons)	出生率 (‰) Birth Rate (‰)	死亡率 (‰) Death Rate (‰)	自然增长率 (‰) Natural Growth Rate (‰)
1953	53.4	18.0	34.00		
1964	83.1	33.3	40.00	16.00	24.00
1982	54.9	19.3	19.02	6.70	12.30
1990	77.2	21.4	23.48	6.52	16.96
1991	66.2	21.7	19.82	6.51	13.31
1992	63.8	22.2	18.85	6.57	12.28
1993	60.4	22.4	17.63	6.55	11.08
1994	60.9	22.9	17.59	6.60	10.99
1995	55.7	23.0	15.93	6.57	9.36
1996	52.9	23.0	14.99	6.51	8.48
1997	49.5	22.4	13.91	6.29	7.62
1998	48.6	23.0	13.56	6.43	7.13
1999	45.1	23.0	12.51	6.38	6.13
2000	45.4				
2001	38.4	23.2	10.50	6.34	4.16
2002	38.4	23.3	10.48	6.36	4.12
2003	39.2	23.4	10.67	6.38	4.29
2004	39.0	23.3	10.59	6.33	4.26
2005	37.0	22.2	10.02	6.01	4.01
2006	37.7	22.8	10.19	6.15	4.04
2007	37.9	22.8	10.21	6.16	4.05
2008	38.3	23.1	10.29	6.21	4.08
2009	38.2	23.3	10.24	6.24	4.00
2010	36.3	22.4	9.73	6.01	3.72
2011	36.5	22.7	9.75	6.06	3.69
2012	38.0	23.4	10.12	6.24	3.88
2013	37.6	23.1	10.01	6.15	3.86
2014	38.2	23.6	10.13	6.26	3.87
2015	38.2	23.8	10.10	6.28	3.82

注：1.本表为人口普查、人口变动情况抽样调查数。
2.2001-2009年数据根据2010年人口普查进行了修正。

a) Data in this table are obtained from the national population census and the annual national sample surveys on population changes.

b) Data of population from 2001 to 2009 were adjusted according to the national population census in 2010.

4-3 人口年龄结构和抚养比
Age Composition and Dependency Ration of Population

单位：%　　　　(%)

年 份 Year	各年龄段人口比重 Percentage to Tatal Population By Age			总抚养比 Gross Dependency Ratio	少年儿童 Children Dependency Ratio	老年人口 Old Dependency Ratio
	0-14岁 Aged 0-14	15-64岁 Aged 15-64	65岁及以上 Aged 65 and Over			
1953	36.71	59.25	4.04	68.78	61.96	6.82
1964	41.26	55.23	3.51	81.06	74.71	6.35
1982	33.06	62.40	4.57	60.30	52.98	7.32
1990	28.88	65.98	5.15	51.57	43.77	7.80
1991	30.21	64.07	5.72	56.08	47.15	8.93
1992	30.15	64.19	5.66	55.78	46.96	8.82
1993	29.30	65.09	5.61	53.64	45.02	8.62
1994	28.31	66.43	5.26	50.53	42.62	7.91
1995	28.88	65.40	5.72	52.90	44.16	8.74
1996	28.90	65.11	6.00	53.59	44.38	9.21
1997	27.63	66.52	5.85	50.33	41.54	8.79
1998	27.15	66.15	6.70	51.16	41.04	10.12
1999	26.28	66.58	7.14	50.21	39.48	10.73
2000	25.02	69.04	5.94	44.84	36.24	8.60
2001	24.49	68.78	6.73	45.39	35.61	9.78
2002	22.35	69.64	8.01	43.60	32.09	11.51
2003	20.90	71.35	7.75	40.15	29.29	10.86
2004	19.81	72.54	7.65	37.86	27.31	10.55
2005	19.76	71.66	8.58	39.55	27.57	11.97
2006	18.70	72.70	8.60	37.55	25.72	11.83
2007	18.13	72.91	8.96	37.16	24.87	12.29
2008	17.75	73.28	8.97	36.46	24.22	12.24
2009	17.05	73.84	9.11	35.43	23.09	12.34
2010	14.71	76.76	8.53	30.27	19.16	11.11
2011	14.55	76.74	8.71	30.31	18.96	11.35
2012	14.42	76.61	8.97	30.53	18.82	11.71
2013	14.30	76.27	9.43	31.11	18.75	12.36
2014	14.10	75.93	9.97	31.70	18.57	13.13
2015	14.11	75.78	10.11	31.96	18.62	13.34

注：本表为人口普查、人口变动情况抽样调查数。抚养比指0-14岁、65岁及以上人口占15-64岁人口的比重。

a) Data in this table are obtained from the national population census and the annual national sample surveys on population changes.Dependency ratio refers to the population aged 0-14,65 and over as percentage of the population aged 15-64.

4-4　60岁及以上人口和比重
Population and Percentage of People Aged 60 and Over

年　份 Year	60岁及以上人口 Population Aged 60 and Over		65岁及以上人口 Population Aged 65 and Over	
	人口数(万人) Population (10 000 persons)	占总人口比重(%) Percentage to Tatal Population(%)	人口数(万人) Population (10 000 persons)	占总人口比重(%) Percentage to Tatal Population(%)
1953	101.50	6.74	60.74	4.04
1964	125.21	6.03	72.88	3.51
1982	215.17	7.44	131.99	4.57
1990	251.50	7.65	169.40	5.15
2000	341.23	9.47	216.45	5.94
2010	479.66	12.85	318.41	8.53
2011	495.78	13.25	325.98	8.71
2012	520.10	13.86	336.65	8.97
2013	551.39	14.65	354.92	9.43
2014	584.28	15.48	376.38	9.97
2015	601.10	15.85	383.46	10.11

注：本表为人口普查、人口变动情况抽样调查数。

a) Data in this table are obtained from the national population census and the annual national sample surveys on population changes.

4-5　各市(区)常住人口和自然增长率
Usual Residents and Natural Growth Rate by City(District)

地　区	Region	2014				2015			
		常住人口(万人) Usual Residents (10 000 persons)	出生率(‰) Birth Rate (‰)	死亡率(‰) Death Rate (‰)	自然增长率(‰) Natural Growth (‰)	常住人口(万人) Usual Residents (10 000 persons)	出生率(‰) Birth Rate (‰)	死亡率(‰) Death Rate (‰)	自然增长率(‰) Natural Growth (‰)
全　省	**Shaanxi**	**3775.12**	**10.13**	**6.26**	**3.87**	**3792.87**	**10.10**	**6.28**	**3.82**
西安市	Xi'an	862.75	10.11	5.47	4.64	870.56	10.15	5.51	4.64
铜川市	Tongchuan	84.51	9.83	6.04	3.79	84.62	9.60	6.07	3.53
宝鸡市	Baoji	375.32	9.66	6.11	3.55	376.33	9.66	6.12	3.54
咸阳市	Xianyang	495.68	10.14	6.16	3.98	497.24	10.13	6.18	3.95
渭南市	Weinan	534.30	9.74	6.28	3.46	535.99	9.73	6.30	3.43
延安市	Yan'an	221.43	10.54	6.20	4.34	223.13	10.53	6.21	4.32
汉中市	Hanzhong	343.15	9.77	7.35	2.42	343.81	9.78	7.36	2.42
榆林市	Yulin	338.39	11.49	6.34	5.15	340.11	11.51	6.36	5.15
安康市	Ankang	264.20	9.96	7.24	2.72	265.00	9.56	7.24	2.32
商洛市	Shangluo	235.08	10.39	7.11	3.28	235.74	10.41	7.14	3.27
杨凌示范区	Yangling	20.30	8.88	3.95	4.93	20.34	8.50	3.99	4.51

注：本表根据人口变动抽样调查数据结果评估推算。

a) Data in the table are estimated from the 6th national population census.

4-6 各市、县(市、区)常住人口
Usual Residents by City and County (City and District)

单位：万人 (10 000 persons)

地区	Region	2014	2015	地区	Region	2014	2015
全 省	**Shaanxi**	**3775.12**	**3792.87**	千阳县	Qianyang	12.52	12.55
西安市	**Xi'an**	**862.75**	**870.56**	麟游县	Linyou	9.16	9.19
新城区	Xincheng	59.86	60.33	凤 县	Fengxian	10.65	10.68
碑林区	Beilin	62.40	62.89	太白县	Taibai	5.14	5.16
莲湖区	Lianhu	70.68	71.23	**咸阳市**	**Xianyang**	**495.68**	**497.24**
灞桥区	Baqiao	60.82	61.39	秦都区	Qindu	51.31	51.46
未央区	Weiyang	82.28	83.05	渭城区	Weicheng	44.23	44.39
雁塔区	Yanta	119.74	120.96	三原县	Sanyuan	40.89	41.01
阎良区	Yanliang	28.53	28.84	泾阳县	Jingyang	49.50	49.70
临潼区	Lintong	67.16	67.62	乾 县	Qianxian	53.20	53.40
长安区	Chang'an	110.59	111.83	礼泉县	Liquan	45.34	45.48
高陵区	Gaoling	34.22	34.77	永寿县	Yongshou	18.69	18.75
蓝田县	Lantian	52.30	52.53	彬 县	Binxian	32.79	32.85
周至县	Zhouzhi	57.57	58.09	长武县	Changwu	17.01	17.06
户 县	Huxian	56.60	57.03	旬邑县	Xunyi	26.54	26.58
铜川市	**Tongchuan**	**84.51**	**84.62**	淳化县	Chunhua	19.57	19.61
王益区	Wangyi	20.26	20.24	武功县	Wugong	41.74	41.87
印台区	Yintai	21.94	21.91	兴平市	Xingping	54.87	55.08
耀州区	Yaozhou	24.00	24.04	**渭南市**	**Weinan**	**534.30**	**535.99**
新 区	Xinqu	9.03	9.14	临渭区	Linwei	89.07	89.45
宜君县	Yijun	9.28	9.29	华 县	Huaxian	32.60	32.66
宝鸡市	**Baoji**	**375.32**	**376.33**	潼关县	Tongguan	15.79	15.84
渭滨区	Weibin	45.26	45.38	大荔县	Dali	69.90	70.11
金台区	Jintai	39.84	39.94	合阳县	Heyang	44.02	44.12
陈仓区	Chencang	60.09	60.25	澄城县	Chengcheng	39.03	39.15
凤翔县	Fengxiang	48.82	48.95	蒲城县	Pucheng	74.75	74.98
岐山县	Qishan	46.36	46.48	白水县	Baishui	28.33	28.39
扶风县	Fufeng	42.05	42.16	富平县	Fuping	74.94	75.17
眉 县	Meixian	30.29	30.37	韩城市	Hancheng	39.71	39.86
陇 县	Longxian	25.14	25.20	华阴市	Huayin	26.19	26.26

4-6 续表 continued

单位：万人　　(10 000 persons)

地　区	Region	2014	2015
延安市	**Yan'an**	**221.43**	**223.13**
宝塔区	Baota	48.15	48.17
延长县	Yanchang	12.64	12.78
延川县	Yanchuan	17.01	17.03
子长县	Zichang	21.76	21.88
安塞县	Ansai	17.43	17.54
志丹县	Zhidan	14.31	14.48
吴起县	Wuqi	14.76	14.96
甘泉县	Ganquan	7.84	7.88
富　县	Fuxian	15.21	15.47
洛川县	Luochuan	22.38	22.76
宜川县	Yichuan	11.92	12.09
黄龙县	Huanglong	4.97	4.97
黄陵县	Huangling	13.05	13.12
汉中市	**Hanzhong**	**343.15**	**343.81**
汉台区	Hantai	53.91	54.01
南郑县	Nanzheng	47.43	47.52
城固县	Chenggu	46.74	46.83
洋　县	Yangxian	38.54	38.61
西乡县	Xixiang	34.36	34.43
勉　县	Mianxian	38.95	39.02
宁强县	Ningqiang	30.88	30.94
略阳县	Lueyang	20.18	20.22
镇巴县	Zhenba	24.80	24.85
留坝县	Liuba	4.34	4.35
佛坪县	Foping	3.02	3.03
榆林市	**Yulin**	**338.39**	**340.11**
榆阳区	Yuyang	64.89	64.91
神木县	Shenmu	45.92	45.95
府谷县	Fugu	26.30	26.31
横山县	Hengshan	29.55	29.66
靖边县	Jingbian	36.32	36.51
定边县	Dingbian	32.20	32.40
绥德县	Suide	29.64	29.89
米脂县	Mizhi	15.54	15.92
佳　县	Jiaxian	20.50	19.91
吴堡县	Wubu	7.48	7.94
清涧县	Qingjian	12.40	12.88
子洲县	Zizhou	17.65	17.83
安康市	**Ankang**	**264.20**	**265.00**
汉滨区	Hanbin	87.41	87.67
汉阴县	Hanyin	24.72	24.79
石泉县	Shiquan	17.20	17.25
宁陕县	Ningshan	7.08	7.10
紫阳县	Ziyang	28.52	28.60
岚皋县	Langao	15.49	15.53
平利县	Pingli	19.39	19.45
镇坪县	Zhenping	5.12	5.14
旬阳县	Xunyang	42.87	43.00
白河县	Baihe	16.42	16.47
商洛市	**Shangluo**	**235.08**	**235.74**
商州区	Shangzhou	53.37	53.52
洛南县	Luonan	44.32	44.45
丹凤县	Danfeng	29.64	29.71
商南县	Shangnan	22.28	22.34
山阳县	Shanyang	42.35	42.47
镇安县	Zhen'an	27.70	27.78
柞水县	Zhashui	15.43	15.47
杨凌示范区	**Yangling**	**20.30**	**20.34**

注：本表各市、县(市、区)数据根据人口变动抽样调查结果评估推算。

a) Data of City and County (City and District) in the table are estimated from the annual national sample surveys on population changes.

4-7 各市、县(市、区)总户数和户籍人口数(2015年)
Total Households and Population by City and County (City and District)(2015)

地　区	Region	总户数(户) Total Households (household)	户籍总人口(人) TotalP opulation (person)	男 Male	女 Female
全　省	**Shaanxi**	**12680819**	**39411181**	**20369191**	**19041990**
西安市	**Xi'an**	**2531255**	**8156561**	**4122234**	**4034327**
新城区	Xincheng	172281	504571	255715	248856
碑林区	Beilin	214353	698590	354092	344498
莲湖区	Lianhu	230496	658633	330744	327889
灞桥区	Baqiao	180261	538907	265125	273782
未央区	Weiyang	195820	599559	297921	301638
雁塔区	Yanta	276350	844884	421491	423393
阎良区	Yanliang	80095	262693	131819	130874
临潼区	Lintong	207684	711122	359936	351186
长安区	Chang'an	319241	1065261	530468	534793
高陵区	Gaoling	102486	329608	163831	165777
蓝田县	Lantian	191013	651968	337986	313982
周至县	Zhouzhi	178339	683308	360312	322996
户　县	Huxian	182836	607457	312794	294663
铜川市	**Tongchuan**	**280342**	**836444**	**433819**	**402625**
王益区	Wangyi	70924	198031	100807	97224
印台区	Yintai	70845	211990	112129	99861
耀州区	Yaozhou	106853	333845	171888	161957
宜君县	Yijun	31720	92578	48995	43583
宝鸡市	**Baoji**	**1156352**	**3845440**	**1992333**	**1853107**
渭滨区	Weibin	146172	436268	222771	213497
金台区	Jintai	132610	380101	193011	187090
陈仓区	Chencang	169811	606715	317256	289459
凤翔县	Fengxiang	157257	525044	270887	254157
岐山县	Qishan	138665	477075	246525	230550
扶风县	Fufeng	119820	452848	235561	217287
眉　县	Meixian	93032	327186	169389	157797
陇　县	Longxian	79852	272494	143346	129148
千阳县	Qianyang	41934	134249	70426	63823
麟游县	Linyou	26638	88188	46787	41401
凤　县	Fengxian	33366	95940	49891	46049
太白县	Taibai	17195	49332	26483	22849
咸阳市	**Xianyang**	**1545320**	**5275892**	**2727072**	**2548820**
秦都区	Qindu	160863	511577	257434	254143
渭城区	Weicheng	125933	412065	207381	204684
三原县	Sanyuan	136896	416648	210194	206454
泾阳县	Jingyang	147139	537959	271660	266299
乾　县	Qianxian	172712	596451	313314	283137
礼泉县	Liquan	149465	483239	251821	231418

注：本表为公安部门统计数。
a) Data in this table are obtained from the annual reports of the bureau of public secruity.

4-7　续表 1　continued

地　区	Region	总户数 (户) Total Households (household)	户籍总人口 (人) TotalP opulation (person)	男 Male	女 Female
永寿县	Yongshou	59553	207367	108952	98415
彬　县	Binxian	98081	368433	193049	175384
长武县	Changwu	60129	186603	98395	88208
旬邑县	Xunyi	91381	294244	154787	139457
淳化县	Chunhua	63117	196820	107171	89649
武功县	Wugong	111889	447938	232693	215245
兴平市	Xingping	168162	616548	320221	296327
渭南市	**Weinan**	**1735221**	**5567154**	**2832547**	**2734607**
临渭区	Linwei	317894	968016	489394	478622
华　县	Huaxian	108843	342527	175639	166888
潼关县	Tongguan	52398	154767	78891	75876
大荔县	Dali	209104	734604	370563	364041
合阳县	Heyang	140925	451905	228917	222988
澄城县	Chengcheng	130606	392602	199888	192714
蒲城县	Pucheng	215685	787613	399876	387737
白水县	Baishui	107471	287808	149129	138679
富平县	Fuping	240922	793697	404735	388962
韩城市	Hancheng	129260	398978	205566	193412
华阴市	Huayin	82113	254637	129949	124688
延安市	**Yan'an**	**872654**	**2355017**	**1226454**	**1128563**
宝塔区	Baota	189649	472310	249364	222946
延长县	Yanchang	60514	155861	81595	74266
延川县	Yanchuan	71688	190206	97292	92914
子长县	Zichang	93356	268764	139737	129027
安塞县	Ansai	68449	195474	101600	93874
志丹县	Zhidan	59664	159489	83476	76013
吴起县	Wuqi	47729	143256	72978	70278
甘泉县	Ganquan	35110	89153	46248	42905
富　县	Fuxian	54091	156609	81705	74904
洛川县	Luochuan	77924	223369	117097	106272
宜川县	Yichuan	47031	124213	63662	60551
黄龙县	Huanglong	19451	50094	26420	23674
黄陵县	Huangling	47998	126219	65280	60939
汉中市	**Hanzhong**	**1318560**	**3852105**	**2005047**	**1847058**
汉台区	Hantai	212356	575156	293697	281459
南郑县	Nanzheng	191130	567889	293243	274646
城固县	Chenggu	189057	539764	277944	261820
洋　县	Yangxian	142731	446678	234054	212624
西乡县	Xixiang	149080	419975	222598	197377
勉　县	Mianxian	144046	427861	220657	207204
宁强县	Ningqiang	110970	327164	171309	155855

4-7 续表 2 continued

地　区	Region	总户数 (户) Total Households (household)	户籍总人口 (人) TotalP opulation (person)	男 Male	女 Female
略阳县	Lueyang	64872	186517	98778	87739
镇巴县	Zhenba	88532	285512	152596	132916
留坝县	Liuba	14810	42610	22692	19918
佛坪县	Foping	10976	32979	17479	15500
榆林市	**Yulin**	**1328907**	**3774565**	**1972759**	**1801806**
榆阳区	Yuyang	221854	570015	290494	279521
神木县	Shenmu	169362	436991	229383	207608
府谷县	Fugu	95966	247794	130238	117556
横山县	Hengshan	106556	375140	196397	178743
靖边县	Jingbian	104566	346992	179300	167692
定边县	Dingbian	97361	346991	180103	166888
绥德县	Suide	137331	357656	187114	170542
米脂县	Mizhi	80854	221901	116373	105528
佳　县	Jiaxian	102022	268292	142350	125942
吴堡县	Wubu	34062	83970	43878	40092
清涧县	Qingjian	65272	216026	115909	100117
子洲县	Zizhou	113701	302797	161220	141577
安康市	**Ankang**	**1050262**	**3047999**	**1629851**	**1418148**
汉滨区	Hanbin	343715	1008443	536461	471982
汉阴县	Hanyin	106423	313391	168183	145208
石泉县	Shiquan	68747	182533	97862	84671
宁陕县	Ningshan	27195	73899	39631	34268
紫阳县	Ziyang	110303	340371	184320	156051
岚皋县	Langao	55562	167804	90983	76821
平利县	Pingli	99573	232095	125182	106913
镇坪县	Zhenping	22000	59387	31470	27917
旬阳县	Xunyang	150679	456740	243067	213673
白河县	Baihe	66065	213336	112692	100644
商洛市	**Shangluo**	**810255**	**2510056**	**1330461**	**1179595**
商州区	Shangzhou	161156	559541	294557	264984
洛南县	Luonan	149308	461788	242882	218906
丹凤县	Danfeng	100877	311722	164470	147252
商南县	Shangnan	95839	245912	129084	116828
山阳县	Shanyang	145234	465447	248639	216808
镇安县	Zhen'an	103067	302971	162124	140847
柞水县	Zhashui	54774	162675	88705	73970
杨凌示范区	**Yangling**	**51691**	**189948**	**96614**	**93334**

主要统计指标解释

人口数 指一定时点、一定地区范围内有生命的个人总和。

年度统计的年末人口数指每年 12 月 31 日 24 时的人口数。年度统计的全国人口总数内未包括香港、澳门特别行政区和台湾省以及海外华侨人数。

城镇人口和乡村人口 城镇人口是指居住在城镇范围内的全部常住人口；乡村人口是除上述人口以外的全部人口。

出生率(又称粗出生率) 指在一定时期内(通常为一年)一定地区的出生人数与同期内平均人数(或期中人数)之比，用千分率表示。本资料中的出生率指年出生率，其计算公式为:

$$出生率=\frac{年出生人数}{年平均人数}\times 1000‰$$

式中: 出生人数指活产婴儿，即胎儿脱离母体时(不管怀孕月数)，有过呼吸或其他生命现象。年平均人数指年初、年底人口数的平均数，也可用年中人口数代替。

死亡率(又称粗死亡率) 指在一定时期内(通常为一年)一定地区的死亡人数与同期内平均人数(或期中人数)之比，用千分率表示。本资料中的死亡率指年死亡率，其计算公式为:

$$死亡率=\frac{年死亡人数}{年平均人数}\times 1000‰$$

人口自然增长率 指在一定时期内(通常为一年)人口自然增加数(出生人数减死亡人数)与该时期内平均人数(或期中人数)之比，用千分率表示。计算公式为:

$$人口自然增长率=\frac{本年出生人数-本年死亡人数}{年平均人数}\times 1000‰$$
$$=人口出生率-人口死亡率$$

总抚养比 也称总负担系数。指人口总体中非劳动年龄人口数与劳动年龄人口数之比。通常用百分比表示。说明每100 名劳动年龄人口大致要负担多少名非劳动年龄人口。用于从人口角度反映人口与经济发展的基本关系。计算公式为:

$$GDR=\frac{P_{0\sim14}+P_{65^+}}{P_{15\sim64}}\times 100\%$$

其中: GDR 为总抚养比;

$P_{0\sim14}$ 为 0 ~ 14 岁少年儿童人口数;

P_{65^+} 为 65 岁及 65 岁以上的老年人口数;

$P_{15\sim64}$ 为 15 ~ 64 岁劳动年龄人口数。

老年人口抚养比 也称老年人口抚养系数。指某一人口中老年人口数与劳动年龄人口数之比。通常用百分比表示。用以表明每 100 名劳动年龄人口要负担多少名老年人。老年人口抚养比是从经济角度反映人口老化社会后果的指标之一。计算公式为:

$$ODR=\frac{P_{65^+}}{P_{15\sim64}}\times 100\%$$

其中: ODR 为老年人口抚养比;

P_{65^+} 为 65 岁及 65 岁以上的老年人口数;

$P_{15\sim64}$ 为 15 ~ 64 岁的劳动年龄人口数。

少年儿童抚养比 也称少年儿童抚养系数。指某一人口中少年儿童人口数与劳动年龄人口数之比。通常用百分比表示。以反映每 100 名劳动年龄人口要负担多少名少年儿童。计算公式为:

$$CDR=\frac{P_{0\sim14}}{P_{15\sim64}}\times 100\%$$

其中: CDR 为少年儿童抚养比;

$P_{0\sim14}$ 为 0 ~ 14 岁少年儿童人口数;

$P_{15\sim64}$ 为 15 ~ 64 岁劳动年龄人口数。

Explanatory Notes on Main Statistical Indicators

Total Population refers to the total number of people alive at a certain point of time within a given area.

The annual statistics on total population is taken at midnight, the 31st of December, not including residents in Taiwan province, Hong Kong SAR and Macao SAR and Chinese national residing abroad.

Urban Population and Rural Population Urban population refers to all people residing in cities and towns, while rural population refers to population other than urban population.

Birth Rate (or Crude Birth Rate) refers to the ratio of the number of births to the average population (or mid-period population) during a certain period of time (usually a year), expressed in ‰. Birth rate in the chapter refers to annual birth rate. The following formula is used:

$$\text{Birth Rate} = \frac{\text{Number of Births}}{\text{Annual Average Population}} \times 1000‰$$

Number of births in the formula refers to live births, i.e. when a baby has breathed or showed any vital phenomena regardless of the length of pregnancy.

Annual average population is the average of the number of population at the beginning of the year and that at the end of the year. Sometimes it is substituted by the mid-year population.

Death Rate (or Crude Death Rate) refers to the ratio of the number of deaths to the average population (or mid-period population) during a certain period of time (usually a year), expressed in ‰. Death rate in the chapter refers to annual death rate. The following formula is used:

$$\text{Death Rate} = \frac{\text{Number of Deaths}}{\text{Annual Average Population}} \times 1000‰$$

Natural Growth Rate of Population refers to the ratio of natural increase in population (number of births minus number of deaths) in a certain period of time (usually a year) to the average population (or mid-period population) of the same period, expressed in ‰. The following formula is applied:

$$\text{Natural Growth Rate of Population} = \frac{\text{Number of Births - Number of Deaths}}{\text{Annual Average Population}} \times 1000‰$$

Natural Growth Rate of Population = Birth Rate-Death Rate

Gross Dependency Ratio also called gross dependency coefficient, refers to the ratio of non-working-age population to the working-age population, express in %. Describing in general the number of non-working-age population that every 100 people at working ages will take care of, this indicator reflects the basic relation between population and economic development from the demographic perspective. The gross dependency ratio is calculated with the following formula:

$$GDR = \frac{P_{0\sim14} + P_{65^+}}{P_{15\sim64}} \times 100\%$$

Where: GDR is the gross dependency ratio,

P_{0-14} is the population of children aged 0-14,

P_{65+} is the elderly population aged 65 and over, and

P_{15-64} is the working-age population aged 15-64.

Old Dependency Ratio also called old dependency coefficient, refers to the ratio of the elderly population to the working-age population, express in %. It describes the number of the elderly population that every 100 people at working ages will take care of. Old dependency ratio is one of the indicators reflecting the social implication of population aging from the economic perspective. The old dependency ratio is calculated with the following formula:

$$ODR = \frac{P_{65^+}}{P_{15\sim64}} \times 100\%$$

Where: ODR is the old dependency ratio,

P_{65+} is the elderly population aged 65 and over, and

P_{15-64} is the working-age population aged 15-64.

Children Dependency Ratio also called children dependency coefficient, refers to the ratio of the children population to the working-age population, express in %. It describes the number of children population that every 100 people at working ages will take care of. The children dependency ratio is calculated with the following formula:

$$CDR = \frac{P_{0\sim14}}{P_{15\sim64}} \times 100\%$$

Where: CDR is the children dependency ratio,

P_{0-14} is the children population aged 0-14, and

P_{15-64} is the working-age population aged 15-64.

五、就业和工资

Employment and Wages

资料整理：李　艳　杨　竞　张　峰

简 要 说 明

一、本篇资料反映陕西劳动就业与工资的基本情况。主要内容包括全社会就业人员数、城镇非私营单位就业人员数、城镇私营企业和个体工商业就业人数、城镇非私营单位就业人员工资、城镇私营单位就业人员工资、城镇登记失业率、社会保障情况等。

二、本篇资料中，城镇登记失业人数及失业率、社会保障情况、城镇私营及个体就业人员资料由省人力资源和社会保障厅、省民政厅、省工商行政管理局等部门提供并加工整理。

三、统计范围和调查方法

1. 城镇非私营单位：指城镇地区全部非私营法人单位，具体包括国有单位、城镇集体单位、联营经济、股份制经济、外商投资经济、港澳台投资经济等单位。工资统计是统计单位的就业人员，个体就业人员、自由职业者等非单位就业人员不在工资统计范围内。对城镇非私营单位工资统计采用全面调查的方法。

2. 城镇私营单位：主要是指在内资法人单位中由自然人投资设立或由自然人控股，以雇佣劳动为基础的营利性经济组织，包括按照《公司法》、《合伙企业法》、《私营企业暂行条例》规定登记注册的私营有限责任公司、私营股份有限公司、私营合伙企业和私营独资企业。对城镇私营单位工资统计采用全面调查和抽样调查相结合的方法。

Brief Introduction

Ⅰ. This chapter reflects the basic conditions of labour employment and wages of Shaanxi Province, mainly including the number of all employed persons, number of urban non-private units, number of urban private enterprise and private industry and commerce, wages of urban non-private units employed persons, wages of urban private enterprise employed persons, registered urban unemployment rate, the social security situation and etc.

Ⅱ. The data on registered urban unemployment and unemployment rate, social security, number of the persons employed in urban private enterprises and self-employed persons in industry and commerce are processed and prepared from figures provided by Shaanxi Provincial Department of Labour and Social Security, Shaanxi Provincial Department of Civil Affairs, Shaanxi Provincial Administration for Industry and Commerce and etc.

Ⅲ. The Statistical Coverage and Investigation Methods

a) The urban non-private units: are all non-private legal units in urban area, including state-owned units, urban collective-owned units, joint ownership units, cooperative units, foreign funded units and units with funds from Hong Kong, Macao & Taiwan etc. Wage of employed persons in urban non-private units are the persons employed in those units, except self-employed and freelancers. The investigation method of Wage of employed persons in urban non-private units is comprehensive survey.

b) The Urban private units: are established by natural person or controlled by natural person in legal units invested by domestic, are for-profit units based on wage-labor, including private limited liability corporations, private share holding corporations Ltd., partnership corporations and private sole proprietorship corporations registered in accordance with the "company law", "partnership enterprise law" and "Provisional Regulations". The investigation method of Wage of employed persons in urban private units is combined with comprehensive survey and sampling survey.

5.就业和工资

2015 年全省		
年底就业人员	2071 万人	比上年增长 0.2%
# 城镇非私营单位在岗职工	474 万人	比上年下降 1.0%
城镇非私营单位就业人员平均工资	54994 元	比上年增长 8.8%
城镇私营单位就业人员平均工资	33220 元	比上年增长 9.0%
城镇登记失业率	3.36 %	

在岗职工年末人数（万人）

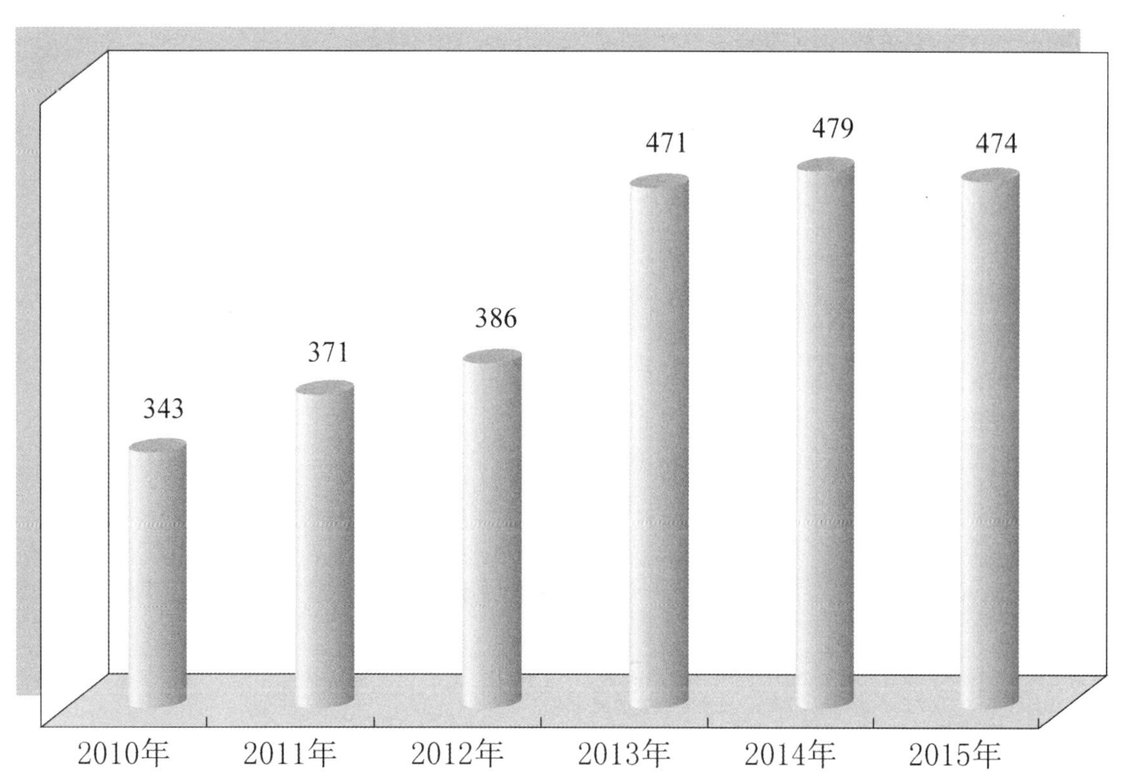

5-1 就业人员人数
Number of Employed Persons

单位：万人 (10 000 persons)

年 份 Year	就业人员 人 数 Number of Employed Persons	第一产业 Primary Industry	第二产业 Secondary Industry	第三产业 Tertiary Industry	年末职工 人 数 Number of Staff & Workers at Year-end	#国有单位 State-owned Units	#城镇集体单 位 Urban Collective-owned Units	城镇私营及个体就业人员 Employed Persons in Private Enterprises, Self-employed Individuals in Urban Areas	乡 村 就业人员 Rural Employed Persons	其他就业 人 员 Others
1978	1078	766	193	119	257	222	35	…	821	
1979	1105	794	191	120	264	225	40		840	
1980	1158	831	199	128	282	239	43	1	875	
1981	1202	874	188	140	297	250	47	2	903	
1982	1250	904	198	148	309	258	50	3	939	
1983	1285	925	199	161	312	261	51	4	969	
1984	1337	936	217	184	324	260	63	7	1007	
1985	1375	888	287	200	337	271	65	9	1029	
1986	1409	874	303	232	350	282	67	10	1049	
1987	1449	905	311	233	358	289	68	14	1077	
1988	1494	950	299	245	366	298	68	15	1112	
1989	1529	973	298	258	374	304	68	17	1138	
1990	1576	1010	302	264	379	311	67	17	1180	
1991	1640	1054	314	272	390	321	68	18	1232	
1992	1672	1069	321	283	395	326	67	19	1258	
1993	1708	1061	335	312	398	326	66	24	1272	14
1994	1720	1055	333	332	392	327	60	32	1283	13
1995	1748	1056	341	351	395	333	56	42	1298	13
1996	1776	1053	341	382	398	336	54	59	1308	11
1997	1792	1053	339	400	396	335	52	63	1322	11
1998	1788	1055	300	433	335	270	36	99	1342	12
1999	1808	1052	304	452	335	271	32	109	1353	11
2000	1813	1010	299	504	328	265	29	133	1343	9
2001	1785	994	297	494	324	258	27	118	1333	9
2002	1874	1003	308	563	322	253	25	179	1363	10
2003	1912	997	364	551	319	246	23	185	1397	11
2004	1941	965	361	615	319	243	22	184	1425	13
2005	1976	957	368	651	323	242	21	205	1437	11
2006	1986	956	375	655	324	247	21	227	1425	11
2007	2013	933	401	679	331	240	19	257	1414	11
2008	2039	909	420	710	332	240	19	275	1420	12
2009	2060	876	493	691	335	233	16	282	1425	17
2010	2074	856	561	657	343	239	14	333	1376	22
2011	2059	824	585	650	371	251	14	359	1307	22
2012	2061	797	298	458	386	272	15	351	1298	25
2013	2058	779	322	475	471	223	18	297	1256	35
2014	2067	782	335	528	479	229	17	355	1196	37
2015	2071	789	335	615	474	224	15	449	1111	38

注：1.本表职工人数1998年及以后为在岗职工(含劳务派遣人员)数。
2.由于统计制度变化，2012年及以后二、三产业中未含乡村就业人员。

a) Data in this table refer to number of staff and workers including labor dispatch personnel since 1998.

b) Number of employed persons in secondary industry and tertiary industry does not include rural employed persons because of the statistical system since 2012.

5-2 分行业就业人员人数(2015年)
Number of Employed Persons by Sector (2015)

单位：万人 (10 000 persons)

行业	Sector	合计 Total	国有单位 State-owned Units	城镇集体单位 Urban Collective-owned Units	其他单位 Units of Other Types of Ownership	私营企业 Private Enterprises	城镇个体 Urban Self-employed Individuals	乡村就业人员 Rural Employed Persons
总　计	**Total**	**2071.4**	**237.7**	**16.2**	**258.0**	**177.0**	**271.5**	**1111.0**
第一产业	Primary Industry	789.0	2.1	0.03	0.1	2.9	5.9	778.0
农、林、牧、渔业	Agriculture, Forestry, Animal Husbandry and Fishery	789.0	2.1	0.03	0.1	2.9	5.9	778.0
第二产业	Secondary Industry	334.7	42.4	10.4	165.1	102.2	14.6	
采矿业	Mining	44.6	6.3	0.3	28.8	8.7	0.5	
制造业	Manufacturing	168.4	21.4	1.9	81.1	51.1	12.9	
电力、燃气及水生产和供应业	Production and Distribution of Electricity,Gas and Water	14.9	6.3	0.1	7.4	1.0	0.10	
建筑业	Construction	106.8	8.4	8.1	47.8	41.4	1.1	
第三产业	Tertiary Industry	614.7	193.2	5.8	92.8	71.9	251.0	
批发和零售业	Wholesale and Retail Trades	195.9	3.5	0.9	21.4	22.7	147.4	
交通运输、仓储和邮政业	Traffic, Transport, Storage and Post	35.7	18.1	0.4	9.5	5.1	2.6	
住宿和餐饮业	Hotels and Catering Services	75.5	1.1	0.1	9.8	10.5	54.0	
信息传输、软件和信息技术服务业	Information Transmission, Software and Information Services	16.7	0.5	0.01	9.7	3.6	2.9	
金融业	Financial Intermediation	18.4	3.9	1.8	12.3	0.4	0.010	
房地产业	Real Estate	20.0	2.1	0.1	8.9	8.2	0.7	
租赁和商务服务业	Leasing and Business Services	18.8	1.9	1.0	8.0	5.3	2.6	
科学研究和技术服务业	Scientific Research, Technology Services	21.8	13.5	0.2	4.6	2.6	0.9	
水利、环境和公共设施管理业	Management of Water Conservancy, Environment and Public Facilities	10.6	8.0	0.1	1.6	0.9	0.03	
居民服务、修理和其他服务业	Residents Service, Repair and other Services	40.9	0.6	0.1	1.0	3.0	36.2	
教　育	Education	63.0	54.9	0.2	2.8	5.0	0.10	
卫生和社会工作	Health, Social Work	29.5	23.7	0.8	1.6	2.7	0.7	
文化、体育和娱乐业	Culture, Sports and Entertainment	9.7	3.5	0.1	1.5	1.9	2.8	
公共管理、社会保障和社会组织	Public Management, Social Security and Social Organization	58.1	57.9	0.01	0.10		0.1	

注：本表第二、三产业就业人员中未含乡村就业人员。

a) Data in this table Number of employed persons in secondary industry and tertiary Industry does not include rural employed persons.

5-3 城镇非私营单位企业、事业、机关人数和工资(2015年)

Persons and Wages of Urban Non-private Enterprises, Institutions and State Organs (2015)

指　　标	Item	合 计 Total	企 业 Enterprises	事 业 Institutions	机 关 Agencies & Organizations	民间非盈利组织 Civil Non-profit Organization	其 他 Others
一、就业人员年末人数 (人)	Employed Persons in Urban Units at Year-end (person)	5118355	3496376	1096647	492409	13309	19614
# 女 性	Female	1791807	1082323	544756	147548	7981	9199
# 在岗职工及劳务派遣人员人数	Number of Staff and Workers including Labor Dispatch Personnel	4741309	3219890	1034123	454976	12917	19403
1.国有单位	State-owned Units	2239077	760759	1020107	454952	853	2406
2.集体单位	Urban Collective-owned Units	152201	142335	8615	10	269	972
3.其他单位	Units of Other Types of Ownership	2350031	2316796	5401	14	11795	16025
二、就业人员工资总额 (万元)	Earning of Employed Persons in Urban Units (10 000 yuan)	28519756	19737023.1	6066665.8	2544320	63470	108277
# 在岗职工及劳务派遣人员工资总额	Number of Staff and Workers including Labor Dispatch Personnel	27343827	187724344	59229671	24785461	626287	1072505
三、就业人员平均工资 (元)	Average Earning of Employed Persons in Urban Units (yuan)	54994	55644	54670	51260	47906	54960
四、在岗职工及劳务派遣人员平均工资 (元)	Average Wage of Staff and Workers (yuan)	56896	57504	56414	53969	48685	55424
1.国有单位	State-owned Units	57592	61139	56469	53968	56306	55311
2.集体单位	Urban Collective-owned Units	46528	46393	46020	56100	52167	69017
3.其他单位	Units of Other Types of Ownership	56877	56925	62270	68786	48056	54622

5-4 城镇非私营单位分行业就业人员年末人数(2015年)
Number of Fully Employed Staff and Workers in Urban Non-private Units at Year-end by Sector (2015)

单位：人 (person)

行业	Sector	年末人数 Number at Year-end	国有单位 State-owned Units	城镇集体单位 Urban Collective-owned Units	其他单位 Units of Other Types of Ownership
总计	**Total**	**5118355**	**2376801**	**161690**	**2579864**
农、林、牧、渔业	Agriculture, Forestry, Animal Husbandry and Fishery	22313	20806	361	1146
采矿业	Mining	353696	62874	2627	288195
制造业	Manufacturing	1044393	214233	19441	810719
电力、燃气及水生产和供应业	Production and Distribution of Electricity, Gas and Water	136672	62570	641	73461
建筑业	Construction	643716	84508	81028	478180
批发和零售业	Wholesale and Retail Trades	258011	34712	9386	213913
交通运输、仓储和邮政业	Traffic, Transport, Storage and Post	279930	181420	3873	94637
住宿和餐饮业	Hotels and Catering Services	110675	11088	1225	98362
信息传输、软件和信息技术服务业	Information Transmission, Software and Information Services	102252	5027	52	97173
金融业	Financial Intermediation	180004	38937	17714	123353
房地产业	Real Estate	111196	20574	1239	89383
租赁和商务服务业	Leasing and Business Services	109373	19481	10209	79683
科学研究和技术服务业	Scientific Research, Technology Services	183158	135174	1857	46127
水利、环境和公共设施管理业	Management of Water Conservancy, Environment and Public Facilities	96078	80162	515	15401
居民服务、修理和其他服务业	Residents Service, Repair and other Services	16894	5754	1142	9998
教育	Education	579275	548726	2120	28429
卫生和社会工作	Health, Social Work	261522	237510	7724	16288
文化、体育和娱乐业	Culture, Sports and Entertainment	49790	34514	455	14821
公共管理、社会保障和社会组织	Public Management, Social Security and Social Organization	579407	578731	81	595

5-5 各市(区)城镇非私营单位就业人员年末人数(2015年)

Number of Fully Employed Staff and Workers in Urban Non-private Units at Year-end by City(District)(2015)

单位：人 (person)

地　区	Region	总　计 Total	国有单位 State-owned Units	城镇集体单位 Urban Collective-owned Units	其他单位 Others	# 港澳台投资 Funds from Hong Kong, Macao & Taiwan	# 外商投资 Foreign Funded
全　省	**Shaanxi**	**5118355**	**2376801**	**161690**	**2579864**	**49867**	**147856**
西安市	Xi'an	1889685	750359	52922	1086404	32778	118576
铜川市	Tongchuan	120219	49270	2718	68231		1461
宝鸡市	Baoji	410009	163221	15504	231284	2049	5427
咸阳市	Xianyang	548568	250865	28131	269572	10351	10951
渭南市	Weinan	457373	241097	11768	204508	435	4748
延安市	Yan'an	336201	168211	10891	157099	502	1264
汉中市	Hanzhong	303249	156174	17128	129947	1739	1665
榆林市	Yulin	416880	219537	8013	189330	279	1625
安康市	Ankang	180545	102588	4622	73335	1202	421
商洛市	Shangluo	197143	119029	9986	68128	434	794
杨凌示范区	Yangling	45234	17599	7	27628	98	924

注：全省数据含省级直报单位。
a) The data of Shaanxi is include the direct reporting organization.

5-6 城镇非私营单位就业人员年末人数和工资

Total Persons and Wages of Employed Staff and Workers in Urban Non-private Units

指　标	Item	年末人数(人) Number of Staff and Workers (person)		工资总额(万元) Total Wages Bill (10 000 yuan)		平均工资(元) Average Wage (yuan)	
		2014	2015	2014	2015	2014	2015
总　计	**Total**	**5165162**	**5118355**	**26624087**	**28519756**	**50535**	**54994**
国有单位	State-owned Units	2444150	2376801	12766130	13589062	50355	55815
集体单位	Urban Collective-owned Units	186035	161690	796191	729459	42932	45665
其他单位	Units of Other Types of Ownership	2534977	2579864	13061766	14201235	51267	54797
(一)内　资	Domestic Funds	2336850	2382141	12040479	13039832	51219	54473
1.股份合作制	Cooperative	19692	17840	106904	95447	53273	50973
2.联　营	Joint Ownership	9265	9061	45749	47113	50585	52564
3.有限责任公司	Limited Liability Corporations	1797146	1849740	8816511	9683202	48941	51995
4.股份有限公司	Share-holding Corporations Ltd.	467182	458069	2925612	3030112	61214	66351
5.其　它	Others	43565	47431	145703	183959	34470	39065
(二)港、澳、台投资	Funds from Hong Kong, Macao & Taiwan	51749	49867	247932	263313	48223	53325
(三)外商投资	Foreign Funded	146378	147856	773354	898090	53116	60509

5-7 职工平均工资和指数
Average Wage of Staff and Workers and Related Indices

年 份 Year	平均工资(元) Average Wage (yuan)	# 国有单位 State-owned Units	# 城镇集体单位 Urban Collective-owned Units	指数(1978年=100) Indices (1978 year=100) 平均货币工资 Average Wage	# 国有单位 State-owned Units	# 城镇集体单位 Urban Collective-owned Units	平均实际工资 Average Real Wage	# 国有单位 State-owned Units	# 城镇集体单位 Urban Collective-owned Units
1978	654	669	558	100.0	100.0	100.0	100.0	100.0	100.0
1979	705	728	570	107.8	108.8	102.2	106.3	107.3	100.7
1980	785	811	636	120.0	121.2	114.0	112.3	113.4	106.6
1981	780	812	609	119.3	121.4	109.1	107.7	109.6	98.6
1982	797	831	619	121.9	124.2	110.9	109.1	111.2	99.3
1983	824	857	652	126.0	128.1	116.8	111.0	112.9	102.9
1984	973	1024	757	148.8	153.1	135.7	126.7	130.4	115.6
1985	1122	1182	869	171.6	176.7	155.7	135.8	139.9	123.3
1986	1291	1363	987	197.4	203.7	176.9	146.7	151.4	131.4
1987	1409	1493	1054	215.4	223.2	188.9	146.6	151.8	128.5
1988	1680	1788	1206	256.9	267.3	216.2	145.5	151.4	122.5
1989	1856	1975	1319	283.8	295.2	236.4	136.7	142.2	113.9
1990	2042	2174	1425	312.2	325.0	255.4	146.6	152.6	119.9
1991	2198	2332	1554	336.1	348.6	278.5	147.1	152.6	121.9
1992	2434	2594	1634	372.2	387.7	292.8	146.5	152.6	115.2
1993	2890	3077	1918	441.9	459.9	343.7	152.5	158.8	118.6
1994	3803	4050	2299	581.5	605.4	412.0	156.6	163.0	110.9
1995	4396	4639	2795	672.2	693.4	500.9	153.4	158.2	114.3
1996	4882	5142	3082	746.5	768.6	552.3	154.4	159.0	114.3
1997	5184	5452	3177	792.7	814.9	569.4	155.9	160.2	111.9
1998	6029	6257	3823	921.9	935.3	685.1	185.5	188.2	137.9
1999	6931	7162	4318	1059.8	1070.6	773.8	219.4	221.6	160.2
2000	7804	8043	4920	1193.3	1202.2	881.7	246.3	248.2	182.0
2001	9120	9440	5293	1394.5	1411.1	948.6	287.6	291.0	195.6
2002	10351	10700	6080	1582.7	1599.4	1089.6	332.4	335.9	228.8
2003	11461	11833	6858	1752.4	1768.8	1229.0	365.1	368.5	256.0
2004	13024	13333	7373	1991.4	1992.9	1321.3	402.8	403.1	267.2
2005	14796	15223	7926	2262.3	2275.5	1420.4	453.5	456.1	284.7
2006	16918	17139	9086	2586.8	2561.9	1628.3	507.9	502.5	319.4
2007	21296	21653	11289	3256.3	3236.6	2023.1	607.7	603.5	377.2
2008	25942	26516	13523	3966.7	3963.5	2423.5	697.1	695.9	425.5
2009	30185	31537	16415	4615.4	4710.1	2941.8	810.3	827.6	516.5
2010	34299	35495	20650	5244.5	5305.7	3700.7	887.9	898.2	626.5
2011	39043	41291	27336	5969.9	6172.0	4898.9	956.2	988.6	784.7
2012	44330	46810	33142	6778.3	6997.0	5939.4	1058.2	1092.3	927.2
2013	48853	49815	39141	7469.9	7446.1	7014.6	1134.4	1130.8	1065.2
2014	52119	51919	43562	7969.3	7760.7	7806.8	1191.2	1160.0	1166.8
2015	56896	57592	46528	8699.7	8608.7	8338.4	1288.8	1275.3	1235.2

注：本表不含城镇私营单位和个体，1998年及以后数据为在岗职工(含劳务派遣人员)平均工资，指数据此推算。

a) Data in this table do not include urban private enterprises and self-employed individuals. The data refer to average wage of fully employed staff and workers including labor dispatch personnel since 1998 and the indices was calculated on it.

5-8 城镇非私营单位就业人员分行业工资总额(2015年)
Earnings of Employed Persons by Sector in Urban Non-private Units (2015)

单位：万元 (10 000 yuan)

行 业	Sector	工资总额 Total Wages Bill	国有单位 State-owned Units	城镇集体单位 Urban Collective-owned Units	其他单位 Others
总 计	**Total**	**28519756**	**13589062**	**729459**	**14201235**
农、林、牧、渔业	Agriculture, Forestry, Animal Husbandry and Fishery	97394	91819	1565	4010
采矿业	Mining	2440839	398668	13840	2028331
制造业	Manufacturing	5520511	1320099	105470	4094943
电力、燃气及水生产和供应业	Production and Distribution of Electricity, Gas and Water	932903	405840	3468	523596
建筑业	Construction	2984237	362991	308352	2312895
批发和零售业	Wholesale and Retail Trades	1057760	187079	25573	845108
交通运输、仓储和邮政业	Traffic, Transport, Storage and Post	1775988	1278413	19666	477909
住宿和餐饮业	Hotels and Catering Services	349267	35737	3079	310452
信息传输、软件和信息技术服务业	Information Transmission, Software and Information Services	1060435	28861	221	1031354
金融业	Financial Intermediation	1366478	315241	146685	904552
房地产业	Real Estate	524930	97659	4527	422744
租赁和商务服务业	Leasing and Business Services	576934	84078	32477	460379
科学研究和技术服务业	Scientific Research, Technology Services	1320691	913754	12738	394200
水利、环境和公共设施管理业	Management of Water Conservancy, Environment and Public Facilities	382830	313710	1817	67303
居民服务、修理和其他服务业	Residents Service, Repair and other Services	61032	22433	4572	34027
教 育	Education	3375545	3243687	10874	120983
卫生和社会工作	Health, Social Work	1458094	1340651	32579	84863
文化、体育和娱乐业	Culture, Sports and Entertainment	265085	184010	1618	79457
公共管理、社会保障和社会组织	Public Management, Social Security and Social Organization	2968803	2964333	340	4131

5-9 城镇非私营单位就业人员分行业平均工资(2015年)
Average Earnings of Employed Persons by Sector in Urban Non-private Units (2015)

单位：元 (yuan)

行　　业	Sector	平均工资 Average Wage	国有单位 State-owned Units	城镇集体单位 Urban Collective-owned Units	其他单位 Others
总　　计	**Total**	**54994**	**55815**	**45665**	**54797**
农、林、牧、渔业	Agriculture, Forestry, Animal Husbandry and Fishery	43678	44154	43355	35116
采矿业	Mining	68245	62422	56861	69617
制造业	Manufacturing	51557	55841	53664	50263
电力、燃气及水生产和供应业	Production and Distribution of Electricity, Gas and Water	67945	64029	54012	71454
建筑业	Construction	46184	42256	38913	48083
批发和零售业	Wholesale and Retail Trades	40983	54106	27698	39438
交通运输、仓储和邮政业	Traffic, Transport, Storage and Post	63194	69846	47908	50896
住宿和餐饮业	Hotels and Catering Services	31506	31854	25611	31538
信息传输、软件和信息技术服务业	Information Transmission, Software and Information Services	104928	57127	40870	107481
金融业	Financial Intermediation	76896	81164	83136	74621
房地产业	Real Estate	47517	47760	37288	47601
租赁和商务服务业	Leasing and Business Services	49740	43846	31950	53132
科学研究和技术服务业	Scientific Research, Technology Services	67134	61307	68043	86057
水利、环境和公共设施管理业	Management of Water Conservancy, Environment and Public Facilities	40081	39456	35905	43424
居民服务、修理和其他服务业	Residents Service, Repair and other Services	36733	40275	41903	34184
教　育	Education	57225	57952	51439	43150
卫生和社会工作	Health, Social Work	55203	55770	42459	52799
文化、体育和娱乐业	Culture, Sports and Entertainment	52918	52916	35637	53449
公共管理、社会保障和社会组织	Public Management, Social Security and Social Organization	50868	50852	41402	67492

5-10 城镇非私营单位在岗职工(含劳务派遣人员)分行业平均工资(2015年)

Average Wage of Employed Staff and Workers including labor dispatch personnel in Urban Non-private Units by Sector (2015)

单位：元 (yuan)

行业	Sector	平均工资 Average Wage	国有单位 State-owned Units	城镇集体单位 Urban Collective-owned Units	其他单位 Others
总计	**Total**	**56896**	**57592**	**46528**	**56877**
农、林、牧、渔业	Agriculture, Forestry, Animal Husbandry and Fishery	44306	44806	43969	35352
采矿业	Mining	68648	62332	56938	70112
制造业	Manufacturing	52050	56555	55207	50657
电力、燃气及水生产和供应业	Production and Distribution of Electricity, Gas and Water	68957	65108	51768	72399
建筑业	Construction	48236	43206	39166	51054
批发和零售业	Wholesale and Retail Trades	41489	55583	28244	39812
交通运输、仓储和邮政业	Traffic, Transport, Storage and Post	64757	71604	48276	51798
住宿和餐饮业	Hotels and Catering Services	32702	32793	25596	32779
信息传输、软件和信息技术服务业	Information Transmission, Software and Information Services	105660	57580	40870	108154
金融业	Financial Intermediation	98567	82715	84755	109717
房地产业	Real Estate	48237	48644	37338	48292
租赁和商务服务业	Leasing and Business Services	50472	44859	32101	53889
科学研究和技术服务业	Scientific Research, Technology Services	67860	61917	69843	87232
水利、环境和公共设施管理业	Management of Water Conservancy, Environment and Public Facilities	43281	43140	35905	44186
居民服务、修理和其他服务业	Residents Service, Repair and other Services	37641	40479	47012	34984
教育	Education	58530	59236	51781	44339
卫生和社会工作	Health, Social Work	56928	57526	44811	53568
文化、体育和娱乐业	Culture, Sports and Entertainment	54352	54530	37555	54416
公共管理、社会保障和社会组织	Public Management, Social Security and Social Organization	53397	53382	46246	67578

5-11 城镇私营单位分行业就业人员平均工资
Average Wage of Employed Persons in Urban Private Units by Sector

单位：元 (yuan)

行　业	Sector	2012	2013	2014	2015
总　计	**Total**	**22753**	**26454**	**30483**	**33220**
农、林、牧、渔业	Agriculture, Forestry, Animal Husbandry and Fishery	19514	22478	23228	22993
采矿业	Mining	30298	32114	36760	36772
制造业	Manufacturing	22450	25582	31542	33841
电力、燃气及水生产和供应业	Production and Distribution of Electricity, Gas and Water	21277	25194	29532	32714
建筑业	Construction	23290	26140	29540	33136
批发和零售业	Wholesale and Retail Trades	22306	24392	28568	31480
交通运输、仓储和邮政业	Traffic, Transport, Storage and Post	23220	25359	28968	31296
住宿和餐饮业	Hotels and Catering Services	20264	23418	24460	26799
信息传输、软件和信息技术服务业	Information Transmission, Software and Information Services	26518	33455	36580	42117
金融业	Financial Intermediation	25584	30309	33370	32253
房地产业	Real Estate	27613	34150	37493	37933
租赁和商务服务业	Leasing and Business Services	24531	26870	29915	37018
科学研究和技术服务业	Scientific Research, Technology Services	34187	35280	37802	42208
水利、环境和公共设施管理业	Management of Water Conservancy, Environment and Public Facilities	20493	26815	30534	30193
居民服务、修理和其他服务业	Residents Service, Repair and Other Services	20881	24315	25713	27793
教　育	Education	25160	28344	29707	34863
卫生和社会工作	Health, Social Work	21051	27224	29447	32283
文化、体育和娱乐业	Culture, Sports and Entertainment	23631	24069	25549	28439

5-12 各市(区)城镇非私营单位就业人员工资总额(2015年)
Earnings of Employed Persons and Total Wages Bill of Fully Employed Staff in Urban Non-private Units by City(District)(2015)

单位：万元 (10 000 yuan)

地区	Region	就业人员工资总额 Total Wages Bill of Employed Persons	国有单位 State-owned Units	城镇集体单位 Urban Collective-owned Units	其他单位 Others	# 港澳台投资 Funds from Hong Kong, Macao & Taiwan	# 外商投资 Foreign Funded
全省	**Shaanxi**	**28519756**	**13589062**	**729459**	**14201235**	**263313**	**898090**
西安市	Xi'an	11829829	4819094	226076	6784659	174953	746673
铜川市	Tongchuan	566516	246563	7732	312221		5781
宝鸡市	Baoji	1953285	877122	61500	1014664	12108	26121
咸阳市	Xianyang	2469879	1185756	104863	1179260	49802	50120
渭南市	Weinan	2086447	1159311	39694	887442	1305	19507
延安市	Yan'an	1933315	902566	50787	979962	3562	14654
汉中市	Hanzhong	1473720	841972	106138	525609	9249	8696
榆林市	Yulin	2435136	1173694	56171	1205271	1741	13154
安康市	Ankang	867733	564288	27878	275567	8148	2613
商洛市	Shangluo	836509	546003	48603	241903	2064	5689
杨凌示范区	Yangling	240923	119459	17	121447	382	5082

注：全省数据含省级直报单位。下表同。
a) The data of Shaanxi is include the direct reporting organization. The same applies to the table following.

5-13 各市(区)城镇非私营单位就业人员平均工资(2015年)
Average Earnings of Employed Persons and Average Wage of Fully Employed Staff and Workers in Urban Non-private Units by City(District)(2015)

单位：元 (yuan)

地区	Region	就业人员平均工资 Average Wage of Employed Persons	国有单位 State-owned Units	城镇集体单位 Urban Collective-owned Units	其他单位 Others	# 港澳台投资 Funds from Hong Kong, Macao & Taiwan	# 外商投资 Foreign Funded
全省	**Shaanxi**	**54994**	**55815**	**45665**	**54797**	**53325**	**60509**
西安市	Xi'an	60213	59431	43291	61590	54150	62912
铜川市	Tongchuan	47506	50006	29398	46382		44780
宝鸡市	Baoji	47886	53920	40146	44133	58297	47684
咸阳市	Xianyang	45309	47341	37749	44189	48206	44516
渭南市	Weinan	45775	47963	34142	43831	29715	41128
延安市	Yan'an	56459	53584	48605	59920	71232	111350
汉中市	Hanzhong	48893	54004	61401	40991	53339	49266
榆林市	Yulin	58442	53819	69803	63253	63544	80206
安康市	Ankang	48628	55396	62338	38216	68187	61634
商洛市	Shangluo	42821	46158	49075	36019	48898	64503
杨凌示范区	Yangling	52999	68033	24143	43542	38990	54117

5-14　城镇登记失业人数及失业率
Registered Urban Unemployment Persons and Unemployment Rate

年　份 Year	年末城镇登记实有失业人数(人) Registered Unemployed Persons in Urban Areas (person)	城镇登记失业率(%) Registered Unemployment Rate in Urban Areas (%)	年　份 Year	年末城镇登记实有失业人数(人) Registered Unemployed Persons in Urban Areas (person)	城镇登记失业率(%) Registered Unemployment Rate in Urban Areas (%)
1980	216209	7.1	2002	135094	3.3
1985	67044	1.9	2003	139490	3.7
1990	112345	3.0	2004	184617	3.77
1991	100790	3.0	2005	215414	4.18
1992	90844	3.0	2006	215432	4.03
1993	108306	3.0	2007	209546	4.02
1994	99800	3.3	2008	208337	3.91
1995	85700	3.2	2009	214757	3.94
1996	125700	3.3	2010	214206	3.85
1997	151600	3.4	2011	209061	3.59
1998	122100	3.1	2012	194807	3.22
1999	107000	2.6	2013	210600	3.32
2000	113861	2.7	2014	223486	3.41
2001	140082	3.2	2015	223486	3.36

5-15　社会保障基本情况
Basic Statistics on Social Security

指　　标	Item	2012	2013	2014	2015
城镇居民最低生活保障户数 (万户)	Number of Families Receiving Minimum Living Allowance in Urban Areas (10 000 households)	35.10	32.10	28.20	25.40
城镇居民最低生活保障人数 (万人)	Number of Persons Receiving Minimum Living Allowance in Urban Areas (10 000 persons)	74.80	67.10	57.70	50.90
参加失业保险职工人数 (万人)	Unemployment Insurance Contributors (10 000 persons)	339.14	339.67	344.27	347.74
参加养老保险职工人数 (万人)	Pension Insurance Contributors (10 000 persons)	582.81	684.51	716.36	751.55
参加医疗保险职工人数 (万人)	Medical Care Insurancce Contributors (10 000 persons)	547.49	571.74	574.23	580.26
城镇居民基本医疗保险参保人数 (万人)	Basic Medical Care Insurancce Contributors in Urban Areas (10 000 persons)	571.32	672.53	671.93	667.00
参加工伤保险职工人数 (万人)	Work Injury Insurance Contributors (10 000 persons)	350.40	378.06	403.98	427.33
参加生育保险职工人数 (万人)	Maternity Insurance Contributors (10 000 persons)	223.66	240.25	250.79	265.29

5-16 参加基本养老保险的职工及离退休人员(2015年)
Staff and Workers, Retired and VCSR Joined Basic Pension Insurance(2015)

单位：人 (person)

指 标	Item	职工人数 Number of Employees	离退休职工 Number of Retirees
总 计	**Total**	**4997780**	**1890194**
一、企 业	Enterprises	4016752	1582373
(一)内资企业	Domestic Units	3866053	1577966
1.国有企业	State-owned Units	1649928	1077618
2.集体企业	Collective-owned Units	111194	200422
3.其 他	Others	2104931	299926
(二)港澳台及外资企业	Funds from Hong Kong,Macao,Taiwan and Foreign	150699	4407
二、其 他	Others	981028	307821

5-17 失业保险基本情况
Basic Statistics on Unemployment Insurance

单位：人 (person)

指 标	Item	2012	2013	2014	2015
参加失业保险人数	Unemployment Insurance Contributors	3391398	3396683	3442679	3477375
一、企 业	Enterprises	2598333	2589069	2628934	2664831
(一)内资企业	Domestic Units	2538295	2521002	2554277	2594014
1.国有企业	State-owned Units	1745195	1443128	1442201	1451147
2.集体企业	Collective-owned Units	219047	227066	228901	220357
3.其 他	Others	574053	850808	883175	922510
(二)港澳台及外资企业	Funds from Hong Kong,Macao,Taiwan and Foreign	60038	68067	74657	70817
二、事业单位	Institutions	775584	791636	794414	776994
三、其他单位	Others	17481	15978	19331	35550
领取失业保险金人数	Beneficiaries of Unemployment Insurance Fund	63500	56759	29064	51359

主要统计指标解释

就业人员 指在一定年龄以上，有劳动能力，为取得劳动报酬或经营收入而从事一定社会劳动的人员。具体指年满16周岁，为取得报酬或经营利润，在调查周内从事了1小时（含1小时）以上的劳动或由于学习、休假等原因在调查周内暂时处于未工作状态，但有工作单位或场所的人口。

单位就业人员 指报告期末最后一日24时在本单位中工作，并取得工资或其他形式劳动报酬的人员数。该指标为时点指标，不包括最后一日当天及以前已经与单位解除劳动合同关系的人员，是在岗职工、劳务派遣人员及其他就业人员之和。就业人员不包括：

(1)离开本单位仍保留劳动关系，并定期领取生活费的人员；

(2)利用课余时间打工的学生及在本单位实习的各类在校学生；

(3)本单位因劳务外包而使用的人员。

城镇私营和个体就业人员 城镇私营就业人员指在工商管理部门注册登记，其经营地址设在县城关镇(含县城关镇)以上的私营企业就业人员，包括私营企业投资者和雇工。城镇个体就业人员指在工商管理部门注册登记，并持有城镇户口或在城镇长期居住，经批准从事个体工商经营的就业人员，包括个体经营者和在个体工商户劳动的家庭帮工和雇工。

国有单位 指资产归国家所有的经济组织。包括按《中华人民共和国企业法人登记管理条例》规定登记注册的非公司制的经济组织，以及中央、地方各级国家机关、事业单位和社会团体。

集体单位 指生产资料归集体所有，并按《中华人民共和国企业法人登记管理条例》规定登记注册的经济组织。

其他单位 包括股份合作单位、联营单位、有限责任公司、股份有限公司、港澳台商投资单位以及外商投资单位等其他登记注册类型单位。

在岗职工 指在本单位工作且与本单位签订劳动合同，并由单位支付各项工资和社会保险、住房公积金的人员，以及上述人员中由于学习、病伤、产假等原因暂未工作仍由单位支付工资的人员。在岗职工还包括：

(1)应订立劳动合同而未订立劳动合同人员(如使用的农村户籍人员)；

(2)处于试用期人员；

(3)编制外招用的人员；

(4)派往外单位工作，但工资仍由本单位发放的人员(如挂职锻炼、外派工作等情况)。

工资总额 指根据《关于工资总额组成的规定》(1990年1月1日国家统计局发布的一号令)进行修订，在报告期内(季度或年度)直接支付给本单位全部就业人员的劳动报酬总额。包括计时工资、计件工资、奖金、津贴和补贴、加班加点工资、特殊情况下支付的工资，是在岗职工工资总额、劳务派遣人员工资总额和其他就业人员工资总额之和。

工资总额是税前工资，包括单位从个人工资中直接为其代扣或代缴的房费、水费、电费、住房公积金和社会保险基金个人缴纳部分等。

工资总额不论是计入成本的还是不计入成本的，不论是以货币形式支付的还是以实物形式支付的，均应列入工资总额的计算范围。

平均工资 指单位就业人员在一定时期内平均每人所得的工资额。它表明一定时期工资收入的高低程度，是反映就业人员工资水平的主要指标。计算公式为：

$$平均工资=\frac{报告期就业人员工资总额}{报告期就业人员平均人数}$$

平均工资指数 指报告期就业人员平均工资与基期就业人员平均工资的比率，是反映不同时期就业人员货币工资水平变动情况的相对数。计算公式为：

$$平均工资指数=\frac{报告期就业人员平均工资}{基期就业人员平均工资}\times 100\%$$

平均实际工资指数 就业人员平均实际工资指扣除物价变动因素后的就业人员平均工资。就业人员平均实际工资指数是反映实际工资变动情况的相对数，表明就业人员实际工资水平提高或降低的程度。计算公式为：

$$平均实际工资指数=\frac{报告期就业人员平均工资指数}{报告期城镇居民消费价格指数}\times 100\%$$

城镇登记失业人员 指有非农业户口，在一定的劳动年龄内(16周岁至退休年龄)，有劳动能力，无业而要求就业，并在当地劳动保障部门进行失业登记的人员。

城镇登记失业率 城镇登记失业人员与城镇单位就业人员(扣除使用的农村劳动力、聘用的离退休人员、港澳台及外方人员)、城镇单位中的不在岗职工、城镇私营业主、个体户主、城镇私营企业和个体就业人员、城镇登记失业人员之和的比。

Explanatory Notes on Main Statistical Indicators

Employed Persons refers to persons above a specified age who had labour capacity and performed some social work for compensation or business gains. Specifically, it refers to all persons, aged 16 and over, who performed some work for compensation or business gains for one hour or more during the reference period; or who had work units or sites but were temporarily not at work during the reference period,

Persons Employed in Various Units refer to the total number of employees who work at his unit and obtain wages or other forms of payment at the end of the reporting period. This indicator is a kind of time point index and it equals to the sum of the number of employed staff and workers, labor dispatch personnel and other employed persons. Employed persons do not include:

1)persons who have left their working units while keeping their labour contract (employment relation) unchanged and receiving regular alimony;

2)students who do part-time jobs in spare time and all kinds of enrolled students who do internship in various units;

3)persons employed due to labor outsourcing;

4)persons who dissolve labor contracts with their units on the last day of reporting period or before.

Persons Employed in Private Enterprises and Self-Employed Individuals in Urban Areas Persons employed in private enterprises refer to the persons employed in the private enterprises which have been registered at the departments of industrial and commercial administration for which the business operation are situated at a county town (i.e. a town where the county government is located), or at urban areas with administrative hierarchy higher than a county town. The self-employed individuals in urban areas refer to persons who hold the certificates of residence in urban areas or have resided in the urban areas for a long time and have been registered at the departments of industrial and commercial administration and approved to be engaged in individual industrial or commercial business, including self-employed persons as well as helpers and hired laborers who work in individual households.

State-owned Units refer to economic units whose assets are owned by the state, including non-corporation units registered according to *Regulation of the People's Republic of China on the Registration of Enterprises and Corporations*, state organs, institutions and social organizations at the central-level and local levels.

Collective-owned Units refer to economic units registered according to *Regulation of the People's Republic of China on the Registration of Enterprises and Corporations* where the means of production are collectively owned.

Units of Other Types of Ownership refer to units registered with other types of ownership, including cooperative units, joint ownership units, limited liability corporations, share holding corporations, units funded by entrepreneurs from Hong Kong, Macao, and Taiwan, and foreign- funded units.

Employed Staff and Workers refer to persons who signed labor contracts with working units and working units would pay wages, social insurance and housing funds for them. Persons who have their work posts but are temporarily absent from work for reasons of study or on sick, injury or maternal leave and still receive wages from their working units are also included. Employed staff and workers also include:

1)Persons who should have signed the labor contracts but not (like people with rural household registration);

2)Employees on probation;

3)Employees beyond the staffing quota;

4)Employees who are sent to other working units but still obtain wages from their original units (situations like on-the-job placement, expatriated assignment, etc.)

Total Wage Bill It is revised according to the "Provision of Composition of Total Wages" (Order No.1 by National Bureau of Statistics on January, 1st, ,1990), total wage bill refers to the total remuneration payment to all employed persons in various units during the reporting period (by quarter or by year), including hourly-paid wages, piece-rate wages, bonuses, allowance and subsidies, overtime wages and wages paid under special circumstances. It equals to the sum of total wages of employed staff and workers, dispatch labors and other employed persons.

Total wage bill is pre-tax wages, including the room charges, utility bills, housing funds and social insurance paid or withheld by employee's units.

Total wage bill, whether or not included in cost, whether or not paid in money or in kind, shall be included in the calculation of total wage.

Average Wage refers to the average per capita wage during a certain period of time for employed persons. It shows the general level of wage income during a certain period of time, one major indicator to reflect the wage level. It is calculated as follows:

$$\text{Average Wage} = \frac{\text{Total Wage Bill of Employed Persons at Reference Time}}{\text{Average Number of Persons Employed at Reference Time}}$$

Average Wage Indices refers to the ratio of average wage of employed persons the reporting period to that at the base period, which reflects the change of wage of employed persons at the different period. It is calculated as follows:

$$\text{Average Wage Indices} = \frac{\text{Average Wage of Employed Persons at Reference Time}}{\text{Average Wage of Persons Employeds at Base Period}} \times 100\%$$

Average Real Wage Indices average real wage of employed persons refers to the average wage of employed persons after removing the effects of the price changes and

average real wage indices of employed persons refers to the change of real wage, which reflects the relative increasing or decreasing level of real wage of employed persons ,which is calculated as follows:

$$\text{Average Real Wage Indices} = \frac{\text{Average Wage Indices of Employed Persons at the Reference Time}}{\text{Urban Consumer Price Indices at Reference Time}} \times 100\%$$

Registered Unemployed Persons in Urban Areas refer to the persons with non-agricultural household registration at certain working ages (16 years old to retirement age), who are capable of working, unemployed and willing to work, and have been registered at the local employment service agencies to apply for a job.

Registered Unemployment Rate in Urban Areas refers to the ratio of the number of the registered unemployed persons to the sum of the number of persons employed in various units (minus the employed rural labour force, re-employed retirees, and Hong Kong, Macao, Taiwan or foreign employees), laid-off staff and workers in urban units, owners of private enterprises in urban areas, owners of self-employed individuals in urban areas, employees of private enterprises in urban areas, employee of self-employed individuals in urban areas, and the registered unemployed persons in urban areas.

六、固定资产投资

Investment in Fixed Assets

资料整理：袁军会　郑　娟　穆　丹　刘海燕　刘卫斌

简 要 说 明

一、本篇资料反映陕西固定资产投资的基本情况，主要包括：全社会固定资产投资，房地产开发投资，商品房及保障房情况。

二、固定资产投资统计的范围包括：城乡建设项目投资，房地产开发投资，国防、人防建设项目投资及农户投资。

三、固定资产投资统计的资料来源主要为统计局的全面统计报表。除农户固定资产投资统计采用抽样调查方法外，其他均为全面统计报表。

四、统计口径的变化

自1997年起，除房地产开发投资、非农户投资、农户投资及城镇和工矿区私人建房投资外，固定资产投资的统计起点由5万元提高到50万元。

自2006年起，非农户固定资产投资统计改为按项目统计，调查方法由抽样调查改为全面统计报表，起点提高到50万元。城镇和工矿区私人建房投资改为按项目统计，起点为50万元。

自2011年起，提高固定资产投资统计起点标准，从计划总投资额50万元提高到500万元。投资统计的范围从城镇扩大到农村企事业组织，并将这一统计范围定义为“固定资产投资（不含农户）”。

Brief Introduction

Ⅰ.This chapter reflects the basic conditions of investment in fixed assets of Shaanxi Province, mainly including total investment in fixed assets in the whole province, real estate development, commercial residential building and security housing.

Ⅱ.Statistics on the investment in fixed assets cover investments in capital construction projects in urban and rural areas, investments in real estate development, as well as investments in national defence projects and civil defence projects, and rural household investment.

Ⅲ.The data sources for the statistics of investment in fixed assets mainly come from complete statistical report forms. Investment in fixed assets by farm households are calculated with sample survey, and the others come from complete statistical report forms.

Ⅳ. Changes in Statistical Scope

Since 1997, the cut-off point of projects covered by statistics of investment in fixed assets are raised from an investment of 50,000 yuan to 500,000 yuan, except investment in real estate development, farm household investment, non-farm household investment and private investment in housing construction in urban areas and industrial and mining areas.

Since 2006, statistics on investments in fixed assets of rural non-farm households are changed to project-based. Survey method is changed from sample survey to the system of reporting form with complete enumeration. The cut-off point has been raised to 500,000 yuan. Statistics on private investment in housing construction in urban areas and industrial and mining areas have become project-based. The cut-off point has been raised to 500,000 yuan.

Since 2011, the cut-off point of statistics on investments in fixed assets are raised, amount of intended investment are raised from 500,000 yuan to 5,000,000 yuan. The scope of investment statistics expends from urban to rural enterprises, and this scope of statistics is defined “investments in fixed assets(non-farm)”.

6.固定资产投资

2015年全省				
全社会固定资产投资	20177.86	亿元	比上年增长	7.8%
# 房地产开发投资	2494.29	亿元	比上年增长	2.8%
全社会新增固定资产	12755.68	亿元	比上年增长	17.5%
全社会竣工住宅建筑面积	5193.18	万平方米	比上年下降	8.1%

房地产开发投资（亿元）

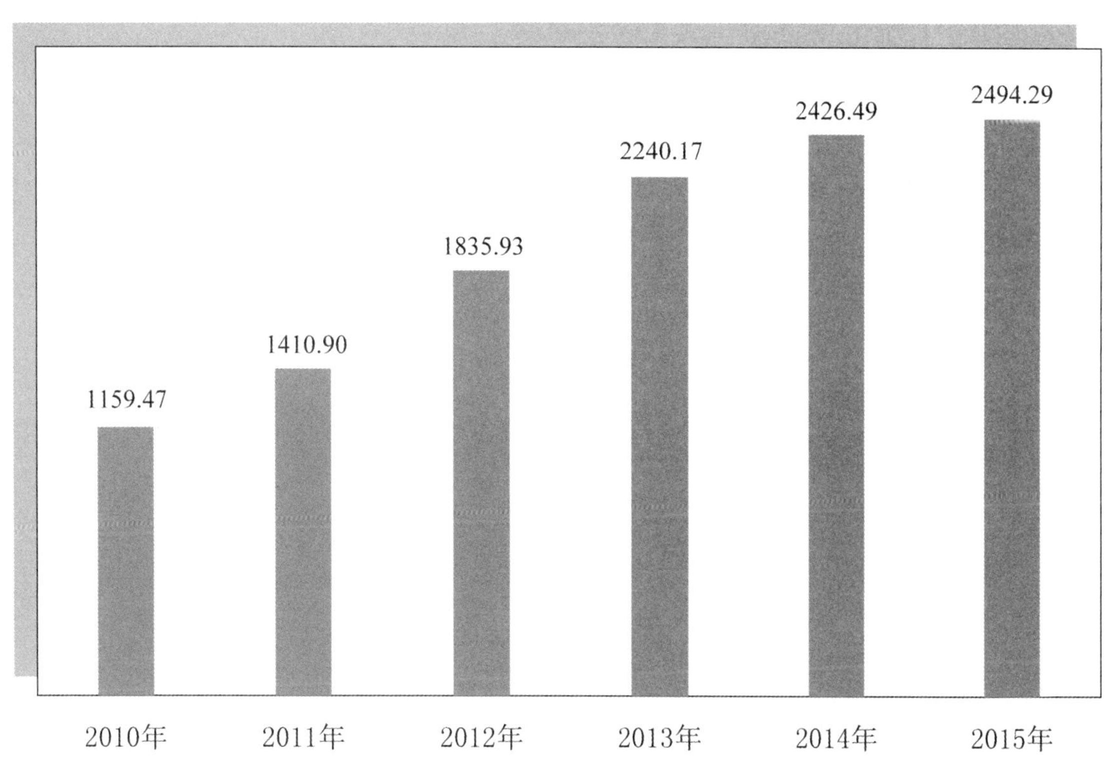

6-1 全社会固定资产投资
Total Investment in Fixed Assets of the Whole Province

单位：亿元 (100 million yuan)

年 份 Year	全社会固定资产投资 Total Investment	固定资产投资 Investment in Fixed Assets	# 房地产开发 Real Estate Development	农户固定资产投资 Rural Investment in Fixed Assets
1978	20.35	19.11		1.24
1979	21.16	19.48		1.68
1980	27.80	25.51		2.29
1981	22.92	19.81		3.11
1982	29.48	26.12		3.36
1983	30.83	26.08		4.74
1984	40.39	31.31		9.08
1985	57.99	44.08		13.91
1986	63.53	51.49		12.04
1987	80.89	65.52		15.37
1988	94.72	75.26		19.46
1989	95.18	73.21		21.97
1990	103.72	80.82		22.90
1991	124.93	94.75		30.18
1992	142.47	116.27		26.20
1993	228.21	197.46		30.74
1994	283.29	235.47	18.19	47.82
1995	324.33	268.78	28.28	55.54
1996	372.00	305.16	30.13	66.84
1997	424.10	353.35	29.53	70.74
1998	544.89	473.78	51.35	71.11
1999	619.27	536.72	68.33	82.55
2000	745.85	675.53	78.89	70.32
2001	850.66	774.12	99.79	76.54
2002	974.63	888.20	123.57	86.43
2003	1278.72	1179.99	188.56	98.73
2004	1544.19	1442.28	231.17	101.91
2005	1982.04	1872.06	298.95	109.98
2006	2610.22	2490.74	394.86	119.48
2007	3642.13	3507.12	535.32	135.01
2008	4851.41	4668.12	762.23	183.29
2009	6553.39	6353.51	943.73	199.88
2010	8561.24	8340.99	1159.47	220.25
2011	10023.53	9701.43	1410.90	322.10
2012	12840.15	12501.43	1835.93	338.72
2013	15934.21	15583.58	2240.17	350.63
2014	18709.49	18357.84	2426.49	351.65
2015	20177.86	19826.65	2494.29	351.21

注：2011年起，城镇固定资产投资数据发布口径改为固定资产投资(不含农户)。固定资产投资(不含农户)等于原口径的城镇固定资产投资加上非农户投资(以下相关表同)。

a) Urban Investment in Fixed Assets has changed to Investment in fixed assets (excluding rural households) since 2011. Investment in fixed assets (excluding rural households) is the Urban Investment in Fixed Assets and Non-farm Households(The related tables is the same).

6-2 按经济类型分的全社会固定资产投资

Total Investment in Fixed Assets of the Whole Province by Economic Type

单位：亿元 (100 million yuan)

年 份 Year	合 计 Total	国有经济 单 位 State-owned Units	固定资产投 资 Urban Investment in Fixed Assets	房地产开 发 Real Estate Development	集体经济 单 位 Collective-owned Units	其他经济 单 位 Others	城乡个人 Urban and Rural Individuals	#农 村 Rural
1978	20.35	17.20	17.20		1.91		1.24	1.23
1979	21.16	17.47	17.47		2.02		1.68	1.66
1980	27.80	23.25	23.25		2.27		2.29	2.25
1981	22.92	17.47	17.47		2.34		3.11	3.05
1982	29.48	23.32	23.32		2.80		3.36	3.22
1983	30.83	24.99	24.99		1.10		4.74	4.53
1984	40.39	28.07	28.07		3.24		9.08	8.76
1985	57.99	39.81	39.81		4.27		13.91	13.35
1986	63.53	47.25	47.25		4.24		12.04	11.19
1987	80.89	58.11	58.11		7.41		15.37	14.34
1988	94.72	67.08	67.08		8.18		19.46	18.15
1989	95.18	67.13	67.13		6.08		21.97	20.41
1990	103.72	73.85	73.85		6.96		22.90	21.51
1991	124.93	85.36	85.36		9.39		30.18	28.89
1992	142.47	108.71	108.71		7.56		26.20	24.09
1993	228.21	171.86	162.05	9.81	14.01	11.60	30.74	26.93
1994	283.29	202.92	190.31	12.61	17.89	14.66	47.82	43.20
1995	324.33	226.61	211.95	14.67	21.53	20.64	55.54	51.32
1996	372.00	256.48	239.52	16.96	22.00	26.68	66.84	61.89
1997	424.10	287.64	271.06	16.57	24.74	40.98	70.74	67.40
1998	544.89	382.89	350.63	32.26	27.07	63.83	71.11	55.70
1999	619.27	407.76	367.89	39.87	38.96	89.99	82.55	63.74
2000	745.85	473.53	426.88	46.65	41.66	137.11	93.54	70.32
2001	850.66	523.92	484.95	38.97	46.41	169.14	111.19	76.54
2002	974.63	555.41	506.60	48.80	54.52	212.91	151.79	86.43
2003	1278.72	713.37	664.71	48.66	62.78	373.28	129.29	98.73
2004	1544.19	814.51	784.47	30.04	71.15	515.34	143.20	101.91
2005	1982.04	1017.13	985.00	32.13	77.63	754.18	133.11	109.98
2006	2610.22	1295.31	1258.48	36.84	132.32	1059.67	122.92	119.48
2007	3642.13	1779.70	1715.68	50.21	227.13	1494.01	141.29	135.01
2008	4851.41	2208.95	2155.79	53.16	398.62	2041.99	201.85	183.29
2009	6553.39	3015.64	2941.63	74.00	392.96	2912.48	232.32	199.88
2010	8561.24	4223.83	4101.13	122.70	412.17	3664.17	261.07	220.25
2011	10023.53	4462.54	4380.27	82.27	407.69	4760.71	392.59	322.10
2012	12840.15	5540.89	5378.84	162.05	439.49	6423.68	436.09	338.72
2013	15934.21	6604.23	6404.38	199.85	503.65	8374.46	451.87	350.63
2014	18709.49	7900.07	7700.73	199.34	622.26	9769.70	417.46	351.65
2015	20177.86	9119.13	8908.98	210.15	659.04	10002.92	396.77	351.21

6-3 全社会新增固定资产
Total Newly Increased Fixed Assets of the Whole Province

单位：亿元 (100 million yuan)

年份 Year	合计 Total	国有经济单位 State-owned Units	固定资产投资 Urban Investment in Fixed Assets	房地产开发 Real Estate Development	集体经济单位 Collective-owned Units	其他经济单位 Others	城乡个人 Urban and Rural Individuals	#农村 Rural
1978	30.66	27.97	27.97		1.45		1.24	1.23
1979	16.66	13.45	13.45		1.53		1.68	1.66
1980	18.39	14.37	14.37		1.73		2.29	2.25
1981	18.69	13.77	13.77		1.80		3.11	3.05
1982	27.82	22.31	22.31		2.15		3.36	3.22
1983	26.51	20.72	20.72		1.04		4.74	4.53
1984	34.05	21.77	21.77		3.20		9.08	8.76
1985	41.35	23.67	23.67		3.78		13.91	13.35
1986	48.32	32.50	32.50		3.78		12.04	11.19
1987	62.71	40.25	40.25		7.09		15.37	14.34
1988	72.09	44.89	44.89		7.74		19.46	18.15
1989	70.96	43.21	43.21		5.78		21.97	20.41
1990	97.20	67.42	67.42		6.88		22.90	21.51
1991	102.48	63.82	63.82		8.49		30.18	28.89
1992	129.09	96.58	96.58		6.31		26.20	24.09
1993	144.64	98.85	95.21	3.64	11.80	3.24	30.74	26.93
1994	201.82	134.43	125.05	9.39	11.30	8.27	47.82	43.20
1995	247.96	161.77	152.39	9.38	16.79	13.86	55.54	51.32
1996	278.20	189.25	179.65	9.61	17.29	7.47	64.19	59.24
1997	288.92	189.49	174.92	14.57	21.42	7.27	70.74	67.40
1998	374.98	255.96	240.03	15.93	23.16	30.46	65.40	49.99
1999	520.87	349.21	309.81	39.40	37.41	58.39	75.86	57.05
2000	607.27	403.96	365.37	38.59	37.96	79.22	86.13	62.91
2001	683.46	430.00	393.43	36.56	40.01	116.19	97.26	68.35
2002	717.17	341.10	311.12	29.98	45.06	189.83	141.19	85.35
2003	851.54	447.63	412.17	35.46	46.26	230.31	127.33	97.20
2004	883.55	448.02	424.67	23.35	50.68	243.34	141.51	101.05
2005	1258.49	612.05	594.89	17.15	50.75	453.40	142.29	118.94
2006	1579.34	844.35	831.14	13.21	88.82	511.79	134.38	131.71
2007	2144.45	1176.79	1141.89	23.01	138.38	673.19	156.09	151.83
2008	2545.29	1155.80	1138.63	17.17	292.87	899.77	196.85	183.29
2009	3202.24	1462.70	1433.33	29.37	334.55	1175.23	229.77	199.88
2010	3655.85	1649.70	1622.98	26.72	175.73	1589.13	241.29	220.25
2011	4860.55	2219.49	2199.68	19.81	264.17	2002.80	374.09	322.10
2012	6733.66	3132.10	3080.39	51.71	283.33	2901.45	416.78	338.72
2013	9039.75	4406.64	4354.21	52.43	392.77	3805.74	434.60	350.63
2014	10851.44	4589.25	4548.68	40.57	507.69	5340.73	413.77	351.65
2015	12755.68	6172.87	6141.29	31.58	528.20	5657.73	396.88	351.21

6-4 全社会竣工住宅建筑面积
Total Floor Space of Residential Buildings Completed of the Whole Province

单位：万平方米 (10 000 sq.m)

年 份 Year	合 计 Total	国有经济 单 位 State-owned Units	固定资产投资 Urban Investment in Fixed Assets	房地产开发 Real Estate Development	集体经济 单 位 Collective-owned Units	其他经济 单 位 Others	城乡个人 Urban and Rural Individuals	#农 村 Rural
1978	706.09	135.61	135.61		32.61		537.87	535.55
1979	951.05	187.73	187.73		35.90		727.42	722.78
1980	1277.11	249.08	249.08		39.08		988.95	979.67
1981	1627.18	250.48	250.48		39.13		1337.57	1322.56
1982	1598.73	289.49	289.49		32.65		1276.59	1242.54
1983	2400.03	304.84	304.84		17.81		2077.38	2032.45
1984	1930.28	290.78	290.78		70.40		1569.10	1521.75
1985	2622.98	339.80	339.80		84.86		2198.32	2136.94
1986	2336.38	350.84	350.84		110.02		1875.52	1801.08
1987	2295.25	305.51	305.51		110.66		1879.08	1796.30
1988	2943.49	263.75	263.75		65.49		2614.25	2534.19
1989	1630.46	224.30	224.30		48.26		1357.90	1290.77
1990	2257.86	250.12	250.12		94.12		1913.62	1850.44
1991	2583.58	267.14	267.14		60.15		2256.29	2202.00
1992	1943.91	309.04	309.04		5.32		1629.55	1566.80
1993	2072.95	372.39	308.06	64.33	25.93	2.97	1671.66	1561.00
1994	2613.12	434.00	334.67	99.33	29.61	14.09	2135.42	2009.83
1995	3111.15	485.16	375.18	109.98	45.28	29.86	2550.85	2470.00
1996	2814.39	462.62	349.19	113.43	51.86	29.97	2269.94	2198.42
1997	2581.69	529.29	393.80	135.49	39.67	40.19	1972.54	1899.26
1998	2645.52	549.82	402.82	147.00	52.54	71.73	1971.43	1641.62
1999	3133.31	961.31	549.36	411.95	79.30	120.57	1972.13	1531.00
2000	4947.36	942.36	566.19	376.17	88.87	157.30	3758.83	3246.86
2001	4990.18	813.17	543.47	269.70	75.31	233.44	3868.26	3311.05
2002	4317.24	712.33	470.77	241.56	87.16	241.10	3276.65	2649.75
2003	4269.44	805.99	581.35	224.64	104.63	466.63	2892.19	2379.92
2004	3301.31	507.95	384.34	123.61	76.78	406.56	2310.02	1625.09
2005	3292.40	544.63	440.67	103.96	78.65	662.86	2006.26	1451.64
2006	2764.55	553.46	455.91	97.55	136.29	697.17	1377.63	1366.27
2007	3469.95	646.99	546.89	96.99	213.97	927.84	1681.15	1668.69
2008	4190.59	668.92	575.41	93.51	243.83	1020.74	2257.10	2242.44
2009	3696.33	694.14	597.95	96.19	177.70	871.84	1952.65	1880.73
2010	3451.16	401.50	299.83	101.67	74.98	804.17	2170.51	2155.24
2011	4986.63	478.86	370.75	108.11	210.43	1434.52	3073.25	3029.77
2012	5883.83	989.96	825.23	164.73	300.06	1589.79	3004.01	2972.08
2013	5804.35	866.06	735.92	130.14	358.98	1489.71	3089.59	3074.95
2014	5647.91	756.78	620.91	135.87	257.68	2330.33	2303.12	2228.74
2015	5193.18	926.47	829.10	97.37	237.18	1613.53	2416.00	2415.98

6-5 全社会固定资产投资主要指标及构成(2015年)
Main Indicators and Composition of Total Investment in Fixed Asset of the Whole Province (2015)

单位：万元 (10 000 yuan)

指标	Item	合计 Total	内资 Domestic	国有 State-owned	集体 Collective-owned
一、投资总额	Total Investment	201778617	192412636	91191329	6590438
1.按隶属关系分	By Jurisdiction of Management				
中　央	Central Investment	15644488	15644488	10161592	86466
地　方	Local Investment	186134129	176768148	81029737	6503972
2.按构成分	By Use of Funds				
建筑工程	Construction	140095733	132946974	66792017	4827186
安装工程	Installation	20857349	20327417	9171819	791600
设备工器具购置	Purchase of Equipment and Instruments	26226902	24934746	8771542	447167
其他费用	Others	14598633	14203499	6455951	524485
#建设用地费	Construction Land Fee	7255376	7091671	2644920	210278
3.按建设性质分	By Type of Construction				
#新　建	New Construction	138109245	134025155	72462015	5597259
扩　建	Expansion	19255405	19002306	9382078	265773
改建和技改	Reconstruction and Technical Transformation	7825899	7573836	4148431	385803
4.按产业构成分	By Type of Industry				
第一产业	Primary Industry	13576913	9654839	2705767	791197
第二产业	Secondary Industry	63611966	60435656	21290640	497807
第三产业	Tertiary Industry	124589738	122322141	67194922	5301434
二、本年新增固定资产	Newly Increased Fixed Assets This Year	127556841	120590049	61728710	5282039
三、房屋建筑面积	Floor Space and Value of Buildings				
本年施工房屋面积(万平方米)	Floor Space of Buildings under Construction This Year (10 000 sq.m)	34247.30	30363.02	6466.03	988.01
#住　宅	Residential Buildings	22202.17	18633.23	3709.63	653.60
本年竣工房屋面积(万平方米)	Floor Space of Buildings Completed This Year (10 000 sq.m)	7224.67	4697.52	1517.06	343.20
#住　宅	Residential Buildings	5193.18	2740.40	926.47	237.18

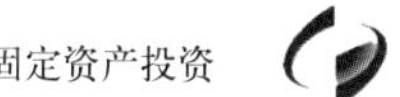

6-5 续表 continued

单位：万元 (10 000 yuan)

指标	Item	其他 Others	港澳台商投资 Funds from Hong Kong, Macao & Taiwan	外商投资 Foreign Funded	个体经营 Self-employed Individual
一、投资总额	Total Investment	94630869	1081225	4317080	3967676
1.按隶属关系分	By Jurisdiction of Management				
中 央	Central Investment	5396430			
地 方	Local Investment	89234439	1081225	4317080	3967676
2.按构成分	By Use of Funds				
建筑工程	Construction	61327771	674081	3040487	3434191
安装工程	Installation	10363998	145112	334877	49943
设备工器具购置	Purchase of Equipment and Instruments	15716037	89962	881153	321041
其他费用	Others	7223063	172070	60563	162501
# 建设用地费	Construction Land Fee	4236473	119804	27598	16303
3.按建设性质分	By Type of Construction				
# 新 建	New Construction	55965881	398602	3302609	382879
扩 建	Expansion	9354455	31758	175590	45751
改建和技改	Reconstruction and Technical Transformation	3039602	44200	187663	20200
4.按产业构成分	By Type of Industry				
第一产业	Primary Industry	6157875	130315	51335	3740424
第二产业	Secondary Industry	38647209	183650	2941489	51171
第三产业	Tertiary Industry	49825785	767260	1324256	176081
二、本年新增固定资产	Newly Increased Fixed Assets This Year	53579300	363841	2634135	3968816
三、房屋建筑面积	Floor Space and Value of Buildings				
本年施工房屋面积(万平方米)	Floor Space of Buildings under Construction This Year (10 000 sq m)	22908.97	456.73	409.04	3018.51
# 住 宅	Residential Buildings	14270.00	322.61	266.12	2980.21
本年竣工房屋面积(万平方米)	Floor Space of Buildings Completed This Year (10 000 sq.m)	2837.26	7.03	68.62	2451.50
# 住 宅	Residential Buildings	1576.75	0.99	35.79	2416.00

6-6 各市(区)全社会固定资产投资
Total Investment in Fixed Assets of the Whole Province by City(District)

地区	Region	投资额(亿元) Total Investment(100 million yuan)					比上年增长(%) Growth Rate(%)				
		2011	2012	2013	2014	2015	2011	2012	2013	2014	2015
西安市	Xi'an	3352.12	4243.43	5134.56	5903.98	5165.98	30.2	26.6	21.0	15.0	-12.5
铜川市	Tongchuan	145.96	201.81	260.02	327.63	383.98	32.6	38.3	28.0	26.0	17.2
宝鸡市	Baoji	1008.03	1311.69	1669.78	2105.59	2589.88	31.9	30.1	27.3	26.1	23.0
咸阳市	Xianyang	1263.10	1616.47	2054.53	2492.43	3063.20	31.3	28.0	27.1	21.3	22.9
渭南市	Weinan	912.94	1172.21	1467.61	1765.63	2085.21	30.2	28.4	25.2	20.3	18.1
#韩城市	Hancheng	120.40	156.56	200.79	252.39	311.26	27.4	30.0	28.3	25.7	23.3
延安市	Yan'an	815.21	1032.06	1321.04	1541.07	1637.17	29.2	26.6	28.0	16.7	6.2
汉中市	Hanzhong	411.33	534.86	679.27	845.04	1039.40	30.2	30.0	27.0	24.4	23.0
榆林市	Yulin	1378.73	1771.23	1827.91	1647.04	1384.37	32.1	28.5	3.2	-9.9	-15.9
安康市	Ankang	304.49	380.27	482.56	605.56	758.16	29.2	24.9	26.9	25.5	25.2
商洛市	Shangluo	308.36	391.60	496.16	625.16	767.69	30.9	27.0	26.7	26.0	22.8
杨凌示范区	Yangling	55.01	76.08	91.37	115.31	144.25	45.5	38.3	20.1	26.2	25.1

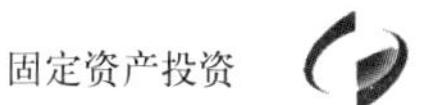

6-7 各行业按构成分的固定资产投资(2015年)
Investment by Sector and Use of Funds in the Whole Province (2015)

单位：万元 (10 000 yuan)

行业	Sector	投资额 Investment	建筑工程 Construction	安装工程 Installation	设备工器具购置 Purchase of Equipment and Instruments	其他费用 Other Expenses
全省总计	**Total**	**198266480**	**136990524**	**20857349**	**25940490**	**14478117**
农、林、牧、渔业	Agriculture, Forestry, Animal Husbandry and Fishery	12055453	8521170	900911	1124675	1508697
农业	Farming	5706742	3885325	416037	620884	784496
林业	Forestry	1599609	1081161	167510	61802	289136
畜牧业	Animal Husbandry	2580949	1918045	195700	239322	227882
渔业	Fishery	177476	122342	20487	21479	13168
农、林、牧、渔服务业	Service in Support of Agriculture	1990677	1514297	101177	181188	194015
采矿业	Mining	18883828	11274396	4451901	2169680	987851
煤炭开采和洗选业	Mining and Washing of Coal	8472266	4240922	2620910	1229444	380990
石油和天然气开采业	Extraction of Petroleum and Natural Gas	8150981	5627875	1653081	531981	338044
黑色金属矿采选业	Mining and Processing of Ferrous Metal Ores	267679	107071	26451	95688	38469
有色金属矿采选业	Mining and Processing of Non-Ferrous Metal Ores	661825	506465	36733	101779	16848
非金属矿采选业	Mining and Processing of Non-metal Ores	541527	396212	28101	88769	28445
开采辅助活动	Support Activities for Mining	750602	368007	75521	122019	185055
其他采矿业	Mining of Other Ores	38948	27844	11104		
制造业	Manufacturing	35969058	19574631	3001622	12005017	1387788
农副食品加工业	Processing of Food from Agricultural Products	1970668	1238191	198167	446734	87576
食品制造业	Manufacture of Foods	1044282	546240	97528	338479	62035
酒、饮料和精制茶制造业	Manufacture of Liquor, Beverages and Refined Tea	1180867	775142	80364	261880	63481
烟草制品业	Manufacture of Tobacco	117673	88455	10052	16166	3000
纺织业	Manufacture of Textile	601538	338223	69461	169799	24055
纺织服装、服饰业	Manufacture of Textile, Wearing Apparel and Accessories	225660	143496	12294	54925	14945
皮革、毛皮、羽毛及其制品和制鞋业	Manufacture of Leather, Fur, Feather and Related Products and Footwear	27369	14573	668	11989	139
木材加工和木、竹、藤、棕、草制品业	Processing of Timber, Manufacture of Wood, Bamboo, Rattan,Palm and Straw Products	163985	92333	19164	45980	6508
家具制造业	Manufacture of Furniture	501273	373417	44464	61957	21435
造纸和纸制品业	Manufacture of Paper and Paper Products	523412	297242	53430	160164	12576
印刷和记录媒介复制业	Printing and Reproduction of Recording Media	215842	132569	22742	54857	5674
文教、工美、体育和娱乐用品制造业	Manufacture of Articles for Culture, Education, Arts and Crafts, Sport and Entertainment Activities	134839	87959	4630	35280	6970
石油加工、炼焦和核燃料加工业	Processing of Petroleum, Coking and Processing of Nuclear Fuel	1355249	723337	136476	442397	53039
化学原料和化学制品制造业	Manufacture of Raw Chemical Materials and Chemical Products	2957099	1111693	364348	1204294	276764
医药制造业	Manufacture of Medicines	1344698	847749	121281	304857	70811
化学纤维制造业	Manufacture of Chemical Fibres	11368	8568	2800		
橡胶和塑料制品业	Manufacture of Rubber and Plastics Products	722274	392520	63211	242617	23926
非金属矿物制品业	Manufacture of Non-metallic Mineral Products	2813172	1627050	256733	807401	121988
黑色金属冶炼和压延加工业	Smelting and Pressing of Ferrous Metals	444879	215529	77223	122752	29375
有色金属冶炼和压延加工业	Smelting and Pressing of Non-ferrous Metals	1439877	583364	123526	656131	76856
金属制品业	Manufacture of Metal Products	1182683	708245	112455	321836	40147
通用设备制造业	Manufacture of General Purpose Machinery	2591970	998581	253134	1272745	67510
专用设备制造业	Manufacture of Special Purpose Machinery	3032120	1841848	181466	942866	65940

6-7 续表 1 continued

单位：万元 (10 000 yuan)

行业	Sector	投资额 Investment	建筑工程 Construction	安装工程 Installation	设备工器具购置 Purchase of Equipment and Instruments	其他费用 Other Expenses
汽车制造业	Manufacture of Automobiles	2425865	1674051	73049	628725	50040
铁路、船舶、航空航天和其他运输设备制造业	Manufacture of Railway, Ship, Aerospace and Other Transport Equipments	2569049	887389	97640	1538923	45097
电气机械和器材制造业	Manufacture of Electrical Machinery and Apparatus	2646882	1410781	282440	877578	76083
计算机、通信和其他电子设备制造业	Manufacture of Computers, Communication and Other Electronic Equipment	2978937	2011497	191438	726069	49933
仪器仪表制造业	Manufacture of Measuring Instruments and Machinery	236451	112213	20066	96443	7729
其他制造业	Other Manufacture	85790	55773	6714	22268	1035
废弃资源综合利用业	Utilization of Waste Resources	309586	180201	23577	85812	19996
金属制品、机械和设备修理业	Repair Service of Metal Products, Machinery and Equipment	113701	56402	1081	53093	3125
电力、热力、燃气及水生产和供应业	Production and Supply of Electricity, Heat, Gas and Water	8475978	4489123	1413622	2165458	407775
电力、热力生产和供应业	Production and Supply of Electric Power and Heat Power	6157723	3040349	1078188	1772271	266915
燃气生产和供应业	Production and Supply of Gas	905977	468144	162625	195974	79234
水的生产和供应业	Production and Supply of Water	1412278	980630	172809	197213	61626
建筑业	Construction	1147405	284675	13583	843503	5644
房屋建筑业	Construction of Buildings	318762	24228	2342	290443	1749
土木工程建筑业	Civil Engineering	500591	236832	5307	256521	1931
建筑安装业	Building Installation	127110	2591	670	123265	584
建筑装饰和其他建筑业	Building Decoration and Other Constructions	200942	21024	5264	173274	1380
批发和零售业	Wholesale and Retail Trades	6851990	4776451	483840	1168192	423507
批发业	Wholesale Trade	2682889	2096386	118135	307709	160659
零售业	Retail Trade	4169101	2680065	365705	860483	262848
交通运输、仓储和邮政业	Transport, Storage and Post	19975907	15063782	1938695	1615002	1358428
铁路运输业	Railway Transport	3154785	1816972	672211	95247	570355
道路运输业	Road Transport	12808029	10260471	945877	1080687	520994
水上运输业	Water Transport	690	690			
航空运输业	Air Transport	255261	220653	10179	3893	20536
管道运输业	Transport Via Pipelines	573413	309476	87572	84814	91551
装卸搬运和运输代理业	Loading, Unloading and Forwarding Agency	513586	405715	41407	45532	20932
仓储业	Storage	2519730	1960930	176333	261628	120839
邮政业	Post	150413	88875	5116	43201	13221
住宿和餐饮业	Hotels and Catering Services	2462203	1954939	178097	209786	119381
住宿业	Hotels	1673692	1435964	83604	85069	69055
餐饮业	Catering Services	788511	518975	94493	124717	50326
信息传输、软件和信息技术服务业	Information Transmission, Software and Information Technology	1888162	735061	230274	852649	70178
电信、广播电视和卫星传输服务	Telecommunication, Radio and Television and Satellite Transmission Service	1163397	300434	147792	660294	54877
互联网和相关服务	Internet and Related Service	154039	48588	45156	58305	1990
软件和信息技术服务业	Software and Information Technology	570726	386039	37326	134050	13311
金融业	Financial Intermediation	144159	82257	7152	41281	13469
货币金融服务	Monetary and Financial Service	108897	61363	5634	34527	7373

6-7 续表 2 continued

单位：万元 (10 000 yuan)

行　　业	Sector	投资额 Invest-ment	建筑工程 Construc-tion	安装工程 Install-ation	设备工器具购置 Purchase of Equipment and Instruments	其他费用 Other Expenses
资本市场服务	Capital Market Service	2910			2910	
保险业	Insurance	19410	14220			5190
其他金融业	Other Financial Activities	12942	6674	1518	3844	906
房地产业	Real Estate	44654061	35700896	4043656	589740	4319769
房地产业	Real Estate	44654061	35700896	4043656	589740	4319769
租赁和商务服务业	Leasing and Business Services	1702306	1153459	203491	256030	89326
租赁业	Leasing	61837	33686	732	21669	5750
商务服务业	Business Services	1640469	1119773	202759	234361	83576
科学研究和技术服务业	Scientific Research and Technical Services	1918042	1431425	157561	215477	113579
研究和试验发展	Research and Experimental Development	587202	483989	31827	33275	38111
专业技术服务业	Professional Technical Services	652511	460977	61146	88825	41563
科技推广和应用服务业	Science and Technology Popularization and Application Services	678329	486459	64588	93377	33905
水利、环境和公共设施管理业	Management of Water Conservancy, Environment and Public Facilities	30088501	22737045	3129917	1359620	2861919
水利管理业	Management of Water Conservancy	5184794	3711480	1146720	213784	112810
生态保护和环境治理业	Ecological Protection and Environmental Treatment	1411416	942241	143488	184844	140843
公共设施管理业	Management of Public Facilities	23492291	18083324	1839709	960992	2608266
居民服务、修理和其他服务业	Service to Households, Repair and Other Services	821299	597726	48353	116581	58639
居民服务业	Service to Households	541986	440609	27109	55467	18801
机动车、电子产品和日用产品修理业	Repair of Motor Vehicle, Electronics and Household Products	137130	90239	8432	28332	10127
其他服务业	Other Services	142183	66878	12812	32782	29711
教育	Education	2993108	2532580	151818	198147	110563
教育	Education	2993108	2532580	151818	198147	110563
卫生和社会工作	Health and Social Service	2434679	1757275	157671	355273	164460
卫生	Health	1994902	1387795	128479	336560	142068
社会工作	Social Service	439777	369480	29192	18713	22392
文化、体育和娱乐业	Culture, Sports and Entertainment	2735826	1838656	190608	475838	230724
新闻和出版业	Journalism and Publishing Activities	72545	39495	6350	21700	5000
广播、电视、电影和影视录音制作业	Radio, Television, Motion Picture and Videotape Programme Production Services	161082	89323	24185	30159	17415
文化艺术业	Cultural and Art Activities	1515963	1120255	91075	151686	152947
体育	Sports Activities	459088	361932	43722	33914	19520
娱乐业	Entertainment	527148	227651	25276	238379	35842
公共管理、社会保障和社会组织	Public Management, Social Security and Social Organization	3064515	2484977	154577	178541	246420
中国共产党机关	Organs of Communist Party of China	1966	1966			
国家机构	Government Agencies	2013000	1672601	78540	112656	149203
人民政协、民主党派	People's Political Consultative Conference and Democratic Parties					
社会保障	Social Security	129449	98549	14652	2298	13950
群众团体、社会团体和其他成员组织	Non-Governmental Organizations, Social Organizations and Membership Organizations	104162	69988	7546	16656	9972
基层群众自治组织	Grass Roots Self-Governing Organizations	815938	641873	53839	46931	73295

6-8 分行业固定资产投资施工、投产项目个数及新增固定资产(2015年)
Number of Investment Projects under Construction and Put into Use and Newly Increased Fixed Assets by Sector in the Whole Province(2015)

行业	Sector	施工项目(个) Number of Projects under Construction (unit)	全部建成投产项目(个) Number of Projects Completed and Put into Use (unit)	施工项目计划总投资(万元) Total Planned Investment of Projects under Construction (10 000 yuan)	本年完成投资额(万元) Investment Completed This Year (10 000 yuan)	本年新增固定资产(万元) Newly Increased Fixed Assets This Year (10 000 yuan)
全省总计	**Total**	**23840**	**16350**	**539974200**	**198266480**	**124044704**
农、林、牧、渔业	Agriculture, Forestry, Animal Husbandry and Fishery	3027	2479	16760155	12055453	10625441
农业	Farming	1370	1125	8029308	5706742	5038187
林业	Forestry	348	291	2260541	1599609	1491189
畜牧业	Animal Husbandry	679	553	3555235	2580949	2191280
渔业	Fishery	58	46	260175	177476	166470
农、林、牧、渔服务业	Service in Support of Agriculture	572	464	2654896	1990677	1738315
采矿业	Mining	718	524	39287319	18883828	8850434
煤炭开采和洗选业	Mining and Washing of Coal	210	142	27568625	8472266	2284048
石油和天然气开采业	Extraction of Petroleum and Natural Gas	171	108	7767255	8150981	4470971
黑色金属矿采选业	Mining and Processing of Ferrous Metal Ores	44	31	1045920	267679	242879
有色金属矿采选业	Mining and Processing of Non-Ferrous Metal Ores	96	76	1113907	661825	549199
非金属矿采选业	Mining and Processing of Non-metal Ores	126	106	845352	541527	483615
开采辅助活动	Support Activities for Mining	67	57	885864	750602	767210
其他采矿业	Mining of Other Ores	4	4	60396	38948	52512
制造业	Manufacturing	3614	2708	88274200	35969058	25457201
农副食品加工业	Processing of Food from Agricultural Products	396	303	3104098	1970668	1584030
食品制造业	Manufacture of Foods	151	115	1506491	1044282	858494
酒、饮料和精制茶制造业	Manufacture of Liquor, Beverages and Refined Tea	230	152	2239208	1180867	908141
烟草制品业	Manufacture of Tobacco	7	3	364215	117673	79765
纺织业	Manufacture of Textile	78	65	854806	601538	458051
纺织服装、服饰业	Manufacture of Textile, Wearing Apparel and Accessories	25	17	696428	225660	173737
皮革、毛皮、羽毛及其制品和制鞋业	Manufacture of Leather, Fur, Feather and Related Products and Footware	5	3	36569	27369	13603
木材加工和木、竹、藤、棕、草制品业	Processing of Timber, Manufacture of Wood, Bamboo, Rattan, Palm and Straw Products	40	32	229651	163985	128414
家具制造业	Manufacture of Furniture	51	37	1612570	501273	206729
造纸和纸制品业	Manufacture of Paper and Paper Products	59	46	936962	523412	351427
印刷和记录媒介复制业	Printing and Reproduction of Recording Media	42	31	352573	215842	142868
文教、工美、体育和娱乐用品制造业	Manufacture of Articles for Culture, Education, Arts and Crafts, Sport and Entertainment Activities	29	23	204593	134839	122329
石油加工、炼焦和核燃料加工业	Processing of Petroleum, Coking and Processing of Nuclear Fuel	80	58	5311888	1355249	801540
化学原料和化学制品制造业	Manufacture of Raw Chemical Materials and Chemical Products	254	201	15326061	2957099	2164469
医药制造业	Manufacture of Medicines	158	111	3057165	1344698	734691
化学纤维制造业	Manufacture of Chemical Fibres	2	2	11368	11368	11368
橡胶和塑料制品业	Manufacture of Rubber and Plastics Products	97	82	971626	722274	531267
非金属矿物制品业	Manufacture of Non-metallic Mineral Products	478	391	4387690	2813172	2474575
黑色金属冶炼和压延加工业	Smelting and Pressing of Ferrous Metals	58	46	1912034	444879	416384

6-8 续表 1 continued

行业	Sector	施工项目(个) Number of Projects under Construction (unit)	全部建成投产项目(个) Number of Projects Completed and Put into Use (unit)	施工项目计划总投资(万元) Total Planned Investment of Projects under Construction (10 000 yuan)	本年完成投资额(万元) Investment Completed This Year (10 000 yuan)	本年新增固定资产(万元) Newly Increased Fixed Assets This Year (10 000 yuan)
有色金属冶炼和压延加工业	Smelting and Pressing of Non-ferrous Metals	122	94	5851803	1439877	731913
金属制品业	Manufacture of Metal Products	154	125	2137800	1182683	1149863
通用设备制造业	Manufacture of General Purpose Machinery	264	219	4015360	2591970	1950094
专用设备制造业	Manufacture of Special Purpose Machinery	223	158	4617313	3032120	2105636
汽车制造业	Manufacture of Automobiles	141	95	4317715	2425865	1363255
铁路、船舶、航空航天和其他运输设备制造业	Manufacture of Railway, Ship, Aerospace and Other Transport Equipments	98	47	4082125	2569049	2163292
电气机械和器材制造业	Manufacture of Electrical Machinery and Apparatus	180	125	9930705	2646882	1599826
计算机、通信和其他电子设备制造业	Manufacture of Computers, Communication and Other Electronic Equipment	91	53	8363384	2978937	1662012
仪器仪表制造业	Manufacture of Measuring Instruments and Machinery	24	15	657083	236451	149301
其他制造业	Other Manufacture	17	14	310349	85790	76895
废弃资源综合利用业	Utilization of Waste Resources	49	38	364289	309586	269954
金属制品、机械和设备修理业	Repair Service of Metal Products, Machinery and Equipment	11	7	510278	113701	73278
电力、热力、燃气及水生产和供应业	Production and Supply of Electricity, Heat, Gas and Water	990	667	21694818	8475978	5180464
电力、热力生产和供应业	Production and Supply of Electric Power and Heat Power	505	303	17161009	6157723	3274698
燃气生产和供应业	Production and Supply of Gas	197	150	1670378	905977	821624
水的生产和供应业	Production and Supply of Water	288	214	2863431	1412278	1084142
建筑业	Construction	149	122	5525048	1147405	491015
房屋建筑业	Construction of Buildings	12	7	343450	318762	128086
土木工程建筑业	Civil Engineering	51	36	4813082	500591	201161
建筑安装业	Building Installation	33	28	159874	127110	67752
建筑装饰和其他建筑业	Building Decoration and Other Constructions	53	51	208642	200942	94016
批发和零售业	Wholesale and Retail Trades	917	727	13871364	6851990	5393425
批发业	Wholesale Trade	270	208	7281341	2682889	2242986
零售业	Retail Trade	647	519	6590023	4169101	3150439
交通运输、仓储和邮政业	Transport, Storage and Post	1497	1117	56332226	19975907	13146272
铁路运输业	Railway Transport	39	24	12887461	3154785	2444975
道路运输业	Road Transport	981	721	33538823	12808029	7126417
水上运输业	Water Transport	1		3800	690	
航空运输业	Air Transport	11	6	770170	255261	138111
管道运输业	Transport Via Pipelines	20	14	1342575	573413	378199
装卸搬运和运输代理业	Loading, Unloading and Forwarding Agency	33	24	1070849	513586	427844
仓储业	Storage	384	304	6445416	2519730	2496254
邮政业	Post	28	24	273132	150413	134472
住宿和餐饮业	Hotels and Catering Services	373	269	4862360	2462203	1891677
住宿业	Hotels	205	135	3706232	1673692	1290354
餐饮业	Catering Services	168	134	1156128	788511	601323
信息传输、软件和信息技术服务业	Information Transmission, Software and Information Technology	192	129	3734103	1888162	764527
电信、广播电视和卫星传输服务	Telecommunication, Radio and Television and Satellite Transmission Service	114	81	2072496	1163397	431790
互联网和相关服务	Internet and Related Service	42	28	181418	154039	127393
软件和信息技术服务业	Software and Information Technology	36	20	1480189	570726	205344
金融业	Financial Intermediation	28	21	638144	144159	79713

6-8 续表 2 continued

行业	Sector	施工项目(个) Number of Projects under Construction (unit)	全部建成投产项目(个) Number of Projects Completed and Put into Use (unit)	施工项目计划总投资(万元) Total Planned Investment of Projects under Construction (10 000 yuan)	本年完成投资额(万元) Investment Completed This Year (10 000 yuan)	本年新增固定资产(万元) Newly Increased Fixed Assets This Year (10 000 yuan)
货币金融服务	Monetary and Financial Service	21	15	314659	108897	68754
资本市场服务	Capital Market Service			2910	2910	1023
保险业	Insurance	2	1	144189	19410	5
其他金融业	Other Financial Activities	5	5	176386	12942	9931
房地产业	Real Estate	4505	1757	194807624	44654061	19164799
房地产业	Real Estate	4505	1757	194807624	44654061	19164799
租赁和商务服务业	Leasing and Business Services	200	140	6213362	1702306	973514
租赁业	Leasing	11	9	91572	61837	45125
商务服务业	Business Services	189	131	6121790	1640469	928389
科学研究和技术服务业	Scientific Research and Technical Services	234	170	5887172	1918042	1477101
研究和试验发展	Research and Experimental Development	36	18	2925478	587202	389181
专业技术服务业	Professional Technical Services	117	94	1400132	652511	558023
科技推广和应用服务业	Science and Technology Popularization and Application Services	81	58	1561562	678329	529897
水利、环境和公共设施管理业	Management of Water Conservancy, Environment and Public Facilities	4879	3613	59528006	30088501	21365106
水利管理业	Management of Water Conservancy	783	589	8136366	5184794	2663450
生态保护和环境治理业	Ecological Protection and Environmental Treatment	281	230	2404703	1411416	1097847
公共设施管理业	Management of Public Facilities	3815	2794	48986937	23492291	17603809
居民服务、修理和其他服务业	Service to Households, Repair and Other Services	194	125	1397908	821299	689040
居民服务业	Services to Households	130	88	947874	541986	485733
机动车、电子产品和日用产品修理业	Repair of Motor Vehicle, Electronics and Household Products	29	21	283863	137130	124013
其他服务业	Other Services	35	16	166171	142183	79294
教育	Education	716	537	5486576	2993108	2296878
教育	Education	716	537	5486576	2993108	2296878
卫生和社会工作	Health and Social Service	445	326	4452689	2434679	1602239
卫生	Health	317	227	3799772	1994902	1243247
社会工作	Social Service	128	99	652917	439777	358992
文化、体育和娱乐业	Culture, Sports and Entertainment	432	325	6318701	2735826	2017748
新闻和出版业	Journalism and Publishing Activities	8	2	191900	72545	9395
广播、电视、电影和影视录音制作业	Radio, Television, Motion Picture and Videotape Programme Production Services	33	23	247390	161082	113213
文化艺术业	Cultural and Art Activities	233	177	4126221	1515963	1109418
体育	Sports Activities	101	76	848150	459088	370654
娱乐业	Entertainment	57	47	905040	527148	415068
公共管理、社会保障和社会组织	Public Management, Social Security and Social Organization	730	594	4902425	3064515	2578110
中国共产党机关	Organs of Communist Party of China	2	1	15874	1966	3400
国家机构	Government Agencies	465	374	3520247	2013000	1701192
人民政协、民主党派	People's Political Consultative Conference and Democratic Parties					
社会保障	Social Security	35	19	168796	129449	65334
群众团体、社会团体和其他成员组织	Mass Organizations, Social Organizations and Other Membership Organizations	51	36	235734	104162	98653
基层群众自治组织	Grass Roots Self-Governing Organizations	177	164	961774	815938	709531

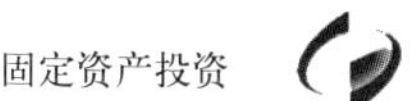

6-9 固定资产投资新增生产能力或效益(2015年)

Newly Increased Production Capacity or Project Efficiency through Investment(2015)

名　　称		Item		能力或效益 Capacity or Efficiency
原煤开采	(万吨／年)	Coal Mining	(10 000 tons/year)	2185
洗　煤	(万吨／年)	Coal Washing	(10 000 tons/year)	570
天然原油开采	(万吨／年)	Petroleum Extraction	(10 000 tons/year)	1175.2
天然气开采	(亿立方米／年)	Natural Gas Extraction	(100 million cu.m/year)	72.57
石油加工：蒸馏设备能力	(处理万吨/年)	Petroleum Processing: Distillation Equipment Capacity	(Processing 10 000 tons/year)	56.7
裂化设备能力	(处理万吨/年)	Cracking Equipment Capacity	(Processing 10 000 tons/year)	180
铁矿开采(原矿)		Iron-Ore Mining	(10 000 tons/year)	158
粗　钢	(万吨／年)	Crude Steel	(10 000 tons/year)	49.3
铜采矿(原矿)	(万吨／年)	Copper Processing：Processing Ore	(10 000 tons/year)	12
铅锌采矿(原矿)	(万吨／年)	Lead and Zinc Mining	(10 000 tons/year)	75.28
铅锌选矿：产出精矿含锌量	(吨／年)	Plumbum and Zinc Ore Dressing：Plumbum Content	(ton/year)	37570
锌冶炼	(吨／年)	Zinc Smelting	(ton/year)	31800
铝加工	(吨／年)	Aluminium Fabrication	(ton/year)	69600
铜加工材	(吨／年)	Copper Processing Material	(ton/year)	53000
黄　金	(公斤／年)	Gold	(kilogram /year)	8220
水力发电	(万千瓦)	Hydraulic Power	(10 000 kw)	16.74
火力发电	(万千瓦)	Thermal Power	(10 000 kw)	68
风力发电	(万千瓦)	Wind Power	(10 000 kw)	57.11
太阳能发电	(万千瓦)	Solar Energy	(10 000 kw)	104.83
其他发电	(万千瓦)	Others	(10 000 kw)	16.17
输电线路长度(110KV及以上)	(公里)	Length of Transmission Lines (above 110 000 VA)	(km)	3297.97
水　泥	(万吨／年)	Cement	(10 000 tons/year)	237.2
平板玻璃	(万重量箱／年)	Plate Glass	(10 000 Weight-boxs/year)	1759
氮　肥	(吨／年)	Nitrogen Fertilizers	(ton/year)	174729
磷　肥	(吨／年)	Phosphate Fertilizer	(ton/year)	53400
钾　肥	(吨／年)	Potash Fertilizer	(ton/year)	84500
化学农药原药	(吨／年)	Chemical Pesticide	(ton/year)	9800
塑料树脂及共聚物	(吨／年)	Plastic Resin and Copolymer	(ton/year)	615635
化学纤维	(吨／年)	Chemical Fiber	(ton/year)	6361
新建铁路里程	(公里)	Newly Railway	(km)	148.1
复线里程	(公里)	Double-Tracking Length	(km)	243.2
电气化铁路里程	(公里)	Electrified Railways Length	(km)	276.8
新建公路	(公里)	Newly Highways	(km)	4240.39
#高速公路		Expressway		673.73
一级公路		First Class		156.6
二级公路		Second Class		244.78
改建公路	(公里)	Reconstructed Highways	(km)	4375.25
#高速公路		Expressway		14.6
一级公路		First Class		38.5
二级公路		Second Class		589.89
新建独立公路桥梁	(延长米)	New-built Separate Highway Bridge	(linear-meter)	14096
新建独立公路桥梁	(座)	New-built Separate Highway Bridge	(unit)	40
新建独立公路隧道	(延长米)	New-built Separate Highway Tunnel	(linear-meter)	905.3
新建独立公路隧道	(处)	New-built Separate Highway Tunnel	(unit)	2
新(扩)建客、货运站	(个)	New (expanded) Passenger and Freight Stations	(unit)	8
新(扩)建客、货运站	(平方米)	New (expanded) Passenger and Freight Stations	(sq.m)	71056
城市自来水供水能力	(万吨／日)	Tap Water Supply Capacity in City	(10 000 tons/day)	5.00
城市污水处理能力	(万吨／日)	Waste Water Treated Capacity in City	(10 000 tons/day)	17.96

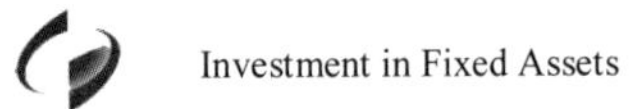

6-10 分行业工业投资(2015年)
Investment of Industrial by Sector(2015)

单位：万元 (10 000 yuan)

行　　业	Sector	投资额 Investment	# 改建和技术改造 Reconstruction and Technical Transformation
工业投资合计	**Total of Industrial Investment**	**63328864**	**3189244**
采矿业	Mining	18883828	700034
煤炭开采和洗选业	Mining and Washing of Coal	8472266	292728
石油和天然气开采业	Extraction of Petroleum and Natural Gas	8150981	73990
黑色金属矿采选业	Mining and Processing of Ferrous Metal Ores	267679	38332
有色金属矿采选业	Mining and Processing of Non-Ferrous Metal Ores	661825	101742
非金属矿采选业	Mining and Processing of Non-metal Ores	541527	55518
开采辅助活动	Support Activities for Mining	750602	137724
其他开采业	Mining of Other Ores	38948	
制造业	Manufacturing	35942450	1899056
农副食品加工业	Processing of Food from Agricultural Products	1970668	217112
食品制造业	Manufacture of Foods	1044282	49998
酒、饮料和精制茶制造业	Manufacture of Liquor, Beverages and Refined Tea	1180867	52818
烟草制品业	Manufacture of Tobacco	117673	11474
纺织业	Manufacture of Textile	601538	77313
纺织服装和服饰业	Manufacture of Textile, Wearing Apparel and Accessories	225660	14020
皮革、毛皮、羽毛(绒)及其制品业	Manufacture of Leather, Fur, Feather and Related Products and Footwear	27369	
木材加工及木、竹、藤、棕、草制品业	Processing of Timber, Manufacture of Wood, Bamboo, Rattan, Palm and Straw Products	163985	12790
家具制造业	Manufacture of Furniture	501273	7140
造纸及纸制品业	Manufacture of Paper and Paper Products	523412	23294
印刷业和记录媒介的复制	Printing and Reproduction of Recording Media	215842	23571
文教体育用品制造业	Manufacture of Articles for Culture, Education, Arts and Crafts, Sport and Entertainment Activities	134839	
石油加工、炼焦及核燃料加工业	Processing of Petroleum, Coking and Processing of Nuclear Fuel	1342601	57327
化学原料及化学制品制造业	Manufacture of Raw Chemical Materials and Chemical Products	2957099	114423
医药制造业	Manufacture of Medicines	1344698	143889
化学纤维制造业	Manufacture of Chemical Fibres	11368	
橡胶和塑料制品业	Manufacture of Rubber and Plastics Products	722274	50290
非金属矿制品业	Manufacture of Non-metallic Mineral Products	2813172	191258
黑色金属冶炼和压延加工业	Smelting and Pressing of Ferrous Metals	430919	125844
有色金属冶炼和压延加工业	Smelting and Pressing of Non-ferrous Metals	1439877	142539
金属制品业	Manufacture of Metal Products	1182683	76143
通用设备制造业	Manufacture of General Purpose Machinery	2591970	133376
专用设备制造业	Manufacture of Special Purpose Machinery	3032120	50627
汽车制造业	Manufacture of Automobiles	2425865	22541
铁路、船舶、航空航天等制造业	Manufacture of Railway, Ship, Aerospace and Other Transport Equipments	2569049	23999
电气机械及器材制造业	Manufacture of Electrical Machinery and Apparatus	2646882	95511
计算机、通信和其他电子设备制造业	Manufacture of Computers, Communication and Other Electronic Equipment	2978937	163969
仪器仪表制造业	Manufacture of Measuring Instruments and Machinery	236451	3750
其他制造业	Other Manufacture	85790	1220
废弃资源综合利用业	Utilization of Waste Resources	309586	12820
金属制品、机械和设备修理业	Repair Service of Metal Products, Machinery and Equipment	113701	
电力、热力、燃气及水的生产和供应业	Production and Supply of Electricity, Heat, Gas and Water	8502586	590154
电力、热力的生产和供应业	Production and Supply of Electric Power and Heat Power	6184331	448632
燃气生产和供应业	Production and Supply of Gas	905977	54673
水的生产和供应业	Production and Supply of Water	1412278	86849

6-11 民间投资(2015年)
Private Investment(2015)

行　　业	Sector	投资额(万元) Investment (10 000 yuan)	占民间投资比重(%) Rate (%)
民间投资合计	**Total of Private Investment**	**90663715**	**100.0**
农、林、牧、渔业	Agriculture, Forestry, Animal Husbandry and Fishery	8209364	9.1
采矿业	Mining	2712849	3.0
制造业	Manufacturing	25582147	28.2
电力、燃气及水的生产和供应业	Production and Supply of Electricity, Heat, Gas and Water	3193387	3.5
建筑业	Construction	780284	0.9
批发和零售业	Wholesale and Retail Trades	5877057	6.5
交通运输、仓储和邮政业	Transport, Storage and Post	3153417	3.5
住宿和餐饮业	Hotels and Catering Services	1902440	2.1
信息传输、软件和信息技术服务业	Information Transmission, Software and Information Technology	859326	0.9
金融业	Financial Intermediation	65989	0.1
房地产业	Real Estate	26664252	29.4
租赁和商务服务业	Leasing and Business Services	990549	1.1
科学研究和技术服务业	Scientific Research and Technical Services	960882	1.1
水利、环境和公共设施管理业	Management of Water Conservancy, Environment and Public Facilities	6755254	7.5
居民服务、修理和其他服务业	Service to Households, Repair and Other Services	379352	0.4
教　育	Education	411789	0.5
卫生和社会工作	Health and Social Service	807091	0.9
文化、体育和娱乐业	Culture, Sports and Entertainment	1043352	1.2
公共管理、社会保障和社会组织	Public Management, Social Security and Social Organization	314934	0.3

6-12 基础设施投资(2015年)
Investment for Basic Infrastructure(2015)

行　　业	Sector	投资额(万元) Investment (10 000 yuan)	占基础设施投资比重(%) Rate (%)
基础设施投资合计	**Total Investment of Infrastructure**	**53378568**	**100.0**
一、交通运输、仓储和邮政业	Transport, Storage and Post	19975907	37.4
铁路运输业	Railway Transport	3154785	5.9
道路运输业	Road Transport	12808029	24.0
水上运输业	Water Transport	690	0.0
航空运输业	Air Transport	255261	0.5
管道运输业	Transport Via Pipelines	573413	1.1
装卸搬运和运输代理业	Loading, Unloading and Forwarding Agency	513586	1.0
仓储业	Storage	2519730	4.7
邮政业	Post	150413	0.3
二、信息传输、软件和信息技术服务业	Information Transmission, Software and Information Technology	1888162	3.5
三、电网建设	Grid Construction	1425998	2.7
四、水利、环境和公共设施管理业	Management of Water Conservancy, Environment and Public Facilities	30088501	56.4
水利管理业	Management of Water Conservancy	5184794	9.7
生态保护和环境治理业	Ecological Protection and Environmental Treatment	1411416	2.6
公共设施管理业	Management of Public Facilities	23492291	44.0

6-13 七大战略性新兴产业投资(2015年)
Investment of Seven Strategic Emerging Industries(2015)

行　　业	Sector	投资额(万元) Investment (10 000 yuan)	占战略性新兴产业投资比重(%) Rate (%)
七大战略性新兴产业投资合计	**Total Investment of Seven Strategic Emerging Industries**	**24619497**	**100.0**
节能环保产业	Energy Conservation and Environment Protection	8684926	35.3
新一代信息技术产业	New Generation of Enformation Technology	3062668	12.4
生物产业	Living Things	2423767	9.8
高端装备制造业	Manufacture of High-end Equipment	3755474	15.3
新能源产业	New Energy	3588529	14.6
新材料产业	New Material	2722668	11.1
新能源汽车产业	New Energy Automobile	381465	1.5

6-14 文化产业投资(2015年)
Culture Industry Investment(2015)

行　　业	Sector	投资额(万元) Investment (10 000 yuan)	占文化产业投资比重(%) Rate (%)
文化产业投资合计	**Total Investment of Culture Industry**	**9442555**	**100.0**
新闻出版发行服务	News Publishing Service	75522	0.8
广播电视电影服务	Broadcasting Television and Film Service	161082	1.7
文化艺术服务	Arts and Cultural Service	1650060	17.5
文化信息传输服务	Cultural Information Transmission Service	407031	4.3
文化创意和设计服务	Cultural Creative and Design Service	568455	6.0
文化休闲娱乐服务	Cultural and Recreational Service	5323976	56.4
工艺美术品的生产	Arts and Crafts Production	161700	1.7
文化产品生产的辅助生产	Subsidiary Production of Cultural Product	405114	4.3
文化用品的生产	Stationery Production	496862	5.3
文化专用设备的生产	Cultural Special Equipment Production	192753	2.0

6-15 全社会固定资产投资财务拨款资金来源(2015年)
Source of Funds of Investment in Fixed Assets for Finance Allocation in the Whole Province(2015)

单位：万元 (10 000 yuan)

指标	Item	合计 Total	固定资产投资 Investment in Fixed Assets	房地产开发 Real Estate Development	农户投资 Farm Households
一、本年资金来源合计	Total of Sources of Funds This Year	202218641	162736982	35969522	3512137
1.上年末结余资金	Funds of Last Year-end	12318028	4498595	7819433	
2.本年资金来源小计	Subtotal of Sources of Funds This Year	189900613	158238387	28150089	3512137
国家预算内资金	State Budget	13142645	13142645		
国内贷款	Domestic Loans	13291683	9463084	3728170	100429
债券	Bond	291730	291730		
利用外资	Foreign Investment	2242198	2178998	63200	
# 外商直接投资	Foreign Direct Investment	2143048	2079848	63200	
自筹资金	Self-raising Fund	141573016	124130361	14050584	3392071
# 企事业单位自有资金	Enterprises and Institutions-owned Funds	21940565	16092447	5848118	
其他资金来源	Others	19359341	9031569	10308135	19637
二、本年各项应付款合计	Total Payment of this year	28556890	21077421	7479469	
# 工程款	Project Payment	16918940	12685626	4233314	

6-16 固定资产投资资金来源(2015年)
Source of Funds of Investment (2015)

单位：万元 (10 000 yuan)

指标	Item	总计 Total	按经济类型分 By Owership		按隶属关系分 By Jurisdiction of Management	
			国有经济单位 State-owned	其他经济单位 Others	中央单位 Central	地方单位 Local
一、本年实际到位资金合计	Total of Actual Funds This Year	162736982	80415342	82321640	10422521	152314461
1.上年末结余资金	Funds of Last Year-end	4498595	2828271	1670324	303367	4195228
2.本年实际到位资金小计	Subtotal of Actual Funds This Year	158238387	77587071	80651316	10119154	148119233
国家预算资金	State Budget	13142645	11697932	1444713	1144492	11998153
国内贷款	Domestic Loans	9463084	6470889	2992195	959655	8503429
债券	Bond	291730	291730		285000	6730
利用外资	Foreign Investment	2178998	87074	2091924		2178998
# 外商直接投资	Foreign Direct Investment	2079848		2079848		2079848
自筹资金	Self-raising Fund	124130361	53961091	70169270	7387070	116743291
# 企事业单位自有资金	Enterprises and Institutions-owned Funds	16092447	8040763	8051684	777724	15314723
其他资金来源	Others	9031569	5078355	3953214	342937	8688632
二、本年各项应付款合计	Total Payment of this Year	21077421	14427623	6649798	4994586	16082835
# 工程款	Project Payment	12685626	9887189	2798437	4651547	8034079

注：本表不含房地产开发投资。
a) Data in this table do not include those of real estate development.

6-17 各市(区)固定资产投资资金来源(2015年)
Source of Funds of Investment by City(District)(2015)

单位：万元 (10 000 yuan)

地区	Region	本年实际到位资金合计 Total of Actual Funds This Year	上年末结余资金 Funds of Last Year-end	本年实际到位资金小计 Subtotal of Actual Funds This Year	国家预算资金 State Budget	国内贷款 Domestic Loans	债券 Bond
全省	**Shaanxi**	**162736982**	**4498595**	**158238387**	**13142645**	**9463084**	**291730**
西安市	Xi'an	34209763	2911345	31298418	2368273	1071458	
铜川市	Tongchuan	3220169	530	3219639	444315	109530	
宝鸡市	Baoji	22776090	85467	22690623	901150	912410	500
咸阳市	Xianyang	29119686	590482	28529204	435825	877669	
渭南市	Weinan	17172098	567059	16605039	2053465	434910	230
# 韩城市	Hancheng	2297042	3100	2293942	194965	174138	
延安市	Yan'an	10977415	17943	10959472	1749623	385345	
汉中市	Hanzhong	7587104	114306	7472798	756220	645073	
榆林市	Yulin	11351098	26169	11324929	1142368	739421	
安康市	Ankang	6240416	18884	6221532	964103	90215	
商洛市	Shangluo	6865646	39235	6826411	993058	472400	6000
杨凌示范区	Yangling	1417168	1500	1415668	178945	328379	
不分地区	Not Classified by Region	11800329	125675	11674654	1155300	3396274	285000

注：本表不含房地产开发投资。
a) Data in this table do not include those of real estate development.

6-17 续表 continued

单位：万元 (10 000 yuan)

地区	Region	利用外资 Foreign Investment	# 外商直接投资 Foreign Direct Investment	自筹资金 Self-raising Fund	# 企事业单位自有资金 Enterprises and Institutions-owned Funds	其他资金来源 Others	本年各项应付款合计 Total Payment of This Year	# 工程款 Project Payment
全省	**Shaanxi**	**2178998**	**2079848**	**124130361**	**16092447**	**9031569**	**21077421**	**12685626**
西安市	Xi'an	2112425	2055000	25045567	3693413	700695	474647	227710
铜川市	Tongchuan	410	410	2423107	50457	242277	19351	
宝鸡市	Baoji	10285		18694682	543215	2171596	2734676	937205
咸阳市	Xianyang	1831	438	25018956	4198435	2194923	242113	64073
渭南市	Weinan	28713	7000	13377059	1795720	710662	2172023	679602
# 韩城市	Hancheng	1400		1590102	220119	333337	701408	40944
延安市	Yan'an	2351	2300	8337457	1509145	484696	2870230	1318390
汉中市	Hanzhong	8188	2000	5264878	770826	798439	1505397	574202
榆林市	Yulin			8809990	139052	633150	432487	32505
安康市	Ankang	3295	1200	4854602	268170	309317	931265	835189
商洛市	Shangluo			4909288	701488	445665	611526	89926
杨凌示范区	Yangling	11500	11500	874597	356856	22247		
不分地区	Not Classified by Region			6520178	2065670	317902	9083706	7926824

6-18 各市(区)国有经济单位投资资金来源(2015年)

Source of Funds of Investment in State-Owned Units by City(District)(2015)

单位：万元　　(10 000 yuan)

地 区	Region	本年实际到位资金合计 Total of Actual Funds This Year	上年末结余资金 Funds of Last Year-end	本年实际到位资金小计 Subtotal of Actual Funds This Year	国家预算资金 State Budget	国内贷款 Domestic Loans	债券 Bond
全 省	**Shaanxi**	**80415342**	**2828271**	**77587071**	**11697932**	**6470889**	**291730**
西安市	Xi'an	17137397	1888370	15249027	2286244	1011409	
铜川市	Tongchuan	1495128	530	1494598	393544	64449	
宝鸡市	Baoji	7769100	48075	7721025	705025	127638	500
咸阳市	Xianyang	10943135	165043	10778092	364884	319618	
渭南市	Weinan	7669612	531992	7137620	1274617	188221	230
#韩城市	Hancheng	1070353	300	1070053	191245	151226	
延安市	Yan'an	9628049	15310	9612739	1723495	348997	
汉中市	Hanzhong	3664600	36718	3627882	688763	71762	
榆林市	Yulin	6253676	3627	6250049	1087737	516298	
安康市	Ankang	3221060	9839	3211221	945333	22384	
商洛市	Shangluo	3945967	17205	3928762	898960	163960	6000
杨凌示范区	Yangling	765828		765828	174030	239879	
不分地区	Not Classified by Region	7921790	111562	7810228	1155300	3396274	285000

注：本表不含房地产开发投资。

a) Data in this table do not include those of real estate development.

6-18 续表 continued

单位：万元　　(10 000 yuan)

地 区	Region	利用外资 Foreign Investment	#外商直接投资 Foreign Direct Investment	自筹资金 Self-raising Fund	#企事业单位自有资金 Enterprises and Institutions-owned Funds	其他资金来源 Others	本年各项应付款合计 Total Payment of This Year	#工程款 Project Payment
全 省	**Shaanxi**	**87074**		**53961091**	**8040763**	**5078355**	**14427623**	**9887189**
西安市	Xi'an	57425		11663854	1572979	230095	252585	99194
铜川市	Tongchuan			868702	36847	167903	18751	
宝鸡市	Baoji	9285		5594101	225830	1284476	755421	377443
咸阳市	Xianyang			9107730	746172	985860	75121	32884
渭南市	Weinan	20313		5314962	1378313	339277	974940	212964
#韩城市	Hancheng			583052	153386	144530	472047	17108
延安市	Yan'an	51		7229308	1447405	310888	2710357	1281641
汉中市	Hanzhong			2454115	363515	413242	509541	365604
榆林市	Yulin			4122700	130304	523314	282232	14297
安康市	Ankang			2008031	43771	235473	575973	533524
商洛市	Shangluo			2611264	105351	248578	188996	42814
杨凌示范区	Yangling			330572	126810	21347		
不分地区	Not Classified by Region			2655752	1863466	317902	8083706	6926824

6-19 各市(区)按国民经济行业分的固定资产投资(2015年)
Investment by Sector and City(District)(2015)

单位：万元 (10 000 yuan)

地区	Region	总计 Total	农、林、牧、渔业 Agriculture, Forestry, Animal Husbandry & Fishery Industry	采矿业 Mining	制造业 Manufacturing	电力燃气及水的生产和供应业 Production and Distribution of Electricity, Gas and Water	建筑业 Construction	批发和零售业 Wholesale and Retail Trades	交通运输仓储和邮政业 Transport, Storage and Post	住宿和餐饮业 Hotels and Catering Services	信息传输计算机服务和软件业 Information Transmission, Computer Service and Software
全省	**Shaanxi**	**198266480**	**12055453**	**18883828**	**35969058**	**8475978**	**1147405**	**6851990**	**19975907**	**2462203**	**1888162**
西安市	Xi'an	49309819	1172948	6527	9666310	1121663	200546	1447691	2780232	375333	1082127
铜川市	Tongchuan	3475456	309696	212943	814399	212686		109331	207683	87510	18000
宝鸡市	Baoji	25431533	2889624	802951	6743975	979560	626095	1803586	1139990	507728	188221
咸阳市	Xianyang	29818492	1736871	532610	8453840	780135	25979	1893818	2046123	525837	307603
渭南市	Weinan	19782196	2852945	907142	2948365	1074430	9100	709400	1115648	356520	72441
#韩城市	Hancheng	3072607	178862	570610	404794	206674		59394	120394	44250	2520
延安市	Yan'an	13924054	420078	4513025	1169843	585514		239686	992031	99796	37183
汉中市	Hanzhong	9302721	752916	394974	1287942	206365	3210	310385	462641	119021	86171
榆林市	Yulin	11336739	360108	2810276	1956462	2377679	30031	85213	924847	18726	44590
安康市	Ankang	7078196	834255	145994	1076056	221416	511	118917	456386	178559	16520
商洛市	Shangluo	7510569	690502	481591	1393753	362510	17711	81458	487353	175673	22200
杨凌示范区	Yangling	1410142	35510		452676	235515	32018	52505	98240	17500	13106
不分地区	Not Classified by Region	19886563		8075795	5437	318505	202204		9264733		

6-19 续表 continued

单位：万元 (10 000 yuan)

地区	Region	金融业 Financial Intermediation	房地产业 Real Estate	租赁和商务服务业 Leasing and Business Services	科学研究技术服务和地质勘查业 Scientific Research, Technical Services, and Geological Prospecting	水利环境和公共设施管理业 Management of Water Conservancy, Environment and Public Facilities	居民服务和其他服务业 Services Households and Other Services	教育 Education	卫生社会保障和社会福利业 Health, Social Securities and Social Welfare	文化体育和娱乐业 Culture, Sports and Entertainment	公共管理和社会组织 Public Management and Social Organization
全省	**Shaanxi**	**144159**	**44654061**	**1702306**	**1918042**	**30088501**	**821299**	**2993108**	**2434679**	**2735826**	**3064515**
西安市	Xi'an	69705	23488102	450814	336163	4760403	123465	887191	744274	364678	231647
铜川市	Tongchuan	1300	567182	2100	33545	703940	22701	69616	58701	15495	28628
宝鸡市	Baoji	25924	2945519	242877	376949	4355063	261597	427807	384127	313324	416616
咸阳市	Xianyang	5522	4605467	527116	750993	5703805	53409	334613	443583	962613	128555
渭南市	Weinan	10389	3475627	95370	239691	3755171	203150	369167	331860	540147	715633
#韩城市	Hancheng		551418	4000	22979	673693	11080	55534	41523	123567	1315
延安市	Yan'an	11080	2113196	111154	65464	2414368	34130	164623	54428	211408	687047
汉中市	Hanzhong	4187	2112567	98173	12747	2619512	43931	168299	152944	49242	417494
榆林市	Yulin	10561	1407402	73955	28720	734805	10748	196254	59054	71864	135444
安康市	Ankang	5491	2357352	23545	26839	1212222	10456	142261	119114	95153	37149
商洛市	Shangluo		1390219	62927	44363	1661496	35743	168677	72983	109313	252097
杨凌示范区	Yangling		191428	14275	2568	147827	21969	64600	13611	2589	14205
不分地区	Not Classified by Region					2019889					

6-20 各市(区)工业投资(2015年)
Investment of Industry by City(District) (2015)

单位：万元 (10 000 yuan)

地 区	Region	投资额 Investment	# 改建和技术改造 Reconstruction and Technical Transformation
全 省	**Shaanxi**	**63328864**	**3189244**
西安市	Xi'an	10794500	407220
铜川市	Tongchuan	1240028	95928
宝鸡市	Baoji	8526486	911576
咸阳市	Xianyang	9766585	211599
渭南市	Weinan	4929937	649315
# 韩城市	Hancheng	1182078	358001
延安市	Yan'an	6268382	149123
汉中市	Hanzhong	1889281	354255
榆林市	Yulin	7144417	111293
安康市	Ankang	1443466	43811
商洛市	Shangluo	2237854	92932
杨凌示范区	Yangling	688191	88202
不分地区	Not Classified by Region	8399737	73990

6-21 各市(区)按登记注册类型分的固定资产投资(2015年)
Investment by Registration Status and City (District)(2015)

单位：万元 (10 000 yuan)

地 区	Region	合 计 Total	内 资 Domestic	国 有 State-owned	集 体 Collective-owned	其 他 Other	港澳台商投资 Funds from Hong Kong, Macao and Taiwan	外商投资 Foreign Investment	个体经营 Self-Employed Individual
全 省	**Shaanxi**	**173323630**	**168599178**	**89089833**	**6271813**	**73237532**	**474560**	**3794353**	**455539**
西安市	Xi'an	30993131	27416484	15311190	1169386	10935908	118057	3444430	14160
铜川市	Tongchuan	3192416	3180248	1486987	105702	1587559	3000		9168
宝鸡市	Baoji	24483735	24164106	8137198	2003969	14022939	115965	72344	131320
咸阳市	Xianyang	28000326	27878015	10473454	438897	16965664	49409	52550	20352
渭南市	Weinan	18808908	18499212	8444153	983029	9072030	29945	32975	246776
# 韩城市	Hancheng	2935001	2895741	1493513	130961	1271267		28200	11060
延安市	Yan'an	13414230	13367057	12017610	193410	1156037	18620	28483	70
汉中市	Hanzhong	8620746	8486692	4019517	714574	3752601	69761	43550	20743
榆林市	Yulin	10866836	10759150	6057015	292479	4409656	18408	86748	2530
安康市	Ankang	6423176	6380738	3353556	2940	3024242	22695	10643	9100
商洛市	Shangluo	7317082	7287062	4062723	360102	2864237	28700		1320
杨凌示范区	Yangling	1316481	1293851	709730	7325	576796		22630	
不分地区	Not Classified by Region	19886563	19886563	15016700		4869863			

注：本表不含房地产开发投资。

a) Data in this table do not include those of real estate development.

6-22 各市(区)按隶属关系分的固定资产投资(2015年)
Investment in Urban Area by Jurisdiction of Management and City (District)(2015)

单位：万元 (10 000 yuan)

地区	Region	总计 Total	# 地方 Local	省 Province	市 City	县 County	其他 Others
全　省	**Shaanxi**	**173323630**	**158229761**	**21034998**	**14485145**	**59104574**	**63605044**
西安市	Xi'an	30993131	29006099	1178131	6436437	8720151	12671380
铜川市	Tongchuan	3192416	3029330	411017	326584	1145909	1145820
宝鸡市	Baoji	24483735	24193887	1017850	1124536	7546749	14504752
咸阳市	Xianyang	28000326	27811051	3619524	1107935	9600730	13482862
渭南市	Weinan	18808908	18433773	440051	1113306	9033276	7847140
# 韩城市	Hancheng	2935001	2838880	166195	504114	1485571	683000
延安市	Yan'an	13414230	13409430	3031318	1698261	8148571	531280
汉中市	Hanzhong	8620746	8410984	299375	434669	3082855	4594085
榆林市	Yulin	10866836	10211112	2139421	1530694	4021455	2519542
安康市	Ankang	6423176	6384121	77677	261367	3244018	2801059
商洛市	Shangluo	7317082	7294039	79116	381180	4450374	2383369
杨凌示范区	Yangling	1316481	1308785	4368	70176	110486	1123755
不分地区	Not Classified by Region	19886563	8737150	8737150			

注：本表不含房地产开发投资。下表同。
a) Data in this table do not include those of real estate development. The same applies to the table following.

6-23 各市(区)能源工业投资(2015年)
Investment in Energy Industry by City(District)(2015)

单位：万元 (10 000 yuan)

地区	Region	能源工业投资 Energy Industry	煤炭开采及洗选业 Mining and Washing of Coal	石油和天然气开采业 Extraction of Petroleum and Natural Gas	石油加工、炼焦及核燃料加工业 Processing of Petroleum,Coking, Processing of Nuclear Fuel	电力、热力的生产和供应业 Production and Distribution of Electricity and Heat
全　省	**Shaanxi**	**24150179**	**8472266**	**8150981**	**1342601**	**6184331**
西安市	Xi'an	763324			3267	760057
铜川市	Tongchuan	407177	132890	76853	435	196999
宝鸡市	Baoji	994621	391054		39627	563940
咸阳市	Xianyang	1171085	398679	90583	264477	417346
渭南市	Weinan	1393522	567356	64244	125291	636631
# 韩城市	Hancheng	679150	416591	63000	124091	75468
延安市	Yan'an	4785839	244714	3800636	365473	375016
汉中市	Hanzhong	141104	12036			129068
榆林市	Yulin	5421405	2039842	705092	544031	2132440
安康市	Ankang	160355	11593			148762
商洛市	Shangluo	281932	11880			270052
杨凌示范区	Yangling	235515				235515
不分地区	Not Classified by Region	8394300	4662222	3413573		318505

6-24 各市(区)按构成分的固定资产投资（2015年）
Investment by Use of Funds and City(District)(2015)

单位：万元 (10 000 yuan)

地 区	Region	总 计 Total	建筑工程 Construction	安装工程 Installation	设备工具器具购置 Purchase of Equipment and Instruments	其他费用 Others	# 建设用地费 Construction Land Fee
全 省	**Shaanxi**	**173323630**	**118346698**	**17964609**	**25694749**	**11317574**	**4987747**
西 安 市	Xi'an	30993131	22239166	1853579	4789538	2110848	1566959
铜 川 市	Tongchuan	3192416	2229628	255173	610555	97060	21126
宝 鸡 市	Baoji	24483735	13397194	2318345	7130359	1637837	432128
咸 阳 市	Xianyang	28000326	19725349	2201955	4825381	1247641	805117
渭 南 市	Weinan	18808908	13856037	1588032	1863221	1501618	724174
# 韩城市	Hancheng	2935001	1641731	392951	422915	477404	135342
延 安 市	Yan'an	13414230	9772102	1440682	795689	1405757	217797
汉 中 市	Hanzhong	8620746	6044206	446348	807935	1322257	629737
榆 林 市	Yulin	10866836	6100425	1661871	2417863	686677	271356
安 康 市	Ankang	6423176	5575214	339101	222245	286616	77788
商 洛 市	Shangluo	7317082	6108205	304090	656518	248269	170142
杨凌示范区	Yangling	1316481	774100	99146	406250	36985	31423
不分地区	Not Classified by Region	19886563	12525072	5456287	1169195	736009	40000

注：本表不含房地产开发投资。下表同。
a) Data in this table do not include those of real estate development. The same applies to the table following.

6-25 各市(区)按建设性质分的固定资产投资(2015年)
Investment by Type of Construction and City(District)(2015)

单位：万元 (10 000 yuan)

地 区	Region	总 计 Total	新 建 New Construction	扩 建 Expansion	改建和技改 Reconstruction and Technological Transformation	单纯建造生活设施 Construction of Living Facilities	迁 建 Removal Construction	恢 复 Reestablishment	单纯购置 Purchase of Equipment
全 省	**Shaanxi**	**173323630**	**138109245**	**19255405**	**7825899**	**976355**	**564953**	**143869**	**6447904**
西 安 市	Xi'an	30993131	25125745	1017226	1439734	515834	97253		2797339
铜 川 市	Tongchuan	3192416	2854725	48227	206229		2581		80654
宝 鸡 市	Baoji	24483735	17383480	2154784	1814741	14120	44543	1450	3070617
咸 阳 市	Xianyang	28000326	24485807	2334174	498848	265027	128247	825	287398
渭 南 市	Weinan	18808908	15963930	1379554	1209986	123876	68303	20500	42759
# 韩城市	Hancheng	2935001	2258219	86825	461746	54268	31735	12500	29708
延 安 市	Yan'an	13414230	10619069	2324397	316159	41470	40121	48403	24611
汉 中 市	Hanzhong	8620746	6513337	320525	1560562	11028	138590	22938	53766
榆 林 市	Yulin	10866836	10460966	236074	151806	2500	4300	1460	9730
安 康 市	Ankang	6423176	6087356	117344	191242	2500	700	16750	7284
商 洛 市	Shangluo	7317082	6273060	828851	146152		36750	31543	726
杨凌示范区	Yangling	1316481	1146757	38089	94052		3565		34018
不分地区	Not Classified by Region	19886563	11195013	8456160	196388				39002

6-26 各市(区)固定资产投资施工、投产项目个数及新增固定资产(2015年)

Number of Investment Projects under Construction and Put into Use and Newly Increased Fixed Assets by City(District)(2015)

地　区	Region	施工项目 (个) Number of Project under Construction (unit)	全部建成投产项目 (个) Number of Project Completed and Put into Use (unit)	施工项目计划总投资 (万元) Total Investment Planned under Construction (10 000 yuan)	本年完成投资额 (万元) Investment Completed This Year (10 000 yuan)	本年新增固定资产 (万元) Newly Increased Fixed Assets of This Year (10 000 yuan)	固定资产交付使用率 (%) Rate of Projects of Fixed Assets Completed and Put into Use (%)
全　省	**Shaanxi**	**21739**	**16232**	**393656250**	**173323630**	**118761310**	**68.5**
西安市	Xi'an	2037	1243	86512905	30993131	17138000	55.3
铜川市	Tongchuan	751	569	6706792	3192416	2448451	76.7
宝鸡市	Baoji	5197	4722	30974999	24483735	20701497	84.6
咸阳市	Xianyang	2840	1946	65245609	28000326	22819701	81.5
渭南市	Weinan	2957	2430	29243150	18808908	14798296	78.7
#韩城市	Hancheng	647	512	4978016	2935001	2527317	86.1
延安市	Yan'an	1556	1067	22796409	13414230	10600542	79.0
汉中市	Hanzhong	1974	1358	15722408	8620746	6871881	79.7
榆林市	Yulin	1079	728	58376674	10866836	7166317	65.9
安康市	Ankang	1865	1291	13685051	6423176	5839487	90.9
商洛市	Shangluo	1129	698	20048417	7317082	4844982	66.2
杨凌示范区	Yangling	244	155	3361103	1316481	599770	45.6
不分地区	Not Classified by Regior	110	25	40982733	19886563	4932386	24.8

注：本表不含房地产开发投资。下表同。

a) Data in this table do not include those of real estate development. The same applies to the table following.

6-27 各市(区)固定资产投资房屋建筑面积(2015年)

Floor Space and Cost of Buildings in Investment by City(District)(2015)

地　区	Region	本年施工房屋面积 (万平方米) Floor Space of Buildings under Construction This Year (10 000 sq.m)	#住宅 Residential Buildings	本年竣工房屋面积 (万平方米) Floor Space of Buildings Completed this Year (10 000 sq.m)	#住宅 Residential Buildings
全　省	**Shaanxi**	**104886147**	**36641483**	**30985536**	**14256323**
西安市	Xi'an	29326849	6226027	1323583	594714
铜川市	Tongchuan	1198616	111917	140138	100547
宝鸡市	Baoji	12792487	2904392	6247899	2020991
咸阳市	Xianyang	20930482	7342500	7108353	2342307
渭南市	Weinan	10450511	2836946	3438362	1370208
#韩城市	Hancheng	3266474	1418861	1485488	662063
延安市	Yan'an	4822451	3511570	1427963	1154568
汉中市	Hanzhong	11121315	7917775	4087657	2546639
榆林市	Yulin	251852	10550	17232	
安康市	Ankang	10742778	5642721	6595554	4126149
商洛市	Shangluo	1919779	137085	598795	200
杨凌示范区	Yangling	1329027			
不分地区	Not Classified by Regioı				

6-28 房地产开发投资主要指标及构成(2015年)
Main Indicators and Composition of Investment for Real Estate Development(2015)

指标	Item	房地产开发 Real Estate Development	# 地方 Local Governments	# 省属 Provincial Owned
一、企业(单位)个数 (个)	Number of Enterprises (unit)	2070	2045	57
二、本年完成投资 (万元)	Investment Completed This Year (10 000 yuan)	24942850	24392231	785127
# 配套工程投资	Investment of Related Project			
1.按隶属关系分	Group by Jurisdiction of Management			
中 央	Central	550619		
地 方	Local	24392231	24392231	785127
# 市县属	City and County Level	23607104	23607104	
2.按构成分	By Composition of Funds			
建筑工程	Construction	18643826	18245969	594669
安装工程	Installation	2892740	2867362	122752
设备工器具购置	Purchase of Equipment and Instruments	245741	244379	7668
其他费用	Others	3160543	3034521	60038
# 旧建筑物购置费	Purchase of Used Buildings	68722	68722	987
土地购置费	Total Value of Land Purchased	2267629	2213775	30804
3.按工程用途分	By Use of Projects			
住 宅	Residential Buildings	18278046	17857187	635112
# 别墅、高档公寓	Villas,High-grade Apartments	288493	288493	
办公楼	Office Buildings	1609470	1583114	42211
商业营业用房	Houses for Business Use	3467013	3440120	67086
其 他	Others	1588321	1511810	40718
三、本年新增固定资产(万元)	Newly Increased Fixed Assets of This Year (10 000 yuan)	5283394	5201799	180288
四、房屋建筑面积及竣工价值	Floor Space of Buildings Completed and Value of Buildings Completed			
施工面积 (万平方米)	Floor Space of Buildings under Construction (10 000 sq.m)	20752.16	20353.89	795.87
# 住 宅	Residential Buildings	15558.06	15264.31	622.38
竣工面积 (万平方米)	Floor Space of Buildings Completed (10 000 sq.m)	1681.50	1624.28	112.87
# 住 宅	Residential Buildings	1351.57	1303.48	102.81
竣工价值 (亿元)	Value of Buildings Completed (100 million yuan)	463.65	455.53	17.93
# 住 宅	Residential Buildings	359.35	352.50	16.35

6-28 续表 continued

指 标	Item	内 资 Domestic Funded	国 有 State-owned	集 体 Collective-owned	其 它 Others	港澳台投资 Funds from Hong Kong, Macao and Taiwan	外商投资 Foreign Funded
一、企业(单位)个数 (个)	Number of Enterprises (unit)	2030	122	15	1893	22	18
二、本年完成投资 (万元)	Investment Completed This Year (10 000 yuan)	23813458	2101496	318625	21393337	606665	522727
# 配套工程投资	Investment of Related Project						
1.按隶属关系分	Group by Jurisdiction of Management						
中 央	Central	550619	207620	83651	259348		
地 方	Local	23262839	1893876	234974	21133989	606665	522727
# 市县属	City and County Level	22480404	1843932	234974	20401498	606665	520035
2.按构成分	By Composition of Funds						
建筑工程	Construction	17792079	1682232	244661	15865186	424354	427393
安装工程	Installation	2735027	146342	11419	2577266	77127	80586
设备工器具购置	Purchase of Equipment and Instruments	242398	15430	646	226322	570	2773
其他费用	Others	3043954	257492	61899	2724563	104614	11975
# 旧建筑物购置费	Purchase of Used Buildings	68375	573		67802	347	
土地购置费	Total Value of Land Purchased	2165765	187439	43974	1934352	101864	
3.按工程用途分	By Use of Projects						
住 宅	Residential Buildings	17382452	1680806	299805	15401841	455366	440228
# 别墅、高档公寓	Villas,High-grade Apartments	233508			233508	31192	23793
办公楼	Office Buildings	1562199	84803	115	1477281	34121	13150
商业营业用房	Houses for Business Use	3340741	173439	18205	3149097	96618	29654
其 他	Others	1528066	162448	500	1365118	20560	39695
三、本年新增固定资产(万元)	Newly Increased Fixed Assets of This Year (10 000 yuan)	5025497	315787	16758	4692952	12508	245389
四、房屋建筑面积及竣工价值	Floor Space of Buildings Completed and Value of Buildings Completed						
施工面积 (万平方米)	Floor Space of Buildings under Construction (10 000 sq.m)	19926.60	1879.55	113.31	17933.75	453.63	371.92
# 住 宅	Residential Buildings	14969.35	1529.71	104.86	13334.78	322.61	266.11
竣工面积 (万平方米)	Floor Space of Buildings Completed (10 000 sq.m)	1635.91	103.96	7.14	1524.80	4.23	41.37
# 住 宅	Residential Buildings	1314.80	97.37	7.14	1210.29	0.99	35.78
竣工价值 (亿元)	Value of Buildings Completed (100 million yuan)	438.73	28.19	1.68	408.86	1.19	23.73
# 住 宅	Residential Buildings	338.45	25.88	1.68	310.90	0.29	20.61

6-29 房地产开发投资资金来源(2015年)
Sources of Funds of Investment for Real Estate Development (2015)

单位：万元 (10 000 yuan)

指标	Item	总计 Total	内资 Domestic	国有 State-owned	集体 Collective-owned	其他 Others	港澳台投资 Funds from Hong Kong, Macao and Taiwan	外商投资 Foreign Investment
一、本年资金来源合计	Total of Sources of Funds This Year	35969522	33263850	2945495	370571	29947784	1261324	1444348
1.上年末结余资金	Funds of Last Year-end	7819433	6649901	545180	62655	6042066	308004	861528
2.本年资金来源小计	Subtotal of Sources of Funds This Year	28150089	26613949	2400315	307916	23905718	953320	582820
国内贷款	Domestic Loans	3728170	3579570	389332	29350	3160888	107300	41300
#银行贷款	Loans from Bank	3029736	2881136	384255	29350	2467531	107300	41300
非银行金融机构贷款	Loans from Non-bank	698434	698434	5077		693357		
利用外资	Foreign Investment	63200					63200	
#外商直接投资	Foreign Direct Investment	63200					63200	
自筹资金	Self-raising Funds	14050584	13692205	1283532	205364	12203309	318585	39794
#自有资金	Self-owned Funds	5848118	5592804	581377	138141	4873286	219122	36192
其他资金来源	Others	10308135	9342174	727451	73202	8541521	464235	501726
#定金及预收款	Booked and Prepayed Money	5486161	5068881	404184	705	4663992	176241	241039
个人按揭贷款	Individual Credit	2994479	2541885	118261	4702	2418922	205860	246734
二、本年各项应付款合计	Total Payment of this year	7479469	7293662	614879	131929	6546854	87406	98401
#工程款	Project Payment	4233314	4159216	385674	89229	3684313	28897	45201

6-30 各市(区)房地产开发投资和新增固定资产(2015年)
Investment for Real Estate Development and Newly Increased Fixed Assets by City(District)(2015)

单位：万元 (10 000 yuan)

地区	Region	计划总投资 Total Investment Planed	自开始建设至本年底累计完成投资 Accumulative Investment Actually Completed Since Start of Construction up to the end of This Year	本年完成投资 Investment Completed This Year	本年新增固定资产 Newly Increased Fixed Assets of This Year
全省	**Shaanxi**	**146317950**	**89164840**	**24942850**	**5283394**
西安市	Xi'an	109590075	66079897	18316688	3359124
铜川市	Tongchuan	1846716	1239662	283040	92811
宝鸡市	Baoji	5520130	3379037	947798	158382
咸阳市	Xianyang	8751930	5221991	1818166	177205
渭南市	Weinan	5310852	3187822	973288	231963
#韩城市	Hancheng	576654	390568	137606	34127
延安市	Yan'an	2166043	1432517	509824	183753
汉中市	Hanzhong	4095160	3135534	681975	306142
榆林市	Yulin	4277523	2434742	469903	430474
安康市	Ankang	2973393	1918411	655020	198913
商洛市	Shangluo	925302	532286	193487	17455
杨凌示范区	Yangling	860826	602941	93661	127172

6-31 各市(区)按构成和工程用途分的房地产开发投资(2015年)

Investment for Real Estate Development by Use of Funds and Projects by City(District)(2015)

单位：万元 (10 000 yuan)

地区	Region	按构成分 by Use of Founds				按工程用途分 by Use of Projects				
		建筑安装工程 Construction and Installation Projects	设备工器具购置 Purchase of Equipment and Instruments	其他费用 Others	# 土地购置费 Total Value of Land Purchased	住宅 Residential Buildings	# 别墅、高档公寓 Villas, High-grade Apartments	办公楼 Office Buildings	商业营业用房 Houses for Business Use	其他 Others
全省	**Shaanxi**	**21536566**	**245741**	**3160543**	**2267629**	**18278046**	**288493**	**1609470**	**3467013**	**1588321**
西安市	Xi'an	15394364	177240	2745084	1983950	13121540	153682	1419568	2477129	1298451
铜川市	Tongchuan	247789	1983	33268	11020	170945		23635	43549	44911
宝鸡市	Baoji	865340	13949	68509	56475	726229	4217	51459	132606	37504
咸阳市	Xianyang	1745071	8703	64392	34524	1629984	80294	33629	122300	32253
渭南市	Weinan	868854	10242	94192	83651	562050		32141	339835	39262
# 韩城市	Hancheng	122536	1060	14010	13665	95939		6993	32173	2501
延安市	Yan'an	485571	752	23501	22280	424563		5301	60295	19665
汉中市	Hanzhong	599610	10411	71954	43040	509723		12110	98366	61776
榆林市	Yulin	444525	7229	18149	8515	354218	500	25118	72583	17984
安康市	Ankang	620983	8148	25889	13338	538336	48820	6044	82811	27829
商洛市	Shangluo	177917	6614	8956	7636	154862		455	33252	4918
杨凌示范区	Yangling	86542	470	6649	3200	85596	980	10	4287	3768

6-32 房地产开发面积及造价(2015年)

Floor Space and Cost of Buildings in Real Estate Development(2015)

地区	Region	施工房屋面积(万平方米) Floor Space of Buildings Construction (10 000 sq.m)	# 住宅 Residential Buildings	竣工房屋面积(万平方米) Floor Space of Buildings Completed (10 000 sq.m)	# 住宅 Residential Buildings	竣工房屋价值(亿元) Value of Buildings Completed (100 million yuan)	# 住宅 Residential Buildings	竣工房屋造价(元/平方米) Cost of Buildings Completed (yuan/sq.m)	# 住宅 Residential Buildings
全省	**Shaanxi**	**20752.16**	**15558.06**	**1681.50**	**1351.57**	**463.65**	**359.35**	**2757**	**2659**
西安市	Xi'an	13392.94	9777.23	976.64	766.58	301.86	236.66	3091	3087
铜川市	Tongchuan	511.90	383.64	37.42	37.07	9.22	9.04	2465	2438
宝鸡市	Baoji	909.00	701.11	67.52	62.71	13.91	12.72	2060	2028
咸阳市	Xianyang	1137.72	977.72	67.28	59.86	14.44	12.96	2147	2166
渭南市	Weinan	1066.98	793.37	88.54	67.54	19.29	13.78	2179	2041
# 韩城市	Hancheng	161.97	123.50	14.70	12.39	3.38	2.76	2301	2224
延安市	Yan'an	594.69	520.71	70.95	67.61	12.23	11.60	1723	1715
汉中市	Hanzhong	915.38	741.27	109.73	86.15	24.75	19.23	2256	2232
榆林市	Yulin	995.08	643.11	110.26	67.16	37.78	17.01	3427	2532
安康市	Ankang	768.31	614.01	86.00	70.06	17.25	13.54	2006	1933
商洛市	Shangluo	249.23	204.07	22.38	22.38	1.75	1.75	780	780
杨凌示范区	Yangling	210.92	201.83	44.80	44.44	11.16	11.06	2491	2490

6-33 商品房屋销售情况(2015年)
Seal of Commercialized Buildings(2015)

地 区	Region	商品房销售面积(平方米) Floor Space of Commercialized Buildings Sold(sq.m)	住宅 Residential Buildings	#别墅、公寓 Villas, High-grade Apartments	办公楼 Office Buildings	商业营业用房 Houses for Business Use	其他 Others
全 省	**Shaanxi**	**29789405**	**27179825**	**452623**	**605000**	**1490216**	**514364**
西安市	Xi'an	17636762	15840754	276556	503019	870281	422708
铜川市	Tongchuan	304682	294496	546		10186	
宝鸡市	Baoji	2623997	2491924	16000	55855	52806	23412
咸阳市	Xianyang	2254594	2154987	2664	2060	92694	4853
渭南市	Weinan	2209919	1887731		23305	285129	13754
#韩城市	Hancheng	434961	402089		22420	9272	1180
延安市	Yan'an	555822	525115		2634	24157	3916
汉中市	Hanzhong	1246949	1166204	8107	12314	45918	22513
榆林市	Yulin	520139	510445		3371	6308	15
安康市	Ankang	1272640	1210485	148750		57780	4375
商洛市	Shangluo	767214	712042		2000	34354	18818
杨凌示范区	Yangling	396687	385642		442	10603	

6-33 续表 continued

地 区	Region	商品房销售额(万元) Total Sale of Commercialized Buildings (10 000 yuan)	住宅 Residential Buildings	#别墅、公寓 Villas, High-grade Apartments	办公楼 Office Buildings	商业营业用房 Houses for Business Use	其他 Others
全 省	**Shaanxi**	**15974351**	**13812698**	**320917**	**537651**	**1372329**	**251673**
西安市	Xi'an	11467912	9853452	260983	490403	910344	213713
铜川市	Tongchuan	85642	82085	100		3557	
宝鸡市	Baoji	954907	897257	8000	21506	25277	10867
咸阳市	Xianyang	1010067	918466	2783	927	88391	2283
渭南市	Weinan	777661	558989		8526	201938	8208
#韩城市	Hancheng	142752	130503		8184	3634	431
延安市	Yan'an	220523	194779		2332	22054	1358
汉中市	Hanzhong	409892	353477	3186	10185	38862	7368
榆林市	Yulin	244638	235928		2649	6045	16
安康市	Ankang	450785	393433	45865		55171	2181
商洛市	Shangluo	223920	200619		1000	16622	5679
杨凌示范区	Yangling	128404	124213		123	4068	

6-34 房地产开发经营情况(2015年)
Operating Statistics on Enterprises for Real Estate Development(2015)

单位：万元 (10 000 yuan)

地区	Region	主营业务收入 Revenue from Principal Business	土地转让收入 Land Transferred	商品房屋销售收入 Commercialized Building Sold	房屋出租收入 House Leased	其它收入 Others	主营业务成本 Operating Costs of Main Business	主营业务税金及附加 Operating Tax and Extra Charge on Main Business
全 省	**Shaanxi**	**13595851**	**45806**	**12884511**	**111624**	**553910**	**10515418**	**927646**
西安市	Xi'an	10423832	8417	9852725	80177	482514	7894964	724767
铜川市	Tongchuan	50397		47531	56	2810	54206	3053
宝鸡市	Baoji	618712	68	591001	5026	22617	534964	38329
咸阳市	Xianyang	720492	4053	701865	2863	11712	562141	51001
渭南市	Weinan	397181	75	393073	2983	1050	319507	23529
# 韩城市	Hancheng	91535		90705		830	73923	5249
延安市	Yan'an	236249	21983	208032	5352	883	201287	10753
汉中市	Hanzhong	385714	2597	377086	3572	2459	323726	29004
榆林市	Yulin	205562	2306	186752	3870	12634	189865	13463
安康市	Ankang	313369	5653	290841	6873	10003	240325	20043
商洛市	Shangluo	121554		118482	347	2725	90330	6102
杨凌示范区	Yangling	122789	653	117124	505	4506	104105	7603

6-35 房地产开发企业基本情况(2015年)
Basic Statistics on Real Estate Development Enterprises (2015)

地区	Region	开发公司个数(个) Number of Enterprises for Real Estate Development (unit)	实收资本金总计(万元) Total Capital Held (10 000 yuan)	资产总计(万元) Total Assets (10 000 yuan)	本年折旧(万元) Depreciation This Year (10 000 yuan)	负债合计(万元) Total Liabilities (10 000 yuan)	所有者权益合计(万元) Owners' Equity (10 000 yuan)	全部从业人员年平均人数(人) Average Number of Employed Persons (persons)	本年应付工资总额(万元) Total Wages This Year (10 000 yuan)
全 省	**Shaanxi**	**2070**	**10939573**	**97034157**	**113019**	**80617041**	**16417117**	**84861**	**525288**
西安市	Xi'an	859	7769259	69018051	66897	57994929	11023122	47583	369938
铜川市	Tongchuan	72	130492	1186820	1537	983929	202891	1892	7098
宝鸡市	Baoji	202	552330	6161393	13046	4585607	1575786	4982	20963
咸阳市	Xianyang	156	517923	4416652	6467	3767320	649332	7372	33886
渭南市	Weinan	135	328848	2829415	3183	2462471	366944	5896	20401
# 韩城市	Hancheng	17	35645	455557	616	420001	35556	613	2104
延安市	Yan'an	90	329941	2518946	3205	2083993	434954	3353	11008
汉中市	Hanzhong	211	359357	3286026	3722	2547227	738799	4926	23009
榆林市	Yulin	155	397000	3096159	8101	2520436	575723	3261	11818
安康市	Ankang	123	388465	3203234	5443	2578787	624447	3674	16347
商洛市	Shangluo	45	108402	549446	890	380518	168928	1305	6221
杨凌示范区	Yangling	22	57557	768015	528	711825	56190	617	4600

主要统计指标解释

全社会固定资产投资 是以货币形式表现的在一定时期内全社会建造和购置固定资产的工作量以及与此有关的费用的总称。该指标是反映固定资产投资规模、结构和发展速度的综合性指标,又是观察工程进度和考核投资效果的重要依据。全社会固定资产投资按登记注册类型可分为国有、集体、个体、联营、股份制、外商、港澳台商、其他等。

固定资产投资(不含农户) 指城镇和农村各种登记注册类型的企业、事业、行政单位及城镇个体户进行的计划总投资500万元及500万元以上的建设项目投资和房地产开发投资,包含原口径的城镇固定资产投资加上农村企事业组织项目投资,该口径自2011年起开始使用。

房地产开发投资 指各种登记注册类型的房地产开发法人单位统一开发的包括统代建、拆迁还建的住宅、厂房、仓库、饭店、宾馆、度假村、写字楼、办公楼等房屋建筑物和配套的服务设施,土地开发工程(如道路、给水、排水、供电、供热、通讯、平整场地等基础设施工程)的投资;不包括单纯的土地交易活动。

固定资产投资的资金来源 根据固定资产投资的资金来源不同,分为国家预算内资金、国内贷款、利用外资、自筹资金和其他资金。

(1)国家预算内资金:分为财政拨款和财政安排的贷款两部分。包括中央财政的基本建设基金(分经营性基金和非经营性基金两部分)、专项支出(如煤代油专项等)、收回再贷、贴息资金,财政安排的挖潜改造和新产品试制支出、城建支出、商业部门简易建筑支出、不发达地区发展基金等资金中用于固定资产投资的资金;地方财政中由国家统筹安排的资金等。

(2)国内贷款:指报告期固定资产投资单位向银行及非银行金融机构借入的用于固定资产投资的各种国内借款,包括银行利用自有资金及吸收的存款发放的贷款、上级主管部门拨入的国内贷款、国家专项贷款、地方财政专项资金安排的贷款、国内储备贷款、周转贷款等。

(3)利用外资:指报告期收到的用于固定资产建造和购置的国外资金(包括设备、材料、技术在内)。包括对外借款(外国政府、国际金融组织贷款、出口信贷、外国银行商业贷款、对外发行债券和股票)、外商直接投资及外商其他投资。不包括我国自有外汇资金(国家外汇、地方外汇、留成外汇、调剂外汇和中国银行自有资金发行的外汇贷款等)。计算利用外资时,需要折算成人民币,折算中所使用的外汇汇率按现汇计算,即按使用外汇时的汇率计算。

(4)自筹资金:指固定资产投资单位报告期收到的,由各地区、各部门及企、事业单位筹集用于固定资产投资的预算外资金,包括中央各部门、各级地方和企、事业单位的自筹资金。

(5)其他资金:指在报告期收到的除以上各种资金之外其他用于固定资产投资的资金,包括企业或金融机构通过发行各种债券筹集到的资金、群众集资、个人资金、无偿捐赠的资金及其他单位拨入的资金等。

固定资产投资按国民经济行业分 根据建设项目建成投产后的主要产品或主要用途及社会经济活动性质来确定国民经济行业。一般情况下,一个建设项目或一个企业、事业单位只能属于一种国民经济行业。

固定资产投资按隶属关系分 是按建设单位或企业、事业、行政单位的主管上级机关确定的。

(1)中央:是指中共中央、人大常委会和国务院各部、委、局、总公司以及直属机构直接领导的建设项目和企业、事业、行政单位。这些单位的固定资产投资计划由国务院各部门直接编制和下达,建设中所需物资、主要设备以及建设中的问题都由中央有关部门安排和解决。

(2)地方:是由省(自治区、直辖市)、地区(州、盟、省辖市)、县(旗、县级市)三级政府及业务主管部门直接领导和管理的建设项目、企业、事业、行政单位。地方项目还包括不隶属以上各级政府及主管部门的建设项目和企业、事业单位,如外商投资企业和无主管部门的企业等。

固定资产投资按建设性质分 根据整个建设项目情况来确定。建设项目的性质一般分为新建、扩建、改建和技术改造、迁建、恢复。房地产开发单位、农村投资、城镇工矿区私人建房投资不划分建设性质。

(1)新建:一般指从无到有开始建设的企业、事业和行政单位或建设项目。有的单位原有基础很小,经过建设后新增的固定资产价值超过该企、事业、行政单位原有固定资产价值(原值)三倍以上的也应作为新建。

(2)扩建:指在厂内或其他地点,为扩大原有产品的生产能力(或效益)或增加新的产品生产能力,而增建主要的生产车间(或主要工程)、分厂、独立的生产线。行政、事业单位在原单位增建业务用房(如学校增建教学用房、医院增建门诊部、病房等)也作为扩建。

现有企、事业单位为扩大原有主要产品生产能力或增加新的产品生产能力,增建一个或几个主要生产车间(或主要工程)、分厂,同时进行一些更新改造工程的,也应作为扩建。

(3)改建和技术改造:指现有企业、事业单位,对原有设施进行技术改造或更新(包括相应配套的辅助性生产、生活福利设施)的建设项目。现有企业、事业单位为适应市场变化的需要,而改变企业的主要产品种类(如军工企业转产民用品等)的建设项目,应作为改建。原有产品生产作业线由于各工序(车间)之间能力不平衡,为填平补齐充分发挥原有生产能力而增建不增加本企业主要产品设计能力的车间,也应作为改建。技术改造是指企业、事业单位在现有基础上,用先进的技术代替落后的技术，用先进的工艺和装备代替落后的工艺和装备，以改变企业落后的技术经济面貌，实现以内涵为主的扩大再生产，达到提高产品质量、促进产品更新换代、节约能源、降低消耗、扩大生产规模、全面提高社会经济效益的目的。技术改造具体包括以下内容：机器设备和工具的更新改造；生产工艺改革、节约能源和原材料的改造；厂房建筑和公共设施的改造；劳动条件和生产环境的改造等。

固定资产投资按构成分 固定资产投资活动按其工作内容和实现方式分为建筑安装工程，设备、工具、器具购置，其他费用三个部分。

(1)建筑安装工程(建筑安装工作量)：指各种房屋、建筑物的建造工程和各种设备、装置的安装工程。包括各种房屋建造工程；各种用途设备基础和各种工业窑炉的砌筑工程及金属结构工程；为施工而进行的各种准备工作和临时工程以及完工后的清理工作等；铁路、道路的铺设，矿井的开凿及石油管道的架设等；水利工程；防空地下建筑等特殊工程；列入房屋工程预算内的暖气、卫生、通风、照明、煤气等设备的价值及装设油饰工程；列入建筑工程预算内的各种管道(蒸汽、压缩空气、石油、给排水等管道)、电力、电讯电缆导线等的敷设工程；以及各种机械设备的安装工程；为测定安装工程质量，对设备进行的试运工作；房地产开发单位进行的商品房屋开发建设工程、土地开发工程。

在安装工程中，不包括被安装设备本身的价值。

(2)设备、工具、器具购置：指建设单位或企、事业单位购置或自制的，达到固定资产标准的设备、工具、器具的价值。新建单位及扩建单位的新建车间，按照设计或计划要求购置或自制的全部设备、工具、器具，不论是否达到固定资产标准均计入"设备、工具、器具购置"中。

(3)其他费用：指在固定资产建造和购置过程中发生的，除上述几项内容以外的各种应分摊计入固定资产的费用。

施工项目 指报告期内进行过建筑或安装施工活动的项目。凡是报告期内施过工的建设项目，不论施工时间长短，均作为施工项目统计。施工项目个数可以反映一定时期固定资产投资的实际规模，与同期全部建成投产项目个数相比，可以从建设速度的角度反映固定资产投资的效果。根据建设项目施工活动的不同性质，施工项目又分为：本年正式施工项目、本年收尾项目和以前年度全部停缓建项目。

全部建成投产项目 工业项目指设计文件规定形成生产能力的主体工程及其相应配套的辅助设施全部建成，经负荷试运转，证明具备生产设计规定合格产品的条件，并经过验收鉴定合格或达到竣工验收标准，与生产性工程配套的生活福利设施可以满足近期正常生产的需要，正式移交生产的建设项目。非工业项目指设计文件规定的主体工程和相应的配套工程全部建成，能够发挥设计规定的全部效益，经验收鉴定合格或达到竣工验收标准，正式移交使用的建设项目。

新增生产能力(或工程效益) 指通过固定资产投资活动而增加的设计能力(或工程效益)，该指标是以实物形态表现的反映固定资产投资成果的指标，也是考核投资经济效果的重要依据之一。

新增生产能力(或工程效益)一般有以下几种表现形式：

(1)用产品数量表示，以工程在单位时间内(一般是一年)所能生产的产品数量(即年产量)表示。如原煤开采用万吨／年表示，化学农药用吨／年表示，拖拉机制造用台／年表示等。某些化工产品由于含量差别较大，按其设计含量计算折合量表示，如硫酸、纯碱、烧碱等。

(2)用单位时间内所能处理的原料数量表示，以工程每天(或小时)所能处理原料的数量表示。如机制糖工程日处理原料吨，食用植物油日处理原料吨，城市污水处理能力用万吨／日表示等。

(3)用新增加的主要设备的数量或容量表示，如新增棉布织机、丝织机等台数，毛纺锭等锭数，发电厂新增发电机组容量用千瓦表示等。

(4)用建筑物容积、容量、面积、长度表示，是非工业项目或工程新增效益的一种表现形式。如铁路投产里程、新建公路、水库容量、粮食仓库、学校学生席位、医院病床、有效灌溉面积等。

根据工程的特点，有时需要用两种或两种以上的复合计量单位表示新增生产能力(或工程效益)，如新增内燃机生产能力同时用年产台数、千瓦数表示等。

为了规范新增生产能力(或工程效益)的名称和计算单位，国家统计局制订了《新增生产能力(或工程效益)目录及代码》。各固定资产投资单位在统计新增生产能力(或工程效益)时，必须按目录中规定的名称、计量单位和代码填报。

房屋建筑面积 指房屋建筑物勒脚以上外墙外围的水平截面面积，包括房屋建筑物的有效面积和结构面积。该指标是从实物形态上反映建设规模和建设成果的重要指标之一，也是检查工程形象进度、计算工程造价、分析投资效果、研究施工任务和建筑材料之间平衡情况的重要依据。

住宅建筑面积 指施工和竣工房屋建筑面积中供居住用的房屋建筑面积。

施工面积 指报告期内施工的全部房屋建筑面积。包括本期新开工的面积和上期开工跨入本期继续施工的房屋面积，以及上期已停建在本期恢复施工的房屋面积。本期竣工和本期施工后又停缓建的房屋，其建筑面积仍计入本期房屋施工面积中。

竣工面积 指在报告期内房屋建筑按照设计要求已经全部完工，达到住人和使用条件，经验收鉴定合格(或达到竣工验收标准)，正式移交使用单位的各栋房屋建筑面积的总和。

房屋建筑面积竣工率 指一定时期内房屋竣工面积占同期房屋施工面积的比率。

新增固定资产 指报告期内已经完成建造和购置过程，并已交付生产或使用单位的固定资产价值。该指标是表示固定资产投资成果的价值指标，也是反映建设进度，计算固定资产投资效果的重要指标。

项目建成投产率 指一定时期内全部建成投产项目个数与同期施工项目个数的比率。该指标是从建设单位建设速度的角度反映投资效果的指标。

固定资产交付使用率 指一定时期新增固定资产与同期完成投资额的比率。该指标是反映固定资产动用速度，衡

量建设过程中宏观投资效果的综合指标。由于新增固定资产是较长时期内形成的结果，而投资额则是当年完成的，因此，该指标一般适宜于反映较长时期内固定资产的动用情况。

商品房销售面积 指报告期内出售商品房屋的合同总面积(即双方签署的正式买卖合同中所确定的建筑面积)。由现房销售建筑面积和期房销售建筑面积两部分组成。

商品房销售额 指报告期内出售商品房屋的合同总价款(即双方签署的正式买卖合同中所确定的合同总价)。该指标与商品房销售面积同口径，由现房销售额和期房销售额两部分组成。

Explanatory Notes on Main Statistical Indicators

Total Investment in Fixed Assets in the Whole Country refers to the volume of activities in construction and purchases of fixed assets of the whole country and related fees, expressed in monetary terms during the reference period. It is a comprehensive indicator which shows the size, structure and growth of the investment in fixed assets, providing a basis for observing the progress of construction projects and evaluating results of investment. Total investment in fixed assets in the whole country includes, by type of ownership, the investment by State-owned units, collective-owned units, individuals, joint ownership units, share-holding units, as well as investments by entrepreneurs from foreign countries and from Hong Kong, Macao and Taiwan, and by other units.

Investment in Fixed Assets (Excluding Rural Households) refers to the investment in construction projects with a total planned investment of 5 million yuan and over by enterprises of various ownerships, institutions, administrative units and urban self-employed individuals, and the investment in real estate development in both urban and rural areas. Since 2011, it covers the urban investment in fixed assets under the previous statistical coverage plus project investments by rural enterprises and institutions.

Investment in Real Estate Development refers to investment by real estate development companies, commercialized buildings construction companies and other real estate development units of various types of ownership in the construction of buildings, such as residential buildings, factory buildings, warehouses, hotels, guesthouses, holiday villages, office buildings, the complementary service facilities and land development projects, such as roads, water supply, water drainage, power supply, heating supply, telecommunications, land leveling and other infrastructural projects. It does not include activities in pure land transactions.

Sources of Funds for Investment in Fixed Assets are categorized as funds from the State budget, domestic loans, foreign investment, self-raised funds, and others, depending on the sources of investment.

(1) Fund from the State budget consists of budgetary appropriation and loans from the State budget. More specifically, it includes, from the budget of the central government, capital construction fund (operation fund and non-operational fund), special expenses (e.g. expenses on substituting petroleum with coal), loans from repayment, discount fund, expenses on innovation and trial production of new products, expenses on urban construction, expenses on temporary construction from business departments, development fund for less developed areas, as well as local budgetary fund transferred from the central budget.

(2) Domestic loans refer to loans of various forms borrowed by investing units from banks and non-bank financial institutions during the reference period for the purpose of investment in fixed assets, including loans issued by banks from their self-owned funds and deposit, loans appropriated by higher authorities, special loans by government, loans arranged by local government from special funds, domestic reserve loan, and working loan.

(3) Foreign investment refers to foreign funds received during the reference period for the construction and purchase of investment in fixed assets (covering equipment, materials and technology), including foreign borrowings (loans from foreign governments and international financial institutions, export credit, commercial loans from foreign banks, issue of bonds and stocks overseas), foreign direct investment and other foreign investments. Excluded from this category is capital in foreign exchanges owned by China (foreign exchanges owned by the central and local governments, foreign exchanges retained by enterprises, foreign exchanges by enterprises through the regulating mechanism, loans in foreign exchanges issued by the Bank of China with its own fund, etc.). In calculating the utilization of foreign capital, foreign currencies are converted into Chinese Renminbi applying the current exchange rate when the foreign capitals are actually used.

(4) Self-raised funds refer to extra-budgetary funds for investment in fixed assets received during the reference period by investing units from central government ministries, local governments, enterprises and institutions, including their self-raised funds.

(5) Others refer to funds for investment in fixed assets received from sources other than those listed above, including capital raised through issuing bonds by enterprises or financial institutions, funds raised from individuals and through donations, and funds transferred from other units.

Investment in Fixed Assets by Sector The classification of construction projects by sector is determined by the major products or the purpose of the projects when they are put into production or use, and by the nature of their social economic activities. In general, one project or one enterprise or institution can only be classified into one sector.

Investment in Fixed Assets by Jurisdiction of Management refers to the classification of investment by the competent authorities under which investment is made by construction units, enterprises, institutions or administrative units.

(1) Central investment refers to the investment in projects or by enterprises, institutions or administrative units which are under the direct leadership and management of the State Council and of the national commissions, ministries, agencies and State-owned large corporations. Various ministries and departments of the State Council prepare and implement plans for investment in fixed assets by those departments, and arrange and ensure the supply of materials and key equipment required for the projects.

(2) Local investment refers to the investment in projects or by enterprises, institutions or administrative units which are under the direct leadership and management of departments under the provincial, prefecture and county governments. Also included are projects by foreign-invested enterprises and enterprises without competent managing authorities.

Investment in Fixed Assets by Type of Construction Construction projects in general can be classified, by the type of construction, into new construction, expansion, reconstruction and technical transformation, moving and restoration. However, investment by type of construction is not applied to investment by real-estate development units, investment in rural areas and private investment in housing construction in urban areas and in industrial and mining areas.

(1) New construction in general refers to construction projects, which start from scratch, of enterprises, institutions, administrative agencies. In case the size of the existing unit is quite small, and the value of newly added fixed assets is more than three times of the original value, the expansion will be considered as new construction.

(2) Expansion refers to construction of new major production workshop, branch factory or independent production line within a factory or in other locations, for the purpose of increasing the production capacity (or improving efficiency) or adding new production capacity. Newly constructed accommodation for the operation of institutions and administrative organizations (such as newly constructed buildings for teaching in schools, buildings for clinics or wards in hospitals, etc.) are also classified as expansion.

Also included in expansion are investments by existing enterprises or institutions in building major production line(s) or branch factory(ies) along with some work on innovation, for the purpose of expanding the production capacity of original products or producing new products.

(3) Reconstruction and technical transformation refers to construction projects by existing enterprises or institutions in innovation or technical transformation of the old facilities (including auxiliary production equipment and welfare facilities). Also considered as reconstruction is the construction of new workshops by the existing enterprises or institutions to change the variety of products to meet the market demand (such as the production of civil products by defence industries), or to bring the designed production capacity into full play through a more balanced production process on production lines. Technical transformation refers to replacement of old technology or equipment by new technology or equipment, in order to expand the reproduction through improvement of technology contents in production, to improve product quality, to promote new products, to save energy, to reduce consumption, to expand the production scale and to improve overall social-economic efficiency. Contents of technical transformation include: updating of machinery, equipment and tools; reforming production process by using energy or materials saving technology; construction of factory workshops and transformation of public facilities; improvement of working conditions and environment, etc.

Investment in Fixed Assets by Structure By their contents and the mode of implementation, investment activities are classified into 3 categories, i.e. construction and installation, purchase of equipment and instrument, and other expenses.

(1) Construction and installation (work volume of construction and installation) refers to the construction of houses and buildings and the installation of various kinds of equipment and instruments. They include construction of houses; equipment foundations, industrial kilns and stoves, and metal structure work; preparation works and temporary works for project construction, and clearing up works post project construction; pavement of railways and roads, drilling of mines and putting up of oil pipes; construction of water conservancy; construction of underground air-raid shelters and construction of other special projects; value of equipment for heating, sanitation, ventilation, lighting, gas, painting, etc. that are covered by the budget of housing projects; laying out of various pipelines (for steam, compressed air, petroleum, tap water and sewage) and wiring and cabling for electric power and for communications; installation of various machinery and equipment; testing operation for pre-testing the quality of installation projects, and land and other development work conducted by real estate developers for commercialized housing. The value of equipment installed is itself not included in the value of installation projects.

(2) Purchase of equipment and instruments refers to the total value of equipment, tools, and instruments purchased or self-produced which come up to the cut-off point for fixed assets by the construction units or investing enterprises or institutions. Equipment, tools and instruments purchased or self-produced for new workshops by newly established or expanded units are categorized as "purchase of equipment and instruments" no matter whether they come up to the cut-off point for fixed assets.

(3) Other expenses refer to expenses arising during the construction or purchase of fixed assets other than those mentioned above.

Projects under Construction refer to projects with construction and installation activities undertaken in the reference period. All projects that have construction activities undertaken during the reference period are reported as projects under construction irrespective of the length of construction work. The number of projects under construction can reflect the actual size of investment in fixed assets during a given period, and when compared with the number of projects completed and put into use during the same period, it demonstrates the results of investment in fixed assets from the angle of the speed of the construction. Depending on the nature of construction activities, projects under construction can also be classified into projects beginning construction in current year, winding-up projects in current year and stopped or suspended projects in previous years (with resumption of work in current year).

Projects Completed and Put into Use Industrial projects refer to the major projects and anxilliary facilities having been completed in accordance with the design documents, resulting in forming production capacity and having checked and accepted after relevant tests, while the living and welfare facilities having been completed and being capable of ensuring normal production. Non-industrial projects refer to the major projects and anxilliary facilities which have been completed in accordance with the design documents; have been checked, accepted after relevant examination; and have been formally delivered for use.

Newly Increased Production Capacity (or Project Efficiency) refers to the increase in design capacity (or project efficiency) through investment in fixed assets, which reflects the accomplishment of investment in fixed assets in physical form and serves as an important basis for evaluating the economic efficiency of investment.

The newly increased production capacity (project efficiency) are usually expressed in one of the following forms:

(1) Volume of output of products, i.e. the volume of output that the project can produce during a given period (usually a year). For instance, the capacity in coal mining is expressed in 10,000 tons/year, the capacity in producing chemical pesticides expressed in ton/year, the capacity in producing tractors in tractor/year, etc. For some chemical products where the effective contents differ significantly, the production capacity is expressed as the designed effective content equivalent, such as in the case of sulphuric acid, soda ash, caustic soda, etc;

(2) Volume of raw materials processed per unit of time, i.e. the volume of raw materials that could be processed by the project per day (or per hour), such as tons of materials processed per day by a sugar refining project or edible vegetable oil project, or tons of urban sewage processed per day;

(3) Number or capacity of major equipment increased, such as number of cotton or silk looms increased, wool spindles increased, or capacity (in kilowatts) of power generators increased; and

(4) Physical measures (volume, capacity, area, and length) of construction, which is typical for non-industrial projects, for instance, the length of railways put into operation, the length of highways, the capacity of reservoirs, the capacity of warehouses, the floor space of housing projects, capacity for new students in schools or beds in hospitals, areas under new irrigation project, etc.

The special features of projects may sometimes call for the combined use of two or more measurements to reflect the increase in production capacity (or project efficiency); for instance, the new capacity for the production of internal combustion engines is expressed in sets per year and kilowatts per year simultaneously.

To standardize the nomenclature and unit of measurement for newly increased production capacity (or project efficiency), the National Bureau of Statistics has developed the *Nomenclature and Codes for New Production Capacity (Project Efficiency)*. All reporting units with investment activities are required to follow these two nomenclatures in reporting statistics on new production capacity (project efficiency).

Floor Space of Buildings under Construction refers to the total floor space of the horizontal section of outer walls above the plinth of the building, including the effective area and the area occupied by the structure. This indicator is one of the important indicators in physical terms to reflect the scale and accomplishment of the construction industry and also an important basis for monitoring the progress, calculating the cost, analyzing the efficiency and studying the supply of building materials in relation to the construction projects.

Floor Space of Residential Buildings refers to the floor space of the residential buildings among the total space of buildings under construction or completed.

Floor Space under Construction refers to total floor space of all buildings under construction during the reference period, including floor space of newly started buildings during the reference period, floor space of construction extended from the previous period to the current period, and floor space of construction suspended during the previous period and resumed in the current period. Floor space of construction completed in the current period, and floor space of construction started and then suspended in the current period are also included in the floor space under construction of the current year.

Floor Space Completed refers to the floor space of all buildings completed in the reference period, which have been appraised and accepted (or come up to the designed standards) and have been transferred to owner units.

Completion Rate of Floor Space of Buildings refers to the ratio of the floor space of buildings completed in a certain period of time to the floor space of buildings under construction in the same period.

Newly Increased Fixed Assets refer to the newly increased value of fixed assets, constructed or purchased, that have been transferred to the investors. This is an indicator that demonstrates the results of investment in fixed assets in monetary terms, and an important indicator to reflect the speed of construction and to calculate the efficiency of investment.

Rate of Construction Projects Completed and Put into Use refers to the ratio of the number of construction projects completed and put into use in a certain period of time to the number of projects under construction in the same period. This reflects the investment efficiency from the perspective of the speed of projects construction.

Rate of Projects of Fixed Assets Completed and Put into Operation refers to the ratio of the newly increased fixed assets to the total investment made in the same period. This is a comprehensive indicator reflecting the speed of the employment of fixed assets and the investment efficiency at the macro-level. As the newly increase fixed assets is the result of a long period while the investment is completed in the current year, this indicator is expected to be used to reflect the employment of fixed assets over a long period of time.

Area of Commercialized Housing Sold refers to total contracted area of commercialized housing (i.e. area of floor space as designated in the formal contracts signed by both sides) during the reference time. It constitutes floor space of completed housing and floor space of future housing.

Value of Commercialized Housing Sold refers to the total contracted value (i.e. value of sales/purchase for selling/purchase of commercialized housing as designated in the contract signed by both sides) during the reference time. This indicator has the same coverage as the area of commercialized housing sold, which constitutes floor space of completed housing and floor space of housing yet to be completed.

七、能　源

资料整理：蔡军辉

简 要 说 明

一、本篇资料反映陕西能源生产、消费和能耗水平等情况。主要内容有能源生产、消费及品种构成，能源生产和消费弹性系数，分行业、分主要能源品种的消费量，能源加工转换效率及生活用能源消费量、单位生产总值能耗等指标。

二、关于数据口径与计算的说明:

1. 能源生产与消费弹性系数分别以能源生产、消费增长速度与地区生产总值增长速度相比求得。

2. 能源平衡表中，进口量和出口量采用海关统计数据，电力折算标准煤系数按平均发电煤耗计算。

3. 能源加工转换效率表中的电力折算标准煤系数采用当量值计算，每千瓦小时折0.1229千克标准煤。

4. GDP和工业增加值按不变价格计算。

Brief Introduction

Ⅰ. This chapter reflects the energy production, consumption and efficiency of Shaanxi Province, mainly including energy production, consumption and composition, elasticity ratio of energy production and consumption, consumption of energy by sector and by types of energy, efficiency of energy processing and conversion and the consumption of energy for non-production uses, energy consumption of unit gross domestic product.

Ⅱ. Data coverage and calculation:

1. The elasticity ratio of energy production is calculated as the quotient of the growth rate of energy production divided by the growth rate of GDP; and the elasticity ratio of energy consumption is calculated as the quotient of the growth rate of energy consumption divided by the growth rate of GDP.

2. In the energy balance sheet, the data on the imports and exports are data from the customs statistics. The ratio for converting electric power into the standard coal equivalent is calculated according to the average consumption of coal for generating electricity.

3. In the table on the efficiency of energy conversion, the ratio for converting electric power into the standard coal equivalent is calculated on the basis of heat value equivalent. One kilowatt is equal to 0.1229 kg SCE.

4. Gross domestic product and industrial value-added are calculated at constant price.

7.能　源

2015 年全省			
能源生产总量	48491.24	万吨标准煤（等价值）	比上年增长 3.2%
能源消费总量	11715.85	万吨标准煤（等价值）	比上年增长 4.4%
平均每天消费能源	32.10	万吨标准煤	
#原　煤	66.60	万　吨	
原　油	5.76	万　吨	
天然气	2218	万立方米	
电　力	33472	万千瓦小时	

能源生产总量构成
（2015年）

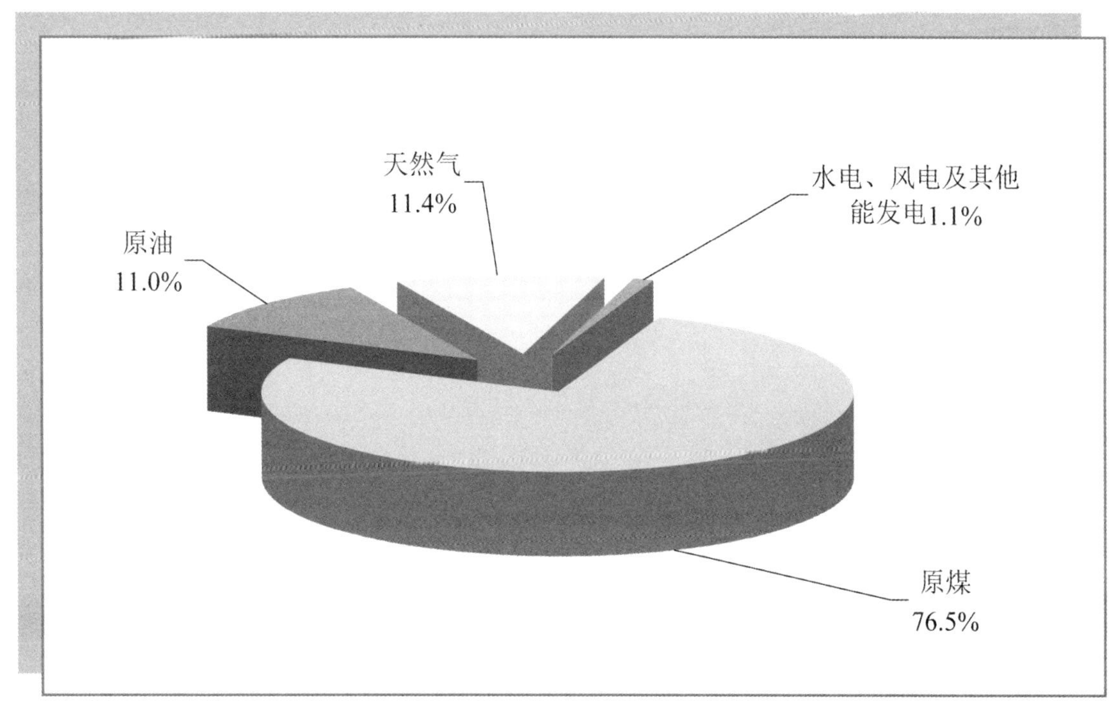

7-1 能源生产、消费总量及构成
Total Production and Consumption of Energy and Its Composition

指　标	Item	2010		2011		2012	
		当量值 Equivalent Weight	等价值 Equivalent Value	当量值 Equivalent Weight	等价值 Equivalent Value	当量值 Equivalent Weight	等价值 Equivalent Value
能源生产总量（万吨标准煤）	**Total Energy Production (10 000 tons of SCE)**	**31673.56**	**31845.63**	**36328.31**	**36500.59**	**40995.50**	**41168.40**
原　煤	Coal	24370.38	24370.38	27991.63	27991.63	31847.45	31847.45
原　油	Crude Oil	4310.49	4310.49	4607.83	4607.83	5039.48	5039.48
天然气	Natural Gas	2885.46	2885.46	3620.42	3620.42	3998.94	3998.94
水电、风电及其他能发电	Hydro-power, Wind Power and Others	107.23	279.30	108.43	280.71	109.63	282.53
能源生产构成（%）	**Energy Production Composition (%)**	**100.00**	**100.00**	**100.00**	**100.00**	**100.00**	**100.00**
原　煤	Coal	76.94	76.53	77.46	77.10	77.69	77.36
原　油	Crude Oil	13.61	13.54	12.46	12.40	12.29	12.24
天然气	Natural Gas	9.11	9.06	9.79	9.74	9.75	9.71
水电、风电及其他能发电	Hydro-power, Wind Power and Others	0.34	0.88	0.29	0.76	0.27	0.69
能源消费总量（万吨标准煤）	**Total Energy Consumption (10 000 tons of SCE)**	**8643.63**	**8287.63**	**9475.12**	**9107.48**	**10301.84**	**9914.53**
煤　品	Coal	6373.02	5844.95	7102.52	6562.60	7816.19	7255.99
油　品	Crude Oil	1421.13	1421.13	1444.03	1444.03	1571.34	1571.34
天然气	Natural Gas	742.26	742.26	820.15	820.15	804.67	804.67
水电、风电及其他能发电	Hydro-power, Wind Power and Others	107.23	279.30	108.43	280.71	109.63	282.53
能源消费构成（%）	**Energy Consumption Composition (%)**	**100.00**	**100.00**	**100.00**	**100.00**	**100.00**	**100.00**
煤　品	Coal	73.73	70.53	74.96	72.06	75.87	73.19
油　品	Crude Oil	16.44	17.15	15.24	15.86	15.25	15.85
天然气	Natural Gas	8.59	8.96	8.66	9.01	7.81	8.12
水电、风电及其他能发电	Hydro-power, Wind Power and Others	1.24	3.37	1.14	3.08	1.06	2.85

注：1.当量值指电力按自身的热功当量换算成标准煤，等价值指电力按当年平均火力发电煤耗换算成标准煤。
2.2010-2013年数据根据第三次经济普查结果进行了调整。

a) The equivalent weight refers to the value that electric power converts to standard coal by its heat equivalent, equivalent value refers to the value of average standard coal consumption by thermal power in the current year.

b) Adjustment has been done for the data of 2010-2013, due to the 3rd Economic Census.

7-1 续表 continued

指 标	Item	2013		2014		2015	
		当量值 Equivalent Weight	等价值 Equivalent Value	当量值 Equivalent Weight	等价值 Equivalent Value	当量值 Equivalent Weight	等价值 Equivalent Value
能源生产总量 （万吨标准煤）	**Total Energy Production (10 000 tons of SCE)**	**44200.01**	**44431.03**	**46733.83**	**46981.85**	**48168.61**	**48491.24**
原 煤	Coal	33997.02	33997.02	35736.98	35736.98	37088.81	37088.81
原 油	Crude Oil	5268.73	5268.73	5382.69	5382.69	5338.29	5338.29
天然气	Natural Gas	4786.41	4786.41	5454.46	5454.46	5531.69	5531.69
水电、风电及其他能发电	Hydro-power,Wind Power and Others	147.85	378.87	159.70	407.72	209.81	532.44
能源生产构成 （%）	**Energy Production Composition (%)**	**100.00**	**100.00**	**100.00**	**100.00**	**100.00**	**100.00**
原 煤	Coal	76.92	76.52	76.47	76.07	77.00	76.49
原 油	Crude Oil	11.92	11.86	11.52	11.46	11.08	11.01
天然气	Natural Gas	10.83	10.77	11.67	11.61	11.48	11.41
水电、风电及其他能发电	Hydro-power,Wind Power and Others	0.33	0.85	0.34	0.87	0.44	1.10
能源消费总量 （万吨标准煤）	**Total Energy Consumption (10 000 tons of SCE)**	**11070.39**	**10610.48**	**11728.08**	**11222.46**	**12151.73**	**11715.85**
煤 品	Coal	8362.78	7671.85	8879.56	8125.91	9279.43	8520.92
油 品	Crude Oil	1652.66	1652.66	1690.24	1690.24	1552.57	1552.57
天然气	Natural Gas	907.10	907.10	998.58	998.58	1109.91	1109.91
水电、风电及其他能发电	Hydro-power,Wind Power and Others	147.85	378.87	159.70	407.72	209.81	532.44
能源消费构成 （%）	**Energy Consumption Composition (%)**	**100.00**	**100.00**	**100.00**	**100.00**	**100.00**	**100.00**
煤 品	Coal	75.54	72.30	75.71	72.41	76.36	72.73
油 品	Crude Oil	14.93	15.58	14.41	15.06	12.78	13.25
天然气	Natural Gas	8.19	8.55	8.51	8.90	9.13	9.47
水电、风电及其他能发电	Hydro-power,Wind Power and Others	1.34	3.57	1.36	3.63	1.73	4.54

7-2 主要能源平衡情况(2015年)
Main Energy Balance Sheet(2015)

指标	Item	综合能源(万吨标准煤) Comprehensive Energy (10 000 tons of SCE)	原煤(万吨) Coal (10 000 tons)	天然气(亿立方米) Natural Gas (100 million cu.m)	电力(亿千瓦小时) Electricity (100 million kwh)	原油(万吨) Crude Oil (10 000 tons)
一、可供本地区消费能源	**Volume of total Energy Available for Consumption**	**11738.47**	**24316.20**	**100.54**	**-230.65**	**2109.21**
年初库存	Stock at the Beginning of the Year	2150.82	2056.66	0.25		95.83
一次能源生产量	Primary Energy Output	48491.24	52576.25	415.92	170.72	3736.73
外省(区、市)调入量	Inflow from Other Provinces (Regions, Cities)	1404.92	1464.46			11.16
本省(区、市)调出量(-)	Outflow from this Provinces (Regions, Cities)	-38027.00	-29652.34	-315.38	-401.37	-1641.96
出口量(-)	Exports	-72.40	-103.00			
年末库存(-)	Stock at Year-end	-2195.04	-2025.83	-0.25		-92.55
二、加工转换投入(-)产出(+)量	**Input (-) or Output (+) of Processing and Transformation**	**-864.95**	**-20416.01**	**-23.90**	**1452.38**	**-1967.43**
火力发电	Thermal Power		-4946.19	-0.82	1452.38	
供热	Heating	-90.29	-513.85	-1.12		
煤炭洗选	Separation Coal	-295.43	-10435.10			
炼焦	Coke Making	-459.17	-4520.87			
炼油及煤制油	Oil Refining and Coal to Make Oil	-135.15				-1967.43
天然气液化	Natural Gas Liquefaction	-28.43		-21.96		
煤制品加工	Processing of Coal Products					
回收能	Recovery of Energy	205.59				
三、损失量	**Loss Volume**					
四、终端消费	**Final Consumption**	**10850.90**	**3893.56**	**76.64**	**1221.73**	**133.67**
第一产业	Primary Industry	202.98	22.14		37.50	
农、林、牧、渔业	Agriculture, Forestry, Animal Husbandry and Fishery	202.98	22.14		37.50	
第二产业	Secondary Industry	7464.69	3197.38	48.69	797.30	133.67
工业	Industry	7258.90	3179.26	48.69	770.53	133.67
建筑业	Construction	205.80	18.12		26.77	
第三产业	Tertiary Industry	1813.20	280.89	11.50	199.13	
交通运输、仓储和邮政业	Transportation, Storage and Post Services	935.63	27.24	3.26	53.37	
批发、零售业和住宿、餐饮业	Wholesale and Retail Trades, Hotels and Catering Services	422.97	81.03	7.78	57.76	
其他	Others	454.60	172.62	0.46	88.00	
生活消费	Household Consumption	1370.02	393.15	16.45	187.80	
城镇	Urban Areas	925.75	160.90	16.01	115.06	
乡村	Rural Area	444.27	232.25	0.44	72.75	

注：综合能源消费电力按等价值折算。

a) Comprehensive energy consumption Electric power and heat are converted on the basis of equal value.

7-2 续表 continued

指 标	Item	汽 油 (万吨) Gasoline (10 000 tons)	煤 油 (万吨) Kerosene (10 000 tons)	柴 油 (万吨) Diesel Oil (10 000 tons)	燃料油 (万吨) Fuel Oil (10 000 tons)
一、可供本地区消费能源	**Volume of total Energy Available for Consumption**	**-455.56**	**1.40**	**-376.28**	**2.18**
年初库存	Stock at the Beginning of the Year	37.39	1.87	35.54	0.99
一次能源生产量	Primary Energy Output				
外省(区、市)调入量	Inflow from Other Provinces (Regions, Cities)	12.80		5.94	19.07
本省(区、市)调出量(-)	Outflow from this Provinces (Regions, Cities)	-472.17		-389.37	-16.74
出口量(-)	Exports				
年末库存(-)	Stock at Year-end	-33.58	-0.47	-28.39	-1.14
二、加工转换投入(-)产出(+)量	**Input (-) or Output (+) of Processing and Transformation**	**705.07**	**33.08**	**841.70**	**19.79**
火力发电	Thermal Power			-0.25	
供 热	Heating			-0.04	
煤炭洗选	Separation Coal				
炼 焦	Coke Making				
炼油及煤制油	Oil Refining and Coal to Make Oil	705.07	33.08	841.99	23.32
天然气液化	Natural Gas Liquefaction				
煤制品加工	Processing of Coal Products				
回收能	Recovery of Energy				
三、损失量	**Loss Volume**				
四、终端消费	**Final Consumption**	**249.51**	**34.48**	**465.42**	**21.97**
第一产业	Primary Industry	8.08		40.07	
农、林、牧、渔业	Agriculture, Forestry, Animal Husbandry and Fishery	8.08		40.07	
第二产业	Secondary Industry	37.41	0.51	89.52	1.09
工 业	Industry	27.84	0.51	46.03	0.14
建筑业	Construction	9.57		43.49	0.95
第三产业	Tertiary Industry	124.26	33.97	329.98	20.88
交通运输、仓储和邮政业	Transportation, Storage and Post Services	100.14	33.97	295.14	19.78
批发、零售业和住宿、餐饮业	Wholesale and Retail Trades, Hotels and Catering Services	17.08		23.60	1.10
其 他	Others	7.04		11.24	
生活消费	Household Consumption	79.76		5.86	
城 镇	Urban Areas	61.20		0.38	
乡 村	Rural Area	18.56		5.48	

注：综合能源消费电力按等价值折算。

a) Comprehensive energy consumption Electric power and heat are converted on the basis of equal value.

7-3 能源生产弹性系数
Elasticity Ratio of Energy Production

指　　标	Item	2010	2011	2012	2013	2014	2015
能源生产增长速度(%)	Growth Rate of Energy Production over Preceding Year (%)	16.7	14.6	12.8	7.9	5.7	3.2
电力生产增长速度(%)	Growth Rate of Electricity Production over Preceding Year (%)	23.4	11.7	7.0	10.8	7.2	0.1
生产总值增长速度(%)	Rate of Gross Domestic Product (GDP) over Preceding Year (%)	14.6	13.9	12.9	11.0	9.7	7.9
能源生产弹性系数	Elasticity Ratio of Energy Production	1.15	1.05	0.99	0.73	0.59	0.41
电力生产弹性系数	Elasticity Ratio of Electricity Production	1.62	0.84	0.54	0.98	0.74	0.02

注：1.生产总值增长速度按不变价计算，能源生产用等价值折算。
2.2010-2013年数据根据第三次经济普查结果进行了调整。
a) The growth rates of GDP are calculated at constant prices. Energy production are converted on the basis of equal value.
b) Adjustment has been done for the data of 2010-2013, due to the 3rd Economic Census.

7-4 平均每万人能源生产量
Energy Production Per 10 000 Population

品　种	Item	2010	2011	2012	2013	2014	2015
生产总量　(吨标准煤)	**Total Production (ton of SCE)**	**85257.56**	**97527.36**	**109692.02**	**118051.47**	**124451.29**	**127848.41**
原　煤　(吨)	Coal (ton)	96819.15	109910.44	124610.17	133707.19	138341.59	138618.65
原　油　(吨)	Crude Oil (ton)	8077.92	8618.12	9399.09	9798.97	9980.64	9851.98
天然气　(万立方米)	Natural Gas (10 000 cu. m)	598.28	727.33	825.63	987.46	1086.35	1096.58
电　力 (万千瓦小时)	Electricity (10 000 kwh)	3017.17	3363.89	3589.91	4017.34	4293.48	4279.34

注：能源生产总量用等价值折算，2010-2013年数据根据第三次经济普查结果进行了调整。
a) Total energy production are converted on the basis of equal value.
Adjustment has been done for the data of 2010-2013,due to the 3rd Economic Census.

7-5 能源加工转换效率
Efficiency of Energy Conversion

指　　标	Item	2010	2011	2012	2013	2014	2015
总效率(%)	**Total Efficiency (%)**	**71.77**	**75.47**	**77.77**	**79.13**	**79.33**	**81.09**
火力发电	Thermal Power	38.41	38.63	38.80	38.78	39.17	39.41
供　热	Heating	78.12	76.71	75.39	76.28	76.87	78.09
洗　煤	Separation Coal	90.64	95.37	95.35	95.28	94.53	95.92
炼　焦	Coke Making	82.98	86.69	89.16	89.12	90.07	89.83
炼　油	Oil Refining	93.81	95.55	95.23	95.09	94.88	95.27

7-6 单位GDP能耗
Energy Consumption Per Unit of GDP by City (District)

单位：吨标准煤/万元 (ton of SCE/10 000 yuan)

地 区	Region	单位GDP能耗 Energy Consumption Per Unit of GDP					
		2010	2011	2012	2013	2014	2015
全 省	**Shaanxi**	**0.818**	**0.789**	**0.761**	**0.734**	**0.708**	**0.685**
西安市	Xi'an	0.575	0.555	0.535	0.516	0.486	0.470
铜川市	Tongchuan	1.666	1.606	1.548	1.466	1.369	1.278
宝鸡市	Baoji	0.734	0.708	0.682	0.658	0.631	0.608
咸阳市	Xianyang	0.740	0.714	0.689	0.665	0.642	0.621
渭南市	Weinan	1.593	1.535	1.480	1.424	1.362	1.318
延安市	Yan'an	0.691	0.667	0.644	0.621	0.600	0.577
汉中市	Hanzhong	1.099	1.059	1.022	0.986	0.946	0.899
榆林市	Yulin	1.020	0.983	0.948	0.912	0.877	0.847
安康市	Ankang	0.701	0.677	0.652	0.631	0.602	0.578
商洛市	Shangluo	0.596	0.575	0.555	0.537	0.520	0.505
杨凌示范区	Yangling	0.406	0.393	0.383	0.373	0.359	0.352

7-6 续表 continued

地 区	Region	比上年增长(%) Growth Rates over Preceding Year(%)					
		2010	2011	2012	2013	2014	2015
全 省	**Shaanxi**	**-3.64**	**-3.56**	**-3.54**	**-3.55**	**-3.58**	**-3.21**
西安市	Xi'an	-2.02	-3.56	-3.51	-3.57	-5.89	-3.20
铜川市	Tongchuan	-4.31	-3.62	-3.62	-5.31	-6.62	-6.60
宝鸡市	Baoji	-2.01	-3.53	-3.64	-3.53	-4.10	-3.59
咸阳市	Xianyang	-3.59	-3.61	-3.50	-3.50	-3.35	-3.39
渭南市	Weinan	-4.72	-3.60	-3.61	-3.81	-4.33	-3.21
延安市	Yan'an	-5.38	-3.50	-3.50	-3.50	-3.40	-3.80
汉中市	Hanzhong	-3.63	-3.61	-3.56	-3.51	-4.05	-4.96
榆林市	Yulin	-3.46	-3.60	-3.60	-3.80	-3.80	-3.50
安康市	Ankang	-3.89	-3.50	-3.63	-3.33	-4.50	-4.00
商洛市	Shangluo	-3.20	-3.51	-3.38	-3.32	-3.08	-2.97
杨凌示范区	Yangling	-2.48	-3.20	-2.62	-2.60	-3.68	-2.10

注：1.生产总值增长速度按不变价计算，能源消耗按等价值计算。
2.2010-2013年数据根据第三次经济普查结果进行了调整。

a) The growth rates of GDP are calculated at constant prices. Energy consumption are converted on the basis of equal value.

b) Adjustment has been done for the data of 2010-2013, due to the 3rd Economic Census.

7-7 单位工业增加值能耗
Energy Consumption Per Unit of Value Added of Industry

单位：吨标准煤/万元 (ton of SCE/10 000 yuan)

地区	Region	单位工业增加值能耗 Energy Consumption Per Unit of Value Added of Industry					
		2010	2011	2012	2013	2014	2015
全省	**Shaanxi**	**1.323**	**1.249**	**1.178**	**1.110**	**1.052**	**1.024**
西安市	Xi'an	0.593	0.502	0.449	0.369	0.313	0.252
铜川市	Tongchuan	2.893	2.623	2.330	2.106	1.675	1.428
宝鸡市	Baoji	1.115	1.090	0.893	0.813	0.698	0.622
咸阳市	Xianyang	1.329	1.273	1.219	1.066	0.929	0.917
渭南市	Weinan	3.898	3.392	3.082	2.763	2.473	2.541
延安市	Yan'an	0.561	0.519	0.503	0.497	0.474	0.432
汉中市	Hanzhong	2.369	2.009	1.791	1.611	1.470	1.266
榆林市	Yulin	1.432	1.421	1.353	1.365	1.473	1.546
安康市	Ankang	0.895	0.825	0.642	0.545	0.462	0.371
商洛市	Shangluo	0.898	0.799	0.717	0.617	0.610	0.527
杨凌示范区	Yangling	0.159	0.130	0.128	0.113	0.111	0.098

7-7 续表 continued

地区	Region	比上年增长(%) Growth Rates over Preceding Year(%)					
		2010	2011	2012	2013	2014	2015
全省	**Shaanxi**	**-6.83**	**-5.60**	**-5.65**	**-5.80**	**-5.18**	**-2.70**
西安市	Xi'an	-12.18	-15.44	-10.56	-17.68	-15.21	-19.48
铜川市	Tongchuan	-4.51	-9.33	-11.18	-9.60	-20.47	-14.75
宝鸡市	Baoji	-4.18	-2.30	-18.07	-8.99	-14.13	-10.89
咸阳市	Xianyang	1.92	-4.24	-4.26	-12.55	-12.83	-1.25
渭南市	Weinan	-14.26	-12.98	-9.12	-10.35	-10.50	2.74
延安市	Yan'an	-7.22	-7.51	-3.01	-1.26	-4.61	-8.92
汉中市	Hanzhong	-6.82	-15.21	-10.86	-10.01	-8.76	-13.88
榆林市	Yulin	-6.14	-0.72	-4.82	0.87	7.91	4.98
安康市	Ankang	-11.72	-7.91	-22.11	-15.08	-15.33	-19.77
商洛市	Shangluo	-14.23	-11.08	-10.24	-13.89	-1.13	-13.70
杨凌示范区	Yangling	9.95	-18.60	-1.15	-11.75	-2.12	-11.60

注：1.本表统计范围是年主营业务收入2000万元及以上的法人工业企业。
2.工业增加值按2010年价格计算，能源消耗按当量值计算。

a) Statistical scope in this table is industrial enterprises with annual principal business sales over 20 million yuan.
b) VAI are calculated at 2010 constant prices,The energy consumption are converted on the basis of equal value.

7-8　能源消费弹性系数
Elasticity Ratio of Energy Consumption

指　标	Item	2010	2011	2012	2013	2014	2015
能源消费增长速度(%)	Growth Rate of Energy Consumption over Preceding Year (%)	10.43	9.89	8.86	7.02	5.77	4.40
电力消费增长速度(%)	Growth Rate of Electricity Consumption over Preceding Year (%)	16.09	14.34	8.58	8.01	6.40	-0.35
生产总值增长速度(%)	Growth Rate of Gross Domestic Product (GDP) over Preceding Year (%)	14.46	13.90	12.90	11.00	9.70	7.85
能源消费弹性系数	Elasticity Ratio of Energy Consumption	0.72	0.71	0.69	0.64	0.59	0.56
电力消费弹性系数	Elasticity Ratio of Electricity Consumption	1.11	1.03	0.67	0.73	0.66	-0.04

注：生产总值增长速度按不变价计算，能源消费用等价值折算。
a) The growth rates of GDP are calculated at constant prices. Energy consumption are converted on the basis of equal value.

7-9　平均每天各种能源消费量
Average Daily Energy Consumption by Variety

品　种	Item	2010	2011	2012	2013	2014	2015
消费总量(万吨标煤)	**Total Consumption (10 000 tons of SCE)**	**22.71**	**24.95**	**27.09**	**29.07**	**30.75**	**32.10**
原　煤　(万吨)	Coal (10 000 tons)	32.37	36.63	45.15	57.78	60.70	66.60
焦　炭　(吨)	Coke (ton)	20034	21745	24466	25622	26714	26577
原　油　(吨)	Crude Oil (ton)	57661	57416	61966	61113	61633	57564
汽　油　(吨)	Gasoline (ton)	5126	5422	5809	6054	6299	6836
煤　油　(吨)	Kerosene (ton)	613	696	854	884	993	945
柴　油　(吨)	Diesel Oil (ton)	12558	13127	13846	14298	14779	12759
天然气　(万立方米)	Natural Gas (10 000 cu.m)	1575	1689	1688	1906	2006	2218
电　力(万千瓦小时)	Electricity (10 000 kwh)	23540	26917	29146	31568	33589	33472

注：能源消费总量用等价值折算，2010-2013年数据根据第三次经济普查结果进行了调整。
a) Total energy consumption are converted on the basis of equal value.
Adjustment has been done for the data of 2010-2013, due to the 3rd Economic Census.

7-10 全省用电总量
Total Electricity Consumption in the Whole Province

单位：亿千瓦时 (100 million kwh)

指　　标	Item	2013	2014	2015
全省用电量总计	**Total Electricity Consumption in the Whole Province**	**1152.22**	**1226.01**	**1221.73**
农、林、牧、渔、水利用电	Electricity Consumption for Agriculture,Forestry, Animal Husbandry, Fishery and Water Conservancy	45.29	38.60	37.50
# 排灌用电	Electricity Consumption for drainage and irrigation	30.63	21.85	19.26
工业用电	Electricity Consumption for Industry	750.97	794.81	770.53
轻工业	Light Industry	61.20	59.08	46.25
重工业	Heavy Industry	689.77	735.73	724.28
# 自来水生产和供应业	Production and Supply of Water	6.43	6.94	7.59
# 电力、热力生产供应业	Production and Supply of Electric Power and Heat Power	178.93	197.90	216.99
# 厂用电量	Electricity Consumption for factory	91.42	102.05	114.38
# 线路损失电量	Loss of power lines	84.96	91.65	98.93
建筑业用电	Construction electricity	22.57	29.18	26.77
交通运输、仓储和邮政业用电	Electricity Consumption for Transport, Storage and Post	49.47	53.14	53.37
交通运输业	Transport	46.78	50.27	50.12
邮政业	Post	1.76	1.98	2.33
仓储业	Storage	0.93	0.90	0.92
信息传输、计算机服务和软件业用电	Electricity Consumption for Information Transmission, Computer Services and Software	7.54	8.65	10.27
商业、住宿和餐饮用电	Electricity Consumption for Commercial, Hotels and Catering Services	43.10	50.55	57.76
批发和零售业	Wholesale and Retail Trades	28.31	35.03	40.94
住宿和餐饮业	Hotels and Catering Services	14.79	15.52	16.81
金融、房地产、商务及其他服务业用电	Electricity Consumption for Financial Intermediation, Real Estate, Business and others Services	26.07	28.29	28.66
公共事业及其管理组织用电	Electricity Consumption for the Non-profit Organization and the Management Organization	42.51	45.20	49.07
城乡居民生活用电	Electricity Consumption for Cities and Rural Areas Residential	164.70	177.60	187.80
乡村用电	Electricity Consumption for Rural Areas	96.98	107.18	115.06
城市用电	Electricity Consumption for Cities	67.72	70.42	72.75

7-11 主要能源按行业分组消费量(2015年)
Consumption of Main Energy by Sector (2015)

行业	Sector	原煤(万吨) Coal (10 000 tons)	焦炭(万吨) Coke (10 000 tons)	汽油(万吨) Gasoline (10 000 tons)	柴油(万吨) Diesel Oil (10 000 tons)	电力(亿千瓦时) Electricity (100 million kwh)
采矿业	**Mining**	**10328.74**	**0.09**	**10.46**	**25.24**	**125.93**
煤炭开采和洗选业	Mining and Washing of Coal	10227.73		1.07	7.14	59.98
石油和天然气开采业	Extraction of Petroleum and Natural Gas	72.67		8.20	14.07	45.63
黑色金属矿采选业	Mining and Processing of Ferrous Metal Ores	7.13		0.08	0.75	2.98
有色金属矿采选业	Mining and Processing of Non-Ferrous Metal Ores	1.16	0.09	0.48	0.61	12.06
非金属矿采选业	Mining and Processing of Non-metal Ores	13.03		0.02	0.86	2.55
开采辅助活动	Support Activities for Mining	7.03		0.61	1.82	
其他采矿业	Mining of Other Ores					2.73
制造业	**Manufacturing**	**8229.16**	**962.41**	**15.39**	**17.38**	**410.98**
农副食品加工业	Processing of Food from Agricultural Products	41.05		0.91	0.38	6.50
食品制造业	Manufacture of Foods	45.37		0.42	0.14	1.62
酒、饮料和精制茶制造业	Manufacture of Beverages	23.46		0.41	0.27	2.80
烟草制品业	Manufacture of Tobacco	3.12		0.06	0.05	1.99
纺织业	Manufacture of Textile	14.21		0.07	0.01	7.84
纺织服装、服饰业	Manufacture of Textile Wearing Apparel,	0.26		0.02	0.00	1.83
皮革、毛皮、羽毛及其制品和制鞋业	Manufacture of Leather, Fur, Feather and Related Products	0.62		0.30		0.42
木材加工及木、竹、藤、棕、草制品业	Processing of Timber, Manufacture of Wood, Bamboo, Rattan,Palm and Straw Products	0.65		0.02	0.00	1.42
家具制造业	Manufacture of Furniture	0.13		0.07	0.03	0.61
造纸及纸制品业	Manufacture of Paper and Paper Products	20.10		0.24	0.04	4.39
印刷业和记录媒介的复制	Printing, Reproduction of Recording Media	0.17		0.18	0.02	1.09
文教、工美、体育和娱乐用品制造业	Manufacture of Articles for Culture, Education, Arts and Crafts, Sport and Entertainment Activities	0.03		0.01	0.00	0.17
石油加工、炼焦及核燃料加工业	Processing of Petroleum, Coking and Processing of Nuclear Fuel	4125.91	15.65	0.42	1.91	42.37
化学原料及化学制品制造业	Manufacture of Raw Chemical Materials and Chemical Products	2475.61	249.81	3.26	1.16	102.52
医药制造业	Manufacture of Medicines	15.95		1.09	0.03	2.73
化学纤维制造业	Manufacture of Chemical Fibres	0.15		0.01	0.00	1.08
橡胶和塑料制品业	Manufacture of Rubber and Plastics	22.59	0.16	0.30	0.49	4.81
非金属矿物制品业	Manufacture of Non-metallic Mineral Products	802.65	3.61	1.07	8.52	47.77
黑色金属冶炼及压延加工业	Smelting and Pressing of Ferrous Metals	127.88	673.11	0.11	0.37	62.43
有色金属冶炼及压延加工业	Smelting and Pressing of Non-ferrous Metals	490.69	19.47	0.52	1.43	44.74
金属制品业	Manufacture of Metal Products	3.18	0.10	0.44	0.09	10.17

7-11 续表 continued

行　　业	Sector	原 煤 (万吨) Coal (10 000 tons)	焦 炭 (万吨) Coke (10 000 tons)	汽 油 (万吨) Gasoline (10 000 tons)	柴 油 (万吨) Diesel Oil (10 000 tons)	电 力 (亿千瓦时) Electricity (100 million kwh)
通用设备制造业	Manufacture of General Purpose Machinery	2.91	0.06	0.66	0.16	7.35
专用设备制造业	Manufacture of Special Purpose Machinery	2.63	0.43	1.27	0.31	7.79
汽车制造业	Manufacture of Automobiles	4.72		1.36	1.05	13.96
铁路、船舶、航空航天和其他运输设备制造业	Manufacture of Railway, Ship, Aerospace and Other TransportEquipments	4.22	0.02	0.35	0.09	4.36
电气机械及器材制造业	Manufacture of Electrical Machinery and Apparatus	0.27		0.92	0.09	11.12
计算机、通信和其他电子设备制造业	Manufacture of Computers, Communication and Other Electronic Equipment	0.12		0.34	0.03	10.06
仪器仪表制造业	Manufacture of Measuring Instruments and	0.05		0.44	0.67	1.45
其他制造业	Manufacture of Other Manufacturing	0.22		0.09	0.02	4.99
废弃资源综合利用业	Recycling and Disposal of Waste	0.26				0.12
金属制品、机械和设备修理业	Repair Service of Metal Products, Machinery and Equipment			0.02	0.02	0.48
电力、燃气及水的生产和供应业	Electric Power, Gas and Water Production and Supply	5037.37	7.56	1.99	3.69	233.61
电力、热力生产和供应业	Production and Supply of Electric Power and Heat Power	5037.36	7.49	1.50	3.68	216.99
燃气生产和供应业	Production and Supply of Gas			0.30	0.01	9.04
水的生产和供应业	Production and Supply of Water	0.01	0.07	0.19	0.00	7.59
建筑业	Construction	18.12		9.57	43.49	26.77
房屋和土木工程建筑业	Housing and Civil Engineering Construction	18.12		6.83	24.71	26.77
建筑安装业	Building Installation			1.27	14.09	
建筑装饰业	Building Construction Decoration			0.42		
其他建筑业	Other Construction			1.04	4.70	
交通运输储运业和邮政业	Transport and Posts	27.24		100.14	295.14	53.37
铁路运输业	Railway Transport	23.90		4.38	9.09	41.41
道路运输业	Road Transport	1.05		92.24	278.46	0.88
水上运输业	Water Transport			0.12	0.66	
航空运输业	Air Transport			0.97		
管道运输业	Pipeline Transport			0.07	1.19	5.41
装卸搬运及其他运输服务业	Loading,Unloading and Other Transport Services	0.73		1.45	4.34	2.42
仓储业	Storage	0.75		0.41	0.19	2.33
邮政业	Posts	0.79		0.51	1.21	0.92

注：消费量包括中间消费和损失量。
a) Consumption includes middle expense and stock losses.

7-12 平均每万元工业总产值能源消费量(2015年)
Energy Consumption Per 10 000 Yuan of Gross Industrial Output Value(2015)

行 业	Sector	能源消费量 (万吨标准煤) Total Energy Consumption (10 000 tons of SCE)	产值能耗 (吨标准煤/万元) Output Energy Consumption (ton of SCE/10 000 yuan)
工 业	**Industry**	**8430.42**	**0.41**
采矿业	**Mining**	**1275.08**	**0.30**
煤炭开采和洗选业	Mining and Washing of Coal	525.78	0.24
石油和天然气开采业	Extraction of Petroleum and Natural Gas	704.61	0.50
黑色金属矿采选业	Mining and Processing of Ferrous Metal Ores	14.00	0.07
有色金属矿采选业	Mining and Processing of Non-Ferrous Metal Ores	9.13	0.04
非金属矿采选业	Mining and Processing of Non-metal Ores	12.59	0.11
开采辅助活动	Support Activities for Mining	8.97	0.09
制造业	**Manufacturing**	**4419.65**	**0.30**
农副食品加工业	Processing of Food from Agricultural Products	41.93	0.04
食品制造业	Manufacture of Foods	43.21	0.08
酒、饮料和精制茶制造业	Manufacture of Liquor, Beverages and Refined Tea	29.16	0.05
烟草制品业	Manufacture of Tobacco	3.19	0.01
纺织业	Manufacture of Textile	25.06	0.09
纺织服装、服饰业	Manufacture of Textile, Wearing Apparel and Accessories	0.61	0.01
皮革、毛皮、羽毛及其制品和制鞋业	Manufacture of Leather, Fur, Feather and Related Products and Footwear	0.82	0.05
木材加工及木、竹、藤、棕、草制品业	Processing of Timber, Manufacture of Wood, Bamboo, Rattan,Palm and Straw Products	3.08	0.05
家具制造业	Manufacture of Furniture	0.46	0.02
造纸及纸制品业	Manufacture of Paper and Paper Products	21.02	0.15
印刷业和记录媒介的复制	Printing and Reproduction of Recording Media	2.84	0.03
文教、工美、体育和娱乐用品制造业	Manufacture of Articles for Culture, Education, Arts and Crafts, Sport and Entertainment Activities	0.08	0.00
石油加工、炼焦及核燃料加工业	Processing of Petroleum, Coking and Processing of Nuclear Fuel	850.81	0.59
化学原料及化学制品制造业	Manufacture of Raw Chemical Materials and Chemical Products	1888.25	1.82
医药制造业	Manufacture of Medicines	19.01	0.03
化学纤维制造业	Manufacture of Chemical Fibres	3.18	0.19
橡胶和塑料制品业	Manufacture of Rubber and Plastics Products	17.47	0.04
非金属矿物制品业	Manufacture of Non-metallic Mineral Products	623.02	0.49
黑色金属冶炼及压延加工业	Smelting and Pressing of Ferrous Metals	508.79	0.53
有色金属冶炼及压延加工业	Smelting and Pressing of Non-ferrous Metals	209.02	0.13
金属制品业	Manufacture of Metal Products	7.05	0.03
通用设备制造业	Manufacture of General Purpose Machinery	8.66	0.02
专用设备制造业	Manufacture of Special Purpose Machinery	15.90	0.03
汽车制造业	Manufacture of Automobiles	25.48	0.02
铁路、船舶、航空航天和其他运输设备制造业	Manufacture of Railway, Ship, Aerospace and Other TransportEquipments	5.53	0.02
电气机械及器材制造业	Manufacture of Electrical Machinery and Apparatus	23.59	0.03
计算机、通信和其他电子设备制造业	Manufacture of Computers, Communication and Other Electronic Equipment	32.47	0.07
仪器仪表制造业	Manufacture of Measuring Instruments and Machinery	2.56	0.02
其他制造业	Other Manufacture	4.84	0.19
废弃资源综合利用业	Utilization of Waste Resources	2.55	0.34
金属制品、机械和设备修理业	Repair Service of Metal Products, Machinery and Equipment	0.05	0.02
电力、热力、燃气及水生产和供应业	**Production and Supply of Electricity, Heat, Gas and Water**	**2735.69**	**1.90**
电力、热力的生产和供应业	Production and Supply of Electric Power and Heat Power	2707.44	2.18
燃气生产和供应业	Production and Supply of Gas	24.78	0.14
水的生产和供应业	Production and Supply of Water	3.47	0.14

注：本表能源消费量为当量值，工业总产值为现价；统计范围是年主营业务收入2000万元及以上的法人工业企业。

a) Energy consumption in this table is the equivalent weight, the gross industrial output value is at current prices.Statistical scope in this table is industrial enterprises with annual principal business sales over 20 million yuan.

7-13 各市(区)规模以上工业企业能源消费量(2015年)

单位：万吨标煤

行业	Sector	西安市 Xi'an	铜川市 Tongchuan	宝鸡市 Baoji
工业	**Industry**	**487.94**	**297.27**	**574.24**
采矿业	**Mining**	**0.80**	**25.55**	**3.91**
煤炭开采和洗选业	Mining and Washing of Coal		25.32	1.10
石油和天然气开采业	Extraction of Petroleum and Natural Gas		0.16	
黑色金属矿采选业	Mining and Processing of Ferrous Metal Ores	0.00		
有色金属矿采选业	Mining and Processing of Non-Ferrous Metal Ores			2.75
非金属矿采选业	Mining and Processing of Non-metal Ores		0.08	0.06
开采辅助活动	Support Activities for Mining	0.80		
制造业	**Manufacturing**	**171.57**	**153.41**	**307.97**
农副食品加工业	Processing of Food from Agricultural Products	16.05	0.47	2.23
食品制造业	Manufacture of Foods	9.08	0.59	22.89
酒、饮料和精制茶制造业	Manufacture of Liquor, Beverages and Refined Tea	9.48	0.28	3.96
烟草制品业	Manufacture of Tobacco	0.04		1.17
纺织业	Manufacture of Textile	2.91	1.45	5.81
纺织服装、服饰业	Manufacture of Textile, Wearing Apparel and Accessories	0.09	0.03	0.02
皮革、毛皮、羽毛及其制品和制鞋业	Manufacture of Leather, Fur, Feather and Related Products and Footwear	0.09		0.59
木材加工和木、竹、藤、棕、草制品业	Processing of Timber, Manufacture of Wood, Bamboo, Rattan,Palm and Straw Products	0.95	0.40	0.006
家具制造业	Manufacture of Furniture	0.15	0.01	0.01
造纸及纸制品业	Manufacture of Paper and Paper Products	1.26	0.10	10.11
印刷和记录媒介复制业	Printing and Reproduction of Recording Media	1.87		0.58
文教、工美、体育和娱乐用品制造业	Manufacture of Articles for Culture, Education, Arts and Crafts, Sport and Entertainment Activities	0.06		
石油加工、炼焦及核燃料加工业	Processing of Petroleum, Coking and Processing of Nuclear Fuel	4.38	0.34	
化学原料及化学制品制造业	Manufacture of Raw Chemical Materials and Chemical Products	9.31	0.89	65.70
医药制造业	Manufacture of Medicines	4.73	0.21	1.62
化学纤维制造业	Manufacture of Chemical Fibres	2.99		0.10
橡胶和塑料制品业	Manufacture of Rubber and Plastics Products	4.73	0.20	1.03
非金属矿物制品业	Manufacture of Non-metallic Mineral Products	24.18	144.15	121.48
黑色金属冶炼及压延加工业	Smelting and Pressing of Ferrous Metals	1.84	1.85	7.45
有色金属冶炼及压延加工业	Smelting and Pressing of Non-ferrous Metals	11.23	2.08	47.18
金属制品业	Manufacture of Metal Products	2.66	0.03	0.89
通用设备制造业	Manufacture of General Purpose Machinery	1.79	0.05	2.91
专用设备制造业	Manufacture of Special Purpose Machinery	4.84	0.07	4.08
汽车制造业	Manufacture of Automobiles	19.62	0.19	4.58
铁路、船舶、航空航天和其他运输设备制造业	Manufacture of Railway, Ship, Aerospace and Other TransportEquipments	3.24		1.93
电气机械及器材制造业	Manufacture of Electrical Machinery and Apparatus	12.88	0.01	0.11
计算机、通信和其他电子设备制造业	Manufacture of Computers, Communication and Other Electronic Equipment	18.54		1.51
仪器仪表制造业	Manufacture of Measuring Instruments and Machinery	2.46		0.01
其他制造业	Other Manufacture	0.10	0.03	
废弃资源综合利用业	Utilization of Waste Resources			
金属制品、机械和设备修理业	Repair Service of Metal Products, Machinery and Equipment	0.02		
电力、热力、燃气及水生产和供应业	**Production and Supply of Electricity, Heat, Gas and Water**	**315.57**	**118.31**	**262.35**
电力、热力的生产和供应业	Production and Supply of Electric Power and Heat Power	313.07	118.17	262.07
燃气生产和供应业	Production and Supply of Gas	1.22	0.02	0.25
水的生产和供应业	Production and Supply of Water	1.28	0.12	0.04

注：本表能源消费量为当量值，统计范围是年主营业务收入2000万元及以上的法人工业企业。

Industrial Enterprises above Designated Size Consumption of Energy by City(District) (2015)

(10 000 tons of SCE)

咸阳市 Xianyang	渭南市 Weinan	延安市 Yan'an	汉中市 Hanzhong	榆林市 Yulin	安康市 Ankang	商洛市 Shangluo	杨凌示范区 Yangling
919.05	**1674.59**	**380.25**	**390.14**	**3240.21**	**77.03**	**79.43**	**3.58**
14.10	**50.43**	**195.53**	**8.12**	**650.88**	**4.96**	**14.16**	
13.80	48.04	27.82	4.49	404.67	0.53	0.01	
		167.11		235.92			
	0.12		2.43		1.51	9.95	
	0.95		0.67		1.01	3.74	
0.30	1.32		0.53	7.93	1.91	0.47	
		0.59		2.36			
553.51	**1063.26**	**128.73**	**327.74**	**1581.36**	**67.50**	**61.34**	**3.19**
8.86	2.84	0.19	3.02	0.71	3.24	3.26	1.05
7.02	1.12		0.19	1.40	0.58	0.28	0.08
6.90	2.23	0.99	1.78	0.99	2.04	0.35	0.15
0.55	0.06	0.50	0.69		0.17		
9.50	0.81	0.00	1.95	0.02	2.61	0.00	0.01
0.23	0.00	0.00	0.15	0.06	0.02	0.00	
0.12			0.00	0.00	0.01	0.01	
0.06	0.31		0.01	0.028	0.11	0.15	1.06
0.21	0.01				0.03		0.04
7.55	0.72			0.08	1.12	0.09	
0.31	0.00		0.05		0.02		0.01
0.00	0.001			0.00		0.00	0.016
111.04	141.39	126.26		467.39	0.00		
249.72	565.61	0.11	28.18	958.88	6.08	3.67	0.09
3.64	0.55	0.05	2.72	0.22	2.18	2.83	0.27
	0.08						
8.86	1.19	0.08	0.35	0.01	0.540	0.26	0.23
111.97	69.37	0.23	47.17	33.31	44.15	27.02	
4.98	245.96		206.74	37.20	0.47	2.32	
0.40	15.59		31.40	80.72	3.03	17.39	
1.69	0.50	0.01	0.58	0.02	0.57	0.02	0.07
3.01	0.28	0.00	0.50	0.01	0.05		0.06
2.79	3.49	0.24	0.04	0.23	0.08	0.00	0.03
0.79		0.02	0.03	0.07	0.10		0.01
0.08	0.09		0.13		0.06		
1.37	5.57	0.01	0.12		0.17	3.32	0.02
11.83	0.17		0.03		0.02	0.36	
	0.00		0.08				
0.00	4.66		0.04		0.00		0.01
0.039	0.66		1.79	0.01	0.06		
0.00		0.02					
351.44	**560.91**	**55.98**	**54.28**	**1007.96**	**4.57**	**3.92**	**0.40**
350.60	560.45	52.11	54.14	988.25	4.37	3.84	0.38
0.35	0.44	3.61		18.74	0.14		0.01
0.49	0.01	0.26	0.14	0.98	0.07	0.08	

a) Energy consumption in this table is the equivalent weight, Statistical scope in this tableis industrial enterprises with annual principal business sales over 20 million yuan.

7-14 规模以上工业企业主要能源按行业分组消费量(2015年)

行业	Sector	煤炭(万吨) Coal (10 000 tons)	焦炭(万吨) Coke (10 000 tons)	天然气(气态)(亿立方米) Natural Gas (100 million cu.m)
工业	**Industry**	**28453.01**	**580.81**	**63.53**
采矿业	**Mining**	**13008.24**	**0.09**	**28.67**
煤炭开采和洗选业	Mining and Washing of Coal	12910.85		
石油和天然气开采业	Extraction of Petroleum and Natural Gas	69.71		28.20
黑色金属矿采选业	Mining and Processing of Ferrous Metal Ores	6.85		
有色金属矿采选业	Mining and Processing of Non-Ferrous Metal Ores	1.11	0.09	
非金属矿采选业	Mining and Processing of Non-metal Ores	12.69		
开采辅助活动	Support Activities for Mining	7.02		0.47
制造业	**Manufacturing**	**9465.95**	**542.37**	**19.71**
农副食品加工业	Processing of Food from Agricultural Products	40.09		0.05
食品制造业	Manufacture of Foods	44.21		0.39
酒、饮料和精制茶制造业	Manufacture of Liquor, Beverages and Refined Tea	22.53		0.20
烟草制品业	Manufacture of Tobacco	2.99		0.027
纺织业	Manufacture of Textile	13.66		0.028
纺织服装、服饰业	Manufacture of Textile, Wearing Apparel and Accessories	0.25		0.013
皮革、毛皮、羽毛及其制品和制鞋业	Manufacture of Leather, Fur, Feather and Related Products and Footwear	0.59		
木材加工和木、竹、藤、棕、草制品业	Processing of Timber, Manufacture of Wood, Bamboo, Rattan,Palm and Straw Products	0.62		
家具制造业	Manufacture of Furniture	0.12		0.002
造纸及纸制品业	Manufacture of Paper and Paper Products	19.39		0.01
印刷和记录媒介复制业	Printing and Reproduction of Recording Media	0.19		0.05
文教、工美、体育和娱乐用品制造业	Manufacture of Articles for Culture, Education, Arts and Crafts, Sport and Entertainment Activities	0.03		
石油加工、炼焦及核燃料加工业	Processing of Petroleum, Coking and Processing of Nuclear Fuel	5319.69	12.46	10.09
化学原料及化学制品制造业	Manufacture of Raw Chemical Materials and Chemical Products	2415.76	126.68	4.12
医药制造业	Manufacture of Medicines	15.33		0.17
化学纤维制造业	Manufacture of Chemical Fibres	0.15		
橡胶和塑料制品业	Manufacture of Rubber and Plastics Products	22.28	0.09	0.061
非金属矿物制品业	Manufacture of Non-metallic Mineral Products	782.46	1.35	1.07
黑色金属冶炼及压延加工业	Smelting and Pressing of Ferrous Metals	168.98	391.48	0.29
有色金属冶炼及压延加工业	Smelting and Pressing of Non-ferrous Metals	578.76	10.23	0.53
金属制品业	Manufacture of Metal Products	3.06	0.02	0.08
通用设备制造业	Manufacture of General Purpose Machinery	2.80	0.01	0.08
专用设备制造业	Manufacture of Special Purpose Machinery	2.53	0.05	0.33
汽车制造业	Manufacture of Automobiles	4.53		0.54
铁路、船舶、航空航天和其他运输设备制造业	Manufacture of Railway, Ship, Aerospace and Other TransportEquipments	4.05	0.01	0.05
电气机械及器材制造业	Manufacture of Electrical Machinery and Apparatus	0.26		0.60
计算机、通信和其他电子设备制造业	Manufacture of Computers, Communication and Other Electronic Equipment	0.11		0.90
仪器仪表制造业	Manufacture of Measuring Instruments and Machinery	0.05		0.03
其他制造业	Other Manufacture	0.21		
废弃资源综合利用业	Utilization of Waste Resources	0.24		
金属制品、机械和设备修理业	Repair Service of Metal Products, Machinery and Equipment			
电力、热力、燃气及水生产和供应业	**Production and Supply of Electricity, Heat, Gas and Water**	**5978.82**	**38.35**	**15.15**
电力、热力的生产和供应业	Production and Supply of Electric Power and Heat Power	5978.73	38.33	1.491
燃气生产和供应业	Production and Supply of Gas			13.59
水的生产和供应业	Production and Supply of Water	0.09	0.01	0.06

注：消费量包括中间消费和损失量；统计范围是年主营业务收入2000万元及以上的法人工业企业；煤炭包括：原煤、洗精煤、其它洗煤、煤制品。

Industrial Enterprises above Designated Size Consumption of Main Energy by Sector (2015)

原 油 (万吨) Crude Oil (10 000 tons)	汽 油 (万吨) Gasoline (10 000 tons)	煤 油 (万吨) Kerosene (10 000 tons)	柴 油 (万吨) Diesel Oil (10 000 tons)	热 力 (万百万千焦) Heat (10 billion kilo-joule)	电 力 (亿千瓦时) Electricity (100 million kwh)
2101.10	**7.36**	**0.21**	**33.95**	**1749.86**	**868.71**
132.96	**2.75**	**0.08**	**19.17**	**49.81**	**134.40**
	0.28	0.02	5.42		50.79
132.96	2.15		10.68	8.94	64.46
	0.02		0.57		7.04
	0.13	0.07	0.46		6.51
	0.01		0.66		3.03
0.00	0.16		1.39	40.87	2.58
1968.14	**4.09**	**0.13**	**13.17**	**1591.54**	**530.16**
	0.24	0.01	0.29	135.61	10.30
	0.11	0.00	0.11	39.92	5.01
	0.11		0.19	66.62	6.02
	0.02		0.04	0.57	0.74
	0.02	0.001	0.01	17.62	12.75
	0.01		0.000		0.34
	0.11			1.40	0.16
	0.01	0.00	0.004		1.90
	0.02	0.00	0.02		0.24
	0.07	0.00	0.03	81.24	3.48
	0.04		0.02	6.50	1.48
	0.00		0.001		0.05
1968.14	0.12		1.45	236.33	66.45
	0.86	0.003	0.86	122.88	142.55
	0.29		0.02	31.46	3.40
	0.002		0.001	68.48	0.60
	0.08	0.000	0.37	0.22	7.79
	0.28	0.009	6.47	0.19	78.08
	0.03	0.000	0.28	427.73	59.92
	0.14	0.09	1.08	96.72	70.02
	0.12	0.003	0.07	0.50	3.24
0.001	0.17	0.00	0.12	0.68	4.65
	0.33	0.002	0.23	39.25	7.21
	0.36	0.00	0.80	41.12	10.79
	0.09	0.00	0.07	16.79	2.15
0.00	0.24	0.008	0.07	105.04	9.92
	0.09		0.02	54.01	15.78
0.00	0.12		0.52	0.67	0.94
	0.02	0.00	0.02		3.77
					0.43
	0.01		0.02		0.02
	0.52	**0.000**	**1.61**	**108.50**	**204.15**
	0.39	0.000	1.59	108.50	195.15
	0.08		0.01	0.00	6.67
	0.05		0.004		2.33

a) Consumption covers intermediate consumption and loss. The scope of statistics include corporate industrial enterprises with revenue from principal business over 20 million yuan. The coals include raw coal, cleaned coal, other coal washing and coal products.

主要统计指标解释

能源生产总量 指一定时期内，一次能源生产量的总和。该指标是观察能源生产水平、规模、构成和发展速度的总量指标。一次能源生产量包括原煤、原油、天然气、水电、核能及其他动力能(如风能、地热能等)发电量，不包括低热值燃料生产量、生物质能、太阳能等的利用和由一次能源加工转换而成的二次能源产量。

能源消费总量 是指一定地域内，国民经济各行业和居民家庭在一定时间消费的各种能源的总和。包括：原煤、原油、天然气、水能、核能、风能、太阳能、地热能、生物质能等一次能源；一次能源通过加工转换产生的洗煤、焦炭、煤气、电力、热力、成品油等二次能源和同时产生的其他产品；其他化石能源、可再生能源和新能源。其中水能、风能、太阳能、地热能、生物质能等可再生能源，是指人们通过一定技术手段获得的，并作为商品能源使用的部分。在核算过程中，一次能源、二次能源消费不能重复计算。能源消费总量分为终端能源消费量、能源加工转换损失量和能源损失量三部分。

(1)终端能源消费量：指一定时期内，全国生产和生活消费的各种能源在扣除了用于加工转换二次能源消费量和损失量以后的数量。

(2)能源加工转换损失量：指一定时期内，全国投入加工转换的各种能源数量之和与产出各种能源产品之和的差额。该指标是观察能源在加工转换过程中损失量变化的指标。

(3)能源损失量：指一定时期内，能源在输送、分配、储存过程中发生的损失和由客观原因造成的各种损失量，不包括各种气体能源放空、放散量。

能源生产弹性系数 是研究能源生产增长速度与国民经济增长速度之间关系的指标。计算公式：

$$能源生产弹性系数=\frac{能源生产总量年平均增长速度}{国民经济年平均增长速度}$$

国民经济年平均增长速度，可根据不同的目的或需要，用国民生产总值、国内生产总值等指标来计算，本年鉴是采用国内生产总值指标计算的。

电力生产弹性系数 是研究电力生产增长速度与国民经济增长速度之间关系的指标。一般来说，电力的发展应当快于国民经济的发展，也就是说电力应超前发展。计算公式为：

$$电力生产弹性系数=\frac{电力生产量年平均增长速度}{国民经济年平均增长速度}$$

能源消费弹性系数 反映能源消费增长速度与国民经济增长速度之间比例关系的指标。计算公式为：

$$能源消费弹性系数=\frac{能源消费量年平均增长速度}{国民经济年平均增长速度}$$

电力消费弹性系数 反映电力消费增长速度与国民经济增长速度之间比例关系的指标。计算公式为：

$$电力消费弹性系数=\frac{电力消费量年平均增长速度}{国民经济年平均增长速度}$$

能源加工转换效率 指一定时期内，能源经过加工、转换后，产出的各种能源产品的数量与同期内投入加工转换的各种能源数量的比率。该指标是观察能源加工转换装置和生产工艺先进与落后、管理水平高低等的重要指标。计算公式为：

$$能源加工转换效率=\frac{能源加工转换产出量}{能源加工转换投入量}\times100\%$$

单位生产总值能耗 指一定时期内，一个国家或地区每生产一个单位的生产总值所消耗的能源。计算公式为：

$$单位生产总值能耗=\frac{能源消费总量}{生产总值}$$

单位生产总值电耗 指一定时期内，一个国家或地区每生产一个单位的生产总值所消耗的电力。计算公式为：

$$单位生产总值电耗=\frac{全社会用电量}{生产总值}$$

单位工业增加值能耗 指一定时期内，一个国家或地区每生产一个单位的工业增加值所消耗的能源。计算公式为：

$$单位工业增加值能耗=\frac{工业能源消费量}{工业增加值}$$

Explanatory Notes on Main Statistical Indicators

Total Energy Production refers to the total production of primary energy by all energy producing enterprises in the country in a given period of time. It is a comprehensive indicator to show the level, scale, composition and pace of development of energy production of the country. The production of primary energy includes that of coal, crude oil, natural gas, hydro-power and electricity generated by nuclear energy and other means such as wind power and geothermal power. However, it does not include the production of fuels of low calorific value, bio-energy, solar energy and secondary energy converted from primary energy.

Total Energy Consumption refers to the total consumption of energy of various kinds by the production sectors of the economy and the households in a given period of time. It includes the primary kinds of energy such as coal, crude oil, natural gas, hydro-power, nuclear power, wind power, solar power, geothermal power and bio-energy; the secondary kinds of energy and their products which are transformed from the primary energy such as washed coal, coke, coal gas, electricity, heating, and petroleum products; and other kinds of fossil energy, renewable energy and new energy. The renewable energy, including hydro-power, wind power, solar power, geothermal power and bio-energy, refers to the part attained with some given technical means and used for commercial purposes. Total energy consumption can be divided into three parts: end-use energy consumption; loss during the process of energy conversion; and energy loss.

(1) End-use Energy Consumption: It refers to the total energy consumption by the production sectors and the households in the country (region) in a given period of time. It does not include the consumption during the conversion of primary energy into secondary energy and the loss in the process of energy conversion.

(2) Loss During the Process of Energy Conversion: It refers to the total input of various kinds of energy for conversion, minus the total output of various kinds of energy in the country in a given period of time. It is an indicator to show the loss that occurs during the process of energy conversion.

(3) Energy Loss: It refers to the total of the loss of energy during the course of energy transport, distribution and storage and the loss caused by any objective reason in a given period of time. The loss of various kinds of gas due to gas discharges and stocktaking is not included.

Elasticity Ratio of Energy Production is an indicator to show the relationship between the growth rate of energy production and the growth rate of the national economy. The formula is:

$$\text{Elasticity Ratio of Energy Production} = \frac{\text{Average Annual Growth Rate of Energy Production}}{\text{Average Annual Growth Rate of National Economy}}$$

The average annual growth rate of the national economy can be measured by indicators such as the Gross National Product and the Gross Domestic Product, depending on the purposes or needs. The Gross Domestic Product has been used in the calculation of the ratio in this Yearbook.

Elasticity Ratio of Electricity Production is an indicator to show the relationship between the growth rate of electricity production and the growth rate of the national economy. Generally speaking, the growth rate of electricity production should be higher than that of the national economy.

Its formula is:

$$\text{Elasticity Ratio of Electricity Production} = \frac{\text{Average Annual Growth Rate of Electricity Production}}{\text{Average Annual Growth Rate of National Economy}}$$

Elasticity Ratio of Energy Consumption is an indicator to show the relationship between the growth rate of energy consumption and the growth rate of the national economy. The formula is:

$$\text{Elasticity Ratio of Energy Consumption} = \frac{\text{Average Annual Growth Rate of Energy Consumption}}{\text{Average Annual Growth Rate of National Economy}}$$

Elasticity Ratio of Electricity Consumption is an indicator to show the relationship between the growth rate of electricity consumption and the growth rate of the national economy. The formula is:

$$\text{Elasticity Ratio of Electricity Consumption} = \frac{\text{Average Annual Growth Rate of Electricity Consumption}}{\text{Average Annual Growth Rate of National Economy}}$$

Efficiency of Energy Processing and Conversion refers to the ratio of the total output of energy products of various kinds after processing and conversion to the total input of energy of various kinds for processing and conversion in the same reference period. It is an important indicator to show the current conditions of energy processing and conversion equipment, production technique and management. The formula is:

$$\text{Efficiency of Energy Processing \& Conversion} = \frac{\text{Output of Energy After Processing \& Conversion}}{\text{Input of Energy for Processing \& Conversion}} \times 100\%$$

Energy Consumption per Unit of GDP refers to the energy consumption per unit of Gross Domestic Product in a country or the Gross Regional Product in a region in the same reference period. The formula is:

$$\text{Energy Consumption per Unit of GDP} = \frac{\text{Total Energy Consumption}}{\text{Gross Domestic Product}}$$

Electricity Consumption per Unit of GDP refers to the

electricity consumption per unit of Gross Domestic Product in a country or the Gross Regional Product in a region in the same reference period. The formula is:

$$\text{Electricity Consumption per Unit of GDP} = \frac{\text{Total Electricity Consumption}}{\text{Gross Domestic Product}}$$

Energy Consumption per Unit of Industrial Value-added refers to the energy consumption per unit of industrial value-added in a country or region in the same reference period. The formula is:

$$\text{Energy Consumption per Unit of Industrial Value-added} = \frac{\text{Total Energy Consumption}}{\text{Industrial Value-added}}.$$

八、财政、金融和保险

Government Finance, Banking and Insurance

资料整理：张应剑　乔　波

简 要 说 明

一、本篇资料反映陕西财政收支情况及金融、证券、保险业务发展情况，内容包括地方一般预算分项目收入，地方财政分项目支出；金融机构存贷款余额，上市公司、证券公司情况，期货交易情况，保险业保费收入。

二、本篇资料财政收支由省财政厅提供，金融、证券、保险资料分别由中国人民银行西安分行、中国证券监督管理委员会陕西监管局、中国保险监督管理委员会陕西监管局提供。

Brief Introduction

Ⅰ. This chapter reflects the basic situation of budgetary revenue and expenditure and the development of banking, bond and insurance of Shaanxi Province, mainly including local general bugetary revenue by item, local bugetary expenditure by item, balance of deposit and loan of financial institutions,general situation of listed companies and securities companies, general situation of futures trading and premium of insurance transactions.

Ⅱ. The data on financial revenue and expenditure are provided by Finance Department of Shaanxi Provincial.The data on banking,bond and insurance are provided by Xi'an Branch of the People's Bank of China, Shaanxi Bureau of China Securities Regulatory Commission and Shaanxi Bureau of China Insurance Regulatory Commission.

8. 财政、金融和保险

2015年全省		
地方一般预算收入	2059.95	亿元
财政支出	4376.06	亿元
金融机构人民币存款年底余额	32415.24	亿元
金融机构人民币贷款年底余额	21760.61	亿元
保险业保费收入		
财 产 险	176.75	亿元
人 身 险	395.70	亿元

金融机构人民币存贷款年底余额（亿元）

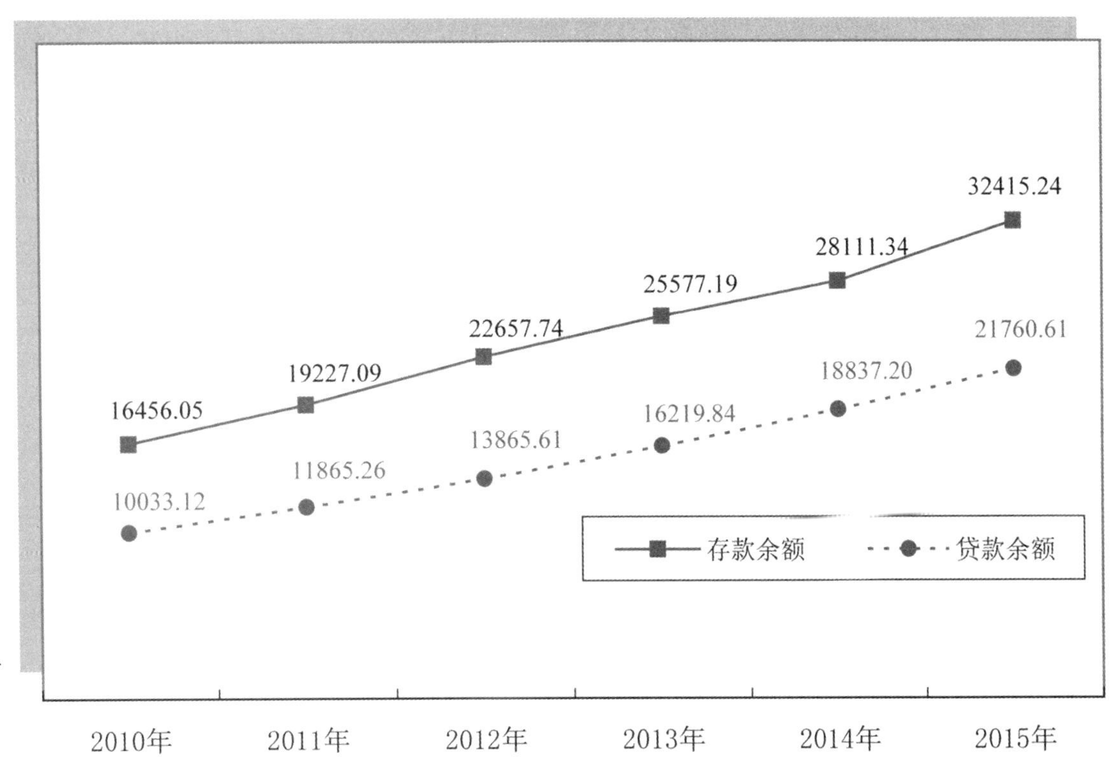

8-1 地方财政分项目收入

Government Revenue and Expenditure by Item

单位：亿元 (100 million yuan)

项 目	Item	2010	2011	2012	2013	2014	2015
地方一般预算收入	**Local General Bugetary Revenue**	**958.21**	**1500.18**	**1600.69**	**1748.33**	**1890.40**	**2059.95**
税收收入	Total Tax Revenue	710.57	933.84	1131.55	1256.24	1335.68	1290.33
增值税	Value Added Tax	140.27	176.05	189.46	201.64	250.63	233.92
营业税	Business Tax	265.94	332.88	392.90	428.44	399.28	398.44
企业所得税	Corporate Income Tax	84.81	124.13	160.92	156.76	156.53	147.42
企业所得税退税	Corporate Income Tax Drawback	-0.03	-0.01				
个人所得税	Individual Income Tax	35.54	44.42	42.05	48.76	46.87	53.34
资源税	Resource Tax	22.30	49.44	61.59	78.77	84.90	90.70
城市维护建设税	City Maintenance and Construction Tax	50.22	64.74	82.47	83.83	86.93	77.61
房产税	House Property Tax	15.35	20.04	27.00	30.34	37.61	41.59
印花税	Stamp Tax	10.01	12.08	16.06	17.96	19.95	19.53
城镇土地使用税	Urban Land Use Tax	15.73	19.21	22.66	22.55	28.07	28.34
土地增值税	Land Appreciation Tax	15.43	22.19	37.03	46.01	50.07	40.86
车船税	Tax on Vehicles and Boat Operation	6.93	8.75	10.34	12.05	13.73	15.98
耕地占用税	Farm Land Occupation Tax	22.32	28.99	44.25	63.58	78.72	71.55
契 税	Deed Tax	24.13	29.17	42.43	62.71	80.27	68.53
烟叶税	Tobacco Leaf Tax	1.59	1.75	2.38	2.83	2.11	2.50
其他税收收入	Other Tax Revenue	0.01					
非税收入	Total Non-tax Revenue	247.64	566.35	469.13	492.09	554.72	769.63
专项收入	Special Program Receipts	88.40	365.16	174.77	147.78	123.42	228.68
行政事业性收费收入	Charge of Administrative and Institutional Units	39.02	69.60	87.23	125.47	146.48	133.81
罚没收入	Penalty Receipts	22.06	24.99	29.07	39.22	36.21	50.21
国有资本经营收入	Operation Income of State-owned Assets	76.35	61.16	26.41	30.08	44.56	74.40
国有资源(资产)有偿使用收入	Income from Use of State-owned Resources (Assets)	14.97	31.95	93.80	83.61	126.81	177.32
其他收入	Other Non-tax Receipts	6.85	13.48	57.85	65.93	77.25	105.20

8-2 财政分项目支出
Government Revenue and Expenditure by Item

单位：亿元 (100 million yuan)

项　　目	Item	2010	2011	2012	2013	2014	2015
一般预算支出	**General Bugetary Expenditure**	**2218.83**	**2930.81**	**3323.80**	**3665.07**	**3962.50**	**4376.06**
一般公共服务支出	Expenditure for General Public Services	287.29	341.32	407.11	414.29	366.32	359.36
外交支出	Expenditure for Foreign Affairs						
国防支出	Expenditure for National Defense	2.90	3.36	3.84	3.35	3.90	3.25
公共安全支出	Expenditure for Public Security	111.50	128.06	149.04	156.89	161.43	187.07
教育支出	Expenditure for Education	377.79	529.46	703.34	710.11	693.83	758.07
科学技术支出	Expenditure for Science and Technology	25.25	29.01	34.94	38.02	44.86	57.28
文化体育与传媒支出	Expenditure for Culture, Sport and Media	47.86	61.27	91.81	100.44	93.23	103.09
社会保障和就业	Expenditure for Social Safety Net and Employment Effort	315.61	365.43	421.16	497.75	541.40	631.99
医疗卫生与计划生育支出	Expenditure for Medical and Health Care,and Family Planning	156.66	197.61	222.30	257.14	313.45	369.38
节能环保支出	Expenditure for Environment Protection	82.88	96.13	94.14	109.77	112.51	150.77
城乡社区支出	Expenditure for Urban and Rural Community Affairs	126.84	147.13	182.05	259.42	330.57	406.01
农林水支出	Expenditure for Agriculture, Forestry and Water Conservancy	267.16	333.79	376.45	419.62	445.97	520.58
交通运输支出	Expenditure for Transportation	129.06	313.42	248.24	265.35	371.49	350.89
资源勘探信息等支出	Expenditures for Affairs of Resource Exploration and Information	71.63	76.27	93.47	109.56	95.12	107.30
商业服务业等支出	Expenditure for Affairs of Commerce and Services	34.96	41.59	34.87	38.06	33.29	44.56
金融支出	Expenditure for Financial Affairs	2.22	5.07	7.51	5.48	5.32	12.86
国土海洋气象等支出	Expenditure for Affairs of Land, Ocean and Weather	32.12	44.67	33.76	44.19	50.94	41.54
住房保障支出	Expenditure for Affairs of Housing Security	68.72	150.28	151.51	167.59	227.89	249.10
粮油物资储备支出	Expenditure for Affairs of Management of Grain & Oil Reserves	15.92	18.97	19.36	17.40	17.35	19.78
其他支出	Other Expenditure	62.47	47.98	48.90	50.65	53.62	3.16

8-3 各市、县(市、区)财政收支(2015年)
Government Revenue and Expenditure by City and County (City and District)

单位：万元 (10 000 yuan)

地区	Region	地方一般预算收入 Local General Bugetary Revenue	一般预算支出 General Bugetary Expenditure
全省	**Shaanxi**	**20599519**	**43760551**
省本级	Provincial Level	5705691	9992883
西安市	**Xi'an**	**6509853**	**9172400**
市本级	City Level	3102199	4788997
新城区	Xincheng	370669	341540
碑林区	Beilin	453335	321992
莲湖区	Lianhu	491623	410484
灞桥区	Baqiao	254221	295407
未央区	Weiyang	378000	282397
雁塔区	Yanta	501690	347450
阎良区	Yanliang	128342	220632
临潼区	Lintong	137407	392195
长安区	Chang'an	377767	534331
高陵区	Gaoling	141334	255372
蓝田县	Lantian	42564	301002
周至县	Zhouzhi	39260	341695
户县	Huxian	91442	338906
铜川市	**Tongchuan**	**231147**	**898623**
市本级	City Level	95521	308801
王益区	Wangyi	22528	97423
印台区	Yintai	16168	113027
耀州区	Yaozhou	74621	273227
宜君县	Yijun	22309	106145
宝鸡市	**Baoji**	**844747**	**2640740**
市本级	City Level	434345	742039
渭滨区	Weibin	56738	157452
金台区	Jintai	51409	140635
陈仓区	Chencang	37806	219520
凤翔县	Fengxiang	47636	220305
岐山县	Qishan	38121	211824
扶风县	Fufeng	31735	201819
眉县	Meixian	33869	179783
陇县	Longxian	30375	154625
千阳县	Qianyang	11477	104636
麟游县	Linyou	21137	95341
凤县	Fengxian	39175	119451
太白县	Taibai	10924	93310
咸阳市	**Xianyang**	**854441**	**3001911**
市本级	City Level	309855	584203
秦都区	Qindu	95394	179622
渭城区	Weicheng	73342	158298
三原县	Sanyuan	48543	212525
泾阳县	Jingyang	28371	219136
乾县	Qianxian	26880	228156
礼泉县	Liquan	23962	215694
永寿县	Yongshou	14800	123377
彬县	Binxian	100210	224096
长武县	Changwu	35075	124968
旬邑县	Xunyi	22443	153941
淳化县	Chunhua	7037	136172
武功县	Wugong	16529	195187
兴平市	Xingping	52000	246536
渭南市	**Weinan**	**720571**	**3360881**
市本级	City Level	142669	453199
临渭区	Linwei	67403	432053
华县	Huaxian	30000	183378
潼关县	Tongguan	31742	142800
大荔县	Dali	21111	300869
合阳县	Heyang	26008	233900
澄城县	Chengcheng	40300	236656
蒲城县	Pucheng	65534	348416
白水县	Baishui	24200	188745
富平县	Fuping	44634	350247
韩城市	Hancheng	187655	344624

8-3 续表 continued

单位：万元 (10 000 yuan)

地 区	Region	地方一般预算收入 Local General Bugetary Revenue	一般预算支出 General Bugetary Expenditure	地 区	Region	地方一般预算收入 Local General Bugetary Revenue	一般预算支出 General Bugetary Expenditure
华阴市	Huayin	39315	145994	横山县	Hengshan	40071	264717
延安市	**Yan'an**	**1611673**	**3156024**	靖边县	Jingbian	187001	331043
市本级	City Level	511072	850207	定边县	Dingbian	230022	343155
宝塔区	Baota	143825	249721	绥德县	Suide	9955	235266
延长县	Yanchang	32700	137408	米脂县	Mizhi	8160	181363
延川县	Yanchuan	30810	188311	佳 县	Jiaxian	10260	178702
子长县	Zichang	44837	160224	吴堡县	Wubu	2836	109127
安塞县	Ansai	144319	204795	清涧县	Qingjian	7896	175256
志丹县	Zhidan	231913	275173	子洲县	Zizhou	7945	196627
吴起县	Wuqi	288168	316301	**安康市**	**Ankang**	**308395**	**2246024**
甘泉县	Ganquan	29016	100133	市本级	City Level	97190	302472
富 县	Fuxian	27707	137700	汉滨区	Hanbin	58546	492528
洛川县	Luochuan	24701	174179	汉阴县	Hanyin	21500	189000
宜川县	Yichuan	12616	115119	石泉县	Shiquan	14696	161888
黄龙县	Huanglong	4750	100810	宁陕县	Ningshan	8215	89699
黄陵县	Huangling	85239	145943	紫阳县	Ziyang	21306	210080
汉中市	**Hanzhong**	**446693**	**2586474**	岚皋县	Langao	10703	145268
市本级	City Level	106260	412724	平利县	Pingli	14245	164530
汉台区	Hantai	107394	264497	镇坪县	Zhenping	6151	74866
南郑县	Nanzheng	71567	293040	旬阳县	Xunyang	42197	250293
城固县	Chenggu	28726	280012	白河县	Baihe	13646	165400
洋 县	Yangxian	24171	247469	**商洛市**	**Shangluo**	**317937**	**1815205**
西乡县	Xixiang	25458	222550	市本级	City Level	42597	219122
勉 县	Mianxian	31243	223185	商州区	Shangzhou	50326	271961
宁强县	Ningqiang	17418	186927	洛南县	Luonan	54859	266941
略阳县	Lueyang	11088	140726	丹凤县	Danfeng	32609	208279
镇巴县	Zhenba	12594	178736	商南县	Shangnan	34497	204575
留坝县	Liuba	6877	70330	山阳县	Shanyang	42113	282617
佛坪县	Foping	3897	66278	镇安县	Zhen'an	30238	214935
榆林市	**Yulin**	**2955817**	**4653570**	柞水县	Zhashui	30698	146775
市本级	City Level	1458535	1167232	**杨凌示范区**	**Yangling**	**92554**	**235816**
榆阳区	Yuyang	243348	409384	区本级	District Level	61384	147746
神木县	Shenmu	585202	809134	杨陵区	Yangling	31170	88070
府谷县	Fugu	164586	252564				

8-4 金融机构人民币信贷收支(年底余额)(2015年)
Summary of Sources & Uses of Funds of Financial Institutions in RMB at Year-end(2015)

单位：亿元 (100 million yuan)

项　　目	Item	2015
资金来源总计	**Total Funds Sources**	**31697.35**
一、各项存款合计	Total Deposits	32415.24
(一)境内存款	Domestic Deposits	32402.08
1、住户存款	Household Deposits	15412.33
2、非金融企业存款	Non Financial Enterprise Deposits	9737.40
3、广义政府存款	Broad Government Deposits	5943.45
4、非银行金融机构存款	Non-bank Financial Institution Deposits	1308.89
(二)境外存款	Overseas Deposits	13.16
二、金融债券	Financial Bond	50.60
三、卖出回购资产	Sell Buy Back Assets	44.37
四、借款及非银行业金融机构拆入	Loan and Non-bank Financial Institution Borrowing	0.83
五、联行往来(净)	Interbank Transactions(net)	
六、应付及暂收款	Accounts Payable and Suspense Credits	685.41
七、各项准备	All Provisions	658.27
八、所有者权益	Owner's Equity	1223.85
九、其他	Others	-3381.22
资金运用总计	**Total Use of Funds**	**31697.35**
一、各项贷款合计	Total Loans	21760.61
(一)境内贷款	Domestic Loans	21759.26
1、住户贷款	Household Loans	5607.43
2、非金融企业及机关团体贷款	Non Financial Enterprise and Organizations and Communities Loans	16150.12
3、非银行业金融机构贷款	Non-bank Financial Institution Loans	1.72
(二)境外贷款	Overseas Loans	1.35
二、债券投资	Investment in Bonds	1451.61
三、股权及其他资产	Equity and Other Assets	1039.48
四、买入返售资产	Buying Back the Sale of Assets	19.89
五、存放非银行业金融机构款项	Deposit of Non-bank Financial Institution	0.18
六、联行往来(净)	Interbank Transactions(net)	6952.00
七、金银占款	Position for Bullion and Silver Purchase	
八、外汇买卖	Foreign Exchange Trading	-0.28
九、应收及预付款	Accounts receivable and Advance Payment	178.20
十、投资性房地产	Investment Real Estates	0.49
十一、固定资产	Fixed Assets	295.16

8-5 证券业主要情况
General Statistics on Securities Markets

指　　标	Item	2014	2015
上市公司情况	**Listed Companies**		
上市公司 (户)	Number of Listed Companies (accounts)	42	43
# A 股 (只)	A Shares (number)	42	43
上市公司总股本 (亿股)	Total Issued Capital of Listed Companies (100 million shares)	406.38	465.23
# 流通股本	Negotiable Shares	256.96	330.33
上市公司股票市价总值 (亿元)	Total Market Capitalization of Listed Companies(100 million yuan)	4845.87	6946.27
# 股票流通市值	Negotiable Market Capitalization	3187.22	5295.34
证券公司及交易情况	**Securities Companies and Trading**		
证券公司 (个)	Number of Securities Companies (number)	3	3
证券营业部 (个)	Security Exchange (number)	179	192
(含外地公司在陕营业部)	(include Nonlocal Exchange in Shaanxi)		
证券交易开户数 (万户)	Total Stock Investors (10 000 accounts)	248	334
证券交易额 (亿元)	Trading Volume (100 million yuan)	23096.3	73584.75
# 股票、基金	Stocks and Funds	17339.79	65531.55
期货交易情况	**Futures Trading**		
期货代理交易额 (亿元)	Agent's Turnover of Futures (100 million yuan)	45318.02	158311.64

8-6 保险业保费收入(2015年)
Premium of Insurance Transactions (2015)

单位：万元　　(10 000 yuan)

地　区	Region	保费收入 Premium		赔款与给付 Payment	
		人身险 Life Insurance	财产险 Property Insurance	人身险 Life Insurance	财产险 Property Insurance
全　省	**Shaanxi**	**3956955**	**1767529**	**1016579**	**923044**
省本级	Provincial Level	3078	61748	459	36939
西安市	Xi'an	1794633	835526	469652	406530
铜川市	Tongchuan	56406	28926	15113	15280
宝鸡市	Baoji	405680	121329	114688	57457
咸阳市	Xianyang	427110	156757	122622	79083
渭南市	Weinan	414683	134698	97308	79143
延安市	Yan'an	133090	97695	31493	55762
汉中市	Hanzhong	314923	81434	69540	41155
榆林市	Yulin	148979	163551	27319	103940
安康市	Ankang	138813	52828	29492	27852
商洛市	Shangluo	119562	33037	38894	19903

主要统计指标解释

财政收入 指国家财政参与社会产品分配所取得的收入，是实现国家职能的财力保证。主要包括：

（1）各项税收：包括国内增值税、国内消费税、进口货物增值税和消费税、出口货物退增值税和消费税、营业税、企业所得税、个人所得税、资源税、城市维护建设税、房产税、印花税、城镇土地使用税、土地增值税、车船税、船舶吨税、车辆购置税、关税、耕地占用税、契税、烟叶税等。

（2）非税收入：包括专项收入、行政事业性收费、罚没收入和其他收入。

财政支出 指国家财政将筹集起来的资金进行分配使用，以满足经济建设和各项事业的需要。主要包括：

（1）一般公共服务：指政府提供基本公共管理与服务的支出，包括人大事务、政协事务、政府办公厅（室）及相关机构事务、发展与改革事务、统计信息事务、财政事务、税收事务、审计事务、海关事务、人力资源事务、纪检监察事务、人口与计划生育事务、商贸事务、知识产权事务、工商行政管理事务、国土资源事务、海洋管理事务、测绘事务、地震事务、气象事务、民族事务、宗教事务、港澳台侨事务、档案事务、共产党事务、民主党派事务及工商联事务、群众团体事务、彩票事务等。

（2）外交：指政府外交事务支出，包括外交行政管理、驻外机构、对外援助、国际组织、对外合作与交流、边界勘界联检等方面的支出。

（3）国防：指政府用于国防方面的支出，包括用于现役部队、预备役部队、民兵、国防科研事业、专项工程、国防动员等方面的支出。

（4）公共安全：指政府维护社会公共安全方面的支出，包括武装警察、公安、国家安全、检察、法院、司法行政、监狱、劳教、国家保密、缉私警察等。

（5）教育：指政府教育事务支出，包括教育行政管理、学前教育、小学教育、初中教育、普通高中教育、普通高等教育、初等职业教育、中专教育、技校教育、职业高中教育、高等职业教育、广播电视教育、留学生教育、特殊教育、干部继续教育、教育机关服务等。

（6）科学技术：指用于科学技术方面的支出，包括科学技术管理事务、基础研究、应用研究、技术研究与开发、科技条件与服务、社会科学、科学技术普及、科技交流与合作等。

（7）文化教育与传媒：指政府在文化、文物、体育、广播影视、新闻出版等方面的支出。

（8）社会保障和就业：指政府在社会保障与就业方面的支出，包括社会保障和就业管理事务、民政管理事务、财政对社会保险基金的补助、补充全国社会保障基金、行政事业单位离退休、企业改革补助、就业补助、抚恤、退役安置、社会福利、残疾人事业、城市居民最低生活保障、其他城镇社会救济、农村社会救济、自然灾害生活救助、红十字事务等。

（9）医疗卫生：指政府医疗卫生方面的支出，包括医疗卫生管理事务支出、医疗服务支出、医疗保障支出、疾病预防控制支出、卫生监督支出、妇幼保健支出、农村卫生支出等。

（10）环境保护：指政府环境保护支出，包括环境保护管理事务支出、环境监测与监察支出、污染治理支出、自然生态保护支出、天然林保护工程支出、退耕还林支出、风沙荒漠治理支出、退牧还草支出、已垦草原退耕还草、能源节约利用、污染减排、可再生能源和资源综合利用等支出。

（11）城乡社区事务：指政府城乡社区事务支出，包括城乡社区管理事务支出、城乡社区规划与管理支出、城乡社区公共设施支出、城乡社区住宅支出、城乡社区环境卫生支出、建设市场管理与监督支出等。

（12）农林水事务：指政府农林水事务支出，包括农业支出、林业支出、水利支出、扶贫支出、农业综合开发支出等。

（13）交通运输：指政府交通运输和邮政业方面的支出，包括公路运输支出、水路运输支出、铁路运输支出、民用航空运输支出、邮政业支出等。

（14）工业商业金融等事务：指政府对工业、商业及金融等方面的支出，包括采掘业支出、制造业支出、建筑业支出、工业和信息产业监管支出、国有资产监管支出、商业流通事务支出、金融业监管支出、旅游业管理与服务支出等。

中央财政收入和地方财政收入 指按现行分税制财政体制划分的中央本级收入和地方本级收入。属于中央财政的收入包括关税，进口货物增值税和消费税，出口货物退增值税和消费税，消费税，铁道部门、各银行总行、各保险公司总公司等集中交纳的营业税和城市维护建设税，增值税 75%部分，纳入共享范围的企业所得税 60%部分，未纳入共享范围的中央企业所得税、中央企业上交的利润，个人所得税 60%部分，车辆购置税，船舶吨税，证券交易印花税 97%部分，海洋石油资源税，中央非税收入等。属于地方财政的收入包括营业税（不含铁道部门、各银行总行、各保险公司总公司集中交纳的营业税），地方企业上交利润，城市维护建设税（不含铁道部门、各银行总行、各保险公司总公司集中交纳的部分），房产税，城镇土地使用税，土地增值税，车船税，耕地占用税，契税，烟叶税，印花税，增值税 25%部分，纳入共享范围的企业所得税 40%部分，个人所得税 40%部分，证券交易印花税 3%部分，海洋石油资源税以外的其他资源税，地方非税收入等。

信贷资金 指金融机构以信用方式积聚和分配的货币资金。金融机构信贷资金的来源有各项存款、金融债券、对国际金融机构负债、流通中现金、其他项目等；信贷资金的运用有各项贷款、有价证券及投资、金银占款、外汇占款、财政借款及在国际金融机构中的资产等。

存款 指企业、机关、团体或居民根据资金必须收回的原则，把货币资金存入银行或其他信贷机构保管并取得一定利息的一种信用活动形式。根据存款对象或性质的不同可划分为单位存款、个人存款、财政性存款、临时性存款、委托存款、其他存款等科目。它是银行信贷资金的主要来源。

贷款 指银行或其他信贷机构根据资金必须归还的原则，按一定利率，为企业、个人等提供资金的一种信用活动形式。银行贷款分为境内贷款和境外贷款，境内贷款有短期贷款、中长期贷款、融资租赁、票据融资等。

保险公司 在中国境内的、经过保险监督管理部门批准设立，并依法登记注册的各类商业保险公司。

保险金额 指保险人承担赔偿或者给付保险金责任的最高限额。

保费 指投保人为取得保险人在约定范围内所承担赔偿责任而支付给保险人的费用。

赔款 指保险人根据保险合同的规定，向被保险人支付的赔偿保险责任损失的金额。

给付 包括死伤医疗给付和满期给付。死伤医疗给付是指保险人根据人寿保险及长期健康保险合同的规定，因被保险人在保险期内发生保险责任范围内的保险事故支付给被保险人(或受益人)的金额。满期给付是指被保险人生存期满，保险人按人寿保险合同规定支付给被保险人的满期保险金额。

Explanatory Notes on Main Statistical Indicators

Government Revenue refers to income for the government finance through participating in the distribution of social products. It is the financial guarantee to ensure government functioning. The contents of government revenue include the following main items:

(1) Various tax revenues, including domestic value added tax (VAT), domestic consumption tax, VAT and consumption tax from imports, VAT and consumption tax rebate for exports, business tax, corporate income tax, individual income tax, resource tax, city maintenance and construct tax, house property tax, stamp tax, urban land use tax, land appreciation tax, tax on vehicles and boat operation, ship tonnage tax, vehicle purchase tax, tariffs, farm land occupation tax, deed tax, and tobacco leaf tax, etc.

(2) Non-tax revenue, including special program receipts, charge of administrative and institutional units, penalty receipts and others non-tax receipts.

Government Expenditure refers to the distribution and use of the funds which the government finance has raised, so as to meet the needs of economic construction and various causes. It includes the following main items:

(1) Expenditure for general public services: It refers to the spending on the basic public management and services which provided by governments, including the expense on affairs of People's Congress, affairs of People's Political Consultative Conference, affairs of government general office and relative institutions, affairs of development and reform, affairs of statistics, affairs of finance, affairs of taxation, affairs of audit, affairs of customs, affairs of human resources and social security, affairs of discipline inspection and supervision, affairs of population and family planning, affairs of commerce and trade, affairs of intellectual property, affairs of administration for industry and commerce, affairs of land and resources, affairs of oceanic administration, affairs of surveying and mapping, affairs of earthquake, ethnic affairs, religious affairs, affairs of Hong Kong, Macao, Taiwan, and Overseas Chinese, affairs of archives administration, affairs of Chinese Communist Party, affairs of democratic parties and federation of industry and commerce, affairs of mass organization, and affairs of lottery, etc.

(2) Expenditure for foreign affairs: It refers to the spending of government on foreign affairs, including the expense on administration of foreign affairs, missions overseas, external assistance, international organizations, foreign cooperation and communication, surveying and joint inspection on borderline, etc.

(3) Expenditure for national defence: It refers to the spending of government on national defence, including the expense on active force, reserve force, militia, scientific research on national defence, special projects, mobilization of national defence, etc.

(4) Expenditure for public security: It refers to the spending of government on maintaining social and public security, including the expense on armed police force, public security, state security, prosecution, courts, justice, prison, labour education and rehabilitation, protection of state secrecy, anti-smuggling police, etc.

(5) Expenditure for education: It refers to the spending of government on education, including the expense on the administration of education, pre-primary education, primary education, secondary education, high school education, regular higher education, primary vocational education, secondary vocational education, technical school education, vocational high school education and higher vocational education, radio and television education, student abroad education, special education, on the job training of cadres, education authorities services, etc.

(6) Expenditure for science and technology: It refers to the spending of government on science and technology (S&T), including the expense on the administration of S&T, basic research, applied research, research and development, conditions and services of S&T, popularization of social science, science and technology, exchanges and cooperation of S&T, etc.

(7) Expenditure for culture, sport and media: It refers to the spending of government on culture, cultural heritage, sports, radio, film, television, press and publication, etc.

(8) Expenditure for social safety net and employment effort: It refers to the spending of government on social safety net and employment, including the expense on administration of social safety net and employment, civil affairs, budgetary subsidy on the social insurance funds, subsidy on National Social Security Fund, retirees of administrative units and institutions, subsidy on enterprise reform, subsidy on employment effort, pension, placement of ex-serviceman, social welfare, the handicapped undertakings, the system of cost of living allowances for urban residents, other urban social relief, rural social relief, living relief of natural disasters, affairs of Red Cross Society, etc.

(9) Expenditure for medical and health care: It refers to the spending of government on medical and health care, including the expense on administration of medical and health care, medical services, health care, disease prevention and control, health inspection and supervision, women and children's health, rural health care, etc.

(10) Expenditure for environment protection: It refers to the spending of government on environment protection, including the expense on administration of environment protection, environment monitoring and supervision, pollution control, natural ecology protection, project of virgin forests protection, reforesting farmland, controlling the sources of dust storms, returning pastureland to grassland, returning pastureland to grassland, returning cultivated land to grassland, energy conservation, emissions reduction, comprehensive utilization of

renewable energy and resources, etc.

(11) Expenditure for urban and rural community affairs: It refers to the spending of government on urban and rural community affairs, including the expense on administration of urban and rural community, planning and management of urban and rural community, public facilities of urban and rural community, housing of urban and rural community, sanitation of urban and rural community, management and supervision on the construction market, etc.

(12) Expenditure for agriculture, forestry and water conservancy: It refers to the spending of government on agriculture, forestry and water conservancy, including the expense on agriculture, forestry, water conservancy, poverty alleviation, comprehensive agricultural development, etc.

(13) Expenditure for transportation: It refers to the spending of government on transportation and postal services, including the expense on road transportation, waterway transportation, railway transportation, civil aviation transportation, and postal services.

(14) Expenditure for industry, commerce and banking: It refers to the spending of government on industry, commerce and banking, including the expense on mining, manufacturing, construction, industry and information technology supervision and administration, State-owned assets supervision and administration, commerce and circulation affairs, financial intermediation supervision and administration, tourism administration and service, etc.

Revenue of the Central Government and Revenue of the Local Governments refers to the revenue collected by the Central Government and that by the local governments as defined by the decentralized taxation system. In accordance with this system, the revenue of the Central Government includes tariff, VAT and consumption tax from imports, VAT and consumption tax rebate for exports, consumption tax, business tax and city maintenance and construct tax from the Ministry of Railways, head offices of banks, head offices of insurance company, which are handed over to the government in a centralized way, 75% of the value added tax, 60% the share part of the corporate income tax, unshared part of corporate income tax of the central enterprises, profit handed in by the central enterprises, 60% of individual income tax, vehicle purchase tax, ship tonnage tax, 97% of stamp tax on securities transactions, resource tax on the offshore petroleum resources. The revenue of the local governments includes business tax (excluding the part of the Ministry of Railways, head offices of banks, head offices of insurance company, which are handed over to the government in a centralized way), profit handed in by the local enterprises, city maintenance and construct tax (excluding the part of the Ministry of Railways, head offices of banks, head offices of insurance company, which are handed over to the government in a centralized way), house property tax, urban land use tax, land appreciation tax, tax on vehicles and boat operation, farm land occupation tax, deed tax, and tobacco leaf tax, stamp tax, 25% of the value added tax, 40% the share part of the corporate income tax, 40% of individual income tax, 3% of stamp tax on securities transactions, resource tax other than the tax on offshore petroleum resources, local non-tax revenue, etc.

Credit Funds refer to the monetary funds accumulated and distributed in the means of credit by the financial institutions. The sources of credit funds include various deposits, financial bonds, liabilities to international financial institutions, currency in circulation, other items. The uses of credit funds include loans, securities and investment, position for bullion and silver purchase, position for foreign exchange purchase, advances to treasury, and assets with international financial institutions.

Deposit is a form of credit by which enterprises, institutions, organizations or households can put money into banks and other credit institutions for safekeeping and interest earning under the principle of free withdrawal. According to different depositors, deposits are divided into corporate deposits, personal deposits, fiscal deposits, temporary deposits, entrusted deposits, other deposits and etc. Deposits are major sources of the credit funds of banks.

Loan is a form of credit by which banks and other credit institutions provide funds at certain interest rate to enterprises and individuals in the light of the principle of unconditional repayment. Loans from Chinese banks include short-term loan, medium- term and long-term loans, entrusted loans, and other loans.The bank loans are divided into domestic loans and overseas loans. The domestic loans include short-term loans, medium & long-term loans, financial lease, bill financing and etc.

Insurance Companies refer to commercial insurance companies of various forms registered by law and established in China with the approval of insurance regulatory agencies.

Amount Insured refers to the maximum that the insurant will get for the claim of the case insured.

Premium is the fee paid by the insurant to the insurer to obtain the obligation of compensation from the insurance within the agreed terms.

Settled Claim is the compensation paid by the insurer to the insurant in accordance with the insurance contract.

Payment includes payment for death, injury or medical treatment and payment at maturity. Payment for death, injury or medical treatment refers to the money paid to the insurant (or the beneficiary) in accordance with the life or health insurance contract when the insurant encounters accidents within the insured period covered in the contract. Payment at maturity refers to the payment to the insurant in accordance with the life insurance contract at the end of the insured period.

九、价格指数

Price Indices

资料整理：王国强　姚小清　邹　悦　马　瑞　种都权

简 要 说 明

一、本篇资料反映生产、流通、消费与投资等环节的价格变动情况。主要包括居民消费价格指数、商品零售价格指数、农业生产资料价格指数、工业生产者价格指数、农产品生产价格指数、固定资产投资价格指数和房地产价格指数。

二、本篇资料由国家统计局陕西调查总队提供。

三、居民消费价格指数、商品零售价格指数采用抽样调查和重点调查相结合的方法编制，即选择不同经济区域的市、县以及有代表性的商品和服务项目作为样本，对其市场价格进行定期调查，以样本推断总体。

四、工业生产者价格指数采用重点调查与典型调查相结合的方法统计。重点调查对象为规模以上工业企业，典型调查对象为规模以下工业企业。

五、固定资产投资价格指数采用重点调查与典型调查相结合的方法统计。

六、农产品生产价格指数采用抽样调查和重点调查相结合的调查方法进行统计。

Brief Introduction

Ⅰ. This chapter reflects price changes in production, circulation, consumption and investment, mainly including consumer price indices, retail price indices, price indices of means of agricultural production, industrial producers' price indices, producers' price indices for farm products, price indices for investment in fixed assets and real estate price indices.

Ⅱ. The data are provided by NBS Survey Office in Shaanxi.

Ⅲ. The data for the calculation of consumer price indices and retail price indices in the province are collected through stratified random sampling. Cities and counties distributed in different economic regions of the province are selected as sample areas, and representative commodities and services are selected as sample commodities and services. Regular surveys are conducted to collect data on market prices. The data on the population are estimated on the basis of the sample.

Ⅳ. The industrial producers price indices are collected through key-point survey combined with typical survey. The key investigation objects are the industrial enterprises above designated size. The typical investigation objects are the industrial enterprises below designated size.

Ⅴ. The data for the calculation of price indices of investment in fixed assets are collected through key-point survey combined with typical survey.

Ⅵ. The data for the calculation of producers' price indices of farm products are collected through sampling survey combined with key-point survey.

9.价格指数

2015 年全省	
居民消费价格指数（上年=100）	101.0
#城 市	100.9
工业生产者出厂价格指数（上年=100）	90.8
工业生产者购进价格指数（上年=100）	95.2

居民消费价格指数

（上年=100）

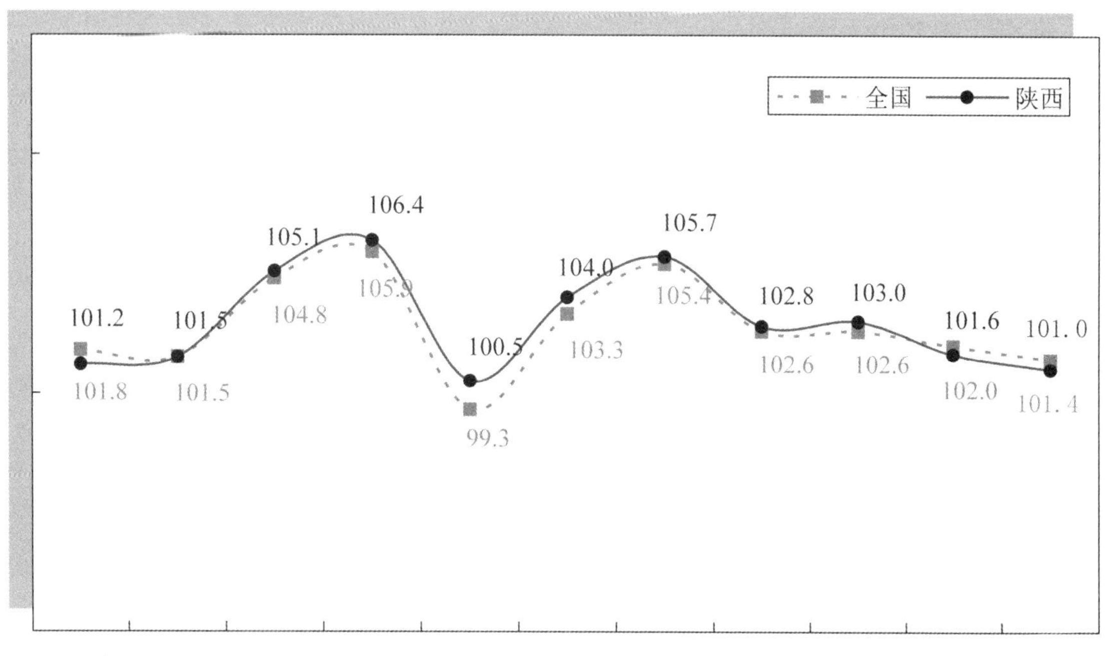

9-1 商品零售价格和居民消费价格指数
Retail Price Indices and Consumer Price Indices

年 份 Year	上年价格=100 preceding year=100			1978年价格=100 1978=100		
	商品零售价格指数 Retail Price Index	居民消费价格指数 Consumer Price Index	# 城市居民 Urban Household	商品零售价格指数 Retail Price Index	居民消费价格指数 Consumer Price Index	# 城市居民 Urban Household
1979	101.6	101.7	101.4	101.6	101.7	101.4
1980	104.7	105.3	105.4	106.4	107.1	106.9
1981	103.0	103.6	103.6	109.6	111.0	110.7
1982	101.0	101.4	100.4	110.7	112.6	111.7
1983	101.5	101.5	102.2	112.4	114.3	113.5
1984	103.9	103.0	103.4	116.8	117.7	117.4
1985	106.5	107.0	107.6	124.4	125.9	126.3
1986	105.2	106.0	106.6	130.9	133.5	134.6
1987	108.6	108.6	109.2	142.2	145.0	147.0
1988	119.0	119.1	120.1	169.2	172.7	176.5
1989	118.8	118.3	117.6	201.0	204.3	207.6
1990	101.6	101.3	102.6	204.2	207.0	213.0
1991	105.8	106.0	107.3	216.0	219.4	228.5
1992	109.5	109.7	111.2	236.5	240.7	254.1
1993	111.8	111.8	114.0	264.4	269.1	289.7
1994	125.9	126.7	128.2	332.9	340.9	371.4
1995	117.0	119.0	118.0	389.5	405.7	438.3
1996	108.1	109.7	110.3	421.0	445.1	483.4
1997	101.6	104.8	105.2	427.7	466.5	508.6
1998	96.2	98.4	97.7	411.4	459.0	496.9
1999	97.5	97.8	97.2	401.1	448.9	483.0
2000	98.3	99.5	100.3	394.3	446.7	484.4
2001	99.1	101.0	100.1	390.8	451.2	484.9
2002	98.6	98.9	98.2	385.3	446.2	476.2
2003	100.5	101.7	100.8	387.2	453.8	480.0
2004	102.5	103.1	103.0	396.9	467.9	494.4
2005	100.1	101.2	100.9	397.3	473.5	498.8
2006	101.8	101.5	102.1	404.5	480.6	509.3
2007	105.0	105.1	105.2	424.7	505.1	535.8
2008	106.9	106.4	106.2	454.0	537.4	569.0
2009	99.9	100.5	100.0	453.5	540.1	569.0
2010	103.6	104.0	103.7	469.8	561.7	590.1
2011	104.8	105.7	105.7	492.4	593.7	623.7
2012	102.3	102.8	102.6	503.7	610.3	639.9
2013	101.8	103.0	102.8	512.8	628.6	657.8
2014	100.7	101.6	101.6	516.4	638.7	668.3
2015	99.8	101.0	100.9	515.4	645.1	674.3

9-2 商品零售价格分类指数(2015年)
Retail Price Indices by Category (2015)

(上年价格=100) (preceding year=100)

项　　目	Item	全 省 Provincial Indices	城 市 Urban Indices	农 村 Rural Indices
商品零售价格总指数	**Retail Price Index**	**99.8**	**99.8**	**100.0**
一、食　品	**Food**	**100.8**	**100.8**	**101.1**
1.粮　食	Grain	103.2	103.6	101.2
2.淀粉及制品	Starches and Tubers	98.5	97.6	102.0
3.干豆类及豆制品	Beans and Bean Products	103.6	103.6	103.4
4.油　脂	Oil or Fat	96.7	96.8	96.3
5.肉禽及其制品	Meat, Poultry and Processed Products	104.9	105.2	102.7
(1)食用畜肉及副产品	Starches	105.2	105.4	103.7
(2)禽	Bean and Its Products	107.1	107.9	101.7
(3)肉禽加工制品	Poultry Product	102.2	102.4	100.3
6.蛋	Eggs	93.5	93.6	92.8
7.水产品	Aquatic Products	100.4	100.3	102.1
(1)鱼	Fish	99.6	99.4	101.5
(2)其它水产品	Others	102.7	102.6	104.1
8.菜	Vegetables	99.8	99.0	104.2
9.调味品	Flavoring	103.8	104.1	102.2
10.糖	Sugar	99.8	99.7	100.5
11.干鲜瓜果	Dried and Fresh Melons and Fruits	93.6	93.3	95.5
12.糕点饼干面包	Cake, Biscuit and Bread	101.1	101.0	102.5
13.液体乳及乳制品	Milk and Its Products	99.6	99.6	99.2
14.在外用膳食品	Outward Dinner Food	101.5	101.4	102.3
15.其它食品	Other Foods	101.6	101.0	103.9
二、饮料、烟酒	**Beverages, Tobacco and Liquor**	**102.4**	**102.4**	**102.5**
1.茶及饮料	Tea and Beverages	102.4	102.5	101.2
(1)茶　叶	Tea	106.6	107.3	101.8
(2)饮　料	Beverages	99.5	99.3	100.8
2.烟　草	Tobacco	103.7	103.4	105.3
3.酒	Liquor	100.4	100.5	100.0
三、服装、鞋帽	**Garments, Shoes and Hats**	**102.8**	**103.1**	**100.7**
1.服　装	Garments	101.2	101.3	100.6
(1)男式服装	Man's Garments	99.6	99.5	100.4
(2)女式服装	Woman's Garments	101.7	101.8	100.4
(3)儿童服装	Children's Garments	104.0	104.8	101.3
2.鞋袜帽	Footgear and Hats	107.0	108.0	100.7
(1)鞋	Shoes	107.8	108.9	100.5
(2)袜　子	Socks and Stockings	101.6	101.5	102.0
(3)帽　子	Hats	97.5	96.6	100.5
3.其　它	Others	98.5	98.0	101.5

9-2 续表 continued

(上年价格=100) (preceding year=100)

项 目	Item	全 省 Provincial Indices	城 市 Urban Indices	农 村 Rural Indices
四、纺织品	**Textiles**	**99.5**	**99.4**	**100.0**
1.衣着材料	Clothing	101.2	101.1	101.6
2.床上用品	Bedding	98.4	98.4	98.5
五、家用电器及音像器材	**Household Appliances, Music and Video Equipment**	**96.5**	**96.2**	**98.0**
1.家庭设备	Household Facilities	96.8	96.5	99.0
2.文娱用耐用消费品	Durable Consumer Goods for Recreation	95.2	95.0	96.5
3.音像器材	Audiovisual Articles	99.2	99.2	100.1
六、文化办公用品	**Cultural and Office Appliances**	**101.8**	**102.1**	**100.1**
七、日用品	**Articles for Daily Use**	**100.8**	**100.7**	**101.3**
1.日用百货	General Merchandise for Daily Use	99.4	99.1	101.3
2.日用杂品	Miscellaneous for Daily Use	102.4	102.5	101.5
3.洗涤用品	Washing Goods	103.1	103.6	100.2
4.其它日用品	Others	99.1	98.6	102.5
八、体育娱乐用品	**Sports and Recreation Articles**	**101.4**	**101.3**	**103.0**
1.体育用品	Sports Articles	100.9	100.8	101.6
2.娱乐用品	Recreational Articles	102.0	101.7	104.5
九、交通、通信用品	**Transportation and Communication Appliances**	**96.8**	**96.8**	**97.4**
1.交通运输机械	Means of Transportation	97.0	96.8	100.1
2.通讯器材	Means of Communication	96.2	96.7	95.3
十、家 具	**Furniture**	**99.4**	**99.2**	**100.7**
十一、化妆品	**Cosmetics**	**100.9**	**101.0**	**100.6**
十二、金银珠宝	**Gold, Silver and Jewelry**	**89.4**	**88.6**	**95.0**
十三、中西药品及医疗保健用品	**Traditional Chinese and Western Medicines and Health Care Articles Care Articles**	**103.1**	**103.2**	**102.6**
1.医疗器具及用品	Medical Apparatus and Article	104.4	104.9	100.7
2.中药材及中成药	Traditional Chinese Medicinal Materials and Medicines	101.3	101.1	102.5
3.西 药	Western Medicines	104.9	105.1	103.3
4.保健器具及用品	Health Care Equipment and Articles	102.2	102.5	100.4
十四、书报杂志及电子出版物	**Books, Newspapers, Magazines and Electronic Publications**	**101.9**	**101.9**	**101.7**
1.教材及参考书	Teaching Materials and Reference Books	100.1	99.9	101.8
2.书报杂志	Newspapers and Magazines	103.7	103.9	102.0
3.电子音像制品	Electronic Audiovisual Products	102.9	103.2	101.0
十五、燃 料	**Fuels**	**92.6**	**92.7**	**92.0**
1.煤炭及制品	Coal and Coal Products	98.4	98.4	98.6
2.石油及制品	Petroleum and its Products	90.8	91.0	89.4
十六、建筑材料及五金电料	**Building Materials and Hardware**	**98.1**	**97.5**	**101.4**
1.建筑装璜材料	Building Decoration Materials	96.9	96.7	98.1
2.五金电料	Hardware	101.1	99.6	109.5

9-3 居民消费价格分类指数(2015年)
Consumer Price Indices by Category (2015)

(上年价格=100) (preceding year=100)

项目	Item	全省 Provincial Indices	城市 Urban Indices	农村 Rural Indices
居民消费价格总指数	**Consumer Price Index**	**101.0**	**100.9**	**101.1**
非食品价格指数	Non-food Price Index	101.0	100.9	101.1
服务项目价格指数	Services Price Index	101.5	101.3	101.9
扣除鲜菜鲜果总指数	Index net of Fresh Vegetables and Fruit	101.2	101.2	101.1
消费品价格指数	Consumer Price Index	100.8	100.7	100.8
一、食　品	**Food**	**100.9**	**100.8**	**101.2**
1.粮　食	Grain	102.7	103.5	101.3
2.淀粉及制品	Starches and Tubers	99.6	98.0	101.8
3.干豆类及豆制品	Beans and Bean Products	103.3	103.5	102.8
4.油　脂	Oil or Fat	96.6	96.9	96.2
5.肉禽及其制品	Meat, Poultry and Processed Products	104.4	105.1	102.9
(1)食用畜肉及副产品	Poultry Meat and By-product	105.0	105.5	103.9
(2)禽	Poultry	105.4	107.7	101.6
(3)加工肉禽	Poultry Product	101.9	102.5	100.3
6.蛋	Eggs	93.6	93.8	93.3
7.水产品	Aquatic Products	100.7	100.3	102.0
(1)鱼	Fish	99.7	99.2	101.4
(2)其它水产品	Others	103.3	103.1	104.1
8.菜	Vegetables	101.0	99.1	104.8
9.调味品	Flavoring	103.5	104.6	101.9
10.糖	Carbohydrate	100.0	99.6	100.7
11.茶及饮料	Tea and Beverages	101.6	101.7	101.4
(1)茶　叶	Tea	105.2	106.2	102.0
(2)饮　料	Beverages	99.7	99.4	101.0
12.干鲜瓜果	Dried and Fresh Melons and Fruits	93.9	93.3	95.3
13.糕点饼干面包	Cake, Biscuit and Bread	101.5	101.2	102.3
14.液体乳及乳制品	Milk and Its Products	99.6	99.7	99.3
15.在外用膳食品	Dining Out	101.8	101.5	102.4
16.其它食品	Other Foods	103.7	104.0	103.0
二、烟　酒	**Tobacco and Liquor**	**102.4**	**102.2**	**103.1**
1.烟　草	Tobacco	104.0	103.5	105.2
2.酒	Liquor	100.1	100.2	99.9
三、衣　着	**Clothing**	**102.3**	**103.0**	**100.6**
1.服　装	Garments	101.1	101.3	100.6
(1)男式服装	Man's Garments	100.0	99.8	100.5
(2)女式服装	Woman's Garments	101.5	101.9	100.3
(3)儿童服装	Children's Garments	103.2	105.0	101.5
2.衣着材料	Clothing Material	101.1	101.1	101.2
3.鞋袜帽	Footgear and Hats	105.5	107.8	100.3
(1)鞋	Shoes	106.2	108.8	100.0
(2)袜　子	Socks and Stockings	101.7	101.3	102.3
(3)帽　子	Hats	98.6	96.7	100.8
4.衣着加工服务费	Clothing Manufacturing Services	105.5	107.2	102.7

9-3 续表 continued

(上年价格=100) (preceding year=100)

项 目	Item	全 省 Provincial Indices	城 市 Urban Indices	农 村 Rural Indices
四、家庭设备用品及维修服务	**Household Facilities, Articles and Services**	**99.8**	**99.6**	**100.3**
1.耐用消费品	Durable Consumer Goods	98.3	97.7	99.8
(1)家 具	Furniture	99.8	99.3	101.1
(2)家庭设备	Household Facilities	97.2	96.6	98.9
2.室内装饰品	Interior Decorations	99.7	99.7	99.8
3.床上用品	Bed Articles	98.5	98.5	98.7
4.家庭日用杂品	Daily Use Household Articles	101.4	101.6	100.8
5.家庭服务及加工维修服务	Household Services and Maintenance and Renovation	103.2	103.0	103.6
五、医疗保健和个人用品	**Health Care and Personal Articles**	**102.0**	**102.1**	**102.0**
1.医疗保健	Health Care	102.4	102.4	102.5
(1)医疗器具及用品	Medical Instrument and Articles	102.7	104.2	100.5
(2)中药材及中成药	Traditional Chinese Medicine	101.7	101.1	103.2
(3)西 药	Western Medicine	104.5	104.8	103.7
(4)保健器具及用品	Health Care Appliances and Articles	101.8	102.3	100.4
(5)医疗保健服务	Health Care Services	100.8	100.9	100.5
2.个人用品及服务	Personal Articles and Services	101.1	101.1	101.0
(1)化妆美容用品	Cosmetics	100.7	100.6	101.2
(2)清洁化妆用品	Sanitation Articles	101.0	101.2	100.7
(3)个人饰品	Personal Ornaments	96.2	94.4	98.9
(4)个人服务	Personal Services	103.8	104.4	102.4
六、交通和通信	**Transportation and Communication**	**99.7**	**99.8**	**99.5**
1.交 通	Transportation	100.5	100.6	100.2
(1)交通工具	Transportation Facility	99.1	97.3	101.1
(2)车用燃料及零配件	Fuels and Parts	86.8	85.0	89.9
(3)车辆使用及维修费	Fees for Vehicles Use and Maintenance	103.7	104.0	103.0
(4)市区公共交通费	Incity Traffic Fare	107.6	108.8	103.2
(5)城市间交通费	Intercity Traffic Fare	99.1	98.4	100.7
2.通 信	Communication	98.9	98.9	98.7
(1)通信工具	Communication Facility	94.8	95.4	94.1
(2)通信服务	Communication Service	99.6	99.4	100.0
七、娱乐教育文化用品及服务	**Recreation, Education and Culture Articles**	**101.5**	**101.1**	**102.3**
1.文娱用耐用消费品及服务	Durable Consumer Goods for Cultural and Recreational Use and Services	97.6	97.7	97.4
2.教 育	Education	103.3	103.1	103.8
(1)教材及参考书	Teaching Materials and Reference Books	100.4	99.9	101.2
(2)教育服务	Education Services	103.9	103.7	104.5
3.文化娱乐	Cultural and Recreational Articles	101.6	101.6	101.5
(1)文化娱乐用品	Cultural Articles	100.9	100.6	101.4
(2)书报杂志	Newspapers and Magazines	103.5	104.3	101.8
(3)文娱费	Expenditure on Culture and Recreation	101.3	101.3	101.5
4.旅 游	Touring and Outing	98.1	96.7	103.0
八、居 住	**Residence**	**100.2**	**99.9**	**100.7**
1.建房及装修材料	Building and Building Decoration Materials	99.1	98.9	99.4
2.住房租金	Renting	99.7	99.0	101.4
3.自有住房	Private Housing	100.8	100.6	101.2
4.水、电、燃料	Water, Electricity and Fuels	100.0	99.8	100.6

9-4 十九个市、县商品零售价格分类指数(2015年)
Retail Price Indices by Category of 19 Cities and Counties(2015)

(上年价格=100) (preceding year=100)

地 区	Region	总指数 General Index	一、食品 Food	二、饮料烟酒 Beverages, Tobacco and Liquor	三、服装鞋帽 Garments, Shoes and Hats	四、纺织品 Textiles	五、家用电器及音像器材 Household Appliances, Music and Video Equipment	六、文化办公用品 Cultural and Office Appliances	七、日用品 Articles for Daily Use	八、体育娱乐用品 Sports and Recreation Articles
全 省	**Shaanxi**	**99.8**	**100.8**	**102.4**	**102.8**	**99.5**	**96.5**	**101.8**	**100.8**	**101.4**
国家调查点	**National Survey Points**									
西安市	Xi'an	99.7	100.6	103.5	103.4	98.5	95.9	103.2	100.7	101.5
宝鸡市	Baoji	99.4	101.1	97.1	102.1	100.2	97.3	100.7	100.9	99.6
汉台区	Hantai	100.1	101.3	100.6	103.7	108.2	96.7	99.9	99.6	103.5
咸阳市	Xianyan	99.9	101.3	103.5	100.8	97.1	95.5	97.7	100.1	101.5
榆阳区	Yuyang	100.9	101.1	103.8	103.7	103.4	99.4	98.4	101.6	101.5
汉滨区	Hanbin	100.2	101.6	102.5	99.8	101.1	98.6	100.9	100.1	100.1
三原县	Sanyuan	100.5	103.4	102.6	99.1	97.2	97.7	97.9	105.6	106.6
商州区	Shangzhou	100.1	102.2	101.5	100.8	98.6	97.4	99.4	101.0	103.3
省级调查点	**Provincial Survey Points**									
铜川市	Tongchuan	100.1	101.7	100.9	101.4	104.1	100.3	100.5	97.5	101.3
宝塔区	Baota	100.0	100.0	101.5	104.6	100.7	98.6	100.1	100.5	101.2
临渭区	Linwei	99.8	100.9	101.9	101.1	101.8	98.2	98.9	100.4	100.1
西乡县	Xixiang	100.3	102.0	102.0	99.1	99.2	98.4	100.7	101.8	104.4
陇 县	Longxian	100.5	100.1	102.8	100.8	100.3	95.2	97.6	104.3	105.3
洛南县	Luonan	100.5	100.9	102.4	102.1	101.1	98.7	98.1	99.9	101.9
蒲城县	Puchneng	100.3	100.6	102.5	100.1	98.3	98.3	98.9	100.1	100.0
户 县	Huxian	99.8	100.3	102.9	101.2	98.0	98.4	103.3	102.1	104.1
绥德县	Suide	98.8	100.7	102.5	95.7	99.2	96.8	100.9	100.2	107.8
华阴市	Huayin	98.7	99.0	101.4	103.2	101.8	96.5	103.2	100.3	102.0
略阳县	Lueyang	99.5	101.1	101.1	101.6	99.4	97.1	101.0	100.5	100.1

9-4 续表 continued

(上年价格=100) (preceding year=100)

地 区	Region	九、交通通信用品 Transportation and Communication Appliances	十、家具 Furniture	十一、化妆品 Cosmetics	十二、金银珠宝 Gold, Silver and Jewelry	十三、中西药品及医疗保健用品 Traditional Chinese and Western Medicines and Health	十四、书报杂志及电子出版物 Books, Newspapers, Magazines and Electronic Publications	十五、燃料 Fuels	十六、建筑材料及五金电料 Building Materials and Hardware
全 省	**Shaanxi**	**96.8**	**99.4**	**100.9**	**89.4**	**103.1**	**101.9**	**92.6**	**98.1**
国家调查点	**National Survey Points**								
西安市	Xi'an	95.6	99.7	101.0	86.3	104.6	102.1	90.8	97.5
宝鸡市	Baoji	98.4	99.6	101.4	86.8	99.5	100.0	94.6	95.1
汉台区	Hantai	93.8	98.4	99.9	97.8	100.9	101.0	91.9	99.5
咸阳市	Xianyan	99.1	99.9	100.7	94.8	103.3	100.0	92.5	99.9
榆阳区	Yuyang	99.3	103.7	100.6	95.6	101.0	101.7	93.8	101.8
汉滨区	Hanbin	98.9	99.1	100.5	95.8	104.0	101.3	92.2	101.0
三原县	Sanyuan	96.9	101.6	100.9	91.9	101.1	99.1	89.4	99.6
商州区	Shangzhou	95.9	100.5	100.3	92.3	101.6	101.2	93.3	100.6
省级调查点	**Provincial Survey Points**								
铜川市	Tongchuan	92.7	100.2	100.7	94.4	102.7	102.1	94.1	101.8
宝塔区	Baota	98.6	100.0	100.5	88.2	103.1	103.4	95.9	97.6
临渭区	Linwei	100.1	99.0	99.1	87.3	103.7	100.1	89.9	101.4
西乡县	Xixiang	91.2	107.5	102.3	100.8	104.4	105.7	93.2	99.7
陇 县	Longxian	99.4	106.3	101.1	97.2	105.1	103.1	96.9	98.4
洛南县	Luonan	96.1	97.6	100.9	96.2	96.4	99.6	92.1	117.1
蒲城县	Puchneng	102.3	100.1	100.0	97.0	110.4	100.0	91.3	98.9
户 县	Huxian	100.2	99.4	101.0	92.4	102.4	100.1	92.8	96.3
绥德县	Suide	93.3	95.9	100.1	95.6	104.1	107.2	89.0	98.3
华阴市	Huayin	91.3	104.0	99.3	94.9	101.4	105.4	89.2	97.9
略阳县	Lueyang	94.1	100.1	100.6	95.7	101.8	100.4	92.5	97.7

9-5 十九个市、县居民消费价格分类指数(2015年)
Consumer Price Indices by Category and Region of 19 Cities and Counties(2015)

(上年价格=100) (preceding year=100)

地区	Region	总指数 General Index	一、食品 Food	二、烟酒 Tobacco and Liquor	三、衣着 Clothing	四、家庭设备用品及维修服务 Household Facilities, Articles and Services	五、医疗保健和个人用品 Health Care and Personal Articles	六、交通和通信 Transportation and Communication	七、娱乐教育文化用品及服务 Recreation, Education and Culture Articles	八、居住 Residence
全省	**Shaanxi**	**101.0**	**100.9**	**102.4**	**102.3**	**99.8**	**102.0**	**99.7**	**101.5**	**100.2**
国家调查点	**National Survey Points**									
西安市	Xi'an	100.7	100.5	102.6	103.3	99.7	102.2	98.8	101.3	99.7
宝鸡市	Baoji	101.1	101.1	100.8	102.7	100.8	101.6	100.3	101.4	100.5
汉台区	Hantai	102.1	101.0	101.0	104.3	101.3	103.2	98.1	103.8	103.9
咸阳市	Xianyan	100.8	101.8	103.8	100.8	98.4	102.0	98.4	100.6	99.7
榆阳区	Yuyang	101.0	101.2	103.3	103.4	101.9	100.8	99.7	102.5	98.9
汉滨区	Hanbin	101.5	101.5	104.1	99.5	99.1	102.2	99.7	100.8	103.5
三原县	Sanyuan	103.2	103.4	102.8	99.2	99.9	101.9	101.5	112.5	102.1
商州区	Shangzhou	100.7	102.1	101.8	100.4	100.1	100.6	97.5	99.9	100.3
省级调查点	**Provincial Survey Points**									
铜川市	Tongchuan	101.2	101.6	100.8	102.3	101.3	101.3	99.6	102.0	100.0
宝塔区	Baota	101.2	100.0	102.7	104.5	100.2	101.7	101.4	103.2	100.4
临渭区	Linwei	101.0	100.8	101.5	101.5	100.2	101.9	100.8	102.2	100.1
西乡县	Xixiang	101.7	102.2	101.5	99.7	103.3	102.6	98.7	105.1	100.4
陇县	Longxian	102.0	100.8	102.9	101.6	101.8	104.2	100.1	105.0	102.3
洛南县	Luonan	100.5	101.0	103.4	101.9	99.8	99.1	101.1	100.2	99.1
蒲城县	Puchneng	101.0	100.7	103.6	100.0	99.0	105.3	99.9	100.2	100.8
户县	Huxian	100.2	100.6	103.7	101.0	99.2	101.2	98.9	100.2	99.3
绥德县	Suide	99.9	100.4	102.5	95.9	99.9	102.2	98.3	99.8	99.9
华阴市	Huayin	101.0	99.1	101.1	103.0	101.4	103.9	97.8	101.9	103.2
略阳县	Lueyang	101.7	101.2	101.8	101.6	100.7	101.1	98.9	107.0	101.4

9-6 农业生产资料价格指数
Price Indices for Means of Agricultural Production

(上年价格=100) (preceding year=100)

类　　别	Item	2014	2015
总指数	**General Index**	**100.9**	**100.6**
一、农用手工工具	Farm Handtools	101.3	101.2
二、饲　料	Forage	103.4	97.2
混合饲料	Mixed Forage	103.4	98.5
其　他	Others	103.4	95.0
三、产品畜	Commodity Animals	97.9	113.4
幼禽家畜	Poultry and Livestock	97.9	113.4
四、半机械化农具	Semi-mechanized Farm Tools	100.7	100.0
五、机械化农具	Mechanized Farm Machinery	101.7	98.8
农用机械	Farm Machinery	101.7	98.8
六、化学肥料	Chemical Fertilizer	96.8	101.4
氮　肥	Nitrogenous Fertilizer	95.7	101.4
磷　肥	Phosphate Fertilizer	96.3	98.8
钾　肥	Potash Fertilizer	100.3	101.7
复合肥料	Compound Fertilizer	99.5	103.8
七、农药及农药械	Pesticide and Its Appliances	102.0	101.8
化学农药	Chemical Pesticide	102.2	101.5
杀虫剂	Insecticide	100.9	101.6
杀菌剂	Bactericide	102.8	101.2
除草剂	Herbicide	105.3	102.0
农药器械	Appliances for Pesticide	101.4	103.0
八、农用机油	Oil for Farm Machinery	99.1	90.4
九、其他农业生产资料	Other Means of Agricultural Production	104.9	101.6
农用种子	Seeds for Farming	105.8	101.7
其　他	Others	103.3	101.4
农用薄膜	Pellicle for Farming	103.7	101.1
其　他	Others	102.3	102.3
十、农业生产服务	Service for Agricultural Production	105.6	102.1
排灌费	Expenditure of Irrigation and Drainage	108.1	102.2
机械作业费	Expenditure of Mechanical Operations	104.4	101.0
农业用电	Agricultural Electricity	100.2	100.0
农业用工	Agricultural Labor	107.7	105.5

9-7 工业生产者出厂价格指数
Producer Price Index for Industrial Products

(上年价格=100) (preceding year=100)

类　　别	Item	2014	2015
总指数	**General Index**	**97.1**	**90.8**
按轻重工业分	Grouped by Light & Heavy Industries		
轻工业	Light Industry	101.4	100.5
以农产品为原料	Agricultural Products as Raw Materials	101.0	100.2
以非农产品为原料	Non-agricultural Products as Raw Materials	103.0	102.0
重工业	Heavy Industry	96.5	89.4
采掘工业	Mining & Quarrying Industry	93.9	79.0
原料工业	Raw Materials Industry	96.3	87.9
加工工业	Processing Industry	98.4	97.6
按用途分	Grouped by Use		
生产资料	Means of Production	96.5	89.1
采掘工业	Mining & Quarrying Industry	93.9	79.0
原料工业	Raw Materials Industry	96.3	87.8
加工工业	Processing Industry	98.5	97.5
生活资料	Consumer Goods	100.9	100.3
食　品	Food	101.8	101.4
衣　着	Clothing	102.4	97.2
一般工业品	Articles for Daily Use	100.9	101.1
耐用消费品	Durable Consumer Goods	98.0	96.7
按工业部门分	By Department of Industry		
1.冶金工业	Metallurgical Industry	97.0	92.7
2.电力工业	Power Industry	99.0	99.3
3.煤炭及炼焦工业	Coal and Coking Industry	86.0	79.9
4.石油工业	Petroleum Industry	97.6	76.8
5.化学工业	Chemical Industry	98.1	99.5
6.机械工业	Machine Industry	99.8	99.2
7.建筑材料工业	Building Materials Industry	97.9	97.9
8.森林工业	Forestry Industry	101.1	95.5
9.食品工业	Food Industry	101.6	101.0
10.纺织工业	Textile Industry	97.9	95.0
11.缝纫工业	Tailoring Industry	102.6	95.6
12.皮革工业	Leather Industry	99.7	116.6
13.造纸工业	Paper Making Industry	98.0	98.1
14.文教艺术用品工业	Cultural, Education & Handicrafts Article	95.7	100.2
15.其它工业	Other Industry	102.9	100.3

9-8 工业生产者购进价格指数
Purchasing Price Index for Industrial Products

(上年价格=100) (preceding year=100)

类　　别	Item	2014	2015
总指数	**General Index**	**98.5**	**95.2**
一、燃料、动力类	Fuels	97.1	91.3
二、黑色金属材料类	Ferrous Metal Materials	97.7	95.5
钢　材	Steel	97.0	93.8
其　它	Others	99.0	98.5
三、有色金属材料类和电线类	Non-ferrous Metals	98.9	96.5
四、化工原材料类	Chemical Raw Materials	96.6	97.2
五、木材及纸浆类	Timber and Paper Pulp	99.6	99.3
六、建筑材料类及非金属矿类	Building Materials and Non-metal Mineral	97.5	95.5
七、其它工业原材料及半成品	Other Industrial Raw Materials and Half-products	99.6	99.5
八、农副产品类	Farm Products	101.0	96.8
九、纺织原材料类	Textile Raw Materials	101.6	95.4

9-9 固定资产投资价格指数
Price Index of Investment in Fixed Assets

(上年价格=100) (preceding year=100)

类　　别	Item	2014	2015
总指数	**General Index**	**101.1**	**98.8**
一、建筑安装工程	Construction and Installation	101.2	98.4
1.材料费	Material	97.9	94.6
钢　材	Steel	93.9	86.3
木　材	Timber	104.4	103.8
水　泥	Cement	99.8	97.4
地方材料	Local Construction Material	101.4	99.0
化工材料	Chemical Material	100.4	96.7
电　料	Electric Material	99.4	97.6
其它材料	Others	101.8	98.5
2.人工费	Labour	108.0	104.6
3.机械使用费	Machinery	102.3	100.4
二、设备工器具购置	Purchase of Equipment,Tools and Instruments	99.9	99.1
三、其它费用	Others	101.8	100.7

9-10 农产品生产价格指数
Producers' Price Indices for Farm Products

(上年价格=100) (preceding year=100)

类　　别	Item	2014年	2015年
总指数	**General Index**	**102.1**	**96.3**
一、农业产品	Planting Products	104.8	94.7
#小　麦	Wheat	104.4	98.1
玉　米	Corn	103.4	91.4
油　料	Oil-bearing Crops	95.9	100.8
水　果	Fruit	110.9	87.3
二、林业产品	Forestry Products	98.9	81.8
三、饲养动物及其产品	Animal Feeding and Products	96.6	100.1
#活　猪	Live pigs	90.6	108.4
鸡　蛋	Eggs	107.0	95.3
四、渔业产品	Fishery Products	101.5	102.4

9-11 西安市住宅销售价格指数
Sales Price Index of Residential Buildings and Second-hand House in Xi'an

(上年价格=100) (preceding year=100)

类　　别	Item	2014	2015
新建住宅销售价格指数	**Sales Price Index of New Residential Buildings**	**103.7**	**96.2**
新建商品住宅	New Commercialized Residential Buildings	104.1	95.8
1.90平方米以下	Less Than 90 Sq.m	104.2	95.7
2.90－144平方米	90-144 Sq.m	103.5	96.5
3.144平方米以上	144 Sq.m and more	105.1	94.5
二手住宅销售价格指数	**Sales Price Index of Second-hand House**	**99.8**	**93.3**
1.90平方米以下	Less Than 90 Sq.m	99.7	94.0
2.90－144平方米	90-144 Sq.m	99.8	92.9
3.144平方米以上	144 Sq.m and more	100.1	93.4

主要统计指标解释

居民消费价格指数 是反映一定时期内城乡居民所购买的生活消费品价格和服务项目价格变动趋势和程度的相对数，是对城市居民消费价格指数和农村居民消费价格指数进行综合汇总计算的结果。该指数可以观察和分析消费品的零售价格和服务项目价格变动对城乡居民实际生活费支出的影响程度。

城市居民消费价格指数 是反映一定时期内城市居民家庭所购买的生活消费品价格和服务项目价格变动趋势和程度的相对数。该指数可以观察和分析消费品的零售价格和服务项目价格变动对城镇职工货币工资的影响，作为研究职工生活和确定工资政策的依据。

农村居民消费价格指数 是反映一定时期内农村居民家庭所购买的生活消费品价格和服务项目价格变动趋势和程度的相对数。该指数可以观察农村消费品的零售价格和服务项目价格变动对农村居民生活消费支出的影响，直接反映农村居民生活水平的实际变化情况，为分析和研究农村居民生活问题提供依据。

商品零售价格指数 是反映一定时期内城乡商品零售价格变动趋势和程度的相对数。商品零售价格的变动直接影响到城乡居民的生活支出和国家的财政收入，影响居民购买力和市场供需的平衡，影响到消费与积累的比例关系。因此，该指数可以从一个侧面对上述经济活动进行观察和分析。

农业生产资料价格指数 指反映一定时期内农业生产资料价格变动趋势和程度的相对数。其编制目的是了解农业生产中物质资料投入价格的变动状况，服务于国民经济核算。1994年以前，农业生产资料价格指数仅仅是商品零售价格指数的一个类别，此后，从商品零售价格指数中分离出来，单独编制。

农产品生产价格指数 是反映一定时期内，农产品生产者出售农产品价格水平变动趋势及幅度的相对数。该指数可以客观反映全国农产品生产价格水平和结构变动情况，满足农业与国民经济核算需要。其中某代表品生产价格指数是通过对全部有出售该产品行为的调查单位的个体指数进行几何平均求得的，类价格指数是通过对其所属的类（或代表品）的价格指数进行加权平均求得的。季度累计价格指数的计算方法与分季指数的计算方法相同。

工业生产者价格 包括工业企业产品第一次出售时的出厂价格和企业作为中间投入的原材料、燃料、动力购进价格（简称工业生产者购进价格）。

工业生产者出厂价格指数 是反映一定时期内全部工业产品出厂价格总水平的变动趋势和程度的相对数，包括工业企业销售给本企业以外所有单位的各种产品和直接售给居民用于生活消费的产品。该指数可以观察出厂价格变动对工业总产值及增加值的影响。

工业生产者购进价格指数 是反映工业企业作为生产投入，而从物资交易市场和能源、原材料生产企业购买原材料、燃料和动力产品时，所支付的价格水平变动趋势和程度的统计指标，是扣除工业企业物质消耗成本中的价格变动影响的重要依据。

固定资产投资价格指数 是反映一定时期内固定资产投资品及取费项目的价格变动趋势和程度的相对数。固定资产投资额是由建筑安装工程投资完成额、设备工器具购置投资完成额和其他费用投资完成额三部分组成的。编制固定资产投资价格指数应首先分别编制上述三部分投资的价格指数，然后采用加权算术平均法求出固定资产投资价格总指数。

该指数可以准确地反映固定资产投资中涉及的各类投资品和取费项目价格变动趋势和变动幅度，消除按现价计算的固定资产投资指标中的价格变动因素，真实地反映固定资产投资的规模、速度、结构和效益，为国家科学地制定、检查固定资产投资计划并提高宏观调控水平，为完善国民经济核算体系提供科学的、可靠的依据。

Explanatory Notes on Main Statistical Indicators

Consumer Price Indices reflect the trend and degree of changes in prices of consumer goods and services purchased by urban and rural households during a given period. They are obtained by combining Consumer Price Indices of Urban Household and Consumer Price Indices of Rural Household. The Indices enable the observation and analysis of the degree of impact of the changes in the prices of retailed goods and services on the actual living expenses of urban and rural residents.

Consumer Price Indices of Urban Household reflect the trend and degree of changes in prices of consumer goods and services purchased by urban households during a given period. It can be used to observe and analyze the impact of price changes in consumer goods and services on wages (in monetary terms) of urban staff and workers, and provide a basis for research on the livelihood of staff and workers and policy-making concerning wages.

Consumer Price Indices of Rural Household reflect the trend and degree of changes in prices of consumer goods and services purchased by rural households during a given period. It can be used to observe the impact of change in retail prices of consumer goods and service prices in rural areas on living expenditure of rural households, and to show the changes in the living standard of rural households. It provides a basis for analysis and research on the condition of life in rural areas.

Retail Price Indices reflect the trend and degree of change in retail prices of commodities during a given period. The change in retail prices of commodities directly affect the living expenses of urban and rural residents, government revenue, purchasing power of residents and the equilibrium of market supply and demand, and the ratio of consumption to accumulation. Therefore, the retail price indices are useful from an oblique perspective for observing and analyzing the changes of the above economic activities.

Price Indices for Means of Agricultural Production reflect the trend and degree of changes in the prices of the means of agricultural production during a given period. Compilation of these indices helps to understand the changes in prices of input into agricultural production and facilitate the compilation of national accounts statistics. Before 1994, price indices for means of agricultural production were a sub-category in the retail price indices for commodities, and it has been compiled separately since 1994.

Producer Prices Indices for Farm Products reflect the trend and degree of changes in producers' prices received by farmers when they sell farm products during a given period. These indices depict the change in the level and structure of producer prices for farm products of the country and meet the needs of agricultural statistics and national accounts statistics. The producer price index for a given product is calculated as the geometrical mean of individual indices for all surveyed units which sell such product, and the indices for a product category is obtained as the weighted mean of price indices for all products in the category. Method for calculating accumulative quarterly indices is the same as for calculating the individual quarterly indices.

Industrial Producer Price includes the ex-factory price when the products were first sold and the purchasing price of raw materials, fuel and power as intermediate input by enterprises (short for Industrial Producer Price).

Ex-factory Price Indices of Industrial Producer are to reflect ex-factory general price level of all industrial products in a given period the number of fluctuant trend and degree, including products sold to other units by industrial enterprises and products sold to residents for living. The index shows that ex-factory price changes influence on gross industrial output value and value-added.

Purchase Price Indices of Industrial Producer are the statistical Indices to reflect the fluctuant trend and degree of the price as production inputs by industrial enterprises, which are paid for raw materials, fuel and power products, purchasing from material trading market and energy and raw materials production enterprises. It's the important basis of subtracting effects from price changes of industrial enterprises material cost.

十、人民生活

People's Livelihood

资料整理：李晓利　于秋白　张应剑　李　宁　孙士梅

简 要 说 明

一、本篇资料反映陕西城乡居民生活状况，主要包括全省居民家庭常住人口、可支配收入、生活消费支出、主要商品购买数量、耐用消费品拥有情况、居住情况等。

二、本篇资料来源:

全省居民、城镇居民和农村居民收支和生活状况、各市（区）城乡居民人均可支配收入来源于国家统计局陕西调查总队城乡一体化住户收支与生活状况抽样调查。

各县（市、区）城乡居民人均可支配收入来源于省统计局地方经济调查中心调查统计。

三、从2012年四季度起，国家统计局对分别进行的城乡住户调查实施了一体化改革，统一了城乡居民收入指标名称、分类和统计标准，建立了城乡统一的一体化住户调查《住户收支与生活状况调查》。由于2013年调查样本为全新抽取样本，且与往年城镇居民、农村居民抽选总体、方法不同，调查范围更广，统计口径发生变化，与老口径数据存在差异。本年鉴2013年起为新口径数据。

Brief Introduction

Ⅰ. This chapter reflects the people's living conditions in Shaanxi, consisting of the resident population，disposable income， living expenditure， the main commodity purchase quantity, consumer durables situation, the inhabit situation and etc.

Ⅱ. Sources of Data:

The data on the income, expenditure and livelihood of province residents, urban residents and rural residents ,per capita annual disposable income in urban and rural households by city(district) are obtained from sample surveys on income, expenditure and living conditions by urban and rural household integration under Shaanxi Survey Office of the National Bureau of Statistics.

The Per Capita income in urban and rural households by county (city and district) are collected by the local economic survey center of the Statistic Bureau of Shaanxi Province.

Ⅲ. In the fourth quarter of 2012, the NBS launched its reform on the household survey programme in order to produce aggregates with the same concepts and definitions for the urban and rural population. This new survey programme is an integrated one whereas there had existed two separate household surveys for the urban and rural households. The reform took a number of measures, including the integration of concepts, classifications and standards, which provided a basis for producing data covering all households. Because of investigation samples in 2013 are brand new samples, the selected population and methods are different from urban and rural residents chosen in previous years. The field of investigation are broader, statistics range have been changed, they are different from the old range data. Since 2013, the data of this yearbook are new range data.

10.人民生活

2015 年全省			
居民人均可支配收入	17395	元	比上年增长 9.8% （实际增长 8.8%）
农村居民人均可支配收入	8689	元	比上年增长 9.5% （实际增长 8.3%）
城镇居民人均可支配收入	26420	元	比上年增长 8.4% （实际增长 7.5%）

居民人均可支配收入（元）

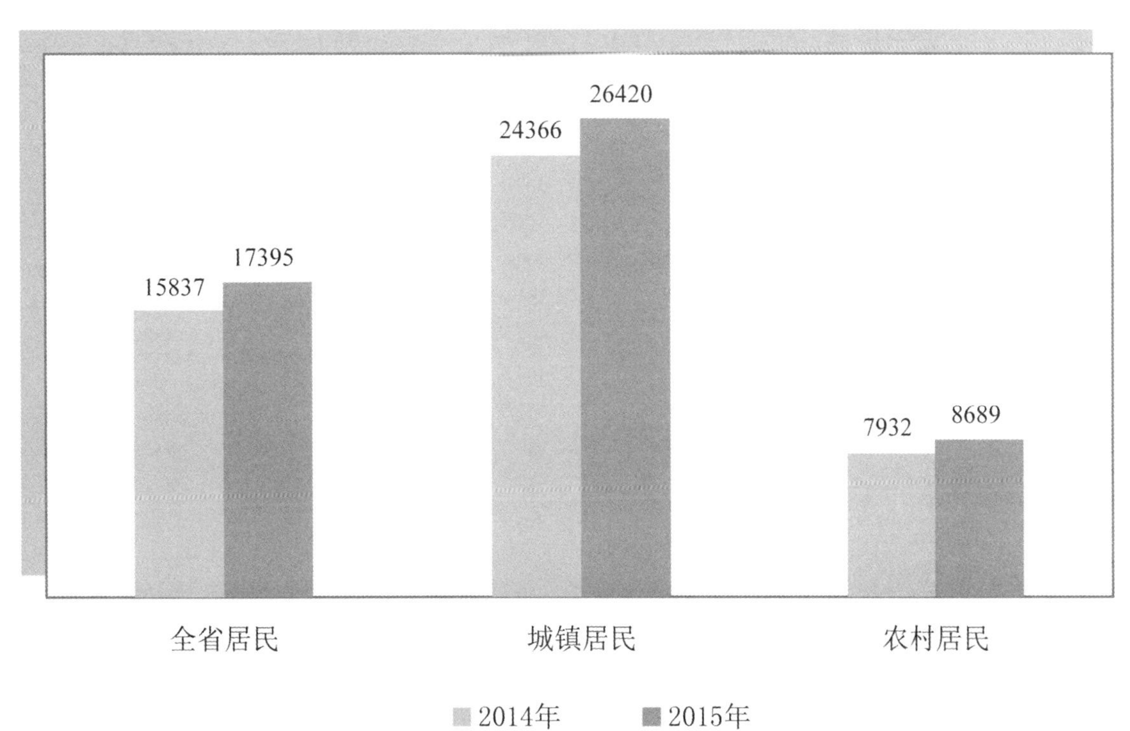

10-1　城乡居民人均收入及指数
Per Capita Annual Income of Urban and Rural Households

年 份 Year	农村居民人均纯收入 Per Capita Annual Net Income of Rural Households			城镇居民人均可支配收入 Per Capita Annual Disposable Income of Urban Households		
	绝对数 (元) Value (yuan)	指 数 Index (上年=100) (preceding year=100)	指 数 Index (1978年=100) (year of 1978=100)	绝对数 (元) Value (yuan)	指 数 Index (上年=100) (preceding year=100)	指 数 Index (1978年=100) (year of 1978=100)
1978	134		100.0	310		100.0
1979	150	111.0	111.0			
1980	142	92.6	102.8	407		122.8
1981	177	122.8	126.1	427	101.3	124.4
1982	218	121.6	153.4	452	104.9	130.5
1983	236	107.4	164.8	488	106.3	138.7
1984	263	108.9	179.5	552	109.4	151.7
1985	295	106.7	191.4	650	109.5	166.0
1986	299	96.8	185.3	814	117.5	195.1
1987	329	103.8	192.5	905	101.8	198.6
1988	404	106.6	205.3	1040	95.7	190.1
1989	434	89.7	184.1	1239	101.3	192.5
1990	530	104.2	191.9	1369	107.7	207.3
1991	534	96.3	184.7	1498	102.0	211.5
1992	559	98.2	181.4	1705	102.4	216.5
1993	653	106.2	192.6	2102	108.1	234.1
1994	805	97.3	187.4	2684	99.6	233.1
1995	963	99.4	186.2	3310	104.5	243.6
1996	1165	110.0	204.8	3810	104.4	254.2
1997	1285	102.4	209.6	4001	99.8	253.8
1998	1406	113.1	237.1	4220	108.0	274.0
1999	1456	106.6	252.7	4654	113.5	310.8
2000	1470	103.3	261.0	5124	109.8	341.2
2001	1520	101.3	264.3	5484	106.9	364.8
2002	1596	104.6	276.5	6331	117.6	428.9
2003	1676	102.2	282.6	6806	106.6	457.4
2004	1867	106.3	300.4	7492	106.9	488.9
2005	2052	106.9	321.1	8272	109.4	534.9
2006	2260	107.9	346.5	9268	109.7	586.9
2007	2645	110.0	381.1	10763	110.5	648.5
2008	3136	110.6	421.5	12858	112.5	729.6
2009	3438	109.2	460.3	14129	109.9	801.8
2010	4105	112.0	515.5	15695	107.1	858.7
2011	5028	114.3	589.3	18245	110.0	944.6
2012	5763	111.2	655.3	20734	110.8	1046.6
2013	7092	109.4	716.8	22346	107.2	1122.0
2014	7932	109.9	787.8	24366	107.3	1203.9
2015	8689	108.3	853.2	26420	107.5	1294.2

注：1.本表绝对数按当年价格计算，指数按可比价格计算。

2.实施城乡住户调查一体化后，统计口径发生变化，新老口径数据存在差异。本表2013年起为新口径城乡居民人均可支配收入。

a) Level data in this table are calculated at current prices while indices at constant prices.

b) After the rban-rural integration Investigation has been conducted, the statistical range has been changed, data of new and old ranges are different. Per capita annual disposable income of urban and rural households data of 2014 in this table is new range data.

10-2 各市(区)城乡居民人均可支配收入

Per Capita Annual Disposable Income in Urban and Rural Households by City(District)

单位：元 (yuan)

地 区	Region	城镇居民人均可支配收入 Per Capita Annual Disposable Income of Urban Households			农村居民人均可支配收入 Per Capita Annual Net Income of Rural Households		
		2014	2015	2015年比2014年增长% Increase of 2015 over 2014 (%)	2014	2015	2015年比2014年增长% Increase of 2015 over 2014 (%)
西安市	Xi'an	30715	33188	8.1	12898	14072	9.1
铜川市	Tongchuan	23550	25559	8.5	7966	8739	9.7
宝鸡市	Baoji	27161	29475	8.5	8686	9511	9.5
咸阳市	Xianyang	27138	29425	8.4	8846	9690	9.5
渭南市	Weinan	23470	25472	8.5	7935	8705	9.7
延安市	Yan'an	26399	28590	8.3	8955	9789	9.3
汉中市	Hanzhong	21725	23625	8.8	7439	8164	9.8
榆林市	Yulin	25676	27765	8.1	8967	9802	9.3
安康市	Ankang	22062	23985	8.7	7210	7913	9.8
商洛市	Shangluo	21613	23509	8.8	7011	7706	9.9
杨凌示范区	Yangling	30642	33109	8.1	12561	13792	9.8

10-3 城乡居民人民币储蓄存款(年底余额)

Savings Deposit of Urban and Rural Households at Year-end

年 份 Year	城乡居民年末储蓄存款余额(亿元) Savings Deposit of Urban and Rural Households (100 million yuan)	城乡居民年末人均储蓄存款余额(元) Per Capita Balance of Saving Deposit (yuan)	年 份 Year	城乡居民年末储蓄存款余额(亿元) Savings Deposit of Urban and Rural Households (100 million yuan)	城乡居民年末人均储蓄存款余额(元) Per Capita Balance of Saving Deposit (yuan)
1978	7.79	28	1997	1090.43	3054
1979	10.20	36	1998	1241.63	3453
1980	13.51	48	1999	1371.88	3792
1981	16.65	58	2000	1522.53	4178
1982	20.51	71	2001	1768.47	4841
1983	25.43	87	2002	2107.83	5756
1984	33.17	112	2003	2519.93	6863
1985	44.77	149	2004	2948.34	8010
1986	62.47	205	2005	3533.97	9577
1987	88.37	286	2006	4067.70	10997
1988	108.65	346	2007	4278.41	11538
1989	150.11	469	2008	5494.53	14778
1990	204.57	617	2009	6743.81	18094
1991	263.28	783	2010	7957.78	21306
1992	329.22	967	2011	9172.09	24507
1993	403.81	1173	2012	10770.05	28697
1994	547.20	1572	2013	12249.36	32546
1995	734.04	2089	2014	13428.86	35572
1996	942.21	2659	2015	15412.33	40635

注：2006年起含外资银行人民币储蓄存款。2015年为住户存款。

a) Since 2006 Savings Deposit of Urban and Rural Households including Foreign.The data refer to household deposits in 2015.

10-4 全省居民家庭基本情况
Basic Conditions of All Households

指　　标	Item	2013	2014	2015
调查户数 (户)	Number of Households Surveyed (household)	4351	4292	4309
调查户人口 (人)	Number of Residents in the Household Surveyed(person)			
1.常住人口	Permanent Residents	14252	13789	13762
2.平均每户常住人口	Average Household Size	3.3	3.2	3.2
3.平均每户劳动力人数	Labours Per Households	2.2	2.1	2.2
平均每户整劳动力人数	Ablebodied Labours Per Households	1.3	1.1	1.1
平均每户半劳动力人数	Semiablebodied Labours Per Households	0.9	1.0	1.1
4.平均每劳动力负担人口	Average Number of Persons Supported by a Laborer	1.5	1.5	1.5
平均每人可支配收入 (元)	Annual Per Capita Disposable Income (yuan)	14372	15837	17395
工资性收入	Wages Income	8184	8849	9536
经营净收入	Net Income from Business	2217	2404	2531
财产净收入	Property Income	874	1033	1194
转移净收入	Transfer Income	3097	3551	4134
平均每人生活消费支出 (元)	Annual Per Capita Consumption Expenditure (yuan)	11217	12204	13087
食品、烟酒	Food,Tobacco and Alcohol	3066	3406	3646
衣　着	Clothing	912	945	990
居　住	Residence	2384	2586	2786
生活用品及服务	Living Articles and Services	730	796	887
交通通信	Transportation and Communications	1374	1535	1537
教育文化娱乐	Recreation, Education and Culture Services	1438	1500	1608
医疗保健	Medicine and Medical Services	1081	1178	1364
其他用品和服务	Others	232	258	269
平均每人年末现住房建筑面积 (平方米)	Floor Area per Capita at Year-end (sq.m)	35.0	36.0	37.0

10-5 全省居民人均可支配收入
Per Capita Annual Disposable Income of All Households

单位：元 (yuan)

指标	Item	2014	2015
可支配收入	**Disposable Income**	**15836.7**	**17395.0**
一、工资性收入	**Wages Income**	**8848.5**	**9535.6**
(一)工资	Wage	8100.2	8973.8
1.按月发放的工资	The wages by monthly	6897.4	7269.0
2.补发工资	Retroactive pay	75.0	141.7
3.不按月发放的奖金、津贴、过节费等	The Bonus, allowance, holiday fee etc.by no-monthly	1127.8	1563.1
(二)实物福利	Benefits in kind	47.0	42.5
1.从单位或雇主得到的实物产品折价	The Discount of Real Products from the Company or Employer	10.9	12.3
2.从单位或雇主得到的服务折价	The Discount of Services from the Company or Employer	36.1	30.2
3.单位或雇主实物福利报销所得	The Reimbursement Income in kind from the Company or Employer		
(三)其他	Others	701.3	519.3
1.住房公积金	Housing Funds	365.9	390.7
2.辞退金	Dismissal Payments	9.1	0.6
3.自由职业劳动所得(如稿费、翻译费)	Income by liberal work (Such as Remuneration, Translation Fee)	17.8	15.8
4.安家费	Settling-in Allowance	4.5	0.1
5.股票期权	Stock Options	0.1	2.8
6.其他劳动所得	Others	303.9	109.4
二、经营净收入	**Net Income from Business**	**2404.4**	**2531.0**
(一)第一产业经营净收入	Net Income from Primary Industry Business	1111.0	1137.4
1.农业	Agricultural	972.8	981.2
2.林业	Forestry	49.2	55.6
3.牧业	Animal Husbandry	88.3	101.6
4.渔业	Fishery	0.7	-0.9
(二)第二产业经营净收入	Net Income from Secondary Industry Business	129.0	80.5
(三)第三产业经营净收入	Net Income from Tertiary Industry Business	1164.4	1313.1
1.批发和零售业	Wholesale and Retail Trades	594.9	713.5
2.交通运输、仓储和邮政业	Transport, Storage and Post	229.9	211.2
3.住宿和餐饮业	Hotels and Catering Services	105.5	115.3
4.房地产业	Real Estate	-3.1	0.7
5.租赁和商务服务业	Leasing and Business Services	9.7	20.6
6.居民服务、修理和其他服务业	Services to Households and Other Services	157.7	184.8
7.农林牧渔服务业	Services to Agriculture, Forestry, Animal Husbandry and Fishery	32.9	30.9
8.其他	Others	36.9	36.2
三、财产净收入	**Net Income from Properties**	**1033.4**	**1194.1**
# 利息净收入	Net Interests	36.9	37.0
红利收入	Bonus	106.8	133.2
储蓄性保险净收益	Net Benefits of Savings Insurance	3.8	0.7
转让承包土地经营权租金净收入	The Rent Income by Transfer of Land Rights	23.4	26.9
出租房屋财产性收入	The Property Income by Renting House	406.7	493.2
出租机械、专利、版权等资产的收入	The Income by Renting Assets like Mechanical, Patents, Copyright ec	8.3	21.3
四、转移净收入	**Net Income from Transfer**	**3550.4**	**4134.3**
(一)转移性收入	Income from Transfer	4186.0	4825.7
1.养老金或离退休金	Pension or Retired Pension	2861.7	3456.3
2.社会救济和补助	Social Relief and Aid	82.7	80.6
3.政策性生活补贴	Policy Allowance	38.3	43.3
4.报销医疗费	Reimbursement of Medical treatment	213.4	274.5
5.家庭外出从业人员寄回带回收入	Income from Family Outings Employees	477.0	570.5
6.赡养收入	Alimony Income	296.2	253.1
7.其他经常转移收入	Others Recurring Income from Transfer	124.0	52.4
8.从政府和组织得到的实物产品和服务折价	The Discount of Real Products and Services from the Governments and Organizations	12.6	14.8
9.现金政策性惠农补贴	The Cash Policy Subsidies for Agricultural	80.1	80.2
(二)转移性支出	Transfer Expenditure	635.6	691.4
1.个人所得税	Personal Income Tax	19.8	27.3
2.社会保障支出	Expenditure for Social Security	453.2	487.9
3.外来从业人员寄给家人的支出	Expenditure for Family from Migrant Workers	5.7	11.1
4.赡养支出	Expenditure for Alimony	99.4	107.6
5.其他	Others	57.5	57.5

10-6 全省居民人均生活消费支出
Per Capita Living Expenditure of All Households

单位：元 (yuan)

指　标	Item	2014	2015
生活消费支出	**Total Living Expenditure**	**12203.6**	**13087.5**
一、食品、烟酒	**Food,Tobacco and Alcohol**	**3406.1**	**3646.4**
1.食　品	Food	2281.1	2409.3
#谷　物	Grain	472.4	475.3
薯　类	Potato	61.6	52.8
豆　类	Beans	41.1	43.8
食用油	Edible Oil	148.0	150.2
蔬菜和食用菌	Vegetables and Edible Mushrooms	340.9	346.6
肉　类	Meat	390.1	439.3
禽　类	Poultry	45.5	49.8
水产品	Aquatic Products	46.4	52.4
蛋　类	Eggs	61.8	74.8
奶　类	Milk	184.7	200.0
干鲜瓜果类	Fresh and Dried Fruits	245.3	272.3
糖果糕点类	Candy and Pastry	87.9	95.8
2.烟　酒	Tobacco and Alcohol	341.3	387.6
#烟　草	Tobacco	233.4	267.1
酒　类	Alcohol	108.0	120.5
3.饮　料	Beverages	68.0	77.1
4.饮食服务	Catering Services	715.7	772.4
二、衣　着	**Clothing**	**944.6**	**989.6**
#衣　类	Garments	725.3	761.3
鞋　类	Footwear	219.3	228.1
三、居　住	**Residence**	**2585.8**	**2786.1**
#租赁房房租	Rental Housing Rent	213.9	168.4
住房维修及管理	Housing Repair and Management	465.0	591.3
水电燃料及其他	Water,Electric Power Fuel and Others	652.6	661.6
四、生活用品及服务	**Living Articles and Services**	**796.2**	**887.3**
#家具及室内装饰品	Furniture and External Decorations	153.3	210.0
家用器具	Household Appliances	205.8	204.1
家用纺织品	Household textile	71.5	74.8
家庭日用杂品	Household Articles of Daily Use	208.9	227.6
个人用品	Personal Items	104.9	136.9
家庭服务	Household Services	51.9	33.8
五、交通通信	**Transportation and Communications**	**1535.4**	**1537.1**
#交　通	Transportation	993.0	993.7
通　信	Communications	542.4	543.5
六、教育文化娱乐	**Recreation, Education and Culture Services**	**1500.4**	**1608.4**
#教　育	Education	994.4	1031.7
文化娱乐	Recreation	506.0	576.7
七、医疗保健	**Medicine and Medical Services**	**1178.2**	**1363.5**
医疗器具及药品	Medical Instruments and Medicines	398.8	468.9
医疗服务	Medical Services	779.3	894.6
八、其他用品和服务	**Others**	**256.9**	**269.1**

10-7 全省居民人均购买主要商品数量
Per Capita Annual Purchases of Major Commodities of All Households

品名		Item		2014	2015
小麦	（公斤）	Wheat	(kg)	1.6	1.1
面粉	（公斤）	Flour	(kg)	27.7	28.7
大米	（公斤）	Rice	(kg)	16.8	17.5
薯类	（公斤）	Potato	(kg)	9.5	11.0
豆类	（公斤）	Beans	(kg)	6.6	6.9
食用植物油	（公斤）	Edible Vegetable Oil	(kg)	9.9	10.2
鲜菜	（公斤）	Fresh Vegetables	(kg)	62.3	64.8
猪肉	（公斤）	Pork	(kg)	9.2	9.6
牛肉	（公斤）	Beef	(kg)	0.7	0.6
羊肉	（公斤）	Mutton	(kg)	0.7	1.0
鸡	（公斤）	Chicken	(kg)	1.5	1.7
鸭	（公斤）	Duck	(kg)	0.1	0.1
鱼类	（公斤）	Fish	(kg)	1.5	1.6
虾类	（公斤）	Shrimp	(kg)	0.1	0.2
鲜蛋	（公斤）	Fresh Eggs	(kg)	5.6	7.0
鲜奶	（公斤）	Fresh Milk	(kg)	7.5	8.2
酸奶	（公斤）	Yogurt	(kg)	2.0	2.0
奶粉	（公斤）	Milk Powder	(kg)	0.6	0.6
鲜瓜果	（公斤）	Fresh Fruits	(kg)	33.4	36.1
糕点	（公斤）	Cake	(kg)	2.6	2.8
茶叶	（公斤）	Tea	(kg)	0.2	0.2
卷烟	（盒）	Cigarette	(box)	27.1	28.3
啤酒	（公斤）	Beer	(kg)	2.8	2.7
白酒	（公斤）	Liquor	(kg)	1.0	1.1
果酒	（公斤）	Wine	(kg)	0.2	0.2
鞋	（双）	Footwear	(pair)	2.3	2.3
水	（吨）	Water	(ton)	15.6	16.3
电	（度）	Electricity	(kwh)	453.1	477.6
煤炭	（公斤）	Coal	(kg)	123.5	119.2
管道天燃气	（立方米）	Pipeline Natural Gas	(cu.m)	41.2	42.4
罐装液化石油气	（公斤）	Canned Liquified Petroleum Gas	(kg)	3.2	2.8

10-8 全省居民每百户耐用消费品拥有情况
Ownership of Major Durable Consumer Goods Per 100 All Households

指 标		Item		2014	2015
家用汽车	(辆)	Automobile	(unit)	13.6	15.8
摩托车	(辆)	Motorcycle	(unit)	42.3	40.4
助力车	(台)	Strength-aid Cycle	(unit)	28.8	29.9
洗衣机	(台)	Washing Machine	(unit)	91.4	91.8
电冰箱(柜)	(台)	Refrigerator	(unit)	76.0	79.8
微波炉	(台)	Microwave Oven	(unit)	23.3	22.3
彩色电视机	(台)	Color TV Set	(unit)	111.0	109.2
# 接入有线电视		Cable TV Set		61.5	62.5
空 调	(台)	Air Conditioner	(unit)	54.6	57.6
热水器	(台)	Water Heater	(unit)	55.4	57.9
# 太阳能热水器		Solar Water Heater		31.3	32.2
消毒碗柜	(台)	Sterilizing Cupboard	(unit)	2.8	2.6
洗碗机	(台)	Dish Washer	(unit)	0.4	0.4
排油烟机	(台)	Exhauster	(unit)	37.1	37.2
固定电话	(线)	Ordinary Telephone	(unit)	41.9	30.9
移动电话	(部)	Mobile Telephone	(unit)	233.2	237.4
# 接入互联网		Access to the Internet		59.0	75.7
计算机	(台)	Computer	(unit)	43.7	45.9
# 接入互联网		Access to the Internet		34.6	36.4
摄像机	(台)	Pickup Camera	(unit)	3.2	2.7
照相机	(台)	Camera	(unit)	19.1	17.2
中高档乐器	(架)	High-end Instruments	(unit)	1.8	1.7
健身器材	(台)	Setting-up Apparatus	(unit)	1.4	1.6
组合音响	(套)	Music Center	(set)	4.6	3.7

10-9 全省居民家庭年末居住情况
Housing Conditions of All Households

指　　标	Item	2014	2015
调查户数	(户) Number of Households Surveyed (household)	4292	4309
平均每户居住人口	(人) Average Number of Resident Population (person)	3.2	3.2
平均每人建筑面积	(平方米) The Average Floor Area Per Person (sq.m)	36.0	37.0
一、按住户居住空间样式分	(%) By Style of Living Space (%)	100.0	100.0
单栋楼房	Dependent Building	16.9	16.8
单栋平房	Single-storey House	32.9	31.7
四居室及以上单元房	Four Bedrooms	0.8	0.7
三居室单元房	Three Bedrooms	14.1	14.0
二居室单元房	Two Bedrooms	20.8	21.3
一居室单元房	One Bedroom	1.6	1.6
筒子楼或连片平房	Tube-shaped Apartment or Lace Single-storey Houses	10.5	11.5
其他	Others	2.4	2.4
二、按主要建筑材料分	(%) By Main Building Materials (%)	100.0	100.0
钢筋混凝土	Reinforced Concrete	13.4	14.0
砖混材料	Brick-and-concrete Buildings	66.3	66.8
砖瓦砖木	Brick and Brick-wood Structure	16.4	15.9
竹草土坯	Bamboo Grass and Sun-dried Mud Brick	2.4	1.7
其他	Others	1.5	1.6
三、按现住房房屋来源分	(%) By Source of Housing (%)	100.0	100.0
租赁公房	Public-rent Housing	1.0	1.2
租赁私房	Private-rent Housing	8.6	8.3
自建住房	Self-establish Housing	54.9	54.6
购买商品房	Commercial Residential Housing	16.5	18.2
购买房改住房	Private Housing through Housing Reform	11.4	10.6
购买保障性住房	Indemnificatory Housing	1.9	2.2
拆迁安置房	Resettlement Housing	2.1	1.7
继承或获赠住房	Inheriting and Donation Housing	0.9	1.0
免费借用房	Free Housing	1.4	1.1
雇主提供免费住房	Free Housing from Employer	0.8	0.8
其他	Others	0.5	0.3
四、按住宅外道路路面情况分	(%) By Pavement Condition Outside (%)	100.0	100.0
水泥或柏油路面	Cement or Asphalt Pavement	79.1	81.1
沙石或石板等硬质路面	Hard Sand or Stone Pavement	9.3	9.9
其他	Others	11.6	9.0
五、按住宅有管道供水情况分	(%) By Piped Water Supply Condition (%)	100.0	100.0
管道供水入户	Pipe water into People's Homes	86.2	88.5
管道供水至公共取水点	Pipe water to Public Watering Points	1.2	1.1
没有管道设施	No Pipeline Facilities	12.6	10.4
六、按住户主要饮用水来源情况分	(%) By Source of main Drinking Water (%)	100.0	100.0
经过净化处理的自来水	Purified Tap Water	68.7	71.0
受保护的井水和泉水	Protected Wells and Springs	17.8	17.5
不受保护的井水和泉水	Unprotected Wells and Springs	9.0	7.4
江河湖泊水	Rivers and Lakes Water	0.9	0.7
收集雨水	Collected Rainwater	1.7	1.6
桶装水	Barrels Water	0.1	0.2
其他	Others	1.8	1.6
七、按住户厕所类型分	(%) By Household Lavatory Type (%)	100.0	100.0
水冲式卫生厕所	Sanitary Water Closet	48.2	50.6
水冲式非卫生厕所	Insanitary Water Closet	1.9	2.2
卫生旱厕	Sanitary Latrine	6.7	8.2
普通旱厕	Latrine	41.6	37.3
无厕所	No Lavatory	1.6	1.7
八、按住户主要取暖设备状况分	(%) By Heating Facilities Condition (%)	100.0	100.0
由市政或小区集中供暖	Central Heating	21.1	21.5
自行供暖	Self Heating	52.2	52.0
无取暖设备	Without Heating Equipment	26.7	26.5
九、按主要炊用能源状况分	(%) By Cooking Fuel Condition (%)	100.0	100.0
柴草	Firewood	26.1	23.8
煤炭	Coal	14.7	13.9
罐装液化石油气	Canned Liquified Petroleum Gas	9.5	9.7
管道液化石油气	Pipeline Liquified Petroleum Gas	0.3	0.4
管道煤气	Pipeline Gas	0.3	0.4
管道天然气	Pipeline Natural Gas	27.4	28.3
电	Electricity	20.4	21.8
沼气	Methane	0.8	0.9
其他	Others	0.5	0.8

10-10 城镇常住居民家庭基本情况
Basic Conditions of Urban Households

指　标	Item	2013	2014	2015
调查户数 (户)	Number of Households Surveyed (household)	1760	1707	1729
调查户人口 (人)	Number of Residents in the Household Surveyed(person)			
1.常住人口	Permanent Residents	5277	5055	5085
2.平均每户常住人口	Average Household Size	3.0	3.0	2.9
3.平均每户劳动力人数	Labours Per Households	2.1	2.1	2.1
平均每户整劳动力人数	Ablebodied Labours Per Households	1.3	1.2	1.1
平均每户半劳动力人数	Semiablebodied Labours Per Households	0.8	0.9	1.0
4.平均每劳动力负担人口	Average Number of Persons Supported by a Laborer	1.5	1.4	1.4
平均每人可支配收入 (元)	Annual Per Capita Disposable Income (yuan)	22346	24366	26420
工资性收入	Wages Income	13987	14926	15742
经营净收入	Net Income from Business	1876	2031	2140
财产净收入	Property Income	1733	2019	2274
转移净收入	Transfer Income	4750	5390	6264
平均每人生活消费支出 (元)	Annual Per Capita Consumption Expenditure (yuan)	16399	17546	18464
食品、烟酒	Food,Tobacco and Alcohol	4484	4800	5146
衣　着	Clothing	1453	1470	1500
居　住	Residence	3426	3620	3823
生活用品及服务	Living Articles and Services	1085	1176	1298
交通通信	Transportation and Communications	2157	2447	2308
教育文化娱乐	Recreation, Education and Culture Services	2068	2148	2202
医疗保健	Medicine and Medical Services	1386	1496	1784
其他用品和服务	Others	340	389	403
平均每人年末现住房建筑面积 (平方米)	Floor Area per Capita at Year-end (sq.m)	29.9	30.6	31.3

10-11 城镇常住居民不同收入层次家庭基本情况(2015年)
Basic Conditions of Urban Households by Income Percentile(2015)

指　　标	Item	总平均 Average	低收入户 Low Income Households	中低收入户 Lower Middle Income Households	中等收入户 Middle Income Households	中高收入户 Upper Middle Income Households	高收入户 High Income Households
调查户数 (户)	Number of Households Surveyed (household)	1729	347	347	344	345	346
调查户人口 (人)	Number of Residents in the Household Surveyed (person)						
1.常住人口	Permanent Residents	5085	1198	1155	1006	932	794
2.平均每户常住人口	Average Household Size	2.9	3.5	3.3	2.9	2.7	2.3
3.平均每户劳动力人数	Labours Per Households	2.1	2.3	2.4	2.1	2.0	1.8
平均每户整劳动力人数	Ablebodied Labours Per Households	1.1	1.4	1.4	1.2	1.0	0.7
平均每户半劳动力人数	Semiablebodied Labours Per Households	1.0	0.9	1.0	0.9	1.0	1.1
4.平均每劳动力负担人口	Average Number of Persons Supported by a Laborer	1.4	1.5	1.4	1.4	1.4	1.3
平均每人可支配收入 (元)	Per Capita Annual Disposable Income (yuan)	26420.2	10690.9	18713.7	26014.5	34291.8	52000.4
平均每人生活消费支出 (元)	Per Capita Annual Consumption Expenditure (yuan)	18463.9	9538.2	15296.5	17250.7	23078.6	32342.9
平均每人年末现住房建筑面积 (平方米)	Housing Area per Capita at Year-end (sq.m)	31.3	25.6	28.3	31.0	34.8	40.1

10-12 城镇常住居民不同收入层次家庭人均可支配收入（2015年）
Per Capita Annual Disposable Income of Urban Households by Income Percentile(2015)

单位：元 (yuan)

指标	Item	总平均 Average	低收入户 Low Income Households	中低收入户 Lower Middle Income Households	中等收入户 Middle Income Households	中高收入户 Upper Middle Income Households	高收入户 High Income Households
可支配收入	**Disposable Income**	**26420.2**	**10690.9**	**18713.7**	**26014.5**	**34291.8**	**52000.4**
一、工资性收入	**Wages Income**	**15742.5**	**7136.2**	**11956.8**	**15667.3**	**19479.0**	**29611.5**
(一)工资	Wage	14752.9	6938.6	11515.7	14806.0	17968.7	27121.7
1.按月发放的工资	The wages by monthly	13262.0	5716.5	10548.1	13379.3	16877.0	23972.7
2.补发工资	Retroactive pay	272.5	136.6	73.8	194.1	263.2	856.3
3.不按月发放的奖金、津贴、过节费等	The Bonus,allowance,holiday fee etc.by no-monthly	1218.4	1085.4	893.8	1232.6	828.4	2292.7
(二)实物福利	Benefits in kind	82.3	7.4	44.1	165.5	64.2	165.1
1.从单位或雇主得到的实物产品折价	The Discount of Real Products from the Company or Employer	22.4	4.0	14.6	17.7	27.6	60.6
2.从单位或雇主得到的服务折价	The Discount of Services from the Company or Employer	59.8	3.3	29.5	147.8	36.6	104.6
(三)其他	Others	907.3	190.3	397.0	695.8	1446.2	2324.7
1.住房公积金	Housing Funds	784.7	63.1	293.2	561.3	1265.1	2264.3
2.辞退金	Dismissal Payments	0.7	1.6	1.1			0.2
3.自由职业劳动所得(如稿费、翻译费)	Income by liberal work (Such as Remuneration, Translation Fee)	16.0	24.2	9.7	29.2	12.9	
4.安家费	Settling-in Allowance						
5.股票期权	Stock Options	5.6				1.1	33.9
6.其他劳动所得	Others	100.3	101.4	93.0	105.2	167.2	26.2
二、经营净收入	**Net Income from Business**	**2139.6**	**1263.1**	**2180.4**	**1232.1**	**1908.9**	**4758.6**
(一)第一产业经营净收入	Net Income from Primary Industry Business	81.2	63.9	63.1	96.9	27.7	173.8
(二)第二产业经营净收入	Net Income from Secondary Industry Business	128.5	11.3	126.2	9.2	32.4	561.2
(三)第三产业经营净收入	Net Income from Tertiary Industry Business	1929.9	1187.9	1991.1	1126.0	1848.7	4023.6
1.批发和零售业	Wholesale and Retail Trades	1192.4	512.0	983.3	515.0	1180.5	3335.8
2.交通运输、仓储和邮政业	Transport, Storage and Post	209.4	116.1	216.9	198.1	347.3	194.5
3.住宿和餐饮业	Hotels and Catering Services	187.5	67.1	244.0	60.1	279.1	339.9
4.房地产业	Real Estate	1.3	-0.7	4.3	-2.0	7.3	-2.6
5.租赁和商务服务业	Leasing and Business Services	17.2	-3.8	8.9	76.9	7.9	-2.5
6.居民服务、修理和其他服务业	Services to Households and Other Services	266.0	485.6	368.4	208.6	10.2	159.5
7.农林牧渔服务业	Services to Agriculture, Forestry, Animal Husbandry and Fishery	53.0	6.2	157.2	69.3	16.4	
8.其他	Others	3.0	5.4	8.2	0.1	0.0	-0.9

10-12 续表 continued

单位：元 (yuan)

指标	Item	总平均 Average	低收入户 Low Income Households	中低收入户 Lower Middle Income Households	中等收入户 Middle Income Households	中高收入户 Upper Middle Income Households	高收入户 High Income Households
三、财产净收入	**Net Income from Properties**	**2273.9**	**821.1**	**1605.3**	**2440.7**	**2833.4**	**4517.5**
# 利息净收入	Net Interests	55.9	-37.0	27.4	6.8	30.9	322.1
红利收入	Bonus	248.7	52.8	137.0	300.4	275.5	600.7
储蓄性保险净收益	Net Benefits of Savings Insurance	0.5	0.2	0.2			2.5
出租房屋财产性收入	The Property Income by Renting House	965.9	304.0	649.7	1201.0	1217.5	1813.2
出租机械、专利、版权等资产的收入	The Income by Renting Assets like Mechanical,Patents,Copyright ect.	30.0	1.2	8.5	0.1	21.2	149.4
四、转移净收入	**Net Income from Transfer**	**6264.3**	**1470.4**	**2971.1**	**6674.4**	**10070.6**	**13112.8**
(一)转移性收入	Income from Transfer	7460.2	2098.6	3892.1	7717.0	11432.0	15532.0
1.养老金或离退休金	Pension or Retired Pension	6370.6	1454.5	3129.7	6682.2	10376.3	13221.7
# 离退休金	Retired Pension	6245.7	1276.2	3021.4	6537.8	10304.7	13116.2
城镇居民社会养老保险	Urban Employee Social Pension Insurance	62.2	100.0	37.5	50.7	60.5	56.7
2.社会救济和补助	Social Relief and Aid	74.4	212.6	12.5	68.5	21.4	22.8
3.政策性生活补贴	Policy Allowance	48.9	28.7	25.6	43.3	85.1	76.8
4.报销医疗费	Reimbursement of Medical treatment	413.5	97.1	269.5	442.7	425.6	1033.5
5.家庭外出从业人员寄回带回收入	Income from Family Outings Employees	166.2	96.4	109.6	255.1	228.8	168.2
6.赡养收入	Alimony Income	304.0	171.0	263.1	146.4	216.2	851.1
7.其他经常转移收入	Others Recurring Income from Transfer	60.3	18.0	58.7	57.6	55.9	133.8
8.从政府和组织得到的实物产品和服务折价	The Discount of Real Products and Services from the Governments and Organizations	19.0	12.8	19.6	19.4	22.0	23.8
9.其他	Others	3.2	7.5	3.9	1.8	0.8	0.2
(二)转移性支出	Transfer Expenditure	1195.9	628.2	921.0	1042.6	1361.4	2419.3
1.个人所得税	Personal Income Tax	54.9	1.6	7.9	14.1	66.3	236.4
2.社会保障支出	Expenditure for Social Security	823.5	474.0	669.3	753.2	989.6	1453.4
(1)个人缴纳的养老保险	Pension Insurance Personal Rendered	560.7	333.1	449.8	486.3	674.6	1014.0
(2)个人缴纳的医疗保险	Medical Care Insurance Personal Rendered	213.4	126.9	180.4	233.5	247.7	324.3
(3)个人缴纳的失业保险	Unemployment Insurance Personal Rendered	35.5	7.8	24.2	31.8	55.3	74.5
(4)其他社会保障支出	Others	13.8	6.2	15.0	1.6	12.0	40.6
3.外来从业人员寄给家人的支出	Expenditure for Family from Migrant Workers	21.7	4.6		104.4		1.0
4.赡养支出	Expenditure for Alimony	204.1	81.6	180.0	136.1	184.7	524.8
5.其他	Others	91.6	66.2	63.8	34.9	120.8	203.7

10-13 城镇常住居民不同收入层次家庭人均生活消费支出(2015年)
Per Capita Living Expenditure of Urban Households by Income Percentile(2015)

单位：元 (yuan)

指标	Item	总平均 Average	低收入户 Low Income Households	中低收入户 Lower Middle Income Households	中等收入户 Middle Income Households	中高收入户 Upper Middle Income Households	高收入户 High Income Households
生活消费支出	**Total Living Expenditure**	**18463.9**	**9538.2**	**15296.5**	**17250.7**	**23078.6**	**32342.9**
一、食品、烟酒	**Food,Tobacco and Alcohol**	**5146.4**	**2867.5**	**4426.9**	**5217.3**	**6374.9**	**8043.4**
1.食　品	Food	3217.0	2050.1	2889.7	3381.9	3861.0	4468.7
#谷　物	Grain	553.4	381.8	540.6	600.9	617.4	695.0
薯　类	Potato	57.2	50.9	54.3	58.5	61.9	63.5
豆　类	Beans	60.2	46.5	55.9	62.1	67.0	76.5
食用油	Edible Oil	169.2	125.7	161.3	180.6	196.8	199.0
蔬菜和食用菌	Vegetables and Edible Mushrooms	475.9	344.4	430.5	510.7	531.4	628.2
肉　类	Meat	599.2	330.1	521.3	625.3	784.5	863.8
禽　类	Poultry	76.5	44.2	65.6	83.7	89.0	116.4
水产品	Aquatic Products	91.9	40.2	70.4	89.0	144.4	142.5
蛋　类	Eggs	90.5	67.9	78.8	99.8	104.1	113.1
奶　类	Milk	272.4	146.6	242.1	306.3	345.2	377.1
干鲜瓜果类	Fresh and Dried Fruits	422.0	229.9	357.6	432.4	514.1	678.8
糖果糕点类	Candy and Pastry	147.2	72.7	125.7	132.7	191.6	254.9
2.烟　酒	Tobacco and Alcohol	474.4	230.6	374.5	457.3	627.1	822.1
#烟　草	Tobacco	311.8	161.1	249.7	303.0	402.5	529.5
酒　类	Alcohol	162.6	69.5	124.8	154.4	224.6	292.6
3.饮　料	Beverages	109.6	54.3	77.4	112.5	153.0	183.2
4.饮食服务	Catering Services	1345.4	532.5	1085.2	1265.5	1733.8	2569.4
二、衣　着	**Clothing**	**1500.5**	**746.4**	**1263.2**	**1380.1**	**1916.9**	**2622.6**
#衣　类	Garments	1156.6	557.8	976.1	1047.9	1474.1	2067.7
鞋　类	Footwear	343.9	188.7	287.0	332.1	442.8	554.9
三、居　住	**Residence**	**3823.4**	**2078.3**	**3188.8**	**3775.2**	**4814.1**	**6226.4**
#租赁房房租	Rental Housing Rent	311.4	243.0	304.6	204.7	298.0	568.5
住房维修及管理	Housing Repair and Management	800.2	338.3	559.8	779.2	1023.7	1590.5
水电燃料及其他	Water,Electric Power Fuel and Others	940.9	476.8	806.7	994.9	1254.1	1393.7
四、生活用品及服务	**Living Articles and Services**	**1297.9**	**508.8**	**931.9**	**1265.2**	**1535.5**	**2746.8**
#家具及室内装饰品	Furniture and External Decorations	307.1	111.0	125.1	292.7	274.0	906.1
家用器具	Household Appliances	280.9	93.4	243.2	206.8	397.9	569.3
家用纺织品	Household textile	99.4	42.3	67.7	104.4	128.9	188.7
家庭日用杂品	Household Articles of Daily Use	320.5	158.0	288.2	338.0	369.8	528.9
个人用品	Personal Items	234.9	81.3	176.7	236.0	283.1	487.3
家庭服务	Household Services	55.0	22.8	30.9	87.2	81.8	66.4
五、交通通信	**Transportation and Communications**	**2308.4**	**705.1**	**2114.4**	**1721.1**	**2995.5**	**4895.3**
#交　通	Transportation	1524.1	268.3	1441.1	992.1	1997.4	3617.0
通　信	Communications	784.3	436.8	673.3	729.1	998.1	1278.3
六、教育文化娱乐	**Recreation, Education and Culture Services**	**2202.1**	**1577.8**	**1968.6**	**1661.1**	**2693.1**	**3549.6**
#交　通	Education	1227.5	1236.1	1256.4	898.9	1233.8	1569.5
文化娱乐	Recreation	973.6	341.7	712.2	762.2	1459.3	1980.2
七、医疗保健	**Medicine and Medical Services**	**1783.6**	**909.8**	**1123.6**	**1846.3**	**2259.1**	**3378.1**
医疗器具及药品	Medical Instruments and Medicines	674.1	395.8	442.1	623.2	949.5	1157.5
医疗服务	Medical Services	1109.5	514.0	681.5	1223.1	1309.6	2220.6
八、其他用品和服务	**Others**	**402.6**	**144.3**	**279.3**	**384.5**	**489.5**	**880.7**

10-14 城镇常住居民不同收入层次家庭人均购买主要商品数量（2015年）
Per Capita Annual Purchases of Major Commodities of Urban Households by Income Percentile(2015)

品 名		Item		总平均 Average	低收入户 Low Income Households	中低收入户 Lower Middle Income Households	中等收入户 Middle Income Households	中高收入户 Upper Middle Income Households	高收入户 High Income Households
小 麦	（公斤）	Wheat	(kg)	0.3	0.9	0.2	0.3	0.0	0.1
面 粉	（公斤）	Flour	(kg)	27.8	27.9	25.9	29.6	29.2	26.2
大 米	（公斤）	Rice	(kg)	20.7	17.6	19.5	22.8	21.9	23.0
薯 类	（公斤）	Potato	(kg)	15.9	15.7	16.3	15.1	15.3	17.1
豆 类	（公斤）	Beans	(kg)	9.1	8.0	8.8	9.2	9.7	10.5
食用植物油	（公斤）	Edible Vegetable Oil	(kg)	10.9	9.5	10.4	12.2	11.8	11.2
鲜 菜	（公斤）	Fresh Vegetables	(kg)	86.9	70.9	81.8	92.9	91.0	105.4
猪 肉	（公斤）	Pork	(kg)	11.5	8.7	10.6	11.8	13.4	14.5
牛 肉	（公斤）	Beef	(kg)	1.0	0.4	0.9	0.9	1.3	1.5
羊 肉	（公斤）	Mutton	(kg)	1.5	0.6	1.2	1.5	2.2	2.2
鸡	（公斤）	Chicken	(kg)	2.6	1.7	2.3	2.9	3.1	3.5
鸭	（公斤）	Duck	(kg)	0.1	0.1	0.1	0.1	0.2	0.2
鱼 类	（公斤）	Fish	(kg)	2.5	1.5	2.0	2.9	3.2	3.7
虾 类	（公斤）	Shrimp	(kg)	0.3	0.1	0.2	0.2	0.5	0.5
鲜 蛋	（公斤）	Fresh Eggs	(kg)	8.9	7.0	7.9	9.7	10.1	10.7
鲜 奶	（公斤）	Fresh Dairy Products	(kg)	13.3	7.5	11.9	14.0	17.9	17.9
酸 奶	（公斤）	Yogurt	(kg)	3.1	2.0	2.7	3.4	3.9	4.3
奶 粉	（公斤）	Milk Powder	(kg)	0.5	0.3	0.5	0.6	0.6	0.5
鲜瓜果	（公斤）	Fresh Fruit	(kg)	51.1	34.2	47.3	49.4	58.4	75.4
糕 点	（公斤）	Cake	(kg)	4.2	2.5	4.1	4.0	5.0	6.2
茶 叶	（公斤）	Tea	(kg)	0.3	0.1	0.2	0.3	0.3	0.4
卷 烟	（盒）	Cigarette	(box)	25.1	18.1	23.9	25.7	29.0	31.9
啤 酒	（公斤）	Beer	(kg)	2.6	1.5	2.6	2.7	2.5	4.2
白 酒	（公斤）	Liquor	(kg)	1.1	0.6	0.9	1.0	1.4	1.7
果 酒	（公斤）	Wine	(kg)	0.2	0.1	0.2	0.3	0.2	0.3
鞋	（双）	Footwear	(pair)	2.6	2.2	2.5	2.6	2.8	3.3
水	（吨）	Water	(ton)	25.5	13.6	22.1	28.7	35.2	33.3
电	（度）	Electricity	(kwh)	638.7	399.1	539.3	671.5	804.4	903.2
煤 炭	（公斤）	Coal	(kg)	80.8	122.6	83.5	83.0	52.3	45.1
管道天燃气	（立方米）	Gas pipeline	(cu.m)	83.9	29.7	62.8	90.3	141.1	120.6
罐装液化石油气	（公斤）	Bottled LPG	(kg)	3.3	2.5	4.0	3.9	2.9	3.0

10-15 城镇常住居民不同收入层次家庭每百户耐用消费品拥有情况（2015年）

Ownership of Major Durable Consumer Goods Per 100 Urban Households by Income Percentile(2015)

指　　标	Item	总平均 Average	低收入户 Low Income Households	中　低收入户 Lower Middle Income Households	中　等收入户 Middle Income Households	中　高收入户 Upper Middle Income Households	高收入户 High Income Households
家用汽车（辆）	Automobile (unit)	21.7	7.9	17.2	20.8	29.5	33.0
摩托车（辆）	Motorcycle (unit)	17.4	26.4	22.4	13.2	14.4	10.8
助力车（台）	Strength-aid Cycle (unit)	23.8	23.9	27.4	24.3	25.6	17.6
洗衣机（台）	Washing Machine (unit)	95.2	91.7	96.0	95.7	96.7	95.8
电冰箱(柜)（台）	Refrigerator (unit)	89.5	77.1	89.6	89.7	96.2	94.9
微波炉（台）	Microwave Oven (unit)	36.9	17.5	27.8	32.1	47.6	59.5
彩色电视机（台）	Color TV Set (unit)	105.7	101.8	105.6	99.7	110.2	111.2
# 接入有线电视	Cable TV Set	84.8	68.4	83.3	85.2	92.1	95.1
空　调（台）	Air Conditioner (unit)	88.4	43.1	74.9	84.6	109.2	130.2
热水器（台）	Water Heater (unit)	72.6	50.1	71.9	73.1	82.0	85.6
# 太阳能热水器	Solar Water Heater	31.0	22.8	35.3	33.1	33.3	30.4
消毒碗柜（台）	Sterilizing Cupboard (unit)	4.4	1.9	1.6	4.6	4.9	9.2
洗碗机（台）	Dish Washer (unit)	0.8	0.5	0.9	1.0		1.3
排油烟机（台）	Exhauster (unit)	64.2	43.0	62.1	63.3	74.7	77.8
固定电话（线）	Ordinary Telephone (unit)	38.0	20.5	35.9	39.7	46.2	47.5
移动电话（部）	Mobile Telephone (unit)	225.0	236.8	242.6	222.6	213.8	209.2
# 接入互联网	Access to the Internet	84.2	70.8	83.1	88.7	88.3	90.1
计算机（台）	Computer (unit)	67.3	48.5	61.4	68.4	71.5	86.5
# 接入互联网	Access to the Internet	54.8	35.7	45.8	58.6	61.7	72.3
摄像机（台）	Pickup Camera (unit)	4.9	0.1	2.5	5.5	5.1	11.1
照相机（台）	Camera (unit)	29.1	9.4	23.9	29.3	37.6	45.4
中高档乐器（架）	High-end Instruments (unit)	2.9	1.1	2.3	1.8	4.9	4.1
健身器材（台）	Setting-up Apparatus (unit)	2.7	2.1	1.3	1.5	1.8	6.8
组合音响（套）	Music Center (set)	4.3	2.4	2.8	6.2	4.7	5.3

10-16 城镇常住居民家庭年末居住情况
Housing Conditions of Urban Households

指标		Item		2014	2015
调查户数	(户)	Number of Households Surveyed	(household)	1707	1729
平均每户居住人口	(人)	Average Number of Resident Population	(person)	3.0	2.9
平均每人建筑面积	(平方米)	The Average Floor Area Per Person	(sq.m)	30.6	31.3
一、按住户居住空间样式分	(%)	By Style of Living Space	(%)	100.0	100.0
单栋楼房		Dependent Building		8.7	9.3
单栋平房		Single-storey House		8.3	8.3
四居室及以上单元房		Four Bedrooms		1.3	1.4
三居室单元房		Three Bedrooms		26.6	26.0
二居室单元房		Two Beedrooms		39.7	39.9
一居室单元房		One Beedroom		3.1	3.0
筒子楼或连片平房		Tube-shaped Apartment or Lace Single-storey Houses		11.8	11.6
其他		Others		0.5	0.5
二、按主要建筑材料分	(%)	By Main Building Materials	(%)	100.0	100.0
钢筋混凝土		Reinforced Concrete		22.4	22.6
砖混材料		Brick-and-concrete Buildings		71.6	71.1
砖瓦砖木		Brick and Brick-wood Structure		5.5	5.6
竹草土坯		Bamboo Grass and Sun-dried Mud Brick		0.2	0.0
其他		Others		0.3	0.7
三、按现住房房屋来源分	(%)	By Source of Housing	(%)	100.0	100.0
租赁公房		Public-rent Housing		1.9	2.0
租赁私房		Private-rent Housing		14.7	14.2
自建住房		Self-establish Housing		18.1	17.9
购买商品房		Commercial Residential Housing		31.1	33.9
购买房改住房		Private Housing through Housing Reform		21.7	19.7
购买保障性住房		Indemnificatory Housing		3.6	4.0
拆迁安置房		Resettlement Housing		3.9	3.1
继承或获赠住房		Inheriting and Donation Housing		0.8	1.4
免费借用房		Free Housing		2.3	1.9
雇主提供免费住房		Free Housing from Employer		1.4	1.5
其他		Others		0.5	0.4
四、按住宅外道路路面情况分	(%)	By Pavement Condition Outside		100.0	100.0
水泥或柏油路面		ement or Asphalt Pavement		90.7	91.6
沙石或石板等硬质路面		Hard Sand or Stone Pavement		6.6	6.7
其他		Others		2.7	1.7
五、按住宅有管道供水情况分	(%)	By Piped Water Supply Condition	(%)	100.0	100.0
管道供水入户		Pipe water into People's Homes		96.9	97.0
管道供水至公共取水点		Pipe water to Public Watering Points		1.1	1.0
没有管道设施		No Pipeline Facilities		2.0	2.0
六、按住户主要饮用水来源情况分	(%)	By Source of main Drinking Water	(%)	100.0	100.0
经过净化处理的自来水		Purified Tap Water		93.0	92.7
受保护的井水和泉水		Protected Wells and Springs		5.4	5.6
不受保护的井水和泉水		Unprotected Wells and Springs		1.1	1.1
江河湖泊水		Rivers and Lakes Water		0.2	0.1
收集雨水		Collected Rainwater			
桶装水		Barrels Water		0.2	0.3
其他		Others		0.1	0.2
七、按住户厕所类型分	(%)	By Household Lavatory Type	(%)	100.0	100.0
水冲式卫生厕所		Sanitary Water Closet		84.4	86.2
水冲式非卫生厕所		Insanitary Water Closet		1.6	1.6
卫生旱厕		Sanitary Latrine		2.6	2.1
普通旱厕		Latrine		9.8	9.0
无厕所		No Lavatory		1.6	1.1
八、按住户主要取暖设备状况分	(%)	By Heating Facilities Condition	(%)	100.0	100.0
由市政或小区集中供暖		Central Heating		39.9	40.1
自行供暖		Self Heating		48.6	46.8
无取暖设备		Without Heating Equipment		11.5	13.1
九、按主要炊用能源状况分	(%)	By Cooking Fuel Condition	(%)	100.0	100.0
柴草		Firewood		0.7	0.8
煤炭		Coal		10.1	6.3
罐装液化石油气		Canned Liquified Petroleum Gas		12.8	13.2
管道液化石油气		Pipeline Liquified Petroleum Gas		0.5	0.7
管道煤气		Pipeline Gas		0.5	0.7
管道天然气		Pipeline Natural Gas		51.5	52.9
电		Electricity		23.0	24.1
沼气		Methane			
其他		Others		0.9	1.3

10-17 农村常住居民家庭基本情况
Basic Conditions of Urban Households

指　　标	Item	2013	2014	2015
调查户数 （户）	Number of Households Surveyed (household)	2591	2585	2580
调查户人口 （人）	Number of Residents in the Household Surveyed(person)			
1.常住人口	Permanent Residents	8975	8734	8677
2.平均每户常住人口	Average Household Size	3.5	3.4	3.4
3.平均每户劳动力人数	Labours Per Households	2.3	2.2	2.3
平均每户整劳动力人数	Ablebodied Labours Per Households	1.2	1.1	1.1
平均每户半劳动力人数	Semiablebodied Labours Per Households	1.0	1.1	1.2
4.平均每劳动力负担人口	Average Number of Persons Supported by a Laborer	1.5	1.5	1.5
平均每人可支配收入 （元）	Annual Per Capita Disposable Income (yuan)	7092	7932	8689
工资性收入	Wages Income	2887	3217	3548
经营净收入	Net Income from Business	2530	2751	2909
财产净收入	Property Income	90	120	152
转移净收入	Transfer Income	1585	1844	2080
平均每人生活消费支出 （元）	Annual Per Capita Consumption Expenditure (yuan)	6488	7252	7901
食品、烟酒	Food,Tobacco and Alcohol	1772	2112	2199
衣　着	Clothing	418	457	496
居　住	Residence	1432	1627	1786
生活用品及服务	Living Articles and Services	406	444	491
交通通信	Transportation and Communications	660	691	793
教育文化娱乐	Recreation, Education and Culture Services	863	900	1037
医疗保健	Medicine and Medical Services	803	884	959
其他用品和服务	Others	134	137	140
平均每人年末现住房建筑面积 （平方米）	Floor Area per Capita at Year-end (sq.m)	39.6	41.0	42.6

10-18 农村常住居民不同收入层次家庭基本情况(2015年)
Basic Conditions of Rural Households by Income Percentile(2015)

指标	Item	总平均 Average	低收入户 Low Income Households	中低收入户 Lower Middle Income Households	中等收入户 Middle Income Households	中高收入户 Upper Middle Income Households	高收入户 High Income Households
调查户数（户）	Number of Households Surveyed (household)	2580	514	517	516	517	516
调查户人口（人）	Number of Residents in the Household Surveyed (person)						
1.常住人口	Permanent Residents	8677	1885	1932	1771	1678	1411
2.平均每户常住人口	Average Household Size	3.4	3.7	3.7	3.4	3.2	2.7
3.平均每户劳动力人数	Labours Per Households	2.3	2.3	2.4	2.2	2.3	2.1
平均每户整劳动力人数	Ablebodied Labours Per Households	1.1	1.2	1.2	1.1	1.1	0.9
平均每户半劳动力人数	Semiablebodied Labours Per Households	1.2	1.2	1.1	1.1	1.2	1.3
4.平均每劳动力负担人口	Average Number of Persons Supported by a Laborer	1.5	1.6	1.6	1.5	1.4	1.3
平均每人可支配收入（元）	Per Capita Annual Disposable Income (yuan)	8688.9	2903.3	5672.3	7875.8	10948.0	18987.4
平均每人生活消费支出（元）	Per Capita Annual Consumption Expenditure (yuan)	7900.7	5795.5	6674.5	7493.2	8463.9	12287.0
平均每人年末现住房建筑面积（平方米）	Housing Area per Capita at Year-end (sq.m)	42.6	36.0	38.4	40.5	44.1	58.1

10-19 农村常住居民不同收入层次家庭人均可支配收入(2015年)
Per Capita Annual Disposable Income of Rural Households by Income Percentile(2015)

单位：元 (yuan)

指 标	Item	总平均 Average	低收入户 Low Income Households	中低收入户 Lower Middle Income Households	中等收入户 Middle Income Households	中高收入户 Upper Middle Income Households	高收入户 High Income Households
可支配收入	**Disposable Income**	**8688.9**	**2903.3**	**5672.3**	**7875.8**	**10948.0**	**18987.4**
一、工资性收入	**Wages Income**	**3548.3**	**1271.7**	**2182.7**	**3669.9**	**4802.7**	**6839.6**
(一)工资	Wage	3399.2	1215.4	2070.2	3504.1	4633.8	6560.0
1.按月发放的工资	The wages by monthly	1488.0	350.3	638.4	1251.1	2068.7	3806.1
2.补发工资	Retroactive pay	15.6	6.1	3.7	8.9	23.9	43.2
3.不按月发放的奖金、津贴、过节费等	The Bonus, allowance, holiday fee etc.by no-monthly	1895.6	859.0	1428.1	2244.1	2541.2	2710.7
(二)实物福利	Benefits in kind	4.1	0.5	2.4	2.8	1.9	15.6
1.从单位或雇主得到的实物产品折价	The Discount of Real Products from the Company or Employer	2.5	0.5	2.2	2.0	1.9	7.2
2.从单位或雇主得到的服务折价	The Discount of Services from the Company or Employer	1.6		0.2	0.8		8.4
(三)其他	Others	145.0	55.8	110.1	163.0	167.0	264.0
1.住房公积金	Housing Funds	10.5			0.7	7.3	56.1
2.辞退金	Dismissal Payments	0.5			2.3		0.1
3.自由职业劳动所得(如稿费、翻译费)	Income by liberal work (Such as Remuneration,Translation Fee)	15.5	5.3	6.4	45.6	7.9	12.5
4.安家费	Settling-in Allowance	0.3				1.5	
5.股票期权	Stock Options						
6.其他劳动所得	Others	118.2	50.5	103.7	114.4	150.3	195.3
二、经营净收入	**Net Income from Business**	**2908.6**	**781.3**	**1886.4**	**2341.2**	**3652.6**	**7023.2**
(一)第一产业经营净收入	Net Income from Primary Industry Business	2156.3	594.6	1473.9	1577.8	2578.0	5440.8
1.农业	Agricultural	1887.6	599.0	1238.6	1347.6	2181.3	4864.9
2.林业	Forestry	89.7	45.2	65.3	53.5	92.8	226.4
3.牧业	Animal Husbandry	180.9	-54.5	172.1	176.5	307.5	360.7
4.渔业	Fishery	-1.9	4.9	-2.1	0.2	-3.6	-11.2
(二)第二产业经营净收入	Net Income from Secondary Industry Business	34.2	-0.5	27.6	10.0	26.8	130.1
(三)第三产业经营净收入	Net Income from Tertiary Industry Business	718.1	187.2	384.9	753.4	1047.8	1452.3
1.批发和零售业	Wholesale and Retail Trades	251.4	84.3	151.2	249.9	358.5	488.4
2.交通运输、仓储和邮政业	Transport, Storage and Post	212.9	17.9	74.6	273.9	274.8	515.5
3.住宿和餐饮业	Hotels and Catering Services	45.5	12.7	23.8	112.1	37.3	44.9
4.房地产业	Real Estate	0.1	0.5			-0.9	0.6
5.租赁和商务服务业	Leasing and Business Services	23.9	13.9	-1.4	6.3	9.3	112.8
6.居民服务、修理和其他服务业	Services to Households and Other Services	106.5	53.9	104.0	42.3	165.0	191.6
7.农林牧渔服务业	Services to Agriculture, Forestry, Animal Husbandry and Fishery	68.3	1.8	29.8	73.6	154.8	99.5
8.其他	Others	9.5	2.2	2.9	-4.7	49.0	-1.0

10-19　续表　continued

单位：元　(yuan)

指　　标	Item	总平均 Average	低收入户 Low Income Households	中低收入户 Lower Middle Income Households	中等收入户 Middle Income Households	中高收入户 Upper Middle Income Households	高收入户 High Income Households
三、财产净收入	**Net Income from Properties**	**152.5**	**26.6**	**29.8**	**90.6**	**192.8**	**524.2**
# 利息净收入	Net Interests	18.7	-10.2	-11.2	21.5	30.3	81.8
红利收入	Bonus	21.8	2.8	4.6	25.5	28.4	58.8
储蓄性保险净收益	Net Benefits of Savings Insurance	1.0			1.9	0.1	3.6
转让承包土地经营权租金净收入	The Rent Income by Transfer of Land Rights	49.4	21.5	28.0	37.5	77.2	98.3
出租房屋财产性收入	The Property Income by Renting House	37.2	9.5	8.0	7.7	46.2	142.2
出租机械、专利、版权等资产的收入	The Income by Renting Assets like Mechanical, Patents,Copyright ect.	13.0	0.3	0.4		7.5	71.1
四、转移净收入	**Net Income from Transfer**	**2079.5**	**823.7**	**1573.4**	**1774.1**	**2299.9**	**4600.4**
(一)转移性收入	Income from Transfer	2284.4	1021.2	1720.2	1940.6	2510.3	4939.6
1.养老金或离退休金	Pension or Retired Pension	645.0	247.7	331.8	381.7	507.7	2123.5
# 离退休金	Retired Pension	421.0	2.9	123.7	130.2	288.3	1934.8
新型农村养老保险	Urban Employee Social Pension Insurance	183.2	215.7	184.1	193.5	167.5	144.1
2.社会救济和补助	Social Relief and Aid	86.5	78.0	76.0	112.2	94.0	70.5
3.政策性生活补贴	Policy Allowance	37.9	28.1	28.0	39.0	40.4	60.8
4.报销医疗费	Reimbursement of Medical treatment	140.4	66.4	96.7	131.5	185.7	257.8
5.家庭外出从业人员寄回带回收入	Income from Family Outings Employees	960.5	311.0	877.3	915.1	1253.0	1651.5
6.赡养收入	Alimony Income	204.1	145.5	112.6	190.2	190.9	445.0
7.其他经常转移收入	Others Recurring Income from Transfer	44.7	27.6	33.9	20.6	55.3	100.8
8.从政府和组织得到的实物产品和服务折价	The Discount of Real Products and Services from the Governments and Organizations	10.8	5.0	8.3	11.1	13.7	18.2
9.现金政策性惠农补贴	The Cash Policy Subsidies for Agricultural	154.5	111.9	155.6	139.2	169.6	211.5
(二)转移性支出	Transfer Expenditure	204.9	197.5	146.8	166.5	210.4	339.2
1.个人所得税	Personal Income Tax	0.7					4.0
2.社会保障支出	Expenditure for Social Security	164.2	162.0	123.2	143.0	174.5	239.3
(1)个人缴纳的养老保险	Pension Insurance Personal Rendered	84.2	89.6	58.2	69.4	82.9	133.8
(2)个人缴纳的医疗保险	Medical Care Insurance Personal Rendered	77.1	71.5	64.3	71.6	82.9	102.5
(3)个人缴纳的失业保险	Unemployment Insurance Personal Rendered	0.6	0.4	0.1	0.3	1.4	1.1
(4)其他社会保障支出	Others	2.3	0.5	0.6	1.7	7.3	1.9
3.外来从业人员寄给家人的支出	Expenditure for Family from Migrant Workers	0.7	2.0	1.1	0.4		0.1
4.赡养支出	Expenditure for Alimony	14.5	10.7	7.0	13.1	6.8	41.4
5.其他	Others	24.8	22.8	15.5	10.0	29.1	54.4

10-20 农村常住居民不同收入层次家庭人均生活消费支出(2015年)
Per Capita Living Expenditure of Rural Households by Income Percentile(2015)

单位：元 (yuan)

指标	Item	总平均 Average	低收入户 Low Income Households	中低收入户 Lower Middle Income Households	中等收入户 Middle Income Households	中高收入户 Upper Middle Income Households	高收入户 High Income Households
生活消费支出	**Total Living Expenditure**	**7900.7**	**5795.5**	**6674.5**	**7493.2**	**8463.9**	**12287.0**
一、食品、烟酒	**Food,Tobacco and Alcohol**	**2199.5**	**1695.9**	**1882.6**	**2155.1**	**2333.6**	**3214.5**
1.食　品	Food	1630.2	1338.7	1430.1	1618.9	1740.2	2183.1
#谷　物	Grain	399.9	346.4	357.1	395.1	428.4	503.5
薯　类	Potato	48.6	51.8	46.0	53.9	44.7	45.6
豆　类	Beans	28.0	25.4	22.9	26.7	30.9	36.6
食用油	Edible Oil	132.0	117.3	119.2	129.9	133.6	170.1
蔬菜和食用菌	Vegetables and Edible Mushrooms	221.9	178.9	188.7	215.4	240.5	312.3
肉　类	Meat	285.1	232.9	250.5	280.9	299.2	391.8
禽　类	Poultry	24.0	17.6	21.3	23.1	22.6	39.4
水产品	Aquatic Products	14.3	9.3	11.9	12.8	13.8	27.4
蛋　类	Eggs	59.6	53.7	55.8	58.1	62.2	71.8
奶　类	Milk	130.1	97.1	114.3	134.0	146.2	172.2
干鲜瓜果类	Fresh and Dried Fruits	127.9	86.4	105.3	123.1	144.2	201.7
糖果糕点类	Candy and Pastry	46.2	30.3	38.2	47.3	49.4	73.3
2.烟　酒	Tobacco and Alcohol	303.9	225.1	271.9	282.0	295.6	492.8
#烟　草	Tobacco	223.9	164.8	199.0	202.5	225.2	364.1
酒　类	Alcohol	80.0	60.3	72.9	79.5	70.4	128.7
3.饮　料	Beverages	45.7	29.8	45.7	43.3	43.8	72.9
4.饮食服务	Catering Services	219.7	102.3	134.9	210.9	254.0	465.7
二、衣　着	**Clothing**	**496.3**	**343.9**	**414.3**	**507.9**	**542.4**	**745.1**
#衣　类	Garments	380.0	252.2	317.0	387.2	421.4	580.2
鞋　类	Footwear	116.3	91.7	97.3	120.7	121.0	164.9
三、居　住	**Residence**	**1785.5**	**1422.3**	**1472.9**	**1585.1**	**1845.2**	**2897.1**
#租赁房房租	Rental Housing Rent	30.5	23.6	20.2	30.8	30.3	54.0
住房维修及管理	Housing Repair and Management	389.8	250.9	269.9	265.3	425.1	861.7
水电燃料及其他	Water,Electric Power Fuel and Others	392.1	337.3	341.3	373.4	384.6	570.4
四、生活用品及服务	**Living Articles and Services**	**491.2**	**284.3**	**376.5**	**490.9**	**517.9**	**898.0**
#家具及室内装饰品	Furniture and External Decorations	116.4	50.4	58.7	97.1	136.1	286.7
家用器具	Household Appliances	130.0	70.5	123.2	133.8	131.9	212.1
家用纺织品	Household textile	51.0	26.0	36.4	48.8	46.2	113.5
家庭日用杂品	Household Articles of Daily Use	138.1	102.2	117.2	144.3	148.6	195.1
个人用品	Personal Items	42.4	28.1	32.3	46.5	46.3	65.9
家庭服务	Household Services	13.3	7.1	8.7	20.4	8.8	24.7
五、交通通信	**Transportation and Communications**	**793.2**	**564.5**	**623.5**	**713.6**	**782.6**	**1453.5**
#交　通	Transportation	482.0	331.8	369.1	407.4	437.0	992.5
通　信	Communications	311.2	232.7	254.4	306.2	345.6	461.0
六、教育文化娱乐	**Recreation, Education and Culture Services**	**1036.5**	**765.5**	**1031.8**	**1101.1**	**1186.7**	**1141.5**
#教　育	Education	842.7	645.0	878.9	922.5	976.9	791.6
文化娱乐	Recreation	193.8	120.5	152.9	178.6	209.8	349.9
七、医疗保健	**Medicine and Medical Services**	**958.5**	**634.2**	**746.3**	**810.4**	**1111.4**	**1694.2**
医疗器具及药品	Medical Instruments and Medicines	270.9	204.0	238.1	257.0	268.3	427.5
医疗服务	Medical Services	687.6	430.2	508.2	553.4	843.1	1266.7
八、其他用品和服务	**Others**	**140.0**	**84.9**	**126.6**	**129.1**	**144.1**	**243.1**

10-21 农村常住居民不同收入层次家庭人均购买主要商品数量(2015年) Per Capita Annual Purchases of Major Commodities of Rural Households by Income Percentile(2015)

品 名		Item		总平均 Average	低收入户 Low Income Households	中低收入户 Lower Middle Income Households	中等收入户 Middle Income Households	中高收入户 Upper Middle Income Households	高收入户 High Income Households
小 麦	(公斤)	Wheat	(kg)	1.8	0.5	2.1	3.1	1.4	2.0
面 粉	(公斤)	Flour	(kg)	29.7	33.4	26.6	28.0	28.5	32.5
大 米	(公斤)	Rice	(kg)	14.4	11.3	14.6	15.1	14.7	17.1
薯 类	(公斤)	Potato	(kg)	6.3	5.2	5.6	5.9	6.5	8.8
豆 类	(公斤)	Beans	(kg)	4.7	4.1	3.9	4.5	5.2	6.2
食用植物油	(公斤)	Edible Vegetable Oil	(kg)	9.5	8.8	8.7	9.2	9.5	11.6
鲜 菜	(公斤)	Fresh Vegetables	(kg)	43.5	35.8	36.7	41.1	48.1	60.5
猪 肉	(公斤)	Pork	(kg)	7.7	6.7	6.5	7.5	8.1	10.3
牛 肉	(公斤)	Beef	(kg)	0.2	0.1	0.1	0.1	0.2	0.3
羊 肉	(公斤)	Mutton	(kg)	0.6	0.5	0.4	0.5	0.6	0.8
鸡	(公斤)	Chicken	(kg)	0.8	0.6	0.6	0.7	0.7	1.3
鸭	(公斤)	Duck	(kg)	0.0	0.0	0.0	0.0	0.0	0.1
鱼 类	(公斤)	Fish	(kg)	0.6	0.5	0.6	0.6	0.6	1.0
虾 类	(公斤)	Shrimp	(kg)	0.0	0.0	0.0	0.0	0.0	0.1
鲜 蛋	(公斤)	Fresh Eggs	(kg)	5.2	4.7	4.6	5.0	5.5	6.5
鲜 奶	(公斤)	Fresh Dairy Products	(kg)	3.3	2.9	2.9	3.0	3.4	4.4
酸 奶	(公斤)	Yogurt	(kg)	0.9	0.7	0.8	1.0	1.1	1.2
奶 粉	(公斤)	Milk Powder	(kg)	0.7	0.6	0.7	0.8	0.7	0.8
鲜瓜果	(公斤)	Fresh Fruit	(kg)	21.7	15.0	18.4	20.4	24.3	33.7
糕 点	(公斤)	Cake	(kg)	1.5	1.0	1.2	1.6	1.6	2.2
茶 叶	(公斤)	Tea	(kg)	0.2	0.1	0.2	0.2	0.2	0.3
卷 烟	(盒)	Cigarette	(box)	31.5	26.3	29.5	28.9	32.5	43.3
啤 酒	(公斤)	Beer	(kg)	2.8	2.3	2.6	3.1	2.8	3.5
白 酒	(公斤)	Liquor	(kg)	1.1	0.9	1.2	1.1	1.0	1.2
果 酒	(公斤)	Wine	(kg)	0.2	0.1	0.2	0.2	0.2	0.2
鞋	(双)	Footwear	(pair)	1.9	1.6	1.7	2.0	1.9	2.3
水	(吨)	Water	(ton)	7.3	5.2	5.8	7.8	8.0	10.7
电	(度)	Electricity	(kwh)	322.2	263.9	271.4	305.0	317.1	499.9
煤 炭	(公斤)	Coal	(kg)	156.2	173.2	154.1	141.3	136.2	179.4
管道天燃气	(立方米)	Gas pipeline	(cu.m)	2.4	0.8	0.6	1.4	0.9	10.2
罐装液化石油气	(公斤)	Bottled LPG	(kg)	2.4	1.6	2.1	2.4	2.8	3.3

10-22 农村常住居民不同收入层次家庭每百户耐用消费品拥有情况（2015年）

Ownership of Major Durable Consumer Goods Per 100 Rural Households by Income Percentile(2015)

品 名		Item		总平均 Average	低收入户 Low Income Households	中 低 收入户 Lower Middle Income Households	中 等 收入户 Middle Income Households	中 高 收入户 Upper Middle Income Households	高收入户 High Income Households
家用汽车	（辆）	Automobile	(unit)	9.1	6.5	8.4	7.7	9.2	13.8
摩托车	（辆）	Motorcycle	(unit)	66.2	62.6	66.0	68.2	66.7	67.5
助力车	（台）	Strength-aid Cycle	(unit)	36.7	31.0	35.1	38.1	36.7	42.5
洗衣机	（台）	Washing Machine	(unit)	88.0	83.0	88.4	88.8	87.9	92.1
电冰箱(柜)	（台）	Refrigerator	(unit)	68.8	62.9	64.8	69.1	69.2	78.2
微波炉	（台）	Microwave Oven	(unit)	6.0	5.2	4.4	6.2	5.6	8.7
彩色电视机	（台）	Color TV Set	(unit)	113.2	108.9	115.1	114.6	111.6	115.9
# 接入有线电视		Cable TV Set		37.5	33.8	29.7	36.1	36.5	51.2
空 调	（台）	Air Conditioner	(unit)	23.1	18.9	16.9	24.9	20.6	34.0
热水器	（台）	Water Heater	(unit)	41.5	29.3	35.1	42.1	43.7	57.3
# 太阳能热水器		Solar Water Heater		33.6	22.8	27.6	34.1	36.3	47.1
消毒碗柜	（台）	Sterilizing Cupboard	(unit)	0.5	0.4		0.8	0.6	0.6
洗碗机	（台）	Dish Washer	(unit)	0.1			0.1	0.3	0.1
排油烟机	（台）	Exhauster	(unit)	6.9	2.5	4.3	6.6	7.9	13.4
固定电话	（线）	Ordinary Telephone	(unit)	23.0	23.8	23.1	23.6	21.1	23.1
移动电话	（部）	Mobile Telephone	(unit)	251.3	233.2	253.4	246.8	258.5	264.5
# 接入互联网		Access to the Internet		66.1	58.6	46.8	60.1	75.4	89.6
计算机	（台）	Computer	(unit)	22.0	15.7	17.2	21.4	22.9	32.8
# 接入互联网		Access to the Internet		15.8	11.8	11.6	14.9	16.0	24.6
摄像机	（台）	Pickup Camera	(unit)	0.4	0.4		0.5	0.5	0.3
照相机	（台）	Camera	(unit)	3.8	3.3	2.1	3.5	4.1	6.0
中高档乐器	（架）	High-end Instruments	(unit)	0.5		0.2	1.0		1.4
健身器材	（台）	Setting-up Apparatus	(unit)	0.3	0.3		0.4	0.4	0.5
组合音响	（套）	Music Center	(set)	3.1	2.4	1.9	3.1	3.8	4.2

10-23 农村常住居民家庭年末居住情况
Housing Conditions of Rural Households

指标		Item		2014	2015
调查户数	(户)	Number of Households Surveyed	(household)	2585	2580
平均每户居住人口	(人)	Average Number of Resident Population	(person)	3.4	3.4
平均每人建筑面积	(平方米)	The Average Floor Area Per Person	(sq.m)	41.0	42.6
一、按住户居住空间样式分	(%)	By Style of Living Space	(%)	100.0	100.0
单栋楼房		Dependent Building		25.7	25.2
单栋平房		Single-storey House		59.4	57.9
四居室及以上单元房		Four Bedrooms		0.2	0.0
三居室单元房		Three Bedrooms		0.6	0.5
二居室单元房		Two Beedrooms		0.6	0.5
一居室单元房		One Beedroom		0.0	0.0
筒子楼或连片平房		Tube-shaped Apartment or Lace Single-storey Houses		9.2	11.4
其他		Others		4.3	4.5
二、按主要建筑材料分	(%)	By Main Building Materials	(%)	100.0	100.0
钢筋混凝土		Reinforced Concrete		3.6	4.4
砖混材料		Brick-and-concrete Buildings		60.6	62.0
砖瓦砖木		Brick and Brick-wood Structure		28.1	27.4
竹草土坯		Bamboo Grass and Sun-dried Mud Brick		4.7	3.6
其他		Others		3.0	2.6
三、按现住房房屋来源分	(%)	By Source of Housing	(%)	100.0	100.0
租赁公房		Public-rent Housing		0.1	0.3
租赁私房		Private-rent Housing		2.1	1.6
自建住房		Self-establish Housing		94.5	95.6
购买商品房		Commercial Residential Housing		0.9	0.6
购买房改住房		Private Housing through Housing Reform		0.3	0.3
购买保障性住房		Indemnificatory Housing		0.2	0.1
拆迁安置房		Resettlement Housing		0.2	0.3
继承或获赠住房		Inheriting and Donation Housing		1.1	0.9
免费借用房		Free Housing		0.4	0.2
雇主提供免费住房		Free Housing from Employer		0.1	0.0
其他		Others		0.1	0.1
四、按住宅外道路路面情况分	(%)	By Pavement Condition Outside	(%)	100.0	100.0
水泥或柏油路面		Cement or Asphalt Pavement		66.7	69.2
沙石或石板等硬质路面		Hard Sand or Stone Pavement		12.2	13.6
其他		Others		21.1	17.2
五、按住宅有管道供水情况分	(%)	By Piped Water Supply Condition	(%)	100.0	100.0
管道供水入户		Pipe water into People's Homes		74.7	79.0
管道供水至公共取水点		Pipe water to Public Watering Points		1.4	1.1
没有管道设施		No Pipeline Facilities		23.9	19.9
六、按住户主要饮用水来源情况分	(%)	By Source of main Drinking Water	(%)	100.0	100.0
经过净化处理的自来水		Purified Tap Water		42.5	46.7
受保护的井水和泉水		Protected Wells and Springs		31.2	30.9
不受保护的井水和泉水		Unprotected Wells and Springs		17.5	14.4
江河湖泊水		Rivers and Lakes Water		1.5	1.2
收集雨水		Collected Rainwater		3.5	3.4
桶装水		Barrels Water		0.1	0.1
其他		Others		3.7	3.3
七、按住户厕所类型分	(%)	By Household Lavatory Type	(%)	100.0	100.0
水冲式卫生厕所		Sanitary Water Closet		9.3	10.7
水冲式非卫生厕所		Insanitary Water Closet		2.2	3.0
卫生旱厕		Sanitary Latrine		11.1	15.1
普通旱厕		Latrine		75.7	68.9
无厕所		No Lavatory		1.7	2.3
八、按住户主要取暖设备状况分	(%)	By Heating Facilities Condition	(%)	100.0	100.0
由市政或小区集中供暖		Central Heating		0.9	0.7
自行供暖		Self Heating		56.1	57.9
无取暖设备		Without Heating Equipment		43.0	41.4
九、按主要炊用能源状况分	(%)	By Cooking Fuel Condition	(%)	100.0	100.0
柴草		Firewood		53.5	49.4
煤炭		Coal		19.6	22.3
罐装液化石油气		Canned Liquified Petroleum Gas		6.1	5.7
管道液化石油气		Pipeline Liquified Petroleum Gas		0.0	0.1
管道煤气		Pipeline Gas		0.0	0.0
管道天然气		Pipeline Natural Gas		1.4	0.8
电		Electricity		17.6	19.3
沼气		Methane		1.7	2.0
其他		Others		0.1	0.4

10-24 各县(市、区)城乡居民人均收入(2015年) Per Capita Income in Urban and Rural Households by County (City and District)(2015)

单位：元 (yuan)

地 区	Region	城镇居民人均可支配收入 Per Capita Annual Disposable Income of Urban Households	农村居民人均可支配收入 Per Capita Annual Net Income of Rural Households	地 区	Region	城镇居民人均可支配收入 Per Capita Annual Disposable Income of Urban Households	农村居民人均可支配收入 Per Capita Annual Net Income of Rural Households
西安市	**Xi'an**	**33188**	**14072**	麟游县	Linyou	25046	7518
新城区	Xincheng	34622		凤 县	Fengxian	30432	10236
碑林区	Beilin	34924		太白县	Taibai	24295	7540
莲湖区	Lianhu	34820		**咸阳市**	**Xianyang**	**29425**	**9690**
灞桥区	Baqiao	34236	18891	秦都区	Qindu	32498	11398
未央区	Weiyang	34525	19824	渭城区	Weicheng	32316	11183
雁塔区	Yanta	35071		三原县	Sanyuan	29570	10135
阎良区	Yanliang	34382	18850	泾阳县	Jingyang	29458	10106
临潼区	Lintong	28628	15164	乾 县	Qianxian	27620	10007
长安区	Chang'an	32204	15486	礼泉县	Liquan	27755	10089
高陵区	Gaoling	27423	15191	永寿县	Yongshou	23577	7720
蓝田县	Lantian	24509	11084	彬 县	Binxian	28277	9640
周至县	Zhouzhi	25070	11148	长武县	Changwu	24420	7987
户 县	Huxian	26043	13616	旬邑县	Xunyi	23789	8208
铜川市	**Tongchuan**	**25559**	**8739**	淳化县	Chunhua	22346	7929
王益区	Wangyi	25013	8499	武功县	Wugong	26865	9857
印台区	Yintai	23654	8175	兴平市	Xingping	30542	10232
耀州区	Yaozhou	28150	9386	**渭南市**	**Weinan**	**25472**	**8705**
宜君县	Yijun	22949	7888	临渭区	Linwei	26897	9045
宝鸡市	**Baoji**	**29475**	**9511**	华 县	Huaxian	25140	8430
渭滨区	Weibin	31598	11587	潼关县	Tongguan	23911	8368
金台区	Jintai	30485	10523	大荔县	Dali	24264	9306
陈仓区	Chencang	28881	9823	合阳县	Heyang	23749	7646
凤翔县	Fengxiang	29426	10375	澄城县	Chengcheng	25219	7687
岐山县	Qishan	29212	10483	蒲城县	Pucheng	25476	8557
扶风县	Fufeng	27125	8646	白水县	Baishui	23923	8314
眉 县	Meixian	30127	9590	富平县	Fuping	25417	8515
陇 县	Longxian	24179	7581	韩城市	Hancheng	27504	11429
千阳县	Qianyang	26341	7915	华阴市	Huayin	24611	8236

10-24 续表 continued

单位：元 (yuan)

地 区	Region	城镇居民人均可支配收入 Per Capita Annual Disposable Income of Urban Households	农村居民人均可支配收入 Per Capita Annual Net Income of Rural Households
延安市	**Yan'an**	**28590**	**9789**
宝塔区	Baota	29777	9090
延长县	Yanchang	27076	8671
延川县	Yanchuan	26212	8354
子长县	Zichang	28679	9021
安塞县	Ansai	29801	10437
志丹县	Zhidan	29547	9971
吴起县	Wuqi	30168	10302
甘泉县	Ganquan	27291	9778
富 县	Fuxian	26552	10282
洛川县	Luochuan	28086	10785
宜川县	Yichuan	27237	9644
黄龙县	Huanglong	24889	8958
黄陵县	Huangling	27784	10581
汉中市	**Hanzhong**	**23625**	**8164**
汉台区	Hantai	23832	8308
南郑县	Nanzheng	23661	8217
城固县	Chenggu	23648	8236
洋 县	Yangxian	23379	8164
西乡县	Xixiang	23612	8180
勉 县	Mianxian	23630	8189
宁强县	Ningqiang	23602	8068
略阳县	Lueyang	23357	8043
镇巴县	Zhenba	23348	8002
留坝县	Liuba	23242	8015
佛坪县	Foping	23257	8030
榆林市	**Yulin**	**27765**	**9802**
榆阳区	Yuyang	29110	11015
神木县	Shenmu	28450	12046
府谷县	Fugu	28417	10871
横山县	Hengshan	25905	9760
靖边县	Jingbian	29577	11058
定边县	Dingbian	28895	10926
绥德县	Suide	24664	8240
米脂县	Mizhi	24667	8894
佳 县	Jiaxian	23484	8174
吴堡县	Wubu	23516	8155
清涧县	Qingjian	23529	8234
子洲县	Zizhou	23598	8322
安康市	**Ankang**	**23985**	**7913**
汉滨区	Hanbin	24332	7849
汉阴县	Hanyin	23995	8063
石泉县	Shiquan	23905	8011
宁陕县	Ningshan	23338	7625
紫阳县	Ziyang	23575	8051
岚皋县	Langao	24020	7707
平利县	Pingli	23810	8130
镇坪县	Zhenping	23620	7728
旬阳县	Xunyang	23907	7900
白河县	Baihe	23432	7768
商洛市	**Shangluo**	**23509**	**7706**
商州区	Shangzhou	24010	7614
洛南县	Luonan	23476	7705
丹凤县	Danfeng	23571	7701
商南县	Shangnan	23250	7739
山阳县	Shanyang	23245	7850
镇安县	Zhen'an	23292	7750
柞水县	Zhashui	23236	7622
杨凌示范区	**Yangling**	**33109**	**13792**
杨陵区	Yangling	33109	13792

主要统计指标解释

住户 指居住在一个住宅内，共同分享生活开支或收入的一群人。居住在同一房间内、不共同分享生活开支的人群，每个人都视为一个住户。住家保姆、住家家庭帮工视为单独的住户。

常住居民 指住户成员中，经常在家居住、或者调查期内居住时间超过一半的人员，以及本住户供养的学生。常住居民是住户收支的调查对象。

整、半劳动力 整劳动力是指男子18周岁到50周岁，女子18周岁到45周岁；半劳动力是指男子16周岁到17周岁，51周岁到60周岁；女子16周岁到17周岁，46周岁到55周岁，同时具有劳动能力的人。虽然在劳动年龄之内，但已丧失劳动能力的人，不应算为劳动力；超过劳动年龄，但能经常参加劳动，计入半劳动力数内。常住人口中的职工，若这些职工为劳动力，就包括在本户的整半劳动力中。

居民人均可支配收入 指调查期内居民家庭成员人均获得的、可用于最终消费支出和储蓄的总和，即居民可以用来自由支配的收入，既包括现金收入，也包括实物收入。全体居民可支配收入可以体现各地区城乡一体的居民收入及生活水平变化情况。按照收入的来源，可支配收入包含四项，分别为：工资性收入、经营净收入、财产净收入、转移净收入。

工资性收入 指就业人员通过各种途径得到的全部劳动报酬和各种福利，包括受雇于单位或个人、从事各种自由职业、兼职和零星劳动得到的全部劳动报酬和福利。

经营净收入 指住户或住户成员从事生产经营活动所获得的净收入，是全部经营收入中扣除经营费用、生产性固定资产折旧和生产税净额（生产税减去生产补贴）之后得到的净收入。计算公式为：

经营净收入 = 经营收入 - 经营费用 - 生产性固定资产折旧 - 生产税净额（生产税-生产补贴）

财产净收入 指住户或住户成员将其所拥有的金融资产和自然资源交由其他机构单位、住户或个人支配而获得的回报并扣除相关的费用之后得到的净收入。计算公式为：财产净收入 = 财产性收入 - 财产性支出

转移净收入 指国家、单位、社会团体对住户的各种经常性转移支付和住户之间的经常性收入转移。包括政府、非行政事业单位、社会团体对居民转移的养老金或退休金、社会救济和补助、政策性生活补贴、救灾款、经常性捐赠和赔偿以及报销医疗费等；住户之间的赡养收入、经常性捐赠和赔偿以及农村地区（村委会）在外（含国外）工作的本住户非常住成员寄回带回的收入等。计算公式为：转移净收入=转移性收入-转移性支出

居民收入五等份分组 指将所有调查户按人均收入水平从低到高顺序排列，平均分为五个等份，处于最高20%的收入群体为高收入组，依此类推依次为中高收入组、中等收入组、中低收入组、低收入组。

居民人均生活消费支出 指住户用于满足家庭日常生活消费需要的全部支出，包括用于消费品的支出和用于服务性消费的支出。根据用途不同，消费支出可划分为食品烟酒、衣着、居住、生活用品及服务、交通通信、教育文化娱乐、医疗保健、其他用品及服务八大类。

城镇居民人均可支配收入（老口径） 指城镇家庭总收入扣除交纳的个人所得税和个人交纳的各项社会保障支出之后，按照城镇居民家庭人口平均的收入水平。其中家庭总收入是指该家庭中生活在一起的所有家庭人员从各种渠道得到的所有收入之和。计算公式为：

可支配收入= 家庭总收入- 交纳个人所得税-个人交纳的社会保障支出-记账补贴

农村居民人均纯收入（老口径） 指农村住户当年从各个来源得到的家庭总收入扣除有关费用性支出后，最终归农村居民所有的收入总和，按照农村住户人口平均的纯收入水平。计算公式为：

纯收入 = 总收入-家庭经营费用支出-税费支出-生产性固定资产折旧-赠送农村内部亲友

Explanatory Notes on Main Statistical Indicators

Households refer to persons living and sharing economically together in one house. When people don't share living expenses, every single person are deemed to be one household. Live-in Nanny and family helpers are deemed to be one household.

Usual Resident Population refers to persons staying at home regularly or for over half of time in survey period and students provided by the household. Usual resident population is the respondent of household living expenses.

Full/Semi Labour Force Full labour force refers to persons capable of work, aged 18-50 for males and 18-45 for females. Semi labour force refers to persons capable of work, aged 16-17 and 51-60 for males and 16-17 and 46-55 for females. Persons at their working ages but not capable of work are not to be included as labour force. Persons not at working ages but participating regularly in work are included in semi labour force. For staff and workers who are usual residents, are included as full or semi labour force of the household if they are in the labour force.

Disposable Income of Residents refers to the actual income at the disposal of members of the households which can be used for final consumption and savings in survey period, residents can use that at their disposal. It includes cash income and physical income. This income demonstrates the situation about incomes of both rural and urban residents and living standard in various regions. According to the source of income, disposable income include wage income, net business income, net property income and net transferability income.

Wages Income refers to the work reward and all benefits received in various ways by the members of rural households,include the work reward and all benefits received from employed by other units or individuals,liberal professions, part-time job and sporadic labor.

Net Business Income refers to the net income received by households engaged in manufacturing & managing activities.This equals to total business income minus operating costs, depreciation for productive plant assets and net product tax(production taxes minus production subsidies).The following formula is used:

Net business income=business income-operating costs-depreciation for productive plant assets- net product tax(production taxes-production subsidies)

Net Property Income refers to the income received as returns by owners of financial assets or nature sources by providing nature sources to other institutional units,households and individuals. The following formula is used:

Net property income = property income - property expenditure

Net Transferability Income refers to various current transfers of nation, units and social organizations pay to households and recurring revenue transfer between households. This income includes pension transferred from government, the non administrative institutions and social organizations to households, social assistance, policy living allowance, disaster relief funds, regular donation and compensation, recoverable medical cost; alimony income, regular donation and compensation, income from the ones who are not resident in rural areas between the households.The following formula is used:

Net transferability income = transfer income - transfer expenditure

Five Equal Groups of Resident Income According to income per head, all investigative households are arranged from low to high. Divided five groups equally, the maximum 20% of the income groups is high-income groups, and so on, there are middle and upper-income groups, middle-income groups, medium-low-income groups and low-income groups.

Consumption Expenditure of Households refers to total expenditure of households for consumption in daily life, including expenditure on the eight categories of food; clothing; housing; household appliances and services; health care and medical services; transport and communications; recreation, education and cultural services; and miscellaneous goods and services.

The Per Capita Disposable Income(the old range) This equals to total income minus income tax, personal contribution to social security and subsidy for keeping diaries in being a sample household. The following formula is used:

Disposable income = total household income - income tax - personal contribution to social security - subsidy for keeping diaries for a sampled household

The Average Per Capita Net Income of Rural Residents(the old range) refers to the total income of rural households from all sources minus all corresponding expenses. The formula for calculation is as follows:

Net income = total income - household operation expenses - taxes and fees paid - taxes and fees depreciation of fixed assets for production - gifts to non-rural relatives

十一、环境和城市

Environment and Cities

资料整理：冉妮平　梁珠荣

简 要 说 明

一、本篇资料主要反映陕西环境保护事业发展情况和城市公用事业基本情况。

环境保护事业发展情况主要包括供水、用水情况以及工业废水和生活污水的排放及治理情况；城市空气质量，废气排放及处理情况；工业固体废物的产生、处理及利用情况；城市生活垃圾清运及处理情况；城市道路交通和区域环境噪声监测情况；造林及自然保护基本情况；地质、地震、海洋、森林灾害及突发环境事件情况；环境污染治理投资等情况。

城市公用事业基本情况主要包括城市建设、供水、供气、供热、市政设施、城市绿化、环境卫生等情况。

二、本篇资料由省国土资源厅、省环境保护厅、省住房和城乡建设厅、省水利厅、省林业厅提供。

Brief Introduction

I. This chapter reflects the development of environment protection and public utilities in Shaanxi Province.

The development of environment protection mainly include water supply and utilization, discharge and treatment of industrial and other waste water; urban air quality, emission and treatment of waste gas; production, treatment and utilization of industrial solid wastes, collection and disposal of consumption wastes in cities; national monitoring of road traffic noise and urban environmental noise in key cities; forestation, grassland construction and natural protection; incidences of geological, seismic, marine and forest disasters, environmental emergency investment in environment pollution treatment, etc.

The public utilities mainly include urban construction, water supply, gas supply, heat supply, public facilities, urban greening and environmental hygiene, etc.

Ⅱ. The data resources are provided by Shaanxi Province Department of Land and Resources, Shaanxi Province Environmental Protection Department, Shaanxi Province Housing and Urban-Rural Development, Shaanxi Province Department of Water Resources and Shaanxi Province Forestry Department.

11.环境和城市

2015年全省城市		
人均公园绿地面积	12.57	平方米
人均城市道路面积	15.67	平方米
人均日生活用水量	155.71	升
用水普及率	97.12	%
燃气普及率	94.73	%

城市人均城市道路面积（平方米）

（2015年）

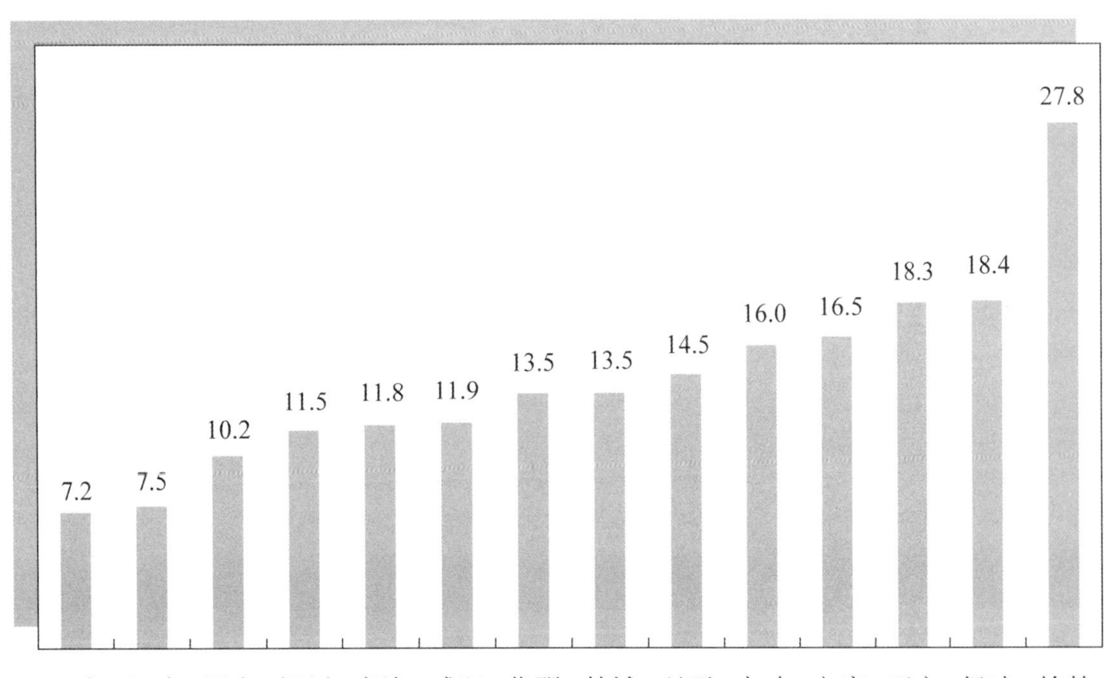

11-1 环境保护基本情况
Basic Statistics on Environmental Protection

指　　标	Item	2014	2015
水环境	**Water Environment Conditions**		
水资源总量 (亿立方米)	Total Amount of Water Resources (100 million cu. m)	351.64	333.43
地表水资源量	Surface Water	325.85	309.22
地下水资源量	Ground-Water	124.12	120.61
地表水与地下水资源重复量	Duplicated Measurement between Surface and Underground	98.33	90.40
人均水资源量 (立方米/人)	Per Capita Water Resources (cu.m/person)	932.84	881.16
用水总量 (亿立方米)	Water Consumption (100 million cu. m)	89.81	91.16
# 农业用水	Water Consumption of Agriculture	57.86	57.95
工业用水	Water Consumption of Industry	14.02	14.22
生活用水	Water Consumption of Consumption	12.74	13.26
生态环境补水	Water Consumption of Ecological Protection	2.52	2.91
废水排放总量 (万吨)	Total Volume of Waste Water Discharged (10 000 tons)	145785.38	168121.98
# 工业废水排放量	Volume of Industrial Waste Water Discharged	36163.40	37729.95
城镇生活污水排放量	Volume of Consumption Waste Water Discharged	109536.33	130302.52
集中式治理设施污水排放量	Volume of Sewage Discharged from Centralized Treatment Facilities	85.65	89.51
化学需氧量(COD)排放量 (吨)	COD Discharge (ton)	504916	489112
# 工业废水中COD排放量	COD Discharge by Industrial Waste Water	95565	109271
农业COD排放量	COD Discharge by Agriculture	189456	185112
城镇生活污水中COD排放量	COD Discharge by Consumption Waste Water	216952	191786
集中式治理设施COD排放量	Volume of COD Discharged by Centralized Treatment Facilities	2943	2943
氨氮排放量 (吨)	Ammonia Nitrogen Discharge (ton)	58237	55646
# 工业废水中氨氮排放量	Ammonia Nitrogen Discharge by Industrial Waste Water	8675	9215
农业氨氮排放量	Ammonia Nitrogen Discharge by Agriculture	14827	14600
生活污水中氨氮排放量	Ammonia Nitrogen Discharge by Consumption Waste Water	34441	31537
集中式治理设施氨氮排放量	Volume of Ammonia Nitrogen Discharged by Centralized Treatment Facilities	294	294
大气环境	**Atmospheric Environment Conditions**		
二氧化硫(SO2)排放量 (吨)	Sulphur Dioxide (SO2) Emission (ton)	780954	735017
# 工业SO2排放量	Volume of Sulphur Dioxide Emission by Industry	671642	599321
城镇生活SO2排放量	Volume of Sulphur Dioxide Emission by Consumption	109286	135689
集中式治理设施SO2排放量	Volume of SO2 Discharged by Centralized Treatment Facilities	27	7
氮氧化物排放量 (吨)	Volume of Nitrogen oxides (ton)	705756	627366
# 工业氮氧化物排放量	Volume of Nitrogen oxides by Industry	509575	434232
城镇生活氮氧化物排放量	Volume of Nitrogen oxides by Consumption	25901	33643
机动车氮氧化物排放量	Volume of Nitrogen oxides by Motor Vehicles	170248	159460
集中式治理设施氮氧化物排放量	Volume of Nitrogen oxides by Centralized Treatment Facilities	33	30
烟(粉)尘排放量 (吨)	Volume of Soot Emission (ton)	709137	603649
# 工业烟(粉)尘排放量	Volume of Industrial Soot Emission	537753	454899
城镇生活烟尘排放量	Volume of Consumption Soot Emission	157821	135414
机动车烟尘排放量	Volume of Soot Emission by Motor Vehicles	13517	13302
集中式治理设施烟尘排放量	Volume of Soot Emission by Centralized Treatment Facilities	47	34

11-1 续表 1 continued

指 标		Item		2014	2015
固体废物		**Solid Wastes**			
一般工业固体废物产生量	(万吨)	Volume of Industrial Solid Wastes Produced	(10 000 tons)	8682.50	9329.65
一般工业固体废物综合利用量	(万吨)	Volume of Industrial Solid Wastes Utilized	(10 000 tons)	5464.23	6101.61
# 综合利用往年贮存量		The Comprehensive Utilization Stored Quantity in Early Years		9.24	12.60
一般工业固体废物综合利用率	(%)	Ratio of Industrial Solid Wastes Utilized	(%)	62.93	65.40
一般工业固体废物处置量	(万吨)	Volume of Industrial Solid Wastes Treated	(10 000 tons)	2136.13	1977.41
# 处置往年贮存量		Stored Quantity Treated in Early Years		1.31	1.40
一般工业固体废物处置率	(%)	Ratio of Industrial Solid Wastes Treated	(%)	24.60	21.19
一般工业固体废物贮存量	(万吨)	Industrial Solid Wastes Stored Quantity	(10 000 tons)	1092.66	1264.62
危险废物产生量	(吨)	Volume of Hazardous Wastes	(ton)	637200	579603
危险废物综合利用量	(吨)	Volume of Hazardous Wastes Utilized	(ton)	212100	117402
# 综合利用往年贮存量		The Comprehensive Utilization Stored Quantity in Early Years		20100	2239
危险废物综合利用率	(%)	Ratio of Hazardous Wastes Utilized	(%)	33.30	20.26
危险废物处置量	(吨)	Volume of Hazardous Wastes Treated	(ton)	347800	330969
危险废物处置率	(%)	Ratio of Hazardous Wastes Treated	(%)	54.58	57.10
危险废物贮存量	(吨)	Hazardous Wastes Stored Quantity	(ton)	100200	152141
生态环境		**Ecological Environment Conditions**			
森林面积	(万公顷)	Area of Forest	(1 0000 hectares)	886.67	886.67
森林覆盖率	(%)	Forest Coverage Rate	(%)	43.06	43.06
累计水土流失治理面积	(千公顷)	Accumulative Area of Water and Soil Conservation	(1 000 hectares)	7039.06	7288.32
当年造林面积	(公顷)	The Area of Afforestation	(hectare)	335362	327033
# 人工造林		Man-made Forests		251125	222564
飞播造林		Afforestation by Air Seeding		32000	34670
无林地和疏林地新封山育林		Non-forest Land and Close Hillsides to Facilitate Afforestation		52237	69799
自然保护区数	(个)	Number of Nature Reserves	(unit)	61	61
# 国家级		Nation Level		23	23
自然保护区面积	(万公顷)	Area of Nature Reserves	(10 000 hectares)	115.74	115.74
自然灾害		**Natural Disasters**			
地质灾害次数	(次)	Number of Geologic Hazards	(time)	172	38
地质灾害伤亡人数	(人)	Number of Geologic Hazard Casualties	(person)	55	71
地质灾害直接经济损失	(万元)	Direct Economic Losses of Geologic Hazard	(10 000 yuan)	4717	51197
森林火灾次数	(次)	Number of Forest Fires	(time)	109	53
森林火灾受害森林面积	(公顷)	Danaged Forest Area	(hectare)	288	85
环境污染与治理		**Investment in the Treatment of Environmental Pollution**			
突发环境事件次数	(次)	Environmental Disasters	(time)	82	58
环境污染治理投资总额	(万元)	Total Investment in the Treatment of Environmental Pollution	(10 000 yuan)	2763183	2063217
城镇环境基础设施投资		Investment in Urban Environmental Infrastructure		2035119	1698817
燃 气		Gas		180220	205159
集中供热		Centralized Heating		369105	326979
排 水		Drainage Works		384572	309300
园林绿化		Gardening and Greening		841574	659712
市容环境卫生		Environmental Sanitation		259648	197667

11-1 续表 2 continued

指 标		Item	2014	2015
工业污染防治投资		Investment in the Treatment of Industrial Pollution	377310	165900
治理废水		Treatment of Waste Water	74340	36300
治理废气		Treatment of Waste Gas	265076	96100
治理固体废物		Treatment of Solid Waste	2196	8400
治理噪声		Treatment of Noise Pollution	1557	5200
治理其他		Treatment of Other Pollution	34141	19900
完成环保验收项目环保投资	(万元)	Investment in Completion Acceptance of Environmental Protection (10 000 yuan)	350754	198500
环境污染治理投资占GDP比重	(%)	Total Investment in the Treatment of Environmental Pollution as Percent of GDP (%)	1.56	1.14
工业废气治理设施运行费用	(万元)	Operating Costs of Industrial Waste Gas Treatment Facilities (10 000 yuan)	363505	425819
工业废水治理设施运行费用	(万元)	Operating Costs of Industrial Waste Water Treatment Facilities (10 000 yuan)	100510	125581
排污费收入总额	(万元)	Total Pollution Charges (10 000 yuan)	63400	61300
本年林业投资完成额	(万元)	Investment Completed This Year for Afforestation (10 000 yuan)	1091744	1151142
生态建设与保护		Ecological Construction and Protection	693360	644050
林业支撑与保障		Forestry Support and Protection	38482	35728
林业产业发展		Development of Forestry	137308	165293
林业民生工程		Forestry of the people's livelihood projects	29548	35889
其 他		Others	193046	270182
城市环境		**Urban Environmental**		
城区面积	(平方公里)	Total Urban Area (sq.km)	1610.32	2311.70
# 建成区面积		Developed Areas	967.56	1073.36
城市建设用地面积	(平方公里)	City Areas and Floor Space of Buildings (sq.km)	946.44	1037.89
城市供水总量	(万立方米)	Total Water Supply (10 000 cu.m)	92910.74	97663.52
城市用水普及率	(%)	Coverage Rate of Urban Population with Access to Tap Water (%)	96.31	97.12
城市污水排放量	(万立方米)	Volume of City Sewage (10 000 cu.m)	86823	96977
城市污水处理量	(万立方米)	Disposal of City Sewage (10 000 cu.m)	79492	88779
城市污水处理厂集中处理率	(%)	Treatment Rate of City Sewage (%)	91.56	91.52
城市生活垃圾清运量)	(万吨)	Urban Consumption Wastes Collected and Transported (10 000 tons)	517.93	522.74
城市生活垃圾无害化处理量	(万吨)	Volume of City Consumption Wastes (10 000 tons)	496.05	512.38
城市生活垃圾无害化处理率	(%)	Treatment Rate of City Consumption Wastes (%)	95.78	98.02
城市燃气普及率	(%)	Coverage Rate of Urban Population with Access to Gas (%)	95.08	94.73
城市集中供热面积	(万平方米)	Area of Centralized Heating in Urban (10 000 sq.m)	19825	24030
城市人均公园绿地面积	(平方米)	Per Capita Public Green Area (sq.m)	12.48	12.57
建成区绿化覆盖率	(%)	Green Covered Area as % of Completed Area (%)	40.46	40.57

注：城市环境部分，统计范围为全省设区市和杨凌示范区及兴平、华阴、韩城3个县级市。

a)Data of urban enviromental include those of cities at prefecture level ,Yangling,Xingping,Huayin and Hancheng.

11-2 各市(区)工业固体废物排放及处理情况(2015年)

Production and Treatment of Industrial Solid Wastes by City(District)(2015)

单位：万吨 (10 000 tons)

地区	Region	一般工业固体废物产生量 Volume of Industrial Solid Wastes Produced	危险废物产生量 Volume of Hazardous Wastes Produced	一般工业固体废物贮存量 Volume of Industrial Solid Wastes in Stocks	危险废物贮存量 Volume of Hazardous Wastes in Stocks	一般工业固体废物处置量 Volume of Industrial Solid Wastes Disposed	#处置往年贮存量 Storage Capacity Disposed in Former Years	危险废物处置量 Volume of Hazardous Wastes Disposed	一般工业固体废物综合利用量 Volume of Industrial Solid Wastes Utilized
全　省	**Shaanxi**	**9329.65**	**57.96**	**1264.62**	**15.21**	**1977.41**	**1.40**	**33.10**	**6101.61**
西安市	Xi'an	235.55	2.98	0.93	0.02	18.24	0.00	2.88	216.40
铜川市	Tongchuan	126.05	0.05		0.02	1.93		0.02	124.13
宝鸡市	Baoji	549.90	1.12	239.67	0.43	104.97	0.22	0.33	205.49
咸阳市	Xianyang	721.11	1.15	33.66	0.00	152.17	0.66	0.26	536.60
渭南市	Weinan	3706.42	6.48	112.79	0.01	1522.93	0.17	0.85	2071.51
#韩城市	Hancheng	741.80	1.87	83.83		4.01		0.06	653.97
延安市	Yan'an	110.05	6.83	1.56	0.71	10.48		6.09	98.01
汉中市	Hanzhong	383.02	13.94	118.09	10.04	18.31	0.00	0.20	253.08
榆林市	Yulin	2472.32	23.82	19.37	3.63	146.47		21.82	2306.48
安康市	Ankang	112.89	0.02	17.71	0.01	1.28	0.04	0.00	97.01
商洛市	Shangluo	909.53	1.58	720.83	0.36	0.64	0.30	0.64	190.11
杨凌示范区	Yangling	2.81							2.80

11-3 各市(区)工业废水排放及处理量(2015年)

Discharge and Treatment of Industrial Waste Water by City(District)(2015)

地区	Region	工业用水总量(万吨) Total Water Use in Industry (10 000 tons)	工业废水排放总量(万吨) Total Volume of Industrial Waste Water Discharged (10 000 tons)	化学需氧量排放量(吨) COD Discharge (ton)	氨氮排放量(吨) Ammonia Nitrogen Discharge (ton)	工业废水处理量(万吨) Volume of Treated Industrial Waste Water (10 000 tons)	废水治理设施数(套) Number of Facilities for Treatment of Waste Water (set)	废水治理设施处理能力(万吨/日) Treatment Capacity of Facilities for Treatment of Waste Water (10 000 tons/day)	废水治理设施运行费用(万元) Operate Expenditure for Facilities for Treatment of Waste Water (10 000 yuan)
全　省	**Shaanxi**	**840835.66**	**37729.95**	**109270.70**	**9215.42**	**60561.86**	**2105**	**371.85**	**125581**
西安市	Xi'an	38657.28	5203.56	24296.30	1158.78	4783.60	315	23.78	27527
铜川市	Tongchuan	14893.83	398.07	1648.10	34.20	357.02	29	3.85	1108
宝鸡市	Baoji	110842.80	5445.35	17888.43	1035.07	8639.54	243	44.84	13462
咸阳市	Xianyang	125235.34	5645.52	18400.82	1423.68	5536.65	258	43.95	13715
渭南市	Weinan	363643.92	5859.73	23003.22	1330.15	11189.04	182	59.96	17091
#韩城市	Hancheng	138739.90	1132.18	2401.19	298.54	2482.60	29	9.16	2921
延安市	Yan'an	11425.57	2509.74	4755.08	232.28	3447.95	170	21.56	15911
汉中市	Hanzhong	30267.88	2192.18	5293.97	1370.57	2864.32	196	52.65	4701
榆林市	Yulin	137535.13	7224.13	3966.14	795.00	18751.56	508	77.51	24969
安康市	Ankang	2453.12	478.92	4390.28	264.83	547.79	104	4.90	862
商洛市	Shangluo	5634.69	2642.79	5172.44	1558.71	4316.63	89	35.36	5859
杨凌示范区	Yangling	246.10	129.97	455.92	12.15	127.78	11	3.48	378

11-4 各市(区)工业废气排放及处理情况(2015年)
Emission and Treatment of Industrial Waste Gas by City(District)(2015)

地 区	Region	工业废气排放总量(亿立方米) Total Volume of Industrial Waste Gas Emission (100 million cu.m)	二氧化硫排放量(吨) Volume of Industrial Sulphur Dioxide Emission (ton)	氮氧化物排放量(吨) Volume of Nitrogen Oxides Emission (ton)	烟(粉)尘排放量(吨) Volume of Soot Emission (ton)	废气治理设施数(套) Number of Facilities for Treatment of Waste Gas (set)	废气治理设施处理能力(万立方米/时) Treatment Capacity of Facilities for Treatment of Waste Gas (10 000 cu.m/hour)	废气治理设施运行费用(万元) Operate Expenditure for Facilities for Treatment of Waste Gas (10 000 yuan)	空气日报优良率(%) Air Quality Fine Rate (%)
全 省	**Shaanxi**	**17303.50**	**599320.83**	**434231.95**	**454899.37**	**4578**	**41347.17**	**425819**	
西安市	Xi'an	1108.48	38691.36	22364.26	16443.53	801	3994.51	60543	68.6
铜川市	Tongchuan	1325.51	16890.78	39207.30	54209.12	114	3250.45	21971	73.7
宝鸡市	Baoji	1692.01	31706.19	45901.36	29334.24	686	4508.17	74430	74.5
咸阳市	Xianyang	1481.01	52734.26	56606.12	35353.01	474	4310.72	48256	70.7
渭南市	Weinan	3985.63	210503.91	87235.41	60669.68	670	10951.79	121476	72.1
韩城市	Hancheng	2384.00	89553.21	29966.64	45888.33	138	7158.67	49412	41.1
延安市	Yan'an	387.05	19313.97	7525.73	11338.86	340	932.43	6777	77.3
汉中市	Hanzhong	1161.34	22798.85	17476.58	33580.92	317	4713.09	20068	77.3
榆林市	Yulin	5575.93	174539.78	146643.70	200517.14	640	7496.48	60133	78.4
安康市	Ankang	308.31	11273.77	6319.81	8829.11	282	457.95	3666	78.6
商洛市	Shangluo	254.64	19818.21	4497.05	4371.22	229	588.44	8219	83.8
杨凌示范区	Yangling	23.58	1049.76	454.64	252.53	25	143.13	279	71.8

11-5 城市设施水平(2015年)
Level of Public Facilities in Cities(2015)

城 市	City	人均公园绿地面积(平方米) Per Capita Public Green Area (sq.m)	人均城市道路面积(平方米) Per Capita Area of Paved Roads (sq.m)	人均日生活用水量(升) Per Capita Daily Consumption of Tap Water for Residential Use (liter)	用水普及率(%) Coverage Rate of Population with Access to Tap Water (%)	燃气普及率(%) Coverage Rate of Population with Access to Gas (%)
全 省	**Shaanxi**	**12.57**	**15.67**	**155.71**	**97.12**	**94.73**
西安市	Xi'an	11.74	18.28	192.50	100.00	100.00
铜川市	Tongchuan	11.72	11.54	64.42	93.43	80.00
宝鸡市	Baoji	12.28	16.03	151.05	100.00	99.13
咸阳市	Xianyang	15.25	11.94	101.37	92.00	90.21
兴平市	Xingping	12.96	14.52	103.15	99.90	98.44
渭南市	Weinan	12.28	10.20	164.05	98.83	92.54
韩城市	Hancheng	9.29	13.50	114.98	97.35	87.60
华阴市	Huayin	9.44	13.48	93.84	95.95	49.34
延安市	Yan'an	10.41	7.22	156.73	89.65	95.47
汉中市	Hanzhong	13.20	7.54	151.52	82.49	90.97
榆林市	Yulin	18.67	27.80	80.66	97.73	92.55
安康市	Ankang	13.93	16.47	123.51	94.61	97.87
商洛市	Shangluo	10.40	11.82	116.89	100.00	63.78
杨凌示范区	Yangling	15.42	18.38	144.03	96.89	77.79

11-6 城市市政设施(2015年)
Municipal Infrastructure in Cities(2015)

城市 City	道路长度 (公里) Length of Paved Roads (km)	道路面积 (万平方米) Area of Paved Roads (10 000 sq.m)	城市桥梁 (座) City Bridges (set)	#立交桥 Flyover	城市道路照明灯盏数 (盏) Number of Street Lights (unit)	城市排水管道长度 (公里) Length of City Sewage Pipes (km)
全 省 Shaanxi	**6507.54**	**14601.79**	**743**	**149**	**638418**	**8026.15**
西安市 Xi'an	3323.39	7747.30	427	103	327729	4687.84
铜川市 Tongchuan	296.99	465.50	32	4	20380	260.00
宝鸡市 Baoji	525.62	1341.25	53	1	61781	597.00
咸阳市 Xianyang	363.14	1266.07	38	16	55678	302.02
兴平市 Xingping	181.11	279.01	12	3	11743	86.19
渭南市 Weinan	366.72	550.63	9	4	25653	426.50
韩城市 Hancheng	120.04	229.61			4036	131.22
华阴市 Huayin	79.80	153.00	21		5820	116.30
延安市 Yan'an	140.17	245.48	29		18885	97.60
汉中市 Hanzhong	207.85	328.89	9	1	14506	165.16
榆林市 Yulin	429.80	1015.30	39	7	57130	678.10
安康市 Ankang	226.68	534.55	24		23996	215.99
商洛市 Shangluo	135.80	185.30	25	1	6801	88.83
杨凌示范区 Yangling	110.43	259.90	25	9	4280	173.40

11-7 城市供水情况(2015年)
Basic Statistics on Tap Water Supply in Cities (2015)

城市 City	综合生产能力 (万立方米/日) Production Capacity (10 000 cu.m/day)	#地下水 Groundwater	全年供水总量 (万立方米) Annual Volume of Tap Water Supply (10 000 cu.m)	#生产运营用水 Water Consumption of Production and Operations	#公共服务用水 Water Consumption of Public Services	#居民家庭用水 Water Consumption of Household
全 省 Shaanxi	**404.99**	**182.10**	**97663.52**	**30994.80**	**5632.56**	**45523.08**
西安市 Xi'an	201.40	57.41	53237.00	15599.52	642.57	29138.38
铜川市 Tongchuan	14.40	1.20	1732.00	98.80	135.20	751.30
宝鸡市 Baoji	30.96	12.30	7127.00	1430.00	1066.00	3500.00
咸阳市 Xianyang	46.80	41.30	12587.30	7297.80	443.37	3164.90
兴平市 Xingping	11.50	11.50	3482.03	2317.60	30.50	692.00
渭南市 Weinan	25.80	17.40	6290.20	2442.50	1089.70	1891.00
韩城市 Hancheng	10.00	5.00	962.30	133.00	113.00	582.00
华阴市 Huayin	8.45	8.45	669.00	208.00	78.00	295.00
延安市 Yan'an	7.00		2207.51	10.00	776.12	968.70
汉中市 Hanzhong	10.00	10.00	2735.00	77.00	627.00	1347.00
榆林市 Yulin	10.00	5.00	2621.40	797.00	26.90	1023.80
安康市 Ankang	10.49		1884.00	298.00	322.00	1062.00
商洛市 Shangluo	6.10	6.10	1024.00	105.00	79.00	590.00
杨凌示范区 Yangling	12.09	6.44	1104.78	180.58	203.20	517.00

11-8 城市园林绿化情况(2015年)

Basic Statistics on Parks, Gardens and Green Areas in Cities(2015)

城　市	City	园林绿化覆盖面积(公顷) Covered area of Gardening and Greening (hectare)	#建成区 Developed Areas	园林绿地面积(公顷) Areas of Green Land (hectare)	#建成区 Developed Areas	公园绿地面积(公顷) Capita Public Green Area (hectare)	公园个数(个) Number of Parks (unit)	公园面积(公顷) Area of Parks (hectare)
全　省	**Shaanxi**	**67334**	**43551**	**56108**	**36898**	**11714**	**209**	**5877**
西安市	Xi'an	23824	21334	19047	17162	4974	85	2489
铜川市	Tongchuan	2076	1919	1893	1704	473	14	70
宝鸡市	Baoji	4701	3603	4017	3362	1027	26	852
咸阳市	Xianyang	21017	3629	18760	3100	1617	5	490
兴平市	Xingping	844	773	672	671	249	2	143
渭南市	Weinan	2921	2426	2228	2102	663	6	461
韩城市	Hancheng	924	701	682	610	158	7	36
华阴市	Huayin	708	594	514	513	107	8	49
延安市	Yan'an	1510	1501	1444	1443	354	12	259
汉中市	Hanzhong	2157	1554	1667	1341	576	3	78
榆林市	Yulin	2779	2396	2199	2061	682	5	531
安康市	Ankang	2101	1743	1622	1600	452	25	301
商洛市	Shangluo	753	571	521	489	163	6	109
杨凌示范区	Yangling	1019	807	843	741	218	5	9

11-9 城市环境卫生情况(2015年)

Basic Statistics on Urban Sanitation in Cities(2015)

城　市	City	道路清扫保洁面积(万平方米) Area of Paved Roads under Cleaning Program (10 000 sq.m)	#机械清扫 Machinery Cleaning	生活垃圾清运量(万吨) Consumption Wastes Collected and Transported (10 000 tons)	粪便清运量(万吨) Volume of Disposal of Excrement and Urine (10 000 tons)	公厕数量(座) Number of Public Lavatories (set)	#三类以上 Third Grade and Above	市容环卫专用车辆设备总数(辆) Number of Special Vehicles for Environmental Sanitation (coach)
全　省	**Shaanxi**	**15884**	**9702**	**512.38**	**9.08**	**4266**	**4161**	**3196**
西安市	Xi'an	9365	6716	332.34	2.85	2152	2152	1970
铜川市	Tongchuan	369	242	12.30	1.49	170	170	122
宝鸡市	Baoji	1208	436	36.54		520	520	192
咸阳市	Xianyang	827	565	30.96	2.70	331	331	196
兴平市	Xingping	249	45	7.24		46	46	45
渭南市	Weinan	712	280	15.58	0.20	135	132	126
韩城市	Hancheng	143	104	7.04		33	33	33
华阴市	Huayin	52	20	4.66		50	39	7
延安市	Yan'an	330	290	12.09	1.08	142	116	133
汉中市	Hanzhong	465	136	12.38	0.05	127	116	56
榆林市	Yulin	1443	415	14.63		387	355	169
安康市	Ankang	223	81	14.12	0.71	118	96	97
商洛市	Shangluo	152	60	6.40		17	17	29
杨凌示范区	Yangling	346	312	6.10		38	38	21

11-10 城市燃气情况(2015年)
Basic Statistics on Supply of Gas in Cities(2015)

城市	City	天然气 Natural Gas				液化石油气 Liquefied Petroleum Gas			
		供气总量(万立方米) Volume of Gas Supply (10 000 cu.m)	销售气量(万立方米) Volume of Gas Sold (10 000 cu.m)	#居民家庭 Consumption for Residential Use	用气人口(万人) Population with Access to Gas (10 000 persons)	供气总量(吨) Volume of Gas Supply (ton)	销售气量(吨) Volume of Gas Sold (ton)	#居民家庭 Consumption for Residential Use	用气人口(万人) Population with Access to Gas (10 000 persons)
全　省	**Shaanxi**	**311286**	**303071**	**99801**	**811.98**	**28796**	**28551**	**17565**	**70.82**
西安市	Xi'an	193039	185281	63053	421.86	1975	1945	1198	2.00
铜川市	Tongchuan	12856	12851	3271	32.28	200	190	175	1.40
宝鸡市	Baoji	20744	20614	5379	81.52	8659	8650	4921	5.73
咸阳市	Xianyang	18040	18040	4997	89.89	910	910	910	5.50
兴平市	Xingping	2230	2230	1075	13.41	3180	3170	2710	8.79
渭南市	Weinan	12790	12622	4710	41.18	793	790	768	6.40
韩城市	Hancheng	3886	3843	1125	8.50	605	600	588	4.90
华阴市	Huayin	337	329	39	0.70	6009	6001		
延安市	Yan'an	14044	13988	5642	32.48				
汉中市	Hanzhong	3667	3666	1261	14.60				
榆林市	Yulin	24820	24791	8112	33.80	4000	3895	3895	25.10
安康市	Ankang	922	910	411	20.76	2465	2400	2400	11.00
商洛市	Shangluo	891	888	124	10.00				
杨凌示范区	Yangling	3021	3018	602	11.00				

11-11 国家级风景名胜区(2015年)
State Scenic Spots at National Level (2015)

风景区名称	Name of Scenic Spots	风景区面积(平方公里) Area of Scenic Spots (sq.km)	#供游览面积 Area of Visiting	游人量(万人次) Number of Visitor (10 000 person-times)	#境外游人 Number of Oversea Visitor Arrivals
总　计	**Total**	**811.08**	**243.37**	**1261.13**	**97.48**
骊山风景区	LishanHill Scenic Spot	120.00	91.00	574.21	83.98
宝鸡天台山	BaojiTiantaishan	133.34	15.00	16.00	
合阳洽川风景区	Heyangqiachuan Scenic Spot	176.46	65.80	159.80	3.20
华　山	Mountain Hua	159.28	50.00	251.00	3.30
黄河壶口瀑布	The Yellow River Hu-kou Falls	100.00	12.00	140.00	7.00
黄帝陵	The Huangdi Tomb	122.00	9.57	120.12	

主要统计指标解释

水资源总量 指评价区内降水形成的地表和地下产水总量，即地表产流量与降水入渗补给地下水量之和，不包括过境水量。

地表水资源量 指评价区内河流、湖泊、冰川等地表水体中可以逐年更新的动态水量，即当地天然河川径流量。

地下水资源量 指评价区内降水和地表水对饱水岩土层的补给量，包括降水入渗补给量和河道、湖库、渠系、渠灌田间等地表水体的入渗补给量。

地表水与地下水资源重复量 指地表水和地下水相互转化的部分，即天然河川径流量中的地下水排泄量和地下水补给量中来源于地表水的入渗补给量。

用水总量 指分配给各类用户的包括输水损失在内的毛用水量之和，不包括海水直接利用量。

农业用水 指农田灌溉用水、林果地灌溉用水、草地灌溉用水和鱼塘补水。

工业用水 指工矿企业在生产过程中用于制造、加工、冷却、空调、净化、洗涤等方面的用水，按新水取用量计，不包括企业内部的重复利用水量。

生活用水 包括城镇生活用水和农村生活用水。城镇生活用水由居民用水和公共用水（含第三产业及建筑业等用水）组成；农村生活用水除居民生活用水外，还包括牲畜用水在内。

生态补水 仅包括人为措施供给的城镇环境用水和部分河湖、湿地补水，而不包括降水、径流自然满足的水量。

工业废水排放量 指经过企业厂区所有排放口排到企业外部的工业废水量。包括生产废水、外排的直接冷却水、超标排放的矿井地下水和与工业废水混排的厂区生活污水，不包括外排的间接冷却水(清污不分流的间接冷却水应计算在内)。

工业废水排放达标量 指报告期内废水中各项污染物指标都达到国家或地方排放标准的外排工业废水量，包括未经处理外排达标的，经废水处理设施处理后达标排放的，以及经污水处理厂处理后达标排放的。

生活污水排放量 指城镇居民每年排放的生活污水。用人均系数法测算。测算公式为：

$$\text{生活污水排放量}=\text{城镇生活污水排放系数}\times\text{市镇非农业人口}\times 365$$

化学需氧量(COD) 指用化学氧化剂氧化水中有机污染物时所需的氧量。COD 值越高，表示水中有机污染物污染越重。

工业废气排放量 指报告期内企业厂区内燃料燃烧和生产工艺过程中产生的各种排入大气的含有污染物的气体的总量，以标准状态(273K，101325Pa)计算。测算公式为：

$$\text{工业废气排放量}=\text{燃料燃烧过程中废气排放量}+\text{生产工艺过程中废气排放量}$$

生活及其他 SO_2 排放量 以生活及其他煤炭消费量和其含硫量为基础，根据以下公式计算：

$$\text{生活及其他}SO_2\text{排放量}=\text{生活及其他煤炭消费量}\times\text{含硫量}\times 0.8\times 2$$

工业 SO_2 排放量 指报告期内企业在燃料燃烧和生产工艺过程中排入大气的 SO_2 总量，计算公式为：

$$\text{工业}SO_2\text{排放量}=\text{燃料燃烧过程中}SO_2\text{排放量}+\text{生产工艺过程中}SO_2\text{排放量}$$

工业烟尘排放量 指企业厂区内燃料燃烧过程中产生的烟气中夹带的颗粒物排放量。

生活及其他烟尘排放量 指除工业生产活动以外的所有社会、经济活动及公共设施的经营活动中燃烧所排放的烟尘纯重量。以生活及其他煤炭消费量为基础进行测算。

工业粉尘排放量 指企业在生产工艺过程中排放的能在空气中悬浮一定时间的固体颗粒物排放量。如钢铁企业的耐火材料粉尘、焦化企业的筛焦系统粉尘、烧结机的粉尘、石灰窑的粉尘、建材企业的水泥粉尘等。不包括电厂排入大气的烟尘。

工业固体废物产生量 指报告期内企业在生产过程中产生的固体状、半固体状和高浓度液体状废弃物的总量，包括危险废物、冶炼废渣、粉煤灰、炉渣、煤矸石、尾矿、放射性废物和其他废物等；不包括矿山开采的剥离废石和掘进废石(煤矸石和呈酸性或碱性的废石除外)。酸性或碱性废石指采掘的废石其流经水、雨淋水的 pH 值小于 4 或 pH 值大于 10.5 者。

危险废物 指列入国家危险废物名录或根据国家规定的危险废物鉴别标准和鉴别方法认定的，具有爆炸性、易燃性、易氧化性、毒性、腐蚀性、易传染疾病等危险特性之一的废物。

工业固体废物综合利用量 指报告期内企业通过回收、加工、循环、交换等方式，从固体废物中提取或者使其转化为可以利用的资源、能源和其他原材料的固体废物量(包括当年利用往年的工业固体废物贮存量)，如用作农业肥料、生产建筑材料、筑路等。综合利用量由原产生固体废物的单位统计。

工业固体废物综合利用率 指工业固体废物综合利用量占工业固体废物产生量(包括综合利用往年贮存量)的百分率。计算公式为：

$$\text{工业固体废物综合利用率}=\frac{\text{工业固体废物综合利用量}}{\text{工业固体废物产生量}+\text{综合利用往年贮存量}}\times 100\%$$

工业固体废物贮存量 指报告期内企业以综合利用或

处置为目的，将固体废物暂时贮存或堆存在专设的贮存设施或专设的集中堆存场所内的数量。专设的固体废物贮存场所或贮存设施必须有防扩散、防流失、防渗漏、防止污染大气、水体的措施。

工业固体废物处置量　指报告期内企业将固体废物焚烧或者最终置于符合环境保护规定要求的场所，并不再回取的工业固体废物量(包括当年处置往年的工业固体废物贮存量)。处置方式有填埋(其中危险废物应安全填埋)、焚烧、专业贮存场(库)封场处理、深层灌注、回填矿井及海洋处置(经海洋管理部门同意投海处置)等。

工业固体废物排放量　指报告期内企业将所产生的固体废物排到固体废物污染防治设施、场所以外的数量，不包括矿山开采的剥离废石和掘进废石(煤矸石和呈酸性或碱性的废石除外)。

“三废”综合利用产品产值　指报告期内利用“三废”作为主要原料生产的产品价值(现行价)；已经销售或准备销售的应计算产品价值，留作生产自用的不应计算产品价值。

自然保护区　指为了保护自然环境和自然资源，促进国民经济的持续发展，将一定面积的陆地和水体划分出来，并经各级人民政府批准而进行特殊保护和管理的区域个数。根据保护对象，自然保护区分为自然生态系统类、野生生物类、自然遗迹类。风景名胜区、文物保护区不计在内。

湿地　指天然或人工、长久或暂时性的沼泽地、泥炭地或水域地带，包括静止或流动、淡水、半咸水、咸水体，低潮时水深不超过6米的水域以及海岸地带地区的珊瑚滩和海草床、滩涂、红树林、河口、河流、淡水沼泽、沼泽森林、湖泊、盐沼及盐湖。

环境突发事件　指由于违反环境保护法规的经济、社会活动与行为，以及意外因素的影响或不可抗拒的自然灾害等原因，致使环境受到污染，国家重点保护的野生动植物、自然保护区受到破坏，人体健康受到危害，社会经济和人民财产受到损失，造成不良社会影响的突发性事件。

环境污染治理投资　指在污染源治理和城市环境基础设施建设的资金投入中，用于形成固定资产的资金，其中污染源治理投资包括工业污染源治理投资和“三同时”项目环保投资两部分。环境污染治理投资为城市环境基础设施投资、工业污染源治理投资与“三同时”项目环保投资之和。

城市桥梁　指为跨越天然或人工障碍物而修建的构筑物。包括跨河桥、立交桥、人行天桥以及人行地下通道等。按使用年限分为永久性桥和半永久性桥。

城市园林绿地面积　指报告期末用作园林和绿化的各种绿地面积。包括公园绿地、生产绿地、防护绿地、附属绿地和其他绿地的面积。

Explanatory Notes on Main Statistical Indicators

Total Water Resources refers to total volume of water resources measured as run-off for surface water from rainfall and recharge for groundwater in a given area, excluding transit water.

Surface Water Resources refers to total renewable resources which exist in rivers, lakes, glaciers and other collectors from rainfall and are measured as run-off of rivers.

Groundwater Resources refers to replenishment of aquifers with rainfall and surface water.

Duplicated Measurement between Surface Water and Groundwater refers to mutual exchange between surface water and groundwater, i.e. run-off of rivers includes some depletion into groundwater while groundwater includes some replenishment from surface water.

Water Use refers to gross water use distributed to users, including loss during transportation, broken down into use by agriculture, industry, living consumption and ecological protection.

Water Use by Agriculture includes uses of water by irrigation of farming fields and by forestry, animal husbandry and fishing. Water use by forestry, animal husbandry and fishery includes irrigation of forestry and orchards, irrigation of grassland and replenishment of fishing farms.

Water Use by Industry refers to new withdrawals of water, excluding reuse of water within enterprises.

Water Use by Living Consumption includes use of water for living consumption in both urban and rural areas. Urban water use by living consumption is composed of household use and public use (including services, commerce, restaurants, cargo transportation, posts, telecommunications and construction). Rural water use by living consumption includes both households and animals.

Water Use by Ecological Protection includes replenishment of rivers and lakes and use for urban environment.

Waste Water Discharged by Industry refers to the volume of waste water discharged by industrial enterprises through all their outlets, including waste water from production process, directly cooled water, groundwater from mining wells which does not meet discharge standards and sewage from households mixed with waste water produced by industrial activities, but excluding indirectly cooled water discharged (It should be included if the discharge is not separated from waste water).

Industrial Waste Water Meeting Discharge Standards refers to volume of industrial waste water discharge which, with or without treatment, reaches national or local standards with regard to all pollutants.

Urban Non-industrial Waste Water Discharge refers to annual discharge of non-industrial waste water by urban households. It is estimated by per capita coefficient using the formula:

$$\frac{\text{Urban non - industrial}}{\text{waste water discharge}} = \frac{\text{urban non - industrial waste}}{\text{water discharge coefficient}} \times \frac{\text{urban non - agricultural}}{\text{population}} \times 365$$

Chemical Oxygen Demand (COD) refers to the amount of oxygen required when chemical oxidants are used to oxidize organic pollutants in water. A higher value of COD corresponds to more serious pollution by organic pollutants.

Industrial Waste Air Emission refers to the discharge into atmosphere of waste air containing pollutants generated from fuel burning and production processes in enterprises within a given period of time. It is calculated at standard status (273K, 101325Pa) as:

$$\frac{\text{Industrial waste}}{\text{air emission}} = \frac{\text{emission through}}{\text{fuel burning}} + \frac{\text{emission through}}{\text{production process}}$$

SO_2 Emission through Non-industrial and Other Activities is calculated on the basis of consumption of coal by households and other activities and the sulphur content of coal with the following formula:

$$\begin{matrix}SO_2\text{ emission}\\ \text{through non -}\\ \text{industrial and}\\ \text{other activities}\end{matrix} = \begin{matrix}\text{of coal by}\\ \text{households}\\ \text{and other}\\ \text{activities}\end{matrix} \times \begin{matrix}\text{sulphur}\\ \text{content}\end{matrix} \times 0.8 \times 2$$

SO_2 Emission through Industrial Activities refers to volume of sulphur dioxide emission from fuel burning and production process by enterprises during a given period of time. It is calculated as:

$$\begin{matrix}SO_2\text{ emission}\\ \text{through industrial}\\ \text{activities}\end{matrix} = \frac{SO_2\text{ emission from}}{\text{fuel burning}} + \frac{SO_2\text{ emission from}}{\text{production process}}$$

Industrial Soot Emission refers to the volume of soot in smoke emitted in the process of fuel burning in the premises of enterprises.

Soot Emission by Consumption and Others refers to the net volume of soot emitted by fuel burning from all social and economic activities and operations of public facilities other than industrial activities. It is calculated on the basis of coal consumption by households and others.

Industrial Dust Emission refers to volume of dust emitted by production process of enterprises and suspended in the air for a given period of time, including dust from refractory material of iron and steel works, dust from coke-screening systems and sintering machines of coke plants, dust from lime kilns and dust from cement production in building material enterprises, but excluding soot and dust emitted from power plants.

Industrial Solid Wastes Produced refers to total volume of solid, semi-solid and high concentration liquid residues produced by industrial enterprises from production process in a given period of time, including hazardous wastes, slag, coal ash, gangue, tailings, radioactive residues and other wastes, but excluding stones stripped or dug out in mining - gangue and acid or alkaline stones not included (a stone is acid or alkaline according to the pH value of the water being below 4 or above 10.5 when the stone is in, or soaked by water).

Hazardous Wastes refers to those included in the national hazardous wastes catalogue or specified as any one of the following properties in the national hazardous wastes identification standards: explosive, ignitable, oxidizable, toxic, corrosive or liable to cause infectious diseases or lead to other dangers.

Industrial Solid Wastes Utilized refers to volume of solid wastes from which useful materials can be extracted or which can be converted into usable resources, energy or other materials by means of reclamation, processing, recycling and exchange (including utilizing in the year the stocks of industrial solid wastes of the previous year). Examples of such utilizations include fertilizers, building materials and road materials. The information shall be collected by the producing units of the wastes.

Rate of Utilization of Industrial Solid Wastes refers to the percentage of industrial solid wastes utilized over industrial solid wastes produced (including stocks of the previous years). It is calculated as:

$$\text{Rate of utilization of industrial solid wastes} = \frac{\text{volume of industrial solid wastes utilized}}{\text{industrial solid wastes produced + stock of previous years}} \times 100\%$$

Stock of Industrial Solid Wastes refers to the volume of solid wastes placed in special facilities or special sites for purposes of utilization or disposal. The sites or facilities should take measures against dispersion, loss, seepage, and air and water contamination.

Industrial Solid Wastes Disposed refers to the quantity of industrial solid wastes which are burnt or placed ultimately in the sites meeting the requirements for environmental protection and not salvaged or recycled (including disposition in the year of those wastes of previous years). The disposition includes landfill (Safe landfills should be conducted for hazardous wastes), incineration, containment spaces, deep underground disposal, backfill in mining pits and disposal at sea.

Natural Reserves refer to certain areas of land, waters or sea demarked and approved by relevant governments at all levels to put under special protection and management in order to protect the natural environment and natural resources and to promote the sustainable development of the national economy. According to the objects be protected, the natural reserves are classified into classes of natural ecosystem, wild life and natural heritage. Scenic spots and cultural preservation zones are not included.

Wetlands refer to marshland and peat bog, whether natural or man-made, permanent or temporary; water covered areas, whether stagnant or flowing, with fresh or semi-fresh or salty water that is less than 6 meters deep at low tide; as well as coral beach, weed beach, mud beach, mangrove, river outlet, rivers, fresh-water marshland, marshland forests, lakes, salty bog and salt lakes along the coastal areas.

Sudden Accidents Effecting Environment refer to sudden accidents, due to economic or social activities that are contrary to environment protection laws or due to unforeseen factors or natural disasters, that lead to environment pollution, destruction of protected wild animals, plants or nature reserves, damage to human health, economic and property losses, and other negative impacts on the society.

Investment in Environment Pollution Harnessing Projects refers to the proportion of investment in fixed assets in the total investment in harnessing pollution and in the construction of urban environment infrastructure facilities. The investment in harnessing pollution It includes investment in harnessing sources of industrial pollution and investment in environment protection facilities designed concurrently with construction projects. Investment in environment pollution harnessing is the total of investment in harnessing pollution and investment in urban environment infrastructure facilities.

Urban Bridges refer to bridges built to cross over natural or man-made barriers, including bridges over rivers, overpasses for traffic and for pedestrians, underpasses for pedestrians, etc. Both permanent and semi-permanent bridges are included.

Area of Parks and Green Land refers to the total area occupied for green projects at the end of the reference period, including park green land, production green land, protection green land, green land attached to institutions, and other green areas.

十二、农　业

Agriculture

资料整理：魏静怡　孔庆惠　赵胜利
郑月霞　姜亦武　陈　伟

简 要 说 明

一、本篇资料反映陕西农业生产和农村经济的基本情况，内容主要包括耕地、农林牧渔业产值、主要农产品产量、造林、水利水保、农业机械拥有量、农业基地县等方面的统计资料。

二、农业统计范围包括除县城关镇以外所有乡镇的社会经济活动。

三、粮食播种面积及产量、主要畜禽产品产量全省为抽样调查数。

四、造林情况及2010年以后林产品产量由省林业厅提供，水利水保情况由省水利厅提供，灾情由省民政厅提供。

Brief Introduction

I. This chapter reflects the basic conditions of agricultural production and rural economy of Shaanxi Province, mainly including cultivated land, output of agriculture, forestry, animal husbandry and fishery, output of major products, forestation, water conservancy and protection, quantity of agricultural machinery and agricultural base county.

Ⅱ. Rural social and economic statistics cover social and economic activities in all townships except county towns.

Ⅲ. The sown area and output of grain and output of main animal products of Shaanxi Province are collected with sample survey.

Ⅳ. The forestation situation and output of forest product after 2010 are provided by Shaanxi Province Forestry Department. The situation of water conservancy and protection are provided by Shaanxi Province Department of Water Resources Department. The data on disasters are provided by Shaanxi Provincial Department of Civil Affairs.

12.农 业

2015年全省				
年末耕地面积	2904.11	千公顷	占全省土地面积	14.1%
农林牧渔业总产值	2813.50	亿 元	比上年增长	5.0%
农作物播种面积	4284.22	千公顷	比上年增长	0.5%
粮食产量	1226.80	万 吨	比上年增长	2.4%
园林水果产量	1630.62	万 吨	比上年增长	4.9%

果园面积和水果产量

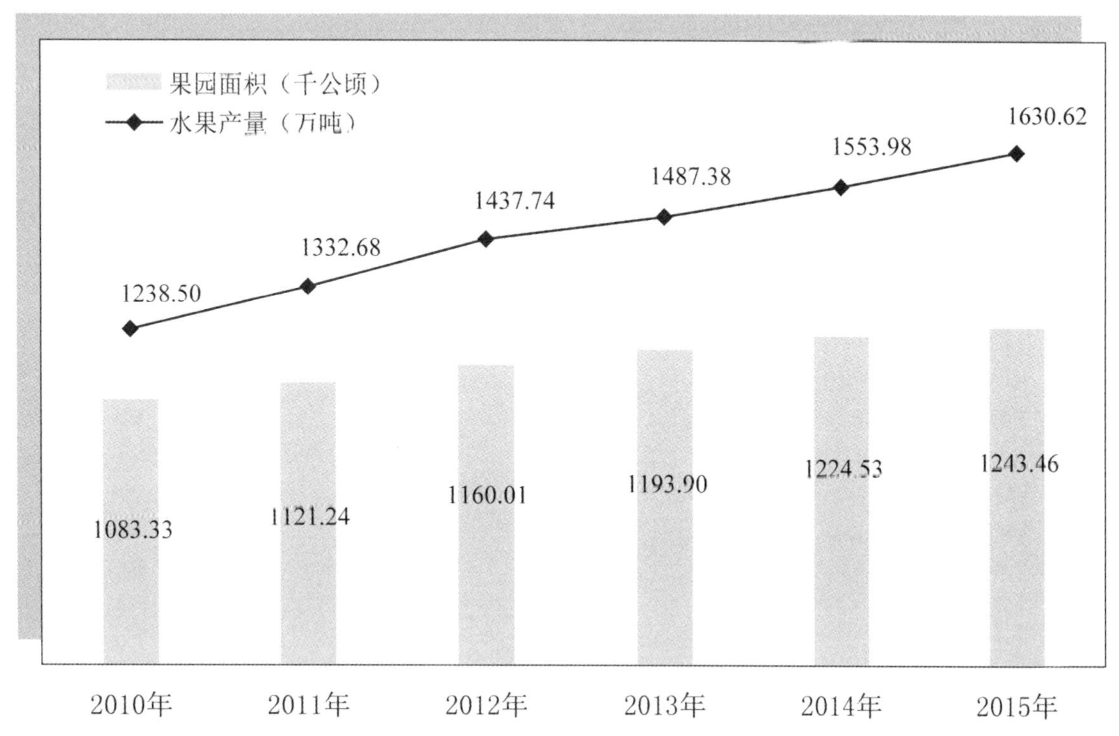

12-1 常用耕地面积
Area of Cultivated Land

年 份 Year	年末常用耕地面积(千公顷) Area of Cultivated Land (1 000 hectares)	# 水 田 Paddy Field	# 水浇地 Irrigated Field	每一乡村人口占有耕地(公顷) The Average Area of Cultivated Land per Rural Person (hectare)	# 水田、水浇地 Paddy Field and Irrigated Field
1978	3853.60	170.07	1047.93	0.16	0.05
1980	3815.67	169.93	1095.80	0.16	0.05
1985	3627.07	166.13	1003.33	0.15	0.05
1990	3533.00	171.47	998.20	0.13	0.04
1995	3393.44	176.04	995.59	0.12	0.04
2000	3113.96	172.53	997.22	0.11	0.04
2001	2965.83	163.95	968.66	0.11	0.04
2002	2854.81	159.27	974.22	0.10	0.04
2003	2795.82	154.22	916.21	0.10	0.04
2004	2795.52	156.68	897.56	0.10	0.04
2005	2788.45	155.04	926.44	0.10	0.04
2006	2783.30	153.45	921.44	0.10	0.04
2007	2840.73	152.64	900.97	0.10	0.04
2008	2848.37	151.69	899.50	0.10	0.04
2009	2860.04	148.22	906.41	0.10	0.04
2010	2860.53	146.65	900.43	0.10	0.04
2011	2860.98	144.65	934.44	0.10	0.04
2012	2864.29	143.76	965.95	0.11	0.04
2013	2870.98	141.97	958.44	0.11	0.04
2014	2865.99	142.70	979.39	0.11	0.04
2015	2904.11	140.13	964.53	0.11	0.04

12-2 各市(区)常用耕地面积(2015年)
Area of Cultivated Land by City(District)(2015)

地 区	Region	年末常用耕地面积(千公顷) Cultivated Land (1 000 hectares)	# 水 田 Paddy Field	# 水浇地 Irrigated Field	每一乡村人口占有耕地(公顷) The Average Area of Cultivated Land per Rural Person (hectare)	# 水田、水浇地 Paddy Field and Irrigated Field
全 省	**Shaanxi**	**2904.11**	**140.13**	**964.53**	**0.11**	**0.04**
西 安 市	Xi'an	237.93	1.58	152.09	0.07	0.04
铜 川 市	Tongchuan	64.70		6.27	0.15	0.01
宝 鸡 市	Baoji	297.31	0.44	114.60	0.11	0.04
咸 阳 市	Xianyang	351.24	0.17	192.09	0.09	0.05
渭 南 市	Weinan	505.34	0.78	327.01	0.12	0.08
# 韩城市	Hancheng	23.37	0.33	13.44	0.10	0.06
延 安 市	Yan'an	247.15	1.00	7.14	0.15	0.01
汉 中 市	Hanzhong	204.05	96.87	4.77	0.07	0.03
榆 林 市	Yulin	653.68	4.07	130.58	0.23	0.05
安 康 市	Ankang	196.36	33.30	1.09	0.08	0.01
商 洛 市	Shangluo	133.59	1.92	16.11	0.07	0.01
杨凌示范区	Yangling	5.45		5.45	0.05	0.05

12-3 农林牧渔业总产值
Gross Output Value of Agriculture, Forestry, Animal Husbandry and Fishery

单位：万元 (10 000 yuan)

年 份 Year	农林牧渔业总产值 Total	农 业 Farming	林 业 Forestry	牧 业 Animal Husbandry	渔 业 Fishery	农林牧渔服务业 Service in Support of Agriculture
1978	362748	309084	11717	41802	145	
1980	418773	349984	16625	51996	168	
1985	795777	611883	50751	131815	1328	
1990	1699568	1243236	90170	357676	8486	
1995	3816465	2578674	168848	1046501	22442	
2000	4648889	3277761	272175	1063900	35053	
2001	4788356	3374163	235930	1140722	37541	
2002	5090762	3532131	266225	1251170	41236	
2003	5112543	3343544	268260	1455952	44787	
2004	6512051	4137371	263525	1794364	51236	265555
2005	7307239	4729047	250070	1989982	54879	283261
2006	8215406	5234189	289488	2141302	34427	516000
2007	10028501	6293403	337745	2740463	42427	614463
2008	12778611	7758512	414721	3852637	60582	692159
2009	13372200	8236000	456300	3879000	65000	735900
2010	16660575	11072354	351824	4349944	82909	803544
2011	20586024	13606649	423402	5534045	106249	915679
2012	23032043	15262805	584353	5987160	146109	1051616
2013	25625051	17147882	676185	6436731	177625	1186628
2014	27418168	18707841	735734	6482713	198949	1292931
2015	28134967	19107065	757926	6654948	236132	1378896

注：1.2002年及以前农林牧渔业总产值含农民家庭兼营工业产值，按当年市场价格计算。
2.2003年及以后不含农民家庭兼营工业产值，按生产者价格计算，2004年及以后含农林牧渔服务业产值.

a) Before 2002 Gross Output Value of Agriculture, Forestry, Animal Husbandry and Fishery included commodity industry run by Rural Household, Data in this table are calculated at current prices.

b) Since 2003 it exclude commodity industry run by Rural Household,Data in this table are calculated at producer's price. Since 2004 it include services for Agriculture, Forestry,Animal Husbandry and Fishery.

12-4 各市(区)农林牧渔业总产值(2015年)
Gross Output Value of Agriculture, Forestry, Animal Husbandry and Fishery by City(District)(2015)

单位：万元 (10 000 yuan)

地 区	Region	农林牧渔业总产值 Total	农 业 Farming	林 业 Forestry	牧 业 Animal Husbandry	渔 业 Fishery	农林牧渔服务业 Service in Support of Agriculture
全 省	**Shaanxi**	**28134967**	**19107065**	**757926**	**6654948**	**236132**	**1378896**
西安市	Xi'an	3807573	2444234	97776	887325	19519	358719
铜川市	Tongchuan	422243	317489	7087	76639	2449	18579
宝鸡市	Baoji	2898907	1650694	110384	1003330	11299	123200
咸阳市	Xianyang	5775187	4345161	75298	1022118	15536	317074
渭南市	Weinan	3975370	2856867	68579	826524	47458	175942
# 韩城市	Hancheng	287983	218392	8381	34259	880	26071
延安市	Yan'an	1976284	1539249	76357	304919	5706	50053
汉中市	Hanzhong	3396643	1991728	146533	1087601	49406	121375
榆林市	Yulin	2500835	1287680	89555	1015151	15130	93319
安康市	Ankang	1695523	1022542	95647	477590	58562	41182
商洛市	Shangluo	1682447	911315	123190	574175	5599	68168
杨凌示范区	Yangling	124693	76409	11593	28594		8097

注：本表按当年价格计算。

a) Data in this table are calculated at current prices.

12-5 农林牧渔业总产值指数(1978年=100)
Indices of Gross Output Value of Agriculture, Forestry, Animal Husbandry and Fishery (year of 1978=100)

年份 Year	农林牧渔业总产值 Total	农业 Farming	林业 Forestry	牧业 Animal Husbandry	渔业 Fishery	农林牧渔服务业 Service in Support of Agriculture
1978	100.0	100.0	100.0	100.0	100.0	
1980	97.0	92.0	123.3	107.7	113.7	
1985	148.2	152.7	189.0	159.6	303.5	
1990	191.7	204.0	176.7	231.9	992.9	
1995	250.8	250.8	251.7	364.6	1834.7	
2000	320.0	336.8	322.1	403.7	2795.2	
2001	328.0	341.5	328.6	426.3	2937.7	
2002	348.4	361.7	363.4	452.3	3193.3	
2003	366.1	371.8	389.2	503.4	3404.1	
2004	399.8	416.8	383.6	526.1	3482.4	
2005	432.2	448.9	359.7	587.1	3844.6	
2006	463.8	484.4	367.9	627.1	4063.7	
2007	487.0	508.1	409.9	652.1	4336.0	
2008	525.4	547.7	446.8	707.6	4713.2	
2009	551.2	568.5	499.0	755.0	5080.8	
2010	583.1	605.7	512.4	789.1	5540.0	
2011	615.8	645.7	562.1	788.3	6925.0	
2012	652.7	683.8	617.2	831.7	8213.1	
2013	684.0	709.8	719.0	875.8	9592.9	
2014	718.9	748.1	764.3	905.6	10772.8	
2015	754.8	793.7	864.4	911.0	12076.3	

注：本表按可比价格计算。
a) Data in this table are calculated at constant prices.

12-6 农林牧渔业总产值指数(上年=100)
Indices of Gross Output Value of Agriculture, Forestry, Animal Husbandry and Fishery (preceding year=100)

年份 Year	农林牧渔业总产值 Total	农业 Farming	林业 Forestry	牧业 Animal Husbandry	渔业 Fishery	农林牧渔服务业 Service in Support of Agriculture
1978	102.7	101.6	94.4	100.5	94.3	
1980	85.9	81.2	109.2	95.7	100.6	
1985	102.8	100.8	113.7	115.6	148.9	
1990	106.1	107.6	93.8	108.6	115.3	
1995	104.0	104.8	100.0	102.8	113.1	
2000	104.6	103.8	105.5	106.8	99.7	
2001	102.5	101.4	102.0	105.6	105.1	
2002	106.2	105.9	110.6	106.1	108.7	
2003	105.1	102.8	107.1	111.3	106.6	
2004	109.2	112.1	98.6	104.5	102.3	
2005	108.1	107.7	93.8	111.6	110.4	104.2
2006	107.3	107.9	102.3	106.8	105.7	105.8
2007	105.0	104.9	111.4	104.0	106.7	106.1
2008	107.9	107.8	109.0	108.5	108.7	106.2
2009	104.9	103.8	111.7	106.7	107.8	105.5
2010	105.8	106.5	102.7	104.5	109.0	105.2
2011	105.6	106.6	109.7	99.9	125.0	107.0
2012	106.0	105.9	109.8	105.5	118.6	107.6
2013	104.8	103.8	116.5	105.3	116.8	107.8
2014	105.1	105.4	106.3	103.4	112.3	108.2
2015	105.0	106.1	113.1	100.6	112.1	105.3

注：本表按可比价格计算。
a) Data in this table are calculated at constant prices.

12-7 农林牧渔业分项产值

Gross Output Value of Agriculture, Forestry, Animal Husbandry and Fishery by Item

单位：万元 (10 000 yuan)

指 标	Item	2010	2013	2014	2015
农林牧渔业总产值	**Gross Output Value of Agriculture, Forestry, Animal Husbandry and Fishery**	**16660575**	**25625051**	**27418168**	**28134967**
一、农业总产值	Output Value of Farming	11072354	17147882	**18707841**	19107065
# 粮食作物	Grain	3103357	3767141	3783488	3458821
(一) 谷物及其他作物	Cereals and Other Crops	3859367	4797823	4797428	4441137
1.谷 物	Cereal	2342859	2909639	2940598	2524731
2.薯 类	Tubers	548719	663714	679115	795834
3.豆 类	Beans	211779	193788	163775	138256
4.油 料	Oil-bearing	295515	430316	423636	437201
5.棉 花	Cotton	95603	103992	72287	50016
6.麻 类	Fiber Crops	333	710	704	673
7.糖 料	Sugar Crops	403	324	424	588
8.烟 草	Tobacco	95736	129028	109962	106975
9.其他农作物	Others	268420	366312	406927	386863
(二)蔬菜、园艺作物	Vegetables Gardening Crops	2912902	4905901	5199073	5737963
# 1.蔬 菜	Vegetables	2860449	4826254	5103123	5622451
2.花 卉	Flowers	52453	34634	42721	56062
(三)水果、坚果、茶叶和香料作物	Fruits,Nuts Tea and Spices Crops	3928041	6830577	8033493	8244468
# 1.水 果	Fruits	3536584	5977161	7048394	7171594
# 园林水果	Garden Fruit	3203009	5470034	6277382	6394702
# 苹 果	Apples	2188454	3589931	4104869	3927966
果用瓜类	Melon	333575	507127	771012	776892
2.坚 果	Nuts	137565	363359	402833	421787
3.茶 叶	Tea	153710	293448	352101	358122
4.香料作物	Spices Crops	100182	196609	230165	292965
(四)中药材	Chinese Herbal Medicines	372044	613581	677847	683497
二、林业产值	Output Value of Forestry	351824	676185	735734	757926
(一)林木的培育和种植	Cultivation and Planting of Trees	198270	402415	456365	516380
(二)竹木采运	Logging andTransport of Bamboo	31304	41792	40088	39933
(三)林产品	Forestry Products	122250	231978	239281	201613
三、牧业产值	Output Value of Animal Husbandry	4349944	6436731	6482713	6654948
(一)牲畜的饲养	Stock Breeding	1589937	2327127	2400109	2453853
1.牛的饲养	Cattle	326123	519114	553840	591885
2.羊的饲养	Sheep	423122	659883	712248	738150
3.其他牲畜饲养	Others	23689	54178	68363	76362
4.奶产品	Milk Products	764107	990989	952047	940895
5.毛绒产品	Feather and Cashmere Products	52896	102963	113611	106561
(二)猪的饲养	Pigs Breeding	1965196	2999724	2939376	2912672
(三)家 禽	Poultry Breeding	645022	842138	907535	976430
# 禽 蛋	Egg	412596	575052	629475	649706
(四)狩猎和捕捉动物	Animal Hunting and Trapping	4138	3407	2209	3145
(五)其它畜牧业	Other Animal Husbandry	145651	264335	233484	308848
四、渔业产值	Output Value of Fishery	82909	177625	198949	236132
五、农林牧渔服务业	Service in Support of Agriculture	803544	1186628	1292931	1378896

注：1.本表按当年生产者价格计算。
2.由于核算制度的变化，2010年起林产品不含核桃板栗和花椒等。

a) Data in this table are calculated at producer's price.
b) Because the changes of national accounts, forestry Products exclude walnuts, chestnuts and pepper etc.

12-8 农林牧渔业增加值
Value Added of Agriculture, Forestry, Animal Husbandry and Fishery

单位：万元 (10 000 yuan)

指标	Item	2010	2013	2014	2015
农林牧渔业增加值	**Total**	**9884525**	**15260453**	**16358457**	**16732203**
农业	Farming	6848658	10606594	11571486	11785654
林业	Forestry	223675	429888	467747	469696
牧业	Animal Husbandry	2336965	3471977	3496780	3587879
渔业	Fishery	47194	101215	113366	133124
农林牧渔服务业	Service in Support of Agriculture	428033	650779	709078	755850

12-9 各市(区)农林牧渔业增加值(2015年)
Value Added of Farming, Forestry, Animal Husbandry Fishery by City(District)(2015)

单位：万元 (10 000 yuan)

地区	Region	农林牧渔业 Total	农业 Farming	林业 Forestry	牧业 Animal Husbandry	渔业 Fishery	农林牧渔服务业 Service in Support of Agriculture	农林牧渔业增加值比上年增长% Growth Rate as Last Year (%)
全省	**Shaanxi**	**16732203**	**11785654**	**469696**	**3587879**	**133124**	**755850**	**5.0**
西安市	Xi'an	2416880	1632882	53533	505551	9986	214928	5.1
铜川市	Tongchuan	236684	178884	3958	43373	1380	9089	5.2
宝鸡市	Baoji	1727014	985547	67390	591917	6433	75727	5.4
咸阳市	Xianyang	3482173	2686168	41240	551118	9280	194367	5.3
渭南市	Weinan	2245196	1580744	37517	493381	27557	105997	5.4
#韩城市	Hancheng	157960	116606	4356	21793	501	14704	5.1
延安市	Yan'an	1136600	898029	43894	163489	3359	27829	4.7
汉中市	Hanzhong	1982263	1206720	92669	587029	28901	66944	4.9
榆林市	Yulin	1493672	801321	52391	574441	8715	56804	4.5
安康市	Ankang	980309	626102	50560	248228	35748	19671	4.8
商洛市	Shangluo	956708	551892	73948	288458	3223	39187	5.0
杨凌示范区	Yangling	74727	53133	3435	14678		3481	5.1

注：本表按当年价格计算，增长速度按可比价计算。
a) Data in this table are calculated at current prices. Growth rate are calculated at constant prices.

12-10 主要农作物播种面积
Total Sown Areas of Major Farm Crops

单位：千公顷 (1 000 hectares)

年份 Year	总播种面积 Total Sown Area	粮食作物播种面积 Sown Area of Grain Crops	夏粮 Summer Grain	#小麦 Wheat	秋粮 Autumn Grain	#稻谷 Rice	#玉米 Corn	#大豆 Soja
1978	5254.67	4488.00	1949.33	1604.67	2493.33	160.00	1090.67	206.00
1980	5072.67	4310.37	1906.67	1590.67	2404.00	162.67	1076.67	211.33
1985	4663.33	3965.33	1928.00	1693.33	2037.33	156.67	950.67	202.00
1990	4860.00	4134.67	1925.33	1690.67	2209.33	159.33	1024.67	288.67
1995	4496.85	3807.73	1805.33	1600.23	2002.40	139.35	902.63	240.51
2000	4555.49	3821.59	1716.62	1537.26	2104.97	144.81	1056.96	246.96
2001	4264.84	3517.63	1590.29	1424.24	1927.34	140.78	1005.06	229.06
2002	4198.37	3397.29	1512.25	1356.75	1885.04	130.52	999.93	224.25
2003	4090.26	3157.28	1402.71	1255.11	1754.57	123.35	940.53	198.19
2004	4303.04	3362.01	1324.90	1152.70	2037.11	135.25	1132.56	237.58
2005	4391.24	3453.33	1389.53	1211.53	2063.77	133.79	1148.37	232.51
2006	3983.48	3081.27	1338.76	1181.61	1742.51	106.50	1041.63	180.77
2007	4044.74	3099.81	1329.43	1167.22	1770.38	109.70	1060.32	171.21
2008	4274.45	3234.70	1317.33	1140.00	1917.37	119.01	1112.90	184.25
2009	4154.10	3133.97	1319.33	1145.97	1814.64	125.33	1164.00	187.33
2010	4185.58	3159.70	1320.67	1148.90	1839.03	121.60	1182.40	178.60
2011	4181.04	3134.87	1314.67	1136.67	1820.20	120.93	1177.80	151.79
2012	4190.27	3127.53	1286.73	1127.60	1840.80	123.33	1167.40	166.80
2013	4183.48	3105.13	1237.40	1094.80	1867.73	123.72	1166.23	153.13
2014	4262.13	3076.47	1223.07	1082.87	1853.40	123.42	1153.73	112.45
2015	4284.22	3073.50	1224.67	1085.60	1848.83	122.80	1151.70	111.10

12-10 续表 continued

单位：千公顷 (1 000 hectares)

年份 Year	棉花 Cotton	油料 Oil-bearing	#油菜籽 Rapeseeds	#花生 Peanuts	麻类 Fiber Crops	糖料 Sugar Crops	烤烟 Flue-cured Tobacco	蔬菜 Vegetables	瓜类 Melon
1978	252.67	130.00	73.33	4.7	7.13	2.60	7.60	78.67	14.67
1980	242.00	160.00	89.33	8.7	3.73	3.30	3.33	79.33	20.27
1985	94.67	240.00	114.00	47.67	2.20	4.33	34.67	121.33	30.60
1990	112.67	269.33	132.00	39.56	2.88	3.53	72.13	145.33	22.87
1995	72.75	302.18	169.77	32.87	1.50	2.28	48.33	174.23	27.63
2000	30.09	303.63	163.75	33.45	0.91	1.43	47.08	228.71	33.49
2001	50.38	291.14	167.70	30.86	0.75	1.52	40.60	219.43	37.07
2002	42.81	280.63	166.05	29.63	0.68	1.27	31.26	263.70	37.56
2003	65.06	285.58	165.82	29.51	0.51	0.33	30.95	276.80	43.52
2004	80.09	283.32	173.21	28.04	0.76	0.24	30.40	301.30	44.87
2005	70.23	276.86	178.71	29.55	1.06	0.10	32.58	331.70	51.04
2006	85.30	249.21	160.60	28.87	1.05	0.09	32.93	356.38	59.92
2007	89.13	252.12	163.39	27.57	0.68	0.09	31.18	368.91	61.84
2008	85.15	277.16	178.31	32.56	0.51	0.19	33.42	385.59	58.60
2009	61.84	295.48	194.63	31.14	0.38	0.06	36.81	428.67	64.83
2010	50.88	301.24	201.78	31.15	0.49	0.07	31.06	443.99	70.37
2011	50.28	300.84	203.32	32.05	0.49	0.05	35.74	458.28	78.42
2012	48.30	302.30	202.09	32.92	0.49	0.06	40.01	477.10	74.26
2013	36.72	298.82	204.42	32.71	0.48	0.05	36.61	489.96	76.91
2014	31.04	300.83	203.64	33.92	0.48	0.07	32.71	502.61	84.74
2015	27.43	298.75	204.30	32.57	0.49	0.09	30.86	521.43	88.35

注：2009年及以后粮食播种面积为抽样调查数。

a) Since 2009 sown area of grain crops are sample survey data.

12-11 各市(区)主要农作物播种面积(2015年)
Total Sown Areas of Major Farm Crops by City(District)(2015)

单位：千公顷 (1 000 hectares)

地区	Region	总播种面积 Total Sown Area	粮食作物播种面积 Sown Area of Grain Crops	夏粮 Summer Grain	#小麦 Wheat	秋粮 Autumn Grain	#稻谷 Rice	#玉米 Corn	#大豆 Soja
全省	**Shaanxi**	**4284.22**	**3073.5**	**1224.67**	**1085.6**	**1848.83**	**122.80**	**1151.70**	**111.10**
西安市	Xi'an	450.33	358.46	188.91	187.2	169.55		157.22	6.94
铜川市	Tongchuan	80.54	61.67	24.08	24.1	37.59		33.95	1.94
宝鸡市	Baoji	411.55	332.23	189.05	186.9	143.19	0.15	125.51	9.73
咸阳市	Xianyang	521.97	388.45	221.99	221.7	166.46		153.38	5.30
渭南市	Weinan	687.25	510.77	291.15	290.5	219.62		198.62	9.94
#韩城市	Hancheng	25.45	21.37	13.31	13.3	8.06		6.97	0.25
延安市	Yan'an	247.93	201.85	8.41	3.5	193.44	0.56	85.81	23.86
汉中市	Hanzhong	518.09	267.39	88.23	43.9	179.16	78.61	73.70	14.25
榆林市	Yulin	601.21	482.37	14.75	2.6	467.62	1.18	150.78	52.56
安康市	Ankang	482.64	269.53	117.87	47.8	151.66	29.54	81.07	11.18
商洛市	Shangluo	285.95	206.93	97.10	57.29	109.84	0.51	73.80	21.17
杨凌示范区	Yangling	5.88	3.29	1.65	1.7	1.64		1.61	

12-11 续表 continued

单位：千公顷 (1 000 hectares)

地区	Region	棉花 Cotton	油料 Oil-bearing	#油菜籽 Rapeseeds	#花生 Peanuts	麻类 Fiber Crops	糖料 Sugar Crops	烤烟 Flue-cured Tobacco	蔬菜 Vegetables
全省	**Shaanxi**	**27.43**	**298.75**	**204.30**	**32.57**	**0.49**	**0.09**	**30.86**	**521.43**
西安市	Xi'an	0.22	4.55	4.00	0.22				68.99
铜川市	Tongchuan		5.46	5.46				0.03	7.06
宝鸡市	Baoji	0.03	10.17	9.20	0.01	0.20		3.20	49.13
咸阳市	Xianyang	0.18	24.23	22.85	0.12			0.80	97.53
渭南市	Weinan	25.44	28.04	18.07	6.99	0.01			80.79
#韩城市	Hancheng	0.03	0.60	0.58	0.02				3.39
延安市	Yan'an	1.02	10.21	1.89	2.42			1.44	25.87
汉中市	Hanzhong	0.01	83.98	77.52	3.95	0.01	0.01	3.96	64.61
榆林市	Yulin	0.26	46.10		6.86	0.09	0.04	0.03	29.91
安康市	Ankang	0.02	73.71	59.72	7.00	0.12	0.03	12.11	74.62
商洛市	Shangluo		12.26	5.56	4.99	0.06	0.01	9.29	20.72
杨凌示范区	Yangling		0.02	0.02					2.18

注：本表全省粮食面积为抽样调查数。

a) The sown area of grain crops of Shaanxi in this table are sample survey data.

12-12 主要农作物产品产量
Output of Major Farm Products

单位：万吨 (10 000 tons)

年份 Year	粮食 Grain	夏粮 Summer Grain	#小麦 Wheat	秋粮 Autumn Grain	#稻谷 Rice	#玉米 Corn	#大豆 Soja
1978	800.00	293.50	251.00	542.00	81.50	292.00	19.95
1980	757.00	264.00	229.90	493.00	75.70	274.70	17.86
1985	951.90	459.20	423.30	492.70	88.30	291.60	18.35
1990	1070.70	501.70	463.70	569.00	100.40	333.80	30.75
1995	913.40	457.80	410.40	455.60	64.20	282.30	20.46
2000	1089.10	445.50	418.60	643.60	94.70	413.70	22.20
2001	976.61	432.74	406.63	543.87	92.05	352.81	19.60
2002	1005.60	440.10	405.30	565.50	80.30	374.50	21.20
2003	968.40	440.60	395.50	527.80	75.50	373.20	15.90
2004	1160.36	449.00	407.90	711.40	80.83	475.36	30.18
2005	1139.50	436.80	401.20	702.70	79.30	470.10	31.79
2006	1041.90	429.39	392.63	612.51	66.36	448.57	22.12
2007	1067.91	393.29	356.99	674.62	66.93	498.77	22.93
2008	1150.90	438.80	391.50	712.10	67.88	504.31	24.56
2009	1131.40	426.00	383.10	705.40	82.50	526.10	42.36
2010	1164.90	449.30	403.80	715.60	81.01	532.20	39.71
2011	1194.70	455.10	410.10	739.60	84.50	550.70	24.39
2012	1245.10	472.50	435.50	772.60	87.35	566.90	36.01
2013	1215.80	423.60	389.80	792.20	90.95	586.73	24.95
2014	1197.78	451.30	417.24	746.48	90.87	539.57	18.11
2015	1226.80	491.70	458.10	735.10	91.90	543.10	12.30

12-12 续表 continued

单位：万吨 (10 000 tons)

年份 Year	棉花 Cotton	油料 Oil-bearing	#油菜籽 Rapeseeds	#花生 Peanuts	麻类 Fiber Crops	糖料 Sugar Crops	烤烟 Flue-cured Tobacco	蔬菜 Vegetables
1978	10.54	5.65	4.01	0.51	0.50	1.89	1.38	
1980	8.08	10.97	7.72	1.15	0.27	3.11	0.57	
1985	4.30	29.86	16.40	10.05	0.24	7.85	6.26	297.16
1990	7.78	33.39	19.25	7.03	0.18	5.92	12.32	367.30
1995	3.99	38.15	25.45	6.02	0.11	1.03	6.34	362.86
2000	2.74	38.76	22.40	7.33	0.09	1.79	7.36	556.53
2001	4.98	37.54	23.13	7.09	0.07	1.94	6.29	525.46
2002	4.30	41.08	24.58	7.01	0.11	3.10	5.10	660.48
2003	5.27	41.33	27.05	6.90	0.07	0.80	4.88	708.94
2004	8.23	46.06	29.45	7.18	0.11	0.67	5.32	785.34
2005	7.78	45.35	30.33	7.58	0.09	0.30	5.88	869.93
2006	8.83	41.36	27.29	7.55	0.14	0.24	5.99	848.48
2007	8.98	39.15	26.97	6.94	0.08	0.31	5.56	928.10
2008	10.07	49.46	33.35	8.20	0.06	0.30	7.14	1067.12
2009	8.58	54.38	35.63	9.71	0.05	0.17	7.31	1257.59
2010	6.92	56.08	37.27	8.98	0.06	0.20	6.73	1384.02
2011	6.74	58.97	38.36	9.28	0.06	0.16	7.67	1432.50
2012	6.72	60.33	39.94	9.76	0.07	0.17	9.15	1525.62
2013	5.79	59.52	39.67	9.64	0.07	0.16	8.54	1629.36
2014	4.22	62.30	41.56	10.13	0.06	0.15	7.20	1724.68
2015	3.86	62.66	43.19	9.75	0.06	0.15	7.21	1822.53

注：2009年及以后粮食产量为抽样调查数。

a) Since 2009 grain products are sample survey data.

12-13 各市(区)主要农产品产量(2015年)
Output of Major Farm Products by City(District)(2015)

地 区	Region	粮食(万吨) Grain (10 000 tons)	夏粮 Summer Grain	#小麦 Wheat	秋粮 Autumn Grain	#稻谷 Rice	#玉米 Corn	#大豆 Soja
全 省	**Shaanxi**	**1226.80**	**491.70**	**458.10**	**735.10**	**91.90**	**543.10**	**12.30**
西安市	Xi'an	180.86	93.12	92.40	87.74		84.04	0.45
铜川市	Tongchuan	24.11	7.35	7.35	16.76		15.72	0.35
宝鸡市	Baoji	149.65	84.53	83.82	65.12	0.09	61.23	1.58
咸阳市	Xianyang	192.38	103.37	103.25	89.01		84.92	1.11
渭南市	Weinan	217.27	114.82	114.69	102.44		96.22	1.85
#韩城市	Hancheng	7.26	4.22	4.22	3.04		2.62	0.07
延安市	Yan'an	72.21	2.93	1.33	69.27	0.38	49.24	4.29
汉中市	Hanzhong	103.24	25.99	13.64	77.25	50.38	21.80	1.79
榆林市	Yulin	142.90	4.79	0.53	138.11	0.64	70.47	7.74
安康市	Ankang	87.15	30.93	12.33	56.22	20.91	24.79	2.01
商洛市	Shangluo	61.44	26.09	13.99	35.34	0.32	26.75	3.55
杨凌示范区	Yangling	2.11	1.04	1.04	1.06		1.05	

12-13 续表 continued

地 区	Region	棉花(吨) Cotton (ton)	油料(吨) Oil-bearing (ton)	#油菜籽 Rapeseeds	#花生 Peanuts	麻类(吨) Fiber Crops (ton)	糖料(吨) Sugar Crops (ton)	烤烟(吨) Flue-cured Tobacco (ton)	蔬菜(万吨) Vegetables (10 000 tons)
全 省	**Shaanxi**	**38591**	**626640**	**431857**	**97451**	**641**	**1523**	**72088**	**1822.53**
西安市	Xi'an	294	9478	7956	740				332.79
铜川市	Tongchuan		9027	9027				48	17.33
宝鸡市	Baoji	52	19205	18066	21	185		5806	143.38
咸阳市	Xianyang	123	51821	48660	333			1852	434.60
渭南市	Weinan	36399	72976	40303	25527	31			253.23
#韩城市	Hancheng	70	1365	1313	51				12.51
延安市	Yan'an	839	21386	3984	4652			6165	121.04
汉中市	Hanzhong	53	192065	176201	11954	6	447	11481	227.23
榆林市	Yulin	131	73885		20901	184	92	19	79.79
安康市	Ankang	27	152620	119573	20039	199	984	26754	148.65
商洛市	Shangluo	2	24033	8023	13268	36		19963	49.90
杨凌示范区	Yangling		128	64					14.58

注：全省粮食产量为抽样调查数。

a) The sown area of grain crops of Shaanxi in this table are sample survey data.

12-14 主要农产品单位面积产量
Output of Major Farm Products Per Hectare

单位：公斤/公顷 (kg/hectare)

年份 Year	粮食 Grain	夏粮 Summer Grain	#小麦 Wheat	秋粮 Autumn Grain	#稻谷 Rice	#玉米 Corn	#大豆 Soja
1978	1785	1395	1470	2175	5130	2520	970
1980	1755	1380	1440	2055	4650	2550	844
1985	2400	2385	2550	2415	5640	3060	908
1990	2595	2610	2745	2580	6300	3255	1066
1995	2399	2536	2565	2275	4609	3128	851
2000	2850	2595	2723	3057	6540	3914	899
2001	2776	2721	2855	2822	6539	3510	856
2002	2960	2910	2987	3000	6153	3745	945
2003	3067	3141	3151	3008	6121	3968	802
2004	3452	3389	3539	3492	5977	4197	1270
2005	3300	3144	3312	3405	5927	4094	1367
2006	3381	3207	3323	3515	6231	4307	1224
2007	3445	2958	3059	3811	6203	4704	1339
2008	3558	3331	3434	3714	5704	4531	1333
2009	3610	3229	3343	3887	6582	4520	2261
2010	3687	3402	3515	3891	6662	4501	2223
2011	3811	3462	3608	4063	6988	4676	1607
2012	3981	3672	3862	4197	7082	4856	2159
2013	3915	3423	3560	4242	7351	5031	1629
2014	3893	3690	3853	4028	7363	4677	1610
2015	3992	4015	4220	3976	7484	4716	1107

12-14 续表 continued

单位：公斤/公顷 (kg/hectare)

年份 Year	棉花 Cotton	油料 Oil-bearing	#油菜籽 Rapeseeds	#花生 Peanuts	麻类 Fiber Crops	糖料 Sugar Crops	烤烟 Flue-cured Tobacco	蔬菜 Vegetables
1978	420	435	555	1080	1065	7260	1815	
1980	330	690	855	1320	735	9600	1830	
1985	450	1245	1440	2155	1095	18210	1815	24450
1990	690	1245	1455	1770	615	16755	1710	25245
1995	548	1263	1499	1830	726	4531	1312	20827
2000	911	1277	1368	2192	985	12578	1564	24334
2001	989	1290	1379	2297	960	12724	1550	23946
2002	1004	1464	1480	2367	1573	24389	1628	25047
2003	811	1447	1631	2340	1283	24147	1576	25612
2004	1027	1626	1700	2563	1451	27630	1749	26066
2005	1107	1638	1697	2563	883	29208	1805	26227
2006	1035	1660	1699	2615	1453	28565	1820	23808
2007	1007	1553	1650	2517	1240	33468	1783	25158
2008	1183	1785	1871	2520	1110	15898	2137	27675
2009	1395	1840	1831	3120	1275	28755	2040	29340
2010	1361	1861	1847	2884	1139	28144	2175	31172
2011	1341	1960	1887	2895	1335	31120	2147	31258
2012	1391	1996	1976	2966	1416	28350	2287	31977
2013	1577	1992	1940	2947	1438	35036	2332	33255
2014	1358	2071	2041	2987	1317	19777	2200	34314
2015	1407	2098	2114	2992	1308	16922	2336	34953

注：2009年及以后粮食单产为抽样调查数。

a) Since 2009 grain products per hectare are sample survey data.

12-15 各市(区)主要农作物单位面积产量(2015年)
Output of Major Farm Products Per Hectare by City(District)(2015)

单位：公斤／公顷 (kg/hectare)

地区	Region	粮食 Grain	夏粮 Summer Grain	#小麦 Wheat	秋粮 Autumn Grain	#稻谷 Rice	#玉米 Corn	#大豆 Soja
全省	**Shaanxi**	**3992**	**4015**	**4220**	**3976**	**7484**	**4716**	**1107**
西安市	Xi'an	5045	4929	4937	5175		5345	648
铜川市	Tongchuan	3910	3052	3052	4459		4630	1804
宝鸡市	Baoji	4504	4471	4485	4548	6000	4878	1624
咸阳市	Xianyang	4953	4657	4658	5347		5537	2094
渭南市	Weinan	4254	3944	3948	4664		4844	1861
#韩城市	Hancheng	3397	3171	3171	3772		3759	2800
延安市	Yan'an	3577	3484	3768	3581	6786	5738	1798
汉中市	Hanzhong	3861	2946	3105	4312	6409	2958	1256
榆林市	Yulin	2962	3247	2023	2953	5424	4674	1473
安康市	Ankang	3233	2624	2578	3707	7079	3058	1798
商洛市	Shangluo	2969	2687	2442	3217	6275	3625	1677
杨凌示范区	Yangling	6413	6303	6303	6463		6522	

12-15 续表 continued

单位：公斤／公顷 (kg/hectare)

地区	Region	棉花 Cotton	油料 Oil-bearing	#油菜籽 Rapeseeds	#花生 Peanuts	麻类 Fiber Crops	糖料 Sugar Crops	烤烟 Flue-cured Tobacco	蔬菜 Vegetables
全省	**Shaanxi**	**1407**	**2098**	**2114**	**2992**	**1308**	**16922**	**2336**	**34953**
西安市	Xi'an	1336	2083	1989	3364				48237
铜川市	Tongchuan		1653	1653				1600	24547
宝鸡市	Baoji	1733	1888	1964	2100	925		1814	29184
咸阳市	Xianyang	683	2139	2130	2775			2315	44561
渭南市	Weinan	1431	2603	2230	3652	3100			31344
#韩城市	Hancheng	2333	2275	2264	2550				36903
延安市	Yan'an	823	2095	2108	1922			4281	46788
汉中市	Hanzhong	5300	2287	2273	3026	600	44700	2899	35169
榆林市	Yulin	504	1603		3047	2044	2300	633	26673
安康市	Ankang	1350	2071	2002	2863	1658	32800	2209	19921
商洛市	Shangluo		1960	1443	2659	600		2149	24083
杨凌示范区	Yangling		6400	3200					66881

注：全省粮食单产为抽样调查数。
a) The grain products per hectare of Shaanxi in this table are sample survey data.

12-16 茶、桑、果面积及产量
Areas and Output of Tea Plantation, Cocoon, Orchards

年 份 Year	茶园面积 (千公顷) Area of Tea Plantations (1 000 hectares)	茶叶产量 (吨) Output of Tea (ton)	桑园面积 (千公顷) Area of Mulberry Field (1 000 hectares)	果园面积 (千公顷) Area of Orchards (1 000 hectares)	水果产量 (万吨) Output of Fruits (10 000 tons)	# 苹果 Apples	# 柑桔 Citrus
1978	31.07	1408	12.00	98.60	33.41	9.92	0.12
1980	24.00	1428	17.40	104.27	28.00	8.93	0.30
1985	26.16	2822	46.75	109.93	33.53	14.09	0.52
1990	29.19	4548	37.31	304.78	62.03	34.93	0.89
1995	30.64	5252	76.83	685.35	283.96	233.76	1.12
2000	35.28	6126	58.76	664.76	493.79	388.57	3.52
2001	38.23	6273	65.59	680.11	534.19	408.57	5.85
2002	43.28	7003	71.43	703.75	577.35	440.59	6.40
2003	50.86	7952	75.23	750.51	621.14	461.79	9.86
2004	56.34	10239	78.30	788.47	735.61	555.21	11.75
2005	59.47	11382	79.83	817.45	765.74	560.12	16.76
2006	62.94	12827	97.50	860.49	881.95	649.98	16.32
2007	67.33	14400	91.75	884.91	940.23	701.57	22.43
2008	69.06	16025	104.47	950.69	1067.67	745.51	23.73
2009	78.12	20153	105.96	1011.36	1150.45	805.17	30.80
2010	85.38	25052	105.83	1083.33	1238.50	856.01	28.68
2011	90.79	28430	101.59	1121.24	1332.68	902.93	34.28
2012	97.14	35195	97.49	1160.01	1437.74	965.09	36.80
2013	109.74	40656	94.72	1193.90	1487.38	942.82	47.69
2014	121.39	49128	82.89	1224.53	1553.98	988.01	50.36
2015	127.54	54854	83.69	1243.46	1630.62	1037.30	53.13

12-17 水果生产情况
Production of Fruit

品 种	Item	2010		2014		2015	
		面 积 (公顷) Area of Orchards (hectare)	产 量 (吨) Output (ton)	面 积 (公顷) Area of Orchards (hectare)	产 量 (吨) Output (ton)	面 积 (公顷) Area of Orchards (hectare)	产 量 (吨) Output (ton)
水果合计	**Total**	**1083326**	**12385021**	**1224527**	**15539830**	**1243456**	**16306155**
1.苹 果	Apples	601518	8560132	681803	9880128	695159	10372974
2.柑 桔	Citrus	33944	286765	38181	503630	37803	531257
3.梨	Pears	48954	799909	48632	1015019	48740	1041293
4.葡 萄	Grapes	28839	322292	46615	595144	49202	630944
5.桃	Peach	31192	593502	35455	724872	36734	757221
6.红 枣	Jujube	162479	500320	185314	644592	185637	725849
7.杏	Apricot	60672	149347	55065	184126	55056	190610
8.柿 子	Persimmon	31786	320383	30034	395570	30474	415250
9.猕猴桃	Kiwi	47239	629341	62003	1205886	62070	1243515
10.石 榴	Pomegranate	3083	59409	4651	94894	4667	95677
11.其他水果	Others	33619	163621	36774	295969	37913	301566

注：本表为果业监测结果。
a) Data in this table are the results of fruits monitoring.

12-18 各市(区)茶、桑、果面积及产量(2015年)
Areas and Output of Tea Plantation, Cocoon, Orchards by City(District)(2015)

地区	Region	茶园面积(公顷) Area of Tea Plantations (Hectares)	茶叶产量(吨) Output of Tea (ton)	桑园面积(公顷) Area of Orchards (Hectares)	果园面积(公顷) Area of Orchards (Hectares)	水果产量(吨) Output of Fruits (ton)	苹果 Apples	柑桔 Citrus
全省	**Shaanxi**	**127540**	**54854**	**83686**	**1243456**	**16306155**	**10372974**	**531257**
西安市	Xi'an				52808	1052068	32038	
铜川市	Tongchuan				61792	730204	691986	
宝鸡市	Baoji			156	78848	1408899	734682	
咸阳市	Xianyang				280369	5769646	4707111	
渭南市	Weinan				191668	3105551	1991745	
#韩城市	Hancheng				6199	119560	95857	
延安市	Yan'an			3847	294492	2861916	2734600	
汉中市	Hanzhong	65938	35639	8535	39157	455763	4711	357212
榆林市	Yulin			16842	206056	680241	189728	
安康市	Ankang	39549	16496	49052	32306	223563	5320	82422
商洛市	Shangluo	22053	2719	5255	4690	66796	8419	1912
杨凌示范区	Yangling				1270	39633	6908	

12-18 续表 continued

地区	Region	梨 Pears	葡萄 Grapes	桃 Peach	红枣 Jujube	杏 Apricot	柿子 Persimmon	猕猴桃 Kiwi	石榴 Pomegranate	其它水果 Others
全省	**Shaanxi**	**1041293**	**630944**	**757221**	**725849**	**190610**	**415250**	**1243515**	**95677**	**301566**
西安市	Xi'an	50729	126625	131228	44830	63726	39560	425250	29840	108242
铜川市	Tongchuan	806	7595	5664	592	985	11706		13	10857
宝鸡市	Baoji	6410	39342	43082	1	3672	24852	550650	12	6196
咸阳市	Xianyang	306894	183576	301000	33917	60023	94184	15335	24116	43490
渭南市	Weinan	422232	212959	133820	155350	24915	111535	4562	593	47840
#韩城市	Hancheng	900	3154	12972	210	2731	3533		93	110
延安市	Yan'an	48997	6047	4494	60801	2932	3208			837
汉中市	Hanzhong	23799	2357	17844	309	2589	14787	12372		19783
榆林市	Yulin	20999	23179	9184	371705	37716				27730
安康市	Ankang	6934	3967	22195	1887	4931	21359	2651	69	71828
商洛市	Shangluo	1263	1875	4549	467	1203	37720	1200	21	8167
杨凌示范区	Yangling	22	1114	412		111		30984		82

注：本表全省水果产量为果业监测数据。

a) Data in this table are the results of fruits monitoring.

12-19 主要林产品产量
Output of Major Forest Products

单位：吨 (ton)

年 份 Year	生 漆 Lacquer	油桐籽 Tung-oil Seeds	五倍籽 Chinese Gall	棕 片 Palm Sheet	核 桃 Walnuts	板 栗 Chestnut	花 椒 Pepper
1978	668	14800	50		28275	3460	577
1980	930	17685	83		25700	2715	539
1985	635	17718	337	1448	12826	1777	694
1990	685	18672	1589	2265	16833	4770	2501
1995	773	15460	2922	3015	30599	8019	7135
2000	1176	12968	863	2962	34866	20098	16298
2001	893	13003	968	3060	10474	11211	16471
2002	821	9278	934	3183	34779	21352	25112
2003	975	9634	1034	3177	44091	24022	22781
2004	995	12068	1513	3059	54243	26290	28441
2005	1060	12562	1963	3044	55206	27855	28178
2006	1613	11631	2241	3333	43492	29232	31507
2007	1851	11496	2383	3511	46717	35778	34904
2008	1697	14534	2785	4164	74069	40435	44000
2009	2552	17871	3386	3989	88773	46315	48571
2010	1915	17096	3152	3202	60453	52037	44789
2011	2434	19664	3441	3147	141362	69132	52974
2012	3494	22622	3969	2987	162981	71985	61698
2013	4516	28421	4265	2536	161500	74491	52537
2014	2864	29114	4590	3473	181771	78984	61072
2015	3445	27764	4483	2962	221074	83272	66245

注：2010年以后为林业部门统计数据。
a) Data in this table are from forestry authorities since 2010.

12-20 各市(区)主要林产品产量(2015年)
Output of Major Forest Products by City(District)(2015)

单位：吨 (ton)

地 区	Region	生 漆 Lacquer	油桐籽 Tung-oil Seeds	五倍籽 Chinese Gall	棕 片 Palm Sheet	核 桃 Walnut	板 栗 Chestnut	花 椒 Pepper
全 省	**Shaanxi**	**3445**	**27764**	**4483**	**2962**	**221074**	**83272**	**66245**
西安市	Xi'an					17091	6904	5104
铜川市	Tongchuan					16643		3550
宝鸡市	Baoji					34843	3143	7268
咸阳市	Xianyang					13278		912
渭南市	Weinan					22079	120	45153
延安市	Yan'an					1500		24000
汉中市	Hanzhong					9473	100	1411
榆林市	Yulin	1046	1490	2572	2073	24330	15864	1005
安康市	Ankang					78		
商洛市	Shangluo	2135	21268	1546	889	16504	31213	1038
杨凌示范区	Yangling	264	5006	365		66751	25928	804

注：本表为林业部门统计数据。
a) Data in this table are from forestry authorities.

12-21 各市(区)造林情况(2015年)
Area of Afforestation by City(District)(2015)

地　区	Region	荒山荒(沙)地造林面积(公顷) Afforestation of Barren Hills and Wasteland Area (hectare)	按造林方式分 By Approach		按林种用途分 By Function of Forest		按经济成份分 By Economic Composition	
			#人工造林 Manual Planting	#飞播造林 Airplane Planting	#经济林 By-product Forests	#防护林 Protection Forests	公有经济造林 Afforestation of State-owned	非公有经济造林 Afforestation of Non-State-owned
全　省	**Shaanxi**	**327033**	**222564**	**34670**	**67696**	**233952**	**239174**	**70231**
西安市	Xi'an	5518	5118		1911	3407	5318	
铜川市	Tongchuan	8841	5174	667	358	7934	7889	403
宝鸡市	Baoji	26530	11663	4667	4692	20638	24663	667
咸阳市	Xianyang	24976	14110	2666	6135	18841	19019	5957
渭南市	Weinan	32369	20436		9075	23201	23702	8667
延安市	Yan'an	84680	69145	6335	2670	78330	53479	29188
汉中市	Hanzhong	14995	5859	4669	4535	8481	10461	4134
榆林市	Yulin	53719	48052		6832	46887	40787	12932
安康市	Ankang	44238	31774	7666	25428	11244	33140	6300
商洛市	Shangluo	21700	10634	8000	5994	14036	19783	1917
杨凌示范区	Yangling	133	133		66	67	67	66

12-21 续表 continued

地　区	Region	四旁(零星)植树(万株) Four-side Tree Planting (10 000 trees)	幼林抚育作业面积(公顷) Area of Tending Growing Forest (hectares)	育苗面积(公顷) Area of Tending Seedlings (hectares)	当年苗木产量(万株) Output of Nursery Stock (10 000 trees)	年末核桃面积(公顷) Walnut Acreage (hectares)	年末板栗面积(公顷) Chestnut Acreage (hectares)	年末花椒面积(公顷) Pepper Acreage (hectares)
全　省	**Shaanxi**	**9325**	**152946**	**37156**	**234856**	**734069**	**317958**	**164128**
西安市	Xi'an	522	1333	13224	3251	24647	3863	1133
铜川市	Tongchuan	325	2333	94	1106	65949		18693
宝鸡市	Baoji	858	13798	1512	29164	99892	3954	48073
咸阳市	Xianyang	1123	4550	3408	8486	60087		3305
渭南市	Weinan	1160	13867	2108	19376	63008	133	71811
延安市	Yan'an	1000	26199	3155	36784	33555	1333	14253
汉中市	Hanzhong	988	13867	2817	15923	70032	51530	1775
榆林市	Yulin	1001	13667	7792	64795	19797		
安康市	Ankang	1139	34533	1423	29644	90805	80194	1439
商洛市	Shangluo	1209	9200	538	11345	205706	176951	3646
杨凌示范区	Yangling			1073	14530			

注：本表为林业部门统计数据。

a) Data in this table are from forestry authorities.

12-22 畜牧业和渔业生产情况
Production of Animal Husbandry and Fishery

指 标		Item		2010	2013	2014	2015
一、牲畜年末头数		**Number of Large Animals**	**(year-end)**				
(一)大牲畜	(万头)	Large Animals	(10 000 heads)	186.35	160.88	168.17	163.88
1.牛		Cattle and Buffaloes		165.00	143.13	150.60	146.75
# 奶 牛		Muich Cows		41.30	46.53	45.50	43.46
2.马		Horses		0.71	0.67	0.78	0.71
3.驴		Donkeys		15.23	13.04	12.90	12.85
4.骡		Mules		5.41	4.05	3.89	3.57
(二)猪存栏数	(万头)	Hogs	(10 000 heads)	884.40	897.90	879.40	846.00
# 母 猪		Sow		80.00	89.45	85.30	80.94
(三)羊存栏数	(万只)	Sheep and Goats	(10 000 heads)	635.20	638.84	700.20	701.93
1.山 羊		Goats		526.70	526.40	567.10	573.22
# 奶山羊		Muich Goats		101.81	100.98	105.09	94.22
2.绵 羊		Sheep		108.50	112.44	133.00	128.71
(四)家禽存栏数	(万只)	Poultry	(10 000 heads)	5726.71	6708.40	6623.50	6733.60
(五)养蜂箱数	(万箱)	Bee	(10 000 heads)	32.16	45.79	53.39	55.39
(六)家兔存栏数	(万只)	Rabbit	(10 000 heads)	297.02	294.15	310.74	286.00
二、畜产品产量		**Output of Livestock Products**					
肉类总产量	(万吨)	Output of Meat	(10 000 tons)	102.64	112.52	116.76	116.15
# 猪 肉		Pork		79.10	88.34	91.80	90.42
牛 肉		Beef		7.30	7.52	7.70	7.90
羊 肉		Mutton		7.30	7.04	7.50	7.81
奶类产量	(万吨)	Milk	(10 000 tons)	177.62	188.51	192.34	189.92
# 牛 奶		Cow Milk		137.50	141.05	144.70	141.19
山羊毛产量	(吨)	Goat Wool	(ton)	3817	4827	5074	4344
#羊绒产量	(吨)	Cashmere	(ton)	1497	1714	2205	1972
绵羊毛产量	(吨)	Sheep Wool	(ton)	6921	6854	7185	5934
禽蛋产量	(万吨)	Poultry Eggs	(10 000 tons)	47.07	55.40	54.50	58.06
蜂蜜产量	(吨)	Honey	(ton)	4272	5308	6266	6550
蚕茧产量	(吨)	Silkworm Cocoon	(ton)	25477	13427	12376	11526
三、渔 业		**Fisheries**					
1.水产品产量	(吨)	Output of Aquatic Products	(ton)	60373	125150	139320	175819
2.水产养殖面积	(公顷)	Cultivatable area of Aquatic Products	(hectare)	39838	47932	48350	50633

注：本表主要畜禽存栏和畜禽产品产量为抽样调查数。

a) The number of main livestock and the output of livestock products are sample survey data.

12-23 各市(区)牲畜存栏情况（2015年）
Livestock by City(District)(2015)

地区	Region	大牲畜年末头数(头) Large Animals (year-end) (head)	牛 Cattle and Buffaloes	#奶牛 Dairy cow	马 Horses	驴 Donkeys	骡 Mules	家禽(万只) Poultry (10 000 heads)
全省	**Shaanxi**	**1638830**	**1467500**	**434600**	**7082**	**128527**	**35720**	**6734**
西安市	Xi'an	199438	199386	109520	52			1183
铜川市	Tongchuan	75769	75769	15442				181
宝鸡市	Baoji	496979	492549	209102	2263	1856	311	937
咸阳市	Xianyang	454877	452100	237046	177	136	2464	1118
渭南市	Weinan	278706	277801	114634	274	197	434	1204
#韩城市	Hancheng	11014	10859	590	52	38	65	40
延安市	Yan'an	197359	145820	1970	58	38894	12587	384
汉中市	Hanzhong	294850	294219	3943	553	43	35	1124
榆林市	Yulin	254622	143648	27023	3693	87401	19880	566
安康市	Ankang	250706	250689	75	12		5	953
商洛市	Shangluo	127169	127164	378			5	828
杨凌示范区	Yangling	16915	16915	6626				19

12-23 续表 continued

地区	Region	猪年末头数(头) Hogs (year-end) (head)	#母猪 Sow	羊(只) Sheep and Goats (head)	#山羊 Goats	#奶山羊 Dairy Goat	蜂(箱) Bee (box)	兔(万只) Rabbit (10 000 heads)
全省	**Shaanxi**	**8460000**	**809400**	**7019300**	**5732200**	**942158**	**553871**	**286**
西安市	Xi'an	924870	94000	283334	273941	202079	19536	16
铜川市	Tongchuan	73995	9546	77069	76958	3642	70	
宝鸡市	Baoji	1046121	104045	575606	570703	288522	117140	17
咸阳市	Xianyang	1963817	184423	1150689	971225	580030	7346	149
渭南市	Weinan	2031970	226705	1075718	666396	569036	21605	40
#韩城市	Hancheng	76542	11545	63695	22854	1260	2650	1
延安市	Yan'an	685758	73207	636977	581383	4406	82626	11
汉中市	Hanzhong	2648508	241816	352494	351522	3469	145129	19
榆林市	Yulin	945408	123576	6690657	5399667	30962	36166	27
安康市	Ankang	2308184	227335	977469	977121		101407	3
商洛市	Shangluo	1007710	109932	385294	377283	532	22846	3
杨凌示范区	Yangling	42416	11392	2303	1763	1702		

注：本表全省主要畜禽存栏为抽样调查数。

a) The number of main livestock of Shaanxi in this table are sample survey data.

12-24 各市(区)主要畜产品和水产品产量(2015年)

Output of Livestock and Aquatic Products by City(District)(2015)

地区	Region	肉类总产量(吨) Output of Meat (ton)	#猪肉 Pork	#牛肉 Beef	#羊肉 Mutton	#禽肉 Poultry	奶类产量(吨) Milk (ton)	牛奶 Cow Milk	羊奶 Sheep Milk
全 省	**Shaanxi**	**1161534**	**904200**	**79000**	**78103**	**85540**	**1899231**	**1411900**	**487331**
西安市	Xi'an	161254	115953	12361	4287	21441	637340	485640	151700
铜川市	Tongchuan	16887	7965	5421	1146	2312	29181	26141	3040
宝鸡市	Baoji	185334	118024	33805	8686	17579	650081	585625	64456
咸阳市	Xianyang	213408	159946	15076	10669	16610	703354	597792	105562
渭南市	Weinan	220137	177811	12824	10591	16432	403968	250884	153084
#韩城市	Hancheng	9403	7461	578	692	536	1898	1400	498
延安市	Yan'an	76135	55345	6928	5725	5746	7408	5451	1957
汉中市	Hanzhong	332560	289270	15037	4390	23444	13688	11905	1783
榆林市	Yulin	183924	105860	5655	61069	8142	82291	78387	3904
安康市	Ankang	278195	226838	11848	16626	22078	310	310	
商洛市	Shangluo	151939	121781	9243	6667	10341	1645	952	693
杨凌示范区	Yangling	5388	4213	462	24	556	24788	23636	1152

12-24 续表 continued

地区	Region	山羊毛(吨) Goat Wool (ton)	#山羊绒 Cashmere	绵羊毛(吨) Sheep Wool (ton)	禽蛋(吨) Poultry Eggs (ton)	蜂蜜(公斤) Honey (kg)	蚕茧(吨) Silkworm Cocoon (ton)	水产品(吨) Aquatic Products (ton)	水产养殖面积(公顷) Water Area for Breeding Aquatics (hactare)
全 省	**Shaanxi**	**4344**	**1972**	**5934**	**580550**	**6550132**	**11526**	**175819**	**50633**
西安市	Xi'an				140175	243198		14120	1504
铜川市	Tongchuan				16504	630		1383	574
宝鸡市	Baoji	3		2	75769	814248	414	7616	3075
咸阳市	Xianyang	19	5	80	115598	112605		9919	2096
渭南市	Weinan	18	6	227	108352	341439		44818	6243
#韩城市	Hancheng	12	5	18	3690	30800		720	251
延安市	Yan'an	291	128	54	28737	1326088	383	3035	2051
汉中市	Hanzhong				72899	1577571	1382	37671	7665
榆林市	Yulin	4006	1833	5559	50067	656704	101	8497	12333
安康市	Ankang				38855	1218610	8429	45194	14487
商洛市	Shangluo	6		13	75109	259039	817	3566	605
杨凌示范区	Yangling				2133				

注：本表全省主要畜禽产品产量为抽样调查数。水产品产量及面积为渔业部门数据.

a) The output of livestock products of Shaanxi in this table are sample survey data.

12-25　粮食生产大县情况
Large County of Food Production

县　区	Region	2010		2014		2015	
		播种面积 (千公顷) Sown Area (1 000 hectares)	产　量 (万吨) Output (10 000 tons)	播种面积 (千公顷) Sown Area (1 000 hectares)	产　量 (万吨) Output (10 000 tons)	播种面积 (千公顷) Sown Area (1 001 hectares)	产　量 (万吨) Output (10 001 tons)
全　省	**Shaanxi**	**3159.70**	**1164.90**	**3076.54**	**1197.78**	**3073.50**	**1226.80**
生产大县合计	Total of Large Counties	1640.80	819.01	1486.48	672.55	1471.36	695.50
生产大县占全省%	As Percentage of Shaanxi	51.9	70.3	48.3	56.2	47.90	56.70
阎良区	Yanliang	14.94	9.60	14.17	8.10	14.27	8.82
临潼区	Lintong	79.15	40.10	68.99	31.79	66.83	32.86
长安区	Changan	79.98	41.49	69.96	33.84	67.18	34.59
蓝田县	Lantian	69.44	33.53	63.83	25.06	63.24	26.04
周至县	Zhouzhi	58.49	28.86	51.34	22.50	49.85	23.17
户　县	Huxian	61.87	37.15	58.79	29.60	58.07	30.49
高陵县	Gaoling	29.38	20.90	27.54	19.04	27.03	19.28
陈仓区	Chencang	59.81	29.11	58.12	22.48	58.10	23.34
凤翔县	Fengxiang	62.53	30.88	55.27	25.64	55.01	26.40
岐山县	Qishan	49.40	29.03	48.29	26.58	48.20	27.00
扶风县	Fufeng	50.81	28.99	48.43	26.55	48.48	28.09
眉　县	Meixian	27.22	14.40	22.59	12.62	22.31	12.33
千阳县	Qianyang	19.82	6.95	19.00	5.63	18.56	5.89
三原县	Sanyuan	45.18	23.60	40.83	19.51	40.51	20.11
泾阳县	Jingyang	55.29	28.79	50.82	23.98	50.47	24.72
乾　县	Qianxian	60.57	30.57	54.85	25.01	54.52	26.29
武功县	Wugong	44.62	24.29	39.65	19.72	39.43	20.31
兴平市	Xingping	46.90	25.22	43.15	21.72	42.95	22.40
临渭区	Linwei	95.57	43.00	83.58	33.31	82.97	34.95
华　县	Huaxian	31.02	14.79	27.63	11.01	27.63	11.76
大荔县	Dali	68.20	34.60	62.27	27.05	62.21	28.64
合阳县	Heyang	57.15	27.49	50.46	19.74	49.60	20.76
澄城县	Chengcheng	49.41	21.20	43.40	16.73	43.40	17.44
蒲城县	Pucheng	94.91	40.64	83.78	32.97	83.64	35.30
富平县	Fuping	93.27	44.17	80.18	35.50	80.56	37.24
韩城市	Hancheng	27.19	8.73	22.95	7.28	21.37	7.26
汉台区	Hantai	18.94	11.66	17.73	10.39	17.76	10.76
南郑县	Nanzheng	36.28	16.59	34.09	14.80	33.38	14.82
城固县	Chenggu	28.85	15.70	27.06	14.03	26.59	14.10
洋　县	Yangxian	35.28	17.66	33.13	15.62	33.03	15.71
勉　县	Mianxian	32.74	15.05	30.74	13.35	30.46	13.20
汉滨区	Hanbin	56.59	24.24	53.85	21.42	53.75	21.43

注：全省为抽样调查数。
a) The data of Shaanxi are sample survey data.

12-26 商品棉基地县情况
Base County of Marketable Cotton

县 区	Region	2010		2014		2015	
		播种面积 (公顷) Sown Area (hectare)	产 量 (吨) Output (ton)	播种面积 (公顷) Sown Area (hectare)	产 量 (吨) Output (ton)	播种面积 (公顷) Sown Area (hectare)	产 量 (吨) Output (ton)
全 省	**Shaanxi**	**50876**	**69240**	**31042**	**42171**	**27428**	**38591**
基地县合计	Total of Base Counties	39456	52828	18003	24383	15156.0	21390.0
基地县占全省%	As Percentage of Shaanxi	77.6	76.3	58.0	57.8	55.3	55.4
阎良区	Yanliang	3092	4344	40	61	21	34
临潼区	Lintong	788	1142				
临渭区	Linwei	7010	10409	5601	6930	5698	7488
华 县	Huaxian	727	926	316	450	319	502
大荔县	Dali	15353	16811	5380	7102	2778	3686
蒲城县	Pucheng	11689	18000	6327	9206	6007	9130
富平县	Fuping	798	1196	338	634	333	550

12-27 烤烟主产县情况
Base County of Flue-cured Tobacco

县 区	Region	2010		2014		2015	
		播种面积 (公顷) Sown Area (hectare)	产 量 (吨) Output (ton)	播种面积 (公顷) Sown Area (hectare)	产 量 (吨) Output (ton)	播种面积 (公顷) Sown Area (hectare)	产 量 (吨) Output (ton)
全 省	**Shaanxi**	**31063**	**67331**	**32714**	**71967**	**30857**	**72088**
基地县合计	Total of Base Counties	21636	46417	21795	47666	20262	47963
基地县占全省%	As Percentage of Shaanxi	69.7	68.9	66.6	66.2	66	67
宜君县	Yijun	135	312				
陇 县	Longxian	3886	7333	2435	4556	2387	4008
乾 县	Qianxian	402	814				
永寿县	Yongshou	333	700				
彬 县	Binxian	413	1052	255	693	262	716
长武县	Changwu	400	1050	475	1339		
旬邑县	Xunyi	1333	2980	554	1205	541	1136
合阳县	Heyang	129	405				
澄城县	Chengcheng	373	1029	5	9		
宝塔区	Baota	7	6	187	442	194	450
富 县	Fuxian	1200	2250	793	1793	800	4625
洛川县	Luochuan						
宜川县	Yichuan	711	1784	323	735	302	670
黄龙县	Huanglong	509	1172	469	1252	140	420
洋 县	Yangxian	275	1681	780	4349	790	4435
西乡县	Xixiang	487	1096	1194	3070	944	2839
平利县	Pingli	478	1263	948	1837	895	1689
旬阳县	Xunyang	6655	13298	7156	13952	6766	13120
洛南县	Luonan	3908	8192	6220	12434	6241	13855

12-28 苹果基地县情况
Base County of Apple

县 区	Region	2010		2014		2015	
		苹果园面积 (公顷) Area of Apple Orchards (hectare)	产 量 (吨) Output (ton)	苹果园面积 (公顷) Area of Apple Orchards (hectare)	产 量 (吨) Output (ton)	苹果园面积 (公顷) Area of Apple Orchards (hectare)	产 量 (吨) Output (ton)
全 省	**Shaanxi**	**601518**	**8560132**	**681803**	**9880128**	**628549**	**10372974**
基地县合计	Total of Base Counties	507135	7451893	562813	9408140	572188	9612956
基地县占全省%	As Percentage of Shaanxi	84.3	87.1	82.5	95.2	82.3	92.7
印台区	Yintai	20474	179782	20470	230068	20470	243797
耀州区	Yaozhou	15019	152982	17944	226843	17944	230980
宜君县	Yijun	13200	141603	16335	171220	16335	180510
陈仓区	Chencang	5727	88273	7156	85900	7156	93500
凤翔县	Fengxiang	5704	98048	8404	131649	8807	144803
岐山县	Qishan	4962	102980	5600	92500	5616	101010
扶风县	Fufeng	4907	161180	8770	269805	9427	295650
陇 县	Longxian	3469	20750	4441	26067	4642	26970
千阳县	Qianyang	1726	10393	6101	16299	6101	13556
乾 县	Qianxian	24683	489400	28493	495840	28493	503607
礼泉县	Liquan	30015	1010000	30312	1179254	30312	1178869
永寿县	Yongshou	24670	363000	26950	426800	26950	431300
彬 县	Binxian	19308	321640	21432	422381	21432	440353
长武县	Changwu	16000	240000	18620	274050	18667	287000
旬邑县	Xunyi	33533	505000	33530	548494	33530	550927
淳化县	Chunhua	36667	725000	34046	827000	34046	860000
合阳县	Heyang	16772	284673	13503	267148	13403	281313
澄城县	Chengcheng	19630	292909	25540	363804	27416	393995
蒲城县	Pucheng	10219	168519	13984	167900	14692	154142
白水县	Baishui	21632	486000	22716	535277	22849	562692
富平县	Fuping	9002	189112	11823	221605	12439	220159
韩城市	Hancheng	4702	80230	4646	100752	4986	95857
宝塔区	Baota	27533	241400	31708	228000	32068	244000
延长县	Yanchang	18667	140000	20150	230900	20483	240900
延川县	Yanchuan	7556	40741	12380	65095	13780	66800
安塞县	Ansai	23342	65000	26667	32000	26667	47000
富 县	Fuxian	24166	433000	24006	489800	24133	507700
洛川县	Luochuan	33593	676500	33889	793000	34275	801000
宜川县	Yichuan	16761	333949	17698	417878	18904	438000
黄陵县	Huangling	13498	225000	15498	270500	16165	286000

注：本表基地县产量为监测推算结果。
a) The outputs of Base Counties are calculateed results by monitoring.

12-29 梨基地县情况
Base County of Pear

县 区	Region	2010		2014		2015	
		梨园面积(公顷) Area of Pears Orchards (hectare)	产 量(吨) Output (ton)	梨园面积(公顷) Area of Pears Orchards (hectare)	产 量(吨) Output (ton)	梨园面积(公顷) Area of Pears Orchards (hectare)	产 量(吨) Output (ton)
全 省	**Shaanxi**	**48954**	**799909**	**48632**	**1015019**	**48740**	**1041293**
基地县合计	Total of Base Counties	27010	485283	26819	611681	26797	605845
基地县占全省%	As Percentage of Shaanxi	55.2	60.7	55.1	60.3	55.0	58.2
秦都区	Qindu	800	29900	780	24340	780	25560
乾 县	Qianxian	1533	30000	1600	32000	1600	31951
礼泉县	Liquan	4303	160000	3938	173658	3938	183563
彬 县	Binxian	1301	6438	1525	14389	1525	14420
临渭区	Linwei	3163	77419	2671	72132	2338	65980
蒲城县	Pucheng	8030	112645	10875	137760	11555	138877
富平县	Fuping	683	20665	865	26032	878	31905
子长县	Zichang	3800	11926	2623	5654	2243	6320
宜川县	Yichuan	1480	3908	584	4875	584	956
洋 县	Yangxian	1918	12302	1359	12752	1357	13311

注：本表基地县产量为监测推算结果。

a) The outputs of Base Counties are calculateed results by monitoring.

12-30 猕猴桃基地县情况
Base County of Kiwi

县 区	Region	2010		2014		2015	
		猕猴桃园面积(公顷) Area of Kiwi Orchards (hectare)	产 量(吨) Output (ton)	猕猴桃园面积(公顷) Area of Kiwi Orchards (hectare)	产 量(吨) Output (ton)	猕猴桃园面积(公顷) Area of Kiwi Orchards (hectare)	产 量(吨) Output (ton)
全 省	**Shaanxi**	**47239**	**629341**	**62003**	**1205886**	**62070**	**1243515**
基地县合计	Total of Base Counties	38042	556112	44961	967621	45777	1038959
基地县占全省%	As Percentage of Shaanxi	80.5	88.4	72.5	80.2	73.8	83.6
灞桥区	Baqiao	552	19222	503	20685	503	22317
长安区	Chang'an	261	4951	213	4543	210	4443
周至县	Zhouzhi	21400	246519	24682	351181	24682	371031
户 县	Huxian	914	22771	718	22060	718	22000
眉 县	Meixian	14467	250964	18079	445759	18130	456315
城固县	Chenggu	449	5672	765	6380	1534	8782

注：本表基地县产量为监测推算结果。

a) The outputs of Base Counties are calculateed results by monitoring.

12-31 各市(区)灾情(2015年)
Conditions in Natural Disaster by City(District)(2015)

地　区	Region	受灾人口(万人次) Disaster Population Covered (10 000 persons-times)	死亡失踪人口(人) Population of Death and Abscondence (persons)	农作物受灾面积(千公顷) Disaster Areas of Farm Crops (1 000 hectares)	农作物绝收面积(千公顷) Disaster Areas of Farm Crops of No Harvest (1 000 hectares)	倒塌民房(万间) Broken Civil Buildings (10 000 units)	直接经济损失(亿元) Direct Economic Losses (100 million yuan)
全　省	**Shaanxi**	**586.32**	**103**	**921.96**	**147.33**	**1.10**	**73**
西安市	Xi'an	1.89	14	1.40	0.32	0.08	0
铜川市	Tongchuan	6.70		24.78	2.78	0.01	2
宝鸡市	Baoji	43.03	2	43.40	5.03	0.02	3
咸阳市	Xianyang	92.52		85.27	13.43	0.01	10
渭南市	Weinan	134.96		153.28	8.61	0.03	5
延安市	Yan'an	83.44		187.00	45.10		16
汉中市	Hanzhong	26.87	19	17.94	2.74	0.63	12
榆林市	Yulin	150.96	2	387.91	66.09	0.04	20
安康市	Ankang	11.97		7.39	1.62	0.25	2
商洛市	Shangluo	33.96	66	13.58	1.62	0.04	2
杨凌示范区	Yangling						

12-32 农业现代化情况
Agriculture Modernization

指　标	Item	2010	2013	2014	2015
农业机械总动力合计　(万千瓦)	**Total Agricultural Machinery Power (10 000 kw)**	**1889.3**	**2326.08**	**2552.13**	**2667.27**
大中型拖拉机　(台)	Number of Large and Medium Tractors (unit)	78261	100524	101663	111104
小型拖拉机　(万台)	Number of Small Tractors (10 000 units)	17.47	20.03	20.43	21.81
大中型拖拉机配套农具 (万部)	Large and Medium Tractors Towing	12.99	17.21	18.56	19.93
小型拖拉机配套农具　(万部)	Small Tractors Towing Farm Machinery (10 000 kw)	25.27	29.69	30.02	29.86
农用电动机　(万台)	Number of Agricultural Motor (10 000 units)	28.19	32.14	33.06	33.33
农用柴油机　(万台)	Number of Diesel Engines (10 000 units)	4.68	5.37	5.56	5.72
联合收割机　(台)	Number of Combine Harvesters (unit)	23357	31320	37408	41139
机动脱粒机　(万台)	Number of Mobile Thresher (10 000 units)	24.65	36.09	38.72	41.85
农用运输车　(辆)	Number of Farm Vehicles (unit)	501505	479844	500424	500334
节水灌溉类机械　(套)	Watersaving Irrigation Machinery (unit)	9972	22575	31476	44053
农用水泵　(万台)	Number of Agricultural Pumps (10 000 units)	29.14	31.75	32.52	33.26
当年机耕地面积　(千公顷)	Area Cultivated by Mechanical (1 000 hectares)	2078.6	2395.1	2862.6	2882.9
当年机械播种面积　(千公顷)	Area Sown by Mechanical (1 000 hectares)	1740.6	1907.3	2002.8	2029.6
当年机械收获面积　(千公顷)	Mechanical harvest Area (1 000 hectares)	1243.5	1578.1	1811.5	1821.8
农用化肥施用量(折纯量)　(万吨)	Consumption of Chemical Fertilizers (10 000 tons)	196.79	241.73	230.19	231.95
氮　肥	Nitrogenous Fertilizer	87.67	98.69	96.12	93.52
磷　肥	Phosphate Fertilizer	17.98	18.45	18.44	18.52
钾　肥	Potash Fertilizer	19.99	23.33	23.81	24.40
复合肥	Compound Fertilizer	56.43	101.26	91.82	95.50
农用塑料薄膜使用量　(吨)	Plastic Film Consumption (tons)	36811	40847	41479	43068
#地膜使用量	Film Consumption	19547	21377	21096	22147
地膜覆盖面积　(千公顷)	Film Coverage Area (1 000 hectares)	427.1	450.6	447.89	454.14
农用柴油使用量　(万吨)	Diesel Consumption (10 000 tons)	70.36	91.03	91.21	92.32
农药使用量　(吨)	Pesticides Consumption (ton)	12408	12998	12793	13092

注：本表2014、2015年为农机部门数据。

a) Data in this table come from Agricultural Machinery Bureau in 2014-2015.

12-33　各市(区)农业现代化情况（2015）
Agriculture Modernization by City(District) (2015)

地　区	Region	农用机械总动力合计(万千瓦) Total Agricultural Machinery Power (10 000 kw)	大中型拖拉机(台) Large and Medium Tractors (unit)	小型拖拉机(台) Small Tractors (unit)	大中型机配农具(部) Large and Medium Tractors Towing Farm Machinery (unit)	小型机配农具(部) Small Tractors Towing Farm Machinery (unit)	农用排灌电动机(台) Agricultural Drainage and Irrigation Motor (unit)	农用排灌柴油机(台) Agricultural Drainage and Irrigation Diesel Engine (unit)
全　省	**Shaanxi**	**2667.27**	**111104**	**218147**	**199322**	**298636**	**333377**	**57217**
西安市	Xi'an	325.37	9652	8447	32602	21518	84975	2409
铜川市	Tongchuan	54.77	3942	4754	9047	7835	915	177
宝鸡市	Baoji	271.90	17756	29008	36852	49447	19829	2397
咸阳市	Xianyang	360.82	15139	13697	32100	24298	36884	4965
渭南市	Weinan	573.08	27123	77029	53696	96500	63517	12737
延安市	Yan'an	223.60	6475	47912	9716	58058	10198	5808
汉中市	Hanzhong	202.06	5810	4329	3460	4753	33557	6208
榆林市	Yulin	364.87	22348	19992	18901	25469	37557	6980
安康市	Ankang	181.72	1667	9215	843	3407	22021	13691
商洛市	Shangluo	95.28	386	3352	722	6036	22812	1725
杨凌示范区	Yangling	11.36	678	332	1062	1120	502	

12-33　续表　continued

地　区	Region	联合收割机(台) Combine Harvesters (unit)	机动脱粒机(台) Mobile Thresher (unit)	农用运输车(辆) Farm Vehicles (unit)	节水灌溉类机械(套) Watersaving Irrigation Machinery (unit)	农用水泵(台) Pumps (unit)	化肥施用折纯量(吨) Consumption of Chemical Fertilizers (ton)	农用塑料薄膜使用量(吨) Plastic Film Consumption (ton)
全　省	**Shaanxi**	**41139**	**418482**	**500334**	**44053**	**332567**	**2319460**	**43068**
西安市	Xi'an	8144	14504	51365	2517	79695	246284	2771
铜川市	Tongchuan	318	2527	18533	1709	1072	54585	698
宝鸡市	Baoji	6654	46609	34994	287	20280	251832	1652
咸阳市	Xianyang	7092	18649	88532	12938	34822	476470	7657
渭南市	Weinan	17075	29082	98295	12836	47549	688521	14027
延安市	Yan'an	191	6269	59277	6650	13571	151185	3852
汉中市	Hanzhong	790	85182	21138	848	35700	146165	2343
榆林市	Yulin	510	38297	82867	708	55176	131107	4965
安康市	Ankang	177	107041	20636	2463	23008	112707	2945
商洛市	Shangluo	19	70225	22722	2999	20310	56034	1468
杨凌示范区	Yangling	113	73	1867		502	4570	690

注：本表为农机部门数据。
a) Data in this table come from Agricultural Machinery Bureau.

12-34 各市、县(市、区)农村经济主要指标(2015年)
Main Indicators of Rural Economy by City and County (City and District) (2015)

地　区	Region	农林牧渔业总产值(万元) Gross Output Value of Farming, Forestry, Animal Husbandry and Fishery (10 000 yuan)	农林牧渔业增加值(万元) Value Added of Farming, Forestry, Animal Husbandry and Fishery (10 000 yuan)	年末常用耕地面积(公顷) Area of Cultivated Land (hectares)	农用机械总动力(千瓦) Total Agricultural Machinery Power (kw)	农用化肥施用折纯量(吨) Consumption of Chemical Fertilizers (ton)	农用塑料薄膜使用量(吨) Plastic Film Consumption (ton)
全　省	**Shaanxi**	**28134967**	**16732203**	**2904114**	**26672692**	**2319460**	**43068**
西安市	**Xi'an**	**3807573**	**2416880**	**237928**	**3253733**	**246284**	**2771**
新城区	Xincheng						
碑林区	Beilin						
莲湖区	Lianhu						
灞桥区	Baqiao	307940	202525	8709	183011	7798	185
未央区	Weiyang	25786	15916	833	46397	1418	16
雁塔区	Yanta	3205	2231		92155		
阎良区	Yanliang	368854	249662	15478	188099	25050	1155
临潼区	Lintong	551556	350821	46246	612966	39813	225
长安区	Chang'an	584120	390793	41428	434948	27318	187
高陵区	Gaoling	495452	303711	15076	290920	15752	40
蓝田县	Lantian	465601	282432	39680	309088	46208	261
周至县	Zhouzhi	508904	311967	32957	479107	48221	99
户　县	Huxian	496155	306822	37521	498121	34706	603
铜川市	**Tongchuan**	**422243**	**236684**	**64702**	**547705**	**54585**	**698**
王益区	Wangyi	22263	12625	3988	72008	1605	13
印台区	Yintai	92086	52575	9223	117254	8385	92
耀州区	Yaozhou	196590	108409	32040	235203	32049	268
宜君县	Yijun	111304	63075	19451	123240	12546	326
宝鸡市	**Baoji**	**2898907**	**1727014**	**297314**	**2718952**	**251832**	**1652**
渭滨区	Weibin	77360	44630	5934	69677	2072	19
金台区	Jintai	45197	28067	10122	143339	5081	4
陈仓区	Chencang	431498	253273	44983	428480	31190	168
凤翔县	Fengxiang	406835	250419	45813	437053	43274	106
岐山县	Qishan	384523	240980	35248	369648	24990	137
扶风县	Fufeng	361807	208966	31802	436600	50504	41
眉　县	Meixian	375668	209334	23236	230531	43974	130
陇　县	Longxian	313671	186223	35413	184645	13609	420
千阳县	Qianyang	168664	100509	18599	145169	12551	155
麟游县	Linyou	111414	71656	30057	77534	15242	162
凤　县	Fengxian	123185	72542	9631	119195	5145	149
太白县	Taibai	99085	60415	6475	77081	4200	162
咸阳市	**Xianyang**	**5775187**	**3482173**	**351240**	**3608218**	**476470**	**7657**
秦都区	Qindu	299386	175206	8524	241760	13434	366
渭城区	Weicheng	240934	145279	12100	239805	9187	109
三原县	Sanyuan	514073	315671	32980	305122	29024	431
泾阳县	Jingyang	756662	470485	42459	492068	34150	2500
乾　县	Qianxian	535346	311236	46630	390021	91008	148
礼泉县	Liquan	796999	521581	28876	398095	106940	853

注：全省粮食和猪牛羊禽相关数据为抽样调查数据。
a) The Shaanxi data of grain, pig, cattle, sheep are sample survey data.

12-34 续表 1 continued

地 区	Region	农林牧渔业总产值(万元) Gross Output Value of Farming, Forestry, Animal Husbandry and Fishery (10 000 yuan)	农林牧渔业增加值(万元) Value Added of Farming, Forestry, Animal Husbandry and Fishery (10 000 yuan)	年末常用耕地面积(公顷) Area of Cultivated Land (hectares)	农用机械总动力(千瓦) Total Agricultural Machinery Power (kw)	农用化肥施用折纯量(吨) Consumption of Chemical Fertilizers (ton)	农用塑料薄膜使用量(吨) Plastic Film Consumption (ton)
永寿县	Yongshou	292511	154600	20405	195849	30651	147
彬 县	Binxian	307949	176811	31430	140080	21516	955
长武县	Changwu	307462	157939	11708	152500	32570	721
旬邑县	Xunyi	512243	300265	27752	135134	33720	788
淳化县	Chunhua	460098	268748	28754	252000	30680	375
武功县	Wugong	362655	226070	26937	335088	26663	155
兴平市	Xingping	388869	258282	32687	330696	16927	110
渭南市	**Weinan**	**3975370**	**2245196**	**505339**	**5730767**	**688521**	**14027**
临渭区	Linwei	653461	363613	65683	951033	69224	1536
华 县	Huaxian	171806	98571	23952	350000	26983	380
潼关县	Tongguan	66261	37324	10593	112265	11621	48
大荔县	Dali	597803	330113	74031	1102065	87380	2321
合阳县	Heyang	344712	190598	58535	323530	24797	896.41
澄城县	Chengcheng	380550	213244	46655	373391	35445	628
蒲城县	Pucheng	455728	266356	91033	957671	66763	5186
白水县	Baishui	414710	242570	28735	406813	58166	746
富平县	Fuping	494383	283275	70171	726908	282832	1832
韩城市	Hancheng	287983	157960	23370	308300	17642	214
华阴市	Huayin	107973	61572	12580	74277	7668	240
延安市	**Yan'an**	**1976284**	**1136600**	**247149**	**2235986**	**151185**	**3852**
宝塔区	Baota	202553	125886	32360	180010	7447	253
延长县	Yanchang	152321	88709	16570	112704	5362	120
延川县	Yanchuan	118827	70270	24138	115000	4060	175
子长县	Zichang	115647	66189	31521	150650	8379	779
安塞县	Ansai	131628	74933	27260	112723	5196	307
志丹县	Zhidan	93086	53169	27547	150011	2669	315
吴起县	Wuqi	87264	50461	25327	188011	3322	966
甘泉县	Ganquan	79187	43863	6006	89120	3694	241
富 县	Fuxian	217842	124786	9895	183644	11931	313
洛川县	Luochuan	360148	196923	10286	316283	58261	66
宜川县	Yichuan	197875	113964	14669	282780	18618	66
黄龙县	Huanglong	82839	49221	11950	83961	10716	139
黄陵县	Huangling	137067	78226	9619	271090	11530	113
汉中市	**Hanzhong**	**3396643**	**1982263**	**204052**	**2020570**	**146165**	**2343**
汉台区	Hantai	306742	178471	14618	170173	8878	252
南郑县	Nanzheng	412008	233863	29194	220090	17455	438
城固县	Chenggu	748832	443769	24143	246819	37417	245
洋 县	Yangxian	398639	236919	27790	229506	23273	449
西乡县	Xixiang	330407	192322	21950	350629	13762	149
勉 县	Mianxian	377187	212122	26480	193085	22150	170
宁强县	Ningqiang	315377	187977	21267	181371	11882	188

12-34 续表 2 continued

地 区	Region	农林牧渔业总产值（万元）Gross Output Value of Farming, Forestry, Animal Husbandry and Fishery (10 000 yuan)	农林牧渔业增加值（万元）Value Added of Farming, Forestry, Animal Husbandry and Fishery (10 000 yuan)	年末常用耕地面积（公顷）Area of Cultivated Land (hectares)	农用机械总动力（千瓦）Total Agricultural Machinery Power (kw)	农用化肥施用折纯量（吨）Consumption of Chemical Fertilizers (ton)	农用塑料薄膜使用量（吨）Plastic Film Consumption (ton)
略阳县	Lueyang	162582	92046	10046	252117	3670	133
镇巴县	Zhenba	268989	161087	23620	96205	6236	254
留坝县	Liuba	52745	30895	3061	40025	827	51
佛坪县	Foping	23135	12792	1883	40550	615	15
榆林市	**Yulin**	**2500835**	**1493672**	**653681**	**3648747**	**131107**	**4965**
榆阳区	Yuyang	444494	259636	63710	487023	22877	386
神木县	Shenmu	215555	127435	81855	410648	7329	236
府谷县	Fugu	100327	60090	43263	336200	5570	53
横山县	Hengshan	248690	147102	60623	292756	11894	201
靖边县	Jingbian	355569	209190	85194	580026	8590	1678
定边县	Dingbian	323223	185946	152968	630849	29881	806
绥德县	Suide	167692	102978	41741	187230	14941	154
米脂县	Mizhi	97077	59352	27865	185000	5243	195
佳 县	Jiaxian	151820	94644	30844	158132	4160	210
吴堡县	Wubu	38156	24516	8098	76399	957	19
清涧县	Qingjian	191669	119476	27079	176604	5323	624
子洲县	Zizhou	166563	103307	30440	127880	14342	403
安康市	**Ankang**	**1695523**	**980309**	**196357**	**1817193**	**112707**	**2945**
汉滨区	Hanbin	387029	231849	41938	548853	50444	648
汉阴县	Hanyin	208869	124566	22947	222000	11070	206
石泉县	Shiquan	115214	67127	13111	126559	5466	194
宁陕县	Ningshan	77333	42941	3403	53533	345	52
紫阳县	Ziyang	196564	112865	24259	160528	5126	190
岚皋县	Langao	112891	65411	16807	94000	4809	459
平利县	Pingli	183856	102353	18287	134519	4783	496
镇坪县	Zhenping	57384	31409	4965	44076	1399	53
旬阳县	Xunyang	229561	126583	36542	298000	23448	455
白河县	Baihe	126822	75205	14097	135125	5817	192
商洛市	**Shangluo**	**1682447**	**956708**	**133586**	**952760**	**56034**	**1468**
商州区	Shangzhou	241200	139340	20972	166569	6055	191
洛南县	Luonan	368882	211975	31892	183599	17832	405
丹凤县	Danfeng	209831	114505	12163	88488	5374	118
商南县	Shangnan	226022	124478	14126	102284	5070	192
山阳县	Shanyang	300646	180162	23992	190001	8864	115
镇安县	Zhen'an	209866	117337	21961	150800	8127	285
柞水县	Zhashui	126000	68911	8481	71019	4712	163
杨凌示范区	**Yangling**	**124693**	**74727**	**5454**	**113619**	**4570**	**690**

12-34 续表 3 continued

地 区	Region	粮食播种面积(公顷) Sown Area of Grain (hectares)	粮食产量(吨) Output of Grain (ton)	油料产量(吨) Output of Oil-bearing (ton)	棉花产量(吨) Output of Cotton (ton)	蔬菜产量(吨) Output of Vegetables (ton)	水果产量(吨) Output of Fruits (ton)	#苹果 Output of Apples
全 省	**Shaanxi**	**30735000**	**12268000**	**626640**	**38591**	**18225311**	**16306155**	**10372974**
西安市	**Xi'an**	**5376857**	**1808609**	**9478**	**294**	**3327905**	**1052068**	**32038**
新城区	Xincheng							
碑林区	Beilin							
莲湖区	Lianhu							
灞桥区	Baqiao	11577	54071	400	51	295864	122793	
未央区	Weiyang	405	1968			26739	637	20
雁塔区	Yanta							
阎良区	Yanliang	14272	88211	113	34	817181	68349	6300
临潼区	Lintong	66831	328636	1409		446200	59915	3722
长安区	Chang'an	67183	345885	2354		587687	79257	2644
高陵区	Gaoling	27030	192757			461697	71526	7491
蓝田县	Lantian	63241	260422	2426	209	183167	124451	8219
周至县	Zhouzhi	49848	231716	2022		210324	426920	2842
户 县	Huxian	58069	304943	754		299046	98220	800
铜川市	**Tongchuan**	**61669**	**241061**	**9027**		**173250**	**730204**	**691986**
王益区	Wangyi	3853	10559	312		14357	40214	36699
印台区	Yintai	10395	35691	1554		28385	247065	243797
耀州区	Yaozhou	29798	94029	6321		101541	262357	230980
宜君县	Yijun	17624	100782	840		28967	180568	180510
宝鸡市	**Baoji**	**332235**	**1496546**	**19205**	**52**	**1433844**	**1408899**	**734682**
渭滨区	Weibin	6704	19896	1358		20619	22708	90
金台区	Jintai	11566	36866	1055	2	2823	3853	657
陈仓区	Chencang	58102	233370	2839		194740	116472	93500
凤翔县	Fengxiang	55007	264037	4463		154814	154891	144803
岐山县	Qishan	48201	270048	2343	15	176045	171205	101010
扶风县	Fufeng	48484	280898	986	35	37779	336006	295650
眉 县	Meixian	22308	123284	1094		37440	489255	2416
陇 县	Longxian	32730	105230	2175		107168	33533	26970
千阳县	Qianyang	18559	58908	865		113958	18597	13556
麟游县	Linyou	22281	72780	923		27455	4749	2662
凤 县	Fengxian	6106	23637	717		123581	55210	53054
太白县	Taibai	2188	7592	387		437422	2420	314
咸阳市	**Xianyang**	**388455**	**1923842**	**51821**	**123**	**4346017**	**5769646**	**4707111**
秦都区	Qindu	12895	60011	285		268484	98635	60550
渭城区	Weicheng	20309	94916	1174		140191	78479	32156
三原县	Sanyuan	40508	201111	4052		1123959	198282	107567
泾阳县	Jingyang	50469	247212	3052	115	1879657	172266	31872
乾 县	Qianxian	54519	262896	8679		45300	588241	503607
礼泉县	Liquan	26613	126619	5401		77055	1580251	1178869

12-34 续表 4 continued

地 区	Region	粮食播种面积(公顷) Sown Area of Grain (hectares)	粮食产量(吨) Output of Grain (ton)	油料产量(吨) Output of Oil-bearing (ton)	棉花产量(吨) Output of Cotton (ton)	蔬菜产量(吨) Output of Vegetables (ton)	水果产量(吨) Output of Fruits (ton)	#苹果 Output of Apples
永寿县	Yongshou	18915	89068	3357		25697	458047	431300
彬 县	Binxian	26579	125622	11905		45029	492304	440353
长武县	Changwu	11983	58666	1497		21229	307882	287000
旬邑县	Xunyi	20140	112523	2612		76465	570679	550927
淳化县	Chunhua	23148	118043	6291		47385	957800	860000
武功县	Wugong	39430	203144	2529	8	212910	93702	77861
兴平市	Xingping	42946	224011	987		382656	173078	145049
渭南市	**Weinan**	**510771**	**2172652**	**72976**	**36399**	**2532330**	**3105551**	**1991745**
临渭区	Linwei	82967	349473	5642	7488	608374	276404	74276
华 县	Huaxian	27634	117639	1548	502	553648	28803	1656
潼关县	Tongguan	13361	45339	4213	678	37871	11890	8867
大荔县	Dali	62212	286422	22541	3686	364298	567819	198708
合阳县	Heyang	49596	207610	4380	5742	185807	374898	281313
澄城县	Chengcheng	43396	174436	13168	7330	61737	482457	393995
蒲城县	Pucheng	83641	352984	4476	9130	146422	332367	154142
白水县	Baishui	27874	111623	9366		70194	564982	562692
富平县	Fuping	80557	372374	5139	550	329427	337621	220159
韩城市	Hancheng	21372	72576	1365	70	125062	119560	95857
华阴市	Huayin	18160	82176	1138	1223	49490	8750	80
延安市	**Yan'an**	**201852**	**722058**	**21386**	**839**	**1210374**	**2861916**	**2734600**
宝塔区	Baota	27004	88917	978		157454	249361	244000
延长县	Yanchang	10654	27832	3317	495	109654	262215	240900
延川县	Yanchuan	16966	26797	875	332	33198	140660	66800
子长县	Zichang	25611	31848	5819		124250	26702	18300
安塞县	Ansai	28733	69521	4096		254853	52048	47000
志丹县	Zhidan	18740	54024	513		75028	24870	22400
吴起县	Wuqi	17260	61065	824		84000	10123	9500
甘泉县	Ganquan	9659	43489	62		138807	5470	5000
富 县	Fuxian	6312	36426	613		102420	509165	507700
洛川县	Luochuan	12856	99886	894		35639	803466	801000
宜川县	Yichuan	6748	36322	888	12	47000	440656	438000
黄龙县	Huanglong	11242	95918	254		8172	48340	48000
黄陵县	Huangling	10067	50013	2253		39899	288840	286000
汉中市	**Hanzhong**	**267386**	**1032413**	**192065**	**53**	**2272298**	**455763**	**4711**
汉台区	Hantai	17755	107582	16678		229249	35825	
南郑县	Nanzheng	33377	148153	35188		186503	13515	65
城固县	Chenggu	26587	141017	23385		651763	283852	154
洋 县	Yangxian	33027	157065	28682	52	701321	84307	1564
西乡县	Xixiang	30162	102531	26398	1	99599	5965	
勉 县	Mianxian	30465	132014	30771		135144	8680	39
宁强县	Ningqiang	30840	85233	12849		55470	4860	469

12-34 续表 5 continued

地 区	Region	粮食播种面积(公顷) Sown Area of Grain (hectares)	粮食产量(吨) Output of Grain (ton)	油料产量(吨) Output of Oil-bearing (ton)	棉花产量(吨) Output of Cotton (ton)	蔬菜产量(吨) Output of Vegetables (ton)	水果产量(吨) Output of Fruits (ton)	#苹果 Output of Apples
略阳县	Lueyang	20314	48168	5033		54304	8281	1387
镇巴县	Zhenba	38876	89515	11683		115023	8936	731
留坝县	Liuba	3182	12072	928		26165	801	247
佛坪县	Foping	2801	9063	470		17757	741	55
榆林市	**Yulin**	**482370**	**1429014**	**73885**	**131**	**797928**	**680241**	**189728**
榆阳区	Yuyang	44696	218894	1175		118737	45285	2256
神木县	Shenmu	32334	122762	6799		22615	4199	182
府谷县	Fugu	30321	32388	2017	80	36997	23711	548
横山县	Hengshan	64047	158227	1710		34862	15871	8555
靖边县	Jingbian	49713	217160	7396		244581	14924	8935
定边县	Dingbian	110857	270559	11881		144728	3238	1537
绥德县	Suide	27974	83902	20689		53463	130839	81253
米脂县	Mizhi	28837	86282	2173		14387	38436	22483
佳 县	Jiaxian	24265	75530	2409		19113	142108	2157
吴堡县	Wubu	5991	18460	552	4	12333	24155	799
清涧县	Qingjian	30233	74361	9674	47	57014	215083	45411
子洲县	Zizhou	33103	70489	7410		39098	22392	15612
安康市	**Ankang**	**269530**	**871499**	**152620**	**27**	**1486471**	**223563**	**5320**
汉滨区	Hanbin	53745	214262	46067	12	416091	61434	864
汉阴县	Hanyin	25398	101208	29457	15	189928	38090	109
石泉县	Shiquan	19353	69911	14335		69032	5894	529
宁陕县	Ningshan	5106	19423	857		43969	1176	266
紫阳县	Ziyang	42459	111311	12590		224439	6176	127
岚皋县	Langao	24885	67290	7438		154610	4347	36
平利县	Pingli	24858	76898	11862		107315	8001	374
镇坪县	Zhenping	9416	27534	1795		37775	1399	280
旬阳县	Xunyang	45582	125482	21541		149907	50864	2509
白河县	Baihe	18729	58180	6678		93405	46182	226
商洛市	**Shangluo**	**206932**	**614356**	**24033**	**2**	**499048**	**66796**	**8419**
商州区	Shangzhou	31770	106420	371		51122	10540	406
洛南县	Luonan	49777	162334	1120		167468	8288	220
丹凤县	Danfeng	21535	60140	1412		22786	9241	1581
商南县	Shangnan	20068	56538	12324		74724	6608	456
山阳县	Shanyang	36927	101365	2920		70025	10789	1265
镇安县	Zhen'an	33692	86613	5543	2	69654	13379	3371
柞水县	Zhashui	13164	40946	343		43269	7951	1120
杨凌示范区	**Yangling**	**3291**	**21058**	**128**		**145846**	**39633**	**6908**

12-34 续表 6 continued

地 区	Region	肉类产量(吨) Output of Meat (ton)	禽蛋产量(吨) Output of Poultry Eggs (ton)	奶类产量(吨) Output of Milk (ton)	牛存栏(万头) Stocked Cattle (10 000 heads)	#奶牛 Dairy cow	猪存栏(万头) Stocked Hogs (10 000 heads)	羊存栏(万只) Stocked (10 000 heads)	家禽存栏(万只) Stocked (10 000 heads)
全 省	**Shaanxi**	**1161534**	**580550**	**1899231**	**146.75**	**43.46**	**846.00**	**701.93**	**6734**
西安市	**Xi'an**	**161254**	**140175**	**637340**	**19.94**	**10.95**	**92.49**	**28.33**	**1183**
新城区	Xincheng								
碑林区	Beilin								
莲湖区	Lianhu								
灞桥区	Baqiao	7532	5114	45863	0.63	0.62	4.56	1.03	39
未央区	Weiyang	2873	60	8561	0.25	0.19	1.31	0.11	5
雁塔区	Yanta	407	78	14					
阎良区	Yanliang	7514	6560	101007	1.85	1.78	3.72	5.32	62
临潼区	Lintong	43687	35705	317828	6.62	5.86	23.48	8.48	285
长安区	Chang'an	20918	42095	33627	1.09	0.45	11.74	1.75	299
高陵区	Gaoling	10157	15621	51119	1.47	1.04	5.08	2.18	147
蓝田县	Lantian	19856	10074	41075	3.92	0.30	7.95	7.38	115
周至县	Zhouzhi	28388	10280	13798	3.23	0.28	19.37	1.35	103
户 县	Huxian	19922	14588	24448	0.88	0.44	15.28	0.72	130
铜川市	**Tongchuan**	**16887**	**16504**	**29181**	**7.58**	**1.54**	**7.40**	**7.71**	**181**
王益区	Wangyi	1359	860	1232	0.32	0.10	1.17	0.36	24
印台区	Yintai	5517	9516	4005	0.95	0.19	2.51	1.49	99
耀州区	Yaozhou	5245	5720	23944	3.91	1.26	2.77	3.16	38
宜君县	Yijun	4766	408		2.40		0.95	2.70	21
宝鸡市	**Baoji**	**185334**	**75769**	**650081**	**49.25**	**20.91**	**104.61**	**57.56**	**937**
渭滨区	Weibin	2144	851	580	0.14	0.02	1.35	0.74	17
金台区	Jintai	3560	886	9495	0.73	0.24	2.33	0.98	17
陈仓区	Chencang	55573	22464	55403	6.26	1.22	27.45	5.13	183
凤翔县	Fengxiang	21873	10863	88863	8.81	2.65	9.01	8.40	139
岐山县	Qishan	22064	14861	67325	5.64	2.70	18.62	4.36	130
扶风县	Fufeng	24104	15633	22854	1.58	0.75	17.95	2.82	244
眉 县	Meixian	16420	4883	80803	3.74	2.73	13.51	3.67	86
陇 县	Longxian	9629	2406	190860	8.53	6.12	2.50	7.80	26
千阳县	Qianyang	7210	1875	133748	6.28	4.48	1.82	6.83	25
麟游县	Linyou	8270	248		5.39		1.01	11.68	22
凤 县	Fengxian	10986	169		1.48		6.90	2.88	37
太白县	Taibai	3501	630	150	0.67	0.01	2.15	2.28	12
咸阳市	**Xianyang**	**213408**	**115598**	**703354**	**45.21**	**23.70**	**196.38**	**115.07**	**1118**
秦都区	Qindu	8292	3520	16139	0.80	0.72	7.00	0.75	36
渭城区	Weicheng	9542	12274	55091	1.30	1.29	6.31	0.62	101
三原县	Sanyuan	17033	21879	51158	4.76	0.85	12.13	17.32	188
泾阳县	Jingyang	23908	16084	203365	7.52	7.52	18.82	17.85	211
乾 县	Qianxian	16765	5115	134492	4.99	4.76	16.40	5.20	50
礼泉县	Liquan	9490	2274	30512	1.91	1.18	7.42	10.26	25

12-34 续表 7 continued

地 区	Region	肉类产量(吨) Output of Meat (ton)	禽蛋产量(吨) Output of Poultry Eggs (ton)	奶类产量(吨) Output of Milk (ton)	牛存栏(万头) Stocked Cattle (10 000 heads)	#奶牛 Dairy Cow	猪存栏(万头) Stocked Hogs (10 000 heads)	羊存栏(万只) Stocked (10 000 heads)	家禽存栏(万只) Stocked (10 000 heads)
永寿县	Yongshou	9717	2599	12734	5.73	0.08	5.79	16.28	39
彬 县	Binxian	5169	4358	6178	1.80	0.07	3.47	4.38	31
长武县	Changwu	4533	3988	16262	2.60	0.51	2.27	7.35	50
旬邑县	Xunyi	26519	4917	7930	4.16	0.22	49.49	10.14	53
淳化县	Chunhua	13683	10405	40735	2.83	0.58	8.84	18.83	101
武功县	Wugong	25908	13576	152441	4.99	4.88	27.13	3.06	93
兴平市	Xingping	42849	14609	26317	1.84	1.05	31.33	3.05	142
渭南市	**Weinan**	**220137**	**108352**	**403968**	**27.78**	**11.46**	**203.20**	**107.57**	**1204**
临渭区	Linwei	33900	31405	118116	7.71	2.90	27.11	11.51	266
华 县	Huaxian	8115	4907	3972	1.02	0.13	7.01	2.59	88
潼关县	Tongguan	7020	1106	182	0.43	0.01	6.77	0.78	15
大荔县	Dali	40013	18470	24227	5.20	1.21	34.76	25.06	149
合阳县	Heyang	11415	4579	56788	3.93	3.48	11.66	5.39	63
澄城县	Chengcheng	54624	9517	791	1.01	0.02	58.99	4.66	86
蒲城县	Pucheng	15432	5965	40285	2.21	1.01	14.49	8.33	209
白水县	Baishui	16235	1514	2107	1.00	0.03	17.06	4.36	37
富平县	Fuping	19800	22619	141502	3.30	2.03	14.70	36.48	210
韩城市	Hancheng	9403	3690	1898	1.09	0.06	7.65	6.37	40
华阴市	Huayin	4180	4580	14100	0.89	0.58	3.00	2.06	40
延安市	**Yan'an**	**76135**	**28737**	**7408**	**14.58**	**0.20**	**68.58**	**63.70**	**384**
宝塔区	Baota	7245	3967	3488	1.81	0.11	4.20	2.44	56
延长县	Yanchang	3270	1517	95	2.08	0.01	2.00	6.98	25
延川县	Yanchuan	3120	1370	322	1.74	0.01	2.91	3.30	21
子长县	Zichang	9157	2480	746	2.65	0.03	6.85	7.98	26
安塞县	Ansai	3333	1999	164	0.89	0.01	3.25	6.75	26
志丹县	Zhidan	3384	1652	167	0.46	0.01	3.10	13.66	23
吴起县	Wuqi	5932	1675	35	0.50	0.00	3.75	13.46	22
甘泉县	Ganquan	4571	6643	160	0.81	0.00	2.16	5.69	98
富 县	Fuxian	3253	1781	53	1.87	0.00	2.18	0.36	22
洛川县	Luochuan	24878	1403	1776	0.49	0.01	31.21	0.88	17
宜川县	Yichuan	2257	1432	34	0.53	0.00	2.31	0.85	14
黄龙县	Huanglong	2702	995		0.80		1.71	0.76	15
黄陵县	Huangling	3033	1823	368	0.46	0.00	2.93	0.57	19
汉中市	**Hanzhong**	**332560**	**72899**	**13688**	**29.42**	**0.39**	**264.85**	**35.25**	**1124**
汉台区	Hantai	18772	9271	6570	0.97	0.18	11.19	0.25	140
南郑县	Nanzheng	38916	7054	1002	3.47	0.03	31.37	2.69	106
城固县	Chenggu	49331	10458	486	3.20	0.03	30.94	1.44	154
洋 县	Yangxian	44833	8106	790	6.15	0.02	38.01	5.19	112
西乡县	Xixiang	49952	5346	18	3.13	0.00	42.61	6.04	79
勉 县	Mianxian	43023	15072	4822	2.86	0.13	36.92	1.12	178
宁强县	Ningqiang	34607	7011		3.78		30.53	2.07	112

12-34 续表 8 continued

地 区	Region	肉类产量(吨) Output of Meat (ton)	禽蛋产量(吨) Output of Poultry Eggs (ton)	奶类产量(吨) Output of Milk (ton)	牛存栏(万头) Stocked Cattle (10 000 heads)	#奶牛 Dairy Cow	猪存栏(万头) Stocked Hogs (10 000 heads)	羊存栏(万只) Stocked (10 000 heads)	家禽存栏(万只) Stocked (10 000 heads)
略阳县	Lueyang	15572	6344		1.60		9.55	2.35	151
镇巴县	Zhenba	31342	3257		3.65		29.69	13.47	71
留坝县	Liuba	3741	694		0.50		2.74	0.26	16
佛坪县	Foping	2471	286		0.10		1.31	0.38	6
榆林市	**Yulin**	**183924**	**50067**	**82291**	**14.36**	**2.70**	**94.54**	**669.07**	**566**
榆阳区	Yuyang	60932	11257	22250	3.37	0.70	38.91	140.51	126
神木县	Shenmu	17714	4841	8835	3.92	0.50	7.09	90.00	43
府谷县	Fugu	6251	3435	614	0.87	0.02	3.20	21.59	28
横山县	Hengshan	19849	4885	2180	0.80	0.03	6.46	97.50	55
靖边县	Jingbian	31434	5304	13809	0.92	0.37	15.42	134.05	76
定边县	Dingbian	19390	4158	11114	0.60	0.43	9.61	89.02	50
绥德县	Suide	4374	4277	6546	0.57	0.18	2.04	14.82	47
米脂县	Mizhi	5810	3643	2634	0.88	0.08	1.97	18.65	53
佳 县	Jiaxian	4598	2939	1195	0.88	0.04	2.13	16.82	27
吴堡县	Wubu	1019	1433	543	0.09	0.01	0.50	3.20	8
清涧县	Qingjian	5621	1740	3357	0.99	0.09	3.50	12.25	23
子洲县	Zizhou	6926	2155	9214	0.48	0.26	3.70	30.65	31
安康市	**Ankang**	**278195**	**38855**	**310**	**25.07**	**0.01**	**230.82**	**97.75**	**953**
汉滨区	Hanbin	57713	8587	308	5.36	0.01	49.89	14.09	198
汉阴县	Hanyin	33401	7621		3.59		28.11	5.50	130
石泉县	Shiquan	21198	2621		3.24		17.66	5.91	69
宁陕县	Ningshan	4700	600	2	0.43	0.00	3.89	2.76	22
紫阳县	Ziyang	33272	4217		0.69		28.62	10.44	86
岚皋县	Langao	21365	4231		0.21		18.84	9.07	122
平利县	Pingli	29608	2516		0.78		19.75	15.17	72
镇坪县	Zhenping	15620	467		0.35		13.22	2.76	35
旬阳县	Xunyang	45465	4334		9.39		38.33	23.04	153
白河县	Baihe	15853	3661		1.03		12.51	9.00	64
商洛市	**Shangluo**	**151939**	**75109**	**1645**	**12.72**	**0.04**	**100.77**	**38.53**	**828**
商州区	Shangzhou	20259	8093	1327	1.45	0.03	13.61	2.45	59
洛南县	Luonan	35125	11780	31	4.40	0.00	22.46	5.50	106
丹凤县	Danfeng	21353	6750	228	1.50	0.00	13.73	3.37	300
商南县	Shangnan	23157	14398		1.55		18.20	4.17	100
山阳县	Shanyang	29049	23169		1.25		20.79	10.28	141
镇安县	Zhen'an	14091	5837	59	1.60		7.19	9.76	66
柞水县	Zhashui	8905	5082		0.96		4.80	3.01	56
杨凌示范区	**Yangling**	**5388**	**2133**	**24788**	**1.69**	**0.66**	**4.24**	**0.23**	**19**

主要统计指标解释

农林牧渔业总产值 指以货币表现的农、林、牧、渔业全部产品和对农林牧渔业生产活动进行的各种支持性服务活动的价值总量，它反映一定时期内农林牧渔业生产总规模和总成果。1957年以前的农林牧渔业总产值中包括了厩肥和农民自给性手工业(如农民自制衣服、鞋、袜，自己从事粮食初步加工等)。1958 年及以后，林业中增加了村及村以下竹木采伐产值；牧业中取消了厩肥产值；副业中取消了农民自给性手工业产值，增加了村及村以下办的工业产值； 渔业中增加了海洋捕捞水产品产值。1980 年及以后，在副业中增加了农民家庭兼营工业商品部分的产值。从 1984 年起村及村以下工业产值划归工业。从 1993 年起取消副业，将野生动物的捕猎划入牧业，野生植物采集和农民家庭兼营商品性工业划归农业。从 2003 年起，执行新的国民经济行业分类标准，农林牧渔业总产值中包括了农林牧渔服务业产值。林业中增加了森林采运业产值。农业中取消了家庭兼营商品性工业产值，将野生林产品的采集划归林业。第一次农业普查以后，由于畜牧业产品年报数据与普查数据之间存在一定的差距，根据农业普查结果对畜牧业年报数据进行了修正，对畜牧业产值进行了相应修正。

农林牧渔业总产值的计算方法通常是按农、林、牧、渔业产品及其副产品的产量分别乘以各自单位产品价格求得；少数生产周期较长，当年没有产品或产品产量不易统计的，则采用间接方法匡算其产值；然后将四业产品产值及农林牧渔服务业产值相加即为农林牧渔业总产值。

粮食产量 指全社会的产量。包括国有经济经营的、集体统一经营的和农民家庭经营的粮食产量，还包括工矿企业办的农场和其他生产单位的产量。粮食除包括稻谷、小麦、玉米、高粱、谷子及其他杂粮外，还包括薯类和豆类。其产量计算方法，豆类按去豆荚后的干豆计算；薯类(包括甘薯和马铃薯，不包括芋头和木薯)1963 年以前按每 4 公斤鲜薯折 1 公斤粮食计算，从 1964 年开始改为按 5 公斤鲜薯折 1 公斤粮食计算。城市郊区作为蔬菜的薯类(如马铃薯等)按鲜品计算，并且不作粮食统计。其他粮食一律按脱粒后的原粮计算。1989 年以前全国粮食产量数据主要靠全面报表取得，1989 年开始使用抽样调查数据。

棉花产量 指全社会的产量。包括春播棉和夏播棉。产量按皮棉计算。不包括木棉。

油料产量 指全部油料作物的生产量。包括花生、油菜籽、芝麻、向日葵籽、胡麻籽（亚麻籽）和其他油料。不包括大豆、木本油料和野生油料。花生以带壳干花生计算。

水产品产量 指人工养殖的水产品和天然生长的水产品的捕捞量。包括海水的鱼类、虾蟹类、贝类和藻类以及内陆水域的鱼类、虾蟹类和贝类，不包括淡水生植物。水产品产量是通过各级水产和统计部门逐级上报取得数据。1995 年及以前，贝类中牡蛎按鲜肉计算；蚶、蛤、蛙按 5 斤鲜品折 1 斤计算。1996 年以后则统一按鲜品计算。

猪、牛、羊肉产量 指当年出栏并已屠宰、除去头蹄下水后带骨肉(即胴体重)的重量。包括全社会范围内的产量。1996 年前为各级逐级上报数据。1996 年第一次农业普查以后，由于畜牧业产品年报数据与普查数据之间存在一定的差距，根据普查结果对畜牧业年报数据进行了修正。1999 年以后，国家统计局在部分地区开展了猪、牛、羊、禽等主要畜禽品种的抽样调查，并用抽样数据作为国家定案数据使用。未开展抽样调查的地区和品种，仍使用各级统计部门逐级上报数据。2007 年，根据第二次农业普查结果，对 2000—2006 年畜牧业年报数据进行了修正。2008 年，建立了主要畜禽监测调查制度，猪、牛、羊、禽等主要畜牧业数据均以抽样调查数为法定数据。

期初(末)畜禽存栏头(只)数 指报告期初(末)农村各种合作经济组织和国营农场、农民个人、机关、团体、学校、工矿企业、部队等单位以及城镇居民饲养的大牲畜、猪、羊、家禽等畜禽的存栏数。数据上报方式及数据调整情况同猪、牛、羊肉产量。

农作物播种面积 指实际播种或移植有农作物的面积。凡是实际种植有农作物的面积，不论种植在耕地上还是种植在非耕地上，均包括在农作物播种面积中。在播种季节基本结束后，因遭灾而重新改种和补种的农作物面积，也包括在内。它是反映我国耕地面积利用情况的一个重要指标。目前，农作物播种面积主要包括粮食、棉花、油料、糖料、麻类、烟叶、蔬菜和瓜类、药材和其他农作物九大类。

农用化肥施用量 指本年内实际用于农业生产的化肥数量，包括氮肥、磷肥、钾肥和复合肥。化肥施用量要求按折纯量计算数量。折纯量是指把氮肥、磷肥、钾肥分别按含氮、含五氧化二磷、含氧化钾的百分之百成份进行折算后的数量。复合肥按其所含主要成分折算。公式为：

折纯量=实物量 × 某种化肥有效成份含量的百分比

农业机械总动力 指主要用于农、林、牧、渔业的各种动力机械的动力总和。包括耕作机械、排灌机械、收获机械、农用运输机械、植物保护机械、牧业机械、林业机械、渔业机械和其他农业机械〔内燃机按引擎马力折成瓦(特)计算、电动机按功率折成瓦(特)计算〕。不包括专门用于乡、镇、村、组办工业、基本建设、非农业运输、科学试验和教学等非农业生产方面用的动力机械与作业机械。这个指标的统计数据主要来源于农机部门。

Explanatory Notes on Main Statistical Indicators

Gross Output Value of Agriculture, Forestry, Animal Husbandry and Fishery refers to the total value of products of agriculture, forestry, animal husbandry and fishery, and total value of services in support of agriculture, forestry, animal husbandry and fishery activities. It reflects the total scale and results of agricultural production during a given period. Prior to 1957, China's gross agricultural output value included barnyard manure and handicraft products for self-consumption (clothes, shoes, stockings, and initial grain processing undertaken by peasants). Since 1958, cutting and felling of bamboo and trees by villages and other cooperative organizations under villages have been included in forestry; value of barnyard manure has been excluded from animal husbandry; self consumed handicrafts have not been included from sideline occupations, while the output value of industries run by villages and cooperative organizations under village has been included in sideline occupations; and the output value of fish catches by motor fishing boats has been added to fishery. Since 1980, the value of handicraft products made for sale by individuals in households has been added to sideline occupations. Since 1984, industries run by villages and under villages have been included in the sector of industry. Since 1993, the subdivision of sideline occupations has been cancelled, and the hunting of wild animals has been classified into animal husbandry, and the gathering of wild plants and commodity industry run by rural household have been included in farming. A new industrial classification of economic activities was introduced in 2003. Under the new classification, value of services to agriculture, forestry, animal husbandry and fishery is included in the gross output value of agriculture, value of wood felling and transport is included in forestry, value of industrial output by rural households is not included in agriculture, and the collection of wild forest products is taken from agriculture and included in forestry. The First Agriculture Census of China revealed some discrepancy between the production of animal products from the annual reports and that from the census. According to the result of the First Agriculture census, efforts were made to adjust the output value of animal husbandry to make the figures from the annual reports consistent with the census data.

Gross output value of agriculture is obtained by multiplying the output of each product or by-product by its price, resulting in the output value of each single item. For a small number of products, annual output of which is not available or difficult to get due to the long production (growing) process involved, the output value is estimated through an indirect approach. The sum of output values of all products of agriculture, forestry, animal husbandry and fishery and services in support to those industries is then equal to the gross output value of agriculture.

Grain Output refers to the total output in the whole country including grains produced by State farms, collective units, rural households, as well as by farms affiliated to industrial and mining enterprises and other production units. Grain includes rice, wheat, corn, sorghum, millet and other miscellaneous grains as well as tubers and beans. Output of beans refers to dry beans without pods. The output of tubers (sweet potatoes and potatoes, not including taros and cassava) are converted into that of grain at the ratio 4:1, i.e. 4 kilograms of fresh tubers were equivalent to 1 kilogram of grain up to 1963. Since 1964 the ratio for conversion has been 5:1. Tubers supplied as vegetables (such as potatoes) in cities and suburbs are calculated as fresh vegetables and their output is not included in the output of grain. Output of all other grains refers to husked grain. Data on grain production before 1989 were obtained through the Comprehensive Statistical Reporting System. Since 1989, data from sample surveys are used.

Cotton Output refers to cotton production in the whole country including cotton planted in spring and in autumn. Output is measured as the weight of ginned cotton. Ceiba is not included.

Output of Oil-bearing Crops refers to the total production of oil-bearing crops of various kinds, including peanuts (dry, in shell), rapeseeds, sesame, sunflower seeds, flax seeds, and other oil-bearing crops. Soybeans, oil-bearing woody plants, and wild oil-bearing crops are not included.

Output of Aquatic Products refers to catches of both artificially cultured and naturally grown aquatic products, including fish, shrimps, crabs and shellfish in sea and inland water as well as seaweed. Freshwater plants are not included. Data on output of aquatic products are reported by aquatic product and statistical agencies level by level. Before 1995, among the shellfish, oyster was counted as fresh meat; 5 kilograms of ark shell, clams and frogs are equivalent to 1 kilogram of fresh aquatic products; they have all been counted as fresh aquatic products since 1996.

Output of Pork, Beef, and Mutton refers to the meat of slaughtered hogs, cattle, sheep and goats with head, feet, and offal taken away. Data refers to the production of the whole country. The First Agricultural Census of China in 1996 revealed some discrepancy between the production of animal products from the annual reports and that from the census. Efforts were made to adjust the output value of animal husbandry to make the figures from the annual reports consistent with the census data. Since 1999, the NBS conducted sample surveys for the major animal husbandry products, such as hogs, cattle, sheep and goats and fowls, and the data from sample surveys are used as national finalized data. Those products, which are not covered by the sample survey, are still reported by statistical agencies level by level. In 2007, the data on animal husbandry from 2000 to 2006 were revised according to the results of the Second Agriculture Census of China. In 2008, A Monitoring and Survey Program was set up on main livestock, the data on the main livestock such as hog, cattle, sheep and poultry became the official data based on the sampling survey.

Number of Livestock or Poultry in Stock at Beginning (or End) of Period refers to the total number of large animals, pigs, sheep, fowls, etc. raised by rural cooperative organizations, State farms, rural individuals, government agencies, schools, industrial and mining enterprises, army, and urban residents at the beginning (or end) of the reference period. Data reporting system and data adjustment are the same as that in the output of pork, beef and mutton.

Sown Area of Crops refers to area of land sown or transplanted with crops regardless of being in cultivated area or non-cultivated area. Area of land re-sown due to natural disasters is also included. This is an important indicator that can reflect the utilization condition of the cultivated land in China. At present, the sown area of crops mainly include the following 9 categories of crops: grain, cotton, oil-bearing crops, sugar crops, flax crops, tobacco, vegetables and melons, medicinal materials and other farm crops.

Consumption of Chemical Fertilizers in Agriculture refers to the quantity of chemical fertilizers applied in agriculture in the year, including nitrogenous fertilizer, phosphate fertilizer, potash fertilizer, and compound fertilizer. The consumption of chemical fertilizers is calculated in terms of volume of effective components by means of converting the gross weight of the respective fertilizers into weight containing effective component (e.g. nitrogen content in nitrogenous fertilizer, phosphorous pentoxide contents in phosphate fertilizer, and potassium oxide contents in potash fertilizer). Compound fertilizer is converted in regard to its major components. The formula is:

Volume of effective component= physical quantity × effective component of certain chemical fertilizer (%)

Total Power of Agricultural Machinery refers to total mechanical power of machinery used in agriculture, forestry, animal husbandry and fishery, including machinery for ploughing, irrigation and drainage, harvesting, transport, plant protection, animal husbandry, forestry and fishery and other agricultural machineries. (For the power of internal combustion engines, it is converted from its horsepower into watts while for electric motors the output power is converted into watts.) Machinery employed for non-agricultural purposes, such as the machines used in township-run and village-run industry, construction, non-agricultural transport, scientific experiments and teaching, are not included. Data are mainly from agricultural machinery agencies.

十三、工　业

Industry

资料整理：杨　琨

简 要 说 明

一、本篇资料反映陕西工业经济方面的基本情况，内容包括全部工业总产值，规模以上工业企业按企业登记注册类型、轻重工业、企业规模、工业行业大类分组的主要经济指标和经济效益指标，主要工业产品产量。

二、规模以上工业企业统计范围

1998年至2006年为全部国有及年主营业务收入在500万元以上非国有工业企业。

2007至2010年为年主营业务收入在500万元以上工业企业。

2011年起提高到年主营业务收入在2000万元以上工业企业。

三、按照2011年《统计上大中小微型企业划分办法》，工业企业大中小微型划分标准是:

大型：从业人员1000人及以上、营业收入40000万元及以上。

中型：从业人员300–1000人、营业收入2000–40000万元。

小型：从业人员20–300人、营业收入300–2000万元。

微型：从业人员20人以下、营业收入300万元以下。

Brief Introduction

I. This chapter reflects the basic conditions of the industrial sector, mainly including economic indicators of industrial enterprises above designated size; as well as their economic indicators, efficiency indicators, output and production capacity of key industrial products classified by type of registration, by light and heavy industries, by size of enterprise, by branch of industry.

II. The Scopes of Industrial Statistics

The scopes of industrial statistics are all State-owned industrial enterprises and non-State-owned industrial enterprises with revenue from principal business over 5 million yuan from 1998 to 2006.

The scopes of industrial statistics are all industrial enterprises with revenue from principal business over 5 million yuan form 2007 to 2010.

The scopes of industrial statistics are raised to all industrial enterprises with revenue from principal business over 20 million yuan from 2011.

III. According to "*the Division Standard of Large/Medium/Small/Mini Sized Enterprises*" in 2011, the division standard of large/medium/small/mini sized enterprises is:

Large sized enterprises:

Number of employed persons:1000 person and above.

Amount of operating revenue:400 million yuan and above.

Medium sized enterprises:

Number of employed persons: 300-1000 person.

Amount of operating revenue: 20-400 million yuan.

Small sized enterprises:

Number of employed persons: 20-300 person.

Amount of operating revenue: 3-20 million yuan.

Mini sized enterprises:

Number of employed persons: 20 person and below.

Amount of operating revenue: 3 million yuan and below.

13.工　业

2015年全省		
规模以上工业企业单位数	5350	个
# 大中型工业企业	893	个
全部工业总产值	21060.03	亿元
# 规模以上工业	20333.98	亿元

规模以上工业总产值（亿元）

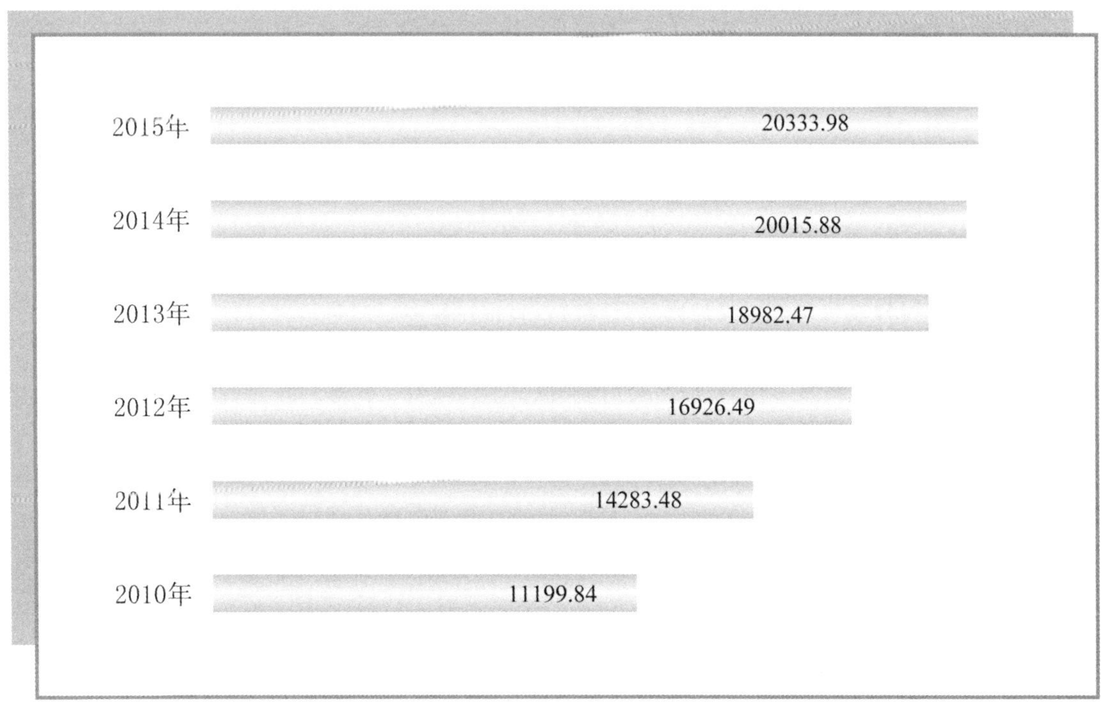

13-1 全部工业总产值
Gross Industrial Output Value

单位：亿元 (100 million yuan)

年份 Year	全部工业总产值 Gross Industrial Output Value	国有工业 State-owned Enterprises	集体工业 Collective-owned Enterprises	其他经济类型工业 Other Enterprises	城乡个体工业 Urban and Rural Individual-owned Enterprises	轻工业 Light Industry	重工业 Heavy Industry
1978	96.48	81.26	15.22			43.06	53.42
1979	105.79	90.19	15.61			47.23	58.56
1980	109.96	92.57	17.37	0.02		55.09	54.86
1981	108.64	91.22	17.32	0.10		59.24	49.39
1982	117.71	98.16	19.41	0.13		58.99	58.72
1983	131.77	110.38	21.24	0.15		61.86	69.90
1984	150.70	119.65	29.14	0.22	1.68	64.55	86.14
1985	192.08	145.69	42.39	0.29	3.72	80.11	111.98
1986	219.26	159.66	51.48	0.53	7.60	92.44	126.82
1987	258.44	185.25	60.79	0.81	11.59	108.09	150.35
1988	331.74	235.54	78.10	1.11	16.99	139.95	191.79
1989	406.71	284.91	94.48	2.36	24.95	168.70	238.01
1990	442.58	304.17	102.86	3.72	31.83	188.02	254.55
1991	508.81	348.64	114.40	8.17	37.59	214.41	294.40
1992	599.54	396.02	137.54	15.07	50.92	239.85	359.69
1993	793.78	483.97	194.74	37.70	77.37	281.03	512.75
1994	1009.76	585.08	257.39	57.81	109.48	370.67	639.08
1995	1068.71	627.99	266.78	112.73	61.21	398.13	670.58
1996	1168.54	671.48	309.90	115.30	71.87	426.52	742.02
1997	1284.14	680.18	335.03	172.10	96.82	489.77	794.37
1998	1318.81	727.42	361.64	140.92	88.82	508.72	810.09
1999	1501.05	839.29	401.43	159.79	100.54	581.16	919.90
2000	1714.18	974.75	446.00	183.38	110.04	602.35	1111.82
2001	1946.94	1106.23	483.07	233.73	123.91	674.97	1271.98
2002	2205.98	1247.29	521.63	299.00	138.05	736.57	1469.42
2003	2708.86	1526.71	603.29	424.87	153.99	816.83	1892.03
2004	3389.88	1878.00	687.52	651.98	172.38	932.13	2457.75
2005	4109.32	2332.47	785.71	822.00	169.15	988.16	3121.16
2006	5248.39	3165.22	954.71	936.98	191.49	1152.02	4096.37
2007	6587.41	4010.54	1136.90	1227.20	212.76	1371.40	5216.01
2008	8358.86	4900.65	1463.22	1748.76	246.24	1639.11	6719.76
2009	9553.70	5221.58	1642.76	2431.86	257.50	1920.50	7633.20
2010	12421.80	6900.46	1955.27	3275.61	290.46	2345.73	10076.07
2011	15811.48	8797.96	2338.01	4312.30	363.21	2958.11	12853.37
2012	18591.89	10216.05	2809.09	5170.89	395.87	3510.70	15081.19
2013	20820.07	10934.77	3075.93	6372.57	436.80	4139.23	16680.84
2014	21944.58	12286.42	3131.29	6068.42	458.45	4672.00	17272.58
2015	21060.03	11270.15	2617.31	6999.99	172.58	4522.94	16537.09

13-2 规模以上工业企业主要经济指标(1998-2015年)
Main Indicators of Industrial Enterprises above Designated Size (1998-2015)

单位：亿元 (100 million yuan)

年 份 Year	企业单位数 (个) Number of Enterprises (unit)	工业总产值 Gross Industrial Output Value	资产总计 Total Assets	主营业务收入 Revenue from Principal Business	利润总额 Total Profits	税金总额 Total Taxes
1998	2685	960.81	2158.36	867.48	-11.40	64.71
1999	2589	1097.45	2514.49	950.36	6.92	81.34
2000	2553	1268.43	2683.07	1133.82	63.80	91.71
2001	2440	1457.62	3071.06	1292.71	62.96	99.09
2002	2461	1667.10	3227.24	1503.30	93.18	119.94
2003	2493	2118.17	3672.72	1843.33	158.62	151.96
2004	3012	2735.22	4432.45	2632.18	253.90	212.45
2005	2997	3397.71	5085.90	3302.50	400.70	275.80
2006	3375	4442.81	6130.02	4380.18	523.95	339.49
2007	3372	5692.33	7494.03	5512.63	691.83	405.97
2008	3526	7322.92	9163.02	6944.88	872.63	469.13
2009	4480	8470.40	12119.26	8188.52	854.11	699.82
2010	4564	11199.84	14688.70	10888.80	1469.57	932.39
2011	3684	14283.48	17234.61	13790.12	1933.92	1140.77
2012	4284	16926.49	20591.16	16328.25	2057.22	1400.07
2013	4489	18982.47	22443.11	17763.00	1973.32	1378.75
2014	5017	20015.88	24371.44	18622.14	1846.98	1659.20
2015	5350	20333.98	26393.17	18823.01	1412.41	1509.83

13-3 规模以上工业企业主要经济效益指标(1998-2015年)
Main Indicators on Economic Benefit of Industrial Enterprises above Designated Size(1998-2015)

年 份 Year	总资产贡献率 (%) Ratio of Profits, Taxes and Interests to Average Assets (%)	资产负债率 (%) Ratio of Debts to Assets (%)	流动资产周转次数 (次/年) Turnover of Current Assets (times/year)	成本费用利润率 (%) Ratio of Profits to Total Industrial Costs (%)	产品销售率 (%) Sales Ratio of Products (%)
1998	4.96	71.53	0.99	-1.31	95.79
1999	6.06	68.86	1.03	0.74	96.00
2000	7.83	68.17	1.12	6.06	96.70
2001	7.58	66.01	1.15	5.19	97.17
2002	8.40	65.75	1.29	6.74	97.69
2003	10.40	63.94	1.34	9.71	97.59
2004	14.10	65.40	1.60	10.90	97.40
2005	15.38	62.15	1.72	14.46	97.74
2006	16.60	59.80	1.90	14.00	98.20
2007	17.27	57.35	1.97	14.54	97.49
2008	17.30	55.80	1.90	14.80	96.60
2009	13.60	56.00	1.60	12.30	95.90
2010	17.11	56.84	1.67	16.14	96.91
2011	18.84	56.61	1.82	16.97	96.52
2012	18.03	56.91	1.87	14.95	96.34
2013	16.00	56.06	2.02	12.86	95.20
2014	15.67	56.79	2.19	11.50	95.52
2015	12.20	56.04	2.08	8.44	95.20

13-4 规模以上工业企业主要经济指标(2015年)

单位：万元

分 组	Item	企业单位数(个) Number of Enterprises (unit)	#亏损企业 Unprofitable Enterprises	工业总产值 Gross Industrial Output Value	工业销售产值 Sales Output Value
总 计	**Total**	**5350**	**962**	**203339769**	**193586755**
按登记注册类型分	**By Status of Registration**				
内资企业	Domestic Funded	5132	913	188572598	180353155
国有企业	State-owned Enterprises	118	31	14039126	13473821
中央企业	Central	27	4	9037455	8668998
地方企业	Local	91	27	5001671	4804823
集体企业	Collective-owned Enterprises	61	13	806244	789675
股份合作企业	Cooperative Enterprises	23	6	145712	146975
联营企业	Joint Ownership Enterprises	6	1	184241	181680
国有联营企业	State Joint Ownership Enterprises	3	1	117527	116357
集体联营企业	Collective Joint Ownership Enterprises	1		11320	11119
国有与集体联营企业	Joint State-collective Enterprises	1		46895	44337
其他联营企业	Other Joint Ownership Enterprises	1		8499	9868
有限责任公司	Limited Liability Corporations	2760	555	108905036	103675276
国有独资公司	State Sole Funded Corporations	107	35	23413719	22486934
其他有限责任公司	Other Limited Liability Corporations	2653	520	85491317	81188342
股份有限公司	Share-holding Corporations Limited	277	57	30060851	29221467
私营企业	Private Enterprises	1865	247	33957534	32418114
私营独资企业	Private-funded Enterprises	100	14	1606078	1544050
私营合作企业	Private Partnership Enterprises	48	17	961813	951649
私营有限责任公司	Private Limited Liability Corporations	1591	201	28155015	26862632
私营股份有限公司	Private Share-holding Corporations Ltd.	126	15	3234627	3059783
其他企业	Other Enterprises	22	3	473855	446146
港、澳、台商投资企业	Enterprises with Funds from Hong Kong, Macao and Taiwan	66	15	4361679	4016812
合资经营企业(港或澳、台资)	Joint-venture Enterprises	29	6	2779201	2587925
合作经营企业(港或澳、台资)	Cooperative Enterprises	2		289659	289147
港澳台商独资经营企业	Enterprises with Sole Investment	29	8	1097966	959935
港澳台商投资股份有限公司	Share-holding Corporations Ltd.	4	1	105653	106811
外商投资企业	Foreign Funded Enterprises	152	34	10405492	9216788
中外合资经营企业	Joint-venture Enterprises	83	21	5272928	4678544
中外合作经营企业	Cooperation Enterprises	3		277846	276600
外资企业	Enterprises with Sole Funds	57	13	4231519	3826087
外商投资股份有限公司	Share-holding Corporations Ltd.	5		471924	311486

Main Indicators of Industrial Enterprises above Designated Size(2015)

(10 000 yuan)

资产总计 Total Assets	流动资产合计 Total Current Assets	#应收账款 Accounts Receivable	#存货 Inventories	#产成品 Finished products	固定资产合计 Total of Fixed Assets	固定资产原价 Original Value of Fixed Assets	累计折旧 Total Depreciation	负债合计 Total Liabilities	#流动负债 Total Working Liabilities
263931713	**90676560**	**20601728**	**18666485**	**7838018**	**124629167**	**194298478**	**77048475**	**147905919**	**94251462**
246016325	84576061	19188033	17006471	7133236	115145172	180764146	72546999	138334198	87040324
25137148	8680342	1926842	1240623	515008	14376285	16490991	3344633	15751436	8860301
12204497	3964620	1394823	756371	266334	7464545	9018438	1987685	7136764	5096139
12932651	4715722	532019	484252	248674	6911740	7472552	1356947	8614673	3764163
576018	278327	73928	42716	13118	202243	557967	377850	320844	197305
312796	98939	23912	10953	2897	106511	150554	51988	83124	79565
126064	71783	13359	11225	7161	30702	84329	53627	43791	20690
109154	66711	12447	8311	5519	26665	79489	52824	34214	17817
2445	1899	301	963	683	545	919	373	1774	1774
4623	1132	570	562	248	3491	3921	430	1100	1100
9842	2041	41	1390	710				6703	
136004939	53078443	11717579	11559598	4637455	51602741	78592383	31157612	81492323	54380798
50159482	17700065	2945456	3310106	1090637	15738357	23866784	8941995	29089069	16378782
85845457	35378377	8772123	8249493	3546818	35864383	54725599	22215617	52403254	38002016
62893353	13444120	2858686	2060761	796104	40417208	71334884	31531087	30255919	16008668
20662964	8845707	2557500	2063622	1150991	8214193	13155092	5823108	10217869	7343303
968946	314562	81016	65568	44228	421166	782655	414884	340478	216793
1102313	398608	123834	37073	23201	480472	565430	128050	527592	303447
16509485	7214710	2087126	1754802	958886	6588875	10792048	4924860	8492620	6151929
2082219	917827	265524	206179	124676	723680	1014959	355314	857179	671134
303042	78401	16227	16973	10503	195289	397946	207095	168893	149693
3951749	1747504	316660	444986	207218	1388713	2532832	1255339	2230327	1919184
2556932	1049460	120168	299369	177507	892018	1294730	489581	1576333	1346533
283738	148886	46210	9152		107014	676767	569753	86702	78502
702771	381920	90711	101286	26399	219197	351331	143565	332166	284101
306172	96597	19691	21508	1031	153478	182252	41692	207792	182967
13963640	4352995	1097035	1215029	497564	8095282	11001500	3246137	7341394	5291954
4882622	2334094	624637	530225	251859	2119222	2904341	1004879	2353112	1797497
108595	17604	5755	3937	918	81519	189639	112510	30796	19342
8176063	1773542	428228	566054	147217	5447562	7187958	1786361	4491300	3141523
469668	173908	31833	102653	96840	291876	542486	268772	274619	235226

13-4　续表 1

单位：万元

分　组	Item	企业单位数(个) Number of Enterprises (unit)	#亏损企业 Unprofitable Enterprises	工业总产值 Gross Industrial Output Value	工业销售产值 Sales Output Value
按经济组织类型分	**By Economic Type of Orgnization**				
独资企业	Appropratorship	365	79	21780933	20593566
国有企业	State-owned Enterprises	118	31	14039126	13473821
集体企业	Collective-owned Enterprises	61	13	806244	789675
私营独资企业	Private-funded Enterprises	100	14	1606078	1544050
港澳台商独资经营企业	Enterprises with Sole Investment	29	8	1097966	959935
外资企业	Enterprises with Sole Funds	57	13	4231519	3826087
合作、合伙企业	Partnership	110	27	2573601	2489265
股份合作企业	Cooperative Enterprises	23	6	145712	146975
国有联营企业	State Joint Ownership Enterprises	3	1	117527	116357
集体联营企业	Collective Joint Ownership Enterprises	1		11320	11119
国有与集体联营企业	Joint State-collective Enterprises	1		46895	44337
其他联营企业	Other Joint Ownership Enterprises	1		8499	9868
私营合伙企业	Private Partnership Enterprises	48	17	961813	951649
合作经营企业(港或澳、台资)	Cooperative Enterprises	2		289659	289147
中外合作经营企业	Cooperation Enterprises	3		277846	276600
其他企业(内资)	Other Enterprises	22	3	473855	446146
其他港澳台商投资企业	Other Enterprises with Funds from Hong Kong, Macao and Taiwan	2		89200	72995
其他外商投资企业	Other Foreign Funded Enterprises	4		151275	124072
股份有限公司	Share-holding Corporations Limited	412	73	33873054	32699546
股份有限公司(内资)	Share-holding Corporations Ltd.	277	57	30060851	29221467
私营股份有限公司	Private Share-holding Corporations Ltd.	126	15	3234627	3059783
港澳台商投资股份有限公司	Share-holding Corporations Ltd.with Funds from Hong Kong, Macao and Taiwan	4	1	105653	106811
外商投资股份有限公司	Share-holding Corporations Ltd.with Foreign Investment	5		471924	311486
有限责任公司	Limited Liability Corporations	4463	783	145112180	137804378
国有独资公司	State Sole Funded Corporations	107	35	23413719	22486934
私营有限责任公司	Private Limited Liability Corporations	1591	201	28155015	26862632
合资经营企业(港或澳、台资)	Joint-venture Enterprises	29	6	2779201	2587925
中外合资经营企业	Joint-venture Enterprises	83	21	5272928	4678544
其他有限责任公司	Other Corporations	2653	520	85491317	81188342
按轻重工业分	**Grouped by Light & Heavy Industries**				
轻工业	Light Industry	1767	175	41167161	39015775
重工业	Heavy Industry	3583	787	162172608	154570980
按企业规模分	**Grouped by Size of Enterprises**				
大型企业	Large Enterprises	172	29	94266603	90806887
中型企业	Medium-sized Enterprises	721	142	44060115	41068774
小型企业	Small Enterprises	4233	719	63442406	60226631
微型企业	Mini Enterprises	224	72	1570644	1484463

continued

(10 000 yuan)

资产总计 Total Assets	流动资产合计 Total Current Assets	#应收账款 Accounts Receivable	#存货 Inventories	#产成品 Finished products	固定资产合计 Total of Fixed Assets	固定资产原价 Original Value of Fixed Assets	累计折旧 Total Depreciation	负债合计 Total Liabilities	#流动负债 Total Working Liabilities
35560947	11428693	2600725	2016246	745969	20666454	25370901	6067293	21236224	12700023
25137148	8680342	1926842	1240623	515008	14376285	16490991	3344633	15751436	8860301
576018	278327	73928	42716	13118	202243	557967	377850	320844	197305
968946	314562	81016	65568	44228	421166	782655	414884	340478	216793
702771	381920	90711	101286	26399	219197	351331	143565	332166	284101
8176063	1773542	428228	566054	147217	5447562	7187958	1786361	4491300	3141523
2665377	938708	275759	115144	47690	1173616	2269494	1207386	1159798	776686
312796	98939	23912	10953	2897	106511	150554	51988	83124	79565
109154	66711	12447	8311	5519	26665	79489	52824	34214	17817
2445	1899	301	963	683	545	919	373	1774	1774
4623	1132	570	562	248	3491	3921	430	1100	1100
9842	2041	41	1390	710				6703	
1102313	398608	123834	37073	23201	480472	565430	128050	527592	303447
283738	148886	46210	9152		107014	676767	569753	86702	78502
108595	17604	5755	3937	918	81519	189639	112510	30796	19342
303042	78401	16227	16973	10503	195289	397946	207095	168893	149693
102137	70641	39880	13671	2281	17006	27754	10748	27334	27081
326693	53846	6582	12160	730	155103	177076	73616	191567	98366
65751412	14632453	3175735	2391102	1018652	41586243	73074582	32196865	31595509	17097995
62893353	13444120	2858686	2060761	796104	40417208	71334884	31531087	30255919	16008668
2082219	917827	265524	206179	124676	723680	1014959	355314	857179	671134
306172	96597	19691	21508	1031	153478	182252	41692	207792	182967
469668	173908	31833	102653	96840	291876	542486	268772	274619	235226
159953978	63676706	14549510	14143994	6025707	61202855	93583501	37576931	93914388	63676757
50159482	17700065	2945456	3310106	1090637	15738357	23866784	8941995	29089069	16378782
16509485	7214710	2087126	1754802	958886	6588875	10792048	4924860	8492620	6151929
2556932	1049460	120168	299369	177507	892018	1294730	489581	1576333	1346533
4882622	2334094	624637	530225	251859	2119222	2904341	1004879	2353112	1797497
85845457	35378377	8772123	8249493	3546818	35864383	54725599	22215617	52403254	38002016
24305037	11935439	2669939	3898809	1612350	8997524	15048852	7120032	11045736	8206151
239626676	78741120	17931789	14767676	6225668	115631643	179249626	69928443	136860182	86045311
164275772	49852632	9222949	9309792	3289241	84064453	130736024	50105554	91863242	55266020
48492200	17911318	4321498	4088493	2018861	21846494	34285067	14367165	28267912	20131677
48836498	22130656	6876913	5106446	2452870	18013816	28259902	12184351	26084335	18273206
2327244	781954	180367	161755	77047	704405	1017485	391406	1690430	580559

13-4 续表 2

单位：万元

分　组	Item	所有者权益合　计 Owners' Equity	主营业务收　入 Revenue from Principal Business	主营业务成　本 Cost of Principal Business	主营业务税金及附加 Tax and Extra Charges from Principal Business
总　计	**Total**	**115980147**	**188230145**	**150877320**	**7236304**
按登记注册类型分	**By Status of Registration**				
内资企业	Domestic Funded	107637508	175158011	140545364	7107162
国有企业	State-owned Enterprises	9417791	12747795	11072452	124791
中央企业	Central	5067733	8385275	7529008	57368
地方企业	Local	4350058	4362519	3543444	67424
集体企业	Collective-owned Enterprises	254697	756482	668603	10067
股份合作企业	Cooperative Enterprises	229672	152909	112159	6451
联营企业	Joint Ownership Enterprises	79134	160994	131533	2418
国有联营企业	State Joint Ownership Enterprises	74940	96306	79504	1617
集体联营企业	Collective Joint Ownership Enterprises	671	11033	10610	48
国有与集体联营企业	Joint State-collective Enterprises	3523	43788	32403	547
其他联营企业	Other Joint Ownership Enterprises		9868	9015	205
有限责任公司	Limited Liability Corporations	54527015	104320288	85713654	4314660
国有独资公司	State Sole Funded Corporations	21198885	26561737	20732815	3541834
其他有限责任公司	Other Limited Liability Corporations	33328129	77758552	64980840	772825
股份有限公司	Share-holding Corporations Limited	32633673	26206716	17493615	2287558
私营企业	Private Enterprises	10362108	30400977	25020655	350602
私营独资企业	Private-funded Enterprises	624579	1512397	1214579	26394
私营合作企业	Private Partnership Enterprises	574306	923757	640783	32628
私营有限责任公司	Private Limited Liability Corporations	7938183	25131832	20820540	248520
私营股份有限公司	Private Share-holding Corporations Ltd.	1225040	2832991	2344754	43060
其他企业	Other Enterprises	133419	411852	332693	10617
港、澳、台商投资企业	Enterprises with Funds from Hong Kong, Macao and Taiwan	1720394	3980137	3306453	62027
合资经营企业(港或澳、台资)	Joint-venture Enterprises	980599	2655190	2370254	53027
合作经营企业(港或澳、台资)	Cooperative Enterprises	197036	307558	202764	3406
港澳台商独资经营企业	Enterprises with Sole Investment	369576	834658	623666	4380
港澳台商投资股份有限公司	Share-holding Corporations Ltd.	98381	115186	70682	517
外商投资企业	Foreign Funded Enterprises	6622246	9091997	7025503	67115
中外合资经营企业	Joint-venture Enterprises	2529508	4629450	3457855	47900
中外合作经营企业	Cooperation Enterprises	77800	276600	219242	977
外资企业	Enterprises with Sole Funds	3684763	3755362	3010835	15433
外商投资股份有限公司	Share-holding Corporations Ltd.	195049	300538	241339	1846

continued

(10 000 yuan)

销售费用 Operating Expenses	管理费用 Management Expenses	财务费用 Financial Expenses	利润总额 Total Profits	亏损企业亏损额 Losses of Unprofitable Enterprises	利税总额 Total Profits and Taxes	本年应交增值税 Value Added Tax Payable	全部从业人员年平均人数(人) Annual Average Employed Persons (person)
4889690	**8474388**	**3175595**	**14124077**	**1739843**	**29222391**	**7862009**	**1570640**
4306052	7644683	2995196	12959506	1671467	27487106	7420438	1456963
274956	634028	222652	654670	113955	1366558	587097	151241
161474	310888	106752	417860	6614	848392	373164	84595
113482	323140	115899	236810	107341	518166	213932	66646
17691	26585	3732	36734	3892	69760	22960	10115
3569	13336	1567	17097	1498	37185	13636	2743
4643	17076	996	4575	175	15365	8373	1388
2509	12448	262	223	175	6815	4976	1205
60	163	121	30		128	50	62
1971	3941	613	4313		7707	2846	121
104	524	-1	9		716	502	
2748093	4341633	1851864	5820440	1229725	13881294	3746195	796918
578012	1044753	567925	719559	313871	5360338	1098944	161359
2170081	3296880	1283939	5100881	915854	8520956	2647250	635559
336043	1502264	571721	3922744	148713	8240044	2029742	230248
912818	1100000	337434	2459339	172782	3803110	993169	260069
46764	73175	11540	135123	4881	217951	56434	13260
59070	76591	17067	96350	22834	203795	74817	8675
726686	858883	278200	2029443	139724	3038793	760830	214784
80299	91351	30627	198422	5342	342570	101088	23350
8239	9761	5231	43908	728	73790	19266	4241
123353	189340	21262	319498	5605	489702	108176	50102
45947	84862	11910	113289	3397	202653	36337	37054
423	6722	-2477	103301		129346	22639	2609
56223	75035	7954	77221	1102	115513	33912	7409
8217	18708	2432	16375	1106	26434	9541	1863
460285	640365	159138	845073	62771	1245583	333395	63575
315189	307827	39082	469317	35422	748777	231560	32465
2945	7469	1087	43713		59766	15076	1017
130190	305272	105125	268557	27349	346840	62850	26384
10086	12393	11701	37980		60335	20509	2079

13-4 续表 3

单位：万元

分组	Item	所有者权益合计 Owners' Equity	主营业务收入 Revenue from Principal Business	主营业务成本 Cost of Principal Business	主营业务税金及附加 Tax and Extra Charges from Principal Business
按经济组织类型分	**By Economic Type of Orgnization**				
独资企业	Appropratorship	14351405	19606692	16590135	181065
国有企业	State-owned Enterprises	9417791	12747795	11072452	124791
集体企业	Collective-owned Enterprises	254697	756482	668603	10067
私营独资企业	Private-funded Enterprises	624579	1512397	1214579	26394
港澳台商独资经营企业	Enterprises with Sole Investment	369576	834658	623666	4380
外资企业	Enterprises with Sole Funds	3684763	3755362	3010835	15433
合作、合伙企业	Partnership	1501295	2431263	1774494	58151
股份合作企业	Cooperative Enterprises	229672	152909	112159	6451
国有联营企业	State Joint Ownership Enterprises	74940	96306	79504	1617
集体联营企业	Collective Joint Ownership Enterprises	671	11033	10610	48
国有与集体联营企业	Joint State-collective Enterprises	3523	43788	32403	547
其他联营企业	Other Joint Ownership Enterprises		9868	9015	205
私营合伙企业	Private Partnership Enterprises	574306	923757	640783	32628
合作经营企业(港或澳、台资)	Cooperative Enterprises	197036	307558	202764	3406
中外合作经营企业	Cooperation Enterprises	77800	276600	219242	977
其他企业(内资)	Other Enterprises	133419	411852	332693	10617
其他港澳台商投资企业	Other Enterprises with Funds from Hong Kong, Macao and Taiwan	74803	67545	39087	696
其他外商投资企业	Other Foreign Funded Enterprises	135126	130048	96233	959
股份有限公司	Share-holding Corporations Limited	34152142	29455430	20150390	2332982
股份有限公司(内资)	Share-holding Corporations Ltd.	32633673	26206716	17493615	2287558
私营股份有限公司	Private Share-holding Corporations Ltd.	1225040	2832991	2344754	43060
港澳台商投资股份有限公司	Share-holding Corporations Ltd.with Funds from Hong Kong, Macao and Taiwan	98381	115186	70682	517
外商投资股份有限公司	Share-holding Corporations Ltd.with Foreign Investment	195049	300538	241339	1846
有限责任公司	Limited Liability Corporations	65975304	136736760	112362302	4664107
国有独资公司	State Sole Funded Corporations	21198885	26561737	20732815	3541834
私营有限责任公司	Private Limited Liability Corporations	7938183	25131832	20820540	248520
合资经营企业(港或澳、台资)	Joint-venture Enterprises	980599	2655190	2370254	53027
中外合资经营企业	Joint-venture Enterprises	2529508	4629450	3457855	47900
其他有限责任公司	Other Corporations	33328129	77758552	64980840	772825
按轻重工业分	**Grouped by Light & Heavy Industries**				
轻工业	Light Industry	13193508	36541526	28173650	1347034
重工业	Heavy Industry	102786639	151688619	122703671	5889271
按企业规模分	**Grouped by Size of Enterprises**				
大型企业	Large Enterprises	72412528	92113274	72637333	5420092
中型企业	Medium-sized Enterprises	20224282	38229895	29742794	1237225
小型企业	Small Enterprises	22766098	56826184	47589931	570287
微型企业	Mini Enterprises	577238	1060792	907262	8700

continued

(10 000 yuan)

销售费用 Operating Expenses	管理费用 Manage-ment Expenses	财务费用 Financial Expenses	利润总额 Total Profits	亏损企业亏损额 Losses of Unprofitable Enterprises	利税总额 Total Profits and Taxes	本年应交增值税 Value Added Tax Payable	全部从业人员年平均人数(人) Annual Average Employed Persons (person)
525823	1114095	351003	1172305	151178	2116623	763253	208409
274956	634028	222652	654670	113955	1366558	587097	151241
17691	26585	3732	36734	3892	69760	22960	10115
46764	73175	11540	135123	4881	217951	56434	13260
56223	75035	7954	77221	1102	115513	33912	7409
130190	305272	105125	268557	27349	346840	62850	26384
93307	142371	27055	343762	25234	564867	162954	23470
3569	13336	1567	17097	1498	37185	13636	2743
2509	12448	262	223	175	6815	4976	1205
60	163	121	30		128	50	62
1971	3941	613	4313		7707	2846	121
104	524	-1	9		716	502	
59070	76591	17067	96350	22834	203795	74817	8675
423	6722	-2477	103301		129346	22639	2609
2945	7469	1087	43713		59766	15076	1017
8239	9761	5231	43908	728	73790	19266	4241
12544	4012	1443	9313		15756	5747	1167
1874	7405	2142	25506		29864	3400	1630
434645	1624717	616481	4175522	155161	8669384	2160881	257540
336043	1502264	571721	3922744	148713	8240044	2029742	230248
80299	91351	30627	198422	5342	342570	101088	23350
8217	18708	2432	16375	1106	26434	9541	1863
10086	12393	11701	37980		60335	20509	2079
3835915	5593205	2181055	8432489	1408269	17871517	4774921	1081221
578012	1044753	567925	719559	313871	5360338	1098944	161359
726686	858883	278200	2029443	139724	3038793	760830	214784
45947	84862	11910	113289	3397	202653	36337	37054
315189	307827	39082	469317	35422	748777	231560	32465
2170081	3296880	1283939	5100881	915854	8520956	2647250	635559
1850556	1458754	293508	3452816	79889	6313931	1514081	339095
3039134	7015634	2882087	10671261	1659954	22908460	6347928	1231545
1914256	4257225	1809211	6708140	806254	16322758	4194526	732907
1226074	1816015	706599	3454665	463606	6561769	1869879	385817
1718925	2350949	640949	3895178	445835	6240357	1774892	445331
30434	50199	18836	66094	24147	97507	22713	6585

13-5 规模以上工业企业分行业主要经济指标(2015年)

单位：万元

分组	Item	企业单位数(个) Number of Enterprises (unit)	#亏损企业 Unprofitable Enterprises	工业总产值 Gross Industrial Output Value
总 计	**Total**	**5350**	**962**	**203339769**
煤炭开采和洗选业	Mining and Washing of Coal	466	160	22207669
石油和天然气开采业	Extraction of Petroleum and Natural Gas	6	3	14078480
黑色金属矿采选业	Mining and Processing of Ferrous Metal Ores	56	22	1911156
有色金属矿采选业	Mining and Processing of Non-Ferrous Metal Ores	93	16	4318031
非金属矿采选业	Mining and Processing of Non-metal Ores	85	6	1226539
开采辅助活动	Support Activities for Mining	25	3	1472494
农副食品加工业	Processing of Food from Agricultural Products	525	44	11207064
食品制造业	Manufacture of Foods	223	10	5161159
酒、饮料和精制茶制造业	Manufacture of Liquor, Beverages and Refined Tea	239	14	5786119
烟草制品业	Manufacture of Tobacco	3		2156543
纺织业	Manufacture of Textile	126	15	2721054
纺织服装、服饰业	Manufacture of Textile, Wearing Apparel and Accessories	43	1	557692
皮革、毛皮、羽毛及其制品和制鞋业	Manufacture of Leather, Fur, Feather and Related Products and Footwear	10		149838
木材加工和木、竹、藤、棕、草制品业	Processing of Timber, Manufacture of Wood, Bamboo, Rattan, Palm and Straw Products	37	5	659128
家具制造业	Manufacture of Furniture	32	1	281579
造纸及纸制品业	Manufacture of Paper and Paper Products	85	12	1481809
印刷和记录媒介复制业	Printing and Reproduction of Recording Media	57	4	1053422
文教、工美、体育和娱乐用品制造业	Manufacture of Articles for Culture, Education, Arts and Crafts, Sport and Entertainment Activities	18	1	760800
石油加工、炼焦及核燃料加工业	Processing of Petroleum, Coking and Processing of Nuclear Fuel	102	58	14345849
化学原料及化学制品制造业	Manufacture of Raw Chemical Materials and Chemical Products	347	71	10329856
医药制造业	Manufacture of Medicines	188	35	5826745
化学纤维制造业	Manufacture of Chemical Fibres	6	3	163420
橡胶和塑料制品业	Manufacture of Rubber and Plastics Products	148	11	4462116
非金属矿物制品业	Manufacture of Non-metallic Mineral Products	618	100	12191805
黑色金属冶炼和压延加工业	Smelting and Pressing of Ferrous Metals	113	35	9620554
有色金属冶炼和压延加工业	Smelting and Pressing of Non-ferrous Metals	178	47	13794294
金属制品业	Manufacture of Metal Products	155	24	2363983
通用设备制造业	Manufacture of General Purpose Machinery	237	43	5075758
专用设备制造业	Manufacture of Special Purpose Machinery	273	52	6120431
汽车制造业	Manufacture of Automobiles	114	30	9826435
铁路、船舶、航空航天和其他运输设备制造业	Manufacture of Railway, Ship, Aerospace and Other Transport Equipments	82	6	3154822
电气机械和器材制造业	Manufacture of Electrical Machinery and Apparatus	235	37	8279461
计算机、通信和其他电子设备制造业	Manufacture of Computers, Communication and Other Electronic Equipment	104	15	5010034
仪器仪表制造业	Manufacture of Measuring Instruments and Machinery	57	12	748497
其他制造业	Other Manufacture	16	5	241265
废弃资源综合利用业	Utilization of Waste Resources	15	4	75015
金属制品、机械和设备修理业	Repair Service of Metal Products, Machinery and Equipment	6	1	20167
电力、热力生产和供应业	Production and Supply of Electric Power and Heat Power	144	35	12490097
燃气生产和供应业	Production and Supply of Gas	50	10	1739190
水的生产和供应业	Production and Supply of Water	33	11	269400

Main Indicators of Industrial Enterprises above Designated Size by Industrial Sector (2015)

(10 000 yuan)

工业销售产值 Sales Output Value	资产总计 Total Assets	流动资产合计 Total Current Assets	#应收账款 Accounts Receivable	#存货 Inventories	#产成品 Finished products	固定资产合计 Total of Fixed Assets	固定资产原价 Original Value of Fixed Assets	累计折旧 Total Depreciation	负债合计 Total Liabilities	#流动负债 Total Working Liabilities
193586755	**263931713**	**90676560**	**20601728**	**18666485**	**7838018**	**124629167**	**194298478**	**77048475**	**147905919**	**94251462**
21614056	37467277	15632810	2992091	1052374	416352	14084668	18979021	6646129	18099659	11011374
14087637	40961935	2832404	304946	370175	166816	34863860	61811795	26948368	21290448	10517484
1667119	1452206	524303	106498	100594	73852	559904	682079	222972	932528	718819
4145525	2831692	1381166	105094	326199	123285	1130053	1685909	623838	1346022	979654
1172113	516117	215725	57246	53983	36579	224089	269544	65284	215704	157015
1462335	1631017	1148968	766095	95817	31105	366302	700316	338723	975364	877988
10845424	4516573	2328522	374409	879755	424431	1650945	2264746	820755	2263623	1834751
4879370	2323505	992704	262965	239900	104745	990981	1412500	491114	913291	699849
5321357	3673493	1562869	337541	594110	357327	1553104	2252778	807667	1843632	1492184
2161382	1561068	1082874	228023	626570	29601	323371	694635	371264	238154	237945
2589801	1548578	620435	108932	301779	121303	740594	1101079	428561	826336	576315
527557	450208	282131	59028	125678	29985	121413	141778	39077	218279	145463
132400	85037	55305	5922	23758	15522	10331	18274	8716	36318	28899
599691	508163	204770	21712	48923	27356	174835	223515	96840	282821	163421
266883	160398	85839	27280	27866	13643	61058	71178	20916	60140	53350
1368211	691609	232760	71356	70424	39816	380389	1011161	659958	267143	190920
1037020	953963	418408	76764	108691	42025	347534	585425	290187	299631	218610
755646	258440	240450	209618	10916	4299	11531	18300	6915	229534	200399
13947031	29238236	9539744	955082	923330	454252	4481667	7126088	2734699	16901166	9919592
10075857	20898768	4883841	978861	785531	344390	13261429	16699527	3878186	13621694	6780101
5383311	4298112	2407784	496227	593130	296621	1402145	2861232	1853222	1895211	1524530
158956	184208	73431	4122	23708	7021	105511	151986	52263	101287	45029
3918272	3250808	1395654	320601	379693	223045	1503147	3609660	2434069	1626497	1065661
11591135	7941888	2743673	980621	663270	323708	4104732	7376609	3690967	3865955	2919061
9081503	6032777	2673278	507474	721981	233227	2817347	3929388	1611592	4639558	4046478
12867572	11452621	5447541	655585	2294270	796952	3750735	5268752	1736316	6594151	4919652
2250404	3620928	1279128	309053	285220	154495	972656	2367293	1548127	1985052	1231922
4790647	5402968	3344042	898833	940276	339637	1034468	2468036	1562230	2748870	2435658
5545853	9061249	5264655	1966190	1635592	799272	2392296	3533304	1313562	4848922	4241997
9311935	8489532	4744619	748649	1270456	786822	2162293	3313118	1296351	5154087	4349036
2835531	3003911	1987567	800080	493557	146244	556873	920617	436103	1484410	1290589
7834159	9382361	6317988	2482773	1164415	552041	1977827	4543677	2657863	4991564	4096715
4511936	8946467	2564331	852702	658786	201970	5176909	7251794	2055138	4893175	3631052
736896	959952	629449	251256	115195	42079	159922	232376	85569	509114	420401
235154	250646	171523	71143	22229	4912	65036	89395	29223	59816	55756
72256	159999	81510	15987	10132	6864	54605	57306	7955	96002	76458
19972	33937	28335	15479	6375	2490	2961	4571	1971	21957	21957
11848905	26097627	4002474	1043254	548452	45770	19656912	26691975	8564285	19271198	9694714
1672175	2413014	905249	97451	62274	17048	927610	1179342	332629	1491263	1151882
263771	1220432	348304	34789	11100	1118	467128	698404	278870	766346	228783

13-5 续表

单位：万元

分　组	Item	所有者权益合　计 Owners' Equity	主营业务收　入 Revenue from Principal Business	主营业务成　本 Cost of Principal Business
总　计	**Total**	**115980147**	**188230145**	**150877320**
煤炭开采和洗选业	Mining and Washing of Coal	19464819	18146618	12750988
石油和天然气开采业	Extraction of Petroleum and Natural Gas	19671487	13147834	7757678
黑色金属矿采选业	Mining and Processing of Ferrous Metal Ores	510531	1245973	1077093
有色金属矿采选业	Mining and Processing of Non-Ferrous Metal Ores	1485670	3946789	3509720
非金属矿采选业	Mining and Processing of Non-metal Ores	299998	1097616	847918
开采辅助活动	Support Activities for Mining	655653	1444247	1314247
农副食品加工业	Processing of Food from Agricultural Products	2221689	9891472	8615742
食品制造业	Manufacture of Foods	1410212	4450373	3497459
酒、饮料和精制茶制造业	Manufacture of Liquor, Beverages and Refined Tea	1829860	4833208	3504531
烟草制品业	Manufacture of Tobacco	1322914	2149691	775027
纺织业	Manufacture of Textile	707034	2544110	2131108
纺织服装、服饰业	Manufacture of Textile, Wearing Apparel and Accessories	229629	511812	397207
皮革、毛皮、羽毛及其制品和制鞋业	Manufacture of Leather, Fur, Feather and Related Products and Footwear	48719	146243	126434
木材加工和木、竹、藤、棕、草制品业	Processing of Timber, Manufacture of Wood, Bamboo, Rattan, Palm and Straw Products	225342	547237	453478
家具制造业	Manufacture of Furniture	100258	270762	205882
造纸及纸制品业	Manufacture of Paper and Paper Products	424465	1315179	1106339
印刷和记录媒介复制业	Printing and Reproduction of Recording Media	654331	1025652	810050
文教、工美、体育和娱乐用品制造业	Manufacture of Articles for Culture, Education, Arts and Crafts, Sport and Entertainment Activities	28905	648544	631889
石油加工、炼焦及核燃料加工业	Processing of Petroleum, Coking and Processing of Nuclear Fuel	12334574	18237979	14140698
化学原料及化学制品制造业	Manufacture of Raw Chemical Materials and Chemical Products	7260617	9643958	7923705
医药制造业	Manufacture of Medicines	2394426	5075346	3360536
化学纤维制造业	Manufacture of Chemical Fibres	82921	158779	127004
橡胶和塑料制品业	Manufacture of Rubber and Plastics Products	1623255	4064346	3372507
非金属矿物制品业	Manufacture of Non-metallic Mineral Products	4059633	10774212	9183995
黑色金属冶炼和压延加工业	Smelting and Pressing of Ferrous Metals	1365492	9627643	8967334
有色金属冶炼和压延加工业	Smelting and Pressing of Non-ferrous Metals	4858469	14096083	12669251
金属制品业	Manufacture of Metal Products	1635874	2108604	1847211
通用设备制造业	Manufacture of General Purpose Machinery	2652620	4221003	3549056
专用设备制造业	Manufacture of Special Purpose Machinery	4212325	4914969	3903695
汽车制造业	Manufacture of Automobiles	3326309	7997471	7285294
铁路、船舶、航空航天和其他运输设备制造业	Manufacture of Railway, Ship, Aerospace and Other Transport Equipments	1519500	2667552	2222481
电气机械和器材制造业	Manufacture of Electrical Machinery and Apparatus	4371107	7302683	6126399
计算机、通信和其他电子设备制造业	Manufacture of Computers, Communication and Other Electronic Equipment	4046333	4609675	3875913
仪器仪表制造业	Manufacture of Measuring Instruments and Machinery	450837	636378	472960
其他制造业	Other Manufacture	190830	224760	189963
废弃资源综合利用业	Utilization of Waste Resources	57187	98637	91390
金属制品、机械和设备修理业	Repair Service of Metal Products, Machinery and Equipment	11980	30333	23047
电力、热力生产和供应业	Production and Supply of Electric Power and Heat Power	6826429	12474078	10487739
燃气生产和供应业	Production and Supply of Gas	953831	1643190	1348026
水的生产和供应业	Production and Supply of Water	454086	259105	196328

continued

(10 000 yuan)

主营业务税金及附加 Tax and Extra Charges from Principal Business	销售费用 Operating Expenses	管理费用 Management Expenses	财务费用 Financial Expenses	利润总额 Total Profits	亏损企业亏损额 Losses of Unprofitable Enterprises	利税总额 Total Profits and Taxes	本年应交增值税 Value Added Tax Payable	全部从业人员年平均人数(人) Annual Average Employed Persons (person)
7236304	**4889690**	**8474388**	**3175595**	**14124077**	**1739843**	**29222391**	**7862009**	**1570640**
783577	461032	1481038	423941	2005368	395132	4327194	1538249	200733
1304033	14663	798433	399315	2677231	15932	5234066	1252802	119797
12504	21996	56636	16864	61072	34985	148146	74570	12899
31798	25708	173624	25024	179836	14476	325498	113864	24293
17681	83304	61788	10422	80049	1371	156313	58584	11268
9349	4726	41212	877	74842	2579	134481	50289	22415
48714	227497	220758	76255	732280	15044	1014411	233416	64375
37562	234914	190865	20862	445598	5754	627135	143975	44120
119331	298494	214968	37397	676316	8959	1048215	252568	41202
1014502	49090	132455	-1928	176114		1443548	252932	9289
20551	27320	55006	25697	301790	13976	412176	89835	44812
4008	20521	21888	11072	54866	253	74985	16111	9325
1389	3094	4757	594	10076		16219	4755	2045
5331	15592	23685	9658	43200	2332	69796	21265	5035
4559	14431	9321	1614	32552	28	46388	9277	4252
13622	32840	39324	13682	98971	1692	147444	34850	16971
11676	37989	78220	9151	79298	291	132785	41811	12463
717	1744	3094	204	9233	166	11364	1414	1832
3133851	411809	323329	267582	-19648	331249	3699361	585158	57625
62329	327285	467328	343316	570749	174313	837264	204186	72573
41057	730902	289595	50802	600091	8687	980620	339472	44807
462	919	5438	2705	21450	2552	26738	4826	802
36489	132896	243251	27635	253443	4896	375564	85633	38146
82616	312422	413828	120746	643756	86302	1077584	351212	97538
27607	134457	215361	123255	48098	217129	195396	119691	46548
51900	118851	371642	219043	775642	41664	1171785	344244	66800
22011	46381	103229	45645	71802	40258	156574	62761	23424
31251	125429	289797	27564	323107	36597	490232	135875	54221
31689	220890	409446	92782	319365	61608	494461	143407	61116
73201	186185	347645	37628	165051	46775	412962	174710	92847
13350	51438	184372	12905	178507	9319	281662	89805	24042
46554	271757	406563	37223	498817	24617	708082	162711	66369
12585	82164	371348	111397	377402	32979	443769	53781	42554
4352	32035	55278	2324	76508	6431	102606	21746	8959
2372	4698	7101	2104	21333	914	31840	8135	1653
764	1614	4373	1817	3007	1901	4951	1181	1572
298	1707	3544	69	1702	216	3272	1272	579
108882	37995	244928	530972	1288253	70018	2134738	737603	101781
10262	67877	78650	26621	154816	19652	200672	35594	10765
1521	15026	31269	10761	12138	8798	22096	8438	8793

13-6 国有及国有控股工业企业主要经济指标(2015年)

单位：万元

分组	Item	企业单位数(个) Number of Enterprises (unit)	#亏损企业 Unprofitable Enterprises	工业总产值 Gross Industrial Output Value
总计	**Total**	**696**	**197**	**98662348**
煤炭开采和洗选业	Mining and Washing of Coal	69	17	12877447
石油和天然气开采业	Extraction of Petroleum and Natural Gas	6	3	14078480
黑色金属矿采选业	Mining and Processing of Ferrous Metal Ores	11	5	771971
有色金属矿采选业	Mining and Processing of Non-Ferrous Metal Ores	14	3	2863960
非金属矿采选业	Mining and Processing of Non-metal Ores	5		80369
开采辅助活动	Support Activities for Mining	5		1328984
农副食品加工业	Processing of Food from Agricultural Products	18	6	495949
食品制造业	Manufacture of Foods	9	1	306357
酒、饮料和精制茶制造业	Manufacture of Liquor, Beverages and Refined Tea	8	1	1061348
烟草制品业	Manufacture of Tobacco	3		2156543
纺织业	Manufacture of Textile	10	6	210853
纺织服装、服饰业	Manufacture of Textile, Wearing Apparel and Accessories	2		8024
皮革、毛皮、羽毛及其制品和制鞋业	Manufacture of Leather, Fur, Feather and Related Products and Footwear	1		51289
木材加工和木、竹、藤、棕、草制品业	Processing of Timber, Manufacture of Wood, Bamboo, Rattan, Palm and Straw Products	2	1	3609
家具制造业	Manufacture of Furniture			
造纸及纸制品业	Manufacture of Paper and Paper Products	1		5938
印刷和记录媒介复制业	Printing and Reproduction of Recording Media	3	1	205166
文教、工美、体育和娱乐用品制造业	Manufacture of Articles for Culture, Education, Arts and Crafts, Sport and Entertainment Activities			
石油加工、炼焦及核燃料加工业	Processing of Petroleum, Coking and Processing of Nuclear Fuel	10	8	9769120
化学原料及化学制品制造业	Manufacture of Raw Chemical Materials and Chemical Products	59	19	5136712
医药制造业	Manufacture of Medicines	15	4	275484
化学纤维制造业	Manufacture of Chemical Fibres	2	1	93315
橡胶和塑料制品业	Manufacture of Rubber and Plastics Products	13	5	831811
非金属矿物制品业	Manufacture of Non-metallic Mineral Products	38	11	960769
黑色金属冶炼和压延加工业	Smelting and Pressing of Ferrous Metals	12	5	6298987
有色金属冶炼和压延加工业	Smelting and Pressing of Non-ferrous Metals	42	11	7575704
金属制品业	Manufacture of Metal Products	23	5	593553
通用设备制造业	Manufacture of General Purpose Machinery	32	11	2094277
专用设备制造业	Manufacture of Special Purpose Machinery	43	12	2836551
汽车制造业	Manufacture of Automobiles	25	12	6740666
铁路、船舶、航空航天和其他运输设备制造业	Manufacture of Railway, Ship, Aerospace and Other Transport Equipments	30	3	2196342
电气机械和器材制造业	Manufacture of Electrical Machinery and Apparatus	33	11	3472001
计算机、通信和其他电子设备制造业	Manufacture of Computers, Communication and Other Electronic Equipment	17	5	442168
仪器仪表制造业	Manufacture of Measuring Instruments and Machinery	11	4	129535
其他制造业	Other Manufacture	2	1	19785
废弃资源综合利用业	Utilization of Waste Resources	1		8364
金属制品、机械和设备修理业	Repair Service of Metal Products, Machinery and Equipment	2		7741
电力、热力生产和供应业	Production and Supply of Electric Power and Heat Power	81	14	11647056
燃气生产和供应业	Production and Supply of Gas	12	1	786034
水的生产和供应业	Production and Supply of Water	26	10	240090

Main Indicators of State-owned and State-holding Industrial Enterprises (2015)

(10 000 yuan)

工业销售产值 Sales Output Value	资产总计 Total Assets	流动资产合计 Total Current Assets	#应收账款 Accounts Receivable	#存货 Inventories	#产成品 Finished products	固定资产合计 Total of Fixed Assets	固定资产原价 Original Value of Fixed Assets	累计折旧 Total Depreciation	负债合计 Total Liabilities	#流动负债 Total Working Liabilities
95211267	**181266321**	**55437864**	**11668071**	**10346097**	**3811203**	**90840794**	**139288752**	**52787644**	**105952398**	**63016451**
12466804	25471394	10613165	2268360	491059	85548	9814272	13844322	5473063	12127695	7087405
14087637	40961935	2832404	304946	370175	166816	34863860	61811795	26948368	21290448	10517484
641048	667356	220330	42068	34256	30426	265036	310037	116157	475032	391497
2795233	2008530	1008324	70735	193529	62042	820590	1290759	497197	941162	728177
79891	91526	33699	12008	6152	2924	55320	81179	25859	46373	26899
1320803	1287428	984432	669986	85467	27514	203168	481014	281261	848696	757858
526091	416175	246314	42403	106145	51429	132880	123635	42121	319935	311830
304984	84988	55327	29888	10016	3493	26272	66458	40609	31742	31139
971990	697068	381432	12495	148026	35999	170040	272271	105886	320930	251574
2161382	1561068	1082874	228023	626570	29601	323371	694635	371264	238154	237945
200204	479916	189908	40049	82787	47015	238152	377909	150450	349588	231592
8224	6118	3602	751	1526	1045	1816	1879	63	1194	594
51224	46239	23971	835	10593	8314	4571	7660	3089	20888	16014
3609	56922	10428	288	597	258	4717	8210	3496	15537	9718
5938	1582	927	345	310	310				1282	
213853	301807	145907	3498	26007	10558	149492	298063	159803	34595	34557
9767884	24214623	7391735	383919	420705	159472	2502542	4499130	2000957	13579325	7067748
5184840	16015384	2927424	422488	395680	158367	10818779	12659650	2054380	10995024	5041496
233986	268761	146491	31203	53763	20536	94437	111104	33356	134656	122855
95041	64024	39823	2263	7850	2342	22999	70707	47709	12934	12449
814827	1694969	930366	176487	232690	144049	512022	544478	253076	1173174	835617
889170	1552520	385747	131890	121865	47880	978593	1481510	575142	843422	640502
5865782	4310847	1902932	353222	463310	116520	2028005	2489744	844407	3636333	3140846
7104266	7722455	3784692	301686	1837516	539402	2444837	3151681	851767	4858588	3414991
557055	685939	418531	152811	154349	76969	208442	552259	346173	456678	374651
1970419	3333030	2329436	561526	574845	220958	413501	869438	516794	1882876	1705800
2471089	6109376	3651198	1519723	1205301	617572	1411322	2071163	679453	3539378	3158674
6403337	5845661	3585174	607355	914854	589562	1233575	1939449	755339	3565826	2962308
1969973	2208574	1484611	580142	396093	105170	433589	719285	349076	1203854	1036142
3388337	5517562	3965470	1526704	688435	338552	969711	2068346	1104301	2765033	2383928
419901	1178695	589333	233302	102421	54305	235888	444121	158832	739163	571874
136313	203109	130474	46605	24029	10534	33059	61682	29120	131017	113064
20030	14251	11297	3945	3443	1675	2443	4137	1694	6143	6140
8364	13332	2574	160	273	19	5185	5356	834	7252	7252
7741	5776	5106	3808	210	82	659	749	452	3898	3898
11039910	23734595	3163232	830375	505239	34387	18522249	24662716	7564256	17793277	8942259
788269	1334454	470071	44244	39695	8981	465809	560539	138705	868113	652460
235819	1098334	289104	27536	10316	577	429593	651683	263136	693184	187215

13-6 续表

单位：万元

行　　业	Sector	所有者权益合　计 Owners' Equity	主营业务收　入 Revenue from Principal Business	主营业务成　本 Cost of Principal Business
总　　计	**Total**	**75479731**	**96005546**	**75652692**
煤炭开采和洗选业	Mining and Washing of Coal	13474472	9696756	6493169
石油和天然气开采业	Extraction of Petroleum and Natural Gas	19671487	13147834	7757678
黑色金属矿采选业	Mining and Processing of Ferrous Metal Ores	192324	443587	345450
有色金属矿采选业	Mining and Processing of Non-Ferrous Metal Ores	1067368	2746328	2517888
非金属矿采选业	Mining and Processing of Non-metal Ores	45153	80313	32757
开采辅助活动	Support Activities for Mining	438733	1294957	1200511
农副食品加工业	Processing of Food from Agricultural Products	96239	526173	485939
食品制造业	Manufacture of Foods	53246	297493	241307
酒、饮料和精制茶制造业	Manufacture of Liquor, Beverages and Refined Tea	376138	722130	479469
烟草制品业	Manufacture of Tobacco	1322914	2149691	775027
纺织业	Manufacture of Textile	130328	180347	182882
纺织服装、服饰业	Manufacture of Textile, Wearing Apparel and Accessories	2624	8224	7046
皮革、毛皮、羽毛及其制品和制鞋业	Manufacture of Leather, Fur, Feather and Related Products and Footwear	25351	53660	47352
木材加工和木、竹、藤、棕、草制品业	Processing of Timber, Manufacture of Wood, Bamboo, Rattan, Palm and Straw Products	41384	6292	5787
家具制造业	Manufacture of Furniture			
造纸及纸制品业	Manufacture of Paper and Paper Products	300	4530	4062
印刷和记录媒介复制业	Printing and Reproduction of Recording Media	267212	217399	166995
文教、工美、体育和娱乐用品制造业	Manufacture of Articles for Culture, Education, Arts and Crafts, Sport and Entertainment Activities			
石油加工、炼焦及核燃料加工业	Processing of Petroleum, Coking and Processing of Nuclear Fuel	10635298	14716764	11265433
化学原料及化学制品制造业	Manufacture of Raw Chemical Materials and Chemical Products	5020359	5089114	4125599
医药制造业	Manufacture of Medicines	134105	235079	164808
化学纤维制造业	Manufacture of Chemical Fibres	51090	95043	78268
橡胶和塑料制品业	Manufacture of Rubber and Plastics Products	521795	840444	729568
非金属矿物制品业	Manufacture of Non-metallic Mineral Products	709097	908795	759625
黑色金属冶炼和压延加工业	Smelting and Pressing of Ferrous Metals	674514	6755310	6385219
有色金属冶炼和压延加工业	Smelting and Pressing of Non-ferrous Metals	2863867	8491299	7929854
金属制品业	Manufacture of Metal Products	229260	509958	442456
通用设备制造业	Manufacture of General Purpose Machinery	1450154	1529240	1305980
专用设备制造业	Manufacture of Special Purpose Machinery	2569998	1995383	1630771
汽车制造业	Manufacture of Automobiles	2285097	5234820	4899904
铁路、船舶、航空航天和其他运输设备制造业	Manufacture of Railway, Ship, Aerospace and Other Transport Equipments	1004720	1820502	1522158
电气机械和器材制造业	Manufacture of Electrical Machinery and Apparatus	2752529	3028460	2503580
计算机、通信和其他电子设备制造业	Manufacture of Computers, Communication and Other Electronic Equipment	439531	403807	332926
仪器仪表制造业	Manufacture of Measuring Instruments and Machinery	72092	114661	96348
其他制造业	Other Manufacture	8108	22947	19916
废弃资源综合利用业	Utilization of Waste Resources	6081	8364	8498
金属制品、机械和设备修理业	Repair Service of Metal Products, Machinery and Equipment	1878	7735	5842
电力、热力生产和供应业	Production and Supply of Electric Power and Heat Power	5941317	11659898	9912411
燃气生产和供应业	Production and Supply of Gas	498420	736114	618803
水的生产和供应业	Production and Supply of Water	405150	226096	171408

continued

(10 000 yuan)

主营业务税金及附加 Taxes and Other Charges on Principal Business	销售费用 Eelling Expenses	管理费用 Manage-ment Expenses	财务费用 Financial Expenses	利润总额 Total Profits	亏损企业亏损额 Losses of Unpro-fitable Enterprises	利税总额 Total Profits and Taxes	本年应交增值税 Value Added Tax Payable	全部从业人员年平均人数(人) Annual Average Employed Persons (person)
6246974	**1585541**	**4616030**	**2105845**	**6674012**	**1120954**	**17561916**	**4640930**	**760567**
470351	161312	965532	260635	1260168	227691	2694263	963744	129820
1304033	14663	798433	399315	2677231	15932	5234066	1252802	119797
7067	13684	31394	7899	38148	25643	74613	29398	4326
12004	10572	107496	15788	77858	5520	148993	59131	14742
2863	23620	11404	2864	7444		17629	7321	1375
4914	1179	32025	-1570	59152		107537	43471	18653
1568	15479	12986	4249	10618	3618	30347	18161	3142
1190	18695	20266	323	17451	722	25468	6827	2246
55183	66672	40009	290	88783	447	192221	48256	7506
1014502	49090	132455	-1928	176114		1443548	252932	9289
891	3502	14692	3219	-10151	12272	-5357	3903	16701
21	259	680	65	154		275	100	191
438	1333	1540	127	3046		3483		848
70	90	925	-1	-21	21	221	172	444
104	152	117		95		257	58	36
2185	4332	30599	-1419	16078	187	33366	15104	2723
3120242	256388	220493	184247	3826	216487	3609514	485445	26596
38786	162448	255996	272504	267456	142224	417452	111209	35920
1213	17504	11506	897	40554	1033	50661	8894	3216
434	423	3179	-93	12873	691	18072	4765	330
3517	32119	41975	11804	32770	4419	54801	18515	18817
5245	25159	80393	32164	13225	45346	55926	37456	13064
8239	90230	141435	94778	-74127	162300	-12502	53386	21345
8848	53126	249242	176116	179452	17226	283232	94933	30889
3704	16033	33056	11744	14262	11561	31207	13241	8389
7814	48977	188768	2378	113772	17562	165837	44252	24803
10575	87580	231480	53804	39751	48641	108078	57752	29241
16062	131541	248240	20447	-8958	43782	104313	97208	50975
8624	33226	143055	9073	100505	8131	176007	66879	16394
26253	143932	234259	16055	211983	13416	344983	106747	33611
2012	26259	60582	23559	97078	26661	121806	22715	8591
695	2119	10289	307	6476	2781	10465	3294	1732
100	392	595	122	1995	60	2869	774	291
	118	248	23	101		101		75
127	158	605	31	950		1627	550	248
100784	27523	196070	494337	1113958	54562	1899883	685141	90439
4953	32225	35278	2135	74613	3252	97736	18170	5688
1365	13429	28734	9558	9329	8766	18919	8226	8074

13-7 外商及港澳台商投资工业企业主要经济指标(2015年)

单位: 万元

行业	Sector	企业单位数(个) Number of Enterprises (unit)	#亏损企业 Unprofitable Enterprises	工业总产值 Gross Industrial Output Value (at current prices)
总计	**Total**	**218**	**49**	**14767170**
煤炭开采和洗选业	Mining and Washing of Coal	2		154241
黑色金属矿采选业	Mining and Processing of Ferrous Metal Ores	1		9600
有色金属矿采选业	Mining and Processing of Non-Ferrous Metal Ores	1		31589
非金属矿采选业	Mining and Processing of Non-metal Ores	1		2798
农副食品加工业	Processing of Food from Agricultural Products	10	1	781175
食品制造业	Manufacture of Foods	16	2	1577897
酒、饮料和精制茶制造业	Manufacture of Liquor, Beverages and Refined Tea	27	7	1681567
纺织业	Manufacture of Textile	4	1	109242
纺织服装、服饰业	Manufacture of Textile, Wearing Apparel and Accessories	1		50737
造纸及纸制品业	Manufacture of Paper and Paper Products	5	1	178969
印刷和记录媒介复制业	Printing and Reproduction of Recording Media	1		51309
文教、工美、体育和娱乐用品制造业	Manufacture of Articles for Culture, Education, Arts and Crafts, Sport and Entertainment Activities	2		32330
石油加工、炼焦及核燃料加工业	Processing of Petroleum, Coking and Processing of Nuclear Fuel	3	3	231268
化学原料及化学制品制造业	Manufacture of Raw Chemical Materials and Chemical Products	16	3	303739
医药制造业	Manufacture of Medicines	11	4	914846
化学纤维制造业	Manufacture of Chemical Fibres	2	1	112323
橡胶和塑料制品业	Manufacture of Rubber and Plastics Products	4		989112
非金属矿物制品业	Manufacture of Non-metallic Mineral Products	15	3	717678
黑色金属冶炼和压延加工业	Smelting and Pressing of Ferrous Metals	3	1	50468
有色金属冶炼和压延加工业	Smelting and Pressing of Non-ferrous Metals	5	2	117735
金属制品业	Manufacture of Metal Products	4	2	28010
通用设备制造业	Manufacture of General Purpose Machinery	7	2	133108
专用设备制造业	Manufacture of Special Purpose Machinery	11	1	482344
汽车制造业	Manufacture of Automobiles	7	2	1765143
铁路、船舶、航空航天和其他运输设备制造业	Manufacture of Railway, Ship, Aerospace and Other Transport Equipments	9		202227
电气机械和器材制造业	Manufacture of Electrical Machinery and Apparatus	16	5	858543
计算机、通信和其他电子设备制造业	Manufacture of Computers, Communication and Other Electronic Equipment	15	3	2236996
仪器仪表制造业	Manufacture of Measuring Instruments and Machinery	4	1	77303
其他制造业	Other Manufacture	4	2	46485
金属制品、机械和设备修理业	Repair Service of Metal Products, Machinery and Equipment	2		7736
电力、热力生产和供应业	Production and Supply of Electric Power and Heat Power	5	2	438693
燃气生产和供应业	Production and Supply of Gas	3		386817
水的生产和供应业	Production and Supply of Water	1		5144

Main Indicators of Industrial Enterprises with Hong Kong, Macao, Taiwan and Foreign Funds (2015)

(10 000 yuan)

工业销售产值 Sales Output Value (at current prices)	资产总计 Total Assets	流动资产合计 Total Working Capitals	#应收账款 Accounts Receivable	#存货 Inventories	#产成品 Finished products	固定资产合计 Total of Fixed Assets	固定资产原价 Original Value of Fixed Assets	累计折旧 Total Depreciation	负债合计 Total Liabilities	#流动负债 Total Working Liabilities
13233600	**17915389**	**6100498**	**1413695**	**1660015**	**704782**	**9483995**	**13534332**	**4501476**	**9571720**	**7211138**
131596	273511	96394	15933	3611	2772	172816	216381	45739	45774	43993
9200	2928	707	38	80					1668	
29993	4029	1342	345	573	533	2102	1825	192	1539	220
2744	10167	2360	1050	677	354	6737	12146	5416	4435	4435
735487	275221	139977	17571	64611	41847	110885	159401	56430	141979	125895
1457581	756544	368896	107042	47474	14390	259213	353551	103817	270817	206357
1458577	1340873	479448	159304	170643	146614	691147	1156992	503248	703564	610031
104247	128571	97070	2893	66898	10135	23076	78287	55211	90975	90975
48478	12689	879	317	301	252	11810	7345	3678	405	
175356	60912	16022	5810	3553	1078	31982	37080	9348	20140	16991
52346	58666	25303	11716	4677	771	10539	21207	10668	26834	12672
32330	8130	5993	3848	187		1275	2342	1067	5609	5301
231268	145135	25348	9083	6514	3709	80425	119924	39498	87719	67684
294242	511645	205723	57855	31812	16203	246280	312609	78418	279342	158169
836921	764850	490720	114624	132741	92858	189281	202928	116713	416761	343046
109283	146812	60202	1948	19834	5834	84497	131368	49972	92920	37147
651342	353718	60069	24364	17439	1620	290092	310215	75526	45815	30775
689869	953815	243212	34714	55994	24003	573018	847151	358402	520278	398113
51201	60822	51853	5444	22194	14117	8968	38266	30758	13282	13282
94020	61358	39018	14774	16253	8866	15714	17642	11221	30423	13076
27954	54394	14362	4835	5511	1619	35492	52240	16747	30975	30975
113832	198110	131835	39815	36140	15424	44160	85449	49375	44713	43207
482245	540031	253205	45300	103135	19385	246962	328972	97097	248225	232847
1658057	1950467	780847	36817	251037	149373	697480	882458	260332	1289970	1154867
186373	310281	283663	128202	71893	24500	23110	27866	15560	145851	114284
685369	617571	325037	134652	55446	14745	164796	246028	82671	356473	218195
1949150	6312643	1136416	251266	404469	88151	4475447	5885887	1410839	3522668	2516387
76959	162008	135846	40060	14295	2632	23898	38339	15888	61514	54614
45800	154944	108547	52557	990	431	43688	66512	22823	13164	13162
7736	21267	18911	8710	5334	2408	329	1250	920	12818	12818
438693	953704	212033	59205	16761		683888	1568737	884849	583923	256003
360206	647091	252036	18486	28895	161	209786	291910	82123	411935	367400
5144	62482	37224	5118	46		25101	32028	6928	49216	18218

13-7 续表

单位：万元

行业	Sector	所有者权益合计 Owners' Equity	主营业务收入 Revenue from Principal Business	主营业务成本 Cost of Principal Business
总计	**Total**	**8342639**	**13072133**	**10331956**
煤炭开采和洗选业	Mining and Washing of Coal	227737	106579	67557
黑色金属矿采选业	Mining and Processing of Ferrous Metal Ores	1260	9200	9018
有色金属矿采选业	Mining and Processing of Non-Ferrous Metal Ores	2490	32872	29210
非金属矿采选业	Mining and Processing of Non-metal Ores	5732	2744	2103
农副食品加工业	Processing of Food from Agricultural Products	132214	729591	626102
食品制造业	Manufacture of Foods	485727	1226825	967446
酒、饮料和精制茶制造业	Manufacture of Liquor, Beverages and Refined Tea	637309	1355558	1002066
纺织业	Manufacture of Textile	37596	98871	87450
纺织服装、服饰业	Manufacture of Textile, Wearing Apparel and Accessories	12284	50722	29140
造纸及纸制品业	Manufacture of Paper and Paper Products	40772	176045	144429
印刷和记录媒介复制业	Printing and Reproduction of Recording Media	31833	39796	30534
文教、工美、体育和娱乐用品制造业	Manufacture of Articles for Culture, Education, Arts and Crafts, Sport and Entertainment Activities	2521	32330	31675
石油加工、炼焦及核燃料加工业	Processing of Petroleum, Coking and Processing of Nuclear Fuel	57416	169655	159382
化学原料及化学制品制造业	Manufacture of Raw Chemical Materials and Chemical Products	232304	243798	203210
医药制造业	Manufacture of Medicines	348089	887490	497145
化学纤维制造业	Manufacture of Chemical Fibres	53892	109285	88912
橡胶和塑料制品业	Manufacture of Rubber and Plastics Products	307904	774159	602776
非金属矿物制品业	Manufacture of Non-metallic Mineral Products	433538	644819	528598
黑色金属冶炼和压延加工业	Smelting and Pressing of Ferrous Metals	47540	55148	53116
有色金属冶炼和压延加工业	Smelting and Pressing of Non-ferrous Metals	30935	109197	100380
金属制品业	Manufacture of Metal Products	23419	36021	29167
通用设备制造业	Manufacture of General Purpose Machinery	153397	138520	117414
专用设备制造业	Manufacture of Special Purpose Machinery	291806	484346	353272
汽车制造业	Manufacture of Automobiles	660497	1720890	1523275
铁路、船舶、航空航天和其他运输设备制造业	Manufacture of Railway, Ship, Aerospace and Other Transport Equipments	164430	188725	130989
电气机械和器材制造业	Manufacture of Electrical Machinery and Apparatus	261098	708850	640245
计算机、通信和其他电子设备制造业	Manufacture of Computers, Communication and Other Electronic Equipment	2789975	1959892	1580541
仪器仪表制造业	Manufacture of Measuring Instruments and Machinery	100493	78370	50287
其他制造业	Other Manufacture	141780	47236	31070
金属制品、机械和设备修理业	Repair Service of Metal Products, Machinery and Equipment	8450	18159	13807
电力、热力生产和供应业	Production and Supply of Electric Power and Heat Power	369781	460608	296190
燃气生产和供应业	Production and Supply of Gas	235156	370688	302100
水的生产和供应业	Production and Supply of Water	13267	5144	3353

continued

(10 000 yuan)

主营业务税金及附加 Taxes and Other Charges on Principal Business	销售费用 Eelling Expenses	管理费用 Manage-ment Expenses	财务费用 Financial Expenses	利润总额 Total Profits	亏损企业亏损额 Losses of Unpro-fitable Enterprises	利税总额 Total Profits and Taxes	本年应交增值税 Value Added Tax Payable	全部从业人员年平均人数(人) Annual Average Employed Persons (person)
129142	**583638**	**829705**	**180399**	**1164571**	**68376**	**1735285**	**441571**	**113677**
7150	3721	4355	302	25408		46252	13694	663
40	34	13	0	95		152	17	38
310	201	230	172	2369		4672	1993	208
19	87	336	9	182		478	277	111
2386	19997	13321	4168	65913	77	86191	17892	3484
5253	109203	77893	958	76399	2160	129917	48265	7748
18448	85341	51181	12496	192577	6891	282417	71392	9429
784	693	2416	183	11166	6	14118	2167	3502
455	6231	4839	5223	4835		6799	1510	446
3042	4288	5332	1205	17831	62	28951	8078	1237
295	2252	2249	1095	4045		6564	2224	929
	90	373	8	219		629	409	210
1360	5257	11337	1378	-8584	8584	-50	7174	4747
965	9621	11302	8860	10891	2585	14502	2647	1141
6266	204000	69737	14425	89162	2197	195885	100457	7392
434	630	4164	2440	11867	1698	17021	4720	398
11701	8878	98892	375	38568		53174	2906	1584
5573	7185	34350	12510	67220	11105	107781	34988	5045
327	2912	3705	1	-4914	5599	-1902	2686	476
115	2196	4387	1041	1269	2247	2491	1106	420
205	1226	3758	826	750	1098	1749	794	700
476	5667	10468	1312	3572	2159	6953	2906	1756
2445	14958	41064	2358	76427	921	91602	12731	4247
48368	32180	65007	10357	62224	7019	133202	22610	31407
1243	4977	14307	3929	32202		43206	9762	1560
987	14690	30839	1649	25415	7757	32786	6385	3760
1449	13023	222161	82058	130099	1296	135604	4055	12296
676	5917	5926	-625	17086	506	20718	2956	1111
167	1498	1276	381	12945	97	15471	2359	307
77	1523	2220	-18	604		1311	630	262
4669		9814	14129	134527	4313	181115	41919	3408
3457	15163	22157	-3683	61536		74856	9864	3606
4		293	874	666		670		49

13-8 大中型工业企业主要经济指标(2015年)

单位：万元

行业	Sector	企业单位数(个) Number of Enterprises (unit)	#亏损企业 Unprofitable Enterprises	工业总产值 Gross Industrial Output Value (at current prices)
总　计	**Total**	**893**	**171**	**138326718**
煤炭开采和洗选业	Mining and Washing of Coal	114	24	16178917
石油和天然气开采业	Extraction of Petroleum and Natural Gas	3		14014466
黑色金属矿采选业	Mining and Processing of Ferrous Metal Ores	10	5	905537
有色金属矿采选业	Mining and Processing of Non-Ferrous Metal Ores	15	3	3194761
非金属矿采选业	Mining and Processing of Non-metal Ores	8		211246
开采辅助活动	Support Activities for Mining	6		685192
农副食品加工业	Processing of Food from Agricultural Products	44	5	3728292
食品制造业	Manufacture of Foods	41	2	2928554
酒、饮料和精制茶制造业	Manufacture of Liquor, Beverages and Refined Tea	27	2	2813888
烟草制品业	Manufacture of Tobacco	2		2146070
纺织业	Manufacture of Textile	37	6	1608831
纺织服装、服饰业	Manufacture of Textile, Wearing Apparel and Accessories	10		305149
皮革、毛皮、羽毛及其制品和制鞋业	Manufacture of Leather, Fur, Feather and Related Products and Footwear	2		80590
木材加工和木、竹、藤、棕、草制品业	Processing of Timber, Manufacture of Wood, Bamboo, Rattan, Palm and Straw Products	5	1	312442
家具制造业	Manufacture of Furniture	3		78564
造纸及纸制品业	Manufacture of Paper and Paper Products	13	2	754339
印刷和记录媒介复制业	Printing and Reproduction of Recording Media	12	1	576842
石油加工、炼焦及核燃料加工业	Processing of Petroleum, Coking and Processing of Nuclear Fuel	35	19	12843196
化学原料及化学制品制造业	Manufacture of Raw Chemical Materials and Chemical Products	48	18	5925531
医药制造业	Manufacture of Medicines	36		3694458
橡胶和塑料制品业	Manufacture of Rubber and Plastics Products	20	1	2637059
非金属矿物制品业	Manufacture of Non-metallic Mineral Products	59	8	4517400
黑色金属冶炼和压延加工业	Smelting and Pressing of Ferrous Metals	17	6	7439712
有色金属冶炼和压延加工业	Smelting and Pressing of Non-ferrous Metals	50	14	11663115
金属制品业	Manufacture of Metal Products	17	4	501190
通用设备制造业	Manufacture of General Purpose Machinery	35	11	2987019
专用设备制造业	Manufacture of Special Purpose Machinery	43	8	3643757
汽车制造业	Manufacture of Automobiles	28	9	8680189
铁路、船舶、航空航天和其他运输设备制造业	Manufacture of Railway, Ship, Aerospace and Other Transport Equipments	18	2	2172354
电气机械和器材制造业	Manufacture of Electrical Machinery and Apparatus	36	6	4282511
计算机、通信和其他电子设备制造业	Manufacture of Computers, Communication and Other Electronic Equipment	32	6	4134208
仪器仪表制造业	Manufacture of Measuring Instruments and Machinery	8	1	292978
废弃资源综合利用业	Utilization of Waste Resources	1		22490
电力、热力生产和供应业	Production and Supply of Electric Power and Heat Power	44	5	11452062
燃气生产和供应业	Production and Supply of Gas	10		793999
水的生产和供应业	Production and Supply of Water	4	2	119814

Main Indicators of Large and Medium-sized Industrial Enterprises(2015)

(10 000 yuan)

工业销售产值 Sales Output Value (at current prices)	资产总计 Total Assets	流动资产合计 Total Working Capitals	#应收账款 Accounts Receivable	#存货 Inventories	#产成品 Finished products	固定资产合计 Total of Fixed Assets	固定资产原价 Original Value of Fixed Assets	累计折旧 Total Depreciation	负债合计 Total Liabilities	#流动负债 Total Working Liabilities
131875661	**212767971**	**67763949**	**13544447**	**13398285**	**5308101**	**105910947**	**165021090**	**64472719**	**120131154**	**75397697**
15810757	30389284	12733215	2393247	750214	247228	11553479	16178225	6097827	14044029	8581456
14023480	40851988	2826829	304567	369879	166599	34768267	61643026	26874759	21272289	10507490
764775	874757	303277	59495	44797	39452	333331	424808	174501	583308	467425
3085429	2138609	1075294	75649	211523	77863	844226	1321837	516990	999493	761251
210904	100385	41075	12347	6601	2436	54338	76607	22269	50073	30109
675578	947676	542383	211642	88261	27663	297720	560486	262801	390573	299678
3577586	1677231	960166	109401	336597	170009	585546	797372	270017	1038961	910689
2769159	1247422	570832	167887	92999	48143	527987	753111	258275	461853	339086
2524490	2008308	802527	169021	331538	177734	876302	1402481	568441	1067923	893557
2150765	1536004	1071125	225191	624535	28430	319702	687619	367918	224853	224644
1544190	957764	382276	55141	201731	73949	480948	789552	356274	549823	395712
293636	227719	134484	18825	73104	6929	71821	77355	19307	125402	96970
80486	51930	27144	2105	12274	9239	6360	9816	3547	23762	18888
272394	384738	135671	7559	25166	14972	127630	159274	77898	222325	132549
76905	37210	18571	2233	5969	2190	16328	28978	12828	15702	15702
666453	306767	77718	26299	28203	19759	211719	674794	478255	102495	72744
579164	533934	261537	35807	48202	19482	224245	398808	206567	141355	108792
12559314	27483374	8754605	730533	700120	298224	3922250	6412482	2522296	15791344	9080810
5907058	17723358	3419366	562152	470324	188920	12035598	14437665	2684820	11940428	5432081
3413800	2678528	1606416	297497	365749	199162	829577	1942056	1412714	1119424	902391
2239119	2266557	1034338	214131	268256	153192	1004446	1760584	1043450	1188029	821144
4198761	3506887	912707	181641	215862	115247	2217719	4060237	2064257	1715530	1312068
6972174	5033888	2157829	375972	545964	159907	2508246	3540124	1489443	4054712	3614748
10862184	9937943	4646068	439293	2035420	660736	3289148	4628769	1471679	5762828	4266145
480284	624632	356140	152616	122799	68023	229539	407798	207107	401304	315786
2843287	3755616	2442326	574749	656159	253550	543506	1283736	805465	2012598	1844526
3263930	7043173	4023746	1577998	1276227	653216	1869571	2847873	1015845	3903867	3441885
8243780	7703664	4305802	624659	1138019	729308	1929546	2973929	1168416	4731402	4056724
1941829	2069995	1437911	573149	368586	101753	359811	636040	334851	1127606	987139
4111617	6983331	4669989	1712198	851026	402169	1571606	3656785	2117996	3369032	2977737
3682703	8267978	2166347	721405	546111	140162	4997409	6693920	1657465	4601739	3411381
299146	347279	211609	65962	28057	11418	79352	119730	40663	198148	174884
22490	18355	9379				8367	8373	6	6816	6816
10842829	21615928	3028700	804239	513909	35336	16728692	22854415	7512173	15910386	8205135
765397	1162002	488880	36386	38697	5683	365282	500009	170058	634828	586086
119813	273759	127671	23461	5410	17	121331	272417	185541	146914	103471

13-8 续表

单位：万元

行　业	Sector	所有者权益合　计 Owners' Equity	主营业务收　入 Revenue from Principal Business	主营业务成　本 Cost of Principal Business
总　计	**Total**	**92636810**	**130343169**	**102380127**
煤炭开采和洗选业	Mining and Washing of Coal	16345255	12771742	8687655
石油和天然气开采业	Extraction of Petroleum and Natural Gas	19579698	13083677	7683909
黑色金属矿采选业	Mining and Processing of Ferrous Metal Ores	291448	533198	446542
有色金属矿采选业	Mining and Processing of Non-Ferrous Metal Ores	1139116	2965496	2721537
非金属矿采选业	Mining and Processing of Non-metal Ores	50312	163723	101033
开采辅助活动	Support Activities for Mining	557103	693201	589209
农副食品加工业	Processing of Food from Agricultural Products	638270	3282041	2823243
食品制造业	Manufacture of Foods	785569	2464191	1836656
酒、饮料和精制茶制造业	Manufacture of Liquor, Beverages and Refined Tea	940386	2136905	1463563
烟草制品业	Manufacture of Tobacco	1311151	2138352	768018
纺织业	Manufacture of Textile	407942	1513598	1242736
纺织服装、服饰业	Manufacture of Textile, Wearing Apparel and Accessories	102316	299284	220115
皮革、毛皮、羽毛及其制品和制鞋业	Manufacture of Leather, Fur, Feather and Related Products and Footwear	28168	82921	71634
木材加工和木、竹、藤、棕、草制品业	Processing of Timber, Manufacture of Wood, Bamboo, Rattan, Palm and Straw Products	162412	223472	186604
家具制造业	Manufacture of Furniture	21508	76246	57315
造纸及纸制品业	Manufacture of Paper and Paper Products	204272	616397	507648
印刷和记录媒介复制业	Printing and Reproduction of Recording Media	392579	569474	437277
石油加工、炼焦及核燃料加工业	Processing of Petroleum, Coking and Processing of Nuclear Fuel	11692029	16991367	13011907
化学原料及化学制品制造业	Manufacture of Raw Chemical Materials and Chemical Products	5782929	5705384	4618288
医药制造业	Manufacture of Medicines	1559103	3342942	2086389
橡胶和塑料制品业	Manufacture of Rubber and Plastics Products	1078528	2386984	1969150
非金属矿物制品业	Manufacture of Non-metallic Mineral Products	1791355	3746397	3254895
黑色金属冶炼和压延加工业	Smelting and Pressing of Ferrous Metals	979176	7791849	7284671
有色金属冶炼和压延加工业	Smelting and Pressing of Non-ferrous Metals	4175115	12213034	11062662
金属制品业	Manufacture of Metal Products	223328	467929	397178
通用设备制造业	Manufacture of General Purpose Machinery	1743018	2392812	1991144
专用设备制造业	Manufacture of Special Purpose Machinery	3139306	2754403	2095901
汽车制造业	Manufacture of Automobiles	2972261	7073528	6527052
铁路、船舶、航空航天和其他运输设备制造业	Manufacture of Railway, Ship, Aerospace and Other Transport Equipments	942389	1786625	1477342
电气机械和器材制造业	Manufacture of Electrical Machinery and Apparatus	3414299	3688706	2949863
计算机、通信和其他电子设备制造业	Manufacture of Computers, Communication and Other Electronic Equipment	3666238	3789615	3204559
仪器仪表制造业	Manufacture of Measuring Instruments and Machinery	149131	221346	149412
废弃资源综合利用业	Utilization of Waste Resources	11539	37775	37719
电力、热力生产和供应业	Production and Supply of Electric Power and Heat Power	5705542	11538396	9803901
燃气生产和供应业	Production and Supply of Gas	527173	688513	519059
水的生产和供应业	Production and Supply of Water	126845	111646	94344

continued

(10 000 yuan)

主营业务税金及附加 Taxes and Other Charges on Principal Business	销售费用 Eelling Expenses	管理费用 Management Expenses	财务费用 Financial Expenses	利润总额 Total Profits	亏损企业亏损额 Losses of Unprofitable Enterprises	利税总额 Total Profits and Taxes	本年应交增值税 Value Added Tax Payable	全部从业人员年平均人数(人) Annual Average Employed Persons (person)
6657317	**3140331**	**6073240**	**2515809**	**10162805**	**1269860**	**22884527**	**6064405**	**1118724**
610363	239977	1123366	308809	1589880	264649	3404103	1203861	166988
1301184	12851	796925	399004	2693162		5246386	1252039	119462
7086	13761	40656	12566	12787	27476	67738	47865	7403
10501	12653	118509	17232	84878	9255	158072	62694	17314
3126	30511	14635	3033	11655		24652	9870	3337
6480	1671	31377	-569	64469		117919	46970	20181
13603	87405	60668	31886	285775	8625	391079	91702	24765
24729	175170	125305	8689	289186	3952	414041	100127	24237
74458	179646	95579	17957	323227	3027	531308	133623	20741
1014398	48896	130202	-1906	174137		1440667	252132	9063
13590	15481	37006	16991	202910	12272	276181	59681	32127
2912	13453	12344	9321	40921		56016	12183	5283
616	1883	3079	285	5600		7014	799	1374
2731	2771	7732	6291	21065	1729	35712	11916	2191
1944	2595	3688	258	9835		14854	3075	1274
6089	12705	15992	5598	59826	249	86095	20181	9301
9497	22362	52748	7471	42815	34	85172	32861	7701
3127348	363649	288683	250299	-32449	297223	3636790	541891	50101
39015	196027	295170	305061	311423	149957	463844	113407	44997
28653	574329	189607	28562	434779		717479	254047	28847
22425	71375	171803	15489	135027	1585	204545	47093	24990
27322	111853	150430	61697	166512	54835	317505	123672	41976
15030	115448	172768	107964	-16633	202789	86591	88194	35257
39616	87870	294855	194718	647339	25990	981967	295012	52706
5527	16220	28905	10762	20479	11342	47206	21200	9362
15824	73830	206757	13389	217079	22939	313534	80632	34030
16540	145689	293328	78235	182981	44917	286720	87199	38037
63886	157728	294383	28549	92619	38407	283273	126768	84103
8570	32046	137321	6926	120384	6903	196702	67748	16516
29306	176086	295609	23012	334702	12557	477103	113095	46480
7208	52823	317553	104773	321669	29726	367181	38304	33529
1472	13578	17156	-960	41672	1249	53830	10685	3086
1		42	11	2		12	9	412
100228	28852	189260	435979	1170999	36599	1962110	690883	90454
5679	44401	45068	8156	100092		125696	19925	6816
365	4737	14732	273	2003	1576	5430	3061	4283

13-9 规模以上工业企业主要经济效益指标(2015年)

Main Indicators on Economic Benefit of Industrial Enterprises above Designated Size (2015)

分组	Item	总资产贡献率(%) Ratio of Profits, Taxes and Interests to Average Assets (%)	资产负债率(%) Ratio of Debts to Assets (%)	流动资产周转率(次/年) Turnover of Current Assets (times/year)	成本费用利润率(%) Ratio of Profits to Total Industrial Cost (%)	工业产品销售率(%) Sales Ratio of Products (%)
总计	**Total**	**12.22**	**56.04**	**2.08**	**8.44**	**95.20**
按登记注册类型分	**By Status of Registration**					
内资企业	Domestic Funded	12.36	56.23	2.07	8.33	95.64
国有企业	State-owned Enterprises	6.36	62.66	1.47	5.36	95.97
中央企业	Central	7.80	58.48	2.12	5.15	95.92
地方企业	Local	5.00	66.61	0.93	5.78	96.06
集体企业	Collective-owned Enterprises	12.70	55.70	2.72	5.13	97.94
股份合作企业	Cooperative Enterprises	12.30	26.57	1.55	13.09	100.87
联营企业	Joint Ownership Enterprises	12.67	34.74	2.24	2.97	98.61
国有联营企业	State Joint Ownership Enterprises	6.63	31.34	1.44	0.23	99.00
集体联营企业	Collective Joint Ownership Enterprises	8.37	72.56	5.81	0.27	98.23
国有与集体联营企业	Joint State-collective Enterprises	169.18	23.79	38.68	11.08	94.54
其他联营企业	Other Joint Ownership Enterprises	7.27	68.11	4.84	0.09	116.10
有限责任公司	Limited Liability Corporations	11.49	59.92	1.97	6.15	95.20
国有独资公司	State Sole Funded Corporations	11.88	57.99	1.50	3.14	96.04
其他有限责任公司	Other Limited Liability Corporations	11.26	61.04	2.20	7.11	94.97
股份有限公司	Share-holding Corporations Limited	14.12	48.11	1.95	19.71	97.21
私营企业	Private Enterprises	19.83	49.45	3.44	8.99	95.47
私营独资企业	Private-funded Enterprises	23.53	35.14	4.81	10.04	96.14
私营合作企业	Private Partnership Enterprises	19.23	47.86	2.32	12.14	98.94
私营有限责任公司	Private Limited Liability Corporations	19.90	51.44	3.48	8.95	95.41
私营股份有限公司	Private Share-holding Corporations Ltd.	17.85	41.17	3.09	7.79	94.59
其他企业	Other Enterprises	25.94	55.73	5.25	12.34	94.15
港、澳、台商投资企业	Enterprises with Funds from Hong Kong, Macao and Taiwan	13.04	56.44	2.28	8.78	92.09
合资经营企业(港或澳、台资)	Joint-venture Enterprises	8.54	61.65	2.53	4.51	93.12
合作经营企业(港或澳、台资)	Cooperative Enterprises	45.64	30.56	2.07	49.80	99.82
港澳台商独资经营企业	Enterprises with Sole Investment	17.56	47.27	2.19	10.12	87.43
港澳台商投资股份有限公司	Share-holding Corporations Ltd.	9.19	67.87	1.19	16.37	101.10
外商投资企业	Foreign Funded Enterprises	9.47	52.58	2.09	10.20	88.58
中外合资经营企业	Joint-venture Enterprises	16.14	48.19	1.98	11.39	88.73
中外合作经营企业	Cooperation Enterprises	56.04	28.36	15.71	18.94	99.55
外资企业	Enterprises with Sole Funds	4.53	54.93	2.12	7.56	90.42
外商投资股份有限公司	Share-holding Corporations Ltd.	15.03	58.47	1.73	13.78	66.00

13-9 续表 continued

分 组	Item	总资产贡献率(%) Ratio of Profits, Taxes and Interests to Average Assets (%)	资产负债率(%) Ratio of Debts to Assets (%)	流动资产周转率(次/年) Turnover of Current Assets (times/year)	成本费用利润率(%) Ratio of Profits to Total Industrial Cost (%)	工业产品销售率(%) Sales Ratio of Products (%)
按经济组织类型分	**By Economic Type of Orgnization**					
独资企业	Appropratorship	6.73	59.72	1.72	6.31	94.55
国有企业	State-owned Enterprises	6.36	62.66	1.47	5.36	95.97
集体企业	Collective-owned Enterprises	12.70	55.70	2.72	5.13	97.94
私营独资企业	Private-funded Enterprises	23.53	35.14	4.81	10.04	96.14
港澳台商独资经营企业	Enterprises with Sole Investment	17.56	47.27	2.19	10.12	87.43
外资企业	Enterprises with Sole Funds	4.53	54.93	2.12	7.56	90.42
合作、合伙企业	Partnership	21.90	43.51	2.59	16.87	96.72
股份合作企业	Cooperative Enterprises	12.30	26.57	1.55	13.09	100.87
国有联营企业	State Joint Ownership Enterprises	6.63	31.34	1.44	0.23	99.00
集体联营企业	Collective Joint Ownership Enterprises	8.37	72.56	5.81	0.27	98.23
国有与集体联营企业	Joint State-collective Enterprises	169.18	23.79	38.68	11.08	94.54
其他联营企业	Other Joint Ownership Enterprises	7.27	68.11	4.84	0.09	116.10
私营合伙企业	Private Partnership Enterprises	19.23	47.86	2.32	12.14	98.94
合作经营企业(港或澳、台资)	Cooperative Enterprises	45.64	30.56	2.07	49.80	99.82
中外合作经营企业	Cooperation Enterprises	56.04	28.36	15.71	18.94	99.55
其他企业(内资)	Other Enterprises	25.94	55.73	5.25	12.34	94.15
其他港澳台商投资企业	Other Enterprises with Funds from Hong Kong, Macao and Taiwan	15.82	26.76	0.96	16.31	81.83
其他外商投资企业	Other Foreign Funded Enterprises	9.85	58.64	2.42	23.69	82.02
股份有限公司	Share-holding Corporations Limited	14.22	48.05	2.01	18.29	96.54
股份有限公司(内资)	Share-holding Corporations Ltd.	14.12	48.11	1.95	19.71	97.21
私营股份有限公司	Private Share-holding Corporations Ltd.	17.85	41.17	3.09	7.79	94.59
港澳台商投资股份有限公司	Share-holding Corporations Ltd.with Funds from Hong Kong, Macao and Taiwan	9.19	67.87	1.19	16.37	101.10
外商投资股份有限公司	Share-holding Corporations Ltd.with Foreign Investment	15.03	58.47	1.73	13.78	66.00
有限责任公司	Limited Liability Corporations	12.45	58.71	2.15	6.80	94.96
国有独资公司	State Sole Funded Corporations	11.88	57.99	1.50	3.14	96.04
私营有限责任公司	Private Limited Liability Corporations	19.90	51.44	3.48	8.95	95.41
合资经营企业(港或澳、台资)	Joint-venture Enterprises	8.54	61.65	2.53	4.51	93.12
中外合资经营企业	Joint-venture Enterprises	16.14	48.19	1.98	11.39	88.73
其他有限责任公司	Other Corporations	11.26	61.04	2.20	7.11	94.97
按轻重工业分	**Grouped by Light & Heavy Industries**					
轻工业	Light Industry	27.07	45.45	3.06	10.87	94.77
重工业	Heavy Industry	10.71	57.11	1.93	7.87	95.31
按企业规模分	**Grouped by Size of Enterprises**					
大型企业	Large Enterprises	11.03	55.92	1.85	8.32	96.33
中型企业	Medium-sized Enterprises	14.96	58.29	2.13	10.32	93.21
小型企业	Small Enterprises	13.83	53.41	2.57	7.45	94.93
微型企业	Mini Enterprises	4.83	72.64	1.36	6.57	94.51

13-10 规模以上工业企业分行业主要经济效益指标(2015年)
Main Indicators on Economic Benefit of Industrial Enterprises above Designated Size by Industrial Sector (2015)

分 组	Item	总资产贡献率(%) Ratio of Profits, Taxes and Interests to Average Assets(%)	资产负债率(%) Ratio of Debts to Assets (%)	流动资产周转率(次/年) Turnover of Current Assets (times/year)	成本费用利润率(%) Ratio of Profits to Total Industrial Cost (%)	工业产品销售率(%) Sales Ratio of Products (%)
总 计	**Total**	**12.22**	**56.04**	**2.08**	**8.44**	**95.20**
煤炭开采和洗选业	Mining and Washing of Coal	12.50	48.31	1.16	13.27	97.33
石油和天然气开采业	Extraction of Petroleum and Natural Gas	13.88	51.98	4.64	29.85	100.07
黑色金属矿采选业	Mining and Processing of Ferrous Metal Ores	10.94	64.21	2.38	5.21	87.23
有色金属矿采选业	Mining and Processing of Non-Ferrous Metal Ores	12.34	47.53	2.86	4.82	96.00
非金属矿采选业	Mining and Processing of Non-metal Ores	32.11	41.79	5.09	7.98	95.56
开采辅助活动	Support Activities for Mining	8.41	59.80	1.26	5.50	99.31
农副食品加工业	Processing of Food from Agricultural Products	23.80	50.12	4.25	8.01	96.77
食品制造业	Manufacture of Foods	28.05	39.31	4.48	11.30	94.54
酒、饮料和精制茶制造业	Manufacture of Liquor, Beverages and Refined Tea	29.47	50.19	3.09	16.68	91.97
烟草制品业	Manufacture of Tobacco	92.55	15.26	1.99	18.45	100.22
纺织业	Manufacture of Textile	28.17	53.36	4.10	13.48	95.18
纺织服装、服饰业	Manufacture of Textile, Wearing Apparel and Accessories	18.68	48.48	1.81	12.17	94.60
皮革、毛皮、羽毛及其制品和制鞋业	Manufacture of Leather, Fur, Feather and Related Products and Footwear	19.66	42.71	2.64	7.47	88.36
木材加工和木、竹、藤、棕、草制品业	Processing of Timber, Manufacture of Wood, Bamboo, Rattan, Palm and Straw Products	15.36	55.66	2.67	8.60	90.98
家具制造业	Manufacture of Furniture	29.69	37.49	3.15	14.08	94.78
造纸及纸制品业	Manufacture of Paper and Paper Products	23.06	38.63	5.65	8.30	92.33
印刷和记录媒介复制业	Printing and Reproduction of Recording Media	15.27	31.41	2.45	8.48	98.44
文教、工美、体育和娱乐用品制造业	Manufacture of Articles for Culture, Education, Arts and Crafts, Sport and Entertainment Activities	4.49	88.82	2.70	1.45	99.32
石油加工、炼焦及核燃料	Processing of Petroleum, Coking and Processing of Nuclear Fuel	13.46	57.81	1.91	-0.13	97.22
化学原料及化学制品制造业	Manufacture of Raw Chemical Materials and Chemical Products	5.63	65.18	1.97	6.30	97.54
医药制造业	Manufacture of Medicines	23.66	44.09	2.11	13.54	92.39
化学纤维制造业	Manufacture of Chemical Fibres	15.79	54.98	2.16	15.76	97.27
橡胶和塑料制品业	Manufacture of Rubber and Plastics Products	12.63	50.03	2.91	6.71	87.81
非金属矿物制品业	Manufacture of Non-metallic Mineral Products	14.84	48.68	3.93	6.42	95.07
黑色金属冶炼和压延加工业	Smelting and Pressing of Ferrous Metals	5.02	76.91	3.60	0.51	94.40
有色金属冶炼和压延加工业	Smelting and Pressing of Non-ferrous Metals	12.10	57.58	2.59	5.80	93.28
金属制品业	Manufacture of Metal Products	5.48	54.82	1.65	3.52	95.20
通用设备制造业	Manufacture of General Purpose Machinery	9.66	50.88	1.26	8.09	94.38
专用设备制造业	Manufacture of Special Purpose Machinery	6.62	53.51	0.93	6.90	90.61
汽车制造业	Manufacture of Automobiles	5.58	60.71	1.69	2.10	94.76
铁路、船舶、航空航天和其他运输设备制造业	Manufacture of Railway, Ship, Aerospace and Other Transport Equipments	9.73	49.42	1.34	7.22	89.88
电气机械和器材制造业	Manufacture of Electrical Machinery and Apparatus	7.98	53.20	1.16	7.29	94.62
计算机、通信和其他电子设备制造业	Manufacture of Computers, Communication and Other Electronic Equipment	5.41	54.69	1.80	8.50	90.06
仪器仪表制造业	Manufacture of Measuring Instruments and Machinery	11.21	53.04	1.01	13.60	98.45
其他制造业	Other Manufacture	13.47	23.86	1.31	10.46	97.47
废弃资源综合利用业	Utilization of Waste Resources	3.93	60.00	1.21	3.03	96.32
金属制品、机械和设备修理业	Repair Service of Metal Products, Machinery and Equipment	9.77	64.70	1.07	6.00	99.03
电力、热力生产和供应业	Production and Supply of Electric Power and Heat Power	10.17	73.84	3.12	11.40	94.87
燃气生产和供应业	Production and Supply of Gas	9.70	61.80	1.82	10.18	96.15
水的生产和供应业	Production and Supply of Water	2.71	62.79	0.74	4.79	97.91

13-11 国有及国有控股工业企业主要经济效益指标(2015年)

Main Indicators on Economic Benefit of State-owned and State-holding Industrial Enterprises(2015)

分 组	Item	总资产贡献率(%) Ratio of Profits, Taxes and Interests to Average Assets(%)	资 产负债率(%) Ratio of Debts to Assets (%)	流动资产周转率(次/年) Turnover of Current Assets (times/year)	成本费用利润率(%) Ratio of Profits to Total Industrial Cost (%)	工业产品销售率(%) Sales Ratio of Products (%)
总 计	**Total**	**10.89**	**58.45**	**1.73**	**7.95**	**96.50**
煤炭开采和洗选业	Mining and Washing of Coal	11.51	47.61	0.91	15.99	96.81
石油和天然气开采业	Extraction of Petroleum and Natural Gas	13.88	51.98	4.64	29.85	100.07
黑色金属矿采选业	Mining and Processing of Ferrous Metal Ores	11.64	71.18	2.01	9.57	83.04
有色金属矿采选业	Mining and Processing of Non-Ferrous Metal Ores	8.17	46.86	2.72	2.94	97.60
非金属矿采选业	Mining and Processing of Non-metal Ores	22.39	50.67	2.38	10.54	99.41
开采辅助活动	Support Activities for Mining	8.38	65.92	1.32	4.80	99.38
农副食品加工业	Processing of Food from Agricultural Products	8.40	76.88	2.14	2.05	106.08
食品制造业	Manufacture of Foods	30.12	37.35	5.38	6.22	99.55
酒、饮料和精制茶制造业	Manufacture of Liquor, Beverages and Refined Tea	27.78	46.04	1.89	15.14	91.58
烟草制品业	Manufacture of Tobacco	92.55	15.26	1.99	18.45	100.22
纺织业	Manufacture of Textile	-0.38	72.84	0.95	-4.97	94.95
纺织服装、服饰业	Manufacture of Textile, Wearing Apparel and Accessories	5.53	19.52	2.28	1.91	102.49
皮革、毛皮、羽毛及其制品和制鞋业	Manufacture of Leather, Fur, Feather and Related Products and Footwear	7.93	45.17	2.24	6.05	99.87
木材加工和木、竹、藤、棕、草制品业	Processing of Timber, Manufacture of Wood, Bamboo, Rattan, Palm and Straw Products	0.39	27.30	0.60	-0.31	100.00
造纸及纸制品业	Manufacture of Paper and Paper Products	16.25	81.04	4.89	2.18	100.00
印刷和记录媒介复制业	Printing and Reproduction of Recording Media	11.15	11.46	1.49	8.02	104.23
石油加工、炼焦及核燃料加工业	Processing of Petroleum, Coking and Processing of Nuclear Fuel	15.60	56.08	1.99	0.03	99.99
化学原料及化学制品制造业	Manufacture of Raw Chemical Materials and Chemical Products	4.41	68.65	1.74	5.55	100.94
医药制造业	Manufacture of Medicines	19.21	50.10	1.60	20.83	84.94
化学纤维制造业	Manufacture of Chemical Fibres	28.23	20.20	2.39	15.74	101.85
橡胶和塑料制品业	Manufacture of Rubber and Plastics Products	4.53	69.22	0.90	4.02	97.96
非金属矿物制品业	Manufacture of Non-metallic Mineral Products	5.61	54.33	2.36	1.47	92.55
黑色金属冶炼和压延加工业	Smelting and Pressing of Ferrous Metals	1.60	84.35	3.55	-1.10	93.12
有色金属冶炼和压延加工业	Smelting and Pressing of Non-ferrous Metals	5.96	62.92	2.24	2.13	93.78
金属制品业	Manufacture of Metal Products	6.07	66.58	1.22	2.83	93.85
通用设备制造业	Manufacture of General Purpose Machinery	5.26	56.49	0.66	7.36	94.09
专用设备制造业	Manufacture of Special Purpose Machinery	2.90	57.93	0.55	1.98	87.12
汽车制造业	Manufacture of Automobiles	2.50	61.00	1.46	-0.17	95.00
铁路、船舶、航空航天和其他运输设备制造业	Manufacture of Railway, Ship, Aerospace and Other Transport Equipments	8.28	54.51	1.23	5.89	89.69
电气机械和器材制造业	Manufacture of Electrical Machinery and Apparatus	6.59	50.11	0.76	7.32	97.59
计算机、通信和其他电子设备制造业	Manufacture of Computers, Communication and Other Electronic Equipment	12.55	62.71	0.69	21.90	94.96
仪器仪表制造业	Manufacture of Measuring Instruments and Machinery	5.34	64.51	0.88	5.94	105.23
其他制造业	Other Manufacture	21.04	43.11	2.03	9.49	101.24
废弃资源综合利用业	Utilization of Waste Resources	0.76	54.39	3.25	1.13	100.00
金属制品、机械和设备修理业	Repair Service of Metal Products, Machinery and Equipment	28.68	67.49	1.51	14.32	100.00
电力、热力生产和供应业	Production and Supply of Electric Power and Heat Power	10.06	74.97	3.69	10.48	94.79
燃气生产和供应业	Production and Supply of Gas	8.27	65.05	1.57	10.84	100.28
水的生产和供应业	Production and Supply of Water	2.60	63.11	0.78	4.18	98.22

13-12 外商及港澳台商投资工业企业主要经济效益指标(2015年)

Main Indicators on Economic Benefit of Industrial Enterprises with Hong Kong, Macao, Taiwan and Foreign Funds (2015)

分 组	Item	总资产贡献率(%) Ratio of Profits, Taxes and Interests to Average Assets(%)	资产负债率(%) Ratio of Debts to Assets (%)	流动资产周转率(次/年) Turnover of Current Assets (times/year)	成本费用利润率(%) Ratio of Profits to Total Industrial Cost (%)	工业产品销售率(%) Sales Ratio of Products (%)
总 计	**Total**	**10.25**	**53.43**	**2.14**	**9.77**	**89.62**
煤炭开采和洗选业	Mining and Washing of Coal	17.03	16.74	1.11	33.46	85.32
黑色金属矿采选业	Mining and Processing of Ferrous Metal Ores	5.20	56.97	13.02	1.05	95.83
有色金属矿采选业	Mining and Processing of Non-Ferrous Metal Ores	116.71	38.20	24.49	7.94	94.94
非金属矿采选业	Mining and Processing of Non-metal Ores	4.80	43.62	1.16	7.16	98.06
农副食品加工业	Processing of Food from Agricultural Products	31.86	51.59	5.21	9.93	94.15
食品制造业	Manufacture of Foods	18.18	35.80	3.33	6.61	92.37
酒、饮料和精制茶制造业	Manufacture of Liquor, Beverages and Refined Tea	22.09	52.47	2.83	16.73	86.74
纺织业	Manufacture of Textile	11.23	70.76	1.02	12.31	95.43
纺织服装、服饰业	Manufacture of Textile, Wearing Apparel and Accessories	94.77	3.19	57.71	10.64	95.55
造纸及纸制品业	Manufacture of Paper and Paper Products	49.54	33.06	10.99	11.49	97.98
印刷和记录媒介复制业	Printing and Reproduction of Recording Media	13.21	45.74	1.57	11.20	102.02
文教、工美、体育和娱乐用品制造业	Manufacture of Articles for Culture, Education, Arts and Crafts, Sport and Entertainment Activities	7.73	68.99	5.39	0.68	100.00
石油加工、炼焦及核燃料加工业	Processing of Petroleum, Coking and Processing of Nuclear Fuel	1.30	60.44	6.69	-4.84	100.00
化学原料及化学制品制造业	Manufacture of Raw Chemical Materials and Chemical Products	3.76	54.60	1.19	4.67	96.87
医药制造业	Manufacture of Medicines	25.81	54.49	1.81	11.35	91.48
化学纤维制造业	Manufacture of Chemical Fibres	13.02	63.29	1.82	12.34	97.29
橡胶和塑料制品业	Manufacture of Rubber and Plastics Products	15.12	12.95	12.89	5.43	65.85
非金属矿物制品业	Manufacture of Non-metallic Mineral Products	12.73	54.55	2.65	11.54	96.13
黑色金属冶炼和压延加工业	Smelting and Pressing of Ferrous Metals	-3.08	21.84	1.06	-8.23	101.45
有色金属冶炼和压延加工业	Smelting and Pressing of Non-ferrous Metals	4.75	49.58	2.80	1.17	79.86
金属制品业	Manufacture of Metal Products	3.26	56.95	2.51	2.15	99.80
通用设备制造业	Manufacture of General Purpose Machinery	3.97	22.57	1.05	2.65	85.52
专用设备制造业	Manufacture of Special Purpose Machinery	17.57	45.96	1.91	18.57	99.98
汽车制造业	Manufacture of Automobiles	7.47	66.14	2.20	3.82	93.93
铁路、船舶、航空航天和其他运输设备制造业	Manufacture of Railway, Ship, Aerospace and Other Transport Equipments	14.36	47.01	0.67	20.88	92.16
电气机械和器材制造业	Manufacture of Electrical Machinery and Apparatus	5.87	57.72	2.18	3.70	79.83
计算机、通信和其他电子设备制造业	Manufacture of Computers, Communication and Other Electronic Equipment	2.22	55.80	1.72	6.86	87.13
仪器仪表制造业	Manufacture of Measuring Instruments and Machinery	13.64	37.97	0.58	27.78	99.55
其他制造业	Other Manufacture	10.23	8.50	0.44	37.82	98.53
金属制品、机械和设备修理业	Repair Service of Metal Products, Machinery and Equipment	6.24	60.27	0.96	3.45	100.00
电力、热力生产和供应业	Production and Supply of Electric Power and Heat Power	20.73	61.23	2.17	42.02	100.00
燃气生产和供应业	Production and Supply of Gas	11.60	63.66	1.47	18.33	93.12
水的生产和供应业	Production and Supply of Water	2.73	78.77	0.14	14.74	100.00

13-13 大中型工业企业主要经济效益指标(2015年)
Main Indicators on Economic Benefit of Large and Medium-sized Industrial Enterprises(2015)

分 组	Item	总资产贡献率(%) Ratio of Profits, Taxes and Interests to Average Assets(%)	资 产负债率(%) Ratio of Debts to Assets (%)	流动资产周转率(次/年) Turnover of Current Assets (times/year)	成本费用利润率(%) Ratio of Profits to Total Industrial Cost (%)	工业产品销售率(%) Sales Ratio of Products (%)
总 计	**Total**	**11.93**	**56.46**	**1.92**	**8.91**	**95.34**
煤炭开采和洗选业	Mining and Washing of Coal	12.15	46.21	1.00	15.35	97.72
石油和天然气开采业	Extraction of Petroleum and Natural Gas	13.95	52.07	4.63	30.29	100.06
黑色金属矿采选业	Mining and Processing of Ferrous Metal Ores	8.63	66.68	1.76	2.49	84.46
有色金属矿采选业	Mining and Processing of Non-Ferrous Metal Ores	8.21	46.74	2.76	2.96	96.58
非金属矿采选业	Mining and Processing of Non-metal Ores	27.55	49.88	3.99	7.81	99.84
开采辅助活动	Support Activities for Mining	12.58	41.21	1.28	10.37	98.60
农副食品加工业	Processing of Food from Agricultural Products	24.77	61.95	3.42	9.52	95.96
食品制造业	Manufacture of Foods	34.39	37.02	4.32	13.48	94.56
酒、饮料和精制茶制造业	Manufacture of Liquor, Beverages and Refined Tea	27.46	53.18	2.66	18.40	89.72
烟草制品业	Manufacture of Tobacco	93.87	14.64	2.00	18.42	100.22
纺织业	Manufacture of Textile	30.54	57.41	3.96	15.46	95.98
纺织服装、服饰业	Manufacture of Textile,Wearing Apparel and Accessories	28.37	55.07	2.23	16.03	96.23
皮革、毛皮、羽毛及其制品和制鞋业	Manufacture of Leather,Fur,Feather and Related Products and Footwear	14.14	45.76	3.05	7.28	99.87
木材加工和木、竹、藤、棕、草制品业	Processing of Timber,Manufacture of Wood,Bamboo, Rattan,Palm and Straw Products	10.81	57.79	1.65	10.36	87.18
家具制造业	Manufacture of Furniture	40.61	42.20	4.11	15.40	97.89
造纸及纸制品业	Manufacture of Paper and Paper Products	29.76	33.41	7.93	11.04	88.35
印刷和记录媒介复制业	Printing and Reproduction of Recording Media	17.79	26.47	2.18	8.24	100.40
石油加工、炼焦及核燃料加工业	Processing of Petroleum, Coking and Processing of Nuclear Fuel	14.03	57.46	1.94	-0.23	97.79
化学原料及化学制品制造业	Manufacture of Raw Chemical Materials and Chemical Products	4.36	67.37	1.67	5.75	99.69
医药制造业	Manufacture of Medicines	27.46	41.79	2.08	15.10	92.40
橡胶和塑料制品业	Manufacture of Rubber and Plastics Products	10.15	52.42	2.31	6.06	84.91
非金属矿物制品业	Manufacture of Non-metallic Mineral Products	10.73	48.92	4.10	4.65	92.95
黑色金属冶炼和压延加工业	Smelting and Pressing of Ferrous Metals	3.58	80.55	3.61	-0.22	93.72
有色金属冶炼和压延加工业	Smelting and Pressing of Non-ferrous Metals	11.82	57.99	2.63	5.56	93.13
金属制品业	Manufacture of Metal Products	9.09	64.25	1.31	4.52	95.83
通用设备制造业	Manufacture of General Purpose Machinery	8.87	53.59	0.98	9.50	95.19
专用设备制造业	Manufacture of Special Purpose Machinery	5.38	55.43	0.68	7.00	89.58
汽车制造业	Manufacture of Automobiles	4.36	61.42	1.64	1.32	94.97
铁路、船舶、航空航天和其他运输设备制造业	Manufacture of Railway,Ship,Aerospace and Other Transport Equipments	9.75	54.47	1.24	7.28	89.39
电气机械和器材制造业	Manufacture of Electrical Machinery and Apparatus	7.23	51.11	0.79	9.72	96.01
计算机、通信和其他电子设备制造业	Manufacture of Computers, Communication and Other Electronic Equipment	4.84	55.66	1.75	8.74	89.08
仪器仪表制造业	Manufacture of Measuring Instruments and Machinery	15.84	57.06	1.05	23.26	102.11
废弃资源综合利用业	Utilization of Waste Resources	0.13	37.13	4.03		100.00
电力、热力生产和供应业	Production and Supply of Electric Power and Heat Power	11.11	73.60	3.81	11.20	94.68
燃气生产和供应业	Production and Supply of Gas	12.02	54.63	1.41	16.23	96.40
水的生产和供应业	Production and Supply of Water	2.21	53.67	0.87	1.76	100.00

13-14 主要工业产品产量

Output of Major Industrial Products

产品名称	Item	2013	2014	2015
原煤 (万吨)	Coal (10 000 tons)	50134.28	52008.20	52224.16
天然原油 (万吨)	Crude Petroleum Oil (10 000 tons)	3688.04	3767.81	3736.73
天然气 (亿立方米)	Natural Gas (100 million cu.m)	371.65	410.11	415.92
铁矿石原矿 (万吨)	Crude Quantity of Iron Ore (10 000 tons)	1498.77	1497.05	2155.21
锌金属含量 (万吨)	Zinc Metal Content (10 000 tons)	44.25	54.90	28.50
钼精矿折含量 (万吨)	Reduced Quantity of Molybdenum Concentrate (10 000 tons)	4.94	4.91	5.02
小麦粉 (万吨)	Wheat Meal (10 000 tons)	523.25	568.01	607.68
饲料 (万吨)	Feed (10 000 tons)	311.95	436.71	482.60
精制食用植物油 (万吨)	Refined Edible Vegetable Oil (10 000 tons)	133.29	146.21	162.36
乳制品 (万吨)	Dairy Products (10 000 tons)	183.98	161.34	161.66
白酒 (万千升)	Spirits (10 000 kiloliter)	10.49	11.92	13.62
啤酒 (万千升)	Beer (10 000 kiloliter)	102.18	95.99	94.15
软饮料 (万吨)	Soft Drinks (10 000 tons)	523.89	560.93	684.99
卷烟 (亿支)	Cigarettes (100 million pieces)	899.50	914.50	910.12
纱 (万吨)	Yarn (10 000 tons)	35.55	40.05	49.46
布 (万米)	Cloth (10 000 m)	57399.20	60967.85	68075.10
服装 (万件)	Garments (10 000 cases)	1974.20	2218.82	2305.90
机制纸及纸板 (万吨)	Machine-made Paper and Paperboard (10 000 tons)	80.42	70.77	69.95
纸制品 (万吨)	Paper Products (10 000 tons)	48.05	73.39	93.62
原油加工量 (万吨)	Crude Runs (10 000 tons)	2078.59	2095.79	1967.43
# 汽油	Gasoline	745.21	766.18	705.07
柴油	Diesel Oil	883.97	895.75	841.99
焦炭 (万吨)	Coke (10 000 tons)	2447.37	3797.54	3644.40
硫酸(折100%) (万吨)	Sulfuric Acid (10 000 tons)	128.71	132.49	141.58
烧碱(折100%) (万吨)	Caustic Soda (10 000 tons)	67.77	92.41	94.17
碳化钙(电石) (万吨)	Soda Ash (10 000 tons)	167.32	208.35	260.19
精甲醇 (万吨)	Extract Methanol (10 000 tons)	292.35	338.96	431.48
合成氨 (万吨)	Synthetic Ammonia (10 000 tons)	140.81	178.76	190.16
农用氮、磷、钾化肥 (万吨)	Chemical Fertilizers (10 000 tons)	103.04	179.33	187.13
# 氮肥	Nitrogen Fertilizers	80.63	163.66	168.06
磷肥	Phosphate Fertilizers	22.40	15.44	19.08

13-14 续表 continued

产品名称	Item	2013	2014	2015
初级形态的塑料 (万吨)	Primary Plastic (10 000 tons)	115.89	190.31	344.17
化学药品原药 (万吨)	Chemical Medicines (10 000 ton)	1.61	1.52	1.55
中成药 (万吨)	Traditional Chinese Medicine (10 000 ton)	4.02	4.91	5.10
化学纤维 (万吨)	Chemical Fiber (10 000 ton)	2.50	2.94	2.25
橡胶轮胎外胎 (万条)	Tires (10 000 tires)			211.68
塑料制品 (万吨)	Plastic Articles (10 000 tons)	44.86	58.97	65.42
硅酸盐水泥熟料 (万吨)	Portland Clinker Cement (10 000 tons)	5082.45	5412.88	4901.02
水 泥 (万吨)	Cement (10 000 tons)	8545.52	9083.49	8580.09
商品混凝土 (万立方米)	Commerce Concrete (10 000 cu.m)	5192.29	6669.13	7760.80
平板玻璃 (万重量箱)	Plain Glass (10 000 weight cases)	1837.85	2283.01	1822.54
生 铁 (万吨)	Pig Iron (10 000 tons)	882.54	884.02	800.89
粗 钢 (万吨)	Crude Steel (10 000 tons)	980.08	1038.26	1027.27
钢 材 (万吨)	Rolled Steel (10 000 tons)	1565.22	1683.92	1655.58
铁合金 (万吨)	Ferroalloy (10 000 tons)	57.26	68.79	71.06
十种有色金属 (万吨)	Ten Kinds of Nonferrous Metals (10 000 tons)	159.61	204.74	200.69
# 锌 (万吨)	Zinc Metal (10 000 tons)	71.78	84.21	94.03
原铝(电解铝) (万吨)	Electrolyzed Aluminum (10 000 tons)	44.36	66.83	63.91
铝 材 (万吨)	Rolled Aluminum (10 000 tons)	16.54	11.81	16.20
金属切削工具 (万件)	Metal-cutting tools (10 000 pieces)	1636.80	3592.24	3751.90
发动机 (万千瓦)	Engine (10 000 kw)	168.00	330.51	213.60
金属切削机床 (台)	Metal-cutting Machine Tools (unit)	16271	20660	17579
# 数控机床	Computer Numerical Control Machine Tools	8161	10022	8083
金属成型机床 (台)	Metal Forming Machines(Forging Equipment) (unit)	4671	6122	7996
汽 车 (万辆)	Motor Vehicles (10 000units)	42.44	37.47	34.14
# 基本型乘用车(轿车)	Basic Type Passenger Vehicle(Car)	31.70	26.71	24.01
载货汽车	Trucks	10.34	10.65	8.31
# 新能源汽车	New energy vehicles			3.21
交流电动机 (万千瓦)	Alternating Current Motors (10 000 kw)	582.32	795.99	673.65
变压器 (万千伏安)	Transformers (10 000 KVA)	12858.19	15536.35	14341.44
光 缆 (万芯千米)	Fiber Optic Cable (10 000 Core.km)	334.77	513.96	697.94
太阳能电池 (万千瓦)	Solar Battery (10 000 kw)	61.04	68.69	104.02
集成电路圆片 (万片)	Integrated Circuit Wafer (10 000 pieces)			70.90
电子元件 (亿只)	Electronic Components (100 million units)	10.99	82.30	32.33
发电量 (亿千瓦小时)	Electricity (100 million kwh)	1493.66	1600.88	1594.11

13-15 各市(区)规模以上工业企业工业总产值(1995-2015年)

Gross Industrial Output Value above Designated Size by City(District)(1995-2015)

单位：亿元 (100 million yuan)

年 份 Year	全 省 Shaanxi	西安市 Xi'an	铜川市 Tongchuan	宝鸡市 Baoji	咸阳市 Xianyang	渭南市 Weinan
1995	761.35	240.63	15.80	115.84	135.02	74.74
1996	814.82	281.51	21.98	123.29	151.78	79.99
1997	900.78	303.94	25.47	124.26	173.04	87.40
1998	960.81	355.15	26.97	125.62	182.22	89.60
1999	1097.45	376.72	29.21	126.21	202.89	95.79
2000	1268.43	433.43	30.84	139.98	208.70	100.27
2001	1457.62	505.02	30.11	155.13	217.24	112.93
2002	1667.10	546.24	33.38	183.76	231.22	136.04
2003	2118.17	676.93	42.13	252.95	286.13	191.74
2004	2735.22	892.60	59.91	315.47	309.65	257.79
2005	3397.71	952.18	70.49	409.95	359.16	337.71
2006	4442.81	1194.60	99.53	536.67	458.52	377.63
2007	5692.33	1623.85	124.34	672.20	565.61	474.27
2008	7480.79	2030.76	166.84	895.77	860.24	638.00
2009	8470.40	2490.50	195.02	995.99	1038.83	767.22
2010	11199.84	3130.15	249.05	1340.45	1401.92	1039.83
2011	14283.48	3552.21	335.76	1701.80	1854.54	1360.03
2012	16926.49	4066.31	461.80	1986.69	2293.52	1634.36
2013	18982.47	4497.62	549.66	2258.52	2633.00	1728.47
2014	20015.88	4420.06	565.91	2274.97	3002.05	1959.32
2015	20333.98	4346.16	565.23	2599.43	3164.89	2053.87

13-15 续表 continued

单位：亿元 (100 million yuan)

年 份 Year	延安市 Yan'an	汉中市 Hanzhong	榆林市 Yulin	安康市 Ankang	商洛市 Shangluo	杨凌示范区 Yangling
1995	33.39	53.33	16.75	12.49	5.61	1.61
1996	56.96	56.62	18.19	16.13	6.43	1.95
1997	75.33	62.91	20.15	19.04	6.92	2.32
1998	69.83	63.80	22.48	15.93	7.92	1.29
1999	83.90	62.58	24.60	16.37	9.45	1.28
2000	131.00	68.43	36.61	20.06	11.47	2.07
2001	160.78	76.31	68.20	20.63	14.19	3.58
2002	188.52	89.11	119.20	25.03	16.40	5.52
2003	255.93	110.07	142.27	30.45	22.00	13.34
2004	348.10	142.76	278.39	37.71	26.82	16.29
2005	537.00	165.41	360.04	43.57	32.76	16.53
2006	764.07	204.37	528.20	56.28	41.39	19.57
2007	905.20	241.11	773.87	81.56	60.08	28.17
2008	1053.51	260.60	1269.86	97.48	74.43	34.74
2009	969.50	310.79	1392.56	132.47	104.56	40.30
2010	1227.31	404.41	1917.70	192.15	176.99	40.09
2011	1504.86	545.42	2613.53	309.22	265.07	60.26
2012	1646.76	718.09	3130.98	482.20	365.04	79.87
2013	1612.32	856.10	3120.82	634.82	479.93	88.32
2014	1708.57	873.56	3449.20	787.97	634.11	110.86
2015	1417.24	922.03	3206.37	945.07	793.37	133.41

13-16 各市(区)规模以上工业企业主要经济指标(2015年)
Main Indicators of Industrial Enterprises above Designated Size by City(District)(2015)

单位：万元 (10 000 yuan)

地 区	Region	企业单位数(个) Number of Enterprises (unit)	#亏损企业 Unprofitable Enterprises	资产总计 Total Assets	负债合计 Total Liabilities	所有者权益合计 Owners' Equity	主营业务收入 Revenue from Principal Business	主营业务成本 Cost of Principal Business
全 省	**Shaanxi**	**5350**	**962**	**263931713**	**147905919**	**115980147**	**188230145**	**150877320**
西安市	Xi'an	1117	234	53696281	30358199	23324051	37479785	31895637
铜川市	Tongchuan	172	29	4803267	2892783	1910482	4919355	4354965
宝鸡市	Baoji	595	104	20784706	10768666	10016034	20543677	16808353
咸阳市	Xianyang	862	49	24774722	11866180	12873193	30497025	23750782
渭南市	Weinan	490	122	23079302	15944843	7227634	17073277	14745426
#韩城市	Hancheng	98	49	7652244	5643582	2003305	6597314	5387792
延安市	Yan'an	140	42	35264777	19927747	15369107	16835831	12684271
汉中市	Hanzhong	425	78	8076958	5536946	2495846	9906308	8692120
榆林市	Yulin	712	249	67371311	37409931	29923969	28796624	20777678
安康市	Ankang	505	13	5085328	2167015	2883016	9012511	7062988
商洛市	Shangluo	221	25	5242408	3220591	2021817	7227637	6363297
杨凌示范区	Yangling	106	17	1643712	1018914	620159	1042038	848316

13-16 续表 continued

单位：万元 (10 000 yuan)

地 区	Region	主营业务税金及附加 Taxes and Other Charges on Principal Business	销售费用 Eelling Expenses	管理费用 Management Expenses	财务费用 Financial Expenses	利润总额 Total Profits	亏损企业亏损额 Losses of Unprofitable Enterprises	本年应交增值税 Value Added Tax Payable	全部从业人员年平均人数(人) Annual Average Employed Persons (person)
全 省	**Shaanxi**	**7236304**	**4889690**	**8474388**	**3175595**	**14124077**	**1739843**	**7862009**	**1570640**
西安市	Xi'an	223127	1469598	2089671	437190	1870912	202535	1034267	382326
铜川市	Tongchuan	70894	123868	245220	81850	5757	206892	156106	54253
宝鸡市	Baoji	623462	517383	1218890	266924	1456437	80108	801602	172219
咸阳市	Xianyang	1190377	883010	994366	310469	3451522	111944	1443389	247159
渭南市	Weinan	84996	254858	486558	355523	445010	267260	332496	149926
#韩城市	Hancheng	17198	96825	104714	143555	124060	49423	122065	38688
延安市	Yan'an	2687324	280725	779031	256699	518564	219922	848929	112962
汉中市	Hanzhong	311259	163625	310617	172982	292843	217452	264510	83529
榆林市	Yulin	1581392	727950	1599795	928477	3277964	370845	1804280	219109
安康市	Ankang	151464	275054	340942	92688	1107358	7330	468757	62339
商洛市	Shangluo	53671	136318	202155	83863	415401	50637	230300	38816
杨凌示范区	Yangling	5298	54445	47892	16350	66944	4787	41212	11399

主要统计指标解释

工业　指从事自然资源的开采，对采掘品和农产品进行加工和再加工的物质生产部门。具体包括：(1)对自然资源的开采，如采矿、晒盐等(但不包括禽兽捕猎和水产捕捞)；(2)对农副产品的加工、再加工，如粮油加工、食品加工、缫丝、纺织、制革等；(3)对采掘品的加工、再加工，如炼铁、炼钢、化工生产、石油加工、机器制造、木材加工等，以及电力、自来水、煤气的生产和供应等；(4)对工业品的修理、翻新，如机器设备的修理、交通运输工具(如汽车)的修理等。

轻工业　指主要提供生活消费品和制作手工工具的工业。按其所使用的原料不同，可分为两大类：(1)以农产品为原料的轻工业，是指直接或间接以农产品为基本原料的轻工业。主要包括食品制造、饮料制造、烟草加工、纺织、缝纫、皮革和毛皮制作、造纸以及印刷等工业；(2)以非农产品为原料的轻工业，是指以工业品为原料的轻工业。主要包括文教体育用品、化学药品制造、合成纤维制造、日用化学制品、日用玻璃制品、日用金属制品、手工工具制造、医疗器械制造、文化和办公用机械制造等工业。

重工业　指为国民经济各部门提供物质技术基础的主要生产资料的工业。按其生产性质和产品用途，可以分为下列三类：(1)采掘(伐)工业，是指对自然资源的开采，包括石油开采、煤炭开采、金属矿开采、非金属矿开采等工业；(2)原材料工业，指向国民经济各部门提供基本材料、动力和燃料的工业。包括金属冶炼及加工、炼焦及焦炭、化学、化工原料、水泥、人造板以及电力、石油和煤炭加工等工业；(3)加工工业，是指对工业原材料进行再加工制造的工业。包括装备国民经济各部门的机械设备制造工业、金属结构、水泥制品等工业，以及为农业提供的生产资料如化肥、农药等工业。

根据上述划分原则，修理业中以重工业产品为修理作业对象的划为重工业，反之划为轻工业。

国有及国有控股企业　指国有企业加上国有控股企业。国有企业(即原全民所有制工业或国营工业)指企业全部资产归国家所有，并按《中华人民共和国企业法人登记管理条例》规定登记注册的非公司制的经济组织。包括国有企业、国有独资公司和国有联营企业。1957 年以前的公私合营和私营工业，后均改造为国营工业，1992 年改为国有工业，这部分工业的资料不单独分列时，均包括在国有企业内。国有控股企业是对混合所有制经济的企业进行的“国有控股”分类。它是指这些企业的全部资产中国有资产(股份)相对其他所有者中的任何一个所有者占资(股)最多的企业。该分组反映了国有经济控股情况。

工业总产值

(1)定义：

工业总产值是以货币形式表现的，工业企业在一定时期内生产的工业最终产品或提供工业性劳务活动的总价值量。它反映一定时间内工业生产的总规模和总水平。

(2)计算原则：

工业生产的原则，即凡是企业在报告期生产的经检验合格的产品，不管是否在报告期销售，均包括在内。

最终产品的原则，即凡是计入工业总产值的产品，必须是本企业生产的经检验合格的，不需要再进行任何加工的最终产品。如果企业有中间产品(半成品)对外销售，则对外销售的中间产品应视为企业的最终产品。

工厂法原则，即工业总产值是以工业企业作为基本计算(核算)单位，即按企业的最终产品计算工业总产值。按这种方法计算的工业总产值，不允许同一产品价值在企业内部重复计算，不能把企业内部各个车间(分厂)生产的成果相加，但允许企业间的重复计算。

(3)内容及计算方法：

1995 年全国工业普查对工业总产值(原规定)的内容及计算原则和方法做了某些修订，修订后的工业总产值(新规定)包括三项内容：即本期生产成品价值、对外加工费收入、在制品半成品期末期初差额价值三部分。

工业增加值　指工业企业在报告期内以货币表现的工业生产活动的最终成果。

工业增加值有两种计算方法：一是生产法，即工业总产出减去工业中间投入加上应交增值税；二是收入法，即从收入的角度出发，根据生产要素在生产过程中应得到的收入份额计算，具体构成项目有固定资产折旧、劳动者报酬、生产税净额、营业盈余，这种方法也称要素分配法。本年鉴中的工业增加值是以生产法计算的。

生产法工业增加值的计算方法为：

工业增加值=工业总产出-工业中间投入+应交增值税

资产总计　指企业拥有或控制的能以货币计量的经济资源，包括各种财产、债权和其他权利。资产按流动性分为流动资产、长期投资、固定资产、无形资产、递延资产和其他资产。该指标根据企业会计“资产负债表”中“资产总计”项目的期末数增列。

流动资产　指企业可以在一年内或者超过一年的一个生产周期内变现或者耗用的资产，包括现金及各种存款、短期投资、应收及预付款项、存货等。

流动资产平均余额　指企业在报告期内全部流动资产的平均余额。

固定资产原价　指企业在建造、购置、安装、改建、扩建、技术改造某项固定资产时所支出的全部货币总额。它一般包括买价、包装费、运杂费和安装费等。

固定资产净值年平均余额　指固定资产净值在报告期内余额的平均数。计算公式为：

$$\text{固定资产净值年平均余额}=\frac{\text{1至12月各月月初、月末固定资产净值之和}}{24}$$

固定资产净值 指固定资产原价减去历年已提折旧额后的净额。计算公式为：

固定资产净值=固定资产原价-累计折旧

负债合计 指企业所承担的能以货币计量，将以资产或劳务偿付的债务，偿还形式包括货币、资产或提供劳务。负债一般按偿还期长短分为流动负债和长期负债。根据会计“资产负债表”中“负债合计”的年末数填列。

所有者权益 指企业投资人对企业净资产的所有权。企业净资产等于企业全部资产减去全部负债后的余额，包括企业投资人对企业的最初投入的实际到位的资产及资本公积金、盈余公积金和未分配利润。所有者权益合计数小于零，表示企业资不抵债。

主营业务收入 指会计“利润表”中对应指标的本年累计数。未执行 2001 年《企业会计制度》的企业，用“产品销售收入”的本期累计数代替。

主营业务成本 指会计“利润表”中对应指标的本年累计数。未执行 2001 年《企业会计制度》的企业，用“产品销售成本”的本期累计数代替。

主营业务税金及附加 指会计“利润表”中对应指标的本年累计数。未执行 2001 年《企业会计制度》的企业，用“产品销售税金及附加” 的本期累计数代替。

利润总额 指企业生产经营活动的最终成果，是企业在一定时期内实现的盈亏相抵后的利润总额(亏损以“-”号表示)，它等于营业利润加上补贴收入加上投资收益加上营业外净收入再加上以前年度损益调整。

本年应交增值税 指企业在报告期内应交纳的增值税额。它等于本年销项税额加上出口退税加上进项税额转出数减去本年进项税额。小规模纳税企业直接按全年计税销售额乘以征收率计算取得。

从业人员平均人数 是指报告期内每天拥有的从业人员人数。其计算公式为：

$$\text{月平均人数}=\frac{\text{报告月内每天实有人数之和}}{\text{报告月日历日数}}$$

$$\text{季平均人数}=\frac{\text{季内各月平均人数之和}}{3}$$

$$\text{年平均人数}=\frac{\text{年内各月平均人数之和}}{12}$$

总资产贡献率 反映企业全部资产的获利能力，是企业经营业绩和管理水平的集中体现，是评价和考核企业盈利能力的核心指标。计算公式为：

$$\text{总资产贡献率(\%)}=\frac{\text{利润总额}+\text{税金总额}+\text{利息支出}}{\text{平均资金总额}}\times 100\%$$

公式中：税金总额为产品销售税金及附加与应交增值税之和；平均资产总额为期初期末资产之和的算术平均值。

资产负债率 该指标既反映企业经营风险的大小，也反映企业利用债权人提供的资金从事经营活动的能力。计算公式为：

$$\text{资产负债率(\%)}=\frac{\text{负债总额}}{\text{资产总额}}\times 100\%$$

资产与负债均为报告期期末数。

流动资产周转次数 指一定时期内流动资产完成的周转次数，反映投入工业企业流动资金的周转速度。计算公式为：

$$\text{流动资产周转次数}=\frac{\text{产品销售收入}}{\text{全部流动资产平均余额}}$$

公式中：全部流动资产平均余额为期初和期末的流动资产之和的算术平均值。

成本费用利润率 反映企业投入的生产成本及费用的经济效益，同时也反映企业降低成本所取得的经济效益。计算公式为：

$$\text{成本费用利润率(\%)}=\frac{\text{利润总额}}{\text{成本费用总额}}\times 100\%$$

公式中：成本费用总额为产品销售成本、销售费用、管理费用、财务费用之和。

产品销售率 该指标反映工业产品已实现销售的程度，是分析工业产销衔接情况，研究工业产品满足社会需求的指标。计算公式为：

$$\text{产品销售率(\%)}=\frac{\text{工业销售产值}}{\text{工业总产值(现价)}}\times 100\%$$

Explanatory Notes on Main Statistical Indicators

Industry refers to the material production sector which is engaged in the extraction of natural resources and processing and reprocessing of minerals and agricultural products, including (1) extraction of natural resources, such as mining, salt production (but not including hunting and fishing); (2) processing and reprocessing of farm and sideline produces, such as rice husking, flour milling, wine making, oil pressing, silk reeling, spinning and weaving, and leather making; (3) manufacture of industrial products, such as steel making, iron smelting, chemicals manufacturing, petroleum processing, machine building, timber processing; water and gas production and electricity generation and supply; (4)repairing of industrial products such as the repairing of machinery and means of transport (including cars).

Light Industry refers to the industry that produces consumer goods and hand tools. It consists of two categories, depending on the materials used:

(1) Industries using farm products as raw materials. These are the branches of light industry which directly or indirectly use farm products as basic raw materials, including the manufacture of food and beverages, tobacco processing, textile, clothing, fur and leather manufacturing, paper making, printing, etc.

(2) Industries using non-farm products as raw materials. These are the branches of light industry which use manufactured goods as raw materials, including the manufacture of cultural, educational articles and sports goods, chemicals, synthetic fibre, chemical products for daily use, glass products for daily use, metal products for daily use, hand tools, medical apparatus and instruments, and the manufacture of cultural and office machinery.

Heavy Industry refers to the industry which produces capital goods, and provides various sectors of the national economy with necessary material and technical basis for production. It consists of the following three branches according to the purpose of production or the use of products:

(1) Mining, quarrying and logging industry, which refers to the industry that extracts natural resources, including extraction of petroleum, coal, metal and non-metal ores.

(2) Raw materials industry refers to the industry that provides various sectors of the national economy with raw materials, fuels and power. It includes smelting and processing of metals, coking and coke chemistry, chemical materials and building materials such as cement, plywood, and power, petroleum refining and coal dressing.

(3) Manufacturing industry which refers to the industry that processes raw materials. It includes machine-building industries which equip sectors of the national economy; industries producing metal structure and cement products; and industries producing means of agricultural production, such as chemical fertilizers and pesticides.

In accordance with the above principles of classification, the repairing trades, which are engaged primarily in repairing products of heavy industry, are classified as heavy industry while those which are engaged in repairing products of light industry are classified as light industry.

State-owned and State-holding Enterprises refer to state-owned enterprises plus State-holding enterprises. State-owned enterprises (originally known as State-run enterprises with ownership by the whole society) are non-corporate economic entities registered in accordance with the *Regulation of the People's Republic of China on the Management of Registration of Legal Enterprises*, where all assets are owned by the State. Included in this category are State-owned enterprises, State-funded corporations and State-owned joint-operation enterprises. Joint State-private industries and private industries, which existed before 1957, were transformed into state-run industries since 1957, and into State-owned industries after 1992. Statistics on those enterprises are included in the State-owned industries instead of being grouped them separately. State-holding enterprises are a sub-classification of enterprises with mixed ownership, referring to enterprises where the percentage of State assets (or shares by the State) is larger than any other single share holder of the same enterprise. This sub-classification illustrates the control of the State over a particular industry.

Gross Industrial Output Value

(1) Definition: Gross industrial output value is the total volume of final industrial products produced and industrial services provided during a given period. It reflects the total achievements and overall scale of industrial production during a given period.

(2) Principles for calculation:

Statistics on industrial production follow the principle that all products produced by the enterprises and accepted through quality check during the reference period are to be included no matter whether they are sold or not during the reference period.

Determination of final products follows the principle that all products that are included in the calculation of gross industrial output value are the final products of the enterprise which have been accepted through quality check and require no further processing. If an enterprise has intermediate (semi-finished) products to sell, these intermediate products are considered as the final products of the enterprise.

Gross industrial output value is calculated following the principle of factory approach, i.e. industrial enterprise is used as the basic accounting unit in calculating the gross industrial output value. By this approach, value of the same product is not to be double-counted, and the output value of different workshops (branch factories) within the enterprise should not be added. However, this approach allows the possibility of double counting between enterprises.

(3) Content and method of calculation: The old definition of gross industrial output value was modified during the 1995 National Industrial Census. The revised (new) definition of gross industrial output value consists of 3 components: value of the finished products during the reference period, income from processing for external parties, and value of change in semi-finished products between the end and the beginning of the reference period.

Value-added of Industry refers to the final results of industrial production of industrial enterprises in money terms during the reference period.

Industrial value-added can be calculated by two approaches: the production approach, i.e. gross industrial output value minus intermediate input plus value-added tax, and the income approach, i.e. income for various factors used in the course of production, including depreciation of fixed assets, remuneration of labourers, net of production tax, and operating surplus. Value-added of industry in the Yearbook is calculated by the production approach as follows:

Value-added of industry = gross industrial output - industrial intermediate input + value-added tax

Total Assets refer to all economic resources, in monetary term, these are owned or controlled by enterprises, including properties, creditor's equity and other economic rights of all forms. Classified by the degree of liquidity, total assets include working capitals, long-term investment, fixed assets, intangible assets, deferred assets and other assets. Data on this indicator can be obtained by the year-end figures of total assets in the *Assets and Liability Table* of accounting records of enterprises.

Working Capital refers to capital that an enterprise can cash or use during one year or one production cycle that may exceed one year, including cash and savings deposits of various forms, short-term investment, money receivable and prepaid money, inventories, etc.

Annual Average Value of Working Capital refers to the average value of all working capital of the enterprise during the reference period.

Original Value of Fixed Assets refers to the total value, in monetary terms, that an enterprise spent on fixed assets, through construction, purchase, installation, transformation, expansion or technical upgrading. Generally, it covers cost of purchase, packing, transportation and installation, etc.

Annual Average of Net Value of Fixed Assets refers to the average of the net value of fixed assets during the reference period, calculated with the following formula:

$$\text{Annual Average of Net Value of Fixed Assets} = \frac{\text{sum of net value of fixed assets at the beginning and at the end of each month from January to December}}{24}$$

Net value of fixed assets refers to the original value of fixed assets minus depreciation over the years, i.e.:

Net value of fixed assets = original value of fixed assets - cumulative depreciation

Total Liabilities refer to payable liabilities of enterprises that have to be repaid in terms of money, assets or labour services. In terms of payment, it can be divided into liquid liabilities and long-term liabilities. Data on this item is obtained from the ending figures on total liabilities from the Assets and Liability Table from the enterprises.

Owner's Equity refers to the ownership of net assets of enterprise by its investors. Net assets equal total assets minus total liabilities of the enterprise, including the actual assets invested into the enterprise by investors, accumulation of capital and operating surplus and non-distributed profits. The enterprise's assets are less than its liabilities if the sum of owner's equity is smaller than zero.

Revenue from Principal Business refers to the annual accumulation of the corresponding item in the "profit table" of the accountant. For enterprises that do not follow the *2001 Enterprise Accounting Standards*, the year-end accumulation of revenue from the sales of products is used as a substitute.

Cost of Principal Business refers to the annual accumulation of the corresponding item in the "profit table" of the accountant. For enterprises that do not follow the *2001 Enterprise Accounting Standards*, the year-end accumulation of cost for the sales of products is used as a substitute.

Tax and Extra Charges from Principal Business refer to the annual accumulation of the corresponding item in the "profit table" of the accountant. For enterprises that do not follow the *2001 Enterprise Accounting Standards*, the year-end accumulation of tax and extra charges from the sales of products is used as a substitute.

Total Profits refer to the final achievement of production and operation activities of the enterprises, represented by total profits after deducting losses (loss is expressed by the negative figure). It is the sum of profits from operation, income from subsidies, investment earnings, net income from activities other than operation, and adjustment of profits and losses of previous years.

Value-added Tax Payable in the Current Year refers to the amount of the value added tax which should be paid by the enterprises during the reference period. It is the sum of tax on sales, export rebate, and transferred tax on purchases of the current year, minus the tax on purchases of the current year. Value-added tax payable of small-size enterprises is determined by the taxable sales of the year multiplied by the tax rate.

Average Annual Number of Employed Persons Employed persons refer to all those who are employed in enterprises and receive remunerations there from, including currently working employees, retirees who are re-employed, teachers of local-run schools, as well as foreigners, staff from Hong Kong, Macao and Taiwan, part-time employees and persons with second job who are employed by the enterprise, and employees of other units temporarily working in the enterprises, but excluding former employees who left the enterprise with their employment records still being kept by the enterprises.

Average number of employed persons refers to the number of employee everyday during the reference period, calculated with the following formula:

$$\text{Monthly average number} = \frac{\text{sum of actual employees everyday in reference month}}{\text{number of calendar dates in reference month}}$$

$$\text{Quarterly average number} = \frac{\text{sum of monthly average number in reference quarter}}{3}$$

$$\text{Annual average number} = \frac{\text{sum of monthly average number in reference year}}{12}$$

Ratio of Profits, Taxes and Interests to Average Assets reflects the profit-making capability of all assets of the enterprise and is a key indicator manifesting the performance and management and evaluating the profit-making potential of the enterprise. It is calculated as follows:

$$\text{Ratio of Profits, Taxes and Interests to Average Assets (\%)} = \frac{\text{total profits} + \text{total taxes} + \text{interest payment}}{\text{average assets}} \times 100\%$$

In the above formula, total taxes is the sum of tax and extra charges on the sales of products and value-added tax payable; and average assets is the arithmetic mean of the sum of beginning assets and ending assets.

Ratio of Debts to Assets reflects both the operation risk and the capability of the enterprise in making use of the capital from the creditors. It is calculated as follows:

$$\text{Ratio of Debts to Assets (\%)} = \frac{\text{total debts}}{\text{total assets}} \times 100\%$$

Both assets and debts are figures at the end of the reference period.

Turnover of Working Capital refers to the number of times of turnover of working capital in a given period of time, which reflects the speed of the turnover of working capital of industrial enterprises, and is calculated as follows:

$$\text{Turnover of Working Capital} = \frac{\text{sales revenue of products}}{\text{average balance of total working capital}}$$

In the above formula, average balance of total working capital refers to the arithmetic mean of the sum of working capital at the beginning and at the end of the reference period.

Ratio of Profits to Total Industrial Costs refers to the ratio of profits realized in a given period to the total costs in the same period, which reflects the economic efficiency of input cost and is calculated as follows:

$$\text{Ratio of Profits to Total Industrial Cost (\%)} = \frac{\text{total profits}}{\text{total costs}} \times 100\%$$

Total costs in the above formula are the sum of cost of products sold, marketing cost, management cost and financial cost.

Sales Ratio of Products is an indicator reflecting the actual sale of industrial products, analyzing the production-selling and supply-demand relations. It is calculated as:

$$\text{Sales Ratio of Products (\%)} = \frac{\text{value of industrial sales}}{\text{gross industrial output value (current prices)}} \times 100\%$$

十四、建筑业

Construction

资料整理：王 东 郭 涛 陈晓峰

简 要 说 明

一、本篇资料反映陕西建筑业概况和发展情况。内容包括：建筑业企业基本情况和生产经营情况。主要指标有企业个数、从业人员数、建筑业总产值、建筑业增加值、房屋建筑面积、利润税金、劳动生产率等。

二、本篇资料的统计范围：根据建筑业发展的实际情况，建筑业统计范围从 2002 年年报起由原具有建筑业资质等级四级及四级以上的独立核算的建筑业企业调整为具有建筑业资质的独立核算建筑业企业。

Brief Introduction

I. This chapter reflects the general situation and the development of the construction industry of Shaanxi Province. They cover the situation of production and management of the construction enterprises, including the number of enterprises, number of employed persons, gross output value and value added of the construction industry, floor space of buildings under construction, profits and taxes and labour productivity etc.

II. Scope of Statistics

In view of the development of the construction industry, starting from 2002 the scope of construction statistics has been adjusted to include all the construction enterprises of various types of ownership with qualification certificates and independent accounting systems, replacing the previous criteria that required construction enterprises of various types of ownership to have qualification certificates at or above Class 4 with independent accounting systems.

14.建筑业

2015年全省具有建筑业资质等级的建筑施工企业		
企业个数	2012	个
#国有及国有控股企业	261	个
总产值	4811.86	亿 元
#国有及国有控股企业	2955.63	亿 元
房屋建筑竣工面积（不含劳务分包企业）	7084.50	万平方米
房屋建筑面积竣工率（不含劳务分包企业）	29.5	%

建筑施工企业总产值（亿元）

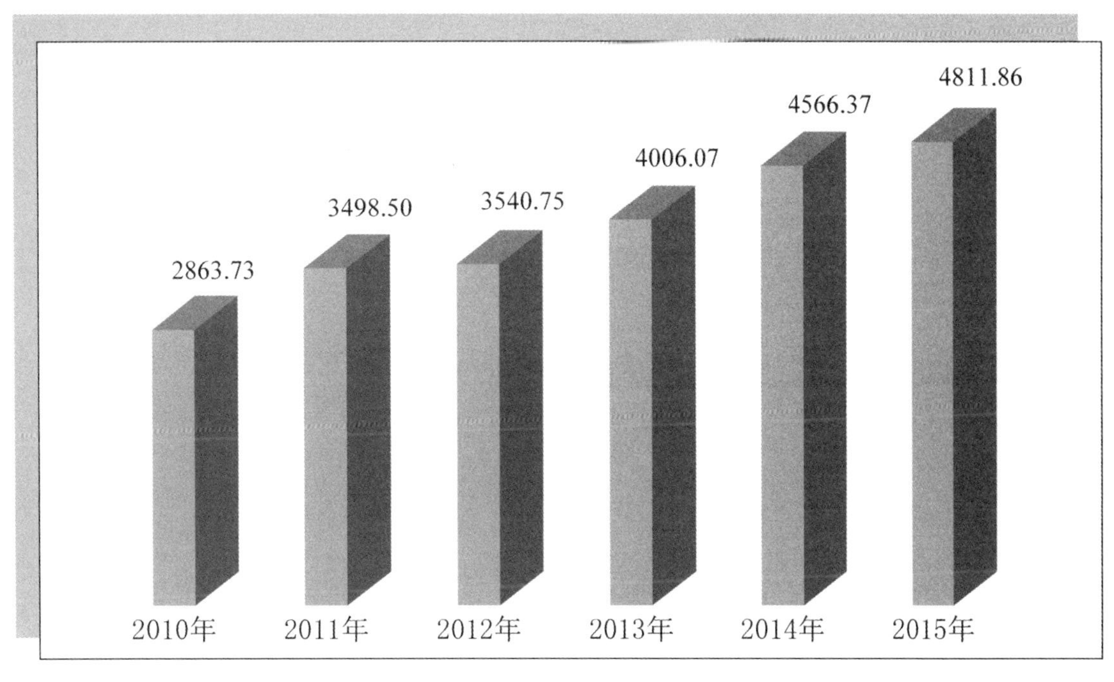

14-1 建筑业总产值

Gross Output Value of Construction

单位：万元 (10 000 yuan)

年 份 Year	建筑业总产值 Gross Output Value of Construction	# 地方属企业 Local-owned	国有企业 State-owned	集体企业 Collective-owned
1978	86642	60131	75082	11560
1979	91932	66057	77854	14078
1980	97607	71142	80505	17102
1981	82528	65171	65789	16739
1982	98176	70799	79749	18427
1983	110401	75874	85828	24573
1984	139234	92633	111271	27963
1985	164405	100322	132119	32286
1986	183081	112965	150795	38357
1987	208180	125264	165971	42209
1988	242409	134927	197920	44489
1989	273554	144417	230069	43485
1990	325034	155840	278358	46676
1991	360774	173400	306098	54676
1992	479806	228929	410445	69361
1993	751613	331449	650865	100649
1994	980260	414949	856685	121941
1995	1065612	501076	914782	143870
1996	1294502	735145	940012	335948
1997	1642493	928341	1158205	461272
1998	1879804	983440	1399161	394712
1999	2183009	1188225	1640515	432628
2000	2423046	1205275	1843456	439089
2001	2797388	1424557	1970842	479810
2002	3473536	1735125	2474524	490351
2003	4409564	2076800	3138878	456851
2004	5231639	2688405	3878423	439996
2005	6586411	3011102	5068215	443869
2006	8306966	3918215	6108524	686188
2007	11734648	5906626	7794313	931517
2008	16556239	8501607	11138979	1036447
2009	23092674	11391659	16741395	1201810
2010	28637317	15426858	20021853	2220240
2011	34984999	20712510	24518351	3152250
2012	35407509	24154390	22000114	3849886
2013	40060698	15161904	24898794	2184911
2014	45663737	17620611	28043125	2177236
2015	48118597	18562290	29536307	1986698

注：1.1996年以后建筑业年报统计范围由往年的县及县以上(含县级建制镇)各种经济类型的建筑企业，改为具有建筑业资质等级四级及以上的各种经济类型的建筑施工企业；2002年改为具有建筑业资质等级的各种经济类型的建筑施工企业。

2.1998年以后国有经济为国有及国有控股企业。

3.本表资料含劳务分包企业。

a) Since 1996, the statistical range of construction annual report have changed from construction enterprises of all economic types in counties and above counties level (contain county towns) to the construction enterprises of all economic types at fourth or higher quality grades, since 2002 which have changed to the all economic types construction enterprises which possess qualification grades.

b) Since 1998, the state-owned enterprises are the state-owned and the state holding enterprises.

c) Data in the table include the subcontractor of labour services.

14-2 具有资质等级的建筑业企业主要指标(2015年)

指 标	Item	企业数 (个) Number of Enterprises (unit)	总产值 (万元) Total Output Value (10 000 yuan)	# 建筑工程 Construction	# 安装工程 Installation
总 计	**Total**	**2012**	**48118597**	**42780289**	**3857176**
# 国有及国有控股企业	State-owned and State-holding Enterprises	261	29556307	27322296	1728676
按登记注册类型分	**By Status of Registration**				
内资企业	Domestic Funded	2010	48116118	42777810	3857176
国有企业	State-owned Enterprises	86	3267460	2878345	312478
集体企业	Collective-owned Enterprises	121	1986698	1733853	200447
股份合作企业	Cooperative Enterprises	3	71631	63599	
联营企业	Joint Ownership Enterprises	3	71977	58201	12772
集体联营企业	Collective Joint Ownership Enterprises	2	67777	54001	12772
国有与集体联营企业	Joint State-collective Enterprises	1	4200	4200	
有限责任公司	Limited Liability Corporations	774	31573837	28705002	2085678
国有独资公司	State Sole Funded Corporations	47	7505314	7109806	276671
其他有限责任公司	Other Limited Liability Corporations	727	24068523	21595197	1809008
股份有限公司	Share-holding Corporations Limited	66	2405582	1998804	301947
私营企业	Private Enterprises	951	8715453	7318340	942041
私营独资企业	Private-funded Enterprises	6	109859	64546	14990
私营有限责任公司	Private Limited Liability Corporations	893	7691541	6531076	867042
私营股份有限公司	Private Share-holding Corporations Ltd.	52	914054	722718	60009
其他企业	Other Enterprises	6	23480	21667	1813
港、澳、台商投资企业	Enterprises with Funds from Hong Kong, Macao and Taiwan	1	252	252	
合资经营企业(港或澳、台资)	Joint-venture Enterprises	1	252	252	
外商投资企业	Foreign-invested Enterprise	1	2227	2227	
中外合资经营企业	Joint-venture Enterprises	1	2227	2227	
按国民经济行业分	**By Sector**				
房屋建筑业	Building	1221	25654191	23610249	1379598
土木工程建筑业	Building and Civil Engineering	476	18109161	16695663	994913
铁路、道路、隧道和桥梁工程建筑	Railway Road Tunnel and Bridge Engineering Construction	285	14255419	13921838	55292
水利和内河港口工程建筑	Water Conservancy and Inland Port	62	1848231	1777498	55278
工矿工程建筑	Industrial and Mining Engineering	51	859610	514034	269194
架线和管道工程建筑	Wiring and Piping Engineering	45	726865	101144	602952
其他土木工程建筑	Other Civil Engineering Construction	33	419036	381149	12197
建筑安装业	Construction Installation	145	2732613	1339145	1128787
电气安装	Electrical Installation	52	468987	335443	89653
管道和设备安装	Piping and Equipment Installation	34	116352	27926	71433
其他建筑安装业	Other Construction and Installation Industry	59	2147275	975776	967702

Main Production Indicators of Construction Enterprises Which Possess Qualification Grades(2015)

直接从事生产经营活动平均人数(人) Annual Average of Persons Employed (person)	年末从业人数(人) Number of Engaged Persons (person)	利润总额(万元) Total Profits (10 000 yuan)	税金(万元) Tax (10 000 yuan)	按总产值计算劳动生产率(元/人) Overall Labor Productivity by Gross Output Value (yuan/person)	产值利润率(%) Ratio of Profit to Gross Output Value (%)	产值利税率(%) Ratio of Pre-tax Profit to Gross Output Value (%)	资产总计(万元) Total Assets (10 000 yuan)	负债合计(万元) Total Liabilities (10 000 yuan)	实收资本(万元) Paid-in Capitals (10 000 yuan)	资产负债率(%) Assets-Liability Ratio (%)
1283909	**1161571**	**1592412**	**1293647**	**374782**	**3.3**	**2.7**	**46948822**	**31911814**	**9000242**	**68.0**
589053	532229	1006726	547111	501760	3.4	1.9	29778154	24511207	3406483	82.3
1283806	1161499	1592266	1293705	374793	3.3	2.7	46946706	31911025	8998081	68.0
95563	82678	108972	104596	341917	3.3	3.2	2981700	2025719	357931	67.9
87865	82653	82976	115573	226108	4.2	5.8	1162288	490562	496233	42.2
2759	1933	2543	1042	259627	3.6	1.5	75193	68964	5996	91.7
3179	3195	2041	9947	226413	2.8	13.8	88472	68684	8612	77.6
3068	3080	1767	9973	220915	2.6	14.7	79022	65046	2800	82.3
111	115	275	-27	378378	6.5	-0.6	9450	3638	5812	38.5
701529	623481	1070559	673278	450072	3.4	2.1	30969602	24437479	4636926	78.9
140699	127858	239257	109886	533431	3.2	1.5	6149706	5150782	759808	83.8
560830	495623	831302	563393	429159	3.5	2.3	24819896	19286697	3877118	77.7
49307	49463	61685	63717	487878	2.6	2.6	1850413	1340456	360941	72.4
342211	316666	262290	325020	254681	3.0	3.7	9806737	3476536	3127370	35.5
3658	2644	3320	923	300324	3.0	0.8	67897	45107	17232	66.4
307633	284284	234864	291154	250023	3.1	3.8	9395324	3263447	2990030	34.7
30920	29738	24106	32943	295619	2.6	3.6	343515	167982	120109	48.9
1393	1430	1199	533	168554	5.1	2.3	12301	2625	4072	21.3
13	12	9	-38	194000	3.7	-14.9	233	407	661	174.7
13	12	9	-38	194000	3.7	-14.9	233	407	661	174.7
90	60	136	-21	247456	6.1	-0.9	1884	381	1500	20.2
90	60	136	-21	247456	6.1	-0.9	1884	381	1500	20.2
793581	704605	844431	772671	323271	3.3	3.0	20255886	11318232	4651053	55.9
397735	376888	637504	400831	455307	3.5	2.2	23264895	18242740	3589026	78.4
284652	268824	519479	327104	500802	3.6	2.3	18565563	14840112	2721644	79.9
39345	38617	60464	19486	469750	3.3	1.1	2125273	1600498	323566	75.3
23487	21837	23478	22044	365994	2.7	2.6	1436470	1047124	307905	72.9
18470	18500	24784	21948	393538	3.4	3.0	767507	520390	159465	67.8
31781	29110	9299	10249	131851	2.2	2.4	370082	234616	76445	63.4
45938	44302	73061	86345	594848	2.7	3.2	2400194	1666270	487933	69.4
10713	8878	17858	21915	437773	3.8	4.7	517278	370303	111670	71.6
6269	5541	4645	6305	185599	4.0	5.4	226751	114536	64656	50.5
28956	29883	50558	58125	741565	2.4	2.7	1656165	1181431	311607	71.3

14-2 续表

指　　标	Item	企业数（个）Number of Enterprises (unit)	总产值（万元）Total Output Value (10 000 yuan)	# 建筑工程 Construction	# 安装工程 Installation	直接从事生产经营活动平均人数(人) Annual Average of Persons Employed (person)
建筑装饰和其他建筑业	Building Decoration and Other Construction	170	1622633	1135232	353877	46655
建筑装饰业	Construction Decoration	115	602105	303796	216931	21710
工程准备活动	Engineering Preparation	23	692979	638431	52433	21364
提供施工设备服务	Construction Equipment Services	6	97847	97663	100	463
其他未列明的建筑活动	Other Construction Activities Unlisted	26	229703	95342	84414	3118
按隶属关系分	**By Jurisdiction of Management**					
中　央	Central	65	14615323	13959803	524354	269002
省	Provincial	93	11376615	10087627	1051429	196524
市及以下	Cities at Prefecture Level and Below	566	10080024	8990977	685266	355805
其　他	Others	1288	12046636	9741882	1596126	462578
按企业资质等级分	**By Qualification Grade**					
施工总承包	The General Contractor	1623	19976478	19976478	19976478	1157599
特　级	Special Grade	7	1779934	1779934	1779934	32362
一　级	First Grade	233	14011684	14011684	14011684	595779
二　级	Second Grade	959	3327176	3327176	3327176	400232
三级及以下	Third Grade and Below	424	857683	857683	857683	129226
专业承包	The Specialized Contractor	355	213425	213425	213425	116565
一　级	First Grade	121	135414	135414	135414	67747
二　级	Second Grade	128	44754	44754	44754	33973
三级及以下	Third Grade and Below	106	33257	33257	33257	14845
劳务分包	The Subcontractor of Labour Services	34	114716			9745
一　级	First Grade	23	77605			4978
二　级	Second Grade	7	36383			4623
三级及以下	Third Grade and Below	4	728			144
按营业状态分	**By Business State**					
营　业	Operating	1989	48101195	42764422	3857176	1283014
停业(歇业)	Suspension	21	13058	11522		746
当年关闭	Closure in This Year	1	35	35		5
其　他	Others	1	4310	4310		144
按控股情况分	**By Holding Situation**					
国有控股	State-holding	261	13566698	13566698	13566698	589053
集体控股	Group Holdings	183	1924762	1924762	1924762	152527
私人控股	Private Holdings	1484	4530420	4419119	4419119	512027
港澳台商控股	Holdings Hong Kong, Macao,Taiwan	1				13
外商控股	Foreign Holdings	3				345
其　他	Others	80	282739	279324	279324	29944

continued

年末从业人数(人) Number of Engaged Persons (person)	利润总额(万元) Total Profits (10 000 yuan)	税金(万元) Tax (10 000 yuan)	按总产值计算劳动生产率(元/人) Overall Labor Productivity by Gross Output Value (yuan/person)	产值利润率(%) Ratio of Profit to Gross Output Value (%)	产值利税率(%) Ratio of Pre-tax Profit to Gross Output Value (%)	资产总计(万元) Total Assets (10 000 yuan)	负债合计(万元) Total Liabilities (10 000 yuan)	实收资本(万元) Paid-in Capitals (10 000 yuan)	资产负债率(%) Assets-Liability Ratio (%)
35776	37416	33799	347794	2.3	2.1	1027847	684572	272231	66.6
21697	16547	23281	277340	2.7	3.9	543522	312458	199402	57.5
10553	18907	9728	324367	2.7	1.4	419499	336635	48476	80.2
420	511	108	2113324	0.5	0.1	9316	6277	2641	67.4
3106	1452	683	736699	0.6	0.3	55510	29203	21711	52.6
246077	525391	320352	543317	3.6	2.2	18683300	15729326	2000560	84.2
168709	370290	153577	578892	3.3	1.3	7933177	6456519	1093035	81.4
326445	330369	401219	283302	3.3	4.0	7311895	4263443	1815857	58.3
420340	366362	418499	260424	3.0	3.5	13020450	5462526	4090790	42.0
1047016	1484875	1161127	172568	7.4	5.8	43872338	29912674	8299539	68.2
25147	164627	121038	550007	9.2	6.8	8845859	7523663	894675	85.1
541941	880297	465593	235183	6.3	3.3	24483677	17181610	3342358	70.2
360907	324014	432011	83131	9.7	13.0	8426748	4050392	3391540	48.1
119021	115938	142485	66371	13.5	16.6	2116055	1157009	670965	54.7
103221	102993	122891	18310	48.3	57.6	3021285	1961578	693554	64.9
57733	57769	62455	19988	42.7	46.1	1780982	1269901	386052	71.3
33658	34813	49224	13173	77.8	110.0	828928	449763	194343	54.3
11830	10411	11212	22403	31.3	33.7	411375	241915	113159	58.8
11334	4544	9629	117717	4.0	8.4	55200	37561	7149	68.0
6610	2811	2050	155895	3.6	2.6	47226	36990	5959	78.3
4595	1681	7340	78700	4.6	20.2	7613	419	1062	5.5
129	52	238	50576	7.1	32.7	361	153	128	42.4
1160450	1592006	1293627	374908	3.3	2.7	46902278	31895661	8972485	68.0
1006	311	-72	175035	2.4	-0.5	45601	15975	26992	35.0
5	0	4	70000	0.9	12.6	103	3	100	2.4
110	95	87	299306	2.2	2.0	840	175	665	20.9
532229	1006726	547111	230314	7.4	4.0	29778154	24511207	3406483	82.3
133188	145141	158958	126192	7.5	8.3	3154337	2123612	732895	67.3
468241	416891	562656	88480	9.2	12.4	13477197	5014323	4645922	37.2
12	9	-38				233	407	661	174.7
173	369	251				8700	2891	5003	33.2
27728	23275	24708	94423	8.2	8.7	530202	259373	209279	48.9

14-3 施工总承包和专业承包建筑业企业主要指标(2015年)

指 标	Item	企业数(个) Number of Enterprises (unit)	直接从事生产经营活动平均人数(人) Annual Average of Employed Persons (person)	年末从业人数(人) Number of Engaged Persons at Year-end (person)	# 工程技术人员 Engineer	# 一级建造师 First Engineer
总 计	**Total**	**1978**	**1274164**	**1150237**	**172085**	**14180**
# 国有及国有控股企业	State-owned and State-holding Enterprises	261	589053	532229	80161	5943
按登记注册类型分	**By Status of Registration**					
内资企业	Domestic Funded	1976	1274061	1150165	172051	14175
国有企业	State-owned Enterprises	86	95563	82678	12355	760
集体企业	Collective-owned Enterprises	121	87865	82653	9901	2104
股份合作企业	Cooperative Enterprises	3	2759	1933	235	
联营企业	Joint Ownership Enterprises	3	3179	3195	269	20
集体联营企业	Collective Joint Ownership Enterprises	2	3068	3080	247	12
国有与集体联营企业	Joint State-collective Enterprises	1	111	115	22	8
有限责任公司	Limited Liability Corporations	760	700388	620750	95955	7112
国有独资公司	State Sole Funded Corporations	47	140699	127858	21293	1286
其他有限责任公司	Other Limited Liability Corporations	713	559689	492892	74662	5826
股份有限公司	Share-holding Corporations Limited	66	49307	49463	5377	399
私营企业	Private Enterprises	931	333607	308063	47524	3775
私营独资企业	Private-funded Enterprises	4	3593	2575	316	67
私营有限责任公司	Private Limited Liability Corporations	879	303304	279950	44580	3527
私营股份有限公司	Private Share-holding Corporations Ltd.	48	26710	25538	2628	181
其他企业	Other Enterprises	6	1393	1430	435	5
港、澳、台商投资企业	Enterprises with Funds from Hong Kong,	1	13	12	4	
外商投资企业	Foreign-invested Enterprise	1	90	60	30	5
按国民经济行业分	**By Sector**					
房屋建筑业	Building	1205	790114	701103	107381	8950
土木工程建筑业	Building and Civil Engineering	472	393474	372649	52936	3805
铁路、道路、隧道和桥梁工程建筑	Railway Road Tunnel and Bridge Engineering Construction	283	281772	265974	38349	2741
水利和内河港口工程建筑	Water Conservancy and Inland Port Engineering Construction	62	39345	38617	8028	510
工矿工程建筑	Industrial and Mining Engineering	51	23487	21837	2806	326
架线和管道工程建筑	Wiring and Piping Engineering	45	18470	18500	2926	176
其他土木工程建筑	Other Civil Engineering Construction	31	30400	27721	827	52
建筑安装业	Construction Installation	139	44322	41088	8283	935
电气安装	Electrical Installation	51	10661	8836	2319	201
管道和设备安装	Piping and Equipment Installation	32	5071	4366	822	152
其他建筑安装业	Other Construction and Installation Industry	56	28590	27886	5142	582

Main Indicators of General Contracting and Professional Contracting in Construction Enterprises (2015)

建筑业总产值（万元） Total Output Value (10 000 yuan)	建筑工程 Construction	安装工程 Installation	其他 Others	竣工产值（万元） Output Value ofCompleted Construction (10 000 yuan)	房屋建筑施工面积（万平方米） Floor Space of Buildings under Construction (10 000 sq.m)	# 本年新开工面积 New Buildings	房屋建筑竣工面积（万平方米） Floor Space of Buildings Completed (10 000 sq.m)	# 住宅 Residential Housing	房屋建筑面积竣工率（%） Rate of Floor Space of Buildings Completed (%)
48003882	**42780289**	**3857176**	**1366417**	**22341839**	**23986.58**	**7743.85**	**7084.50**	**5292.09**	**29.5**
29556307	27322296	1728676	505336	12953065	13913.08	3348.49	2962.34	2081.54	21.3
48001402	42777810	3857176	1366417	22340824	23986.58	7743.85	7084.50	5292.09	29.5
3267460	2878345	312478	76638	1540450	1402.59	340.54	381.98	304.68	27.2
1986698	1733853	200447	52399	1167486	1330.85	698.22	665.88	499.10	50.0
71631	63599		8033	52801	38.64	38.45	33.54	19.34	86.8
71977	58201	12772	1004	51517	41.47	36.33	19.56	12.73	47.2
67777	54001	12772	1004	50317	39.14	34.00	19.56	12.73	50.0
4200	4200			1200	2.33	2.33			
31561986	28705002	2085678	771306	14495968	15737.77	4419.92	4099.47	2981.73	26.0
7505314	7109806	276671	118838	3006600	4222.05	904.72	839.70	542.18	19.9
24056673	21595197	1809008	652468	11489368	11515.72	3515.20	3259.77	2439.55	28.3
2405582	1998804	301947	104831	710115	685.88	211.06	290.42	237.71	42.3
8612587	7318340	942041	352207	4313472	4735.16	1986.85	1587.00	1230.78	33.5
109738	64546	14990	30201	49679	40.79	8.45	37.65	34.09	92.3
7627987	6531076	867042	229870	3959302	4417.82	1828.57	1417.24	1077.30	32.1
874863	722718	60009	92136	304492	276.55	149.83	132.10	119.40	47.8
23480	21667	1813		9015	14.22	12.48	6.65	6.02	46.8
252	252			215					
2227	2227			800					
25612071	23610249	1379598	622223	13177850	22235.61	7263.85	6818.93	5117.81	30.7
18073855	16695663	994913	383279	7641812	1056.44	293.87	184.30	127.60	17.4
14233617	13921838	55292	256487	6156120	564.91	163.54	109.04	65.65	19.3
1848231	1777498	55278	15455	421050	214.80	84.10	10.65	9.12	5.0
859610	514034	269194	76382	383691	220.83	27.18	26.56	18.14	12.0
726865	101144	602952	22769	396232	2.31	1.50	0.99		42.7
405532	381149	12197	12186	284719	53.59	17.55	37.07	34.69	69.2
2721973	1339145	1128787	254041	730674	334.62	130.34	43.97	24.62	13.1
468370	335443	89653	43275	236604	18.45	18.18	16.11	15.25	87.3
111182	27926	71433	11823	69480	6.70	5.75	3.45	2.71	51.6
2142420	975776	967702	198943	424589	309.47	106.40	24.40	6.66	7.9

14-3 续表 1

指　标	Item	企业数(个) Number of Enterprises (unit)	直接从事生产经营活动平均人数(人) Annual Average of Employed Persons (person)	年末从业人数(人) Number of Engaged Persons at Year-end (person)	#工程技术人员 Engineer	#一级建造师 First Engineer
建筑装饰和其他建筑业	Building Decoration and Other Construction	162	46254	35397	3485	490
建筑装饰业	Construction Decoration	110	21372	21328	2046	321
工程准备活动	Engineering Preparation	23	21364	10553	1118	139
提供施工设备服务	Construction Equipment Services	5	413	415	41	1
其他未列明的建筑活动	Other Construction Activities Unlisted	24	3105	3101	280	29
按隶属关系分	**By Jurisdiction of Management**					
中　央	Central	65	269002	246077	34835	2823
省	Provincial	93	196524	168709	29128	2270
市及以下	Cities at Prefecture Level and Below	560	355100	324067	48638	4488
其　他	Others	1260	453538	411384	59484	4599
按企业资质等级分	**By Qualification Grade**					
施工总承包	The General Contractor	1623	1157599	1047016	160873	12921
特　级	Special Grade	7	32362	25147	7942	1045
一　级	First Grade	233	595779	541941	78621	6482
二　级	Second Grade	959	400232	360907	56021	4881
三级及以下	Third Grade and Below	424	129226	119021	18289	513
专业承包	The Specialized Contractor	355	116565	103221	11212	1259
一　级	First Grade	121	67747	57733	5939	794
二　级	Second Grade	128	33973	33658	3574	175
三级及以下	Third Grade and Below	106	14845	11830	1699	290
按营业状态分	**By Business State**					
营　业	Operating	1956	1273571	1149426	172030	14179
停业(歇业)	Suspension	20	444	696	35	1
当年关闭	Closure in This Year	1	5	5		
其　他	Others	1	144	110	20	
按控股情况分	**By Holding Situation**					
国有控股	State-holding	261	589053	532229	80161	5943
集体控股	Group Holdings	183	152527	133188	16391	2630
私人控股	Private Holdings	1453	502615	457257	67790	5362
港澳台商控股	Holdings Hong Kong, Macao,Taiwan	1	13	12	4	
外商控股	Foreign Holdings	3	345	173	76	8
其　他	Others	77	29611	27378	7663	237

continued

建筑业总产值(万元) Total Output Value (10 000 yuan)	建筑工程 Construction	安装工程 Installation	其他 Others	竣工产值(万元) Output Value of Completed Construction (10 000 yuan)	房屋建筑施工面积(万平方米) Floor Space of Buildings under Construction (10 000 sq.m)	#本年新开工面积 New Buildings	房屋建筑竣工面积(万平方米) Floor Space of Buildings Completed (10 000 sq.m)	#住宅 Residential Housing	房屋建筑面积竣工率(%) Rate of Floor Space of Buildings Completed (%)
1595983	1135232	353877	106874	791503	359.90	55.79	37.29	22.06	10.4
579925	303796	216931	59198	310616	5.53	3.89	0.38	0.19	6.9
692979	638431	52433	2115	459917	341.52	45.19	27.49	17.88	8.1
97763	97663	100		3137					
225317	95342	84414	45561	17832	12.85	6.71	9.42	3.99	73.3
14615323	13959803	524354	131165	5735093	2808.87	552.64	322.13	211.45	11.5
11376615	10087627	1051429	237559	5281092	8388.93	2314.78	2032.40	1381.10	24.2
10071686	8990977	685266	395443	5384121	6612.30	2415.26	2649.87	2092.31	40.1
11940258	9741882	1596126	602250	5941534	6176.48	2461.17	2080.09	1607.23	33.7
19976478	19976478	19976478	19976478	19976478	19976.48	19976.48	6925.00	5142.25	34.7
1779934	1779934	1779934	1779934	1779934	1779.93	1779.93	394.99	266.86	22.2
14011684	14011684	14011684	14011684	14011684	14011.68	14011.68	3441.30	2552.54	24.6
3327176	3327176	3327176	3327176	3327176	3327.18	3327.18	2454.31	1815.31	73.8
857683	857683	857683	857683	857683	857.68	857.68	634.40	507.53	74.0
213425	213425	213425	213425	213425	213.43	213.43	159.50	149.85	74.7
135414	135414	135414	135414	135414	135.41	135.41	28.04	26.82	20.7
44754	44754	44754	44754	44754	44.75	44.75	107.48	106.74	240.2
33257	33257	33257	33257	33257	33.26	33.26	23.97	16.29	72.1
47987790	42764422	3857176	1366192	22327485	23982.98	7740.30	7084.50	5292.09	29.5
11746	11522		225	9979	0.01				
35	35			65	0.07	0.04			
4310	4310			4310	3.52	3.52			
13566698	13566698	13566698	13566698	13566698	13566.70	13566.70	2962.34	2081.54	21.8
1924762	1924762	1924762	1924762	1924762	1924.76	1924.76	1098.84	781.53	57.1
4419119	4419119	4419119	4419119	4419119	4419.12	4419.12	2757.62	2192.87	62.4
							0.04	0.04	
279324	279324	279324	279324	279324	279.32	279.32	265.65	236.10	95.1

14-3 续表 2

单位：万元

指标	Item	资产总计 Total Assets	# 流动资产 Circula-ting Funds	# 固定资产 Fixed Assets	固定资产原价 Original Value of Fixed Assets
总计	**Total**	**46893623**	**35739847**	**4157401**	**5504076**
# 国有及国有控股企业	State-owned and State-holding Enterprises	29778154	24707837	1739934	2892504
按登记注册类型分	**By Status of Registration**				
内资企业	Domestic Funded	46891506	35737852	4157330	5503897
国有企业	State-owned Enterprises	2981700	2382573	439611	266723
集体企业	Collective-owned Enterprises	1162288	808796	247279	271829
股份合作企业	Cooperative Enterprises	75193	66568	4413	5524
联营企业	Joint Ownership Enterprises	88472	79313	8157	10235
集体联营企业	Collective Joint Ownership Enterprises	79022	71047	6974	9079
国有与集体联营企业	Joint State-collective Enterprises	9450	8267	1184	1157
有限责任公司	Limited Liability Corporations	30952901	25283408	2061043	3444452
国有独资公司	State Sole Funded Corporations	6149706	5126982	347674	794104
其他有限责任公司	Other Limited Liability Corporations	24803194	20156426	1713369	2650348
股份有限公司	Share-holding Corporations Limited	1850413	1513443	199003	224125
私营企业	Private Enterprises	9768238	5599091	1194024	1277009
私营独资企业	Private-funded Enterprises	67634	60345	3455	3475
私营有限责任公司	Private Limited Liability Corporations	9363338	5308090	1115383	1177460
私营股份有限公司	Private Share-holding Corporations Ltd.	337267	230656	75185	96073
其他企业	Other Enterprises	12301	4660	3801	3999
港、澳、台商投资企业	Enterprises with Funds from Hong Kong,	233	219	14	143
合资经营企业(港或澳、台资)	Joint-venture Enterprises	233	219	14	143
外商投资企业	Foreign-invested Enterprise	1884	1777	57	36
中外合资经营企业	Joint-venture Enterprises	1884	1777	57	36
按国民经济行业分	**By Sector**				
房屋建筑业	Building	20220307	14244294	2290454	2203206
土木工程建筑业	Building and Civil Engineering	23257513	18631374	1565041	2927025
铁路、道路、隧道和桥梁工程建筑	Railway Road Tunnel and Bridge Engineering Construction	18561691	15002088	1117073	2259130
水利和内河港口工程建筑	Water Conservancy and Inland Port Engineering Construction	2125273	1587669	202260	335879
工矿工程建筑	Industrial and Mining Engineering	1436470	1106265	132783	182439
架线和管道工程建筑	Wiring and Piping Engineering	767507	680772	48036	88593
其他土木工程建筑	Other Civil Engineering Construction	366572	254580	64889	60983
建筑安装业	Construction Installation	2396141	2017276	207892	249795
电气安装	Electrical Installation	516425	432860	36304	50808
管道和设备安装	Piping and Equipment Installation	226084	173961	24234	33382
其他建筑安装业	Other Construction and Installation Industry	1653632	1410455	147354	165605

continued

(10 000 yuan)

负债合计 Total Liabilities	# 流动负债 Liquid Liabilities	所有者权益合计 Owners' Equity	# 实收资本 Paid-in Capitals	主营业务收入 Revenue from Principal Business	主营业务成本 Cost of Principal Business	主营业务税金及附加 Taxes and Other Charges on Principal Business	管理费用 Management Expenses	# 税金 Tax	营业利润 Operating Profit	利润总额 Total Profits	应付职工薪酬 Accrued Employee Payroll
31874252	**29310790**	**15019370**	**8993093**	**47431875**	**42923412**	**1513657**	**1452621**	**74212**	**1281007**	**1284018**	**5461883**
24511207	22891845	5266947	3406483	32522121	30107758	976503	868208	30223	537137	547111	3452858
31873464	29310002	15018042	8990932	47427857	42919751	1513517	1452360	74206	1281067	1284077	5461550
2025719	1790618	955981	357931	3287951	2958974	105967	105947	3005	105995	104596	553643
490562	394802	671725	496233	2019453	1700773	74277	88022	8699	123490	115573	300292
68964	68085	6230	5996	74930	65808	2533	3789	11	1042	1042	12101
68684	3100	19788	8612	57552	43342	1938	2159	104	9944	9947	8725
65046		13976	2800	51678	37857	1733	1936	34	9970	9973	7938
3638	3100	5812	5812	5874	5485	205	222	70	-27	-27	787
24427229	22808223	6525672	4633748	33226142	30488714	1028544	948571	41451	660019	671568	3455906
5150782	4899520	998924	759808	7517939	6947243	232212	191139	7045	113395	109886	814077
19276447	17908703	5526747	3873940	25708203	23541471	796332	757432	34406	546623	561683	2641829
1340456	1279482	509957	360941	1922469	1725735	59173	43788	2512	62599	63717	174881
3449225	2963067	6319014	3123399	6816879	5916527	239889	259610	18422	317445	317101	951039
45051	41508	22583	17090	87564	82093	3156	865	158	873	881	10202
3236192	2763962	6127146	2986351	6292781	5455401	215112	248351	17532	292563	290557	893444
167982	157597	169285	119959	436534	379033	21621	10394	731	24010	25663	47394
2625	2625	9676	4072	22480	19878	1197	474	3	533	533	4965
407	407	-174	661	252	194	9	79	1	-38	-38	57
407	407	-174	661	252	194	9	79	1	-38	-38	57
381	381	1502	1500	3766	3466	131	182	5	-22	21	276
381	381	1502	1500	3766	3466	131	182	5	-22	-21	276
11290691	10296507	8929617	4646686	22800710	20397373	796123	605669	46773	776941	771608	2993569
18241456	16751772	5016057	3588826	20973963	19250131	612988	710436	22894	386007	393560	2112899
14840112	13614692	3721578	2721644	17042012	15751349	500857	496493	17627	314461	322875	1681836
1600498	1467331	524775	323566	2080408	1888090	57679	92775	2784	21047	19486	201303
1047124	943813	389346	307905	834674	744878	22374	38687	1104	21685	22044	117547
520390	513860	247118	159465	715958	595522	23804	69821	980	21861	21948	84134
233332	212076	133240	76245	300912	270292	8274	12660	399	6952	7207	28080
1664644	1609369	731496	486208	2478060	2214131	69618	99267	3183	84655	85883	211582
370260	359913	146164	110870	539363	471144	17147	27119	692	21191	21896	36920
114183	109505	111901	64331	155241	132838	4012	9476	461	5859	6303	18894
1180201	1139951	473431	311007	1783456	1610149	48459	62672	2030	57605	57684	155768

14-3 续表 3

单位：万元

指　　标	Item	资产总计 Total Assets	# 流动资产 Circulating Funds	# 固定资产 Fixed Assets	固定资产原价 Original Value of Fixed Assets
建筑装饰和其他建筑业	Building Decoration and Other Construction	1019662	846904	94015	124051
建筑装饰业	Construction Decoration	535812	426768	61842	77994
工程准备活动	Engineering Preparation	419499	378329	19383	26488
提供施工设备服务	Construction Equipment Services	9316	7136	1517	4025
其他未列明的建筑活动	Other Construction Activities Unlisted	55035	34672	11273	15543
按隶属关系分	**By Jurisdiction of Management**				
中　央	Central	18683300	15232447	910218	2060248
省	Provincial	7933177	6945074	356845	548701
市及以下	Cities at Prefecture Level and Below	7256695	5457686	1244020	1078910
其　他	Others	13020450	8104640	1646318	1816217
按企业资质等级分	**By Qualification Grade**				
施工总承包	The General Contractor	43872338	33240058	3835919	5139599
特　级	Special Grade	8845859	6602043	223861	411824
一　级	First Grade	24483677	19031405	1659627	2566250
二　级	Second Grade	8426748	6141749	1560653	1686162
三级及以下	Third Grade and Below	2116055	1464862	391777	475363
专业承包	The Specialized Contractor	3021285	2499790	321483	364477
一　级	First Grade	1780982	1546089	153845	211705
二　级	Second Grade	828928	620200	119334	96982
三级及以下	Third Grade and Below	411375	333501	48304	55791
按营业状态分	**By Business State**				
营　业	Operating	46847159	35706962	4149001	5494607
停业(歇业)	Suspension	45521	32491	7863	8965
当年关闭	Closure in This Year	103	4	88	94
其　他	Others	840	390	450	410
按控股情况分	**By Holding Situation**				
国有控股	State-holding	29778154	24707837	1739934	2892504
集体控股	Group Holdings	3154337	2419213	396026	485604
私人控股	Private Holdings	13430305	8224926	1922847	2003027
港澳台商控股	Holdings Hong Kong, Macao,Taiwan	233	219	14	143
外商控股	Foreign Holdings	8700	6203	2420	2447
其　他	Others	521893	381450	96160	120351

continued

(10 000 yuan)

负债合计 Total Liabilities	# 流动负债 Liquid Liabilities	所有者权益合计 Owners' Equity	# 实收资本 Paid-in Capitals	主营业务收入 Revenue from Principal Business	主营业务成本 Cost of Principal Business	主营业务税金及附加 Taxes and Other Charges on Principal Business	管理费用 Management Expenses	# 税金 Tax	营业利润 Operating Profit	利润总额 Total Profits	应付职工薪酬 Accrued Employee Payroll
677462	653143	342201	271374	1179142	1061777	34928	37249	1361	33405	32967	143833
305348	290261	230464	199020	535404	473638	14867	18621	702	22305	22452	65413
336635	330521	82864	48476	582510	537400	18355	13523	552	10142	9728	71591
6277	5860	3040	2641	13704	12702	501	364	10	106	106	812
29202	26501	25833	21236	47524	38037	1205	4741	97	853	682	6018
15729326	14546474	2953974	2000560	17948962	16615400	508907	545455	16484	309471	320352	1821252
6456519	6272694	1476658	1093035	11179672	10413700	359765	212167	10525	155142	153577	1173826
4225881	3688189	3030814	1808708	8773869	7647652	306156	287749	23776	404590	399887	1162255
5462526	4803433	7557925	4090790	9529371	8246660	338829	407250	23427	411805	410202	1304550
29912674	27406390	13959664	8299539	44190099	40082665	1414567	1299499	70308	1159570	1161127	5167575
7523663	6449337	1322196	894675	6130487	5798189	158489	163184	6138	113719	121038	420567
17181610	16454385	7302066	3342358	26846323	24674051	850242	701799	30055	461294	465593	3199607
4050392	3467055	4376356	3391540	8303537	7083379	299950	333445	24064	442352	432011	1186356
1157009	1035612	959046	670965	2909752	2527046	105886	101071	10052	142205	142485	361045
1961578	1904401	1059706	693554	3241777	2840747	99090	153122	3903	121437	122891	294308
1269901	1228213	511082	386052	1946193	1738144	55605	74736	2164	61835	62455	160078
449763	440789	379165	194343	986368	838153	33814	59022	999	48665	49224	96433
241915	235398	169460	113159	309217	264450	9671	19364	741	10938	11212	37798
31858143	29297977	14989016	8965361	47422856	42915479	1513311	1452002	74189	1280957	1284005	5460773
15931	12813	29590	26967	6104	5216	259	611	14	-41	-78	722
3	1	100	100	15	10	0	0	0	4	4	18
175		665	665	2901	2708	87	8	8	87	87	370
24511207	22891845	5266947	3406483	32522121	30107758	976503	868208	30223	537137	547111	3452858
2123612	1860298	1030725	732895	3726045	3201390	132708	162398	12433	166298	158958	458859
4983853	4341306	8446453	4639873	10570812	9078664	382458	398612	30226	552551	553759	1471645
407	407	-174	661	252	194	9	79	1	-38	-38	57
2891	1488	5809	5003	7919	6319	269	1012	100	249	251	997
252282	215447	269611	208179	604727	529087	21710	22312	1229	24809	23977	77468

14-4 劳务分包建筑业企业主要指标(2015年)

单位：万元

指 标	Item	企业数(个) Number of Enter-prises (unit)	建筑业总产值 Total Output Value	直接从事生产经营活动平均人数(人) Number of Engaged Persons (person)	年末从业人数(人) Number of Engaged Persons (person)	#工程技术人员 Engineer	#现场施工人员 Site Construction Personnel
总 计	**Total**	**34**	**114716**	**9745**	**11334**	**674**	**5786**
按登记注册类型分	**By Status of Registration**						
内资企业	Domestic Funded	34	114716	9745	11334	674	5786
有限责任公司	Limited Liability Corporations	14	11850	1141	2731	120	811
其他有限责任公司	Other Limited Liability Corporations	14	11850	1141	2731	120	811
私营企业	Private Enterprises	20	102865	8604	8603	554	4975
私营独资企业	Private-funded Enterprises	2	121	65	69	4	
私营有限责任公司	Private Limited Liability Corporations	14	63554	4329	4334	534	3745
私营股份有限公司	Private Share-holding Corporations Ltd.	4	39190	4210	4200	16	1230
按国民经济行业分	**By Sector**						
房屋建筑业	Building	16	42120	3467	3502	486	2893
土木工程建筑业	Building and Civil Engineering	4	35305	4261	4239	22	1263
铁路、道路、隧道和桥梁工程建筑	Railway Road Tunnel and Bridge Engineering Construction	2	21801	2880	2850	16	1230
其他土木工程建筑	Construction Installation	2	13504	1381	1389	6	33
建筑安装业	Construction Installation	6	10640	1616	3214	127	1352
电气安装	Electrical Installation	1	616	52	42	3	39
管道和设备安装	Piping and Equipment Installation	2	5170	1198	1175	82	1050
其他建筑安装业	Other Construction and Installation Industry	3	4854	366	1997	42	263
建筑装饰和其他建筑业	Building Decoration and Other Construction	8	26650	401	379	39	278
建筑装饰业	Construction Decoration	5	22180	338	369	36	271
提供施工设备服务	Construction Equipment Services	1	84	50	5	1	4
其他未列明的建筑活动	Other Construction Activities Unlisted	2	4386	13	5	2	3
按隶属关系分	**By Jurisdiction of Management**						
市及以下	Cities at Prefecture Level and Below	6	8338	705	2378	60	532
其 他	Others	28	106378	9040	8956	614	5254
按企业资质等级分	**By Qualification Grade**						
一 级	First Grade	23	77605	4978	6610	562	4205
二 级	Second Grade	7	36383	4623	4595	59	1504
三级及以下	Third Grade and Below	4	728	144	129	53	77
按营业状态分	**By Business State**						
营 业	Operating	33	113404	9443	11024	618	5575
停业(歇业)	Suspension	1	1312	302	310	56	211
按控股情况分	**By Holding Situation**						
私人控股	Private Holdings	31	111301	9412	10984	640	5475
其 他	Others	3	3415	333	350	34	311

Main Production Indicators of Labor Subcontracting in Construction Enterprises (2015)

(10 000 yuan)

固定资产原价 Original Value of Fixed Assets	本年折旧 Depreciation of Fixed Assets	资产总计 Total Assets	负债合计 Total Liabilities	实收资本 Paid-in Capitals	主营业务收入 Revenue from Principal Business	主营业务成本 Cost of Principal Business	主营业务税金及附加 Taxes and Other Charges on Principal Business	营业利润 Operating Profit	利润总额 Total Profits
6226	**544**	**55200**	**37561**	**7149**	**114360**	**96771**	**4404**	**9679**	**9629**
6226	544	55200	37561	7149	114360	96771	4404	9679	9629
3349	287	16702	10250	3178	11515	8497	557	1710	1710
3349	287	16702	10250	3178	11515	8497	557	1710	1710
2877	257	38498	27311	3971	102845	88275	3847	7969	7919
199	12	263	56	142	121	56	6	42	42
1317	107	31987	27255	3679	63533	58806	2136	647	597
1361	139	6248		150	39190	29413	1704	7280	7280
3310	235	35579	27541	4367	42096	37774	1449	1070	1063
1160	126	7383	1284	200	35305	25732	1575	7271	7271
93	70	3873			21801	16010	959	4229	4229
1067	57	3510	1284	200	13504	9722	616	3043	3043
1159	65	4053	1625	1725	10239	8847	255	462	462
65	7	853	43	800	591	456	20	20	19
500	5	667	353	325	5278	4714	167	3	3
594	53	2533	1229	600	4369	3676	68	440	440
597	118	8185	7110	857	26719	24419	1125	876	832
402	78	7709	7110	382	22249	20147	977	827	829
165	15				84	79		2	2
30	25	475	1	475	4386	4193	148	47	1
2868	191	12801	8513	1500	7783	5604	432	1331	1332
3359	354	42399	29049	5649	106576	91168	3972	8348	8297
4284	312	47226	36990	5959	77281	69828	2720	2100	2050
1667	220	7613	419	1062	36383	26612	1633	7342	7340
275	12	361	153	128	696	331	51	238	238
5726	539	55120	37518	7124	112940	95715	4366	9673	9623
500	5	80	43	25	1420	1056	38	6	6
5972	476	46892	30470	6049	110970	94619	4067	8949	8897
254	69	8308	7091	1100	3390	2152	337	730	731

14-5 各市(区)建筑业企业个数(2015年)
Number of Construction Enterprises by City(District) (2015)

单位：个 (unit)

地 区	Region	企业个数 Number of Enterprises	中央企业 Central	地方企业 Local	施工总承包 General Contracting	专业承包 Professional Contracting	国有及国有控股企业 State-owned and State-holding	集体企业 Collective Owned
全 省	**Shaanxi**	**1978**	**65**	**1913**	**1623**	**355**	**261**	**183**
西安市	Xi'an	697	50	647	462	235	137	53
铜川市	Tongchuan	32		32	30	2	11	8
宝鸡市	Baoji	145	2	143	105	40	17	19
咸阳市	Xianyang	111	7	104	96	15	22	18
渭南市	Weinan	125	4	121	119	6	23	17
延安市	Yan'an	147		147	145	2	16	14
汉中市	Hanzhong	119	1	118	106	13	14	13
榆林市	Yulin	391	1	390	369	22	4	13
安康市	Ankang	103		103	93	10	9	15
商洛市	Shangluo	73		73	73		5	13
杨凌示范区	Yangling	35		35	25	10	3	

注：本表资料不含劳务分包企业，下表同。

a) Data in the table do not include the subcontractor of labour services. The same applies to the table following.

14-6 各市(区)建筑业企业直接从事生产经营活动平均人数(2015年)
Number of Employed Persons at Year-end of Construction Enterprises by City(District)(2015)

单位：人 (person)

地 区	Region	直接从事生产经营活动平均人数 Number of Employed Persons at Year-end	中央企业 Central	地方企业 Local	施工总承包 General Contracting	专业承包 Professional Contracting	国有及国有控股企业 State-owned and State-holding	集体企业 Collective Owned
全 省	**Shaanxi**	**1274164**	**269002**	**1005162**	**1157599**	**116565**	**589053**	**152527**
西安市	Xi'an	650481	241911	408570	558977	91504	438816	40395
铜川市	Tongchuan	11832		11832	11212	620	3140	3921
宝鸡市	Baoji	110608	2671	107937	102414	8194	29029	31179
咸阳市	Xianyang	113340	17550	95790	103192	10148	35869	26792
渭南市	Weinan	78506	5869	72637	77250	1256	30743	9223
延安市	Yan'an	57469		57469	57341	128	8732	12283
汉中市	Hanzhong	65131	832	64299	63210	1921	8544	4570
榆林市	Yulin	59571	169	59402	58593	978	7302	5452
安康市	Ankang	43690		43690	42592	1098	3073	11833
商洛市	Shangluo	53357		53357	53357		17832	6879
杨凌示范区	Yangling	30179		30179	29461	718	5973	

14-7 各市(区)建筑业企业年末从业人数(2015年)
Annual Average Persons of Construction Enterprises by City(District)(2015)

单位：人 (person)

地 区	Region	年末从业人数 Annual Average Persons	中央企业 Central	地方企业 Local	施工总承包 General Contracting	专业承包 Professional Contracting	国有及国有控股企业 State-owned and State-holding	集体企业 Collective Owned
全 省	**Shaanxi**	**1150237**	**246077**	**904160**	**1047016**	**103221**	**532229**	**133188**
西安市	Xi'an	595308	218713	376595	515468	79840	394133	38433
铜川市	Tongchuan	11203		11203	10929	274	2465	4606
宝鸡市	Baoji	91502	2746	88756	83208	8294	24712	18951
咸阳市	Xianyang	109541	17800	91741	100589	8952	35778	25455
渭南市	Weinan	70484	5808	64676	69206	1278	24699	8623
延安市	Yan'an	47028		47028	46900	128	6374	10195
汉中市	Hanzhong	61895	837	61058	60124	1771	8705	4422
榆林市	Yulin	50230	173	50057	49337	893	8204	4163
安康市	Ankang	45145		45145	44046	1099	3360	12015
商洛市	Shangluo	50871		50871	50871		17884	6325
杨凌示范区	Yangling	17030		17030	16338	692	5915	

注：本表资料不含劳务分包企业，下表同。

a) Data in the table do not include the subcontractor of labour services. The same applies to the table following.

14-8 各市(区)建筑业企业总产值(2015年)
Gross Output Value of Construction Enterprises by City(District)(2015)

单位：万元 (10 000 yuan)

地 区	Region	总产值 Gross Output Value	中央企业 Central	地方企业 Local	施工总承包 General Contracting	专业承包 Professional Contracting	国有及国有控股企业 State-owned and State-holding	集体企业 Collective Owned
全 省	**Shaanxi**	**48003882**	**14615323**	**33388559**	**23426169**	**24577713**	**13566698**	**1924762**
西安市	Xi'an	26481861	11405461	15076401	10770236	15711626	8789526	406202
铜川市	Tongchuan	285768		285768	285768		198491	115098
宝鸡市	Baoji	5482109	790872	4691237	1876188	3605921	1052689	512267
咸阳市	Xianyang	5904608	1550191	4354417	2532669	3371939	1852644	343436
渭南市	Weinan	2612827	839759	1773068	1357609	1255218	896798	88399
延安市	Yan'an	1048685		1048685	1048685		62411	19244
汉中市	Hanzhong	1451889	25440	1426449	1137404	314485	438833	45781
榆林市	Yulin	1489351	3600	1485751	1489351		200480	35606
安康市	Ankang	1015838		1015838	697315	318523	16454	264267
商洛市	Shangluo	1266732		1266732	1266732		58372	94461
杨凌示范区	Yangling	964213		964213	964213			

14-9 各市(区)建筑业企业房屋建筑施工面积(2015年)
Floor Space of Building under Construction in Construction Enterprises by City(District)(2015)

单位：万平方米 (10 000 sq.m)

地区	Region	房屋建筑施工面积 Floor Space of Building under Construction	中央企业 Central	地方企业 Local	施工总承包 General Contracting	专业承包 Professional Contracting	国有及国有控股企业 State-owned and State-holding	集体企业 Collective Owned
全省	**Shaanxi**	**23986.58**	**2808.87**	**21177.71**	**20801.23**	**3185.34**	**13566.70**	**1924.76**
西安市	Xi'an	11974.53	2772.56	9201.97	10770.24	1204.29	8789.53	406.20
铜川市	Tongchuan	357.39		357.39	357.39		198.49	115.10
宝鸡市	Baoji	2415.84		2415.84	1876.19	539.65	1052.69	512.27
咸阳市	Xianyang	3262.60	13.19	3249.41	2532.67	729.94	1852.64	343.44
渭南市	Weinan	1612.00	15.27	1596.73	1357.61	254.39	896.80	88.40
延安市	Yan'an	583.35		583.35	583.35		62.41	19.24
汉中市	Hanzhong	1333.54	7.85	1325.69	1137.40	196.14	438.83	45.78
榆林市	Yulin	798.62		798.62	798.62		200.48	35.61
安康市	Ankang	958.25		958.25	697.32	260.94	16.45	264.27
商洛市	Shangluo	567.17		567.17	567.17		58.37	94.46
杨凌示范区	Yangling	123.28		123.28	123.28			

注：本表资料不含劳务分包企业，下表同。
a) Data in the table do not include the subcontractor of labour services. The same applies to the table following.

14-10 各市(区)建筑业企业房屋建筑竣工面积(2015年)
Floor Space of Building Completed in Construction Enterprises by City(District)(2015)

单位：万平方米 (10 000 sq.m)

地区	Region	房屋建筑竣工面积 Floor Space of Building Completed	中央企业 Central	地方企业 Local	施工总承包 General Contracting	专业承包 Professional Contracting	国有及国有控股企业 State-owned and State-holding	集体企业 Collective Owned
全省	**Shaanxi**	**7084.50**	**322.13**	**6762.37**	**6925.00**	**159.50**	**2962.34**	**1098.84**
西安市	Xi'an	2709.14	314.74	2394.39	2684.65	24.49	1706.06	246.01
铜川市	Tongchuan	69.28		69.28	69.28		21.29	32.50
宝鸡市	Baoji	945.28		945.28	887.54	57.74	296.58	199.30
咸阳市	Xianyang	1284.83		1284.83	1227.65	57.19	462.44	328.58
渭南市	Weinan	495.68	5.35	490.33	494.09	1.58	193.74	60.24
延安市	Yan'an	191.56		191.56	191.56		10.96	17.98
汉中市	Hanzhong	460.09	2.04	458.05	449.32	10.77	161.53	28.32
榆林市	Yulin	252.01		252.01	251.69	0.32	43.76	34.68
安康市	Ankang	290.01		290.01	284.46	5.56	9.99	108.92
商洛市	Shangluo	350.95		350.95	350.95		56.00	42.32
杨凌示范区	Yangling	35.68		35.68	33.83	1.86		

14-11 各市(区)建筑业企业竣工房屋价值(2015年)
Valuation of Building Completed in Construction Enterprises by City(District)(2015)

单位：万元 (10 000 yuan)

地区	Region	竣工房屋价值 Valuation of Building Completed	中央企业 Central	地方企业 Local	施工总承包 General Contracting	专业承包 Professional Contracting	国有及国有控股企业 State-owned and State-holding	集体企业 Collective Owned
全省	**Shaanxi**	**11601263**	**832347**	**10768915**	**11363115**	**238148**	**5646533**	**1495629**
西安市	Xi'an	5225093	821247	4403846	5199823	25270	3673603	408535
铜川市	Tongchuan	96361		96361	96361		20566	49167
宝鸡市	Baoji	1319891		1319891	1250018	69873	496118	197581
咸阳市	Xianyang	1823855		1823855	1703028	120827	628515	426293
渭南市	Weinan	759738	10320	749418	756782	2956	331136	77513
延安市	Yan'an	329191		329191	329191		33427	25550
汉中市	Hanzhong	705731	780	704951	692291	13440	292866	33717
榆林市	Yulin	430137		430137	430062	75	101542	54592
安康市	Ankang	439953		439953	434703	5251	11194	165844
商洛市	Shangluo	428071		428071	428071		57566	56838
杨凌示范区	Yangling	43241		43241	42784	457		

注：本表资料不含劳务分包企业，下表同。
a) Data in the table do not include the subcontractor of labour services. The same applies to the table following.

14-12 各市(区)建筑业企业资产合计(2015年)
Total Assets of Construction Enterprises by City(District)(2015)

单位：万元 (10 000 yuan)

地区	Region	资产合计 Total Assets	中央企业 Central	地方企业 Local	施工总承包 General Contracting	专业承包 Professional Contracting	国有及国有控股企业 State-owned and State-holding	集体企业 Collective Owned
全省	**Shaanxi**	**46893623**	**18683300**	**28210323**	**43872338**	**3021285**	**29778154**	**3154337**
西安市	Xi'an	32481531	16173029	16308502	30062607	2418924	23532681	1793136
铜川市	Tongchuan	292334		292334	282509	9825	156756	88967
宝鸡市	Baoji	2113692	458262	1655430	1825231	288462	997122	421888
咸阳市	Xianyang	3174971	1301353	1873618	3077137	97834	2230194	226990
渭南市	Weinan	1748701	725153	1023548	1732748	15952	1230766	82979
延安市	Yan'an	1141612		1141612	1131936	9676	114712	49545
汉中市	Hanzhong	757690	20204	737486	711209	46481	139202	55562
榆林市	Yulin	2895209	5300	2889909	2811539	83670	293309	130012
安康市	Ankang	706370		706370	669744	36625	74411	166368
商洛市	Shangluo	890933		890933	890933		512045	138891
杨凌示范区	Yangling	690581		690581	676745	13836	496957	

14-13 各市(区)建筑业企业负债合计(2015年)
Total Liability of Construction Enterprises by City(District)(2015)

单位：万元 (10 000 yuan)

地 区	Reion	负债合计 Total Liability	中央企业 Central	地方企业 Local	施工总承包 General Contracting	专业承包 Professional Contracting	国有及国有控股企业 State-owned and State-holding	集体企业 Collective Owned
全 省	**Shaanxi**	**31874252**	**15729326**	**16144926**	**29912674**	**1961578**	**24511207**	**2123612**
西安市	Xi'an	23611457	13669092	9942365	21996841	1614616	19831302	1339728
铜川市	Tongchuan	200641		200641	192689	7952	128470	53413
宝鸡市	Baoji	1568620	414807	1153813	1338097	230523	885070	323632
咸阳市	Xianyang	2256558	1088382	1168176	2223723	32836	1837587	96477
渭南市	Weinan	1152893	538013	614880	1151346	1547	956915	40298
延安市	Yan'an	543095		543095	537905	5190	89776	24938
汉中市	Hanzhong	354596	16928	337668	333854	20742	95517	29668
榆林市	Yulin	1219257	2104	1217153	1188134	31123	238359	50592
安康市	Ankang	336501		336501	323177	13324	60094	102248
商洛市	Shangluo	216798		216798	216798		61833	62620
杨凌示范区	Yangling	413836		413836	410109	3727	326285	

注：本表资料不含劳务分包企业，下表同。

a) Data in the table do not include the subcontractor of labour services. The same applies to the table following.

14-14 各市(区)建筑业企业固定资产(2015年)
Fixed Assets of Construction Enterprises by City(District)(2015)

单位：万元 (10 000 yuan)

地 区	Region	固定资产合计 Total Fixed Assets	中央企业 Central	地方企业 Local	施工总承包 General Contracting	专业承包 Professional Contracting	国有及国有控股企业 State-owned and State-holding	集体企业 Collective Owned
全 省	**Shaanxi**	**4157401**	**910218**	**3247184**	**3835919**	**321483**	**1739934**	**396026**
西安市	Xi'an	1768977	751486	1017491	1555974	213003	1067475	115794
铜川市	Tongchuan	30963		30963	30819	144	3574	13025
宝鸡市	Baoji	256505	12907	243598	224215	32290	43820	38173
咸阳市	Xianyang	422272	107777	314495	384345	37927	172618	84281
渭南市	Weinan	173070	33875	139195	163301	9769	56326	21456
延安市	Yan'an	263592		263592	260726	2866	15655	12332
汉中市	Hanzhong	157671	1072	156599	152132	5539	9664	8538
榆林市	Yulin	471065	3100	467965	457466	13599	2346	35862
安康市	Ankang	130361		130361	125637	4724	7260	32458
商洛市	Shangluo	376769		376769	376769		277203	34109
杨凌示范区	Yangling	106157		106157	104535	1622	83993	

14-15 各市(区)建筑业企业流动资产(2015年)
Circulating Assets of Construction Enterprises by City(District)(2015)

单位：万元 (10 000 yuan)

地区	Region	流动资产合计 Circulating Assets	中央企业 Central	地方企业 Local	施工总承包 General Contracting	专业承包 Professional Contracting	国有及国有控股企业 State-owned and State-holding	集体企业 Collective Owned
全省	**Shaanxi**	**35739847**	**15232447**	**20507401**	**33240058**	**2499790**	**24707837**	**2419213**
西安市	Xi'an	24721908	12925516	11796392	22655739	2066169	19319543	1498797
铜川市	Tongchuan	254061		254061	244827	9234	152011	72465
宝鸡市	Baoji	1696601	432052	1264549	1457591	239010	927481	281790
咸阳市	Xianyang	2597265	1170854	1426411	2540826	56439	2008634	127861
渭南市	Weinan	1497216	682693	814523	1491033	6183	1133532	51110
延安市	Yan'an	801533		801533	794769	6764	85800	36292
汉中市	Hanzhong	554234	19132	535102	526363	27871	123469	40947
榆林市	Yulin	2061583	2200	2059383	2013771	47813	251476	86939
安康市	Ankang	503247		503247	474314	28933	59617	126906
商洛市	Shangluo	478718		478718	478718		233343	96108
杨凌示范区	Yangling	573482		573482	562107	11375	412930	

注：本表资料不含劳务分包企业，下表同。
a) Data in the table do not include the subcontractor of labour services. The same applies to the table following.

14-16 各市(区)建筑业企业实收资本(2015年)
Contributed Capital of Construction Enterprises by City(District)(2015)

单位：万元 (10 000 yuan)

地区	Region	实收资本 Contributed Capital	中央企业 Central	地方企业 Local	施工总承包 General Contracting	专业承包 Professional Contracting	国有及国有控股企业 State-owned and State-holding	集体企业 Collective Owned
全省	**Shaanxi**	**8993093**	**2000560**	**6992533**	**8299539**	**693554**	**3406483**	**732895**
西安市	Xi'an	4851193	1640421	3210772	4300778	550415	2561388	369173
铜川市	Tongchuan	72392		72392	71576	816	13429	33545
宝鸡市	Baoji	416084	36177	379907	370795	45290	87816	67815
咸阳市	Xianyang	606135	155355	450779	579656	26479	280368	64696
渭南市	Weinan	430018	163032	266986	421191	8827	231661	29736
延安市	Yan'an	355927		355927	353592	2335	16957	21789
汉中市	Hanzhong	306220	2379	303841	291532	14689	35401	22178
榆林市	Yulin	1409778	3196	1406582	1383996	25783	49050	48982
安康市	Ankang	208153		208153	196780	11373	11828	30116
商洛市	Shangluo	152748		152748	152748		16085	44865
杨凌示范区	Yangling	184445		184445	176896	7549	102500	

14-17 各市(区)建筑业主营业务收入(2015年)
Revenue from Principal Business of Construction Enterprises by City(District)(2015)

单位：万元 (10 000 yuan)

地区	Region	主营业务收入 Revenue from Principal Business	中央企业 Central	地方企业 Local	施工总承包 General Contracting	专业承包 Professional Contracting	国有及国有控股企业 State-owned and State-holding	集体企业 Collective Owned
全　省	**Shaanxi**	**47431875**	**17948962**	**29482913**	**44190099**	**3241777**	**32522121**	**3726045**
西安市	Xi'an	29628671	14807985	14820686	27323114	2305557	23948636	1526712
铜川市	Tongchuan	313494		313494	306984	6510	160874	84587
宝鸡市	Baoji	3390407	659278	2731129	2955088	435320	1925101	440442
咸阳市	Xianyang	5816126	1744816	4071310	5452172	363954	3313163	788153
渭南市	Weinan	2393085	720411	1672674	2367817	25268	1594813	150670
延安市	Yan'an	926088		926088	919115	6973	202076	67620
汉中市	Hanzhong	1133926	13878	1120048	1106618	27309	378760	74669
榆林市	Yulin	1468500	2594	1465906	1441535	26965	204694	174275
安康市	Ankang	735432		735432	700271	35161	80356	210347
商洛市	Shangluo	1101759		1101759	1101759		376929	208571
杨凌示范区	Yangling	524387		524387	515626	8760	336720	

注：本表资料不含劳务分包企业，下表同。

a) Data in the table do not include the subcontractor of labour services. The same applies to the table following.

14-18 各市(区)建筑业企业利润总额(2015年)
Total Profits of Construction Enterprises by City(District)(2015)

单位：万元 (10 000 yuan)

地区	Region	利润总额 Total Profits	中央企业 Central	地方企业 Local	施工总承包 General Contracting	专业承包 Professional Contracting	国有及国有控股企业 State-owned and State-holding	集体企业 Collective Owned
全　省	**Shaanxi**	**1284018**	**320352**	**963666**	**1161127**	**122891**	**547111**	**158958**
西安市	Xi'an	602216	285191	317025	498256	103960	395635	33340
铜川市	Tongchuan	4001		4001	4193	-192	2964	-32
宝鸡市	Baoji	60724	4602	56122	54245	6479	13986	8626
咸阳市	Xianyang	254168	27670	226498	247031	7137	61206	62131
渭南市	Weinan	44231	2133	42098	43154	1077	8050	7942
延安市	Yan'an	69674		69674	69272	402	537	4341
汉中市	Hanzhong	26677	545	26132	26087	590	4541	1933
榆林市	Yulin	69386	212	69174	69282	104	3421	14302
安康市	Ankang	40830		40830	38083	2747	1244	15630
商洛市	Shangluo	88208		88208	88208		40410	10748
杨凌示范区	Yangling	23904		23904	23316	588	15116	

14-19 各市(区)建筑业企业税金总额(2015年)
Total Tax of Construction Enterprises by City(District)(2015)

单位：万元 (10 000 yuan)

地区	Region	税金总额 Total Tax	中央企业 Central	地方企业 Local	施工总承包 General Contracting	专业承包 Professional Contracting	国有及国有控股企业 State-owned and State-holding	集体企业 Collective Owned
全省	**Shaanxi**	**1587868**	**525391**	**1062478**	**1484875**	**102993**	**1006726**	**145141**
西安市	Xi'an	919992	427178	492815	849879	70113	725374	51818
铜川市	Tongchuan	10872		10872	10741	132	5758	2889
宝鸡市	Baoji	123227	21659	101569	109234	13993	64884	17541
咸阳市	Xianyang	217413	53187	164226	203156	14256	108310	35243
渭南市	Weinan	79635	22663	56972	78548	1087	51720	5306
延安市	Yan'an	32733		32733	32535	198	6037	2683
汉中市	Hanzhong	42346	545	41801	41392	954	12922	2609
榆林市	Yulin	70271	160	70111	69540	732	6872	8014
安康市	Ankang	29137		29137	27782	1355	2828	7803
商洛市	Shangluo	46940		46940	46940		13798	11238
杨凌示范区	Yangling	15302		15302	15129	173	8223	

注：本表资料不含劳务分包企业，下表同。
a) Data in the table do not include the subcontractor of labour services. The same applies to the table following.

14-20 各市(区)建筑业企业年末应收工程款(2015年)
Account Receivable of Projects at Year-end of Construction Enterprises by City(District)(2015)

单位：万元 (10 000 yuan)

地区	Region	年末应收工程款 Account Receivable of Projects at Year-end	中央企业 Central	地方企业 Local	施工总承包 General Contracting	专业承包 Professional Contracting	国有及国有控股企业 State-owned and State-holding	集体企业 Collective Owned
全省	**Shaanxi**	**11838378**	**4519321**	**7319057**	**11069562**	**768815**	**8742738**	**676230**
西安市	Xi'an	7996802	3818802	4178000	7336479	660323	6591741	313947
铜川市	Tongchuan	150055		150055	145192	4864	104954	35482
宝鸡市	Baoji	673592	122178	551414	639360	34232	400303	101624
咸阳市	Xianyang	960675	379946	580728	934966	25708	788999	37580
渭南市	Weinan	452904	190678	262226	450760	2144	332832	11756
延安市	Yan'an	285563		285563	281687	3877	47028	11968
汉中市	Hanzhong	184820	5747	179073	174393	10426	40923	9510
榆林市	Yulin	476935	1970	474965	467767	9168	81787	53325
安康市	Ankang	150973		150973	139945	11028	7894	54268
商洛市	Shangluo	230954		230954	230954		120253	46769
杨凌示范区	Yangling	275106		275106	268060	7046	226025	

14-21 各市(区)建筑业企业主要经济效益指标(2015年)

Main Indicators on Economic Efficiency of Construction Enterprises by City(District)(2015)

地　区	Region	人均利润(元/人) Per Capita Profits (yuan/person)	人均利税(元/人) Per Capita Pre-tax Profit (yuan/person)	人均竣工产值(元/人) Per Capita Output Value ofCompleted Construction (yuan/person)	人均施工面积(平方米/人) Per Capita Floor Space of Buildings under Construction (sq.m/person)	人均竣工面积(平方米/人) Per Capita Floor Space of Buildings Completed (sq.m/person)
全　省	**Shaanxi**	**11163**	**24968**	**194237**	**208.5**	**61.6**
西安市	Xi'an	10116	25570	207535	201.1	45.5
铜川市	Tongchuan	3571	13276	120336	319.0	61.8
宝鸡市	Baoji	6636	20104	198422	264.0	103.3
咸阳市	Xianyang	23203	43051	290801	297.8	117.3
渭南市	Weinan	6275	17574	162949	228.7	70.3
延安市	Yan'an	14816	21776	119920	124.0	40.7
汉中市	Hanzhong	4310	11152	150163	215.5	74.3
榆林市	Yulin	13814	27804	169182	159.0	50.2
安康市	Ankang	9044	15498	131435	212.3	64.2
商洛市	Shangluo	17339	26567	111787	111.5	69.0
杨凌示范区	Yangling	14036	23022	115966	72.4	21.0

14-21 续表 continued

地　区	Region	产值利润率(%) Ratio of Profits to Output Value (%)	产值利税率(%) Ratio of Pre-tax Profit to Gross Output Value (%)	资本利润率(%) Ratio of Profits to Captitals (%)	资本利税率(%) Ratio of Pre-tax Profits to Captitals (%)	资产负债率(%) Assets-Liability Ratio (%)
全　省	**Shaanxi**	**2.7**	**6.0**	**14.3**	**31.9**	**68.0**
西安市	Xi'an	2.3	5.7	12.4	31.4	72.7
铜川市	Tongchuan	1.4	5.2	5.5	20.5	68.6
宝鸡市	Baoji	1.1	3.4	14.6	44.2	74.2
咸阳市	Xianyang	4.3	8.0	41.9	77.8	71.1
渭南市	Weinan	1.7	4.7	10.3	28.8	65.9
延安市	Yan'an	6.6	9.8	19.6	28.8	47.6
汉中市	Hanzhong	1.8	4.8	8.7	22.5	46.8
榆林市	Yulin	4.7	9.4	4.9	9.9	42.1
安康市	Ankang	4.0	6.9	19.6	33.6	47.6
商洛市	Shangluo	7.0	10.7	57.7	88.5	24.3
杨凌示范区	Yangling	2.5	4.1	13.0	21.3	59.9

注：本表资料不含劳务分包企业。

a) Data in the table do not include the subcontractor of labour services. The same applies to the table following.

主要统计指标解释

建筑业统计单位 指从事房屋、构筑物建造和设备安装活动的法人企业。建筑业法人企业应具有建筑业资质并能够独立核算，同时其应具备以下条件：①依法成立，有自己的名称、组织机构和场所，能够承担民事责任；②独立拥有和使用资产，承担负债，有权与其他单位签订合同；③独立核算盈亏，能够编制资产负债表。

建筑业总产值 是以货币形式表现的建筑业企业在一定时期内生产的建筑业产品和提供的服务的总和。建筑业总产值包括：

⑴建筑工程产值：指列入建筑工程预算内的各种工程价值。

⑵安装工程产值：指设备安装工程价值，不包括被安装设备本身的价值。

⑶其他产值：建筑业总产值中除建筑工程、安装工程以外的产值。包括房屋构筑物修理产值、非标准设备制造产值、总包企业向分包企业收取的管理费以及不能明确划分的施工活动所完成的产值。

a.房屋构筑物修理产值：指房屋和构筑物修理所完成的产值，但不包括被修理房屋、构筑物本身价值和生产设备的修理价值。

b.非标准设备制造产值：指加工制造没有定型的非标准生产设备的加工费和原材料价值(如化工厂、炼油厂用的各种罐、槽，矿井生产统一使用的各种漏斗、三角槽、阀门等)以及附属加工厂为本企业承建工程制作的非标准设备的价值。

建筑业增加值 指建筑业企业在报告期内以货币形式表现的建筑业生产经营活动的最终成果。

从 2004 年第一次全国经济普查开始，建筑业现价增加值按生产法和分配法(收入法)两种方法计算，以收入法的计算结果为准，即从收入的角度出发，根据生产要素在生产过程中应得的收入份额计算。具体计算方法：经济普查年度建筑业增加值按照《经济普查年度 GDP 核算方案》计算，非经济普查年度建筑业增加值按照《非经济普查年度 GDP 核算方案》计算。

房屋建筑施工面积 指在报告期内施过工的全部房屋建筑面积，包括本期新开工的房屋面积、上期施工跨入本期继续施工的房屋面积、上期停缓建在本期恢复施工的房屋面积、本期竣工的房屋面积及本期施工后又停缓建的房屋面积。

房屋建筑竣工面积 指在报告期内房屋建筑按照设计要求全部完工，达到了使用条件，经验收鉴定合格，正式移交使用单位的房屋建筑面积。

Explanatory Notes on Main Statistical Indicators

Statistical Unit in the Construction Industry refers to a corporate enterprise engaged in the construction of buildings and structures and in the installation of equipment. A corporate construction enterprise should have qualification certificates with independent accounting system, and should meet the following 3 requirements: a) being set up in line with relevant legal basis, having its full name, organization and location, and capable of taking civil liabilities; b) independently possessing and using its assets and assuming its liabilities, and entitled to sign contracts with other institutions; and c) making independent accounts of its profits and losses, and capable of compiling its own balance sheet.

Gross Output Value of Construction refers to total of construction products and services, expressed in money terms, produced or rendered by construction and installation enterprises during a given period of time. It includes:

(1) Output value of construction projects: the value of projects covered by the project budgets;

(2) Output value of installation projects: the value of the installation of equipment, (excluding the value of the equipment to be installed);

(3) Other output values: the output value of construction industry apart from that of construction projects and installation projects. It includes: output value of repair of buildings and structures; output value of non-standard equipment manufacturing; overhead expenses received by contracted enterprises from the sub-contracted enterprises and the completed output value of construction activities for which there is no clear definition.

a. Output value of repair of buildings and structures: the value created through the repairs of buildings or structures. It does not include the value of buildings or structures being repaired and the value of the repair of production equipment;

b. Output value of manufactured non-standard equipment: the value of non-standard production equipment, including raw materials and manufacturing cost, made for the construction project (i.e., chemical plant; kettles or tanks used by refineries; various fillers, triangle tanks, valves used by mines). It also includes the output value of equipment manufactured by subsidiary workshops.

Value-added of Construction refers to the final result of the activities of production and operation of enterprises of the construction industry in monetary terms during the reference period.

Starting from the 2004 economic census, value-added of construction is calculated by both production approach and income approach, with the figures from the income approach as the final figures. Under the income approach, calculation starts from the perspective of income and is based on the share of income derived from the production process by the relevant factors of production. Specifically, value-added of construction for the Census years is calculated in accordance with the *Programme of Compilation of GDP and National Accounts for the Year of Economic Census*, and value-added of construction for other years is calculated in accordance with the *Programme of Compilation of GDP and National Accounts for the Non Economic Census Years*.

Floor Space of Buildings Under Construction refers to floor space of buildings under construction during the reference period, including the floor space of buildings for which construction has newly started; buildings for which construction has started earlier and is continuing during the reference period; and buildings for which construction has been suspended earlier but has restarted during the reference period; buildings completed during the reference period; and buildings under construction but construction has subsequently been during the reference period.

Floor Space of Buildings Completed refers to the floor space of buildings that are completed in the reference period in accordance with the requirements of the design, up to the standard for being put into use, and having been checked and accepted by departments concerned as qualified ones.

十五、运输、邮电和服务业

Transport, Post and Telecommunication Services, and Service Industry

资料整理：巨振强　王晓飞　李护堂

简 要 说 明

一、本篇资料反映陕西交通运输业和邮政、电信发展的基本状况，服务业及企业信息化和电子商务情况。

二、规模以上服务业统计范围:

年营业收入1000万元及以上，或年末从业人员50人及以上服务业法人单位。包括：交通运输、仓储和邮政业，信息传输、软件和信息技术服务业，租赁和商务服务业，科学研究和技术服务业，水利、环境和公共设施管理业，教育，卫生和社会工作；以及物业管理、房地产中介服务，自有房地产经营活动，其他房地产业等行业。

年营业收入500万元及以上，或年末从业人员50人及以上服务业法人单位。包括：居民服务、修理和其他服务业，文化、体育和娱乐业。

三、信息化及电子商务情况统计范围是2015年末营业的规模以上企业。

四、本篇交通运输资料来源于西安铁路局、西延铁路公司、神华神朔铁路公司、省交通运输厅、东方航空公司西北分公司、长安航空有限责任公司、省公安厅车管所等。邮政电信资料来源于省通信管理局、省电信公司、省移动通信公司、省联通公司、省邮政管理局、省邮政公司等。

Brief Introduction

I. This chapter reflects the basic conditions of transportation industry, post and communication industry, service industry, enterprises informationization and electronic commerce of Shaanxi Province.

Ⅱ.The Scopes of Service Industry above Designated Size:

Service industry activity unit with business revenue over 10 million yuan per year or number of employed persons over 50 at year-end. include: transport, storage and post, information transmission, software and information technology, leasing and business services, scientific research and technical services, water conservancy, environment and public facilities administration, education, health and social services, property management, real estate agency services, own real estate business activities and other real estate services..

Service industry activity unit with business revenue over 5 million yuan per year or number of employed persons over 50 at year-end. include: services to households, repair and other services, culture, sports and entertainment.

Ⅲ.The Scopes of enterprises informationization and electronic commerce is enterprises above designated size which have business at the end of 2015.

Ⅳ. Data on transportation industry are obtained from Xi'an Railway Bureau, Xi Yan Railway Company, Shenhua Shenshuo Railway Company, the Ministry of Transport of Shaanxi Province, Northwest Branch of China Eastern Airlines, Chang'an Airlines and the DMV (deportment of motor vehicles) of Public Security Department of Shaanxi Province, etc.

Data on post and telecommunication are obtained from Shaanxi Communications Administration, Shaanxi Telecommunication Company, Shaanxi Mobile Communication Company, Shaanxi Unicom Company, Shanxi Provincial Postal Administration and Shaanxi Post, etc.

15.运输、邮电和服务业

2015年全省		
客运量	70806	万　人
旅客周转量	908.58	亿人公里
货运量	140908	万　吨
货物周转量	3264.64	亿吨公里
邮电业务总量	757.09	亿　元
每百人拥有固定电话	19.1	部
每百人拥有移动电话	96.2	部

快递业务量（万件）

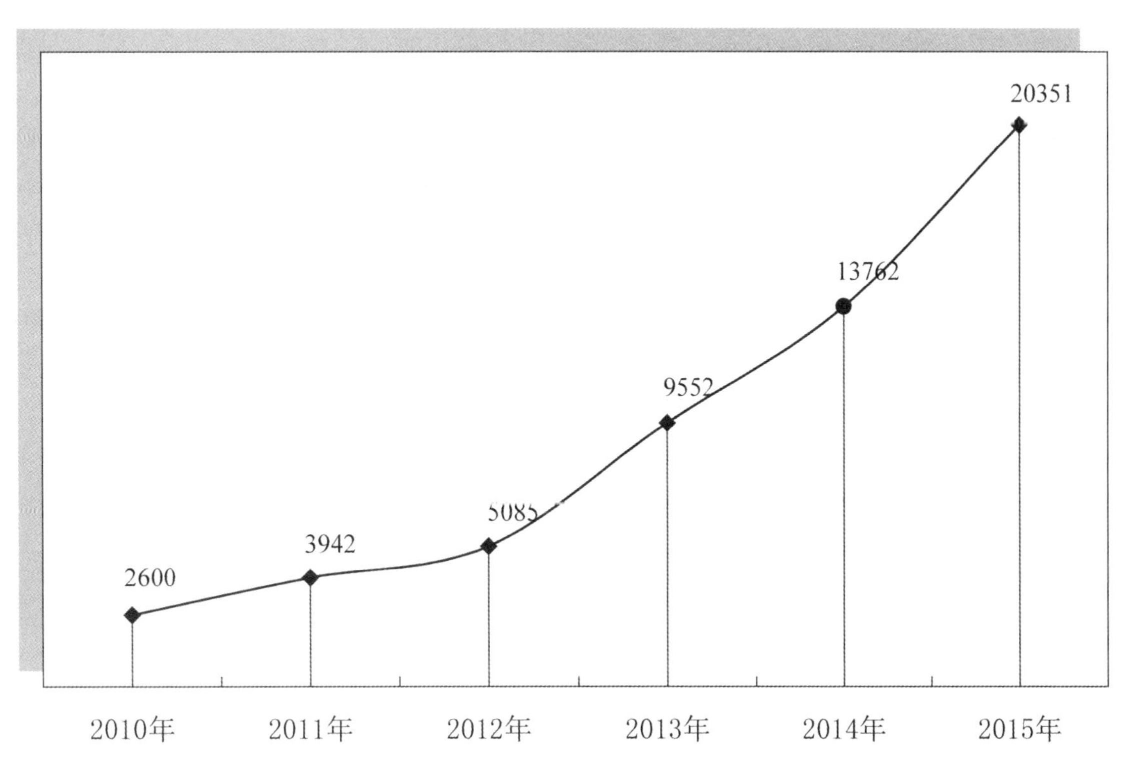

15-1 运输线路里程、质量和运输网密度
Length, Quality and Density of Transportation Routes

指标	Item	2013	2014	2015
一、运输线路里程	**Length of Transport Routes**			
铁路正线延展里程 (公里)	Extension Length of the Trunk Lines (km)	9625	9964	9938
#营业里程	Railways in Operation	4803	4924	4676
公路通车里程 (公里)	Total Length of Highways (km)	165249	167145	170069
内河航道里程 (公里)	Navigable Inland Waterways (km)	1066	1066	1066
#机动船航道	Motor Vessels	558	558	558
民航通航里程 (公里)	Total Civil Aviation Routes (km)	70643568	78626210	93375419
#不重复里程	Unique Mileage	66157513	73519837	86622046
二、运输线路质量	**Quality of Transport Routes**			
铁路营业里程 (公里)	Length of Railways in Operation (km)	4803	4924	4676
#复线里程	Double-Tracking Length	2817	2999	2905
复线里程比重 (%)	Proportion (%)	58.7	60.9	62.1
公路线路里程 (公里)	Length of Highways (km)	165249	167145	170069
#等级公路	Expressway and Class I to IV Highways	148991	151189	153845
等级公路比重 (%)	Proportion (%)	90.2	90.5	90.5
内河航道里程 (公里)	Length of Navigable Inland Waterways (km)	1066	1066	1066
#水深一米以上	Depth of Water Above 1 m	558	558	558
水深一米以上比重 (%)	Proportion (%)	50.7	50.7	50.7
三、运输网密度	**Transport Density**			
1.铁　路	Railways			
省内营业里程 (公里)	Length of Province Railways in Operation(km)	4421	4422	4549
密　度 (公里/平方公里)	Density (km/sq.km)	0.022	0.022	0.022
2.公　路	Highways			
线路长度 (公里)	Length of Routes (km)	165249	167145	170069
密　度 (公里/平方公里)	Density (km/sq.km)	0.804	0.813	0.827
3.水　路	Waterways			
通航里程 (公里)	Length of Waterways in Operation (km)	1066	1066	1066
密　度 (公里/平方公里)	Density (km/sq.km)	0.005	0.005	0.005
4.民　航	Civil Aviation			
通航里程 (公里)	Length of Civil Aviation in Operation (km)	70643568	78626210	93375419
密　度 (公里/平方公里)	Density (km/sq.km)	344	382	454

注：1.铁路线路2013-2014年为中央在陕铁路局管线路，2015年为西安铁路局管线路；民航通航里程为陕西民航飞机飞行航线里程。
2.铁路线路里程2015年不含神华神朔铁路有限责任公司专用铁路线路。

a) The transport routes are managed by the railway bureau in Shaanxi from 2013 to 2014 and by the railway bureau in xi'an in 2015; Total civil aviation routes is the Shaanxi civil aviation's routes.

b) Length of railways excluding dedicated railway line in Shenhuashenshuo Railway Co., Ltd in 2015.

15-2 铁路、公路线路长度及民航航线
Length of Railways, Highways and Civil Aviation

指　　标		Item		2013	2014	2015
一、铁路线路长度		**Railways**				
正线延展里程	(公里)	Extension Length	(km)	9625	9964	9938
# 省境内		In Shaanxi		6657	6929	7272
营业里程	(公里)	Length of Railways in operation	(km)	4803	4924	4676
# 省境内		In Shaanxi		4421	4524	4549
二、公路线路长度		**Highways**				
公路线路里程	(公里)	Length of Highways	(km)	165249	167145	170069
# 高级路面		High Class and Sub-senior Class Pavement		92603	97062	107366
等级公路	(公里)	Expressway and Class Ⅰ to Ⅳ Highways (km)		148991	151189	153845
# 高速公路		Expressway		4363	4466	5094
一级公路		Class Ⅰ Highway		1011	1186	1260
二级公路		Class Ⅱ Highway		8441	8409	8523
三级公路		Class Ⅲ Highway		14731	15081	15190
四级公路		Class Ⅳ Highway		120445	122047	123779
三、民用航空		**Civil Aviation**				
航线里程	(公里)	Length of Civil Aviation Routes	(km)	70643568	78626210	93375419
# 国际航线		International Routes		6576226	6221566	7558254
港澳航线		Regional Routes		2379620	2606220	1999174
航线条数	(条)	Numbers of Routes	(line)	632	698	869
# 国际航线		International Routes		24	49	48
港澳航线		Regional Routes		14	20	21
通航城市	(个)	Number of Cities	(unit)	88	177	168
# 国　际		International Routes		10	22	19
港　澳		Regional Routes		2	3	3

注：2015年铁路线路长度不含神华神朔铁路有限责任公司专用铁路线路。铁路线路省境内长度为国家反馈陕西省境内数据。

a) Length of railways excluding dedicated railway line in Shenhuashenshuo Railway Co., Ltd in 2015; Data of the length of railways in Shaanxi province refer to those responsed to Shaanxi.

15-3 运输工具
Transportation

指标		Item		2013	2014	2015
一、铁路运输工具		**Means of Railway Transportations**				
机车	(台)	Locomotives	(unit)	1353	1444	1171
#蒸汽		Steam Locomotives				
内燃		Diesel Locomotives		263	259	232
电力		Electric Locomotives		1090	1185	939
客车	(辆)	Passenger Coaches	(coach)	2535	2508	2559
二、公路运输工具		**Means of Highway Transportations**				
民用汽车	(辆)	Civil Vehicles	(coach)	3641318	4030291	4520799
#新注册		New Registrations		608133	648735	632212
载客汽车	(辆)	Passenger Vehicles	(coach)	2845156	3316381	3830307
载货汽车	(辆)	Trucks	(coach)	478785	498575	514201
特种车	(辆)	Special Vehicle	(coach)			
汽车挂车	(辆)	Trailer Trucks	(coach)	38601	41888	44768
拖拉机	(辆)	Tractors	(coach)	297981	306343	329251
三、水运运输工具		**Means of Waterway Transportations**				
机动船	(艘)	Motor Vessels	(unit)	1094	1175	1173
客船载客量	(客位)	Passenger Capacity of Passenger Ships	(seat)	19863	20102	18600
货船净载重量	(吨)	Dead Weight Tonnage of Cargo Ships	(ton)	21527	22841	23862
拖轮功率	(千瓦)	Drawing Power	(kw)	335	519	519
驳船	(艘)	Barges	(unit)	251	267	267
四、民航运输工具		**Means of Civil Aviation Transportations**				
民航飞机	(架)	Civil Aircraft	(unit)	49	56	63

注：2015年铁路运输工具不含神华神朔铁路有限责任公司机车数。

a) Means of railway transportations excluding locomotives in Shenhuashenshuo Railway Co., Ltd in 2015.

15-4 各市(区)公路里程(2015年末)
Length of Highways by City(District)(2015)

单位：公里 (km)

地区	Region	公路里程 Length of Highways	#等级公路 Expressway and Class Ⅰ to Ⅳ Highways	#高速公路 Expressway	#一级公路 Class Ⅰ Highway	#二级公路 Class Ⅱ Highway	#三级公路 Class Ⅲ Highway
全省	**Shaanxi**	**170069**	**153845**	**5094**	**1260**	**8523**	**15190**
西安市	Xi'an	13328	12805	532	325	1476	1211
铜川市	Tongchuan	3901	3443	236	2	334	317
宝鸡市	Baoji	16108	14819	259	123	889	1536
咸阳市	Xianyang	15732	13999	527	232	643	1924
渭南市	Weinan	18644	15710	356	191	712	1287
延安市	Yan'an	17621	16572	716	25	1566	2683
汉中市	Hanzhong	19312	17329	502	66	780	926
榆林市	Yulin	28641	27083	1005	265	1282	3172
安康市	Ankang	22790	19201	539		423	983
商洛市	Shangluo	13595	12496	409	20	354	1057
杨凌示范区	Yangling	397	387	12	9	63	92

15-5 客运量、旅客周转量及构成
Passenger Traffic, Passenger-Kilometers and Composition

指 标	Item	2014	2015
一、客运量 （万人）	**Passenger Traffic (10 000 persons)**	**69133**	**70806**
铁 路	Railways	7077	7866
公 路	Highways	60645	61436
水 运	Waterways	391	378
民用航空	Civil Aviation	1020	1125
二、旅客周转量（百万人公里）	**Passenger-Kilometers (million passenger-km)**	**91285**	**90858**
铁 路	Railways	46474	46444
公 路	Highways	28721	29323
水 运	Waterways	66	64
民用航空	Civil Aviation	16024	15029
三、客运量构成 （%）	**Composition of Passenger Traffic (%)**	**100.00**	**100.00**
铁 路	Railways	10.24	11.11
公 路	Highways	87.72	86.77
水 运	Waterways	0.57	0.53
民用航空	Civil Aviation	1.47	1.59
四、旅客周转量构成 （%）	**Composition of passenger-Kilometers (%)**	**100.00**	**100.00**
铁 路	Railways	50.91	51.12
公 路	Highways	31.46	32.27
水 运	Waterways	0.07	0.07
民用航空	Civil Aviation	17.56	16.54

注：本表资料为国家返馈陕西省境数。
a) Data in this table refer to those responsed to Shaanxi.

15-6 货运量、货物周转量及构成
Freight Traffic, Freight Ton-Kilometers and Composition

指 标	Item	2014	2015
一、货运量 （万吨）	**Freight Traffic (10 000 tons)**	**135897**	**140908**
铁 路	Railways	37483	32951
公 路	Highways	98221	107731
水 运	Waterways	186	218
民用航空	Civil Aviation	7	8
二、货物周转量（百万吨公里）	**Freight Ton-Kilometers (million ton-km)**	**326387**	**326464**
铁 路	Railways	160338	143591
公 路	Highways	165880	182680
水 运	Waterways	62	80
民用航空	Civil Aviation	107	113
三、货运量构成 （%）	**Composition of Freight Traffic (%)**	**100.00**	**100.00**
铁 路	Railways	27.58	23.39
公 路	Highways	72.28	76.45
水 运	Waterways	0.14	0.15
民用航空	Civil Aviation	0.01	0.01
四、货物周转量构成 （%）	**Composition of Freight Ton-Kilometers (%)**	**100.00**	**100.00**
铁 路	Railways	49.13	43.98
公 路	Highways	50.82	55.96
水 运	Waterways	0.02	0.02
民用航空	Civil Aviation	0.03	0.03

注：本表资料为国家返馈陕西省境数。
a) Data in this table refer to those responsed to Shaanxi.

15-7 民用车辆拥有量(2015年末)
Possession of Civil Vehicles(2015)

单位：辆 (unit)

地区	Region	民用汽车总计 Total	# 新注册 New Registrations	载客汽车 Passenger Vehicles	载货汽车 Trucks	其他汽车 Others	摩托车 Motorcycles	# 普通 Normal Motorcycles
全省	**Shaanxi**	**4520799**	**632212**	**3830307**	**514201**	**176291**	**1353468**	**1322714**
西安市	Xi'an	2189116	324028	1927449	224012	37655	179771	174520
铜川市	Tongchuan	76573	9821	58223	11131	7219	45058	44399
宝鸡市	Baoji	239326	36320	208693	24339	6294	87659	85029
咸阳市	Xianyang	310627	49847	269758	30316	10553	98989	96956
渭南市	Weinan	434758	55782	337432	56455	40871	89964	89459
延安市	Yan'an	264708	38056	219619	35871	9218	11753	11635
汉中市	Hanzhong	198993	33049	161576	21503	15914	385890	373374
榆林市	Yulin	546932	49070	435171	81601	30160	88424	86971
安康市	Ankang	111580	19688	87148	17704	6728	280053	275114
商洛市	Shangluo	69030	10429	51980	7441	9609	74500	73911
杨凌示范区	Yangling	56547	5631	52253	3466	828	7970	7909

15-8 私人车辆拥有量(2015年末)
Possession of Private Vehicles(2015)

单位：辆 (unit)

地区	Region	汽车总计 Total	# 载客汽车 Passenger Vehicles	# 载货汽车 Trucks	摩托车 Motorcycles	# 普通 Normal Motorcycles
全省	**Shaanxi**	**3974832**	**3460464**	**387541**	**1346151**	**1315474**
西安市	Xi'an	1972289	1760215	184970	178942	173699
铜川市	Tongchuan	64226	49993	7472	44929	44284
宝鸡市	Baoji	199863	179564	15819	87469	84840
咸阳市	Xianyang	271133	244344	18861	98707	96685
渭南市	Weinan	361220	305985	35980	89686	89182
延安市	Yan'an	228274	199145	24933	11586	11468
汉中市	Hanzhong	176642	144471	17107	385336	372845
榆林市	Yulin	495766	407908	60418	88167	86714
安康市	Ankang	96675	75875	15213	279044	274121
商洛市	Shangluo	59172	44286	5973	74328	73740
杨凌示范区	Yangling	49572	48678	795	7957	7896

15-9 公路部门营运载客车拥有量(2015年末)

Possession of Vehicles in Operation for Highway Transportation(2015)

地 区 Region	载客汽车合计(辆) Total (unit)	班车客运车辆 Scheduled Coach		# 高级 Senior		# 中级 Medium	
		辆数 (unit)	客位 (seat)	辆数 (unit)	客位 (seat)	辆数 (unit)	客位 (seat)
全 省 Shaanxi	**75354**	**17714**	**466418**	**5214**	**188857**	**7996**	**181403**
西安市 Xi'an	32497	2952	115426	1167	50437	1011	22836
铜川市 Tongchuan	1919	509	11787	138	5547	77	1759
宝鸡市 Baoji	7077	2100	46839	264	8621	831	20527
咸阳市 Xianyang	5939	2000	51663	950	32721	780	15695
渭南市 Weinan	6245	2326	57474	522	20860	1148	24445
延安市 Yan'an	4676	1527	36872	136	4481	1391	32391
汉中市 Hanzhong	4223	1594	41528	750	21342	710	18836
榆林市 Yulin	6017	1492	40094	608	19612	851	19879
安康市 Ankang	3820	1985	31555	316	10893	453	8735
商洛市 Shangluo	2577	1125	30173	325	12643	678	14993
杨凌示范区 Yangling	364	104	3007	38	1700	66	1307

15-9 续表 continued

地 区 Region	# 普通 Ordinary		旅游客车 Tourist Bus		其它客车 Others		公共汽车(辆) Bus	出租客车(辆) Taxi
	辆数 (unit)	客位 (seat)	辆数 (unit)	客位 (seat)	辆数 (unit)	客位 (seat)	(unit)	(unit)
全 省 Shaanxi	**4504**	**96158**	**2258**	**85173**	**5637**	**32298**	**13715**	**36030**
西安市 Xi'an	774	42153	1864	72016	5450	30996	7772	14459
铜川市 Tongchuan	294	4481					329	1081
宝鸡市 Baoji	1005	17691	190	5181			1262	3525
咸阳市 Xianyang	270	3247	42	1429			691	3206
渭南市 Weinan	656	12169	29	1224			753	3137
延安市 Yan'an			26	910			681	2442
汉中市 Hanzhong	134	1350	47	2155	32	527	665	1885
榆林市 Yulin	33	603	18	777			808	3699
安康市 Ankang	1216	11927	20	664			380	1435
商洛市 Shangluo	122	2537	22	817	155	775	314	961
杨凌示范区 Yangling							60	200

注：本表数字为在运管部门注册登记的全社会载客汽车数。

a) Data in this table refers to the whole society's for-hire vehicles registered in operation administration departments.

15-10 公路部门营运载货车拥有量(2015年末)

Possession of Vehicles in Operation for Highway Transportation(2015)

地 区	Region	载货汽车合计 Total		普通载货车辆 Ordinary Trucks		# 大 型 Heavy		# 重 型 Heavy		# 中 型 Medium	
		辆 数 (unit)	吨 位 (ton)	辆 数 (unit)	吨 位 (ton)	辆 数 (unit)	吨 位 (ton)	辆 数 (unit)	吨 位 (ton)	辆 数 (unit)	吨 位 (ton)
全 省	**Shaanxi**	**404412**	**2444495**	**329159**	**1483165**	**91325**	**1168497**	**70754**	**1047165**	**11811**	**38842**
西安市	Xi'an	217159	719012	205299	531734	31532	320310	23716	278484	3306	11241
铜川市	Tongchuan	11677	118445	8244	70588	5397	65568	4828	62056	202	737
宝鸡市	Baoji	20555	143415	16639	91314	6372	76375	4669	64807	721	2103
咸阳市	Xianyang	22386	208351	14313	122239	8441	113317	6522	104102	687	2448
渭南市	Weinan	44423	425685	30388	216429	17952	195672	13153	164904	1494	4630
延安市	Yan'an	9285	89380	6292	48193	3700	44525	3198	41673	200	631
汉中市	Hanzhong	17025	68725	14436	35752	2186	20846	1088	12958	552	1626
榆林市	Yulin	40418	525812	13363	234471	10308	228047	9578	222657	752	2105
安康市	Ankang	13340	39574	13075	37138	1836	16315	767	10419	2750	9250
商洛市	Shangluo	6298	97103	5848	89777	3232	83986	3043	82780	810	2767
杨凌示范区	Yangling	1846	8993	1262	5530	369	3536	192	2325	337	1304

15-10 续表 continued

地 区	Region	专用载货车辆 Dedicated Trucks		# 集装箱 Container		其他机动车 Others		轮胎式拖拉机 Wheeled Tractor	
		辆 数 (unit)	吨 位 (ton)	辆 数 (unit)	TEU	辆 数 (unit)	吨 位 (ton)	辆 数 (unit)	吨 位 (ton)
全 省	**Shaanxi**	**10476**	**150634**	**60**	**1579**	**30591**	**35100**	**1938**	**2852**
西安市	Xi'an	4749	72919	60	1579				
铜川市	Tongchuan	602	7783			254	177		
宝鸡市	Baoji	391	3094			85	75	37	110
咸阳市	Xianyang	597	9550						
渭南市	Weinan	725	7320			9172	12810	1412	1426
延安市	Yan'an	1981	34185			3054	1819	15	15
汉中市	Hanzhong	326	2721			5191	7139	474	1301
榆林市	Yulin	493	6409						
安康市	Ankang	162	1006			5569	9181		
商洛市	Shangluo	209	3912			7266	3899		
杨凌示范区	Yangling	241	1735						

注：本表数字为在运管部门注册登记的全社会营运载货车数。

a) Data in this table refers to the whole society's for-hire vehicles registered in operation administration departments.

15-11 城市公共汽车情况(2015年)
Basic Statistics on Bus in Cities (2015)

地区 Region	运营车数(辆) Number of Operations (unit)	#汽油车 Gasoline	#柴油车 Diesel Cars	#天然气车 Natural Gas Vehicles	#双燃料车 Dual-fuel Vehicles	标准运营车数(标台) Number of Standard Operations (unit)	运营线路总长度(公里) Network Length (km)	客运量(万人次) Passengers Transported (10 000 person-times)	运营里程(万公里) Operating Distance (10 000 km)
全省 Shaanxi	**13715**	**48**	**1491**	**8210**	**3214**	**15501**	**15471**	**257533**	**92485**
西安市 Xi'an	7772		84	5412	1851	9053	6209	161573	47865
铜川市 Tongchuan	329		58	65	170	333	214	3763	2090
宝鸡市 Baoji	1262	38	97	632	495	1530	1463	21513	8682
咸阳市 Xianyang	691		66	607	7	847	727	16420	5019
渭南市 Weinan	753		179	257	228	697	1184	10283	6236
延安市 Yan'an	681	6	89	423	93	775	956	13449	4896
汉中市 Hanzhong	665		369	141	89	648	1274	4680	6135
榆林市 Yulin	808		72	440	241	879	1422	16942	6017
安康市 Ankang	380		218	162		379	1090	4743	2831
商洛市 Shangluo	314	4	259	51		305	728	3908	2399
杨凌示范区 Yangling	60			20	40	55	203.7	260	314

15-12 城市出租汽车情况(2015年)
Basic Statistics on Taxi in Cities (2015)

地区	Region	运营车数(辆) Number of Operations (unit)	客运量(万人次) Passengers Transported (10 000 person-times)	运营里程(万公里) Operating Distance (10 000 km)	载客里程(万公里) Passenger Milesdistance (10 000 km)
全省	**Shaanxi**	**36030**	**121697**	**470618**	**323520**
西安市	Xi'an	14459	45285	206329	138706
铜川市	Tongchuan	1081	4936	14850	10725
宝鸡市	Baoji	3525	10324	43339	27240
咸阳市	Xianyang	3206	12264	42267	26713
渭南市	Weinan	3137	11180	39773	28828
延安市	Yan'an	2442	9328	35945	27486
汉中市	Hanzhong	1885	4461	18686	13101
榆林市	Yulin	3699	12316	43247	32204
安康市	Ankang	1435	7382	12058	8670
商洛市	Shangluo	961	3519	10297	7150
杨凌示范区	Yangling	200	701	3827	2696

15-13 城市轨道交通情况
Urban Rail Transit

指　　标		Item		2015
一、运营车辆		Operating Vechicles		
运营车数	(辆)	Number of Operating Vechicles	(vechicles)	324
地铁		Metro		324
标准运营车数	(标台)	Number of Standard Operating Vechicles	(vechicles)	810
编组列数	(列)	Number of Train Formation	(trains)	54
额定载客量	(人)	Rated Passenger Capacity	(people)	79272
二、场站设施		Station Facilities		
停车场保养场占地面积	(平方米)	Parking and Maintenance Area	(sq.m)	850482
# 自用面积		Own Use Area		850482
三、运营线路		Operating Routes		
运营线路条数	(条)	Number of Operating Routes	(line)	2
地铁		Metro		2
运营线路总长度	(公里)	Length of Operating Routes	(km)	50.9
地铁		Metro		50.9
四、运营服务		Operating Services		
客运量	(万人次)	Passenger Traffic	(10 000 persons)	34209
旅客周转量	(万人公里)	Total Passenger Turnover	(10 000 passengers-km)	290780
运营里程	(万列公里)	Operating Mileage	(1 0000 vechicles-km)	660
	(万车公里)		(10 000 trains-km)	3962
五、运营能耗		Operating Energy consumption		
电能消耗量	(千瓦时)	Electrical Energy Consumption	(kwh)	158477941
# 行车电能消耗量		Traffic Electrical Energy Consumption		75320926

15-14 铁路客货运输量
Passenger and Freight Traffic of Railways

指　　标	Item	2013	2014	2015
一、路局范围	Railways Bureau			
客运量　(万人)	Passenger Traffic　(10 000 persons)	6225	7168	7966
旅客周转量(百万人公里)	passenger-Kilometers(million passenger-km)	48557	52903	52477
货运量　(万吨)	Freight Traffic　(10 000 tons)	12259	12857	12108
货物周转量(百万吨公里)	Freight Ton-Kilometers　(million ton-km)	153340	158341	144695
二、省境内	In Shaanxi Province			
客运量　(万人)	Passenger Traffic　(10 000 persons)	6123	7077	7866
旅客周转量(百万人公里)	Passenger-Kilometers(million passenger-km)	42138	46474	46444
货运量　(万吨)	Freight Traffic　(10 000 tons)	35804	37483	32951
货物周转量(百万吨公里)	Freight Ton-Kilometers　(million ton-km)	151469	160338	143591

注：本表路局范围为西安铁路局数字，省境内及合资铁路为国家反馈数。
a) Bureau means jointly owned railway bureau of Xi'an. The data in Shaanxi province refer to the number responsed from nation.

15-15 全省公路客货运输量(2015年)
Passenger and Freight Traffic of Highway Departments(2015)

地　区	Region	客运量 (万人) Passenger Traffic (10 000 persons)	客运周转量 (万人公里) passenger-Kilometers (10 000 passenger-km)	货运量 (万吨) Freight Traffic (10 000 tons)	货运周转量 (万吨公里) Freight Ton-Kilometers (10 000 ton-km)
全　省	**Shaanxi**	**61436**	**2932257**	**107731**	**18268013**
西安市	Xi'an	15813	910752	21867	3073917
铜川市	Tongchuan	1352	63701	8142	839040
宝鸡市	Baoji	9525	199306	11234	972641
咸阳市	Xianyang	8455	219747	11417	2904810
渭南市	Weinan	10688	303305	17264	3315872
延安市	Yan'an	3280	221377	3885	210621
汉中市	Hanzhong	2308	233463	3645	580268
榆林市	Yulin	2952	360461	23479	5746883
安康市	Ankang	3380	214088	3476	143794
商洛市	Shangluo	3259	192343	3076	441120
杨凌示范区	Yangling	424	13714	246	39047

15-16 铁路运输主要经济技术指标
Principal Economic and Technical Indicators of Railway Transport

指标	Item	2013	2014	2015
货车平均静载重 (吨)	Average Static Load of Freight Cars (ton)	63.6	64.1	64.0
货车周转时间 (天)	Turning Around Time of Freight Cars (day)	2.3	2.3	2.3
货运机车日产量 (万吨公里)	Average Daily Ton-kilometers of Freight Locomotives (10 000 ton-km)	89.2	95.8	98.9
内燃机车耗油 (公斤/万吨公里)	Oil Consumption of Diesel Locomotives (kg/10 000 ton-km)	46.86	47.1	46.4
电力机车耗电 (千瓦小时/万吨公里)	Electricity Consumption of Electric Locomotives (kwh/10 000 ton-km)	146.08	131.7	131.6
货物列车出发正点率 (%)	Punctuality Rate of Freight Trains at Departure (%)	99.4	98.7	98.6
货物列车运行正点率 (%)	Punctuality Rate of Freight Trains in Running (%)	99.8	99.5	99.4
旅客列车出发正点率 (%)	Punctuality Rate of Passenger Trains at Departure(%)	99.7	99.9	99.8
旅客列车运行正点率 (%)	Punctuality Rate of Passenger Trains in Running (%)	99.7	99.9	99.9
客运密度 (万人公里/公里)	Density of Passenger Traffic (10 000 person-km/km)	1072.3	1137.9	1122.3
每万名旅客拥有座卧车数 (辆)	Number of Seat Trains and Sleeping Trains Per 10 000 Passengers (unit)	5.9	6.5	6.6
每百万旅客人公里拥有座卧车数 (辆)	Number of Seat Trains and Sleeping Trains Per million Passenger-km (unit)	19.2	21.1	20.5
货物列车旅行速度 (公里/小时)	Running Speed of Freight Trains (km/hr)	29.9	30.9	33.4
货运密度 (万吨公里/公里)	Density of Freight Traffic (10 000 ton-km/km)	3386.2	3405.7	3094.5
一次货物作业时间 (小时)	Handling Time of Freigh (hour)	15.7	15.3	15.7

15-17 铁路分品类货物发送量
Volume of Freight Dispatched of Railways by Category of Cargo

品种	Item	2013	2014	2015
合计	**Total**	**36959**	**38419**	**12104**
煤	Coal	32961	34504	8548
焦炭	Coke	703	664	538
石油	Petroleum	958	1035	1022
钢铁及有色金属	Steel and Iron, and Non-Ferrous Metal	418	405	316
金属矿石	Metal Ores	119	144	76
非金属矿石	Non-metal Ores	146	140	108
矿建材料	Mineral Building Materials	367	270	228
水泥	Cement	13.2	7	1
木材	Timber	9	6	5
化肥及农药	Chemical Fertilizers and Pesticides	179	244	244
粮食	Grain	260	200	205
棉花	Cotton			
其他	Others	825	801	813

15-18 邮电业务总量
Total Business Volume of Post and Telecommunication Services

年 份 Year	邮电业务总量 (万元) Business Volume of Postal and Telecommunication Services (10 000 yuan)	函件 (万件) Number of Letters (10 000 pcs)	报刊期发数 (万份) Number of Newspapers and Magazines Issued (10 000 copies)	快递 (万件) Pieces of Express Mail Services (10 000 pcs)	移动电话 (户) Number of Subscribers of Mobile Telephones (subscriber)	城市电话 (户) Number of Urban Fixed Telephone Subscribers (subscriber)	乡村电话 (户) Number of Rural Fixed Telephone Subscribers (subscriber)	互联网宽带用户 (户) Number of Internet Users (subscriber)
1978	5025	9188	319			32356	14100	
1980	5595	10386	494			36521	14668	
1985	7871	13275	869			53828	15978	
1990	16936	15955	506			96573	21184	
1995	145408	24277	1017			601136	78244	
1996	206467	26456	1122			882485	153767	
1997	278942	15787	888			1174607	237720	
1998	395410	14281	1335			1507041	311724	
1999	538640	15678	521		601260	1822476	499096	
2000	850392	17444	454	227	1516687	2528584	923865	198744
2001	945861	18518	386	285	2917135	2905202	1285409	697869
2002	1331745	20323	347	298	4813341	3444609	1798321	1106756
2003	1741428	20307	312	335	6110004	4577207	2147725	1687600
2004	2447665	19915	283	366	7886903	5412164	2507240	1946200
2005	3311322	15119	286	397	9381001	5618420	2974747	2369000
2006	4242336	16072	276	489	11835813	5805703	3339014	1613600
2007	5294031	11677	279	607	16126583	5834313	3422573	1936310
2008	6287289	11219	301	767	19122464	5647062	3165318	2351717
2009	7455960	8690	365	883	23373712	5257253	2892457	2550542
2010	9028500	9734	517	2600	25182317	5195501	2623352	3688265
2011	3482544	5877	335	3942	29071848	5190462	2564357	3890780
2012	3855369	6061	337	5085	32647663	5413043	2307643	4395866
2013	4174992	4914	346	9552	35124609	5550224	2142652	5062419
2014	5666602	3310	375	13762	36072076	5566123	1941734	5524403
2015	7570868	2499	379	20351	36496502	5580357	1652401	6054228

注：邮电业务总量按不变价格计算，2011年起按2010年不变价格计算。

a) Business volume of post and telecommunication services are calculated at constant prices.2011 are calculated at constant prices in 2010.

15-19 邮电通信水平
Level of Post and Telecommunication Services

指 标	Item	2013	2014	2015
邮政通信水平	**Postal Services Available**			
平均每一营业网点服务面积(平方公里)	Average Area Served by Every Postal Office (sq.km)	147.49	121.08	115.55
平均每一营业网点服务人口 (万人)	Average People Served by Every Postal Office (10 000 persons)	2.70	2.22	2.20
平均每人每年发函件数 (件)	Annual Number of Letters Mailed per Capita (piece)	1.31	0.88	0.70
平均每百人订有报刊数 (份)	Number of Newspaper and Magazine Subscribed per 100 Persons(copy)	9.19	9.93	10.00
电信通信水平	**Telecommunication Services Available**			
电话普及率(包括移动电话)(部/百人)	Popularization Rate of Telephone (sets/100 persons)	113.76	115.44	115.29
固定电话普及率 (部/百人)	Popularization Rate of Fixed Telephone (sets/100 persons)	20.44	19.89	19.07
城 市	City	28.74	28.05	27.29
乡 村	Rural Area	11.69	10.84	9.45
移动电话数普及率 (部/百人)	Popularization Rate of Mobile Telephone (sets/100 persons)	93.32	95.55	96.22

15-20 各市(区)邮政业务量(2015年)
Total Business Volume of Post Services by City(District)(2015)

地区	Region	邮政业务总量(万元) Business Volume of Postal cation Services (10 000 yuan)	函件(万件) Number of Letters (10 000 pcs)	包裹(万件) Package (10 000 pcs)	快递(万件) Pieces of Express Mail Services (10 000 pcs)	报刊累计数(万份) Number of Total Newspapers and Magazines (10 000 copies)
全省	**Shaanxi**	**614752**	**2499**	**136**	**20351**	**22987**
西安市	Xi'an	40081	1707	69	15927	17702
铜川市	Tongchuan	635	23	1	134	159
宝鸡市	Baoji	4566	193	12	1312	1517
咸阳市	Xianyang	5014	142	12	988	1141
渭南市	Weinan	3855	153	11	568	733
延安市	Yan'an	1625	27	5	254	285
汉中市	Hanzhong	4454	95	10	366	471
榆林市	Yulin	2915	73	6	334	413
安康市	Ankang	2148	45	8	296	349
商洛市	Shangluo	1453	43	2	171	216

15-21 各市(区)电信业务量(2015年)
Total Business Volume of Telecommunication Services by City(District)(2015)

地区	Region	电信业务总量(万元) Business Volume of Telecommunication Services (10 000 yuan)	移动电话用户(户) Number of Subscribers of Mobile Telephones (subscriber)	固定电话用户(户) Number of Subscribers of Fixed Telephones (subscriber)	城市电话 Number of Urban Fixed Telephone Subscribers	乡村电话 Number of Rural Fixed Telephone Subscribers	互联网宽带用户(户) Number of Subscribers of Internet Services (subscriber)
全省	**Shaanxi**	**6956116**	**36496502**	**7232758**	**5580357**	**1652401**	**6054228**
西安市	Xi'an	2948173	13706256	3143907	2824492	359398	2652869
铜川市	Tongchuan	129782	659580	132231	92016	39212	103364
宝鸡市	Baoji	517125	2954521	647566	441011	200679	501726
咸阳市	Xianyang	614646	3736603	540053	379987	156389	565022
渭南市	Weinan	607169	4077852	799673	445209	337244	729927
延安市	Yan'an	441658	2192732	338378	270714	68631	251732
汉中市	Hanzhong	425553	2518302	525829	326441	191443	389781
榆林市	Yulin	722108	3494149	512452	407271	106373	370673
安康市	Ankang	346423	1867921	345236	246013	97183	293351
商洛市	Shangluo	203481	1288586	247433	147204	95849	195782

15-22 各市(区)邮电局所及邮递线路(2015年)
Postal and Telecommunication Offices and Postal Routes by City(District)(2015)

地区	Region	邮电局所总计(个) Total Number of Postal and Telecommunication Offices(unit)	邮政自办局(所) Number of Self-postal Offices	邮政代办所 Number of Sub-postal Offices	电信自办局(所) Number of Self-Telecommunication Offices	电信代办所 Number of Sub-Telecommunication Offices	邮路长度(公里) Length of Postal Routes (km)	农村投递线路总长度(公里) Total Length of Rural Delivery Routes(km)
全省	**Shaanxi**	**32895**	**1011**	**770**	**1071**	**30043**	**60615.5**	**124903**
西安市	Xi'an	11156	232	67	322	10535	34040	11912
铜川市	Tongchuan	1236	23	25	33	1155	804.9	3182
宝鸡市	Baoji	1824	117	57	110	1540	3221.3	10242
咸阳市	Xianyang	2723	122	59	60	2482	2223.8	14497
渭南市	Weinan	5048	127	59	138	4724	2508	16830
延安市	Yan'an	1356	66	96	81	1113	3552	10874
汉中市	Hanzhong	2778	125	108	63	2482	3334.4	13836
榆林市	Yulin	3915	39	150	149	3577	5797	19650
安康市	Ankang	1372	91	88	72	1121	3096.5	11411
商洛市	Shangluo	1487	69	61	43	1314	2037.6	12469

15-23 邮电通信企业主要财务指标
Principal Financial Indicators of Postal and Telecommunication Services Entcrprises

单位：万元 (10 000 yuan)

指标	Item	2013	2014	2015
邮电业务收入总计	Total Revenue from Postal and Telecommunication Services	3966286	3996307	3861029
# 主营业务收入	Revenue from Principal Business	3694789	3879433	3822694
业务支出	Business Expenditure	2581877	1642815	2831745
营业外损益净额	Net Amount of Non Operating Profit and Loss	9798	-3206	101362
税金	Tax	148218	196970	140040
教育附加费	Extra Charges for Education	4769	4461	4438
收支差额	Balance of Revenue and Expenditure	673776	457038	368624
年末固定资产原值	Original Value of Fixed Assets at Year-end	8439914	9109208	9154649

15-24 规模以上服务业主要经济指标(2015年)

单位：万元

分组	Item	单位数(个) Number of Enterprises (unit)	资产总计 Total Assets	负债合计 Total Liabilities	所有者权益合计 Owners' Equity	营业收入 Revenue from Business
总计	**Total**	**2251**	**98171008**	**52284635**	**45883760**	**24486758**
按登记注册类型分	**By Status of Registration**					
内资企业	Domestic Funded	2189	96047920	51302449	44742858	23318441
国有企业	State-owned Enterprises	211	24420511	8558762	15861749	6442685
集体企业	Collective-owned Enterprises	37	457741	347619	110122	328064
股份合作企业	Cooperative Enterprises	12	69759	42011	27749	14461
联营企业	Joint Ownership Enterprises	2	20437	6386	14052	5042
国有联营企业	State Joint Ownership Enterprises	1	20141	6101	14041	4571
其他联营企业	Other Joint Ownership Enterprises	1	296	285	11	472
有限责任公司	Limited Liability Corporations	1053	59912658	37373663	22539025	11376689
国有独资公司	State Sole Funded Corporations	106	32259788	21322948	10936841	1799784
其他有限责任公司	Other Limited Liability Corporations	947	27652870	16050715	11602184	9576905
股份有限公司	Share-holding Corporations Limited	110	8303022	3238101	5064921	3733889
私营企业	Private Enterprises	655	2592039	1576794	1012602	1228506
私营独资企业	Private-funded Enterprises	76	66782	33295	33487	66833
私营合作企业	Private Partnership Enterprises	21	60560	46235	14325	54386
私营有限责任公司	Private Limited Liability Corporations	521	2284804	1398126	884036	1027149
私营股份有限公司	Private Share-holding Corporations Ltd.	37	179893	99138	80755	80137
其他企业	Other Enterprises	109	271752	159114	112639	189106
港、澳、台商投资企业	Enterprises with Funds from Hong Kong, Macao and Taiwan	21	892800	412646	480154	395559
合资经营企业(港或澳、台资)	Joint-venture Enterprises	8	241000	104134	136866	97443
合作经营企业(港或澳、台资)	Cooperative Enterprises	2	84608	23194	61414	30521
港澳台商独资经营企业	Enterprises with Sole Investment	7	88847	36789	52058	33131
港澳台商投资股份有限公司	Share-holding Corporations Ltd.	4	478345	248529	229817	234465
外商投资企业	Foreign Funded Enterprises	41	1230288	569541	660747	772758
中外合资经营企业	Joint-venture Enterprises	11	256348	138404	117943	115712
中外合作经营企业	Cooperation Enterprises	4	13283	4748	8535	14205
外资企业	Enterprises with Sole Funds	21	610409	285494	324916	373504
外商投资股份有限公司	Share-holding Corporations Ltd.	3	343192	139351	203841	257569
其他外商投资企业	Other Foreign Funded Enterprises	2	7056	1543	5513	11768
按国民经济行业分	**By Sector**					
铁路运输业	Railway Transport	6	23767191	7889075	15878116	4169429
道路运输业	Road Transport	399	23440024	16219584	7220440	2327416
水上运输业	Water Transport	1	377	15	362	203
航空运输业	Air Transport	11	2907495	1018483	1889012	478373
管道运输业	Transport Via Pipelines	2	1057789	519714	538075	707705
装卸搬运和运输代理业	Loading,Unloading and Forwarding Agency	29	362259	252222	110037	304673
仓储业	Storage	95	1631942	1325344	306598	1087676
邮政业	Post	27	683889	421547	262342	687182

Main Indicators of Service Industry Enterprises above Designated Size(2015)

(10 000 yuan)

营业成本 Cost of Business	销售费用 Operating Expenses	管理费用 Manage-ment Expenses	财务费用 Financial Expenses	投资收益 Investment Income	营业利润 Operating Profit	利润总额 Total Profits	应付职工薪酬 Accrued Employee Payroll	本年应交增值税 Value Added Tax Payable	全部从业人员年平均人数(人) Annual Average Employed Persons (person)
17864692	**1678044**	**2278377**	**1086146**	**616486**	**2212408**	**2636111**	**4719471**	**671023**	**596238**
17196749	1520158	2166998	1071200	616402	2015465	2398795	4549277	611310	578759
5842504	96369	435270	26251	120997	228905	363383	1805353	202646	182609
265626	8268	36351	344	3792	17563	17558	56954	3427	12623
7063	315	8056	96	-10	-414	-68	4279	374	1194
764	1715	2963	-50	0	-567	1486	903	318	151
720	1208	2963	-51		-563	1490	727	318	111
44	508	1	0	0	-4	-4	176		40
7736347	962946	1118840	946904	473447	1061971	1266343	1915096	253634	241886
989124	82617	176204	659689	325506	141431	184622	362824	20574	45422
6747223	880329	942636	287216	147941	920540	1081721	1552273	233060	196464
2344818	359305	337816	67150	15400	622731	667541	454577	125853	59421
871365	81595	197087	26151	3665	70272	66204	269110	24395	68534
42665	6685	11631	593	32	6025	5958	19186	641	5883
36815	1396	14106	696	198	1586	1776	18165	1076	2712
736224	67045	161955	24298	3352	54070	50302	218646	20825	56661
55661	6468	9395	564	84	8591	8168	13113	1853	3278
128262	9644	30615	4354	-889	15005	16350	43005	662	12341
232070	40992	49232	9571	23	54525	60897	51951	16901	6062
57723	4389	24025	1176	14	8797	11541	22344	258	2738
8662		2559	1160		17032	16892	4130		261
15058	1599	10467	638	9	4975	5558	8959	2182	777
150626	35004	12180	6597		23721	26907	16518	14461	2286
435873	116894	62147	5375	62	142418	176418	118243	42812	11417
78639	11032	11538	3634	2	9653	5481	13388	2755	1395
5672	296	1197	95	54	6236	6270	1536		325
213795	52729	41981	1636	6	57947	79305	69863	21817	6269
127806	52836	6124	18		68088	84598	25266	18200	2571
9962	2	1308	-8		494	764	8191	40	857
3538939	7354	205419	129973	39245	496821	453146	1130253	193313	97912
1660937	30153	213001	632595	79647	-104971	24969	507402	31149	94929
180		7	1		9	9	113	1	57
389199	9390	32620	35464	17217	23014	28895	106429	11146	10546
603108	1026	14469	19781	3746	71076	71773	34192	23244	2110
263802	3781	19936	124	3719	17627	18935	27421	3901	5463
1047455	27716	52426	27205	-527	-56280	6499	45673	2583	7720
617237	2714	95098	2007	204	-27080	-27538	234676	3704	34463

15-24 续表

单位：万元

分组	Item	单位数（个）Number of Enterprises (unit)	资产总计 Total Assets	负债合计 Total Liabilities	所有者权益合计 Owners' Equity	营业收入 Revenue from Business
电信、广播电视和卫星传输服务	Telecommunication, Radio and Television and Satellite Transmission Service	45	10882800	5019258	5863543	5964245
互联网和相关服务	Internet and Related Service	10	34134	16558	17576	57472
软件和信息技术服务业	Software and Information Technology	138	1680602	847055	830623	1480317
物业管理	Property Management	219	806939	662578	144361	377180
房地产中介服务	Real Estate Intermediary Service	1	119	119	-1	991
自有房地产经营活动	Own Real Estate Business Activities	8	79329	54483	24846	24108
租赁业	Leasing	10	65509	46689	18820	23488
商务服务业	Business Services	299	17361837	9670005	7692136	1690637
研究和试验发展	Research and Experimental Development	19	748974	268934	480040	344787
专业技术服务业	Professional Technical Services	245	4603815	3041478	1562337	2842133
科技推广和应用服务业	Science and Technology Popularization and Application Services	50	841957	489612	352345	129430
水利管理业	Management of Water Conservancy	6	549827	440325	109503	43727
生态保护和环境治理业	Ecological Protection and Environmental	5	161343	110748	50596	33224
公共设施管理业	Management of Public Facilities	107	2750544	1692971	1057492	425734
居民服务业	Services to Households	35	172452	144987	27465	55140
机动车、电子产品和日用产品修理业	Repair of Motor Vehicle,Electronics and Household Products	54	125953	71286	54667	81197
其他服务业	Other Services	13	12770	6882	5888	18494
教　育	Education	101	166899	107557	59342	137184
卫　生	Health	120	487104	282865	204239	401253
社会工作	Social Service	3	1192	221	972	1215
新闻和出版业	Journalism and Publishing Activities	27	383544	221902	161643	216494
广播、电视、电影和影视录音制作业	Radio, Television, Motion Picture and Videotape Programme Production Services	55	514474	322410	192122	228593
文化艺术业	Cultural and Art Activities	50	1596708	902844	693893	92158
体　育	Sports Activities	8	54542	45235	9307	11136
娱乐业	Entertainment	53	236676	171650	65026	43765
按隶属关系分	**By Jurisdiction of Management**					
中　央	Central	105	37380360	15071363	22308997	11747457
省	Provincial	204	27986349	17191303	10795047	5037687
市	Cities at Prefecture Level and Below	315	16771531	10764306	6007225	2576283
县(区、市)	Counties(Districts, Cities)	357	5856363	2810537	3045856	890871
街道	Street Communities	3	30365	22056	8309	4990
镇	Towns	11	22608	10178	12430	28117
(社区)居委会	(Community) Neighbourhood Committees	2	5584	4255	1329	1212
村委会	Village Committees	10	37387	31459	5928	18049
其　他	Others	1244	10080460	6379178	3698639	4182092

continued

(10 000 yuan)

营业成本 Cost of Business	销售费用 Operating Expenses	管理费用 Management Expenses	财务费用 Financial Expenses	投资收益 Investment Income	营业利润 Operating Profit	利润总额 Total Profits	应付职工薪酬 Accrued Employee Payroll	本年应交增值税 Value Added Tax Payable	全部从业人员年平均人数(人) Annual Average Employed Persons (person)
3485527	1171131	339049	38933	2404	861171	1013183	646655	209332	66281
39938	1595	11818	-83	3	4937	5787	18008	1109	2187
935819	50949	360593	8957	457	115399	164080	561511	67550	35628
264225	16573	64491	12316	59	2446	3432	160783	545	44146
	516	398			20	20	308		58
14781	57	10490	743	66	-3295	-1311	2546		485
19772	1727	2955	1271		-2522	-594	3434	156	808
1186261	102240	212627	126869	417806	397737	413291	238829	11943	51375
244470	7261	48732	2128	18418	58059	61343	85394	11382	6376
2196863	77027	309465	-4964	17448	272015	268413	519533	73876	51477
89364	5465	21189	-966	735	12385	14918	23912	6609	3988
36347	801	4498	8051	-209	180	314	4891	3424	786
17638	6827	3313	2355	12	2172	3068	7107	1333	912
280452	28296	65179	19244	299	38943	44751	81001	1226	19677
42155	4604	9607	429	14	-2058	-1630	22157	1475	7071
58522	5987	9677	1025	-157	5297	5548	9219	2541	2576
14857	794	2176	-67		1593	1593	7495	129	2139
90250	7738	26315	2847	35	10079	11088	39882	574	11284
318805	16764	53725	4588	-304	8591	5447	100184	289	19480
837	40	141	60		47	44	756		229
170021	25651	31562	-9	822	4116	11668	34749	3219	3536
175104	20279	21425	8184	1388	8971	26269	17253	4931	3135
34525	31653	22523	5336	13822	-2759	9454	31807	303	5102
2268	4611	3388	238		157	492	3869	22	957
25035	7326	10065	1512	118	-1487	-1243	12029	13	3345
8736111	985789	747733	143469	65754	1350478	1466833	2177910	378321	194772
3530300	282103	325262	631592	370461	534836	570030	639620	121012	83026
2028707	134262	485590	175674	70847	-137585	65718	784806	56673	115882
664576	29535	111340	40985	54588	69276	102329	148029	7120	42602
862	885	2520	2	17	683	1167	1471	28	307
20450	2243	1820	447		2768	2813	1935	584	661
256	197	351	288		47	47	504		154
12909	1996	3295	-324	-95	120	54	3566	0	932
2870522	241034	600466	94012	54914	391785	427121	961628	107285	157902

15-25 各市(区)规模以上服务业主要经济指标(2015年)

单位：万元

地 区	Region	单位数(个) Number of Enterprises (unit)	资产总计 Total Assets	负债合计 Total Liabilities	所有者权益合计 Owners' Equity	营业收入 Revenue from Business	营业成本 Cost of Business
全 省	**Shaanxi**	**2251**	**98171008**	**52284635**	**45883760**	**24486758**	**17864692**
西安市	Xi'an	1056	62321994	38612456	23706613	15622839	11094384
铜川市	Tongchuan	53	338775	251725	87050	181791	164942
宝鸡市	Baoji	178	1288653	671346	617307	593254	418708
咸阳市	Xianyang	201	1811181	943471	867710	850799	590145
渭南市	Weinan	117	2058033	1132815	925218	861368	597099
延安市	Yan'an	165	1746342	1104970	641705	699285	563285
汉中市	Hanzhong	102	903847	424257	479648	468447	308203
榆林市	Yulin	163	7519898	3262623	4257275	1791102	1099894
安康市	Ankang	171	860430	402152	458198	325677	207328
商洛市	Shangluo	40	1622342	840898	781444	197433	148606
杨凌示范区	Yangling	4	28797	25922	2875	40641	36799
省 直	Others	1	17670717	4611999	13058718	2854122	2635299

Main Indicators of Service Industry Enterprises above Designated Size by City(District)(2015)

(10 000 yuan)

销售费用 Operating Expenses	管理费用 Management Expenses	财务费用 Financial Expenses	投资收益 Investment Income	营业利润 Operating Profit	利润总额 Total Profits	应付职工薪酬 Accrued Employee Payroll	本年应交增值税 Value Added Tax Payable	全部从业人员年平均人数(人) Annual Average Employed Persons (person)
1678044	**2278377**	**1086146**	**616486**	**2212408**	**2636111**	**4719471**	**671023**	**596238**
1138388	1595010	974310	436577	1274050	1559208	2823541	321295	335722
21139	19195	3299	-72	-20710	-17388	47502	5739	9670
63882	61571	13920	-11	29991	52712	98288	20124	21517
77666	72948	16863	9478	91405	111175	131993	26750	27632
82516	59658	21998	873	59208	74277	104993	24346	24862
59922	81881	11365	3092	18664	39981	86567	18126	20420
57383	48568	6251	2261	42436	79230	86296	15539	17218
99200	213901	56711	127256	446270	473335	153042	67689	32354
46057	42038	1956	2025	24982	39159	61360	9400	14613
24577	20683	4768	1099	3611	16013	28973	10137	5360
2105	731	615		314	1430	1140	99	251
5209	62192	-25912	33908	242189	206978	1095777	151778	86619

15-26 按行业分企业信息化及电子商务情况(2015年)

行业	Industry	企业数(个) Number of Enterprises (unit)	期末使用计算机数(台) Computers Used at the End of Period (unit)
总计	**Total**	**16799**	**832728**
采矿业	Mining	697	65851
制造业	Manufacturing	4334	209304
电力、热力、燃气及水生产和供应业	Production and Supply of Electricity, Heat, Gas and Water	226	34830
建筑业	Construction	1974	85780
批发和零售业	Wholesale and Retail Trades	3720	89326
交通运输、仓储和邮政业	Transport, Storage and Post	570	46572
住宿和餐饮业	Hotels and Catering Services	1740	34657
信息传输、软件和信息技术服务业	Information Transmission, Software and Information Technology	193	134970
房地产业	Real Estate	2088	41266
租赁和商务服务业	Leasing and Business Services	309	13805
科学研究和技术服务业	Scientific Research and Technical Services	313	47202
水利、环境和公共设施管理业	Management of Water Conservancy, Environment and Public Facilities	118	4718
居民服务、修理和其他服务业	Service to Households, Repair and Other Services	102	2046
教育	Education	100	7862
卫生和社会工作	Health and Social Service	123	7921
文化、体育和娱乐业	Culture, Sports and Entertainment	192	6618

15-27 各市(区)企业信息化及电子商务情况(2015年)

地区	Region	企业数(个) Number of Enterprises (unit)	期末使用计算机数(台) Computers Used at the End of Period (unit)	每百人使用计算机数(台) Computers Used Per 100 Persons (unit)	企业拥有网站数(个) Websites of Enterprises (unit)
全省	**Shaanxi**	**16799**	**832728**	**23**	**9951**
西安市	Xi'an	5016	523412	33	3755
铜川市	Tongchuan	482	12394	15	236
宝鸡市	Baoji	1796	53486	18	1107
咸阳市	Xianyang	1979	48583	11	1000
渭南市	Weinan	1407	42092	15	762
延安市	Yan'an	899	30981	15	457
汉中市	Hanzhong	1217	27365	15	635
榆林市	Yulin	1837	52528	20	917
安康市	Ankang	1426	21333	15	573
商洛市	Shangluo	521	14854	13	311
杨凌示范区	Yangling	219	5700	21	198

注：有电子商务交易活动的企业是指通过互联网开展电子商务销售或电子商务采购的企业。
a) Enterprises with E-Commerce Transactions refers to those enterprises which performed sales or purchases through Internet.

Informatization and E-Commerce of Enterprises by Industrial Sector(2015)

每百人使用计算机数(台) Computers Used Per 100 Persons (unit)	企业拥有网站数(个) Websites of Enterprises (unit)	每百家企业拥有网站数(个) Websites Per 100 Enterprises (unit)	有电子商务交易活动 With Ecommerce Transactions		电子商务销售额(万元) Sales of Ecommerce (10 000 yuan)	# 大陆以外区域销售 Sourcing Outside Mainland Area	电子商务采购额(万元) Perchases of Ecommerce (10 000 yuan)	# 大陆以外区域采购 Sourcing Outside Mainland Area
			企业数(个) Enterprises (unit)	比重(%) Proportion (%)				
23	**9951**	**59**	**1413**	**8.4**	**9254233**	**188859**	**4916013**	**71226**
17	291	42	12	1.7	1850		2494	
19	3397	78	416	9.6	3613266	139932	715830	63755
28	158	70	13	5.8			342021	103
9	958	49	68	3.4	12520		169011	
31	1849	50	254	6.8	4947614	33310	3656690	6795
17	215	38	35	6.1	515401	1250	1376	1
23	897	52	373	21.4	80379	1587	1220	3
137	207	107	45	23.3	36633	5767	14630	5
32	1062	51	74	3.5	1907		899	2
26	243	79	31	10.0	22428	6854	8877	112
74	238	76	20	6.4	1022		1549	450
23	79	67	19	16.1	5345	157	433	
16	59	58	7	6.9	361		110	
70	59	59	6	6.0	1000		20	
40	100	81	5	4.1	6		137	
40	139	72	35	18.2	14501	2	716	

Informatization and E-Commerce of Enterprises by City(District)(2015)

每百家企业拥有网站数(个) Websites Per 100 Enterprises (unit)	有电子商务交易活动 With E-commerce Transactions		电子商务销售额(万元) Sales of Ecommerce (10 000 yuan)	# 大陆以外区域销售 Sourcing Outside Mainland Area	电子商务采购额(万元) Perchases of Ecommerce (10 000 yuan)	# 大陆以外区域采购 Sourcing Outside Mainland Area
	企业数(个) Enterprises (unit)	比重(%) Proportion (%)				
59	**1413**	**8.4**	**9254233**	**188859**	**4916013**	**71226**
75	517	10.3	6129542	158396	2660405	65679
49	37	7.7	92508	1	74967	1000
62	168	9.4	483783	21852	333160	2872
51	104	5.3	529960	3532	508941	80
54	87	6.2	481435	1226	364781	1
51	79	8.8	315395	219	199754	5
52	122	10.0	358294	2361	279746	11
50	94	5.1	425699	956	314549	108
40	99	6.9	224227	5	11616	1
60	70	13.4	205182	6	141711	1365
90	36	16.4	8208	305	26383	104

主要统计指标解释

铁路营业里程 又称营业长度(包括正式营业和临时营业里程)，指办理客货运输业务的铁路正线总长度。凡是全线或部分建成双线及以上的线路，以第一线的实际长度计算；复线、站线、段管线、岔线和特殊用途线以及不计算运费的联络线都不计算营业里程。该指标可以反映铁路运输业基础设施的发展水平，也是计算客货周转量、运输密度和机车车辆运用效率等指标的基础资料。

铁路电气化里程 指在全部铁路营业里程中已安装了供电线路及设备，可以供电力机车牵引列车运行的区段的总里程。

公路里程 指在一定时期内实际达到《公路工程[WTBZ]技术标准 JTJ01-88》规定的等级公路，并经公路主管部门正式验收交付使用的公路里程数。包括大中城市的郊区公路以及通过小城镇街道部分的公路里程和桥梁、渡口的长度，不包括大中城市的街道、厂矿、林区生产用道和农业生产用道的里程。两条或多条公路共同经由同一路段，只计算一次，不得重复计算里程长度。该指标可以反映公路建设的发展规模，也是计算运输网密度等指标的基础资料。

内河航道里程 也称内河通航里程，指在一定时期内，能通航运输船舶及排筏的天然河流、湖泊水库、运河及通航渠道的长度。包括全年季节性通航累计三个月以上的航道，不包括仅供零散流放竹、木排的河道。该指标可以反映内河水运网的规模、水平和发展情况。

民用航空航线里程 指统计期间内全部民用航空航线的航线总长度。航线长度指民用航空航线的计费距离。计算航线里程可按重复和不重复两种方法，前者是指各航线长度相加的总和；后者则要扣除各航线之间相同航段重复计算的部分。

货(客)运量 指在一定时期内，各种运输工具实际运送的货物(旅客)数量。该指标是反映运输业为国民经济和人民生活服务的数量指标，也是制定和检查运输生产计划、研究运输发展规模和速度的重要指标。货运按吨计算，客运按人计算。货物不论运输距离长短、货物类别，均按实际重量统计。旅客不论行程远近或票价多少，均按一人一次客运量统计；半价票、小孩票也按一人统计。

货物(旅客)周转量 指在一定时期内，由各种运输工具运送的货物(旅客)数量与其相应运输距离的乘积之总和。该指标可以反映运输业生产的总成果，也是编制和检查运输生产计划，计算运输效率、劳动生产率以及核算运输单位成本的主要基础资料。计算货物周转量通常按发出站与到达站之间的最短距离，也就是计费距离计算。计算公式为：

$$货物（旅客）周转量=\Sigma（货物（旅客）运输量\times运输距离）$$

铁路货车平均静载重 指铁路货车在始发站静止状态下平均每车装载的货物重量，用以分析货车完成装车时车辆载重力的利用情况。计算公式为：

$$货车平均静载量=\frac{货物发送吨数}{装车数}$$

静载重的多少取决于运送货物的性质、种类、车辆的类型和装载技术的高低。根据货车的平均标记载重与静载重进行对比，可以反映货车载重能力的利用程度。计算公式为：

$$货车载重力利用率(\%)=\frac{货车平均静载重}{货车平均标记载重}\times100\%$$

铁路货运机车日产量 指在一定时期内，平均每台货运机车在一昼夜内所完成的总重吨公里数，包括载运货物的重量和车辆本身的自重。该指标从时间和牵引能力两方面反映了机车运用效率。计算公式为：

$$货运机车平均日产量=\frac{货运总重吨公里数}{货运机车台日数}$$

民用汽车拥有量 指报告期末，在公安交通管理部门按照《机动车注册登记工作规范》，已注册登记领有民用车辆牌照的全部汽车数量。汽车拥有量统计的主要分类：根据汽车结构分为载客汽车、载货汽车及其他汽车；根据汽车所有者不同分为个人(私人)汽车、单位汽车；根据汽车的使用性质分为营运汽车、非营运汽车；根据汽车大小规格不同载客汽车分为大型、中型、小型和微型，载货汽车分为重型、中型、轻型和微型。

邮电业务总量 指以货币形式表示的邮电企业为社会提供各类邮电服务的总数量，是用于观察邮电业务发展变化总趋势的综合性总量指标。分别按邮政业务总量和电信业务总量统计。邮电业务总量是以各类业务的实物量分别乘以相应的不变单价，得出各类业务的货币量再加总求得。

移动电话用户 指在电信运营企业营业网点办理开户登记手续，通过移动电话交换机进入移动电话网，占用移动电话号码的各类电话用户。包括 GSM 数字移动电话用户、CDMA 数字移动电话用户和电信运营企业发行的报告期末已激活充值的能异地漫游的各种智能卡用户。

固定电话用户 指在电信运营企业营业网点办理开户登记手续并已接入固定电话网上的全部电话用户。包括普通电话用户、公用电话用户、窄带综合业务数字网（N—ISDN）用户、智能网专用接入终端用户等。按行政区划分为城市电话用户和农村电话用户。

城市电话用户 指直辖市、省辖市、地级市、县级市的市区、市郊区及县城范围内接入局用交换机的电话用户。包括分布在农村地区县团级以上建制的独立工矿区、林区、驻军等电话用户。

农村电话用户 指县城关镇以下的集镇和农村接入局用交换机的电话用户。

Explanatory Notes on Main Statistical Indicators

Length of Railways in Operation refers to the total length of the trunk line for passenger and freight transportation (including both full operation and temporary operation). The calculation is based on the actual length of the first line if this line has a full or partial double (or more). Not included are double tracks, station sidings, tracks under the charge of stations, branch lines, special-purpose lines and non-payable connecting lines. The length of railways in operation is an important indicator to show the development of the infrastructure of railway transport. It is also essential data to calculate volume of passenger freight transport, traffic density and utilization efficiency of locomotives and carriages.

Length of Electrified Railways refers to the length of the section of railways in operation in which the power supply lines and other equipment are installed for the running of electrified locomotives. The proportion of the length of electrified railways to the total length of railways in operation is an important indicator to show the modernization of railways.

Length of Highways refers to the length of highways which are built in conformity with the grades specified by the highway engineering standard [Highways WTBZ-Technical Standard JTJ01-88] formulated by the Ministry of Transport, and have been formally checked and accepted by the departments of highways and put into use. The length of highways includes that of the suburb highways at large and medium-sized cities, highways passing through streets at small cities and towns, and also the length of bridges and ferry piers. It does not include the length of streets in big and medium-sized cities and highways built for the production purpose at factories, mines, forest areas and agricultural areas. If two or more highways go the same section of the way, the length of the section is only calculated for once and no duplication is allowed. The length of highways is an indicator to show the development of the scale of highway construction and to provide essential information to calculate the transport network density.

Length of Navigable Inland Waterways is an indicator reflecting the size and development of inland water network. It refers to the length of the natural rivers, lakes, reservoirs, canals, and ditches open to navigation during a given period, which enables transportation by ships and rafts. It includes the channels open to navigation for over an accumulated period of 3 months in a year, yet this does not include the river courses which are only used to float odd logs and bamboo rafts. This indicator can reflect the scale, level and development situation of the inland waterway network.

Length of Civil Aviation Routes refers to the length of all routes for civil aviation flights, which is used to account the freight, during the period of statistics.. There are usually two ways to calculate the route length: duplicated calculation and non-duplicated calculation, the former is the sum of length of all civil aviation routes, and the latter should deduct the duplication length of same route among all routes.

Freight (Passenger) Traffic refers to the volume of freight (passenger) transported with various means within a specific period of time. This indicator reflects the service of the transport industry towards the national economy and people's living conditions, as well as an important indicator used in formulating and monitoring transport production plans and research into the scale and pace of transport development. Freight transport is calculated in tons and passenger traffic is calculated in terms of number of persons. Freight transport is calculated in terms of the actual weight of the goods and takes no account of the type of freight and distance of travel. Passenger traffic is calculated by the principle that one person can be counted only once in one trip and takes no account of the travelling distance and ticket price. The passengers who travel with a half price ticket or a child's ticket is also calculated as one person.

Freight Ton-kilometres (Passenger-kilometres) refers to the sum of the product of the volume of transported cargo (passengers) multiplied by the transport distance. It is an important indicator to reflect the achievement of the transportation industry. This is an important indicator to show the total results of the transport industry; to prepare and examine the transport plan; and to serve as the main basic data for calculating the efficiency, labour productivity and unit cost of transport. Normally, the shortest distance between the departure station and the destination station (i.e., the payable distance) is the basis in calculating the freight ton-kilometres. The formula is as follows:

$$\begin{matrix}\text{Freight ton-kilometres}\\ \text{(passenger-kilometres)}\end{matrix} = \sum \begin{matrix}\text{freight}\\ \text{(passenger) traffic}\end{matrix} \times \begin{matrix}\text{distance of}\\ \text{transportation}\end{matrix}$$

Average Static Load of Freight Cars refers to the average cargo weight as loaded by each freight car under the static condition at the departure station. It is used to show the utilization extent of the loading capacity of the freight cars. The formula is:

$$\begin{matrix}\text{Static load (ton)}\\ \text{of freight car}\end{matrix} = \frac{\text{tonnage of goods dispatched}}{\text{number of freight cars loaded}}$$

The static load of freight cars is determined by the nature and type of goods loaded the type of vehicles, and the technique of loading. Comparison of the average marked load with the static load of freight cars provides indication on the degree of utilization of loading capacity of freight cars. For its calculation the following formula is applied:

$$\begin{matrix}\text{Utilization rate of}\\ \text{capacity of freight cars (\%)}\end{matrix} = \frac{\text{Average static load}}{\text{Average marked load}} \times 100\%$$

Average Daily Haul of Freight Locomotives refers to the average total ton-kilometres accomplished by each freight transport locomotive over one day and night during a given period of time. It includes both the weight of the goods carried and the dead weight of the train itself. It is a comprehensive indicator reflecting the locomotive efficiency in terms of both time and the pulling force.

$$\begin{array}{c}\text{Average daily haul of}\\ \text{freight transport locomotive}\\ \text{(ton - kilometre)}\end{array} = \frac{\begin{array}{c}\text{Total ton - kilometres}\\ \text{of freight}\end{array}}{\begin{array}{c}\text{Daily number of freight}\\ \text{transport locomotive}\end{array}}$$

Possession of Civil Motor Vehicles refer to the total numbers of vehicles that are registered and received vehicles license tags according to the *Work Standard for Motor Vehicles Registration* formulated by the Transport Management Office under the department of public security at the end of the reference period. They are divided into categories. According to the structure of motor vehicles, they are divided into passenger vehicles, trucks and others; according to ownership into private vehicles and vehicles for the unit's use; according to kind of usage into working vehicles and non-working vehicles; and according to size of vehicles into large passenger vehicles, medium-sized passenger vehicles, small passenger vehicles and mini passenger vehicles, heavy trucks, light-heavy trucks, light trucks and mini-trucks.

Business Volume of Post and Telecommunications refers to the total amount of postal and telecommunication services, expressed in value terms, provided by the post and telecommunications departments for society. This indicator reflects the overall results of development of postal and telecommunication services. It can be classificated as postal services and telecommunication services. Business volume of post and telecommunications is the sum of all services in kind multiplying with the unit price (constant price) to get the total business value.

Mobile Telephone Subscribers refer to persons who have gone through registration procedures in the operation points of enterprises engaged in telecommunications and are hence connected with the mobile telephone communication network through the mobile telephone switchboards and occupy mobile phone numbers. Included are GSM digital mobile phone subscribers, CDMA digital mobile phone subscribers and subscribers to intelligent phone cards with roaming facility issued by telecommunications enterprises and which have been subscribed to and activated at the end of the reference period.

Local Telephone Subscribers refer to all subscribers who have gone through registration procedures in the operation points of enterprises engaged in telecommunications and are hence connected to the local telecommunications service provider through fixed line network. Included are general subscribers, public telephones subscribers, N-ISDN subscribers and intelligent network terminal subscribers. They are also classified in terms of administrative districts as urban telephone subscribers and rural telephone subscribers according to location.

Urban Telephone Subscribers refer to the number of telephone subscribers, located at the different administrative districts of municipalities directly under the Central Government, cities under the jurisdiction of province, cities at prefecture level, downtown and suburb of city at county level town and county towns, that are connected to the public line telephone network, including rural mineral area, forest area, military area.

Rural Telephone Subscribers refer to telephone subscribers, located at the towns below the level of county town and villages, that are connected to the public line telephone network.

十六、批发、零售和住宿、餐饮业

Wholesale and Retail Trades, Hotels and Catering Services

资料整理：张　兵

简 要 说 明

一、本篇资料反映陕西批发和零售业、住宿和餐饮业的发展与经营状况，主要内容包括：社会消费品零售总额，限额以上批发和零售业、住宿和餐饮业基本情况、连锁经营情况，重点交易市场情况等。

二、限额以上企业指年主营业务收入2000万元及以上的批发企业（单位）；500万元及以上的零售业企业（单位）；200万元及以上的住宿和餐饮业企业（单位）。

三、批发业、零售业、住宿业、餐饮业大中小微型划分标准按照2011年《统计上大中小微型企业划分办法》标准执行。

Brief Introduction

I. This chapter reflects the management and development of wholesale and retail trades, hotels and catering services, mainly including: total retail sales of consumer goods, the basic conditions of enterprises above designated size in wholesale and retail trades, hotels and catering services, the conditions of chain stores, focus on transaction markets, etc.

II. Enterprises above designated size cover wholesale enterprises with revenue from principal business over 20 million yuan, retail enterprises with revenue from principal business over 5 million yuan, wholesale and retail enterprises with revenue from principal business over 2 million yuan.

III. The division standard of large/medium/small/mini sized enterprises of wholesale, retail trades,hotels and catering services is based on *the Division Standard of Large/Medium/Small/Mini Sized Enterprises* in 2011.

16.批发、零售和住宿、餐饮业

2015年全省			
限额以上法人企业数	5508	个	
批发业	905	个	
零售业	2846	个	
住宿业	741	个	
餐饮业	1016	个	
社会消费品零售总额	6578.14	亿元	比上年增长 11.1%
商品零售	5904.80	亿元	比上年增长 10.6%
餐饮收入	673.34	亿元	比上年增长 15.7%

社会消费品零售总额构成

（2015年）

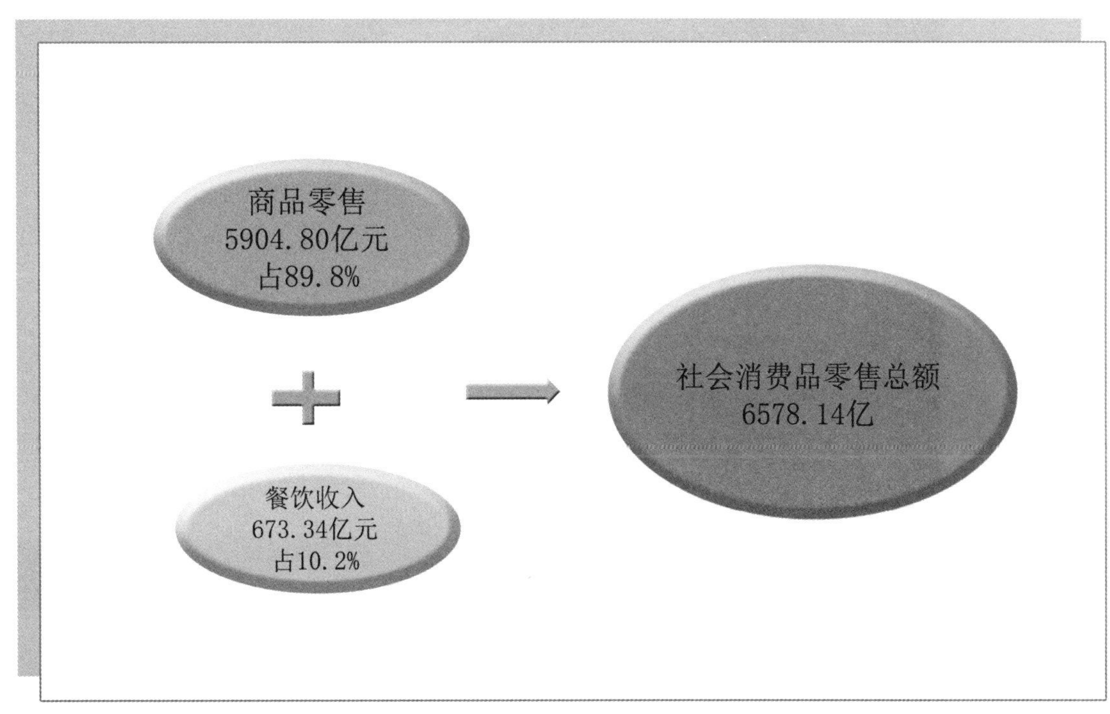

16-1 限额以上批发和零售业、住宿和餐饮业法人企业数和从业人员数(2015年)

Number of Corporation Enterprises above Designated Size in Wholesale and Retail Trades, Hotels and Catering Services and Employed Persons(2015)

地区	Region	法人企业数(个) Number of Corporation Enterprises (unit)	批发业 Wholesale Trade	零售业 Retail Trade	住宿业 Hotels	餐饮业 Catering Service
全省	**Shaanxi**	**5508**	**905**	**2846**	**741**	**1016**
西安市	Xi'an	1367	359	496	226	286
铜川市	Tongchuan	160	16	99	24	21
宝鸡市	Baoji	696	92	395	82	127
咸阳市	Xianyang	669	49	398	61	161
渭南市	Weinan	567	50	346	51	120
# 韩城市	Hancheng	52	2	35	5	10
延安市	Yan'an	370	77	174	71	48
汉中市	Hanzhong	395	50	231	59	55
榆林市	Yulin	528	113	281	73	61
安康市	Ankang	544	67	306	59	112
商洛市	Shangluo	158	26	82	30	20
杨凌示范区	Yangling	54	6	38	5	5

16-1 续表 continued

地区	Region	从业人员数(人) Number of Employed Persons (person)	批发业 Wholesale Trade	零售业 Retail Trade	住宿业 Hotels	餐饮业 Catering Service
全省	**Shaanxi**	**439053**	**79589**	**207678**	**70121**	**81665**
西安市	Xi'an	203923	42350	89530	32831	39212
铜川市	Tongchuan	10494	2077	6190	1298	929
宝鸡市	Baoji	40410	5959	21675	5319	7457
咸阳市	Xianyang	39432	4665	20444	5147	9176
渭南市	Weinan	35046	4077	19274	3811	7884
# 韩城市	Hancheng	3864	45	2996	415	408
延安市	Yan'an	20604	3634	9285	4816	2869
汉中市	Hanzhong	23282	3716	12800	4483	2283
榆林市	Yulin	31579	6727	13700	6693	4459
安康市	Ankang	22716	3826	10653	2497	5740
商洛市	Shangluo	9476	2322	3276	2690	1188
杨凌示范区	Yangling	2091	236	851	536	468

16-2　社会消费品零售总额

Total Retail Sales of Consumer Goods in the Whole Province

单位：亿元　　　　(100 million yuan)

年　份 Year	社会消费品零售总额 Total Retail Sales of Consumer Goods	按地区分 By Region			按行业分 By Sector	
		市的零售额 City	县的零售额 County	县以下的零售额 Under County Level	# 批发和零售业 Wholesale and Retail TradesTrades	# 住宿和餐饮业 Hotels and Catering Services
1978	33.37	11.93	9.79	11.65	28.29	1.32
1980	43.38	17.47	12.18	13.73	35.86	1.78
1985	80.01	39.83	19.45	20.73	61.23	3.84
1990	159.67	91.21	34.29	34.17	118.55	7.99
1991	176.60	102.21	36.98	37.41	126.83	9.29
1992	227.53	132.25	47.31	47.97	156.17	16.22
1993	259.87	154.35	52.41	53.12	172.50	19.63
1994	318.70	192.44	62.69	63.58	203.73	24.57
1995	398.87	242.85	80.30	75.73	253.42	31.22
1996	474.87	289.83	93.90	91.14	308.35	39.50
1997	552.37	344.26	104.09	104.03	358.21	50.15
1998	601.89	371.47	114.28	116.14	386.19	62.37
1999	657.80	407.97	124.74	125.08	427.36	69.88
2000	725.64	454.84	135.78	135.02	476.18	81.27
2001	809.31	514.23	147.77	147.31	536.74	95.08
2002	907.64	585.01	162.28	160.36	616.17	105.10
2003	1010.95	649.27	183.56	178.12	878.03	113.87
2004	1162.80	756.54	206.49	199.77	1012.57	126.59
2005	1331.35	874.47	232.07	224.81	1162.77	141.93
2006	1542.37	1006.11	275.80	260.46	1344.44	167.76
2007	1837.25	1221.28	311.78	304.20	1598.15	204.31
2008	2317.11	1542.33	401.04	373.74	2013.65	262.94

年　份 Year	社会消费品零售总额 Total Retail Sales of Consumer Goods	按销售单位所在地分 By Location of Establishments			按消费形态分 By Consumption Patterns	
		城　镇 Urban Areas	# 城　区 Urban District	乡　村 Rural Areas	商品零售 Retail Sales	餐饮收入 Catering income
2009	2725.67	2367.26	1588.16	358.42	2412.13	313.55
2010	3257.54	2834.08	1935.09	423.46	2886.52	371.02
2011	3900.58	3442.78	2492.10	457.80	3471.61	428.96
2012	4581.62	4037.26	3086.68	544.36	4078.21	503.41
2013	5245.04	4620.77	3552.88	624.27	4706.69	538.35
2014	5918.71	5233.56	3921.36	685.14	5336.86	581.85
2015	6578.14	5794.94	4295.96	783.20	5904.80	673.34

注：2009-2013年数据依据第三次经济普查结果进行了修订。

a) Data from 2009 to 2013 were adjusted according to the 3rd national economic census.

16-3 各市(区)社会消费品零售总额
Total Retail Sales of Consumer Goods by City(District)

单位：亿元 (100 million yuan)

年 份 Year	全 省 Shaanxi	西安市 Xi'an	铜川市 Tongchuan	宝鸡市 Baoji	咸阳市 Xianyang	渭南市 Weinan
1992	227.53	100.84	5.89	25.87	24.49	21.36
1993	259.87	116.73	6.43	30.58	25.75	23.61
1994	318.70	148.03	7.44	33.48	31.53	26.18
1995	398.87	186.60	9.06	42.04	40.49	33.87
1996	474.87	222.94	10.53	49.21	48.68	41.41
1997	552.37	264.47	11.90	55.60	55.54	48.04
1998	601.89	291.45	12.31	59.76	58.21	52.79
1999	657.80	323.37	12.95	65.01	63.78	55.15
2000	725.64	360.42	13.79	71.89	70.35	58.53
2001	809.31	406.21	14.64	80.61	79.16	62.37
2002	907.64	459.76	15.96	91.19	88.83	66.68
2003	1010.95	502.65	17.73	105.06	101.56	73.21
2004	1162.80	578.60	19.94	122.91	119.07	81.58
2005	1331.35	670.56	21.76	137.48	133.03	93.02
2006	1542.37	784.95	24.12	155.23	148.88	108.65
2007	1837.25	936.21	27.58	179.81	173.11	131.96
2008	2317.11	1176.58	33.54	220.90	212.67	175.03
2009	2725.67	1398.37	40.56	260.10	250.59	202.80
2010	3257.54	1678.01	49.15	307.52	296.35	240.77
2011	3900.58	2039.24	59.15	358.23	345.10	284.08
2012	4581.62	2400.67	71.12	412.83	401.08	335.00
2013	5245.04	2742.89	84.70	473.39	462.68	387.70
2014	5918.71	3093.89	96.64	539.67	528.84	441.98
2015	6578.14	3405.38	110.05	612.84	601.59	503.25

16-3 续表 continued

单位：亿元 (100 million yuan)

年 份 Year	延安市 Yan'an	汉中市 Hanzhong	榆林市 Yulin	安康市 Ankang	商洛市 Shangluo	杨凌示范区 Yangling
1992	6.65	17.92	8.68	8.93	6.19	0.72
1993	7.99	20.96	9.63	10.33	7.06	0.80
1994	10.33	27.06	13.03	12.31	8.42	0.89
1995	12.13	31.19	16.17	15.50	10.66	1.15
1996	14.02	34.97	20.59	18.54	12.63	1.37
1997	15.99	36.95	26.25	22.24	13.96	1.43
1998	17.79	38.82	29.18	24.55	15.59	1.42
1999	20.36	40.50	31.85	25.76	17.50	1.55
2000	22.63	42.91	35.77	27.68	19.91	1.77
2001	26.22	45.22	40.40	29.88	22.59	2.01
2002	30.78	48.31	46.02	32.36	25.40	2.35
2003	34.99	52.69	55.55	36.06	28.65	2.79
2004	41.10	57.23	65.08	41.19	32.71	3.38
2005	47.53	65.30	76.33	46.75	35.97	3.62
2006	54.70	76.10	91.98	53.83	40.01	3.92
2007	65.85	91.80	116.02	64.12	46.22	4.57
2008	84.80	116.66	154.11	80.72	56.70	5.40
2009	96.86	133.02	176.72	93.56	66.79	6.30
2010	117.06	157.50	213.64	110.78	79.19	7.54
2011	140.48	184.44	259.18	129.72	92.18	8.76
2012	168.30	216.05	307.70	151.49	107.28	10.11
2013	192.28	248.15	348.27	171.72	121.82	11.44
2014	218.24	281.65	374.74	193.18	136.92	12.95
2015	241.09	319.00	396.41	219.20	154.66	14.66

注：2009-2013年数据依据第三次经济普查结果进行了修订。

a) Data from 2009 to 2013 were adjusted according to the 3rd national economic census.

16-4 各市(区)按销售单位所在地和消费形态分的社会消费品零售总额(2015年)

Total Retail Sales of Consumer Goods by Location of Establishments and Consumption Patterns by City(District)(2015)

单位：万元 (10 000 yuan)

地区	Region	社会消费品零售总额 Total Retail Sales of Consumer Goods	#限额以上消费品零售额 Retail Sales of Enterprises above Designated Size	按销售单位所在地分 By Location of Establishments 城镇 Urban Areas	#城区 Urban District	乡村 Rural Areas	按消费形态分 By Consumption Patterns 商品零售 Retail Sales	餐饮收入 Catering Income
全省	**Shaanxi**	**65781385**	**40550614**	**57949352**	**42959630**	**7832034**	**59047995**	**6733390**
西安市	Xi'an	34053816	23459042	32928267	28326650	1125550	31464487	2589329
铜川市	Tongchuan	1100536	625078	828245	620973	272291	900585	199951
宝鸡市	Baoji	6128420	3381624	5522997	4637320	605422	5446313	682106
咸阳市	Xianyang	6015875	3446690	4528045	2403118	1487830	4909233	1106642
渭南市	Weinan	5032508	3087736	3780342	2152832	1252166	4437683	594825
#韩城市	Hancheng	421444	250435	292605	190193	128839	384872	36572
延安市	Yan'an	2410879	1161647	1901336	912564	509544	2168803	242076
汉中市	Hanzhong	3190013	1790887	2609824	1103201	580189	2819343	370670
榆林市	Yulin	3964087	1945193	2730823	1640561	1233264	3580887	383201
安康市	Ankang	2192032	1221234	1831729	703053	360303	1815273	376759
商洛市	Shangluo	1546601	361929	1173787	345403	372813	1383437	163164
杨凌示范区	Yangling	146619	69557	113957	113957	32662	121951	24668

16-5 各市、县(市、区)社会消费品零售总额
Total Retail Sales of Consumer Goods by City and County(City and District)

单位：万元 (10 000 yuan)

地　区	Region	2014	2015	2015年比2014年增长% Growth Rate in 2015 over 2014(%)
全　省	**Shaanxi**	**59187052**	**65781385**	**11.1**
西安市	**Xi'an**	**30938908**	**34053816**	**10.1**
新城区	Xincheng	4997780	5575912	11.6
碑林区	Beilin	5058665	5614587	11.0
莲湖区	Lianhu	4130029	4518207	9.4
灞桥区	Baqiao	1542793	1732664	12.3
未央区	Weiyang	4807887	5152112	7.2
雁塔区	Yanta	5964957	6564690	10.1
阎良区	Yanliang	349333	379026	8.5
临潼区	Lintong	726349	779895	7.4
长安区	Chang'an	1640031	1833669	11.8
高陵区	Gaoling	283978	317265	11.7
蓝田县	Lantian	515669	563996	9.4
周至县	Zhouzhi	346273	384668	11.1
户　县	Huxian	575164	637125	10.8
铜川市	**Tongchuan**	**966407**	**1100536**	**13.9**
王益区	Wangyi	400996	457369	14.1
印台区	Yintai	180058	204353	13.5
耀州区	Yaozhou	324645	369852	13.9
宜君县	Yijun	60708	68961	13.6
宝鸡市	**Baoji**	**5396667**	**6128420**	**13.6**
渭滨区	Weibin	1749607	2001551	14.4
金台区	Jintai	1373046	1548666	12.8
陈仓区	Chencang	491545	555907	13.1
凤翔县	Fengxiang	378048	429015	13.5
岐山县	Qishan	406844	460904	13.3
扶风县	Fufeng	256305	291604	13.8
眉　县	Meixian	249803	283249	13.4
陇　县	Longxian	162712	184208	13.2
千阳县	Qianyang	76043	86355	13.6
麟游县	Linyou	52609	59711	13.5
凤　县	Fengxian	162648	184850	13.7
太白县	Taibai	37456	42401	13.2
咸阳市	**Xianyang**	**5288432**	**6015875**	**13.8**
秦都区	Qindu	1091781	1235389	13.2
渭城区	Weicheng	862483	975536	13.1
三原县	Sanyuan	362789	412871	13.8
泾阳县	Jingyang	378386	433399	14.5
乾　县	Qianxian	526390	593759	12.8

16-5 续表 1 continued

单位：万元 (10 000 yuan)

地　区	Region	2014	2015	2015年比2014年增长% Growth Rate in 2015 over 2014(%)
礼泉县	Liquan	410561	462883	12.7
永寿县	Yongshou	143928	180459	25.4
彬　县	Binxian	252562	285386	13.0
长武县	Changwu	132024	151067	14.4
旬邑县	Xunyi	169129	193398	14.3
淳化县	Chunhua	133871	153041	14.3
武功县	Wugong	327179	374897	14.6
兴平市	Xingping	497350	563791	13.4
渭南市	**Weinan**	**4419777**	**5032508**	**13.9**
临渭区	Linwei	1196605	1361381	13.8
华　县	Huaxian	175058	198929	13.6
潼关县	Tongguan	121674	138248	13.6
大荔县	Dali	537858	612249	13.8
合阳县	Heyang	286438	327164	14.2
澄城县	Chengcheng	265571	302866	14.0
蒲城县	Pucheng	529634	603488	13.9
白水县	Baishui	202726	231956	14.4
富平县	Fuping	511263	581531	13.7
韩城市	Hancheng	369903	421444	13.9
华阴市	Huayin	223045	253254	13.5
延安市	**Yan'an**	**2182431**	**2410879**	**10.5**
宝塔区	Baota	1014319	1121350	10.6
延长县	Yanchang	76493	84372	10.3
延川县	Yanchuan	95486	106093	11.1
子长县	Zichang	139086	153968	10.7
安塞县	Ansai	108438	119499	10.2
志丹县	Zhidan	111056	122938	10.7
吴起县	Wuqi	75889	83554	10.1
甘泉县	Ganquan	51286	56928	11.0
富　县	Fuxian	97440	106892	9.7
洛川县	Luochuan	183797	203647	10.8
宜川县	Yichuan	57255	63209	10.4
黄龙县	Huanglong	23777	26155	10.0
黄陵县	Huangling	148109	162274	9.6
汉中市	**Hanzhong**	**2816481**	**3190013**	**13.3**
汉台区	Hantai	1124390	1273379	13.3
南郑县	Nanzheng	268842	304305	13.2
城固县	Chenggu	318687	361240	13.4
洋　县	Yangxian	154241	174905	13.4
西乡县	Xixiang	151181	171520	13.5

16-5 续表 2 continued

单位：万元 (10 000 yuan)

地区	Region	2014	2015	2015年比2014年增长% Growth Rate in 2015 over 2014(%)
勉县	Mianxian	275434	311823	13.2
宁强县	Ningqiang	165795	187705	13.2
略阳县	Lueyang	157943	178908	13.3
镇巴县	Zhenba	145780	165005	13.2
留坝县	Liuba	33019	37306	13.0
佛坪县	Foping	21170	23919	13.0
榆林市	**Yulin**	**3747362**	**3964087**	**5.8**
榆阳区	Yuyang	1177959	1185171	0.6
神木县	Shenmu	460490	472693	2.6
府谷县	Fugu	440059	469953	6.8
横山县	Hengshan	486403	509750	4.8
靖边县	Jingbian	534294	596719	11.7
定边县	Dingbian	271418	301731	11.2
绥德县	Suide	102557	115684	12.8
米脂县	Mizhi	91219	101158	10.9
佳县	Jiaxian	24017	26850	11.8
吴堡县	Wubu	42828	48310	12.8
清涧县	Qingjian	59734	67880	13.6
子洲县	Zizhou	56385	68188	20.9
安康市	**Ankang**	**1931831**	**2192032**	**13.5**
汉滨区	Hanbin	895950	1008981	12.6
汉阴县	Hanyin	133329	153530	15.2
石泉县	Shiquan	95063	109174	14.8
宁陕县	Ningshan	41460	46893	13.1
紫阳县	Ziyang	176112	198923	13.0
岚皋县	Langao	83284	94441	13.4
平利县	Pingli	107381	121163	12.8
镇坪县	Zhenping	28852	32696	13.3
旬阳县	Xunyang	267014	307869	15.3
白河县	Baihe	103387	118363	14.5
商洛市	**Shangluo**	**1369246**	**1546601**	**13.0**
商州区	Shangzhou	338138	381485	12.8
洛南县	Luonan	246696	278777	13.0
丹凤县	Danfeng	186966	211292	13.0
商南县	Shangnan	122459	138389	13.0
山阳县	Shanyang	216392	244453	13.0
镇安县	Zhen'an	170091	192193	13.0
柞水县	Zhashui	88503	100012	13.0
杨凌示范区	**Yangling**	**129511**	**146619**	**13.2**

16-6 限额以上批发和零售企业(单位)商品零售类值
Total Sales of Enterprises above Designated Size in Retail Trades by Category of Commodities

单位：万元 (10 000 yuan)

类别	Item	2014	2015
合计	**Total**	**35409263**	**38555540**
1.食品、饮料、烟酒类	Food, Beverages, Tobacco and Liquor	3697488	4693270
(1)粮油、食品类	Food	2294893	2925966
#粮油类	Grain and Oil	806981	943920
肉禽蛋类	Meat, Poultry and Eggs	239844	325628
水产品类	Aquatic Products	207067	257532
蔬菜类	Vegetables	287529	391497
干鲜果品类	Dried and Fresh Melons and Fruits	331153	490355
(2)饮料类	Beverages	680479	881133
(3)烟酒类	Tobacco and Liquor	722116	886171
2.服装、鞋帽、针纺织品类	Garments, Shoes and Hats, Knitwear and Textiles	5150697	5247730
(1)服装类	Garments	4090357	4124358
(2)鞋帽类	Shoes and Hats	669619	679537
(3)针、纺织品类	Knitwear and Textiles	390721	443835
3.化妆品类	Cosmetics	522350	595166
4.金银珠宝类	Gold, Silver and Jewellery	732628	704918
5.日用品类	Daily Consumer Articles	950204	1044025
#洗涤用品类	Washing Articles	278007	
儿童玩具类	Children Toys	108878	143132
6.五金、电料类	Hardware	353927	321061
7.体育、娱乐用品类	Sports and Recreation Articles	225968	310928
#照相机类	Cameras		67611
8.书报杂志类	Newspapers and Magazines	336842	380456
9.电子出版物及音像制品类	E-journals and Video Products	44499	58186
10.家用电器和音像器材类	Household Appliances and Audio/Video Equipments	1915688	2304924
11.中西药品类	Traditional Chinese and Western Medicines	871065	1034898
#西药类	Western Medicine	619206	768056
中草药及中成药类	Traditional Chinese Medicines	156412	189956
12.文化办公用品类	Cultural and Office Appliances	527489	719547
#计算机及其配套产品	Computers and Accessories		75805
13.家具类	Furniture	1260936	1301241
14.通讯器材类	Communication Appliances	569720	869862
15.煤炭及制品类	Coal and Related Products	1527802	1591336
16.木材及制品类	Wood and Wooden Products		
17.石油及制品类	Petroleum and Related Products	5846207	6030111
18.化工材料及制品类	Chemical Materials and Related Products		
19.金属材料类	Metal Materials		
20.建筑及装潢材料类	Building and Decoration Materials	1496905	1325129
21.机电产品及设备类	Mechanical and Electrical Products	80532	90329
22.汽车类	Automobiles	8579910	9133684
23.种子饲料类	Seeds and Feedstuff		
24.棉麻类	Cotton and Hemp	334	447
25.其他类	Others	718075	798293

16-7 限额以上批发业商品购进、销售、库存总额(2015年)

单位：万元

指 标	Item	商品购进总额 Total Purchases Value	#进口 Imports
总 计	**Total**	**46672045**	**261167**
按批发行业分	**By Wholesale Trade Sector**		
农、林、牧产品批发	Wholesale of Farming, Forestry, Animal Husbandry Products	313456	156
谷物、豆及薯类批发	Wholesale of Cereals, Beans and Tubers	228896	156
种子批发	Wholesale of Seeds and Forages	21335	
饲料批发	Wholesale of Feedstuff	13527	
棉、麻批发	Wholesale of Cotton and Hemp	4365	
林业产品批发	Wholesale of Forestry Products	15296	
其他农牧产品批发	Others	30037	
食品、饮料及烟草制品批发	Wholesale of Food, Beverages and Tobaccos	5063691	
米、面制品及食用油批发	Wholesale of Rice, Flour and Edible Oil	196351	
糕点、糖果及糖批发	Wholesale of Cake and Sugar	40406	
果品、蔬菜批发	Wholesale of Vegetables and Fruits	870300	
肉禽蛋奶及水产品批发	Wholesale of Poultry, Egg and Milk & Marine Products	86071	
盐及调味品批发	Wholesale of Salt and Condiments	49522	
酒、饮料及茶叶批发	Wholesale of Wines, Beverages and Tea	591043	
烟草制品批发	Wholesale of Tobaccos	3178077	
其他食品批发	Others	51921	
纺织服装及家庭用品批发	Wholesale of Textiles, Garments and Daily Consumer Articles	3385602	9354
纺织品、针织品及原料批发	Wholesale of Textiles, Knitwear and Textile Materials	32681	8879
服装批发	Wholesale of Garments	2513788	
鞋帽批发	Wholesale of Shoes and Hats	82523	
化妆品及卫生用品批发	Wholesale of Cosmetics and Health Consumer Articles	153974	
厨房、卫生间用具及日用杂货批发	Wholesale of Kitchen and Washroom Appliance and Various Household Supplies	51545	
家用电器批发	Wholesale of Domestic Appliances	551091	474
文化、体育用品及器材批发	Wholesale of Culture, Sports Appliances and Equipment	393791	
文具用品批发	Wholesale of Stationary	85133	
体育用品及器材批发	Wholesale of Sports Goods and Equipments	13011	
图书批发	Wholesale of Books	151227	
首饰、工艺品及收藏品批发	Wholesale of Jewelry, Artwork and Collections	144420	
医药及医疗器材批发	Wholesale of Medicines and Medical Appliances	3152690	136614
西药批发	Wholesale of Western Medicine	2514946	127778
中药批发	Wholesale of Traditional Chinese Medicinal	591063	
医疗用品及器材批发	Wholesale of Medical Treatment and Equipment	46681	8836
矿产品、建材及化工产品批发	Wholesale of Mineral Products, Building Materials and Chemical Products	31838489	43400
煤炭及制品批发	Wholesale of Coal and Related Products	12149258	
石油及制品批发	Wholesale of Petroleum and Related Products	12985301	7892
非金属矿及制品批发	Wholesale of Metal Materials	17662	125
金属及金属矿批发	Wholesale of Metal Mine and Its Manufacture	5538277	25020
建材批发	Wholesale of Building Materials	623646	
化肥批发	Wholesale of Garments	209504	
农药批发	Wholesale of Pesticides	5704	
农用薄膜批发	Wholesale of Agricultural Film	1679	
其他化工产品批发	Others	307459	10364
机械设备、五金交电及电子产品批发	Wholesale of Machinery, Hardware and Electronic Equipment	2348146	70257
农业机械批发	Wholesale of Agricultural Machinery	88729	
汽车批发	Wholesale of Vehicles	1086440	

Total Purchases, Sales and Inventory of Enterprises above Designated Size in Wholesale Trades(2015)

(10 000 yuan)

商品销售总额 Total Sales	# 公共网络商品销售额 Sales of Public Network	# 银行卡支付商品销售额 Sales of Bank Card Payment	# 批发 Wholesale Trades	# 出口 Exports	年末库存 Stock at Year-end
52514933	**3706059**	**4087410**	**45131839**	**865273**	**1895772**
337794		2058	315349	13076	33083
243891			237968	10792	25186
23982		2058	23320		4127
15166			11448		786
4577			4577		360
18658			8921		1582
31519			29114	2284	1042
6744745	3452618	2937547	6315057	14020	336535
207623	7500	2108	151144		17271
55960			47755		7650
1225908	80451	30067	958113	13865	89138
101639			99345		3592
57042			57042		6996
702061	50	2837	612880		34750
4340944	3364616	2902534	4337274		165984
53569	2		51504	155	11154
3534009	31941	2782	2419110	230471	168090
33677			33677		1590
2549761	29728		1540457	132935	2414
142257			73933		34344
166793			157608		35873
51969			26820		889
589554	2213	2782	586615	97537	92980
389489			386781	3797	35951
90217			87999	3320	7608
13829			13339		6
141260			141260		27383
144183			144183	476	955
3355500	40193	27983	3131896	6463	209109
2656637	30274	3366	2469549	6463	164843
646732	9919	24617	613702		39688
52132			48646		4578
35316382	181040	931156	30138826	110119	923416
13817909		280744	12634495	41526	394619
13812602	162468	100792	10248448		168213
20789			20789	19693	885
6371859	12000	495151	5993214	17346	293380
675007	3105	23429	644209		31254
218216		22419	200467		18718
24033	1571		23787		6531
1896	1896		1896	1896	
374071		8622	371522	29658	9817
2640134	268	158285	2265143	464270	182156
92324			66852		7972
1246299		141937	983282	162238	77299

16-7 续表

单位：万元

指标	Item	商品购进总额 Total Purchases Value	# 进口 Imports
汽车零配件批发	Wholesale of Vehicle Parts	35306	
摩托车及零配件批发	Wholesale of Motorcycles and Motorcycle Parts	16996	
五金产品批发	Wholesale of Hardware Products	144230	39460
电气设备批发	Wholesale of Electrical Equipments	260654	24612
计算机、软件及辅助设备批发	Wholesale of Computer, Software and Peripherals	292037	
通讯及广播电视设备批发	Wholesale of Communications and Broadcast and Television Equipments	11252	
其他机械设备及电子产品批发	Others	412501	6185
贸易经纪与代理	Trade Broker and Agency	43120	1387
贸易代理	Trade Agency	43120	1387
其他批发	Others	133059	
再生物资回收与批发	Recovery and Wholesale of Regeneration Material	88701	
其他未列明的批发	Any Other Wholesale	44358	
按登记注册类型分	**By Status of Registration**		
内资企业	Domestic Funded Enterprises	45942950	250803
国有企业	State-owned Enterprises	6544854	781
集体企业	Collective-owned Enterprises	87422	
股份合作企业	Cooperative Enterprises	32661	
有限责任公司	Limited Liability Corporations	21012826	195522
国有独资公司	State Sole Funded Corporations	6585914	14953
其他有限责任公司	Other Limited Liability Corporations	14426912	180569
股份有限公司	Share-holding Corporations Ltd.	14909891	
私营企业	Private Enterprises	3252071	54500
私营独资企业	Private-funded Enterprises	15154	
私营合伙企业	Private Partnership Enterprises	1727	
私营有限责任公司	Private Limited Liability Corporations	3011422	46608
私营股份有限公司	Private Share-holding Corporations Ltd.	223769	7892
其他企业	Other Enterprises	103225	
港、澳、台商投资企业	Enterprises with Funds from Hong Kong, Macao & Taiwan	283861	
与港澳台商合资经营企业	Joint-venture Enterprises	159214	
港澳台商独资经营企业	Enterprises with Sole Investment	124647	
外商投资企业	Foreign Funded Enterprises	445234	10364
中外合资经营企业	Joint-venture Enterprises	362026	
外资企业	Enterprises with Sole Fund	83208	10364
按控股情况分	**By Status of Share Holding**		
国有控股	State-holding	30612446	174948
集体控股	Collective-holding	411555	
私人控股	Private-holding	9203207	67019
港澳台商控股	Hong Kong, Macao & Taiwan-holding	146058	
外商控股	Foreign-holding	412542	10364
其　他	Others	5886237	8836
按经营形式分	**By Form of Management**		
独立门店	Independent Stores	30761700	99262
连锁总店	General Chain Stores	2152164	
连锁门店	Branch Chain Stores	1079431	
其　他	Others	12678750	161905
按单位规模分	**By scale**		
大　型	Large	23206538	152390
中　型	Medium	18823999	68649
小　型	Small	3863483	40128
微　型	Mini	778025	

continued

(10 000 yuan)

商品销售总额 Total Sales	# 公共网络商品销售额 Sales of Public Network	# 银行卡支付商品销售额 Sales of Bank Card Payment	# 批发 Wholesale Trades	# 出口 Exports	年末库存 Stock at Year-end
38124			34330	2399	3398
21054			21054		2972
158176		3679	154404	82893	15629
277462			275618	128306	20608
313642		841	247881	62318	9174
11558		202	11558		1415
					43689
481495	268	11626	470165	26116	4544
42088			36590	23057	4544
42088			36590	23057	2888
154792		27600	123087		1851
101428		24550	77732		1037
53364		3050	45356		1839423
					299044
51599859	3706059	3937447	44353260	842296	6051
7947678	3372083	3608595	7582417	20605	191
91258		4666	79181		871448
35712			33504		249126
23342058	49511	157245	19880946	423947	622322
7919166			6208082	61425	439503
15422892	49511	157245	13672864	362522	213977
16246506	162468	109246	13156949	192697	1411
3821605	117687	47412	3536020	202764	57
17712			13322		202279
1732		50			10230
3571643	117687	47362	3330310	202764	9209
230518			192388		36259
115043	4310	10284	84243	2284	1914
360809		8026	225488		34344
173914		8026	106916		20091
186895			118571		13415
554265		141937	553092	22977	6675
432057		141937	432057		936560
122208			121035	22977	18448
					509154
34183710	3535411	3717841	29225838	433860	34344
427510		7361	340888		21160
10450437	165998	200821	8682642	400553	376104
213123			137999		1097284
522898		149963	521725	22977	100210
6717255	4650	11424	6222747	7882	56508
					641770
34047543	1268936	1722696	29015254	599848	782285
2741549	1671425	1646073	2367883		826031
1131497		48650	619037		269682
14594345	765698	669992	13129665	265425	17774
26319229	3527052	3744230	20081724	290544	
21160311	129494	256273	20237861	296999	
4241615	49514	86894	4024737	277228	
793777		13	787517	502	

16-8 限额以上零售业商品购进、销售、库存总额(2015年)

单位：万元

指标	Item	商品购进总额 Total Purchases Value	# 进口 Imports
总计	**Total**	**26590320**	**811492**
按零售行业分	**By Retail Trades Sector**		
综合零售	Integrated Retail	5924395	4005
百货零售	Retail of General Merchandise	2925708	3293
超级市场零售	Retail of Supermarkets	2661794	713
其他综合零售	Others	336893	
食品、饮料及烟草制品专门零售	Special Retail of Food, Beverages and Tobaccos	831300	3283
粮油零售	Retail of Grain and Oil	73724	
糕点、面包零售	Retail of Cake and Bread	7497	143
果品、蔬菜零售	Retail of Melons and Fruits,Vegetables	234241	
肉、禽、蛋及水产品零售	Retail of Meat, Poultry, Eggs and Aquatic Products	118731	
营养和保健品零售	Retail of Nourishment and Health Products	3108	
酒、饮料及茶叶零售	Retail of Beverages and Tea	199699	497
烟草制品零售	Retail of Tobaccos	50218	
其他食品零售	Others	144083	2643
纺织、服装及日用品专门零售	Special Retail of Textiles, Garments and Daily Consumer Articles	1668301	2200
纺织品及针织品零售	Retail of Textiles and Knitwear	73473	
服装零售	Retail of Garments	1263421	
鞋帽零售	Retail of Shoes and Hats	117321	
化妆品及卫生用品零售	Retail of Cosmetics and Health Consumer Articles	41019	
钟表、眼镜零售	Retail of Clocks and Watches,Spectacles	46483	
自行车零售	Retail of Bicycles	464	
其他日用品零售	Others	126119	2200
文化、体育用品及器材专门零售	Special Retail of Culture, Sports Appliances and Equipments	682849	4552
文具用品零售	Retail of Stationery	3288	
体育用品零售	Retail of Sports Goods	157452	170
图书、报刊零售	Retail of Books	374400	4382
珠宝首饰零售	Retail of Jewelry	138455	
工艺美术品及收藏品零售	Retail of Artwork and Collections	4414	
乐器零售	Retail of Musical Instrument	4840	
医药及医疗器材专门零售	Special Retail of Medicines and Medical Appliances	671572	1036
药品零售	Retail of Medicines	661048	1036
医疗用品及器材零售	Retail of Medical Supplies and Appliances	10525	
汽车、摩托车、燃料及零配件专门零售	Special Retail of Motor Vehicles, Motorcycles, Fuel and Parts	10787747	775456
汽车零售	Retail of Motor Vehicles	8227467	775456
汽车零配件零售	Retail of Motor Vehicles and Parts	69421	
摩托车及零配件零售	Retail of Motorcycles and Parts	61869	
机动车燃料零售	Retail of Fuel of Motor Vehicles	2428990	

Total Purchases, Sales and Inventory of Enterprises above Designated Size in Retail Trades (2015)

(10 000 yuan)

商品销售总额 Total Sales	# 公共网络商品销售额 Sales of Public Network	# 银行卡支付商品销售额 Sales of Bank Card Payment	# 批发 Wholesale Trades	# 出口 Exports	年末库存 Stock at Year-end
30827551	**1227622**	**3017124**	**776225**	**8000**	**2345553**
7417501	71505	966051	43612		477633
3959530	64021	690638	29841		167054
3113324	7484	264736	7410		288001
344646		10678	6362		22578
1082352	51349	9828	104929		112536
84908	6998	543	638		13039
8235	1157	32	581		2286
267328	20251	276	9074		17099
125516	4	673	13699		16000
5814	4495		486		389
371634	1702	470	28041		37640
56385		5000			8387
162533	16743	2834	52411		17696
1967925	3557	42706	56772		136696
79315		454	272		3431
1504331	3462	15472	48287		58122
117475		216			28360
61075			4017		5165
51825	95	26110	10		34110
977					97
152927		454	4187		7412
709878	60	53818	47741		132479
3245		31			430
179821		38681	42354		24997
374870		11569	3990		82507
141621	10	2031	1394		22782
5274			4		379
5046	50	1506			1386
758129	8321	19239	79035		127941
746526	8321	19239	79035		124685
11603					3256
12032494	158526	1464151	187736		1120229
9200799	115549	1438294	40934		1061505
71046		1488	4578		8114
73020	3100	4583	4086		8094
2687630	39877	19786	138138		42517

16-8 续表 1

单位：万元

指 标	Item	商品购进总额 Total Purchases Value	#进口 Imports
家用电器及电子产品专门零售	Special Retail of Household Appliances and Electronic Products	2660751	659
家用视听设备零售	Retail of Home Audio-visual Equipment	1066878	659
日用家电设备零售	Retail of Household Appliances	931316	
计算机、软件及辅助设备零售	Retail of Computer, Software and Peripherals	532075	
通信设备零售	Retail of Communication Equipment	105324	
其他电子产品零售	Others	25158	
五金、家具及室内装修材料专门零售	Special Retail of Hardware, Furniture and Decoration Materials	2320770	20300
五金零售	Retail of Hardware	95511	2300
灯具零售	Retail of Light Fittings	143109	
家具零售	Retail of Furniture	1231572	
涂料零售	Retail of Dope	825	
卫生洁具零售	Retail of Sanitary	700	
木质装饰材料零售	Retail of Wooden Decorating Materials	10125	
陶瓷、石材装饰材料零售	Retail of Porcelainou Sand Stone Finishing Decorating Materials	37671	
其他室内装修材料零售	Other Domestic Decorating Materials	801258	18000
货摊无店铺及其他零售业	Non-shop and Other non-mentiones-above Retails	1042635	
互联网零售	E-commerce Retails	799138	
邮购及电视电话零售	Mail-order & Phone-order Retails	159928	
生活用燃料零售	Retail of Life Fuels	61618	
其他未列明的零售	Other Retail Not Classified Elsewhere	21950	
按登记注册类型分	**By Status of Registration**		
内资企业	Domestic Funded Enterprises	22347569	587751
国有企业	State-owned Enterprises	742364	
集体企业	Collective-owned Enterprises	463768	
股份合作企业	Cooperative Enterprises	83360	
联营企业	Joint Ownership Enterprises	752	
集体联营企业	Collective Joint Ownership Enterprises	752	
有限责任公司	Limited Liability Corporations	13766391	448366
国有独资公司	State Sole Funded Corporations	347628	
其他有限责任公司	Other Limited Liability Corporations	13418763	448366
股份有限公司	Share-holding Corporations Ltd.	1790971	17456
私营企业	Private Enterprises	5349797	120899
私营独资企业	Private-funded Enterprises	304799	
私营合伙企业	Private Partnership Enterprises	78785	
私营有限责任公司	Private Limited Liability Corporations	4596253	104526
私营股份有限公司	Private Share-holding Corporations Ltd.	369959	16372
其他企业	Other Enterprises	150166	1031
港、澳、台商投资企业	Enterprises with Funds from Hong Kong, Macao & Taiwan	1464554	201816
与港澳台商合资经营企业	Joint-venture Enterprises	567091	96130
与港澳台商合作经营企业	Cooperative Enterprises	896016	105686
港澳台商独资经营企业	Enterprises with Sole Investment	19	
其他港澳台投资企业	Other Enterprises with Funds from Hong Kong, Macao & Taiwan	1428	

continued

(10 000 yuan)

商品销售总 额 Total Sales	# 公共网络商品销售额 Sales of Public Network	# 银行卡支付商品销售额 Sales of Bank Card Payment	# 批 发 Wholesale Trades	# 出 口 Exports	年 末 库 存 Stock at Year-end
3109076	118093	274118	209493		159582
1102711	18610	24022	129878		43314
1242426	98208	245817	68006		80220
544624	973	1446	10661		13251
182317	302	2834	298		17547
36997			651		5251
2632384	17880	186918	22577	8000	69467
109640	7880	763	7743		7244
143070		466	479		578
1497382		152102	1091		28589
1039					921
1100					300
11183		1147			1103
46885		19645			1133
822086	10000	12795	13264	8000	29599
1117814	798332	295	24330		8990
855801	798332	224	1359		5087
160459		68	542		129
74583		4	22305		2065
26971			124		1709
25699031	466749	2451403	681384	8000	2102202
794108	4891	11527	13625		62972
500589	359	9540	14995		24073
82780		10808	41		3905
748					5
748					5
15946735	219947	1566322	447747	8000	1431757
372873	3119	56905	752		58541
15573861	216828	1509417	446996	8000	1373216
2061210	491	148666	121484		105287
6143093	241061	698488	83071		464319
327374	5948	8276	5883		17301
86329		318	45		4057
5350433	225822	639543	74934		420603
378957	9291	50352	2209		22358
169769		6052	420		9885
1811689	1881	479888	26167		169722
603137		327478	6851		67887
1188274	1881	152411	18443		100445
4111					16
16167			873		1374

16-8 续表 2

单位：万元

指　　标	Item	商品购进总额 Total Purchases Value	#进口 Imports
外商投资企业	Foreign Funded Enterprises	2778197	21925
中外合资经营企业	Joint-venture Enterprises	1489121	
外资企业	Enterprises with Sole Fund	1199924	21925
外商投资股份有限公司	Share-holding Corporations Ltd. with Foreign Investment	75920	
其他外商投资企业	Other Foreign Funded Enterprises	13232	
按控股情况分	**By Status of Share Holding**		
国有控股	State-holding	3696237	19474
集体控股	Collective-holding	1269301	
私人控股	Private-holding	15274169	428473
港澳台商控股	Hong Kong, Macao & Taiwan-holding	1569088	202529
外商控股	Foreign-holding	1384173	22760
其　　他	Others	3397354	138256
按经营形式分	**By Form of Management**		
独立门店	Independent Stores	20752352	808694
连锁总店	General Chain Stores	1476963	42
连锁门店	Branch Chain Stores	1184741	13
其　　他	Others	3176265	2744
按单位规模分	**By Scale**		
大　型	Large	8645550	182391
中　型	Medium	12679888	478839
小　型	Small	4759533	140300
微　型	Mini	505350	9961
按零售业态分	**By Business Categories**		
有店铺零售	Shop Retails	25431775	811391
食杂店	Grocery Store	96636	
便利店	Convenience Store	244260	
超　市	Supermarket	1329492	4382
大型超市	Hypermarket	2067673	713
仓储会员店	Warehouse Club	17010	
百货店	Department Store	3152700	5593
专业店	Specialty Store	8153977	392796
专卖店	Franchised Store	6313374	407907
家居建材商店	Building Material Store	1637069	
购物中心	Shopping Center	1937437	
厂家直销中心	Factory Outlets Center	482147	
无店铺零售	Non-shop Retails	1158545	101
#电视购物	TV Shopping	159928	
邮购	Mail-order	8224	
网上商店	Web Storefronts	821992	101

continued

(10 000 yuan)

商品销售总额 Total Sales	# 公共网络商品销售额 Sales of Public Network	# 银行卡支付商品销售额 Sales of Bank Card Payment	# 批发 Wholesale Trades	# 出口 Exports	年末库存 Stock at Year-end
3316831	758992	85833	68675		73629
1743969		3243			18196
1360606	758992	82591			49070
75983			68675		111
136274					6252
4037721	60087	116203	178676		231597
1337171	359	36298	59653		66333
17329448	389486	1282362	335599	8000	1461535
2004417	1881	489486	18443		165160
1670370	758992	121609	75526		78708
4448425	16817	971166	108329		342220
24089753	372670	2200175	406187	8000	1803140
1774098	19747	198902	47408		202192
1481846	5407	407734	126845		120178
3481854	829798	210313	195786		220043
9803019	857094	1078642	329325		499137
15103869	163526	1736167	245080		1328696
5357349	201513	193983	163693	8000	468857
563314	5489	8333	38126		48864
29437617	382383	3015334	762711	8000	2306981
94846		116	39007		10564
285124		10598	30093		10688
1505147	6865	20544	21081		125316
2323862	26307	256715	330		237723
17961					2854
4233811	32739	668894	44198		186361
9246735	265156	919724	345838	8000	822570
7162079	44487	851340	151543		772568
1790103		36779	4197		32244
2260219	739	162370	103165		43215
517730	6091	88253	23261		62879
1389933	845238	1790	13514		38572
160459		68	542		129
9219	9219				323
895312	836020	1722	3337		11905

16-9 各市(区)限额以上批发业商品购进总额(2015年)

Total Purchases of Enterprises above Designated Size in Wholesale Trades by City(District)(2015)

单位：亿元 (100 million yuan)

地　区	Region	合　计 Total	#国有控股 State-holding	内资企业 Domestic Funded Enterprises	国有企业 State-owned Enterprises	集体企业 Collective-owned Enterprises	股份合作企业 Cooperative Enterprises
全　省	**Shaanxi**	**4667.20**	**3061.24**	**4594.29**	**654.49**	**8.74**	**3.27**
西安市	Xi'an	2367.80	1384.12	2294.98	319.13	0.26	
铜川市	Tongchuan	34.00	25.16	34.00	5.82		0.14
宝鸡市	Baoji	434.19	148.25	434.19	44.70	1.04	
咸阳市	Xianyang	334.10	271.75	334.10	36.02	2.64	
渭南市	Weinan	188.67	143.11	188.67	33.18	2.23	
#韩城市	Hancheng	21.44		21.44			
延安市	Yan'an	114.04	75.62	114.04	19.58		
汉中市	Hanzhong	115.85	66.56	115.85	28.23		
榆林市	Yulin	936.79	855.48	936.70	111.49	1.97	2.57
安康市	Ankang	79.89	43.37	79.89	25.05	0.60	
商洛市	Shangluo	57.56	44.55	57.56	28.88		0.55
杨凌示范区	Yangling	4.31	3.27	4.31	2.41		

16-9 续表 continued

单位：亿元 (100 million yuan)

地　区	Region	联营企业 State Joint Ownership Enterprises	有限责任公司 Limited Liability Corporations	股份有限公司 Share-holding Corporations Ltd.	私营企业 Private Enterprises	港、澳、台商投资企业 Enterprises with Funds from Hong Kong, Macao & Taiwan	外商投资企业 Enterprises with Foreign Investment
全　省	**Shaanxi**		**2101.28**	**1490.99**	**325.21**	**28.39**	**44.52**
西安市	Xi'an		1436.82	309.02	228.49	28.39	44.44
铜川市	Tongchuan		6.88	19.35	1.82		
宝鸡市	Baoji		48.45	326.01	9.47		
咸阳市	Xianyang		33.46	229.63	31.88		
渭南市	Weinan		148.87	0.26	3.32		
#韩城市	Hancheng		21.44				
延安市	Yan'an		42.04	37.23	14.43		
汉中市	Hanzhong		77.26		10.36		
榆林市	Yulin		274.12	535.63	8.43		0.09
安康市	Ankang		26.22	19.32	8.70		
商洛市	Shangluo		6.11	13.70	8.32		
杨凌示范区	Yangling		1.04	0.85			

16-10 各市(区)限额以上零售业商品购进总额(2015年)

Total Purchases of Enterprises above Designated Size in Retail Trades by City(District)(2015)

单位: 亿元 (100 million yuan)

地区	Region	合计 Total	#国有控股 State-holding	内资企业 Domestic Funded Enterprises	国有企业 State-owned Enterprises	集体企业 Collective-owned Enterprises	股份合作企业 Cooperative Enterprises
全省	**Shaanxi**	**2659.03**	**369.62**	**2234.76**	**74.24**	**46.38**	**8.34**
西安市	Xi'an	1615.60	209.99	1203.71	34.53	3.76	
铜川市	Tongchuan	36.93	8.08	36.93	0.84	0.51	
宝鸡市	Baoji	184.00	21.18	178.86	3.48	9.66	
咸阳市	Xianyang	226.42	37.67	220.31	11.37	6.49	8.26
渭南市	Weinan	178.12	21.12	178.12	11.82	12.08	
#韩城市	Hancheng	18.84	0.74	18.84	0.42	0.93	
延安市	Yan'an	76.19	11.54	75.76	0.62		
汉中市	Hanzhong	113.18	22.30	113.07	9.77	12.09	
榆林市	Yulin	129.86	33.17	129.83	0.96	0.15	
安康市	Ankang	76.52	2.20	76.52	0.47	1.51	0.07
商洛市	Shangluo	16.69	1.97	16.12	0.23	0.13	
杨凌示范区	Yangling	5.52	0.40	5.52	0.15		

16-10 续表 continued

单位: 亿元 (100 million yuan)

地区	Region	联营企业 State Joint Ownership Enterprises	有限责任公司 Limited Liability Corporations	股份有限公司 Share-holding Corporations Ltd.	私营企业 Private Enterprises	港、澳、台商投资企业 Enterprises with Funds from Hong Kong, Macao & Taiwan	外商投资企业 Enterprises with Foreign Investment
全省	**Shaanxi**	**0.08**	**1376.64**	**179.10**	**534.98**	**146.46**	**277.82**
西安市	Xi'an		804.54	89.62	270.38	145.62	266.27
铜川市	Tongchuan		27.04	2.91	4.19		
宝鸡市	Baoji	0.08	127.42	16.04	20.03		5.14
咸阳市	Xianyang		88.89	9.31	93.95	0.26	5.85
渭南市	Weinan		82.28	31.17	36.61		
#韩城市	Hancheng		14.52	0.33	1.72		
延安市	Yan'an		69.29		4.51	0.43	
汉中市	Hanzhong		53.60		36.71	0.11	
榆林市	Yulin		67.52	28.25	31.72	0.03	
安康市	Ankang		43.01	1.23	30.16		
商洛市	Shangluo		8.70	0.56	5.78		0.57
杨凌示范区	Yangling		4.35		0.97		

16-11 各市(区)限额以上批发业商品销售总额(2015年)
Total Sales of Enterprises above Designated Size in Wholesale Trades by City(District)(2015)

单位：亿元 (100 million yuan)

地区	Region	合计 Total	# 国有控股 State-holding	内资企业 Domestic Funded Enterprises	国有企业 State-owned Enterprises	集体企业 Collective-owned Enterprises	股份合作企业 Cooperative Enterprises
全省	**Shaanxi**	**5251.49**	**3418.37**	**5159.99**	**794.77**	**9.13**	**3.57**
西安市	Xi'an	2563.06	1498.36	2471.67	375.25	0.27	
铜川市	Tongchuan	44.62	32.64	44.62	8.11		0.14
宝鸡市	Baoji	517.64	164.82	517.64	55.53	1.34	
咸阳市	Xianyang	384.72	297.41	384.72	49.52	2.63	
渭南市	Weinan	221.13	168.69	221.13	46.17	2.28	
# 韩城市	Hancheng	21.49		21.49			
延安市	Yan'an	131.72	89.94	131.72	27.44		
汉中市	Hanzhong	140.34	85.18	140.34	36.21		
榆林市	Yulin	1076.92	973.62	1076.80	127.54	2.00	2.87
安康市	Ankang	103.20	54.38	103.20	34.84	0.60	
商洛市	Shangluo	63.02	49.40	63.02	31.08		0.55
杨凌示范区	Yangling	5.11	3.93	5.11	3.09		

16-11 续表 continued

单位：亿元 (100 million yuan)

地区	Region	联营企业 State Joint Ownership Enterprises	有限责任公司 Limited Liability Corporations	股份有限公司 Share-holding Corporations Ltd.	私营企业 Private Enterprises	港、澳、台商投资企业 Enterprises with Funds from Hong Kong, Macao & Taiwan	外商投资企业 Enterprises with Foreign Investment
全省	**Shaanxi**		**2334.21**	**1624.65**	**382.16**	**36.08**	**55.43**
西安市	Xi'an		1521.98	329.47	243.40	36.08	55.31
铜川市	Tongchuan		9.99	24.53	1.85		
宝鸡市	Baoji		53.81	391.83	10.07		
咸阳市	Xianyang		34.64	241.19	56.29		
渭南市	Weinan		167.47	0.27	4.11		
# 韩城市	Hancheng		21.49				
延安市	Yan'an		45.00	43.44	15.08		
汉中市	Hanzhong		93.38		10.76		
榆林市	Yulin		364.53	556.42	20.36		0.12
安康市	Ankang		35.96	20.42	11.37		
商洛市	Shangluo		6.26	16.25	8.88		
杨凌示范区	Yangling		1.18	0.84			

16-12 各市(区)限额以上零售业商品销售总额(2015年)
Total Sales of Enterprises above Designated Size in Retail Trades by City(District)(2015)

单位：亿元 (100 million yuan)

地区	Region	合计 Total	#国有控股 State-holding	内资企业 Domestic Funded Enterprises	国有企业 State-owned Enterprises	集体企业 Collective-owned Enterprises	股份合作企业 Cooperative Enterprises
全　省	**Shaanxi**	**3082.76**	**403.77**	**2569.90**	**79.41**	**50.06**	**8.28**
西安市	Xi'an	1881.34	228.85	1384.58	35.76	3.99	
铜川市	Tongchuan	43.75	8.93	43.75	1.52	1.11	
宝鸡市	Baoji	234.77	23.05	228.67	4.09	10.06	
咸阳市	Xianyang	247.95	41.09	241.21	11.75	6.66	8.20
渭南市	Weinan	205.26	22.41	205.26	12.57	13.79	
#韩城市	Hancheng	20.12	0.90	20.12	0.48	1.16	
延安市	Yan'an	83.41	14.12	82.89	0.91		
汉中市	Hanzhong	136.82	26.37	135.29	10.90	12.50	
榆林市	Yulin	140.54	33.65	140.04	0.96	0.15	
安康市	Ankang	84.70	2.38	84.70	0.53	1.65	0.07
商洛市	Shangluo	18.08	2.38	17.38	0.23	0.16	
杨凌示范区	Yangling	6.13	0.53	6.13	0.18		

16-12 续表 continued

单位：亿元 (100 million yuan)

地区	Region	联营企业 State Joint Ownership Enterprises	有限责任公司 Limited Liability Corporations	股份有限公司 Share-holding Corporations Ltd.	私营企业 Private Enterprises	港、澳、台商投资企业 Enterprises with Funds from Hong Kong, Macao & Taiwan	外商投资企业 Enterprises with Foreign Investment
全　省	**Shaanxi**	**0.07**	**1594.67**	**206.12**	**614.31**	**181.17**	**331.68**
西安市	Xi'an		914.99	111.62	317.26	178.24	318.52
铜川市	Tongchuan		31.25	2.72	5.38		
宝鸡市	Baoji	0.07	174.22	16.25	21.68		6.09
咸阳市	Xianyang		95.89	11.23	105.30	0.37	6.37
渭南市	Weinan		97.16	34.01	42.98		
#韩城市	Hancheng		15.29	0.43	1.81		
延安市	Yan'an		75.36		4.81	0.52	
汉中市	Hanzhong		67.19		43.75	1.53	
榆林市	Yulin		75.86	28.49	33.27	0.50	
安康市	Ankang		48.30	1.20	32.87		
商洛市	Shangluo		9.62	0.60	5.97		0.70
杨凌示范区	Yangling		4.84		1.05		

16-13 各市(区)限额以上批发业商品库存总额(2015年)
Total Inventory of Enterprises above Designated Size in Wholesale Trades by City(District)(2015)

单位：亿元 (100 million yuan)

地区	Region	合计 Total	# 国有控股 State-holding	内资企业 Domestic Funded Enterprises	国有企业 State-owned Enterprises	集体企业 Collective-owned Enterprises	股份合作企业 Cooperative Enterprises
全省	**Shaanxi**	**189.58**	**93.66**	**183.94**	**29.90**	**0.61**	**0.02**
西安市	Xi'an	89.93	38.13	84.30	14.29	0.05	
铜川市	Tongchuan	1.57	0.61	1.57	0.35		0.00
宝鸡市	Baoji	26.40	3.31	26.40	2.15	0.04	
咸阳市	Xianyang	6.78	4.59	6.78	1.64	0.03	
渭南市	Weinan	3.82	2.15	3.82	1.65	0.07	
# 韩城市	Hancheng	0.00		0.00			
延安市	Yan'an	8.66	2.07	8.66	1.56		
汉中市	Hanzhong	4.43	2.64	4.43	1.74		
榆林市	Yulin	40.90	36.35	40.90	3.32	0.40	0.02
安康市	Ankang	4.64	1.96	4.64	1.73	0.01	
商洛市	Shangluo	2.19	1.67	2.19	1.32		0.00
杨凌示范区	Yangling	0.25	0.17	0.25	0.16		

16-13 续表 continued

单位：亿元 (100 million yuan)

地区	Region	联营企业 State Joint Ownership Enterprises	有限责任公司 Limited Liability Corporations	股份有限公司 Share-holding Corporations Ltd.	私营企业 Private Enterprises	港、澳、台商投资企业 Enterprises with Funds from Hong Kong, Macao & Taiwan	外商投资企业 Enterprises with Foreign Investment
全省	**Shaanxi**		**87.14**	**43.95**	**21.40**	**3.63**	**2.01**
西安市	Xi'an		48.93	5.47	15.56	3.63	2.00
铜川市	Tongchuan		0.73	0.27	0.24		
宝鸡市	Baoji		2.06	20.42	1.00		
咸阳市	Xianyang		0.62	2.97	1.51		
渭南市	Weinan		1.94	0.01	0.11		
# 韩城市	Hancheng		0.00				
延安市	Yan'an		5.46	0.50	1.11		
汉中市	Hanzhong		2.42		0.27		
榆林市	Yulin		22.95	13.46	0.65		0.01
安康市	Ankang		1.62	0.69	0.59		
商洛市	Shangluo		0.34	0.17	0.36		
杨凌示范区	Yangling		0.08	0.01			

16-14 各市(区)限额以上零售业商品库存总额(2015年)
Total Inventory of Enterprises above Designated Size in Retail Trades by City(District)(2015)

单位：亿元 (100 million yuan)

地 区	Region	合 计 Total	#国有控股 State-holding	内资企业 Domestic Funded Enterprises	国有企业 State-owned Enterprises	集体企业 Collective-owned Enterprises	股份合作企业 Cooperative Enterprises
全 省	**Shaanxi**	**234.56**	**23.16**	**210.22**	**6.30**	**2.41**	**0.39**
西安市	Xi'an	132.24	11.84	108.79	4.50	0.16	
铜川市	Tongchuan	4.07	0.20	4.07	0.06	0.05	
宝鸡市	Baoji	20.72	1.63	20.16	0.16	0.82	
咸阳市	Xianyang	17.06	2.21	16.96	0.47	0.09	0.38
渭南市	Weinan	13.68	0.71	13.68	0.31	0.61	
#韩城市	Hancheng	0.76	0.09	0.76	0.06	0.03	
延安市	Yan'an	8.68	0.37	8.65	0.06		
汉中市	Hanzhong	12.05	4.57	11.91	0.62	0.50	
榆林市	Yulin	14.56	1.03	14.56	0.04	0.00	
安康市	Ankang	8.81	0.27	8.81	0.04	0.15	0.01
商洛市	Shangluo	2.16	0.25	2.10	0.04	0.02	
杨凌示范区	Yangling	0.53	0.08	0.53	0.00		

16-14 续表 continued

单位：亿元 (100 million yuan)

地 区	Region	联营企业 State Joint Ownership Enterprises	有限责任公司 Limited Liability Corporations	股份有限公司 Share-holding Corporations Ltd.	私营企业 Private Enterprises	港、澳、台商投资企业 Enterprises with Funds from Hong Kong, Macao & Taiwan	外商投资企业 Enterprises with Foreign Investment
全 省	**Shaanxi**	**0.00**	**143.18**	**10.53**	**46.43**	**16.97**	**7.36**
西安市	Xi'an		78.52	4.38	21.19	16.76	6.68
铜川市	Tongchuan		3.24	0.24	0.32		
宝鸡市	Baoji	0.00	15.71	0.59	2.68		0.56
咸阳市	Xianyang		8.44	0.24	7.29	0.04	0.06
渭南市	Weinan		5.76	4.64	2.03		
#韩城市	Hancheng		0.59	0.03	0.05		
延安市	Yan'an		7.98		0.59	0.03	
汉中市	Hanzhong		7.70		3.10	0.14	
榆林市	Yulin		8.75	0.27	5.42	0.00	
安康市	Ankang		5.35	0.13	3.12		
商洛市	Shangluo		1.23	0.04	0.65		0.06
杨凌示范区	Yangling		0.49		0.04		

16-15 限额以上住宿业经营情况(2015年)

指 标	Item	企业数(个) Number of Enterprises (unit)	营业额(万元) Business Value (10 000 yuan)	#银行卡支付营业额 Business Value of Bank Card Payment
总 计	**Total**	**741**	**1038812**	**153978**
按住宿行业分	**By Hotels**			
旅游饭店	Tour Restaurant	468	794610	123000
一般旅馆	General Restaurant	242	203608	30567
其他住宿服务	Other Hotel Services	31	40594	411
按登记注册类型分	**By Status of Registration**			
内资企业	Domestic Funded Enterprises	721	924744	134496
国有企业	State-owned Enterprises	67	100679	7455
集体企业	Collective-owned Enterprises	11	8522	
股份合作企业	Cooperative Enterprises	2	6804	4216
有限责任公司	Limited Liability Corporations	328	493177	84601
国有独资公司	State Sole Funded Corporations	8	26319	5132
其他有限责任公司	Other Limited Liability Corporations	320	466857	79470
股份有限公司	Share-holding Corporations Ltd.	23	22153	537
私营企业	Private Enterprises	276	281306	36817
私营独资企业	Private-funded Enterprises	37	27725	587
私营合伙企业	Private Partnership Enterprises	12	11443	253
私营有限责任公司	Private Limited Liability Corporations	205	216921	34673
私营股份有限公司	Private Share-holding Corporations Ltd.	22	25216	1304
其他企业	Other Enterprises	14	12104	870
港、澳、台商投资企业	Enterprises with Funds from Hong Kong, Macao & Taiwan	9	55917	5896
与港澳台商合资经营企业	Joint-venture Enterprises	5	36067	2826
与港澳台商合作经营企业	Cooperative Enterprises	1	5515	
港澳台商独资经营企业	Enterprises with Sole Investment	3	14335	3070
外商投资企业	Foreign Funded Enterprises	11	58151	13586
中外合资经营企业	Joint-venture Enterprises	4	17674	4350
中外合作经营企业	Cooperation Enterprises	2	7692	3819
外资企业	Enterprises with Sole Fund	4	31469	5416
外商投资股份有限公司	Share-holding Corporations Ltd. with Foreign Investment	1	1316	
按控股情况分	**By Status of Share Holding**			
国有控股	State-holding	105	225432	32340
集体控股	Collective-holding	26	30525	1803
私人控股	Private-holding	503	499401	67109
港澳台商控股	Hong Kong, Macao & Taiwan-holding	8	55099	5896
外商控股	Foreign-holding	11	54597	15362
其 他	Others	88	173758	31468
按经营形式分	**By Form of Management**			
独立门店	Independent Stores	717	1009618	152570
连锁总店(总部)	General Chain Stores			
连锁门店	Branch Chain Stores	14	15347	1020
其 他	Others	10	13848	388
按单位规模分	**By Scale**			
大 型	Large	7	102228	9811
中 型	Medium	110	446395	87556
小 型	Small	603	487294	56364
微 型	Mini	21	2895	247
按星级分	**By Star Rating**			
五 星	Five-star Level	14	107779	26971
四 星	Four-star Level	52	128600	36339
三 星	Three-star Level	147	209886	19280
二 星	Two-star Level	52	52969	5016
一 星	One-star Level	3	1763	665
其 他	Others	473	537815	65706

Management of Enterprises above Designated Size of Hotels(2015)

#客房收入 From Hotel Rooms	#公共网络客房收入 Public Network Income	#餐费收入 From Meals	#公共网络餐费收入 Public Network Income	#商品销售收入 From Commo-dities	客房间数(间) Number of Hotel Rooms (unit)	床位数(个) Number of Beds (unit)	餐位数(位) Number of Dining-seats (seat)	餐饮营业面积(平方米) Operating Area (sq.m)
488431	**27178**	**446838**	**4688**	**39746**	**93133**	**160092**	**240754**	**1416015**
369767	24156	340542	3719	31761	68230	117090	179628	977266
102034	2699	89119	741	7271	21673	37425	53039	372692
16630	323	17178	229	714	3230	5577	8087	66057
434420	22865	406252	4383	33972	86866	150256	228827	1363467
43656	1737	45930	339	3142	8507	16043	28518	128867
3345	52	2563		940	756	1373	2060	13200
924		5881			157	342	245	700
242129	14859	205861	2835	18515	47489	81094	106122	676042
11072	914	12663	64	816	2235	3852	6434	22117
231057	13944	193198	2771	17700	45254	77242	99688	653925
9503	319	9813	1	784	2551	4727	9315	57586
130649	5847	130114	1208	10336	26076	44380	77551	439608
10494	34	14791	10	1899	2589	4778	8162	44306
4271		6157	99	649	715	1299	4149	23379
107404	5806	94601	1100	6991	20761	34598	58743	332503
8480	7	14565		796	2011	3705	6497	39420
4215	51	6091		256	1330	2297	5016	47464
21832	2790	19884	267	3880	2617	4231	6183	30912
9054	1550	13496	203	3763	1232	2121	3778	23120
2507		2555		117	382	603	180	3265
10271	1239	3833	64		1003	1507	2225	4527
32179	1523	20702	38	1894	3650	5605	5744	21636
11307	110	4737		807	1562	2370	3257	7321
3997	463	3293		142	744	1345	670	3865
16193	688	12080	34	931	1090	1530	1202	7950
682	263	592	4	14	254	360	615	2500
99017	7016	99618	675	6228	17392	31343	51858	231644
10733	684	14428	22	2300	3039	5692	8744	53405
249594	11954	213744	2426	15091	52671	89963	130398	851339
21508	2790	19400	267	3871	2436	4011	5663	24112
31709	1523	18405	38	1322	3484	5231	4472	17875
75870	3211	81243	1260	10935	14111	23852	39619	237640
469739	26304	439658	4656	38433	89019	153099	234954	1387465
11996	867	1649	30	300	2675	4521	763	3120
6696	7	5531	2	1014	1439	2472	5037	25430
45145	3695	40373	130	4013	3162	4738	9732	35729
191146	12420	205422	1076	19778	28731	48519	71360	359735
249635	11057	200802	3482	15835	59958	104797	157945	988444
2505	5	241		121	1282	2038	1717	32107
51302	6148	46933	408	1883	5326	8006	12497	49189
65443	6463	51762	329	1972	10897	18562	27491	143706
81202	2953	102088	1288	7889	19441	35870	54698	320358
17977	209	31518	335	2644	4732	8862	18551	82000
1194	1	394	99	169	243	385	230	2200
271313	11405	214143	2230	25190	52494	88407	127287	818562

16-16 限额以上餐饮业经营情况(2015年)

指 标	Item	企业数(个) Number of Enterprises (unit)	营业额(万元) Business Value (10 000 yuan)	#银行卡支付营业额 Business Value of Bank Card Payment
总 计	**Total**	**1016**	**1420937**	**110306**
按餐饮行业分	**By Catering Services**			
正餐服务	Restaurant	973	1338582	106263
快餐服务	Fast Food	22	56611	86
饮料及冷饮服务	Beverages and Cold Drinks	4	3072	
茶馆服务	Teahouse	1	568	
咖啡馆服务	Café	3	2503	
其他餐饮服务	Others	17	22673	3957
小吃服务	Snack	10	11584	101
餐饮配送服务	Catering Distribution	2	396	
其他未列明餐饮业	Other Catering Service not Classified	5	10694	3855
按登记注册类型分	**By Status of Registration**			
内资企业	Domestic Funded Enterprises	997	1270915	107404
国有企业	State-owned Enterprises	16	22244	574
集体企业	Collective-owned Enterprises	5	17630	
股份合作企业	Cooperative Enterprises	1	4058	
联营企业	State Joint Ownership Enterprises	1	1186	
集体联营企业	Collective State Joint Ownership Enterprises	1	1186	
有限责任公司	Limited Liability Corporations	476	619671	45814
国有独资公司	State Sole Funded Corporations	7	10931	264
其他有限责任公司	Other Limited Liability Corporations	469	608740	45550
股份有限公司	Share-holding Corporations Ltd.	25	107100	16145
私营企业	Private Enterprises	448	444270	42596
私营独资企业	Private-funded Enterprises	87	87572	2794
私营合伙企业	Private Partnership Enterprises	6	2983	
私营有限责任公司	Private Limited Liability Corporations	335	337497	39141
私营股份有限公司	Private Share-holding Corporations Ltd.	20	16219	662
其他企业	Other Enterprises	25	54755	2276
港、澳、台商投资企业	Enterprises with Funds from Hong Kong, Macao & Taiwan	8	43366	1822
与港澳台商合资经营企业	Joint-venture Enterprises	3	11997	
与港澳台商合作经营企业	Cooperative Enterprises	1	17926	
港澳台商独资经营企业	Enterprises with Sole Investment	4	13443	1822
外商投资企业	Foreign Funded Enterprises	11	106657	1080
中外合资经营企业	Joint-venture Enterprises	3	1474	
外资企业	Enterprises with Sole Fund	5	100030	
外商投资股份有限公司	Share-holding Corporations Ltd. with Foreign Investment	1	2606	1080
其他外商投资企业	Other Foreign Funded Enterprises	2	2547	
按控股情况分	**By Status of Share Holding**			
国有控股	State-holding	36	105283	21157
集体控股	Collective-holding	15	36751	19
私人控股	Private-holding	849	966247	74827
港澳台商控股	Hong Kong, Macao & Taiwan-holding	6	32258	1822
外商控股	Foreign-holding	7	102912	1080
其 他	Others	103	177486	11402
按经营形式分	**By Form of Management**			
独立门店	Independent Stores	968	1225018	99693
连锁总店	General Chain Stores	11	135744	4864
连锁门店	Branch Chain Stores	12	31843	366
其 他	Others	25	28333	5383
按单位规模分	**By Scale**			
大 型	Large	8	245106	29924
中 型	Medium	77	380030	39955
小 型	Small	898	780508	40295
微 型	Mini	33	15293	132

Management of Enterprises above Designated Size of Catering Services(2015)

#客房收入 From Hotel Rooms	#公共网络客房收入 Public Network Income	#餐费收入 From Meals	#公共网络餐费收入 Public Network Income	#商品销售收入 From Commo-dities	客房间数(间) Number of Hotel Rooms (unit)	床位数(个) Number of Beds (unit)	餐位数(位) Number of Dining-seats (seat)	餐饮营业面积(平方米) Operating Area (sq.m)
125664	**2622**	**1157151**	**19381**	**107024**	**25081**	**45420**	**430859**	**2056256**
122814	2177	1087604	19176	105248	24855	45027	415912	1992529
		47545	148	888			9061	31097
		2276	28	795			371	3150
		568					80	1000
		1708	28	795			291	2150
2851	445	19726	29	94	226	393	5515	29480
41		11542			31	58	3345	8120
		347		46			508	9010
2809	445	7836	29	49	195	335	1662	12350
125101	2622	1017676	12994	105452	24969	45240	408159	1952061
4331	16	14215	8	2730	884	1703	6040	30035
5733		10731		1166	154	290	1610	12200
1178		2736		143	70	100	500	2040
		1186					240	3000
		1186					240	3000
62071	1586	497335	8074	47354	12902	23531	201807	1002551
2225	39	5575	28	2631	588	1012	2308	6111
59846	1547	491761	8046	44723	12314	22519	199499	996440
5597	50	87137	1046	8573	1105	1956	18861	173681
40912	862	367404	3864	33186	8920	16001	169154	686350
9352	2	68738	1057	8727	1466	2500	32251	103175
206		2619		155	91	162	1790	9540
29767	856	282728	2806	23093	6943	12585	127570	542210
1588	4	13319		1211	420	754	7543	31425
5279	108	36932	2	12300	934	1659	9947	42204
422		40841	1052	1472	59	118	7434	42398
422		9473		1472	59	118	2678	24782
		17926					1000	6745
		13443	1052				3756	10871
142		98634	5335	101	53	62	15266	61797
142		1333			53	62	463	2403
		92320	5308				13653	50512
		2434		101			400	3000
		2547	27				750	5882
6988	55	74490	876	12480	1700	3134	26490	217817
8379		24012		2715	1028	1925	10925	64800
88172	1815	805158	8764	64057	18996	34221	323319	1427449
		32258	1052				4847	17916
		95030	5308	101			14403	53912
22126	752	126202	3381	27671	3357	6140	50875	274362
123794	2562	968662	11872	104710	24366	44152	389261	1889148
614	60	133866	6169	1200	294	488	28637	91845
123		31615	27	104	85	172	4637	23205
1133		23007	1313	1010	336	608	8324	52058
6510		203894	6862	29605	84	120	36635	241636
28416	1185	299040	2234	33631	3762	6627	69997	331250
89964	1430	640155	9563	43354	20802	38055	315590	1446125
774	7	14062	722	435	433	618	8637	37245

16-17 各市(区)限额以上住宿业和餐饮业经营情况(2015年)

地 区	Region	企业数(个) Number of Enterprises (unit)	营业额(万元) Business Value (10 000 yuan)	#银行卡支付营业额 Business Value of Bank Card Payment	#客房收入 From Hotel Rooms	#公共网络客房收入 Public Network Income
一、住宿业	**Hotels**					
全 省	**Shaanxi**	**741**	**1038812**	**153978**	**488431**	**27178**
西安市	Xi'an	226	521537	107966	280055	21032
铜川市	Tongchuan	24	23009	6028	8311	884
宝鸡市	Baoji	82	73440	8673	28042	1166
咸阳市	Xianyang	61	90789	4083	36144	90
渭南市	Weinan	51	78485	349	20645	4
#韩城市	Hancheng	5	4720	75	2020	4
延安市	Yan'an	71	48366	1814	28298	473
汉中市	Hanzhong	59	52270	6752	21132	1147
榆林市	Yulin	73	81064	11448	31562	1014
安康市	Ankang	59	40152	4086	21509	626
商洛市	Shangluo	30	24280	2253	10389	87
杨凌示范区	Yangling	5	5422	524	2345	655
二、餐饮业	**Catering Services**					
全 省	**Shaanxi**	**1016**	**1420937**	**110306**	**125664**	**2622**
西安市	Xi'an	286	611692	84750	24683	1042
铜川市	Tongchuan	21	18148	453	1668	
宝鸡市	Baoji	127	118457	3486	15362	249
咸阳市	Xianyang	161	295591	8471	26650	402
渭南市	Weinan	120	150898	2759	16196	3
#韩城市	Hancheng	10	7576	36	253	
延安市	Yan'an	48	31460	1547	6970	51
汉中市	Hanzhong	55	29697	1201	2475	13
榆林市	Yulin	61	49518	1036	10062	367
安康市	Ankang	112	98361	6214	16097	494
商洛市	Shangluo	20	12459	337	4683	
杨凌示范区	Yangling	5	4656	52	819	

Management of Enterprises above Designated Size in Hotels and Catering Services by City(District)(2015)

# 餐费收入 From Meals	# 公共网络餐费收入 Public Network Income	# 商品销售收入 From Commodities	客房间数(间) Number of Hotel Rooms (unit)	床位数(个) Number of Beds (unit)	餐位数(位) Number of Dining-seats (seat)	餐饮营业面积(平方米) Operating Area (sq.m)
446838	**4688**	**39746**	**93133**	**160092**	**240754**	**1416015**
190275	1704	9672	42611	70933	76216	372945
13484	52	179	1915	3385	4830	44841
32140	167	11566	8926	15086	28263	193164
47258	54	3222	5704	9863	23275	126082
48986		5436	4802	9186	19150	107080
2701			587	1111	2448	10740
17696	345	570	7544	13614	15123	131922
27695	573	1950	5055	8756	26718	103302
40207	526	3297	8155	14063	22548	187100
15163	99	2358	3918	7081	11339	76697
11350	17	1457	3786	6794	12218	59589
2585	1150	39	717	1331	1074	13293
1157151	**19381**	**107024**	**25081**	**45420**	**430859**	**2056256**
523014	14469	40948	3878	6703	145567	788771
16149	45	328	229	422	6841	35882
96115	1812	4508	3065	5662	51901	202741
232512	226	35169	4353	7678	61928	256381
119495	3	13612	3216	6245	49431	219394
7323			95	155	3010	9700
23498	27	360	1764	3295	21993	81697
24918	116	1952	893	1547	21099	81423
36537	189	2390	3581	6459	31571	162713
73899	2236	7370	2852	5039	33638	185465
7258		374	1009	1902	4590	22709
3757	258	14	241	468	2300	19080

16-18 限额以上批发业主要财务指标(2015年)

单位：万元

指　　标	Item	企业数(个) Number of Enterprises (unit)
总　计	**Total**	**905**
按批发行业小类分	**By Subitem of Wholesale Trade**	
农、林、牧产品批发	Wholesale of Farm Produce and Livestock Products	42
谷物、豆及薯类批发	Wholesale of Cereals,Beans and Tubers	18
种子批发	Wholesale of Seeds and Forages	8
饲料批发	Wholesale of Feedstuff	4
棉、麻批发	Wholesale of Cotton and Hemp	2
林业产品批发	Wholesale of Forestry Products	4
其他农牧产品批发	Others	6
食品、饮料及烟草制品批发	Wholesale of Food, Beverages and Tobaccos	193
米、面制品及食用油批发	Wholesale of Rice, Flour and Edible Oil	22
糕点、糖果及糖批发	Wholesale of Cake and Sugar	6
果品、蔬菜批发	Wholesale of Vegetables and Fruits	102
肉、禽、蛋、奶及水产品批发	Wholesale of Meat, Poultry, Eggs and AquaticProducts	9
盐及调味品批发	Wholesale of Salt and Condiments	8
酒、饮料及茶叶批发	Wholesale of Beverages and Tea	29
烟草制品批发	Wholesale of Tobaccos	12
其他食品批发	Others	5
纺织、服装及日用品批发	Wholesale of Textiles, Garments and Daily Consumer Articles	36
纺织品、针织品及原料批发	Wholesale of Textiles, Knitwear and Textile Materials	4
服装批发	Wholesale of Garments	9
鞋帽批发	Wholesale of Shoes and hats	1
化妆品及卫生用品批发	Wholesale of Cosmetics and Health Consumer Articles	10
厨房、卫生间用具及日用杂货批发	Wholesale of Livestock Kitchen, Bathroom Appliances and Groceries	2
家用电器批发	Wholesale of Household Appliances	10
文化、体育用品及器材批发	Wholesale of Culture, Sports Appliances and Equipment	15
文具用品批发	Wholesale of Stationary	6
体育用品及器材批发	Wholesale of Sports Goods	1
图书批发	Wholesale of Books	4
首饰、工艺品及收藏品批发	Wholesale of Jewelry, Artwork and Collections	4
医药及医疗器材批发	Wholesale of Medicines and Medical Appliances	93
西药批发	Wholesale of Western Medicine	56
中药批发	Wholesale of Traditional Chinese Medicinal Materials and Medicines	26
医疗用品及器材批发	Wholesale of Medical Materials and Medical Instruments	11
矿产品、建材及化工产品批发	Wholesale of Mineral Products, Building Materials and Chemical Products	398
煤炭及制品批发	Wholesale of Coal and Related Products	118
石油及制品批发	Wholesale of Petroleum and Related Products	64
非金属矿及制品批发	Wholesale of Metal Materials	2
金属及金属矿批发	Wholesale of Metal Materials	91
建材批发	Wholesale of Building Materials	50
化肥批发	Wholesale of Garments	30
农药批发	Wholesale of Pesticides	3
农用薄膜批发	Wholesale of Agricultural Film	1
其他化工产品批发	Others	39
机械设备、五金交电及电子产品批发	Wholesale of Machinery, Hardware and Electronic Equipment	105
农业机械批发	Wholesale of Agricultural Machinery	13
汽车批发	Wholesale of Motor Vehicles	17
汽车零配件批发	Wholesale of Motor Parts	4

Main Financial Indicators of Enterprises above Designated Size in Wholesale Trades(2015)

(10 000 yuan)

资产合计 Total Assets	# 流动资产 Working Capital	# 固定资产 Fixed Assets	负债合计 Total Liabilities	主营业务收入 Business Revenue	主营业务成本 Cost of Principal Business	销售费用 Business Expenditure	营业利润 Profits from Principal Business	利润总额 Total Profits
17042973	**13088396**	**1064891**	**12347433**	**48582844**	**45608026**	**1052220**	**958263**	**934507**
199488	114121	44896	134365	335664	316919	5231	3031	10642
83296	55974	21592	58682	243908	235247	1733	2159	7664
32722	19707	7807	11710	23103	19862	1297	495	876
3427	3297	120	2219	13974	12761	633	235	237
69663	27896	12655	57888	5477	5100	419	-1478	236
3239	2847	233	1469	17683	16917	152	145	145
7141	4401	2490	2396	31519	27032	998	1476	1483
2210272	1655820	332749	740082	6173851	4639220	230105	741350	702390
95438	50530	15309	59820	204453	184157	6307	1917	5200
15259	12644	2022	12772	51682	48487	2935	148	-81
382520	218053	118361	165193	1186949	952881	14298	188508	153552
19905	17199	2486	21864	92100	80731	7421	1416	2033
82360	56522	6288	27087	58619	43680	2990	6590	7166
384244	315090	26871	159948	657005	517366	83205	109253	108802
1189118	969770	153770	267765	3870826	2775297	111045	422151	424242
41429	16012	7643	25633	52217	36620	1904	11368	1477
749086	684159	34232	647090	2834011	2679516	60568	59474	59593
16955	14061	2894	11717	33301	32068	564	-25	0
125519	95040	22746	96504	1945340	1882521	13792	30977	31099
139788	137601	2175	125111	132970	94880	18947	13563	13563
74294	65582	1444	55133	150091	131470	13483	2497	2147
14786	1406	359	3677	51872	38377	559	10001	10001
377744	370470	4615	354948	520437	500199	13225	2461	2783
230089	133091	10727	144111	371799	316643	10711	36128	36044
42125	38841	813	30108	74281	70241	2635	259	311
5162	5138	24	4348	13829	13006	573	45	45
143025	78280	7546	74439	140964	125803	6165	4726	4589
39778	10832	2345	35216	142725	107593	1338	31098	31100
1449621	1343187	32812	1318055	3037980	2898780	58469	17442	16481
1158967	1065999	29400	1069100	2402835	2291924	47164	12009	11093
252613	240274	2775	219279	585986	563148	9305	4469	4391
38041	36914	637	29677	49159	43708	2000	965	997
10740014	7828270	556214	8110247	33352314	32410395	617212	84557	93924
4881612	3720962	104621	3571512	13749664	13517238	222659	-13228	-22218
2475616	1123713	380478	1938978	12801400	12315453	293600	87510	82151
12734	12701	34	12596	20789	18691	1951	-94	-94
2808684	2508490	32436	2225750	5528515	5408982	71021	-20680	1368
328855	298946	10051	239622	629883	598179	6461	12580	11850
62887	47442	9625	42538	225344	206151	10044	-427	3349
11206	10067	446	517	24033	20562	993	1448	290
491	472	18	437	1896	1679		-38	-17
157929	105479	18505	78296	370791	323460	10484	17486	17246
1400257	1279971	44146	1216866	2283794	2173974	63084	10659	10654
37906	26289	6472	18304	91623	84297	2496	1769	591
508725	454010	25969	464561	1012757	979680	31483	2152	2909
16506	12327	1421	9924	35104	31531	715	1796	1810

16-18 续表

单位：万元

指　　标	Item	企业数（个）Number of Enterprises (unit)
摩托车及零配件批发	Hardware	2
五金产品批发	Wholesale of Household Appliances	12
电气设备批发	Wholesale of Electrical Appliance	3
计算机、软件及辅助设备批发	Wholesale of Computer, Software and Peripherals	12
通讯及广播电视设备批发	Wholesale of Communications and Broadcast and Television Equipmen	2
其他机械设备及电子产品批发	Others	40
贸易经纪与代理	Trade Broker and Agency	3
贸易代理	Trade Agency	3
其他批发	Others	20
再生物资回收与批发	Recovery and Wholesale of Regeneration Material	7
其他未列明的批发	Any other Wholesale	13
按登记注册类型分	**By Status of Registration**	
内资企业	Domestic Funded Enterprises	889
国有企业	State-owned Enterprises	70
集体企业	Collective-owned Enterprises	12
股份合作企业	Cooperative Enterprises	3
有限责任公司	Limited Liability Corporations	511
国有独资公司	State Sole Funded Corporations	25
其他有限责任公司	Other Limited Liability Corporations	486
股份有限公司	Share-holding Corporations Ltd.	34
私营企业	Private Enterprises	236
私营独资企业	Private-funded Enterprises	4
私营合伙企业	Private Partnership Enterprises	1
私营有限责任公司	Private Limited Liability Corporations	222
私营股份有限公司	Private Share-holding Corporations Ltd.	9
其他企业	Other Enterprises	23
港、澳、台商投资企业	Enterprises with Funds from Hong Kong, Macao & Taiwan	5
与港澳台商合资经营企业	Joint-venture Enterprises	3
港澳台商独资经营企业	Enterprises with Sole Investment	2
外商投资企业	Foreign Funded Enterprises	11
中外合资经营企业	Joint-venture Enterprises	3
外资企业	Enterprises with Sole Fund	8
按控股情况分	**By Status of Share Holding**	
国有控股	State-holding	169
集体控股	Collective-holding	27
私人控股	Private-holding	598
港澳台商控股	Hong Kong, Macao & Taiwan-holding	3
外商控股	Foreign-holding	11
其　　他	Others	97
按经营形式分	**By Form of Management**	
独立门店	Independent Stores	665
连锁总店	General Chain Stores	14
连锁门店	Branch Chain Stores	7
其　　他	Others	219
按单位规模分	**By Scale**	
大　型	Large	53
中　型	Medium	312
小　型	Small	485
微　型	Mini	55

continued

(10 000 yuan)

资产合计 Total Assets	# 流动资产 Working Capital	# 固定资产 Fixed Assets	负债合计 Total Liabilities	主营业务收入 Business Revenue	主营业务成本 Cost of Principal Business	销售费用 Business Expenditure	营业利润 Profits from Principal Business	利润总额 Total Profits
5135	5055	80	4661	17995	17004	406	36	48
87194	81386	645	60764	139223	128897	3548	2601	2522
249924	229622	1883	221875	272156	258000	3713	3164	3889
228821	220962	806	217070	276823	267554	5939	953	1424
4401	3827	519	3342	9879	9407	445	-25	-25
261645	246493	6351	216366	428235	397604	14339	-1786	-2515
19614	18822	405	14534	44843	40838	2406	728	720
19614	18822	405	14534	44843	40838	2406	728	720
44532	30954	8709	22083	148588	131742	4434	4893	4060
18102	11984	3200	9599	97861	88926	876	3855	3077
26431	18970	5508	12484	50727	42815	3558	1038	983
16759131	12835600	1040354	12120282	47794288	44875614	1015277	945603	920862
2543578	1888699	224922	1169701	7173580	5876696	237980	396547	407295
31880	28233	3082	28175	87865	82381	1938	576	-84
14860	14616	154	12206	33273	30290	42	983	1184
8128677	6345010	407191	5942488	22053530	21193193	422460	272379	271137
2430429	1970947	131311	2098698	7832467	7747531	81903	-60894	-61070
5698248	4374063	275880	3843790	14221064	13445662	340557	333273	332207
4315055	3135655	282718	3657096	14798566	14399672	289061	61017	48436
1680798	1399029	103523	1291381	3532818	3193485	60878	208851	187200
3955	3139	731	1837	17240	15811	547	321	321
150	111	28	33	1732	1410	612	-351	
1491893	1228135	101282	1141416	3293801	2977542	53820	199186	177001
184800	167644	1481	148094	220046	198723	5899	9694	9878
44284	24357	18765	19236	114655	99898	2918	5251	5694
201057	192870	6834	180213	326935	277727	28284	12439	12722
54875	48961	4594	48466	149328	140723	7469	-1200	-917
146182	143909	2240	131747	177608	137004	20815	13639	13639
82785	59927	17703	46938	461620	454685	8659	221	924
41880	32183	7364	28111	347418	355126	1955	-456	-384
40905	27744	10339	18828	114202	99559	6704	677	1308
9656590	7102587	653324	6867471	32308151	30411401	653292	479976	491291
207852	133678	25396	173918	396466	363437	11795	10268	2537
3995926	3103247	298509	2863520	9282414	8468052	267749	333704	300723
155583	148230	6731	137801	200025	155304	24125	13492	13492
90327	67853	17684	57970	435495	428744	9928	-1616	-624
2936696	2532801	63246	2246754	5960293	5781088	85331	122440	127087
10691578	7935978	678313	7784678	32010915	30587227	624652	342117	349810
858790	632749	129444	357036	2351926	1820881	65950	221036	221600
347354	280774	15349	340048	949281	904538	25287	5441	6329
5145252	4238895	241785	3865671	13270721	12295380	336331	389669	356768
7530711	5605432	585401	5397590	23433093	21520863	655030	535342	534247
6964427	5392845	284843	5233951	20510930	19715120	293253	358167	321917
2114669	1714230	179376	1454833	3956759	3696333	101844	65546	79260
433165	375890	15271	261059	682062	675709	2094	-791	-916

16-19 限额以上零售业主要财务指标(2015年)

单位：万元

指 标	Item	企业数（个） Number of Enterprises (unit)
总 计	**Total**	**2846**
按零售行业小类分	**By Retail Trades**	
综合零售	Integrated Retail	693
百货零售	Retail of General Merchandise	331
超级市场零售	Retail of Supermarkets	285
其他综合零售	Others	77
食品、饮料及烟草制品专门零售	Special Retail of Food, Beverages and Tobaccos	320
粮油零售	Retail of Grain and Oil	40
糕点、面包零售	Retail of Cake and Bread	9
果品、蔬菜零售	Retail of Melons and Fruits, Vegetables	87
肉、禽、蛋及水产品零售	Retail of Meat, Poultry, Eggs and Aquatic Products	32
营养和保健品零售	Retail of Nourishment and Health Products	3
酒、饮料及茶叶零售	Retail of Beverages and Tea	90
烟草制品零售	Retail of Tobaccos	11
其他食品零售	Others	48
纺织、服装及日用品专门零售	Special Retail of Textiles, Garments and Daily Consumer Articles	130
纺织品及针织品零售	Retail of Textiles and Knitwear	12
服装零售	Retail of Garments	85
鞋帽零售	Retail of Shoes and Hats	6
化妆品及卫生用品零售	Retail of Cosmetics and Health Consumer Articles	9
钟表、眼镜零售	Retail of Clocks and Watches,Spectacles	9
自行车零售	Retail of Bicycles	1
其他日用品零售	Others	8
文化、体育用品及器材专门零售	Special Retail of Culture, Sports Appliances and Equipments	134
文具用品零售	Retail of Stationery	3
体育用品及器材零售	Retail of Sports Goods	9
图书、报刊零售	Retail of Books	79
珠宝首饰零售	Retail of Jewelry	37
工艺美术品及收藏品零售	Retail of Artwork and Collections	4
乐器零售	Retail of Musical Instrument	2
医药及医疗器材专门零售	Special Retail of Medicines and Medical Appliances	136
药品零售	Retail of Medicines	132
医疗用品及器材零售	Retail of Medical Supplies and Appliances	4
汽车、摩托车、燃料及零配件专门零售	Special Retail of Motor Vehicles, Motorcycles, Fuel and Parts	879
汽车零售	Retail of Motor Vehicles	617
汽车零配件零售	Retail of Motor Vehicles and Parts	17
摩托车及零配件零售	Retail of Motorcycles and Parts	32
机动车燃料零售	Retail of Fuel of Motor Vehicles	213
家用电器及电子产品专门零售	Special Retail of Household Appliances and Electronic Products	284
家用视听设备零售	Retail of Home Audio-visual Equipment	35
日用家电设备零售	Retail of Household Appliances	162
计算机、软件及辅助设备零售	Retail of Computer, Software and Peripherals	55
通信设备零售	Retail of Communication Equipment	17
其他电子产品零售	Others	15
五金、家具及室内装修材料专门零售	Special Retail of Hardware, Furniture and Decoration Materials	211
五金零售	Retail of Hardware	55
灯具零售	Retail of Light Fittings	3
家具零售	Retail of Furniture	93
涂料零售	Retail of Dope	1
卫生洁具零售	Retail of Sanitary	1
木质装饰材料零售	Retail of Dooden Decorating Materials	4
陶瓷、石材装饰材料零售	Retail of Porcelainous, Stone Finishing Decorating Materials	11
其他室内装修材料零售	Others	43
货摊、无店铺及其他零售	Non-shop and Other Retails	59
互联网零售	E-commerce Retails	19
邮购及电视、电话零售	Mail-order & Phone-order Retails	2
生活用燃料零售	Retail of Life Fuels	26
其他未列明的零售	Other Retail not Classified Elsewhere	12

Main Financial Indicators of Enterprises above Designated Size in Retail Trades(2015)

(10 000 yuan)

资产合计 Total Assets	#流动资产 Working Capital	#固定资产 Fixed Assets	负债合计 Total Liabilities	主营业务收入 Business Revenue	主营业务成本 Cost of Principal Business	销售费用 Business Expenditure	营业利润 Profits from Principal Business	利润总额 Total Profits
13717824	**8602285**	**2205587**	**9072628**	**27132215**	**23728460**	**1398749**	**940997**	**834732**
4739727	2764287	874946	3094444	6500251	5507634	588306	183682	167989
3101931	1558241	665032	2025167	3349576	2808735	247353	92054	81926
1563645	1156468	195304	1034472	2816955	2414960	324038	77046	78770
74150	49578	14611	34806	333719	283939	16915	14581	7293
1023335	469817	263074	739620	1062805	827513	42576	43784	41976
50268	33091	13142	33079	80243	70360	3155	1509	2153
7719	2934	3915	2546	7862	5529	424	1014	408
150865	86856	52694	46679	264984	210120	12775	20712	13872
50775	30048	15135	23694	125034	112543	4737	403	72
4583	2870	1713	1001	5814	3402	148	2045	46
689825	267042	159563	595503	368178	241235	12670	13962	22726
22884	14973	4378	14928	54292	45888	1969	1800	513
46415	32004	12533	22190	156399	138435	6698	2339	2186
563448	296931	60450	240381	1525901	1305829	78609	90425	87596
18090	13064	2596	9042	78105	60223	1780	12978	12815
353091	119604	46420	133318	1094973	961168	40040	56503	54665
100484	89018	5112	48564	117475	85523	17494	10065	9347
20359	14908	2195	8188	55829	36609	9838	7876	7959
38312	32909	1601	16365	44047	34373	6423	2049	1910
1517	1396	121	1060	977	828	29	7	7
31596	26032	2405	23844	134495	127104	3005	947	893
540655	348799	66739	302478	696670	561608	46781	44105	39372
1944	1826	118	1461	3242	2982	38	85	85
164944	93962	4912	73592	178241	128216	13063	22615	20733
313058	206871	56722	193185	363795	291776	29455	18280	17463
57862	44235	4372	32625	141494	130519	3781	2565	863
787	98	585	59	5255	4255	109	471	104
2061	1807	30	1557	4642	3860	337	89	124
393352	310600	30135	292524	693420	594273	52892	12876	11408
383876	303426	29280	286628	682031	586877	52652	11386	10276
9475	7174	855	5896	11389	7396	240	1490	1132
4744953	3292825	594035	3478253	10632544	9843644	337117	141378	83720
3830165	2952570	413143	2948955	8201451	7693088	203393	64064	20331
34677	20999	11173	26545	67574	60772	1905	1109	670
49915	33637	11149	31711	70929	59985	2432	3487	3185
830196	285619	158570	471042	2292590	2029799	129388	72718	59534
904927	658840	102499	479665	2723912	2328115	148065	142148	133440
157811	128019	28275	54129	936381	811057	52842	23233	22221
478717	382197	45349	306305	1073192	937391	68644	38606	30898
172452	62226	27269	58748	520068	400244	17311	78738	77828
65917	61975	624	47541	160482	150271	7514	1230	2401
30031	24423	982	12942	33789	29152	1754	341	91
589997	329166	143413	359888	2299530	1894420	45161	230738	218835
66689	48189	8748	33353	107450	93897	2739	3408	2571
7851	1836	3311	7120	123527	86496	97	34709	34709
407092	229534	97244	264051	1281593	1019647	26729	159499	156415
152		116	52	1001	876	42	34	34
464	300	130	264	1100	674	220	187	189
4987	4094	774	3563	10941	7294	865	1169	791
10088	6932	2671	7824	43926	35231	4528	1622	2575
92675	38281	30419	43661	729991	650305	9940	30111	21552
217431	131022	70296	85375	997183	865425	59242	51862	50397
46144	36571	7295	17575	744735	685020	50953	-176	-2676
64719	26625	36522	3725	156495	100442	4207	46277	46277
70303	37963	22796	44930	73177	61886	2880	3420	3306
36265	29863	3683	19145	22776	18076	1201	2342	3491

16-19 续表

单位：万元

指 标	Item	企业数（个） Number of Enterprises (unit)
按登记注册类型分	**By Status of Registration**	
内资企业	Domestic Funded Enterprises	2787
国有企业	State-owned Enterprises	80
集体企业	Collective-owned Enterprises	99
股份合作企业	Cooperative Enterprises	6
联营企业	Joint Ownership Enterprises	1
集体联营企业	Collective Joint Ownership Enterprises	1
有限责任公司	Limited Liability Corporations	1496
国有独资公司	State Sole Funded Corporations	53
其他有限责任公司	Other Limited Liability Corporations	1443
股份有限公司	Share-holding Corporations Ltd.	62
私营企业	Private Enterprises	995
私营独资企业	Private-funded Enterprises	148
私营合伙企业	Private Partnership Enterprises	23
私营有限责任公司	Private Limited Liability Corporations	778
私营股份有限公司	Private Share-holding Corporations Ltd.	46
其他企业	Other Enterprises	48
港、澳、台商投资企业	Enterprises with Funds from Hong Kong, Macao & Taiwan	29
与港澳台商合资经营企业	Joint-venture Enterprises	6
与港澳台商合作经营企业	Cooperative Enterprises	20
港澳台商独资经营企业	Enterprises with Sole Investment	1
其他港澳台投资企业	Other Enterprises with Funds from Hong Kong, Macao & Taiwan	2
外商投资企业	Foreign Funded Enterprises	30
中外合资经营企业	Joint-venture Enterprises	7
外资企业	Enterprises with Sole Fund	20
外商投资股份有限公司	Share-holding Corporations Ltd. with Foreign Investment	1
其他外商投资企业	Other Foreign Funded Enterprises	2
按控股情况分	**By Status of Share Holding**	
国有控股	State-holding	211
集体控股	Collective-holding	158
私人控股	Private-holding	2119
港澳台商控股	Hong Kong, Macao & Taiwan-holding	30
外商控股	Foreign-holding	28
其 他	Others	300
按经营形式分	**By Form of Management**	
独立门店	Independent Stores	2544
连锁总店	General Chain Stores	67
连锁门店	Branch Chain Stores	64
其 他	Others	171
按单位规模分	**By Scale**	
大 型	Large	59
中 型	Medium	851
小 型	Small	1519
微 型	Mini	417
按零售业态分	**By Business Categories**	
有店铺零售	Shop Retails	2783
食杂店	Grocery Store	18
便利店	Convenience Store	40
超 市	Supermarket	394
大型超市	Hypermarket	69
仓储会员店	Warehouse Club	6
百货店	Department Store	335
专业店	Specialty Store	939
专卖店	Franchised Store	799
家居建材商店	Building Material Store	101
购物中心	Shopping Center	30
厂家直销中心	Factory Outlets Center	52
无店铺零售	Non-shop Retails	63
#电视购物	TV shopping	2
邮购	Mail-order	2
网上商店	Web Storefronts	35

continued

(10 000 yuan)

资产合计 Total Assets	# 流动资产 Working Capital	# 固定资产 Fixed Assets	负债合计 Total Liabilities	主营业务收入 Business Revenue	主营业务成本 Cost of Principal Business	销售费用 Business Expenditure	营业利润 Profits from Principal Business	利润总额 Total Profits
11455814	7207791	1947097	7766808	22537765	19682251	1053252	806293	723681
297151	209197	61181	164071	733763	643596	30021	25565	22635
98628	49703	25837	56306	479941	418069	22392	8878	7300
20246	8350	11826	7720	91617	66728	4907	5443	3017
52	50	1	7	748	733	7	2	2
52	50	1	7	748	733	7	2	2
6979164	4620209	1099994	4796635	13759579	12074266	699126	453240	423843
261534	167322	54129	148870	353577	304643	24476	10826	11928
6717630	4452887	1045865	4647765	13406002	11769624	674650	442414	411915
1836889	737732	356482	1333936	1802923	1550767	75884	43210	39513
2154382	1539455	374196	1364319	5508205	4795537	214472	260200	219046
82920	45657	20542	33032	317642	269371	8141	26627	21538
24676	12612	11723	7774	85055	71577	3397	4283	4311
1868209	1379846	275361	1246077	4736161	4158606	191933	180213	143892
178576	101341	66571	77436	369348	295983	11001	49077	49305
69302	43096	17580	43814	160989	132555	6443	9755	8325
1443785	989492	117638	855755	1732834	1506055	148566	61220	64693
499945	398308	30679	264246	532726	466960	32331	35956	35119
912546	584039	63028	560516	1182285	1024406	113312	26214	30490
24229	496	23598	27453	3504	3218	1381	-2028	-1973
7066	6648	333	3541	14320	11471	1543	1077	1058
818225	405002	140852	450065	2861615	2540153	196931	73485	46358
458794	172170	62926	184765	1497136	1327244	87256	50611	51326
277753	159181	72195	214437	1172802	1061454	101361	-6430	-6997
8693	8643	50	5865	62812	59644	2924	363	358
72985	65008	5681	44998	128866	91811	5390	28941	1671
1486415	772967	264146	909647	3569526	3161742	204823	94028	87108
352571	214388	94433	235434	1234310	1062059	62139	51556	46633
6533961	4393252	1039104	4393007	15297217	13422193	601227	583599	506988
1481103	1014761	127020	893515	1894626	1632875	152334	94506	70492
503248	352484	97749	297135	1445623	1292411	121815	10831	9937
3360527	1854434	583136	2343889	3690913	3157180	256411	106478	113573
10122296	6339341	1632684	6541434	21356871	18835627	931328	752046	638948
1537268	950009	236579	1108570	1395477	1164107	169166	26874	32410
676462	483315	80329	517668	1268041	1101303	136851	34759	34792
1381799	829620	255995	904956	3111826	2627423	161405	127319	128581
4329853	2509265	729103	2764502	8388966	7238562	624261	365910	371498
7002416	4497789	1052896	4945362	13341997	11770108	585996	385261	335315
2152975	1438699	382938	1242209	4889122	4270268	174496	166476	107361
232579	156532	40650	120556	512129	449521	13997	23350	20557
12949686	8290292	2013661	8467804	25866360	22699463	1335048	877291	773025
20015	12105	6775	9990	94739	88069	1805	1328	748
117937	82258	13134	103158	225670	191703	17508	18	-1671
480828	306397	122120	278242	1439434	1203869	87558	67957	52552
1241381	937962	131140	836922	2064239	1784520	287739	30389	33871
19473	18272	1007	5272	17067	14805	480	816	725
3323901	1689912	651036	2107541	3507119	2957421	226418	113965	105272
3751141	2428516	599984	2437924	8221441	7343914	387382	186501	154248
3061347	2297899	317185	2162238	6443874	5899778	216128	126479	79955
418486	224681	100425	273019	1555883	1249788	25424	212290	210158
301749	119689	44320	111722	1835717	1542520	69375	131159	130871
213428	172600	26535	141776	461177	423076	15230	6390	6296
768138	311993	191926	604824	1265855	1028996	63702	63706	61707
64719	26625	36522	3725	156495	100442	4207	46277	46277
1790	1178	575	334	9219	8014	335	319	319
62726	46710	11438	28853	783754	706982	52473	12476	1700

16-20 限额以上住宿业主要财务指标(2015年)

单位：万元

指标	Item	企业数(个) Number of Enterprises (unit)
总计	**Total**	**741**
按住宿行业小类分	**By Subitem of Hotels**	
旅游饭店	Tour Restaurant	468
一般旅馆	General Restaurant	242
其他住宿服务	Other Hotel Services	31
按登记注册类型分	**By Status of Registration**	
内资企业	Domestic Funded Enterprises	721
国有企业	State-owned Enterprises	67
集体企业	Collective-owned Enterprises	11
股份合作企业	Cooperative Enterprises	2
有限责任公司	Limited Liability Corporations	328
国有独资公司	State Sole Funded Corporations	8
其他有限责任公司	Other Limited Liability Corporations	320
股份有限公司	Share-holding Corporations Ltd.	23
私营企业	Private Enterprises	276
私营独资企业	Private-funded Enterprises	37
私营合伙企业	Private Partnership Enterprises	12
私营有限责任公司	Private Limited Liability Corporations	205
私营股份有限公司	Private Share-holding Corporations Ltd.	22
其他企业	Other Enterprises	14
港、澳、台商投资企业	Enterprises with Funds from Hong Kong, Macao & Taiwan	9
与港澳台商合资经营企业	Joint-venture Enterprises	5
与港澳台商合作经营企业	Cooperative Enterprises	1
港澳台商独资经营企业	Enterprises with Sole Investment	3
外商投资企业	Foreign Funded Enterprises	11
中外合资经营企业	Joint-venture Enterprises	4
中外合作经营企业	Enterprises with Sole Fund	2
外资企业	Share-holding Corporations Ltd. with Foreign Investment	4
其他外商投资企业	Other Foreign Funded Enterprises	1
按控股情况分	**By Status of Share Holding**	
国有控股	State-holding	105
集体控股	Collective-holding	26
私人控股	Private-holding	503
港澳台商控股	Hong Kong, Macao & Taiwan-holding	8
外商控股	Foreign-holding	11
其　他	Others	88
按经营形式分	**By Form of Management**	
独立门店	Independent Stores	717
连锁门店	Branch Chain Stores	14
其　他	Others	10
按单位规模分	**By Scale**	
大　型	Large	7
中　型	Medium	110
小　型	Small	603
微　型	Mini	21
按星级分	**By Star Rating**	
五　星	Five-star Level	14
四　星	Four-star Level	52
三　星	Three-star Level	147
二　星	Two-star Level	52
一　星	One-star Level	3
其　他	Others	473

Main Financial Indicators in Hotels above Designated Size(2015)

(10 000 yuan)

资产合计 Total Assets	# 流动资产 Working Capital	# 固定资产 Fixed Assets	负债合计 Total Liabilities	主营业务收入 Business Revenue	主营业务成本 Cost of Principal Business	销售费用 Business Expenditure	营业利润 Profits from Principal Business	利润总额 Total Profits
3902260	**901292**	**1930239**	**2429071**	**1022260**	**433524**	**289552**	**-57760**	**-55334**
3463843	744081	1745892	2149863	785965	316912	233900	-60514	-56767
319612	115849	125239	208390	197027	101658	44735	1806	1158
118805	41362	59108	70819	39269	14954	10918	948	275
3533692	789395	1705704	2066559	910977	391137	259977	-54470	-52734
254405	51797	161935	155642	102852	43185	27502	-4139	-3149
19985	10024	7577	25094	8529	5137	1268	-580	-536
1533	279	483	926	6136	4459	199	491	0
1841593	502147	945442	1522223	485739	183266	161035	-53356	-49856
143203	13404	118711	70397	26101	6331	9598	-6908	-6298
1698390	488744	826731	1451826	459639	176935	151437	-46448	-43558
44166	7467	32682	33153	21152	9899	4819	1868	1429
1346055	213379	543068	313795	274855	138976	63381	2446	679
33361	12968	17902	8628	27384	18383	2275	2106	1348
9388	3111	4847	2870	11180	6706	2107	706	527
1261386	186945	498272	282643	212641	98594	56851	-2139	-2697
41919	10355	22047	19654	23650	15294	2148	1773	1500
25955	4302	14516	15726	11715	6216	1774	-1201	-1301
207529	55148	129684	165058	55529	25416	12366	-5446	-4944
150311	45030	86129	114016	36054	20079	7262	-2518	-3118
16012	1671	14341	15846	5180	2660	1488	-2113	-2076
41206	8448	29213	35196	14295	2677	3616	-816	251
161039	56749	94852	197454	55754	16971	17209	2156	2343
54971	20077	31478	95965	17543	6651	5079	-1377	-1431
9574	4351	3970	72139	7114	1150	3561	-1417	-1389
96032	31876	59386	28622	29781	8984	7642	5215	5429
462	446	17	727	1316	187	928	-265	-265
998916	144128	695513	650214	226734	94114	66304	-25128	-22849
61130	20317	34101	69605	30469	15757	5767	-7977	-7971
1937531	490891	760829	811985	487426	221581	131177	-10952	-11587
204364	52633	129043	149867	54711	25282	11705	-5207	-4704
134773	55276	69982	170011	52206	14176	17256	4433	4654
565545	138047	240772	577389	170715	62612	57344	-12929	-12877
3741161	868888	1909187	2295657	993932	421286	279935	-57238	-54908
42649	22791	9267	29236	14572	4911	6030	233	-21
118450	9613	11786	104179	13757	7327	3587	-755	-406
674974	119177	456142	449280	100648	47527	28468	-3937	-4715
1694910	399644	670978	1080332	443301	162273	126754	-31174	-30362
1522148	379937	795878	893677	475475	222038	134129	-22149	-19621
10228	2534	7241	5783	2836	1686	201	-500	-636
455219	169341	249196	421664	105465	29658	32658	-6677	-6616
394572	122769	224466	366024	127343	29360	43305	-9333	-8589
388057	124088	198940	327304	208736	101507	53031	-10741	-10078
71856	22623	33476	42980	51232	26650	7618	6767	5827
1932	179	1692	1116	1763	695	561	143	117
2590624	462291	1222470	1269984	527721	245654	152380	-37919	-35996

16-21 限额以上餐饮业主要财务指标(2015年)

单位：万元

指　　标	Item	企业数（个）Number of Enterprises (unit)
总　计	**Total**	**1016**
按餐饮行业小类分	**By Catering Services**	
正餐服务	Restaurant	973
快餐服务	Fast Food	22
饮料及冷饮服务	Beverages and Cold Drinks	4
茶馆服务	Teahouse	1
咖啡馆服务	Café	3
其他餐饮服务	Others	17
小吃服务	Snack	10
餐饮配送服务	Catering Distribution	2
其他未列明餐饮业	Other Catering Service not Classified	5
按登记注册类型分	**By Status of Registration**	
内资企业	Domestic Funded Enterprises	997
国有企业	State-owned Enterprises	16
集体企业	Collective-owned Enterprises	5
股份合作企业	Cooperative Enterprises	1
联营企业	Joint Ownership Enterprises	1
集体联营企业	Collective Joint Ownership Enterprises	1
有限责任公司	Limited Liability Corporations	476
国有独资公司	State Sole Funded Corporations	7
其他有限责任公司	Other Limited Liability Corporations	469
股份有限公司	Share-holding Corporations Ltd.	25
私营企业	Private Enterprises	448
私营独资企业	Private-funded Enterprises	87
私营合伙企业	Private Partnership Enterprises	6
私营有限责任公司	Private Limited Liability Corporations	335
私营股份有限公司	Private Share-holding Corporations Ltd.	20
其他企业	Other Enterprises	25
港、澳、台商投资企业	Enterprises with Funds from Hong Kong, Macao & Taiwan	8
与港澳台商合资经营企业	Joint-venture Enterprises	3
与港澳台商合作经营企业	Cooperative Enterprises	1
港澳台商独资经营企业	Enterprises with Sole Investment	4
外商投资企业	Foreign Funded Enterprises	11
中外合资经营企业	Joint-venture Enterprises	3
外资企业	Enterprises with Sole Fund	5
外商投资股份有限公司	Share-holding Corporations Ltd. with Foreign Investment	1
其他外商投资企业	Other Foreign Funded Enterprises	2
按控股情况分	**By Status of Share Holding**	
国有控股	State-holding	36
集体控股	Collective-holding	15
私人控股	Private-holding	849
港澳台商控股	Hong Kong, Macao & Taiwan-holding	6
外商控股	Foreign-holding	7
其　他	Others	103
按经营形式分	**By Form of Management**	
独立门店	Independent Stores	968
连锁总店	General Chain Stores	11
连锁门店	Branch Chain Stores	12
其　他	Others	25
按单位规模分	**By Scale**	
大　型	Large	8
中　型	Medium	77
小　型	Small	898
微　型	Mini	33

Main Financial Indicators of Enterprises above Designated Size in Catering Services(2015)

(10 000 yuan)

资产合计 Total Assets	# 流动资产 Working Capital	# 固定资产 Fixed Assets	负债合计 Total Liabilities	主营业务收入 Business Revenue	主营业务成本 Cost of Principal Business	销售费用 Business Expenditure	营业利润 Profits from Principal Business	利润总额 Total Profits
1531101	**569900**	**604587**	**975386**	**1384340**	**809851**	**303099**	**36503**	**16049**
1440241	544479	556144	915976	1313267	769716	283693	33843	15930
40729	16324	12037	25761	46057	26302	15916	1563	-493
1526	217	978	590	3072	1958	243	695	695
360	78	140	225	568	411	13	78	78
1165	139	838	366	2503	1548	230	616	616
48605	8880	35428	33060	21945	11875	3247	403	-84
9495	2450	6711	2087	11572	7067	930	1981	1489
5197	3108	406	2169	393	243	71	-259	-247
33913	3322	28311	28804	9980	4565	2246	-1318	-1326
1436370	539982	575829	901689	1248318	745035	252007	37230	17074
20357	5824	11381	9267	21623	12244	3594	1982	1643
2773	1044	1485	1971	12208	9997	323	849	660
1570	200	474	1510	4058	2935	173	428	428
56	33	10	16	1186	860		303	303
56	33	10	16	1186	860		303	303
823729	314310	329857	578950	606226	347438	145207	-1692	-7405
11756	2290	4285	13873	9373	7158	2646	-2120	-2134
811973	312020	325572	565077	596853	340280	142561	428	-5271
133187	49266	30405	48507	107226	79682	13106	2050	1733
411333	151189	180761	229891	441099	257313	84224	27057	18544
49891	20722	20470	24270	86233	52865	8759	12537	10831
1012	514	366	474	2950	2368	199	180	180
343205	123031	153699	196527	335652	192640	71615	14045	7227
17225	6922	6226	8621	16264	9440	3651	295	307
43365	18117	21457	31578	54693	34566	5380	6253	1168
35706	10902	13782	32569	40522	19968	17962	-4014	-3719
14600	5890	5443	12598	11997	5532	3582	-302	-308
12258	675	5031	12537	17921	6331	11091	-1467	-2923
8847	4337	3308	7434	10604	8105	3288	-2246	-488
59025	19017	14975	41128	95500	44849	33130	3288	2694
1199	1099	37	2073	1474	656	808	-217	-229
54954	16364	14659	36240	89046	41974	29451	4010	3572
1690	571	203	1703	2434	1116	1409	-163	-163
1182	983	76	1113	2547	1102	1462	-343	-487
198283	78022	54217	97882	101702	60337	25715	-783	325
82112	33689	36562	62813	31165	19900	4452	2466	2187
928985	339894	392567	576064	955345	573310	185445	36115	15454
21764	5466	8344	20304	29415	14778	14878	-3736	-3435
56699	16986	14866	38467	91756	43204	31006	3835	3397
243258	95844	98031	179857	174959	98323	41603	-1394	-1880
1398732	522607	558596	867863	1195936	717891	234173	38471	20055
79953	26232	27502	72999	132858	63038	48054	-1084	-1689
20308	4180	7832	18104	28560	12292	13888	-1384	-2713
32107	16881	10657	16421	26986	16631	6984	500	396
241537	94246	46873	131459	245101	125979	80370	-1293	-2115
424289	166229	197499	301983	364639	215225	82182	497	-2516
859235	307977	356897	539667	765400	463024	139941	35393	19019
6039	1449	3318	2278	9200	5624	605	1907	1660

16-22 批发和零售业、住宿和餐饮业连锁经营情况(2015年)
Chain Management of Enterprises of Wholesale, Retail Trades, Hotels and and Catering Services(2015)

类 别	Item	合 计 Total	直营店 Regular Chain	加盟店 Franchise Chain
批发和零售业	**Wholesale and Retail Trades**			
门店总数 (个)	Number of Stores (unit)	2407	2272	135
年末零售营业面积 (平方米)	Retail Operating Area at year-end (sq.m)	2906368	2888478	17890
年末从业人员数 (人)	Number of Employed Persons at year-end (person)	36147	35436	711
连锁门店商品购进总额 (万元)	Total Purchases Value of General Chain Stores(10 000 yuan)	7968955	7956270	12685
# 统一配送商品购进额	Centralized Purchase and Delivery	6225167	6212482	12685
# 自有配送商品购进额	Self Centralized Purchase and Delivery	3915195	3902610	12585
非自有配送商品购进额	Non-self Centralized Purchase and Delivery	386871	386871	
连锁门店商品销售额 (万元)	Total Sale of General Chain Stores (10 000 yuan)	9094684	9079461	15223
# 零售额	Retail Value	3720784	3706260	14524
住宿和餐饮业	**Hotels and Catering Services**			
门店总数 (个)	Number of Stores (unit)	199	194	5
年末餐饮营业面积 (平方米)	Retail Operating Area at year-end (sq.m)	89661	88961	700
年末从业人员数 (人)	Number of Employed Persons at year-end (person)	10364	10027	337
餐位数 (位)	Number of Dining-seats (seat)	56554	56454	100
连锁门店商品购进总额 (万元)	Total Purchases Value of General Chain Stores (10 000 yuan)	56322	55513	809
# 统一配送商品购进额	Centralized Purchase and Delivery	53720	53720	
# 自有配送商品购进额	Self Centralized Purchase and Delivery	46473	46473	
非自有配送商品购进额	Non-self Centralized Purchase and Delivery	4242	4242	
连锁门店营业额 (万元)	Business Revenue of General Chain Stores (10 000 yuan)	125925	124513	1412
餐费收入	Revenue From Meals	124999	123587	1412
商品销售额	Total Sales of Commodities	926	926	

16-23 限额以上产业活动单位和个体户批发业商品购、销、存总额(2015年)
Total Purchases, Sales and Inventory of Industrial Activity Units and Individuals above Designated Size in Wholesale Trades(2015)

单位：万元 (10 000 yuan)

指标	Item	商品购进总额 Total Purchases Value	商品销售总额 Total Sales	年末库存 Stock at Year-end
总计	**Total**	**103360**	**117202**	**3972**
按批发行业分	**By Wholesale Trade Sector**			
食品、饮料及烟草制品批发	Wholesale of Food, Beverages and Tobaccos	25743	33064	2371
米、面制品及食用油批发	Wholesale of Rice, Flour and Edible Oil	3872	4363	125
果品、蔬菜批发	Wholesale of Fruit and Vegetables	14276	20425	1686
肉、禽、蛋、奶及水产品批发	Wholesale of Meat, Poultry, Eggs, Milk and Aquatic Products	4569	4566	290
酒、饮料及茶叶批发	Wholesale of Beverages and Tea	3027	3709	270
纺织服装及家庭用品批发	Wholesale of Textiles, Garments and Daily	13378	14342	1118
厨房、卫生间用具及日用杂货批发	Wholesale of Kitchen and Washroom Appliances and Groceries	11878	11782	118
其他家庭用品批发	Others	1500	2560	1000
医药及医疗器材批发	Wholesale of Medicines and Medical Appliances	2209	3012	265
西药批发	Wholesale of Western Medicine	2209	3012	265
矿产品、建材及化工产品批发	Wholesale of Mineral Products, Building Materials and Chemical Products	4248	4293	219
建材批发	Wholesale of Building Materials	2710	2860	107
化肥批发	Wholesale of Garments	1539	1433	112
机械设备、五金交电及电子产品批发	Wholesale of Machinery, Hardware and Electronic Equipment	57783	62492	
农业机械批发	Wholesale of Agricultural Machinery	11326	13244	
其他机械设备及电子产品批发	Others	46457	49248	
按登记注册类型分	**By Status of Registration**			
内资企业	Domestic Funded Enterprises	79312	90950	135
集体企业	Collective-owned Enterprises	9652	16676	17
有限责任公司	Limited Liability Corporations	46457	49248	
其他有限责任公司	Other Limited Liability Corporations	46457	49248	
股份有限公司	Share-holding Corporations Ltd.	23204	25026	118
个体经营	Individual Business	24048	26252	3838
个体户	Individual	24048	26252	3838
按经营形式分	**By Form of Management**			
独立门店	Independent Stores	86859	101670	2186
其他	Others	16501	15531	1786

16-24 限额以上产业活动单位和个体户零售业商品购、销、存总额(2015年) Total Purchases, Sales and Inventory of Industrial Activity Units and Individuals above Designated Size in Retail Trades(2015)

单位：万元 (10 000 yuan)

指 标	Item	商品购进总额 Total Purchases Value	商品销售总额 Total Sales	年末库存 Stock at year-end
总 计	**Total**	**1604016**	**1712931**	**103615**
按零售行业分	**By Retail Trades Sector**			
综合零售	Integrated Retail	314195	313108	35830
百货零售	Retail of General Merchandise	174939	164994	23885
超级市场零售	Retail of Supermarkets	117859	124939	10287
其他综合零售	Others	21397	23175	1657
食品、饮料及烟草制品专门零售	Special Retail of Food, Beverages and Tobaccos	275915	279148	9571
粮油零售	Retail of Grain and Oil	55007	54990	1139
糕点、面包零售	Retail of Cake and Bread	2086	3336	233
果品、蔬菜零售	Retail of Melons and Fruits,Vegetables	9953	10559	243
肉、禽、蛋及水产品零售	Retail of Meat, Poultry, Eggs and Aquatic Products	169113	168585	5462
营养和保健品零售	Retail of Nourishment and Health Products	2320	2520	100
酒、饮料及茶叶零售	Retail of Beverages and Tea	30703	31959	2179
烟草制品零售	Retail of Tobaccos	2493	2517	52
其他食品零售	Others	4241	4683	164
纺织、服装及日用品专门零售	Special Retail of Textiles, Garments and Daily Consumer Articles	166460	176366	9864
纺织品及针织品零售	Retail of Textiles and Knitwear	6193	6523	205
服装零售	Retail of Garments	64103	72901	5807
鞋帽零售	Retail of Shoes and Hats	2743	2976	157
化妆品及卫生用品零售	Retail of Cosmetics and Health Consumer Articles	25342	26657	1243
厨房用具及日用杂品零售	Retail of Kitchenware and Daily Groceries	1490	1400	550
自行车零售	Retail of Bicycle	1851	1874	18
其他日用品零售	Others	64738	64036	1884
文化、体育用品及器材专门零售	Special Retail of Culture, Sports Appliances and Equipments	66610	66460	3100
文具用品零售	Retail of Stationary	3530	3924	154
体育用品及器材零售	Retail of Sports Goods	3608	3349	266
图书、报刊零售	Retail of Books	1339	1331	50
珠宝首饰零售	Retail of Jewelry	55749	55382	2493
工艺美术品及收藏品零售	Retail of Artwork and Collections	2383	2475	137
医药及医疗器材专门零售	Special Retail of Medicines and Medical Appliances	47758	50783	3994
药品零售	Retail of Medicines	47758	50783	3994
汽车、摩托车、燃料及零配件专门零售	Special Retail of Motor Vehicles, Motorcycles, Fuel and Parts	121071	192068	2884
汽车零售	Retail of Motor Vehicles	16091	16378	572
摩托车及零配件零售	Retail of Motor Vehicles and Parts	9088	8541	1082
机动车燃料零售	Retail of Fuel of Motor Vehicles	95891	167150	1230
家用电器及电子产品专门零售	Special Retail of Household Appliances and Electronic Products	410671	419186	27977
家用视听设备零售	Retail of Home Audio-visual Equipment	26907	27159	1327
日用家电设备零售	Retail of Household Appliances	129095	137134	15126
计算机、软件及辅助设备零售	Retail of Computer, Software and Peripherals	29402	30735	1885

16-24 续表 continued

单位：万元 (10 000 yuan)

指标	Item	商品购进总额 Total Purchases Value	商品销售总额 Total Sales	年末库存 Stock at year-end
通信设备零售	Retail of Communication Equipment	222088	221814	8786
其他电子产品零售	Others	3179	2344	854
五金、家具及室内装修材料	Special Retail of Hardware, Furniture and Decoration Materials	197307	211645	10235
五金零售	Retail of Hardware	23061	23281	1472
灯具零售	Retail of Light Fittings	2555	2177	394
家具零售	Retail of Furniture	37581	38308	2793
卫生洁具零售	Retail of Sanitary	1605	1658	17
木质装饰材料零售	Retail of Dooden Decorating Materials	16583	17985	757
陶瓷、石材装饰材料零售	Retail of Porcelainous, Stone Finishing Decorating Materials	29490	32245	1625
其他室内装修材料零售	Others	86433	95991	3177
货摊无店铺及其他零售业	Non-shop and Other Retails	4030	4167	160
生活用燃料零售	Retail of Life Fuels	810	830	6
其他未列明的零售	Other Retail Not Classified Elsewhere	3220	3337	154
按登记注册类型分	**By Status of Registration**			
内资企业	Domestic Funded Enterprises	96849	89099	17311
国有企业	State-owned Enterprises	32418	39244	462
集体企业	Collective-owned Enterprises	2715	3313	17
有限责任公司	Limited Liability Corporations	60716	45393	16712
其他有限责任公司	Other Limited Liability Corporations	60716	45393	16712
私营企业	Private Enterprises	1000	1148	120
私营有限责任公司	Private Limited Liability Corporations	1000	1148	120
个体经营	Individual Business	1507168	1623833	86305
个体户	Individual	1412713	1530580	83936
个人合伙	Individual Partnership	94455	93253	2369
按经营形式分	**By Form of Management**			
独立门店	Independent Stores	1584396	1690021	102150
连锁总店	General Chain Stores	760	1026	300
连锁门店	Branch Chain Stores	4580	6435	584
其　他	Others	14280	15449	581
按零售业态分	**By Business Categories**			
有店铺零售	Shop Retails	1604016	1712931	103615
食杂店	Grocery Store	8832	9688	354
便利店	Convenience Store	23027	24904	920
折扣店	Discount Store	753	941	52
超　市	Supermarket	251900	262140	17587
大型超市	Hypermarket	4025	3851	170
百货店	Department Store	131590	120369	20810
专业店	Specialty Store	841627	932655	34801
专卖店	Franchised Store	281079	291476	24357
家居建材商店	Building Material Store	55864	60063	3134
购物中心	Shopping Center	4412	5660	1270
厂家直销中心	Factory Outlets Center	907	1184	160

16-25 限额以上产业活动单位和个体户住宿业经营情况(2015年) Management of Industrial Activity Units and Individuals above Designated Size of Hotels(2015)

单位：万元 (10 000 yuan)

指 标	Item	营业额 Business Value	# 客房收入 From Hotel Rooms	# 餐费收入 From Meals	# 商品销售收入 From Commo-dities
总 计	**Total**	**161484**	**58822**	**75717**	**22708**
按住宿行业分	**By Hotels**				
旅游饭店	Tour Restaurant	122075	38395	59449	20436
一般旅馆	General Restaurant	37825	19901	15220	2263
其他住宿服务	Other Hotel Services	1584	527	1047	9
按登记注册类型分	**By Status of Registration**				
内资企业	Domestic Funded Enterprises	107621	29089	55422	20409
国有企业	State-owned Enterprises	58696	8013	32880	17262
集体企业	Collective-owned Enterprises	505	258	247	
有限责任公司	Limited Liability Corporations	32324	13934	15998	470
其他有限责任公司	Other Limited Liability Corporations	32324	13934	15998	470
股份有限公司	Share-holding Corporations Ltd.	12068	4929	4257	2653
私营企业	Private Enterprises	4027	1955	2041	24
私营有限责任公司	Private Limited Liability Corporations	4027	1955	2041	24
港澳台商投资企业	Enterprises with Funds from Hong Kong, Macao & Taiwan	13874	8086	5455	
港澳台商独资企业	Enterprises with Sole Investment	13874	8086	5455	
个体经营	Individual Business	39990	21648	14840	2299
个体户	Individual	39990	21648	14840	2299
按经营形式分	**By Form of Management**				
独立门店	Independent Stores	149892	52351	71508	22311
其 他	Others	11592	6471	4208	397
按星级分	**By Star Rating**				
五 星	Five-star Level	24309	14009	9177	281
四 星	Four-star Level	9813	3894	5395	5
三 星	Three-star Level	49031	4052	27939	16705
二 星	Two-star Level	3025	1076	1842	88
一 星	One-star Level	4301	1840	1554	907
其 他	Others	71006	33951	29810	4722

16-26 限额以上产业活动单位和个体户餐饮业经营情况(2015年)

Management of Industrial Activity Units and Individuals above Designated Size of Catering Services(2015)

单位：万元 (10 000 yuan)

指标	Item	营业额 Business Revenue	#客房收入 From Hotel Rooms	#餐费收入 From Meals	#商品销售收入 From Commo-dities
总计	**Total**	**362916**	**28384**	**312288**	**20769**
按餐饮行业分	**By Catering Services**				
正餐服务	Restaurant	349287	28375	298983	20537
快餐服务	Fast Food	1384		1384	
其他餐饮服务	Others	12244	9	11921	232
小吃服务	Snack	7089	9	6766	232
其他未列明餐饮业	Other Catering Service not Classified	5155		5155	
按登记注册类型分	**By Status of Registration**				
内资企业	Domestic Funded Enterprises	48165	19943	25492	1979
国有企业	State-owned Enterprises	10169	2198	7423	548
集体企业	Collective-owned Enterprises	529	185	344	
有限责任公司	Limited Liability Corporations	24604	11609	11218	1294
其他有限责任公司	Other Limited Liability Corporations	24604	11609	11218	1294
股份有限公司	Share-holding Corporations Limited	626	188	439	
私营企业	Private Enterprises	2356	464	1771	121
私营独资企业	Private-funded Enterprises	1352	464	888	1
私营有限责任公司	Private Limited Liability Corporations	1004		883	120
其他企业	Other Enterprises	9881	5300	4298	16
个体经营	Individual Business	314751	8441	286796	18789
个体户	Individual	311440	8441	283485	18789
个人合伙	Individual Partnership	3311		3311	
按经营形式分	**By Form of Management**				
独立门店	Independent Stores	331852	14498	296964	19223
连锁门店	Branch Chain Stores	4307		3448	859
其他	Others	26757	13886	11876	686

16-27 重点交易市场情况(2015年)
Focus on Transaction Markets(2015)

分类	Item	市场数(个) Number of Markets (unit)	摊位数(个) Number of Booths (unit)	年末出租摊位数(个) Number of Rented Stall(unit)	营业面积(平方米) Operating Area (sq.m)	成交额(万元) Turnover (10 000 yuan)
总计	**Total**	**54**	**40969**	**37188**	**3326893**	**6911934**
按市场类别分	**By Type of Markets**					
1.综合市场	Integrated Markets	8	7329	6479	347600	1317794
工业消费品综合市场	Industrial Consumable Comprehensive Markets	2	2780	2546	123000	53545
农产品综合市场	Farm Produce Comprehensive Markets	3	3455	2851	173300	1182922
其他综合市场	Other Comprehensive Markets	3	1094	1082	51300	81327
2.专业市场	Special Markets	46	33640	30709	2979293	5594140
生产资料市场	Production Markets	11	8306	7910	1459300	1588993
建材市场	Building Material Markets	9	7296	7036	1274100	1054793
金属材料市场	Metallic Material Markets	1	210	74	5200	375300
机械设备市场	Mechanical Equipment Markets	1	800	800	180000	158900
农产品市场	Farm Produce Markets	11	5043	4589	331040	1959576
粮油市场	Grain and Oil Markets	1	244	244	5496	287876
肉禽蛋市场	Meat, Poultry and Eggs Markets	1	1200	943	31526	18400
水产品市场	Aquatic Product Markets	1	720	620	23000	20290
蔬菜市场	Vegetables Markets	6	2614	2517	207718	1545879
干鲜果品市场	Dried and Fresh Melons and Fruits Markets	2	265	265	63300	87131
食品、饮料及烟酒市场	Food, Beverages, Tobacco and Liquor Markets	1	1616	1616	51000	78206
茶叶市场	Tea Markets	1	1616	1616	51000	78206
纺织、服装、鞋帽市场	Textiles, Clothing, Shoes and Hats Markets	9	11062	9966	528942	786174
布料及纺织品市场	Cloth and Textiles Markets	1	1000	500	20000	24000
服装市场	Clothing Markets	6	7525	6929	342500	483534
鞋帽市场	Shoes and Hats Markets	1	2109	2109	150182	270145
其他纺织服装鞋帽市场	Others	1	428	428	16260	8495
电器、通讯器材、电子设备市场	Electrical Appliances, Communication Appliances and Electronical Appliances Markets	5	2985	2562	135800	426710
通讯器材市场	Communication Appliances Markets	2	1055	1042	30800	32359
计算机及辅助设备市场	Computer and Auxillary Equipments Markets	3	1930	1520	105000	394351
家具、五金及装饰材料市场	Furniture,Hardware and Decoration Materials Markets	5	2542	2043	362260	61880
家具市场	Furniture Markets	1	650	463	151180	18000
装饰材料市场	Decoration Materials Markets	2	772	772	168080	17000
灯具市场	Light Fittings Markets	1	208	208	10000	12480
五金材料市场	Hardware Materials Markets	1	912	600	33000	14400
汽车、摩托车及零配件市场	Cars, Motorcycles and Spare Parts Markets	4	2086	2023	110951	692601
汽车市场	Cars Markets	2	1136	1133	89551	526161
机动车零配件市场	Motor Vehicle Spare Parts Markets	2	950	890	21400	166440
按营业状态分	**By Operating Status**					
常年营业	Perennial Operating	54	40969	37188	3326893	6911934
按经营方式分	**By Mode of Management**					
以批发为主	Wholesale Trade	31	22077	19667	1668462	4317531
以零售为主	Retail Trade	23	18892	17521	1658431	2594403
按经营环境分	**By Environment of Management**					
露天式	Open air	13	9408	8854	1026882	1342359
封闭式	Closed	31	25749	23160	1881531	4088246
其他	Others	10	5812	5174	418480	1481329

16-28 重点交易市场商品销售类值(2015年)
Total Sales at Main Trade Markets by Category of Commodities(2015)

类　　别	Item	摊位数(个) Number of Booths (unit)	成交额(万元) Turnover (10 000 yuan)
总　计	**Total**	**37188**	**6911934**
粮油、食品类	Food	7517	3160256
# 粮油类	Grain and Oil	724	322744
肉禽蛋类	Meat, Poultry and Eggs	1125	108438
水产品类	Aquatic Products	678	105552
蔬菜类	Vegetables	3223	1356241
干鲜果品类	Dried and Fresh Melons and Fruits	1658	1143211
饮料类	Beverages	2070	92483
烟酒类	Tobacco and Liquor	166	2888
服装、鞋帽、针纺织品类	Garments, Shoes and Hats, Knitwear and Textiles	10782	804423
服装类	Garments	7646	500862
鞋帽类	Shoes and Hats	1766	215661
针纺织品类	Knitwear and Textiles	1370	87900
化妆品类	Cosmetics	141	4324
金银珠宝类	Gold, Silver and Jewelry	50	1200
日用品类	Daily Consumer Articles	1072	36336
# 儿童玩具类	Children Toys	115	2378
五金、电料类	Hardware	1140	37606
体育、娱乐用品类	Sports and Recreation Articles	104	3039
书报杂志类	Newspapers and Magazines	6	56
电子出版物及音像制品类	E-journals and Video Products	124	8954
家用电器和音像器材类	Household Appliances and Audio/Video Equipments	230	20152
文化办公用品类	Cultural and Office Appliances	1259	306615
# 计算机及其配套产品	Computer and Auxillary Equipments	1112	301726
家具类	Furniture	505	24903
通讯器材类	Communication Appliances	1281	107240
木材及制品类	Wood and Wooden Products	7	168
化工材料及制品类	Chemical Materials and Products	24	145600
金属材料类	Metal Materials	50	229700
建筑及装潢材料类	Building and Decoration Materials	7641	1068054
机电产品及设备类	Mechanical and Electrical Products and Equipments	815	159197
汽车类	Automobiles	2023	692601
种子饲料类	Seeds and Feedstuff	5	80
其他类	Others	176	6059

16-29 重点交易市场成交情况(2015年)
Turnover of Main Commodity Transaction Markets(2015)

市　　场 Market	摊位数(个) Number of Booths (unit)	成交额(万元) Turnover (10 000 yuan)	市　　场 Market	摊位数(个) Number of Booths (unit)	成交额(万元) Turnover (10 000 yuan)
海星手机市场	570	10520	西安大明宫五金机电灯饰城	600	14400
陕西义乌商城物业管理有限公司	946	23669	西安大明国际汽车配件城	470	98000
西安金康茶叶街市场	1616	78206	(西安大明国际汽车配件城有限责任公司)		
陕西银邦经营管理有限公司	2365	337178	西北管材铝塑型材批发基地	112	20118
陕西多彩商城市场	2160	39695	(西安源兴实业有限公司)		
(陕西多彩企业集团有限公司)			北三环大明宫建材家居市场	3500	410000
昌安商贸服装批发市场	195	11930	(西安大明宫建材家居有限公司)		
陕西时丹达服装城管理有限公司	425	18233	西安五龙汽车城有限公司	90	43000
陕西丹尼尔商贸城有限公司	828	32472	西安雨润农产品全球采购有限公司	873	1153600
锦绣国际商贸城有限公司	2109	270145	西安海荣赛格电子市场有限公司	472	21839
西安胡家庙果品批发市场	125	37980	宝鸡市恒丰园农产品发展有限公司	482	640784
西安粮油批发交易市场	244	287876	宝鸡市冠森大世界现代家居建材(城)有限公司	426	436112
西安胡家庙蔬菜批发市场	307	48000	咸阳市秦都区嘉惠商业区	956	44026
西安铁路局西铁大市场	232	13123	咸阳南郊装饰建材市场	367	36265
西安赛格电脑城	1000	367451	咸阳天元建材市场	600	62533
(西安赛格商贸有限公司)			咸阳新阳光西北农副产品交易中心	725	560000
西安东新科技贸易中心	410	22500	陕西泾云现代农业股份有限公司	300	98000
西安赛博数码广场有限公司	110	4400	大荔县同州农副产品批发市场	1746	16199
西安市文艺南路纺织品批发市场	500	24000	汉中市多联水果批发市场	140	49151
西安市玉林汽配批发市场有限责任公司	420	68440	陕西省汉中市汽车运输总公司运达批发市场	1600	29876
西安海纳汽车服务有限公司西安汽配市场	1043	483161	汉中皇冠过街楼蔬菜批发市场	383	179295
西安蔚蓝机电市场有限公司	800	158900	汉中华夏建材城	716	31720
陕西三盟庆安建材市场	445	15600	汉中汉森建材城	220	30235
西安市方欣冷冻市场	620	20290	陕西城固经贸市场	734	48431
西安国亨市场	943	18400	绥德县五一商城综合批发市场	206	25749
陕西省生产资料第一交易市场	74	375300	安康市满意建材市场有限公司	487	8000
振穆实业有限公司穆将王市场	320	19800	安康市安运运输集团汽车运输有限公司批发市场	428	8495
西安大明宫灞桥建材家具股份有限公司	463	18000	安康市汉滨区兴安副食品批发市场	142	7147
贝斯特建材五金机电市场	650	12210	陕西省安康市兴华建设集团有限公司综合批发市场	285	9000
同泰灯具城(陕西同泰实业有限公司)	208	12480			

主要统计指标解释

批发业 指批发商向批发、零售单位及其他企事业、机关单位批量销售生活用品和生产资料的活动，以及从事进出口贸易和贸易经纪与代理的活动。批发商可以对所批发的货物拥有所有权，并以本单位、公司的名义进行交易活动；也可以不拥有货物的所有权，而以中介身份做代理销售商。还包括各类商品批发市场中固定摊位的批发活动。

零售业 指百货商店、超级市场、专门零售商店、品牌专卖店、售货摊等主要面向最终消费者（如居民等）的销售活动。包括以互联网、邮政、电话、售货机等方式的销售活动，还包括在同地点，后面加工生产，前面销售的店铺（如前店后厂的面包房）。不包括：谷物、种子、饲料、牲畜、矿产品、生产用原料、化工原料、农用化工产品、机械设备（用车、计算机及通信设备等除外）等生产资料的销售（批发业）；非零售单位附带的零售活动（如汽车修理单位销售汽车零件）；商业零售单位所在商厦的物业管理（物业管理）；商业零售单位所在的商品市场、商业大厦的市场管理活动（市场管理）。

住宿业 指有偿为顾客提供临时住宿的服务活动，不包括提供长期住宿场所的活动（如出租房屋、公寓等）。

餐饮业 指在一定场所，对食物进行现场烹饪、调制，并出售给顾客主要供现场消费的服务活动。

社会消费品零售总额 指批发和零售业、餐饮业、新闻出版业、邮政业和其他服务业等，售予城乡居民用于生活消费的商品和社会集团用于公共消费的商品之总量。社会消费品零售总额包括：

一、批发和零售业企业（单位）售予城乡居民用于生活消费和社会集团用于公共消费的商品。包括：

1.售予城乡居民的各种生活消费品；

2.售予入境旅游的外国人、华侨、港澳台同胞的各类商品；

3.售予行政事业单位、社会团体、军队和武警等机构的商品，以及以零售方式售予各类企业的商品。具体包括：用于非生产和社会交往的办公用品，如通讯设备、计算器具和设备、电讯网络设备、文印设备、音像视听器材和设备、纸张、本册、文具及装订文印材料、家具、日用电器、针纺织品、清洁卫生用品、文体用品、奖品、纪念品、礼品等；供内部人员乘坐的交通工具和燃料；用于办公设施修缮的各类配件、材料、工具等；用于取暖和防暑降温的设备、燃料、材料及食品等；专用于教学的用品和设备；非营利医疗机构的中、西药品、中药材和医疗设备器材，非专用的劳动保护用品；不对外营业的内部食堂用的餐具、炊具、设备、清洁卫生工具和食品、燃料等；军队、武警用于其人员生活的衣着品和个人用品；其他各类非生产性设备和用品。

二、餐饮业出售的主食、菜肴、烟酒饮料和其他商品。

三、新闻出版业、邮政业售予城乡居民、企事业单位、军队和武警等机构的书报杂志、音像制品、邮品等。

四、其他服务业出售的食品、烟酒饮料、服装鞋帽、日常生活用品、医药保健用品、艺术品、工艺美术品、玩具、殡葬用品以及其他消费品。

批发和零售业商品购进、销售、库存总额 指各种登记注册类型的批发和零售业企业(单位)以本企业(单位)为总体的，从国内、国外市场购进的商品总量，销售和出口的商品总量、库存的商品总量等情况。该指标可以反映商品流转过程中商品的购进、销售、库存之间的比例关系和存在的问题。

购进总额 指从本企业(单位)以外的单位和个人购进(包括从境外直接进口)作为转卖或加工后转卖的商品总额。它反映批发和零售业从国内、国外市场上购进商品的总量。商品购进包括：(1)从工农业生产者购进的商品；(2)从出版社、报社的出版发行部门购进的图书、杂志和报纸；(3)从各种登记注册类型的批发和零售业企业(单位)购进的商品；(4)从其他单位购进的商品，如从机关、团体、企业等单位购进的剩余物资，从住宿和餐饮业、其他服务业购进的商品，从海关、市场管理部门购进的缉私和没收的商品，从居民手中收购的废旧商品等；(5)从国(境)外直接进口的商品。不包括企业(单位)为自身经营用和未通过买卖行为而收入的商品以及销售退回、商品升溢等。

销售总额 指对本企业(单位)以外的单位和个人出售(包括对境外直接出口)的商品总额。它反映批发和零售业在国内市场上销售商品以及出口商品的总量。商品销售包括：(1)售给城乡居民和社会集团消费用的商品；(2)售给工业、农业、建筑业、运输邮电业、批发和零售业、住宿和餐饮业、其他服务业等作为生产、经营使用的商品；(3)售给批发和零售业作为转卖或加工后转卖的商品；(4)对国(境)外直接出口的商品。不包括出售本企业(单位)自用的废旧包装用品，未通过买卖行为付出的商品，经本单位介绍、由买卖双方直接结算、本单位只收取手续费的业务，购货退出的商品以及商品损耗和损失等。

库存总额 指报告期末各种登记注册类型的批发和零售业企业(单位)已取得所有权的商品。它反映批发和零售业企业(单位)的商品库存情况和对市场商品供应的保证程度。商品库存包括：(1)存放在批发和零售业经营单位(如门市部、批发站、经营处)仓库、货场、货柜和货架中的商品；(2)挑选、整理、包装中的商品；(3)已记入购进而尚未运到本单位的商品，即发货单或银行承兑凭证已到而货未到的商品；(4)寄放他处的商品，如因购货方拒绝承付而暂时存放在购货方的商品和已办完加工成品收回手续而未提回的商品；(5)委托其他单位代销(未作销售或调出)尚未售出的商品；(6)代其他单位购进尚未交付的商品。不包括所有权不属于本单位的商品、委托外单位加工生产尚未收回成品的商品、外贸企业代理其他单位从国外进口尚未付给订货单位的商品、代国家物资储备部门保管的商品等。

住宿和餐饮业营业额 指住宿和餐饮业法人企业（单位）在经营活动中因提供服务或销售商品等取得的收入。包括：客房收入、餐费收入、商品销售额和其他收入。客房收入指住宿和餐饮业法人企业（单位）在经营活动中因提供住宿服务取得的收入。餐费收入指住宿和餐饮业法人企业、（单位）因为顾客提供就餐服务取得的收入，包括经烹饪、调制加工后出售的各种食品，如主食、炒菜、凉拌菜等的收入。商品销售额指住宿和餐饮业法人企业（单位）伴随服务而出售商品所取得的收入（含增值税）。其他收入指营业收入中除客房收入、餐费收入、商品销售额以外的其他收入，包括娱乐、健身和商务服务等。

连锁企业（或称连锁店、连锁公司） 指在核心企业或总店的领导下，由分散的、经营同类商品或服务的企业或活动单位，采取共同方针，实行集中采购和分散销售的有机结合，通过规范化经营，实现规模效益的经济联合组织形式。一般连锁店应由若干个分店组成。其经营特征：(1)经营同类商品；(2)使用统一商号；(3)统一采购配送，采购与销售相分离（部分商品可根据物流合理和保质保鲜原则，由供应商直接送货到门店，其余均由总部统一配送）。

连锁门店的形式分为直营连锁和加盟连锁。

直营连锁也叫正规连锁。指连锁门店均由总部独资或控股开设，在总部的直接领导下统一经营。总部采取纵深似的管理方式，直接下令掌管所有的零售门店，零售门店也必须完全接受总部指挥。这是大型垄断商业资本通过吞并、兼并或独资、控股等途径，发展壮大自身实力和规模的一种形式。

加盟连锁包括特许连锁和自由连锁两种形式。

特许连锁指各连锁门店（被特许人）通过合同形式，取得使用总部（特许人）商标、商号、经营技术和销售总部开发的商品的特许权，各加盟连锁门店为独立法人，在总部指导下统一经营。

自由连锁也称自愿连锁。指连锁公司的门店均为独立法人，各自的资产所有权关系不变，在公司总部的指导下共同经营。各成员店使用共同的店名，与总部订阅有关购、销、宣传等方面的合同，并按合同开展经营活动。在合同规定的范围之外，各成员店可以自由活动。根据自愿原则，各成员店可自由加入连锁体系，也可自由退出。

Explanatory Notes on Main Statistical Indicators

Wholesale Trade refers to the activities of wholesaler selling at wholesale commodities for daily use and capital goods to enterprises of wholesale and retail trades and other enterprises, institutions and government offices, including the activities of wholesaler engaged in import and export and acting as a trade agent. The wholesaler may have the right of ownership over the commodities of wholesale and trade in the name of its own or a company, the wholesaler may not have the right of ownership, only acts an agent. The wholesale trade also include the activities of wholesaler at the fixed stalls of the wholesale market of different commodities.

Retail Trade refers to the activities of department store, supermarket, franchised store, brand store, retail stall and on-the-spot-making-selling store selling commodities to the final consumers (citizens) by any means including internet, post, telephone, sales machine. Retail trade excludes the activities of sales of capital goods such a grain, seed, feed, livestock, mineral products, raw material for production, industrial chemicals, chemical products for farm, machine and equipment (vehicle, computer and communication equipment), and the activities of supplementary sales of non-retailer such as the sales of spare parts of car repair business

Hotel Services refer to the activities of enterprises providing paid services of lodging to the customer, excluding the activities of providing long period of services of lodging (such as leased house and apartments).

Catering Services refer to the activities of enterprises providing on-the-spot services of selling food cooked and prepared to the customer in certain sites

Total Retail Sales of Consumer Goods refer to the sum of retail sales of commodities sold by wholesale and retail trades, catering services, publishing, post and telecommunications and other service industries to urban and rural households for household consumption and to social institutions for public consumption. Retail sales of consumer goods include:

1) Sales sold by wholesale and retail trades to urban and rural households for household consumption and to social institutions for public consumption.

a) Of commodities to urban and rural households;

b) Of commodities to foreigners, overseas Chinese and Chinese compatriots from Hong Kong, Macao and Taiwan visiting China;

c) Of commodities to government agencies, institutions, social organizations, military and armed police units, and commodities to enterprises in the form of retail sales. More specifically, they include: office facilities and articles for non-production purposes such as communications equipment, computing equipment and instruments, TV and network equipment, printing and copying equipment, audio-visual equipment and instruments, paper, notebooks, stationeries, furniture, electric appliances, knitwear, sanitation and cleaning articles, cultural and sport articles, articles for prizes, souvenirs, etc.; transport vehicles and fuels for employees; materials, spare parts and tools for the maintenance of office facilities; equipment, fuels, materials and food for winter heating or summer cooling purposes; articles and equipment for teaching purpose; Chinese and western medicines and medical equipment and facilities purchased by non profit-making medical institutes; non-specialized work safety articles; cooking utensils, tableware, equipment, cleaning articles, food and fuels purchased by in-house cafeterias; clothes and personal articles purchased by military or armed police units for their officials and soldiers; and other equipment and articles for non-production purposes.

2) Sales of stable food, cooked dishes, beverages, tobaccos and other articles by catering units.

3) Sales of books, newspapers, magazines, audio-visual products and post products by publishing, post and telecommunications departments to urban and rural households and to enterprises, institutions, military and armed police units.

4) Sales of food, beverages, tobaccos, clothing, hats, footwear, articles for daily use, medicines, medical and health articles, work of art, handicrafts, toys, funeral articles and other articles by other service industries.

Purchase, Sales and Stock of Commodities by Wholesale and Retail Trades refer to the total volume of commodities purchased, total volume of sales and exports, and the stock of commodities by wholesale and retail enterprises (establishments) of different status of registration from domestic and overseas markets. This indicator reflects the relationship among purchase, sales and stock of commodities in the circulation of goods and reveals the existing problems.

Total Purchases of Commodities refer to the total value of purchases of commodities by enterprises (establishments) from other establishments or individuals (including direct import from abroad) for the purpose of re-selling, either with or without further processing of the commodities purchased. The commodities include: (1) commodities purchased from agricultural and industrial producer, wholesaler, retailer, publishing house and other service business; (2) commodities purchased from institutions and government departments; (3) confiscated goods purchased from the customs authorities or market management agencies; (4) second-hand goods and wastes purchased from residents; The commodities exclude 1 commodities purchased by enterprises (establishments) for use in their own business operation, commodities obtained without buying or selling procedures such as materials, consumable goods of low value, office appliances, etc. 2 received goods without trading, such as goods handed over from others, borrowed goods, preserved goods for others, donated goods from others, processed and retrieved goods, etc. 3. Goods of direct settlement between buyer and seller with handling fees introduced by others, 4. Goods returned or refused to pay by the buyer, 5. Excessive goods.

Total Sales of Commodities refer to value of commodities sold by the establishments to other establishments and individuals (including goods sold for self consumption, including the value-added tax). The commodities include: (1) Commodities sold to urban and rural residents and social groups for their consumption; (2) Commodities sold to establishments in all industries for their production and operation, including agriculture, industry, construction, transportation, post and telecommunications, catering services, and public utility including commodities sold to wholesale and retail establishments for re-selling, with or without further processing; and (3) Commodities for direct export to abroad. Excluded are (1) Extended commodities without trading, such as goods handed over to other enterprises and institutions because of the change of organizations, lent goods, returned goods preserved for others, extended processing materials and samples donated to others, (2) Goods of direct settlement between buyer and seller with handling fees introduced by others, 3. Goods returned after purchase, (4) Damaged and spoiled goods, (5) waste and used goods of self use,

Total Stock of Commodities refers to total commodities possessed by wholesaler and retailer of various types of registration status at the end of the reference period, reflecting the commodity stock level of various wholesaler and retailer and the potential for market supply. It includes: (1) Commodities located in storage, garages, counters, and shelves of operating places (such as sale stores, wholesale centres, and operating offices); (2) Commodities in the process of being selected, sorted, and packed; (3) Commodities not arrived but recorded as purchase in the account, i.e. commodities not arrived but payment receipts for the commodities from the sellers or the banks arrived; (4)Commodities deposited in other places rather than places mentioned above, for instance: commodities in the hold of purchasers temporarily due to the refusal of payment and commodities not taken back after going through the formalities; (5) Commodities entrusted to other units to sell but not sold yet; (6) Commodities purchased for other units but not delivered yet. Commodities not included as stock are those not owned by the enterprises (units), commodities on commission for processing but not yet delivered, imported commodities of agency of foreign trade enterprise but not yet delivered to ordering units and finally those put in stock on behalf of the state material reserves units.

Business Revenue of Hotels and Catering Services refers to revenue received from providing services or selling commodities by corporate enterprises and establishments engaged in hotels and catering services, including income from hotels, from catering services, from selling of commodities and from other services. Income from hotels refers to income of corporate enterprises and establishments engaged in hotels and catering services by providing lodging services. Income from catering services refers to income of corporate enterprises and establishments engaged in hotels and catering services by providing catering services, including selling of cooked or prepared foods such as staple food, cooked dishes or cold dishes. Income from selling of commodities refers to income of corporate enterprises and establishments engaged in hotels and catering services by selling commodities (including value-added tax) that accompany the services they provide. Income from other activities refers to income received other than income from hotels, catering services or selling of commodities, such as income from providing recreation, fitness or business services.

Chain Head Stores (headquarter) refer to the core leading stores responsible for development, allocation, administration and utilization of resources (name of stores, brand of stores, operation model, service standard, management way, ect.) of chain stores. Chain stores refers to the stores engaged in providing homogeneous commodities or services, with the central leadership of head store and guided by common policies, conduct centralized purchase and distributed selling of commodities, in order to gain better efficiency through standardized operation. The chain stores include regular chain stores, franchise chain stores and voluntary chain stores.

Regular Chain store refers to chain stores that are invested or controlled by the headquarters. They operate under direct and unified management from the headquarters.

Franchise chain store refers to the chain stores (franchisees) which are franchised with operation resources such as trade marks, names, patent and operation know-how by the franchisors in form of contract and pay the operation fees to the franchisors

Voluntary chain store refers the stores operate jointly on the voluntary bases while maintaining their status of independent legal entities with full ownership of their assets. They sell goods of same brand from same channel of resource to the consumers.

十七、对外经济贸易和旅游

Foreign Trade and Tourism

资料整理：岳　洋

简 要 说 明

一、本篇资料反映陕西对外贸易和旅游业发展状况，内容包括进出口总值，进出口货物的品种、数(重)量、金额，利用外资、旅游人数和旅游收入，星级饭店基本情况等。

二、进出口商品总值按经营单位所在地统计。经营单位所在地是指境内进出口企业报关注册的登记地。

三、本篇资料由西安海关、省商务厅、省旅游局提供。

Brief Introduction

I. This chapter reflects development of international trades and tourism of Shaanxi, including kind, quantity(weight) and value of imported and exported products, utilization of foreign funds, tourist number and tourism revenue, basic conditions of star hotels, etc.

II. Total value of imported and exported commodities are calculated according to the location of operating units. The location of operating units is the place of registration where the resident imported and exported enterprises declare and register at customs.

III. The data sources are provided by Xi’an Customs District, the Department of Commerce Shaanxi Province and Tourism Administration of Shaanxi Province.

17.对外经济贸易和旅游

2015年全省				
进出口总值	1895.40	亿　元	比上年增长	12.8%
#出　口	918.51	亿　元	比上年增长	7.4%
实际利用外商直接投资额	46.21	亿美元	比上年增长	10.7%
国际旅游人数	293.03	万　人	比上年增长	10.0%
国际旅游收入	20.00	亿美元	比上年增长	41.2%

实际利用外资额（亿美元）

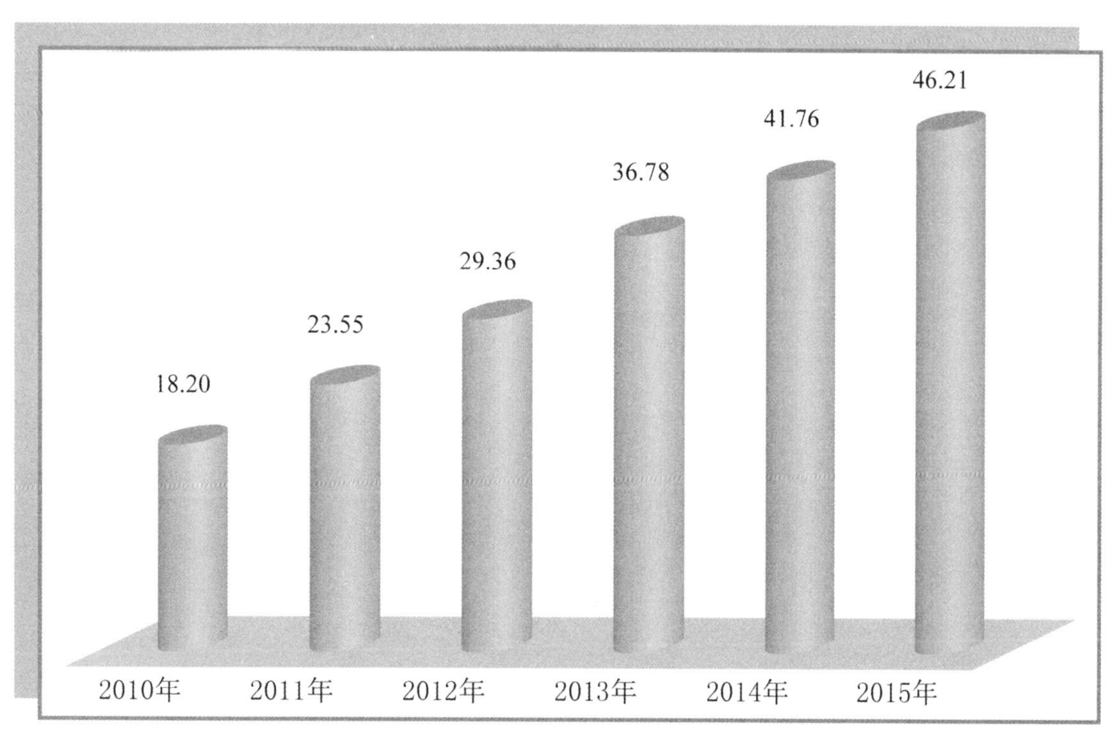

17-1 外贸进出口总值

Total Value of Imports and Exports in Foreign Trade

年份 Year	进出口总值(万美元) Total Value of Imports and Exports (USD 10 000)	出口 Exports	进口 Imports
1978		1190	
1980		973	
1985	15712	10359	5353
1990	57728	46059	11669
1991	81359	60502	20857
1992	111885	76531	35354
1993	149599	99347	50252
1994	160061	121615	38446
1995	173323	128261	45062
1996	178406	126922	51484
1997	173413	123120	50293
1998	205148	117668	87480
1999	200834	115225	85609
2000	214009	131003	83006
2001	206444	111044	95400
2002	222517	137717	84800
2003	278371	173523	104848
2004	364238	239658	124580
2005	457684	307581	150103
2006	536025	362960	173065
2007	688804	467244	221560
2008	832867	538066	294801
2009	840539	398815	441724
2010	1208283	620773	587510
2011	1462344	701085	761258
2012	1479854	865178	614677
2013	2012881	1022617	990265
年份 Year	进出口总值(万元人民币) Total Value of Imports and Exports (10 000 yuan)	出口 Exports	进口 Imports
2014	16807150	8554836	8252314
2015	18953978	9185065	9768914

17-2 按贸易方式分外贸进口总值
Total Value of Imports in Foreign Trade by Type of Trade

单位：万元 (10 000 yuan)

贸易方式类别	Type of Trade	2014	2015	2015年比2014年增长(%) Growth Rate in 2015over 2014(%)
进口总值	**Total Imports**	**8252314**	**9768914**	**18.4**
1.一般贸易	General Trade	1706670	2124083	24.5
2.国家间、国际组织无偿援助和赠送的物资	Between Countries, International Organizations Aid and Donated Materials		512	
3.华侨、港澳台同胞、外籍华人捐赠物资	The overseas Chinese, Hong Kong, Macao, Taiwan,Chinese of foreign Donated Materials		89	
4.来料加工装配贸易	Assembly Processing Trade	30731	27765	-9.7
5.进料加工贸易	Processing With Imported Trade	4371260	4934811	12.9
6.来料加工装配进口的设备	Assembly Processing Trade Equipment		2054	
7.租赁贸易		20	4	-79.2
8.外商投资企业作为投资进口的设备、物品	Foreign-invested Enterprises as the Import Investment of Equipment, Goods	8092	29635	266.2
9.出料加工贸易	Material Processing	286	59	-79.3
10.易货贸易	Barter		121	
11.保税监管场所进出境货物(保税仓库进出境货物)	Inward and Outward Goods of Free Trade Storehouse	28049	18384	-34.5
12.海关特殊监管区域物流货物(保税区仓储转口货物)	Re-export Goods of Free Trade Zone Re-exports	1575182	626423	-60.2
13.海关特殊监管区域进口设备(出口加工区进口设备)	Export Processing Zones Imported Equipment	509730	1982609	289.0
14.其　他	Other	22294	22365	0.3

17-3 按贸易方式分外贸出口总值
Total Value of Exports in Foreign Trade by Type of Trade

单位：万元 (10 000 yuan)

贸易方式类别	Type of Trade	2014	2015	2015年比2014年增长(%) Growth Rate in 2015 over 2014(%)
出口总值	**Total Exports**	**8554836**	**9185065**	**7.4**
1.一般贸易	General Trade	3366182	2793192	-17.0
2.国家间、国际组织无偿援助和赠送的物资	Between Countries, International Organizations Aid and Donated Materials	170	9155	5274.7
3.来料加工装配贸易	Assembly Processing Trade	35836	42437	18.4
4.进料加工贸易	Processing With Imported Trade	4986599	5797881	16.3
5.对外承包工程出口货物	Exports Contracted Projects	90771	141899	56.3
6.租赁贸易	Lease Trade	1431		
7.易货贸易	Barter			
8.出料加工贸易	Material Processing	65	5	-91.6
9.保税监管场所进出境货物(保税仓库进出境货物)	Inward and Outward Goods of Free Trade Storehouse	5876	142	-97.6
10.海关特殊监管区域物流货物	Re-export Goods of Free Trade Zone	64732	397229	513.7
11.其　他	Others	3174	3125	-1.5

17-4 按国别(地区)分外贸进出口总值(2015年)
Total Value of Imports and Exports in Foreign Trade by Country (Region)(2015)

单位：万元 (10 000 yuan)

国别(地区)	Country(Region)	进出口 Total	出口 Exports	进口 Imports
总值	**Total**	**18953978**	**9185065**	**9768914**
阿富汗	Afghanistan	185	185	
巴林	Bahrain	3015	3015	
孟加拉国	Bangladesh	27231	27188	43
不丹	Bhutan	4	4	
文莱	Brunei	3252	3252	
缅甸	Myanmar	30191	30052	138
柬埔寨	Cambodia	26094	26094	
塞浦路斯	Cyprus	581	567	14
朝鲜	Korea DPR	3217	3217	
中国香港	Hong Kong, China	1854610	1839261	15349
印度	India	184292	100851	83441
印尼	Indonesia	52012	45195	6817
伊朗	Iran	107539	105470	2070
伊拉克	Iraq	14075	14075	
以色列	Israel	59896	15377	44520
日本	Japan	1172441	343265	829176
约旦	Jordan	18675	18674	1
科威特	Kuwait	29931	29929	2
老挝	Laos	1878	1878	
黎巴嫩	Lebanon	1986	1986	
中国澳门	Macao, China	344	344	
马来西亚	Malaysia	261369	143461	117908
马尔代夫	Maldives	463	463	
蒙古	Mongolia	4592	4587	6
尼泊尔联邦民主共和国	Nepal	677	669	8
阿曼	Oman	6014	5850	164
巴基斯坦	Pakistan	80165	79900	266
巴勒斯坦	Palestine	53	53	
菲律宾	Philippines	90907	47397	43510
卡塔尔	Qatar	1613	1613	
沙特阿拉伯	Saudi Arabia	23249	23105	145
新加坡	Singapore	711631	439323	272309
韩国	Korea Rep.	2440568	1201295	1239273
斯里兰卡	Sri Lanka	6908	6829	79
叙利亚	Syria	833	833	
泰国	Thailand	155381	121282	34098
土耳其	Turkey	37976	36097	1879
阿拉伯联合酋长国	United Arab Emirates	155788	155788	
也门	Republic of Yemen	4317	4317	
越南	Vietnam	85866	82156	3710
中国	P. R. China	145697		145697
中国台湾	Taiwan, China	3681592	489603	3191989
东帝汶	Timor Leste	4751	4751	
哈萨克斯坦	Kazakhstan	5593	5593	
吉尔吉斯	Kirghizia	1360	1360	
塔吉克斯坦	Tadzhikistan	6495	6495	
土库曼斯坦	Turkmenistan	1578	1578	

17-4 续表 1 continued

单位：万元 (10 000 yuan)

国别(地区)	Country(Region)	进出口 Total	出口 Exports	进口 Imports
乌兹别克斯坦	Uzbekistan	6737	6737	
阿尔及利亚	Algeria	43745	43745	
安哥拉	Angola	11754	11514	239
贝 宁	Benin	4810	4346	464
博茨瓦纳	Botswana	856	718	138
布隆迪	Burundi	5	5	
喀麦隆	Cameroon	4832	4727	105
佛得角	Cape Verde	676	676	
中 非	Central Africa	13	13	
乍 得	Chad	189	189	
刚 果	Congo	1062	1062	
吉布提	Djibouti	5475	5475	
埃 及	Egypt	43750	43735	15
赤道几内亚	Eq. Guinea	3188	3188	
埃塞俄比亚	Ethiopia	40953	40953	
加 蓬	Gabon	300	300	
冈比亚	Gambia	14	14	
加 纳	Gambia	7771	6824	947
几内亚	Guinea	801	801	
可特迪瓦	Cote d'lvoire	2233	2233	
肯尼亚	Kenya	7426	7426	
利比里亚	Liberia	114	114	
利比亚	Libya	3833	3833	
马达加斯加	Madagascar	1433	1358	75
马拉维	Malawi	67	67	
马 里	Mali	687	687	
毛里塔尼亚	Mauritania	6198	754	5443
毛里求斯	Mauritius	246	242	4
摩洛哥	Morocco	6314	2386	3928
莫桑比克	Mozambique	4766	4536	230
纳米比亚	Namibia	8932	852	8081
尼日尔	Niger	182	182	
尼日利亚	Nigeria	21833	20998	835
留尼汪	Reunion	38	38	
卢旺达	Rwanda	931	931	
塞内加尔	Senegal	35	35	
塞舌尔	Seychelles	468	468	
塞拉利昂	Sierra Leone	10	10	
索马里	Somalia	240	240	
南 非	South Africa	84	84	
西撒哈拉	Western Sahara	215028	65985	149043
苏 丹	Sudan	8934	8916	18
坦桑尼亚	Tanzania	5365	5364	1
多 哥	Togo	3682	3682	
突尼斯	Tunisia	1706	1588	118
乌干达	Uganda	979	979	
布基纳法索	Burkina Faso	909	134	774
扎伊尔	Zaire	18602	2101	16501
赞比亚	Zambia	34449	872	33578
津巴布韦	Zimbabwe	781	781	
莱索托	Lesotho	621	621	
斯威士兰	Swaziland	85	79	6
厄立特里亚	Eritrea	140	140	

17-4 续表 2 continued

单位：万元 (10 000 yuan)

国别(地区)	Country(Region)	进出口 Total	出 口 Exports	进 口 Imports
南苏丹	South Sudan	13	13	
比利时	Belgium	119534	31313	88221
丹 麦	Denmark	24492	3040	21452
英 国	United Kingdom	284256	231622	52634
德 国	Germany	379421	123952	255469
法 国	France	284295	224514	59781
爱尔兰	Ireland	43252	5910	37342
意大利	Italy	113108	55450	57657
卢森堡	Luxembourg	35	14	22
荷 兰	Netherlands	416002	196847	219155
希 腊	Greece	3599	3568	32
葡萄牙	Portugal	2485	2010	475
西班牙	Spain	36633	24433	12201
阿尔巴尼亚	Albania	229	126	103
奥地利	Austria	11269	2929	8340
保加利亚	Bulgaria	8282	1452	6830
芬 兰	Finland	19221	8628	10593
匈牙利	Hungary	7331	4738	2593
冰 岛	Iceland	69	69	
列支敦士登	Liechtenstein	282		282
马耳他	Malta	666	639	27
挪 威	Norway	24846	4350	20496
波 兰	Poland	23183	16220	6963
罗马尼亚	Romania	11582	8732	2850
瑞 典	Sweden	38547	12497	26050
瑞 士	Switzerland	76436	6075	70361
爱沙尼亚	Estonia	920	895	25
拉脱维亚	Latvia	1891	1650	241
立陶宛	Lithuania	2817	1161	1656
格鲁吉亚	Georgia	681	510	171
亚美尼亚	Armenia	270	270	
阿塞拜疆	Azerbaijan	776	776	
白俄罗斯	Byelorussia	1931	1886	44
摩尔多瓦	Moldavia	81	75	7
俄罗斯	Russia	121387	68533	52854
乌克兰	Ukraine	10433	3669	6764
斯洛文尼亚共和国	Slovenia	2894	2493	401
克罗地亚共和国	Croatia	616	573	43
捷 克	Czech	22577	9512	13065
斯洛伐克	Slovak	113873	111502	2371
前南斯拉夫马其顿	Macedonia	184	184	
波斯尼亚-黑塞哥维那	Bosnia & Herzegovina	47	46	1
塞尔维亚	Serbia	375	375	
阿根廷	Argentina	29862	9169	20694
阿鲁巴岛	Aruba	22	22	
巴哈马	Bahamas	20	20	
巴巴多斯	Barbados	106	106	
伯利兹	Belize	40	40	
玻利维亚	Bolivia	1149	1149	

17-4 续表 3 continued

单位：万元 (10 000 yuan)

国别(地区)	Country(Region)	进出口 Total	出口 Exports	进口 Imports
巴　西	Brazil	137977	22359	115618
开曼群岛	Cayman Is.	199	199	
智　利	Chile	121796	17258	104538
哥伦比亚	Colombia	8171	8170	1
多米尼克	Dominica	5	5	
哥斯达黎加	Costa Rica	1752	1734	18
古　巴	Cuba	6603	6603	
多米尼加	Dominica Rep.	1456	1445	11
厄瓜多尔	Ecuador	14559	14559	
格林纳达	Grenada	43	43	
瓜德罗普	Guadeloupe	39	39	
危地马拉	Guatemala	6471	6471	
圭亚那	Guyana	4	4	
海　地	Haiti	120	120	
洪都拉斯	Honduras	19919	19918	1
牙买加	Jamaica	368	368	
墨西哥	Mexico	106290	99445	6845
尼加拉瓜	Nicaragua	1292	1292	
巴拿马	Panama	3994	3994	
巴拉圭	Paraguay	2031	2031	
秘　鲁	Peru	43332	9030	34302
波多黎各	Puerto Rico	112315	102741	9574
圣卢西亚	Saint Lucia	24	24	
圣文森特和格林纳丁斯	Saint Vincent & Grenadines	1	1	
萨尔瓦多	El Salvador	244	244	
苏里南	Surinam	279	279	
特立尼达和多巴哥	Trinidad and Tobago	411	411	
乌拉圭	Uruguay	15551	15551	
委内瑞拉	Venezuela	13297	11032	2265
圣其茨-尼维斯	St. Kitts - Nevis	2	2	
荷属安地列斯群岛	Andreas Is. (N)	145	145	
加拿大	Canada	104962	66767	38195
美　国	United States	3622830	1733505	1889325
澳大利亚	Australia	314386	59498	254888
斐　济	Fiji	1033	1033	
新喀里多尼亚	New Caledonia (Fr)	248	248	
瓦努阿图	Vanuatu	249	9	240
新西兰	New Zealand	6027	4389	1638
巴布亚新几内亚	Papua New Guinea	2069	2069	
社会群岛	Society Is.	25	25	
所罗门群岛	Solomon Is.	28	28	
萨摩亚	Samoa	57	57	
密克罗尼西亚联邦	Micronesia commonwealth	59	59	
贝劳共和国	Republic of Palau	4	4	
法属波利尼西亚	Polynesia (F)	95	95	
国(地)别不详	Others	31		31

17-5 进出口商品分类金额(2015年)
Value of Imports and Exports by HS Section and Division(2015)

单位：万元 (10 000 yuan)

商品分类	HS Section and Division	出口 Exports	进口 Imports
总 值	**Total**	**9185065**	**9768914**
第一类 活动物；动物产品	**Live Animals; Animal Products**		
第1章 活动物	Live Animals	326	4227
第2章 肉及食用杂碎	Meat and Edible Meat Offal		742
第3章 鱼、甲壳动物、软体动物及其他水生无脊椎动物	Fish and Crustaceans Molluscs and Other Aquatic Invertebrates	280	102
第4章 乳品；蛋品；天然蜂蜜；其他食用动物产品	Dairy Produce; Birds' Eggs; Natural Honey; Edible Products of Animal Origin, not ElsewhereSpecified or Included	3828	1217
第5章 其他动物产品	Products of Animal Origin, not Elsewhere Specified or Included	1339	
第二类 植物产品	**Vegetable Products**		
第6章 活树及其他活植物；鳞茎、根及类似品；插花及装饰用簇叶	Live Tree and Other Plants; Bulbs, Roots and the Like; Cut Flowers and Ornamental Foliage	64	1106
第7章 食用蔬菜、根及块茎	Edible Vegetables and Certain Roots and Tubers	16170	245
第8章 食用水果及坚果；甜瓜或柑桔属水果的果皮	Edible Fruit and Nuts; Peel of Citrus Fruit or Melons	45853	1269
第9章 咖啡、茶、马黛茶及调味香料	Coffee, Tea, Mate and Spices	2710	66
第10章 谷物	Cereals	388	1
第11章 制粉工业产品；麦芽；淀粉；菊粉；面筋	Products of The Milling Industry; Malt; Starches;Inulin; Wheat Gluten	561	15
第12章 含油子仁及果实；杂项子仁及果实；工业用或药用植物；稻草、秸秆及饲料	Oil Seeds and Oleaginous Fruits; Miscellaneous Grains, Seeds and Fruit; Industrial or Medicinal Plants; Straw and Fodder	8223	152898
第13章 虫胶；树胶、树脂及其他	Lac; Gums, Resins And Other Vegetable Saps and Extracts	55320	1567
第14章 编结用植物材料；其他植物产品	Vegetable Plaiting Materials; Vegetable Products Not Elsewhere Specified or Included	15	123
第三类 动、植物油、脂及其分解产品；精制的食用油脂	**Animal or Vegetable Fats and Oils and their Cleavage Products; Prepared**		
第15章 动、植物油、脂及其分解产品；精制的食用油脂；动、植物蜡	Animal or Vegetable Fats and Oils and Their Products; Prepared Edible Fats; Animal or Vegetable Waxes	277	93
第四类 食品；饮料、酒及醋；烟草、烟草及烟草代用品的制品	**Prepared Foodstuffs; Beverages, Spirits And Vinegar; Tobacco and Manufactured Tobacco Substitutes**		
第16章 肉、鱼、甲壳动物、软体动物及其他水生无脊椎动物的制品	Preparations of Meat, of Fish or of Crustaceans, Molluscs or other Aquatic Invertebrates		
第17章 糖及糖食	Sugars and Sugar Confectionery	981	
第18章 可可及可可制品	Cocoa and Cocoa Preparations		2
第19章 谷物、粮食粉、淀粉或乳的制品；糕饼点心	Preparations of Cereals, Flour, Starch or Milk; Pastry-Cooks' Products	84	733
第20章 蔬菜、水果、坚果或植物其他部分的制品	Preparations of Vegetables, Fruit, Nuts or Other Parts of Plants	161105	387
第21章 杂项食品	Miscellaneous Edible Preparations	5148	638
第22章 饮料、酒及醋	Beverages, Spirits and Vinegar	43	1703
第23章 食品工业的残渣及废料；配制的动物饲料	Residues and Waste from The Food Industries; Prepared Animal Fodder	1529	2790
第24章 烟草、烟草及烟草代用品的制品	Tobacco and Manufactured Tobacco Substitutes	7766	

17-5 续表 1 continued

单位：万元 (10 000 yuan)

商品分类	HS Section and Division	出口 Exports	进口 Imports
第五类 矿产品	**Mineral Products**		
第25章 盐；硫磺；泥土及石料；石膏料、石灰及水泥	Salt; Sulphur; Earths and Stone; Plastering Materials, Lime and Cement	14785	1655
第26章 矿砂、矿渣及矿灰	Ores, Slag and Ash	96	324893
第27章 矿物燃料、矿物油及其蒸馏产品；沥青物质；矿物蜡	Mineral Fuels, Mineral Oils and Products of Their Distillation; Bituminous Substances; Mineral Waxes	1395	33474
第六类 化学工业及其相关工业的产品	**Products of The Chemical or Industries Allied**		
第28章 无机化学品；贵金属、稀土金属、放射性元素及其同位素的有机及无机化合物	Inorganic Chemicals; Organic or Inorganic Compounds of Precious Metals, of Rare-Earth Metals, of Radioactive Elements or of Isotopes	57391	185356
第29章 有机化学品	Organic Chemicals	156170	88058
第30章 药品	Pharmaceutical Products	6676	131761
第31章 肥料	Fertilizers	7425	
第32章 鞣料浸膏及染料浸膏；鞣酸及其衍生物；染料、颜料及其他着色料；油漆及清漆；油灰及其他类似胶粘剂；墨水、油墨	Tanning or Dyeing Extracts; Tannins and Their Derivatives; Dyes, Pigments and Other Colouring Matter;Paints and Varnishes; Putty and Other Mastics; Inks	6024	5202
第33章 精油及香膏；芳香料制品及化妆盥洗品	Essential Oils and Retinoid; Perfumery, Cosmetic or Toilet Preparations	1818	93
第34章 肥皂、有机表面活性剂、洗涤剂、润滑剂、人造蜡、调制蜡、光洁剂、蜡烛及类似品、塑型用膏、“牙科 用蜡”及牙科用熟石膏制剂	Soap,Organic Surface-Active Agents,Washing Preparations,Lubricating Preparations, Waxes, Polishing or Scouring Preparations, Candles and Similar Articles, Modelling Pastes, "Dental Waxes" And Dental Preparations With a Basis of Plast	459	14877
第35章 蛋白类物质；改性淀粉；胶；酶	Albuminoidal Substances; Modified Starches; Glues; Enzymes	2287	2730
第36章 炸药；烟火制品；火柴；引火合金；易燃材料制品	Explosives; Pyrotechnic Products; Matches; Pyrophoric Alloys; Certain Combustible Preparations		8319
第37章 照相及电影用品	Photographic or Cinematographic Goods	721	22421
第38章 杂项化学产品	Miscellaneous Chemical Products	189651	68361
第七类 塑料及其制品；橡胶及其制品	**Plastics and Articles Thereof Rubber and Articles Thereof**		
第39章 塑料及其制品	Plastics and Articles Thereof	50253	57524
第40章 橡胶及其制品	Rubber and Articles Thereof	49872	22958
第八类 生皮、皮革、毛皮及其制品；鞍具及挽具；旅行用品、手提包及类似品；动物肠线(蚕胶丝除外)制品	**Raw Hides and Skins, Leather, Fur Skins and Thereof; Saddlery and Harness; Travel Goods,Articles Handbags and Similar Containers; Articles of Animal Gut (Other Than Silk- Worm Gut)**		
第41章 生皮(毛皮除外)及皮革	Raw Hides and Skins(Other Than Fur Skins) and Leather	245	81
第42章 皮革制品；鞍具及挽具；旅行用品、手提包及类似容器；动物肠线(蚕胶丝除外)制品	Articles of Leather; Saddlery and Harness; Travel Goods, Handbags and Similar Containers; Articles of Animal Gut(Other Than Silk-Worm Gut)	22858	162
第43章 毛皮、人造毛皮及其制品	Fur Skins and Artificial Fur; Manufactures Thereof	100	2

17-5 续表 2 continued

单位：万元 (10 000 yuan)

商品分类	HS Section and Division	出口 Exports	进口 Imports
第九类 木及木制品；木炭；软木及软木制品；稻草、秸秆、针茅或其他编结材料制品；篮筐及柳条编结品	**Wood and Articles of Wood; Wood Charcoal; Cork and Articles of Cork; Manufactures of Straw, of Esparto or of Other Plaiting Materials; Basket Ware and Wickerwork**		
第44章 木及木制品；木炭	Wood and Articles of Wood; Wood Charcoal	3474	1635
第45章 软木及软木制品	Cork and Articles of Cork	1703	151
第46章 稻草、秸秆、针茅或其他编结材料制品；篮筐及柳条编结品	Manufactures of Straw, of Esparto or of Other Plaiting Materials; Basket Ware and Wickerwork	486	
第十类 木浆及其他纤维状纤维素浆；纸及纸板的废碎品；纸、纸板及其制品	**Pulp of Wood or of Other Fibrous Cellulosic Material; Waste and Scrap of Paper or Paperboard; Paper and Paperboard and Articles Thereof**		
第47章 木浆及其他纤维状纤维素浆；回收(废碎)纸或纸板	Pulp of Wood or of Other Fibrous Cellulosic Material; Waste and Scrap of Paper or Paperboard	3730	1886
第48章 纸及纸板；纸浆、纸或纸板制品	Paper and Paperboard; Articles of Paper Pulp, of Paper or Paperboard	18757	4336
第49章 书籍、报纸、印刷图画及其他印刷品；手稿、打字稿及设计图纸	Printed Books, Newspapers, Pictures and Other Products of The Printing Industry; Manuscripts, Typescripts and Plans	2086	5323
第十一类 纺织原料及纺织制品	**Textiles and Textile Articles**		
第50章 蚕丝	Silk	1299	14
第51章 羊毛、动物细毛或粗毛；马毛纱线及其机织物	Wool, Fine or Coarse Animal Hair; Horsehair Yarn and Woven Fabric	5171	15
第52章 棉花	Cotton	37373	7459
第53章 其他植物纺织纤维；纸纱线及其机织物	Other Vegetable Textile Fibres; Paper Yarn and Woven Fabrics of Paper Yarn	85	
第54章 化学纤维长丝	Man-Made Filaments	5230	246
第55章 化学纤维短纤	Man-Made Short Fibres	62554	112
第56章 絮胎、毡呢及无纺织物；特种纱线；线、绳、索、缆及其制品	Wadding, Felt and Nonwoven; Special Yarns; Twine, Cordage, Ropes and Cables and Articles Thereof	4233	551
第57章 地毯及纺织材料的其他铺地制品	Carpets and Other Textile Floor Coverings	1305	
第58章 特种机织物；簇绒织物；花边；装饰毯；装饰带；刺绣品	Special Woven Fabrics; Tufted Textile Fabrics; Lace; Tapestries; Trimmings; Embroidery	930	58
第59章 浸渍、涂布、包覆或层压的纺织物；工业用纺织制品	Impregnated, Coated, Covered or Laminated Textile Fabrics; Textile Articles of a Kind Suitable for Industrial Use	3087	877
第60章 针织物及钩编织物	Knitted or Crocheted Fabrics	17603	35
第61章 针织或钩编的服装及衣着附件	Articles of Apparel and Clothing Accessories, Knitted or Crocheted	40360	332
第62章 非针织或非钩编的服装及衣着附件	Articles of Apparel and Clothing Accessories, not Knitted or Crocheted	31510	262
第63章 其他纺织制成品；成套物品；旧衣着及旧纺织品；碎织物	Other Made Up Textile Articles; Sets; Worn Clothing And Worn Textile Articles; Rags Articles; Rags	18637	554

17-5 续表 3 continued

单位：万元 (10 000 yuan)

商品分类	HS Section and Division	出口 Exports	进口 Imports
第十二类 鞋、帽、伞、杖、鞭及其零件；已加工的羽毛及其制品；人造花；人发制品	**Footwear, Headgear, Umbrellas, Sun Umbrellas, Walking-Sticks, Seat-Sticks, Whips, Riding-Crops and Parts Thereof; Prepared Feathers and Articles Made Therewith; Artificial Flowers; Articles of Human Hair**		
第64章 鞋靴、护腿和类似品及其零件	Footwear, Gaiters and The Like; Parts of Such Articles	16887	207
第65章 帽类及其零件	Headgear and Parts Thereof	1277	114
第66章 雨伞、阳伞、手杖、鞭子、马鞭及其零件	Umbrellas, Sun Umbrellas, Walking-Sticks, Seat-Sticks, Whips, Riding-Crops And Parts Thereof	833	209
第67章 已加工羽毛、羽绒及其制品；人造花；人发制品	Prepared Feathers and Down and Articles Made of Feathers or of Down; Artificial Flowers; Articles of Human Hair	2501	161
第十三类 石料、石膏、水泥、石棉、云母及类似材料的制品；陶瓷产品；玻璃及其制品	**Articles of Stone, Plaster, Cement, Asbestos, Mica or Similar Materials; Ceramic Products; Glass and Glassware**		
第68章 石料、石膏、水泥、石棉、云母及类似材料的制品	Articles of Stone, Plaster, Cement, Asbestos, Mica or Similar Materials; Ceramic Products; Glass and Glassware	12118	4461
第69章 陶瓷产品	Ceramic Products	12876	8782
第70章 玻璃及其制品	Glass and Glassware	54804	22664
第十四类 天然或养殖珍珠、宝石或半宝石、贵金属、包贵金属及其制品；仿首饰；硬币	**Natural or Cultured Pearls, Precious or Semi-Precious Stones, Precious Metals, Metals Clad With Precious Metal and Stones, Precious Metals, Metals Clad With Precious Metal and Articles Thereof; Imitation Jewellery; Coin**		
第71章 天然或养殖珍珠、宝石或半宝石、贵金属、包贵金属及其制品；仿首饰；硬币	Natural or Cultured Pearls, Precious or Semi-Precious Stones, Precious Metals, Metals Clad With Precious Metal and Articles Thereof; Imitation Jewellery; Coin	149287	146591
第十五类 贱金属及其制品	**Base Metals and Articles of Base Metal**		
第72章 钢铁	Iron and Steel	23087	18271
第73章 钢铁制品	Articles of Iron or Steel	149041	44585
第74章 铜及其制品	Copper and Articles Thereof	21739	489307
第75章 镍及其制品	Nickel and Articles Thereof	1156	13759
第76章 铝及其制品	Aluminium and Articles Thereof	50814	45347
第78章 铅及其制品	Lead and Articles Thereof		20
第79章 锌及其制品	Zinc and Articles Thereof	287	1
第80章 锡及其制品	Tin and Articles Thereof	1	48
第81章 其他贱金属、金属陶瓷及其制品	Other Base Metals; Cermets; Articles Thereof	149009	21430
第82章 贱金属工具、器具、利口器、餐匙、餐叉及其零件	Tools, Implements, Cutlery, Spoons and Forks, of Base Metal; Parts Thereof of Base Metal	29126	18865
第83章 贱金属杂项制品	Miscellaneous Articles of Base Metal	24735	2577
第十六类 机器、机械器具、电气设备及其零件；录音机及放声机、电视图像	**Machinery and Mechanical Appliances; Electrical Equipment; Parts Thereof; Sound Recorders and Reproducers, Television Image and Sound Recorders and Reproducers; and and Accessories of Recorders and Reproducers; and Parts and Accessories of Such Artic**		
第84章 核反应堆、锅炉、机器、机械器具及其零件	Nuclear Reactors, Boilers, Machinery and Mechanical Appliances; Parts Thereof	2931721	2072370

17-5 续表 4 continued

单位：万元 (10 000 yuan)

商品分类	HS Section and Division	出口 Exports	进口 Imports
第85章 电机、电气设备及其零件；录音机及放声机、电视图像、声音的录制和重放设备及其零件、附件	Electrical Machinery and Equipment and Parts Thereof; Sound Recorders and Reproducers, Television Image and Sound Recorders and Reproducers, and Parts and Accessories of Such Articles	3830726	5048504
第十七类 车辆、航空器、船舶及有关运输设备	**Vehicles, Aircraft, Vessels and Associated Transport Equipment**		
第86章 铁道及电车道机车、车辆及其零件；铁道及电车轨道固定装置及其零件、附件；各种机械(包括电动机械)交通信号设备	Railway or Tramway Locomotives, Rolling-Stock and Parts Thereof; Railway or Tramway Track Fixtures And Fittings and Parts Thereof; Mechanical(Including Electro-Mechanical) Traffic Signalling Equipment of All Kinds	2239	20120
第87章 车辆及其零件、附件，但铁道及电车道车辆除外	Vehicles Other Than Railway or Tramway Rolling-Associated Stock, and Parts and Accessories Thereof	300328	19851
第88章 航空器、航天器及其零件	Aircraft, Spacecraft, and Parts Thereof	55647	35501
第89章 船舶及浮动结构体	Ships, Boats and Floating Structures	19	202
第十八类 光学、照相、电影、计量、检验、医疗或外科用仪器及设备、精密仪器及设备；钟表；乐器；上述物品的零件、附件	**Optical, Photographic, Cinematographic, Measuring, Checking, Precision, Medical or Surgical Instruments and Apparatus; Clocks And Watches; Musical Instruments; Parts and Accessories Thereof**		
第90章 光学、照相、电影、计量、检验、医疗或外科用仪器及设备、精密仪器及设备；上述物品的零件、附件	Optical, Photographic, Cinematographic, Measuring, Checking, Precision Medical or Surgical Instruments and Apparatus; Parts and Accessories Thereof	130422	564387
第91章 钟表及其零件	Clocks and Watches and Parts Thereof	2083	622
第92章 乐器及其零件、附件	Musical Instruments; Parts and Accessories of Such Articles	619	27
第十九类 武器、弹药及其零件、附件	**Arms and Ammunition; Parts and Accessories Thereof**		
第93章 武器、弹药及其零件、附件	Arms and Ammunition; Parts and Accessories Thereof		
第二十类 杂项制品	**Miscellaneous Manufactured Articles**		
第94章 家具；寝具、褥垫、弹簧床垫、软坐垫及类似的填充制品；未列名灯具及照明装置；发光标志、发光名牌及类似品；活动房屋	Furniture; Bedding, Mattresses, Mattress Supports, Cushions and Similar Stuffed Furnishings; Lamps and Lighting Fittings, not Elsewhere Specified or Included; Illuminated Signs, Illuminated	70445	3949
第95章 玩具、游戏品、运动用品及其零件、附件	Toys, Games and Sports Requisites; Parts and Accessories Thereof	11665	3036
第96章 杂项制品	Miscellaneous Manufactured Articles	9605	667
第二十一类 艺术品、收藏品及古物	**Works of Art, Collectors' Pieces and Antiques**		
第97章 艺术品、收藏品及古物	Works of Art, Collectors' Pieces and Antiques	116	582
第二十二类 特殊交易品及未分类商品	**Commodities and Transactions not Classified According to Kind**		
第98章 特殊交易品及未分类商品	Commodities and Transactions not Classified According to Kind		

17-6 主要出口商品数量、金额(2015年)
Main Export Commodities in Volume and Value(2015)

商品名称		Item		数 量 Volume	金 额 (万元) Value
水海产品	(千克)	Aquatic and Seawater Products	(kg)	40000	280
谷物及谷物粉	(千克)	Cereals and Cereals Flour	(kg)	667860	430
#稻谷和大米		Rice		68000	50
蔬 菜	(千克)	Vegetable	(kg)	5886413	6427
#鲜或冷冻蔬菜		Fresh Vegetables		4112167	1206
干的食用菌类		Dry Edible Fungus		201431	2138
干 豆	(千克)	Dried Beans	(kg)	8355360	11461
鲜的、干水果及坚果	(千克)	Fresh, Dried Fruits and Nuts	(kg)	63767176	45781
#橘、橙		Mandarins and Oranges		1049700	885
鲜苹果		Apples		50804118	34681
食用油籽	(千克)	Edible Oil Seeds	(kg)	2761890	1248
#大 豆		Soybean		2743090	1223
花生、花生仁		Peanuts		18800	25
食用植物油(包括棕榈油)	(千克)	Edible Vegetable Oil	(kg)	21800	26
#菜子油		Rapeseed Oil		20000	25
烘焙花生	(千克)	Roasted Peanut	(kg)	6000	10
天然蜂蜜	(千克)	Natural Honey	(kg)	2878820	3483
茶 叶	(千克)	Tea	(kg)	46780	411
猪 鬃	(千克)	Bristles	(kg)	8550	116
药 材	(千克)	Medical Materials	(kg)	491982	2245
烤 烟	(千克)	Flue-cured Tobacco	(kg)	2123980	3741
纸 烟	(五条)	Cigarette	(5 items)	12810	133
锯 材	(立方米)	Wood Sawn	(cu.m)	16085	21
生 丝	(千克)	Raw Silk	(kg)	39340	1246
山羊绒	(千克)	Cashmere	(kg)	58002	4236
黏土及其他耐火矿物	(千克)	Clay and Other Refractory Minerals	(kg)	532050	97
#天然石墨		Natural Graphite		1050	2
天然硫酸钡(重晶石)	(千克)	Barite	(kg)	498400	83
氧化铝	(千克)	Aluminum Oxide	(kg)	7500	12
焦炭、半焦炭	(千克)	Coke and Semi-coke	(kg)	7658825	918
成品油	(千克)	Petroleum Products Refined	(kg)	126269	178
放射性元素、同位素及化合物	(克)	Radioactive Elements, Isotope and Compounds	(g)	1630	416
糠 醛	(千克)	Furfural	(kg)	1776400	1472
合成有机染料	(千克)	Synthetic Organic Dyestuffs	(kg)	23165	142
锌钡白（立德粉）	(千克)	lithopone	(kg)	73750	38
医药品	(千克)	Medical and Pharmaceutical Products	(kg)	1179510	42698
#抗菌素(制剂除外)		Antibiotics(Except Preparations)		274858	7191
中式成药		Medicaments of Chinese Type		31407	960
医用敷料		Pharmaceutical Goods		51051	246
美容化妆品及护肤品		Cosmetics and skin care products		750	1
洗衣粉	(千克)	Washing Powder	(kg)	1523	1

17-6 续表 1 continued

商品名称		Item		数量 Volume	金额(万元) Value
初级形状的聚氯乙烯	(千克)	The Primary PVC	(kg)	2980500	1386
新的充气橡胶轮胎	(条)	Rubber Tyres	(unit)	32540633	43762
家用或装饰用木制品	(千克)	Wood Articles for Household or Decoration Use	(kg)	888007	1206
纸及纸板(未切成型的)	(千克)	Paper and Paperboard in Rolls	(kg)	3561943	8177
纺织纱线、织物及制品		Textiles			155047
#棉纱线	(千克)	Cotton Yarn	(kg)	39900	184
含合成短纤85%及以上的纱线	(千克)	Containing 85% or More by Synthetic Staple Fibers of Yarn	(kg)	1997891	4395
合成短纤与棉混纺纱线	(千克)	Synthetic Staple Fibers and Cotton Blended Yarn	(kg)	20852	32
丝织物	(米)	Silk fabrics	(m)	2533	16
坯绸	(米)	Grey silk		2533	16
毛纺机织物	(米)	Wool Fabric	(m)	733	1
棉机织物	(米)	Cotton Cloth	(m)	54307212	37188
亚麻及苎麻机织物	(米)	Flax or Ramie Woven Fabric	(m)	66317	83
合成短纤与棉混纺机织物	(米)	Synthetic Short Fibre and Cotton-fibre Mixture Woven Fabric	(m)	44371185	21216
人造纤维短纤机织物	(米)	Man-made Short Fibre Fabric	(m)	6196550	2932
地毯	(米)	Carpets	(m)	723028	1305
棉浴巾	(米)	Cotton Towel	(m)	121505	205
针织或钩编台布、盘垫	(件)	Tablecloth and Plate Pad,Knitted or Crocheted	(unit)	37985	49
塑料编织带(周转带除外)	(条)	Bags of PP or PE Strip (Except Turnover Bags)	(unit)	4332013	739
水泥	(千克)	Cement	(kg)	66500	5
花岗岩石材及制品	(千克)	Granite Material and Products	(kg)	17750	6
平板玻璃	(平方米)	Plate Glass	(sq.m)	53900	18
玻璃制品		Glass Products			40105
家用陶瓷器皿	(千克)	Porcelain and Pottery Wares for Household Use	(kg)	571214	2871
装饰用陶瓷制品	(千克)	Porcelain and Pottery Wares for Decoration Use	(kg)	256834	1631
珍珠、宝石及半宝石	(千克)	Pearls、Gems and Semi-gems	(kg)	18782	22056
硅铁	(千克)	Ferrosilicon	(kg)	1835400	1566
钢坯及粗锻件	(千克)	Billet and Crude Forgings	(kg)	26379	19
钢材	(千克)	Rolled Steel	(kg)	144963550	111289
#钢铁棒材		Steel Bar		1262201	674
角钢及型钢		Angle Iron and Steel		1429489	485
钢铁板材		Steel Plate		11088845	10611
钢铁线材		Steel Wire		13707010	6758
钢铁管配件		Steel Tube Accessories		26575766	36718
未锻造的铜及铜材	(千克)	Unwrought Copper and its Alloys	(kg)	6027118	20707
未锻造的铜(包括铜合金)		Unwrought Copper (Including Copper Alloys)		400	2
铜材		Rolled Copper		6026718	20705
未锻造的铝及铝材	(千克)	Unwrought Aluminum and its Alloys	(kg)	7575263	13754
未锻造的铝(包括铝合金)		Unwrought Aluminum (Including Aluminum Alloys)		3240	7
铝材		Rolled Aluminum		7572023	13747
未锻造的锌及锌合金	(千克)	Unwrought Zinc and Zinc Alloys	(kg)	740	3
钢铁或铜制标准紧固件	(千克)	Iron or Copper Nails, Bolts, etc.	(kg)	3298599	4371

17-6 续表 2 continued

商品名称		Item		数 量 Volume	金 额（万元） Value
不锈钢厨具、餐具等家用器具	（千克）	Stainless Steel Kitchenware, Tableware and Other Household Appliances	(kg)	461081	2330
餐桌、厨房及其他家用搪瓷器	（千克）	Table, Enamel Kitchen and other Household Devices	(kg)	556043	734
手用或机用工具	（千克）	Hand Tools and Tools for Machines	(kg)	8687399	24322
锁	（千克）	Lock	(kg)	451946	1546
电 扇	（台）	Fans	(unit)	508276	2181
纺织机械及零件		Textile Machinery			2327
普通缝纫机	（台）	Sewing Machines	(unit)	1560	66
工业用缝纫机	（台）	Industrial Use Sewing Machines	(unit)	178977	58003
金属加工机床	（台）	Machine Tools	(unit)	65037	15705
#车 床		Lathes		1147	7762
铣 床		Milling Machines		146	552
电子计算器(包括具有计算功能)	（台）	Electric Calculator	(unit)	186948	127
自动数据处理设备及其部件	（台）	Automatic Data Processing Machines and Components	(unit)	15783162	1085573
#数字式自动数据处理设备		Digital Automatic Processing Equipments		5794	519
数字式中央处理部件		Digital Central Processing Unit		763	906
输入或输出部件		Input or Output Components		142364	466
键盘、鼠标器		Keyboard, Mouse		141484	381
自动数据处理设备零件		Parts for Auto Data Processing Equipment			1171943
轴 承	（套）	Bearings	(unit)	39629769	18898
电动机及发电机	（台）	Electric Motors and Generators	(unit)	1495695	13406
变压器	（个）	Transformers	(unit)	1914059	27692
静止式变流气	（个）	Static Converters	(unit)	6441705	22835
原电池	（个）	Primary Cells and Batteries	(unit)	3730044	258
蓄电池	（个）	Electric Accumulators	(unit)	124166	2189
手电筒	（个）	Flashlights	(unit)	1197103	931
有线电话机(包括无绳电话机)	（台）	Wireless Telephone Sets	(unit)	406320	10722
扬声器	（个）	Loudspeakers	(unit)	3926197	25826
录、放像机	（台）	VCR and videoplayers	(unit)	289133	4490
录音机及收录(放)音组合机	（台）	Sound Recording Apparatus	(unit)	49111	773
收音机	（台）	Radio Sets	(unit)	194880	723
录放音、像机及唱机的零附件	（千克）	Parts of Sound Recorders, Video Tape Recorders and Phonographs	(kg)	8074	89
电视、收音机及无线电讯设备的零件附件	（千克）	Parts of Television, Radio and Wireless Telecommunication Equipment	(kg)	1486978	14028
电容器	（千克）	Electrical Capacitors	(kg)	2025427	21579
印刷电路	（块）	Printed Circuit	(unit)	26324477	19376
通断保护电路装置及零件		Electrical Apparatus for Swithing or Protecting Electrical Circuit			72599
二极管及类似半导体器件	（个）	Diode and Semi Conductors	(unit)	337470621	216090
电线和电缆	（千克）	Insulated Wire or Cable	(kg)	3506351	20106
集装箱	（个）	Container	(unit)	49	445
汽 车	（辆）	Motor Vehicles	(unit)	15842	184988
汽车零件		Parts of Motor Vehicles			85067

17-6 续表 3 continued

商品名称		Item		数量 Volume	金额(万元) Value
摩托车	(辆)	Motorcycle	(unit)	3642	1231
自行车	(辆)	Bicycles	(unit)	157	5
摩托车及自行车的零件		Parts of Motorcycles and Bicycles			2630
船　舶	(艘)	Ships	(unit)	126	19
医疗仪器和器械		Medical Instruments and Appliances			12864
手　表	(只)	Wrist Watches	(set)	676359	465
电动手表		Electric Watches		676359	465
日用钟	(只)	Clocks	(set)	221355	462
家具及其零件		Furniture			26397
床垫、寝具及类似品		Mattresses and Bedding Articles			4278
灯具、照明装置及类似品		Lights and Lighting Apparatus			36873
旅行用品及箱包		Boxes,Bags and Travel Goods			22260
服装及衣着附件		Garments and Clothing Accessories			74070
#织物制服装		Textile Garments			68556
非针织钩编织物服装		Garments(Excluding Knitwear and Crochet)			29639
针织或钩编的服装		Garments, Knitted or Crocheted			38918
皮革服装	(件)	Leather Garment	(unit)	93647	460
裘皮服装	(千克)	Fur clothing	(kg)	4597025	1518
皮革手套	(双)	Leather Gloves	(pair)	2488963	489
织物制手套	(双)	Textiles Gloves	(pair)	1068203	1264
织物制袜子	(双)	Textiles Socks	(pair)		16887
手　帕	(条)	Handkerchieves	(unit)	2636055	15524
帽　类	(个)	Hats	(unit)	2031123	10488
鞋　类		Footwear		418010	2835
鞋	(双)	Shoes	(pair)	185720	2190
鞋靴零件；护腿及类似品	(千克)	Shose Accessories, Leg Guards and Analogs	(kg)	146132	1363
塑料制品	(千克)	Plastic Articles	(kg)	14154594	30734
玩　具		Toys			688
游戏机	(台)	Play Station	(unit)	1978	144
圣诞用品	(千克)	Articles for Christmas	(kg)	398665	1493
足球、篮球、排球	(个)	Football,Basketball,Volleyball	(unit)	311656	524
铅　笔	(吨)	Penciles	(ton)	1028.849	3457
艺术品、收藏品及古董		Artwork, Collections and Antiques			116
贵金属或包贵金属的首饰		Precious Metal or Jewelry Clad with Precious Metal			20075
伞	(把)	Umbrellas	(unit)	68193	328
鬃　刷	(把)	Bristles Brushes	(unit)	1692986	287
人造花	(千克)	Artificial Flowers	(kg)	221501	2256
热水瓶	(个)	Thermos	(unit)	65724	194
机电产品		Machanical and Electrical Products			7512386
金属制品		Metal Products			203534
机械设备		Machinery and Equipments			2931721
电器及电子产品		Electric and Electronic Products			3830726
运输工具		Transport Equipments			358233
仪器仪表		Instruments and Meters			130422
其　他		Others			57751

17-6 续表 4 continued

商品名称		Item		数量 Volume	金额(万元) Value
高新技术产品		High and New-tech Products			6146848
生物技术		Biotechnology			18616
生命科学技术		Life Sciences Technology			74079
光电技术		Photoelectric Technology			11339
计算机与通信技术		Computer and Communication Technology			2352709
电子技术		Electronic Technology			3267528
计算机集成制造技术		Computer Integrated Manufacturing			42515
材料技术		Material Technology			184624
航空航天技术		Aerospace Technology			190395
其他技术		Others			4915
粮 食	(千克)	Grain	(kg)	13511682	13419
#淀粉块茎及薯类		Tubers		1745372	305
豆 类		Beans		11098450	12684
苹 果	(千克)	Apples	(kg)	50804118	34681
乳 品	(千克)	Milk and Dairy Products	(kg)	39000	284
果蔬汁	(千克)	Vegetable and Fruit Juice	(kg)	201538117	151492
#苹果汁		Apple Juice		187940694	140573
菜子油和芥子油	(千克)	Rapeseed Oil and Mustard Oil	(kg)	20000	25
稀土及其制品	(千克)	Rare earth and its products	(kg)	48400	156
钨 品	(千克)	Tungsten Products	(kg)	113430	4817
钨及其制品		Tungsten and its Products		113430	4817
碳酸钠(纯碱)	(千克)	Sodium carbonate	(kg)	59580	13
维生素C	(千克)	Vitamin C	(kg)	2040	28
农 药	(千克)	Pesticide	(kg)	309966	1650
初级形状的聚氯乙烯	(千克)	The Primary PVC	(kg)	2980500	1386
牛皮纸	(千克)	Kraft Paper	(kg)	380834	900
铁合金	(千克)	Ferroalloy	(kg)	4589401	4509
冰 箱	(台)	Refrigerator	(unit)	120	137
洗衣机	(台)	Washing Machine	(unit)	16	30
微波炉	(个)	Microwave Oven	(unit)	400	29
打印机(包括多功能一体机)	(台)	Printer(Including Multi-function Printer)	(unit)	380	169
液晶显示板	(个)	Liquid Crystal Display	(unit)	361751	2440
节能灯	(只)	Energy-saving Lamps	(unit)	1128016	727
处理器及控制器	(个)	Processor and controller	(unit)	59681195	105829
存储器	(个)	Memorizer	(unit)	1645624045	2684453
放大器	(个)	Amplifier	(unit)	28628541	114220
装有引擎的汽车底盘	(台)	Chassis with Engines	(unit)	109	3076
照相机	(架)	Cameras	(unit)	317	162
数字式照相机		Digital Cameras		317	162
箱包及类似容器		Suitcases,Bags and Similar Containers			22260
小轿车(包括整套散件)	(辆)	Cars(including a Complete Set of Spare Parts)	(unit)	10778	45834
小客车(9座及以下)	(辆)	Small Passenger Cars (9 and under)	(unit)	116	1258
货车(包括整套散件)	(辆)	Trucks(including a Complete Set of Spare Par	(unit)	3957	100736
打火机	(个)	Lighters	(unit)	6664000	384

17-7 主要进口商品数量、金额(2015年)
Main Import Commodities in Volume and Value(2015)

商品名称		Item		数量 Volume	金额(万元) Value
冻 鱼	(千克)	Frozen Chicken	(kg)	71232	53
鲜、干水果及坚果	(千克)	Fresh, Dried Fruits and Nuts	(kg)	37392	57
谷物及谷物粉	(千克)	Grain and grain powder	(kg)	42	1
大 豆	(千克)	Soybean	(kg)	524307468	137090
食用植物油	(千克)	Edible Vegetable Oil	(kg)	12207	59
其他植物油	(千克)	Other Vegetable Oils	(kg)	990	10
饲料用鱼粉	(千克)	The Fishmeal for Feed	(kg)	953510	1065
配制的动物饲料	(千克)	Animal Feed	(kg)	425329	1137
天然橡胶(包括胶乳)	(千克)	Natural Rubber (including Latex)	(kg)	14414400	12653
合成橡胶（包括胶乳）	(千克)	Synthetic Rubber (including Latex)	(kg)	15888	168
原 木	(立方米)	Logs	(cu.m)	2976175	548
锯 材	(立方米)	Wood Sawn	(cu.m)	1768512	887
纸 浆	(千克)	Pulp	(kg)	5126207	1886
棉 花	(千克)	Cotton	(kg)	7421825	6863
铁矿砂及其精矿	(千克)	Iron Ore	(kg)	5441878381	192772
锰矿砂及其精矿	(千克)	Manganese ores	(kg)	4665472	164
铜矿砂及其精矿	(千克)	Copper Ores	(kg)	516436	287
铬矿砂及其精矿	(千克)	Chromium ores	(kg)	2140986	263
氧化铝	(千克)	Aluminum Oxide	(kg)	156155	259
成品油	(千克)	Petroleum Products Refined	(kg)	31209	108
乙二醇	(千克)	Glycol	(kg)	783	6
医药品	(千克)	Pharmaceutical Products	(kg)	253655	132273
合成有机染料	(千克)	Synthetic Organic Dyestuffs	(kg)	5	1
钛白粉	(千克)	Fertilizer	(kg)	180000	382
聚合物油漆及清漆	(千克)	Polymer Paint	(kg)	77850	588
感光材料		Photosensitive Materials			807
初级形状的塑料	(千克)	Plastic in primary Forms	(kg)	7325598	14845
#初级形状的聚乙烯		The Primary PVC		1031	4
初级形状的聚丙烯		Polyethylene in primary Forms		29740	43
初级形状的聚苯乙烯		The primary shape of polystyrene		6317	54
初级形状的聚酯		Polyethylene in primary Forms		9830	32
非泡沫塑料的板、片、膜、箔	(千克)	Non-Form-Plastic Plates,Sheets,Films and Foils	(kg)	1518989	7579
农 药	(千克)	Pesticides	(kg)	199673	167
牛皮革及马皮革	(千克)	Cow Leather and Horse Leather	(kg)	2325	81
胶合板及类似多层板	(立方米)	Plywood and Similiar Boards	(cu.m)	15106	30
纸及纸板(未切成型的)	(千克)	Paper and Paperboard (Unchopped in Shape)	(kg)	2614867	3252
#牛皮纸		Kraft Papers		1545895	814
无机物涂布纸		Inorganic Coated Papers		266697	354
毛纱线	(千克)	Wool yarn	(kg)	1031	15
棉纱线	(千克)	Cotton yarn	(kg)	238139	364
合成纤维纱线	(千克)	Fiber Yarns	(kg)	1713	46
丝织物	(米)	Silk	(m)	11397	14
棉机织物	(米)	Cotton Cloth	(m)	128214	233
合成纤维长丝机织物	(米)	Synthetic Fibers Long Silk Woven Fabric	(m)	19758	94
合成短纤与棉混纺机织物	(米)	Synthetic Short Fibre and Cotton-fibre Mixture Woven Fabric	(m)	11063	38
涂覆浸渍塑料的织物	(千克)	Coated plastic impregnated fabric	(kg)	18509	103

17-7 续表 1 continued

商品名称		Item		数 量 Volume	金 额（万元） Value
针织或钩编织物	（千克）	Knitted or crocheted fabrics	(kg)	13343	35
玻璃纤维及其制品	（千克）	Glass Fibers and Relative Products	(kg)	356607	1878
钻 石	（克）	Diamonds	(g)	35016	16615
钢 材	（千克）	Rolled Steel	(kg)	7065719	31307
#钢铁棒材		Steel Bar		3567521	13598
角钢及型钢		Angle Iron and Steel		100523	183
钢铁板材		Steel Plate		1746385	4054
钢铁管材及空心异型材		Steel Tube Accessories		1040572	5819
钢铁制标准坚固件	（千克）	Standard Fastener Made of Steel	(kg)	267440	8282
未锻造的铜及铜材	（千克）	Unforged Copper and Rolled Copper	(kg)	140762548	487199
未锻造的铜(包括铜合金)		Unwrought Copper (Including Copper Alloys)		139349594	474769
铜 材		Rolled Copper		1412954	12430
未锻造的铝及铝材	（千克）	Unforged Aluminum	(kg)	7137388	35528
未锻造的铝(包括铝合金)		Unwrought Aluminum (Including Aluminum Alloys)		3200	101
铝 材		Rolled Aluminum		7134188	35427
钢铁或铝制结构体及其部件	（千克）	Structure and Relative Parts Made of Steel or Aluminum	(kg)	1214529	6407
钢铁或铝制绞股线及类似品	（千克）	Wires and Relative Products Made of Steel or Aluminum	(kg)	19210	211
活塞式内燃机的零件	（千克）	Parts of Piston Combustion Engines	(kg)	1909281	17359
涡轮喷气发动机	（台）	Turbojet EngineS	(unit)	19	120
液泵及液体提升机	（台）	Liquid Pumps and Elevators	(unit)	6002	7801
制冷设备用压缩机	（台）	Compressors for Refrigerating Equipment	(unit)	529	446
空气调节器	（台）	Air Conditioning	(unit)	192	3536
冷冻机和制冷设备		Refrigerators and Refrigerating Equipment			349
非家用型水的过滤、净化机器	（台）	Non-family Machinery for Filtering and Purifing	(unit)	843	3157
机械提升搬运装卸设备及零件		Mechanical Elevators for Transport and Relative Parts			22011
建筑及采矿用机械及零件		Machinery and parts for Construction and Mining			30340
食品加工机械及零件		Machinery and parts for Food Processing			155
制造纸及纸制品用机械及零件		Machinery for Paper and Paper Products Manufacturing and Relative Parts			1833
印刷、装订机械及零件		Machinery and parts for Printing and Binding			1706
纺织机械及零件		Textile Machinery and Relative Parts			4336
#纺织纱线生产及预处理机	（台）	Textile Yarn and Pre-production Machines	(unit)	4	1153
织 机	（台）	Knitting machine	(unit)	54	1877
纱线织物等后整理机器	（台）	Yarn, Fabric and other Finishing Machines	(unit)	43	67
工业用缝纫机	（台）	Industrial Use Sewing Machines	(unit)	287	300
金属加工机床	（台）	Machine Tools	(unit)	226	59896

17-7 续表 2 continued

商品名称		Item		数量 Volume	金额（万元） Value
金属冶炼铸造设备及零件		Metal Smelting and Forging Equipment and Relative Parts			11
金属轧机及零件		Metal Mills and Relative Parts			440
玻璃热加工机械及零件		Machinery and parts for Glass Hot Processing			274
橡胶或塑料加工机械及零件		Machinery and for Rubber or Plastic Processing			4474
型模及金属铸造用型箱		Casting Molds for Metal Forging			2694
阀 门	(套)	Valves	(unit)	269977	24444
自动数据处理设备及其部件	(台)	Automatic Data Processing Machines and Components	(unit)	167218	21643
#数字式自动数据处理设备		Automatic Data Processing Equipments		514	2676
数字式中央处理部件		Digital Central Processing Unit		983	8610
输入或输出部件		Input and Output Operations		6888	562
自动数据处理设备的零件	(千克)	Parts of Data Processing Machines	(kg)	140348	26822
电动机及发电机	(台)	Electric Motors and Generators	(unit)	14951	5971
发电机组及旋转式变流机	(台)	Dynamo Units and Rotated Converters	(unit)	110	9737
旋转式电力设备的零件	(千克)	Parts of Rotated Electric Equipment	(kg)	57523	1524
变压、整流、电感器及零件		Transformers, Rectifiers, Inductancers and Relative Parts			43758
电 池	(个)	Batteries	(unit)	360094	1183
焊接机器及零件		Welders and Relative Parts			12005
未录的磁带及类似品		Unrecorded Tapes and The Analogs			26517
无线电导航雷达及遥控设备	(台)	Radar for Radio Navigationequipment and Control Equipment	(unit)	194	1228
录、放像机机	(台)	Record, like machine	(unit)	33	79
电视、收音机及无线电讯设备的零附件	(千克)	Parts of Television, Radio and Wireless Telecommunication Equipment	(kg)	1659	622
电容器	(千克)	Electrical Capacitors	(kg)	162797	20059
电阻器	(千克)	Resistor	(kg)	219728	16831
印刷电路	(块)	Printed Circuit	(unit)	125362316	44039
断路保护电路装置及零件		Breaking-off and Safety CircuitSets and Parts			90038
彩色数据/图形显示管	(只)	Color Data / Graphic Display Tube	(unit)	9	9
二极管及类似半导体器件	(个)	Diodes Transistors and Semiconductor Devices	(unit)	528225267	68359
电线和电缆	(千克)	Insulated Wire or Cable	(kg)	570282	11559
汽车和汽车底盘	(辆)	Motor Vehicles and Chassis	(unit)	17	2188
货车(包括整套散件)		Trucks (including a Complete Set of Spare Parts)		4	1610
专用汽车		Special Purpose Vehicles		1	13
装有引擎的汽车底盘	(台)	Automobile chassis with the engine	(unit)	12	566
汽车零件		Auto parts			16463
飞 机	(架)	Airplanes	(unit)	32	4355
航空器零件	(千克)	Parts of Air Craft	(kg)	123520	30085

17-7 续表 3 continued

商品名称		Item		数量 Volume	金额(万元) Value
船舶	(艘)	Camera Accessories	(unit)	2	148
医疗仪器及器械		Medical Instruments and Appliances			28323
计量检测分析自控仪器及器具		Measuring, Checking and Analyzing Auto-controlling Apparatus			480556
计钟表机芯及钟表零件		Design Watch Movement and Watch Parts			68
印刷品	(千克)	Presswork	(kg)	117153	5323
塑料制品	(千克)	Plastic Articles	(kg)	2891235	22451
玩具		Toys			224
纽扣及其零件	(千克)	Buckles and Relative Parts	(kg)	1705	22
拉链及其零件	(千克)	Zippers and Relative Parts	(kg)	149243	42
机电产品		Machanical and Electrical Products			7849563
金属制品		Metal Products			80223
机械设备		Machinery and Equipments			2072370
电器及电子产品		Electric and Electronic Products			5048504
运输工具		Transport Equipments			75673
仪器仪表		Instruments and Meters			564387
其他		0thers			8373
高新技术产品		High and New-tech Products			7098274
生命科学技术		Life Sciences Technology			247757
光电技术		Photoelectric Technology			180070
计算机与通信技术		Computer and Communication Technology			82740
电子技术		Electronic Technology			4789388
计算机集成制造技术		Computer Integrated Manufacturing Technology			1647783
材料技术		Material Technology			36044
航空航天技术		Aerospace Technology			113948
其他技术		0thers			2238
其他燃料油	(千克)	Other Fuel Oil	(kg)	393	2
橄榄油	(千克)	Olive Oil	(kg)	12207	59
酒类		Liquor			1655
#啤酒		Beer			706
葡萄酒		Wine			901
美容化妆品及护肤品		Cosmetics and skin care products			9
涂布纸		Coated Papers			542
加工中心		Machining Center			15533
数控铣床		NC Milling Machine			33889
制造单晶柱或晶圆用的机器及装置		Boules or Wafers of a Single Plant and Equipment			58912
制造半导体器件或集成电路用的机器及装置		Semiconductor Devices or Integrated Circuits Used in Machinery and Equipment			1181356
制造平板显示器用的机器及装置		Flat Panel Display Manufacturing Machines and Equipment			1240
蓄电池		Electric Accumulators			3465

17-8 利用外资情况
Utilization of Foreign Capital

单位：万美元 (USD 10 000)

年 份 Year	签订合同项目(个) Number of Signed Projects (unit)	签订外商直接投资合同 Contracts of Direct Foreign Investments		实际利用外商直接投资 Amount of FDI Actually Utilized	
		金 额 Value	比上年增长% Growth Rate as Preceding Year(%)	金 额 Value	比上年增长% Growth Rate as Preceding Year(%)
1983	2	823		25	
1984	7	154	-81.3	129	416.0
1985	50	42848	27723.4	818	534.1
1986	34	34786	-18.8	942	15.2
1987	18	17381	-50.0	2890	206.8
1988	14	2096	-87.9	18007	523.1
1989	22	2650	26.4	9679	-46.2
1990	24	1134	-57.2	4191	-56.7
1991	54	2068	82.4	3159	-24.6
1992	424	52290	2428.5	4583	45.1
1993	790	92204	76.3	23432	411.3
1994	444	41142	-55.4	23809	1.6
1995	272	41518	0.9	32407	36.1
1996	280	60054	44.6	33008	1.9
1997	182	64954	8.2	61016	84.9
1998	196	37582	-42.1	30010	-50.8
1999	157	42693	13.6	24197	-19.4
2000	215	49931	17.0	28842	19.2
2001	223	73009	46.2	36455	26.4
2002	203	84060	15.1	41064	12.6
2003	229	83428	-0.8	46602	13.5
2004	271	104877	25.7	52664	13.0
2005	256	158237	50.9	62839	19.3
2006	255	203530	28.6	92489	47.2
2007	184	197311	-3.1	119516	29.2
2008	156	181781	-7.9	136954	14.6
2009	101	140117	-22.9	151053	10.3
2010	139	221030	57.8	182006	20.5
2011	138	254910	15.3	235483	29.4
2012	144	515036	102	293609	24.7
2013	204	372078	-28	367800	25.3
2014	141	585453	57.4	417557	13.5
2015	112	578208	-1.2	462118	10.7

17-9 外商投资情况
Foreign Investment

单位：万美元 (USD 10 000)

分组	Groups	项目数(个) Number of Projects (unit)		合同外资 Contracted Foreign Investments		实际外资 Actually Utilized Foreign Investments	
		2014	2015	2014	2015	2014	2015
总　计	**Total**	**141**	**112**	**585453**	**578208**	**417557**	**462118**
按投资方式分	**By Investment Form**						
中外合资企业	Equity Joint Venture	43	34	168213	105821	133175	81480
中外合作企业	Contractural Joint Venture	1		-860	2546	1199	369
外资企业	Wholly Foreign-owned Enterprise	97	77	418066	469518	283183	380059
外商投资股份制	FDI Shareholding Inc.		1	34	323		210
按国民经济行业分	**By Sector**						
农、林、牧、渔业	Agriculture, Forestry, Animal Husbandry and Fishery	5	3	4043	1352	2635	845
采矿业	Mining		2	-164	2662	1288	1494
制造业	Mining	43	22	216414	440639	244421	404106
电力、热力、燃气及水生产和供应业	Production and Supply of Electricity, Heat, Gas and Water	5	3	14159	4537	1410	4688
建筑业	Construction	7	1	2130	-2663	5	1621
批发和零售业	Wholesale and Retail Trades	25	25	33766	38433	23479	15932
交通运输、仓储和邮政业	Transport, Storage and Post	3	12	10825	22666	7762	9395
住宿和餐饮业	Hotels and Catering Services	7	7	615	-891	2225	690
信息传输、软件和信息技术服务业	Information Transmission, Software and Information Technology	9	3	6532	1026	6765	537
金融业	Financial Intermediation	4	6	10319	28234	4190	4437
房地产业	Real Estate	5	5	229840	39678	73610	13675
租赁和商务服务业	Leasing and Business Services	22	18	44176	161	39903	1634
科学研究和技术服务业	Scientific Research and Technical Services	1	1	7943	99	8181	1045
水利、环境和公共设施管理业	Management of Water Conservancy,Environment		1	2599	1407	1597	
居民服务、修理和其他服务业	Services to Households, Repair and Other Services	2		783	-41	11	131
教　育	Education			42		72	
卫生和社会工作	Health and Social Service		1	1071	515		1361
文化、体育和娱乐业	Culture, Sports and Entertainment	3	2	360	394	1	527

17-9 续表 continued

单位：万美元 (USD 10 000)

分组	Groups	项目数(个) Number of Projects (unit)		合同外资 Contracted Foreign Investments		实际外资 Actually Utilized Foreign Investments	
		2014	2015	2014	2015	2014	2015
按国别(地区)分	**By Country(Region)**						
文莱	Brunei						
朝鲜	Korea DPR						
香港	Hong Kong, China	63	53	414531	132765	234261	49047
印尼	Indonesia						
伊朗	Iran					8	
日本	Japan	1		469	1557	2055	1395
澳门	Macao, China						
马来西亚	Malaysia	2		531		158	105
新加坡	Singapore	6	4	21175	21215	12550	23304
韩国	Korea Rep.	37	25	75181	341453	132957	309400
毛里求斯	Mauritius			7418		7418	
泰国	Thailand	1		10			
台湾省	Taiwan, China	6	4	145	1863	58	2732
塞舌尔	Seychelles	1	1	100	192	14	
英国	United Kingdom	1		12	934	361	954
德国	Germany	2	1	1164	29363	317	27890
法国	France	1	2	1251	3117	1593	75
意大利	Italy	1	2	6	-95		
荷兰	Netherlands			5717	62	5329	
冰岛	Iceland			722	767		735
挪威	Norway	1					7750
瑞士	Switzerland		1		594	211	75
阿根廷	Argentina				-486		
开曼群岛	Cayman Islands			-4104		200	1333
巴拿马	Panama					2	
维尔京群岛	Virgin Is. (E)	1	1	8561	3270	4265	2546
加拿大	Canada	3	3	270	237	58	40
美国	United States	4	2	1095	2554	2056	2282
百慕大	Bermuda			4338		3518	
澳大利亚	Australia		2	-774	7	313	
库克群岛	Cook Is.			-190			
新西兰	New Zealand			2737	75	1037	75
萨摩亚	Samoa	2		4222	133	52	153
投资性公司投资	Investment Companies	7	4	40866	28809	8766	28675

17-10 旅游总收入和总人数
Total Income and Number of Visitors

年 份 Year	总收入 (亿元) Total Income (100 million yuan)	国内旅游收入 (亿元) Domestic Tourism (100 million yuan)	国际旅游收入 (万美元) International Tourism (USD 10 000)	总人数 (万人) Total Number (10 000 persons)	国内游客 Domestic Vistiors	国际游客 International Vistiors
1991	27	23	5482	1532	1500	32
1992	31	25	7505	1594	1550	44
1993	35	28	8900	1746	1700	46
1994	39	30	11279	1794	1750	44
1995	54	42	14090	2144	2100	44
1996	77	61	19820	2350	2300	50
1997	86	67	22464	2554	2500	54
1998	95	74	24717	2604	2550	54
1999	111	88	27189	2663	2600	63
2000	150	127	28000	3131	3060	71
2001	168	142	30871	3436	3360	76
2002	187	158	35097	3818	3733	85
2003	160	144	19800	3347	3300	47
2004	301	271	36136	5312	5232	80
2005	353	316	44625	6081	5988	93
2006	418	378	51000	7056	6950	106
2007	504	458	61200	8138	8015	123
2008	607	561	66011	9182	9056	126
2009	767	715	77107	11555	11410	145
2010	984	916	101596	14566	14354	212
2011	1324	1240	129505	18406	18135	270
2012	1713	1610	159747	23276	22941	335
2013	2135	2031	167620	28514	28161	352
2014	2521	2435	141630	33219	32953	266
2015	3006	2904	200022	38567	38274	293

17-11 旅游业发展情况
Development of Tourism

指 标	Item	2011	2012	2013	2014	2015
入境旅游人数 (万人次)	Number of Overseas Visitor Arrivals (10 000 person-times)	270.41	335.24	352.06	266.30	293.03
1.港澳同胞	Chinese Compatriots From Hong Kong and Macao	46.96	60.34	59.97	46.46	58.08
2.台湾同胞	Chinese Compatriots From Taiwan Province	33.54	41.23	40.97	34.00	40.80
3.外 国 人	Foreigners	189.91	233.66	251.13	185.83	194.15
国际旅游外汇收入(万美元)	Foreign Exchange Earnings from International Tourism (USD 10 000)	129505	159747	167620	141630	200022
1.长途交通	Long Distance Transportation	52838	57349	60176	52828	69170
飞 机	Civil Aviation	40017	44569	49280	42206	54943
火 车	Railway	5439	7189	9219	9772	7824
汽 车	Highway	7382	5591	1676	850	6403
2.景区游览	Sightseeing	7770	9904	10728	9489	27529
3.住 宿	Accommodation	13857	19968	20953	19120	12101
4.餐 饮	Food and Beverage	4971	7348	8213	8781	8705
5.购 物	Shopping	23829	30512	30172	23935	8327
6.娱 乐	Entertainment	7123	11182	12069	10197	33772
7.邮电通讯	Postal and Communication Services	2979	3385	3352	3257	4924
8.市内交通	Local Transportation	5180	5911	7375	6090	6390
9.其他服务	Other Service	11008	14217	14583	7931	29102
入境游客在陕人均天花费 (美元/人天)	Per Capita Days Spent of Visitors in Shaanxi (USD/per-day)	188	188	186	188	
国内旅游人数 (万人次)	Number of Domestic Visitors (10 000 person-times)	18135	22941	28161	32953	38274
国内旅游收入 (亿元)	Earnings from Domestic Tourism (100 million yuan)	1240	1610	2031	2435	2904
旅行社数 (个)	Number of Travel Agencies (unit)	660	716	730	735	665

17-12 分国别入境旅游人数

Number of Oversea Visitor Arrivals by Country/Region

单位：人 (person)

国别和地区	Country and Region	2010	2011	2012	2013	2014	2015
总　　计	**Total**	**2121721**	**2704071**	**3352365**	**3520663**	**2663015**	**2930347**
港澳同胞	Chinese Compatriots From Hong Kong and Macao	328951	469588	603423	599709	464644	580847
台湾同胞	Chinese Compatriots From Taiwan Province	240414	335390	412320	409679	340025	408011
日　　本	Japan	183516	186715	183751	123623	104793	95712
韩　　国	Korea Rep.	161262	169337	226323	250518	229839	348803
蒙　　古	Mongolia		30472	35649	36297	20334	1160
菲 律 宾	Philippines		18543	22923	23081	17094	5292
印　　度	India		25488	28763	29671	22468	28589
越　　南	Vietnam		2892	8071	8751		3352
缅　　甸	Myanmar		1030		4772		1268
朝　　鲜	Korea DPR		384		7020		868
巴基斯坦	Pakistan		3112		7580	6438	7228
英　　国	United Kingdom	88275	91032	101833	99891	78693	126863
法　　国	France	83549	82170	101525	92517	63344	107090
德　　国	Germany	80517	83101	98644	93660	68041	115683
意 大 利	Italy	32781	39122	44622	38324	27566	43236
瑞　　士	Switzerland	14447	14511	18574	21719	15197	19359
瑞　　典	Sweden	13187	16310	17590	17458	10352	12548
俄 罗 斯	Russia	26015	33933	47328	40822	30136	19874
西 班 牙	Spain	30619	38955	40709	32563	27449	41910
美　　国	United States	211869	231349	261415	273831	192320	300857
加 拿 大	Canada	72192	88490	90882	88572	53441	72815
澳大利亚	Australia	55577	63355	78231	76771	59882	97878
新 西 兰	New Zealand		14477	18036	19299	10701	14226
泰　　国	Thailand	19647	20585	29224	39369	21458	25544
新 加 坡	Singapore	39486	48552	52001	50022	42738	36520
印度尼西亚	Indonesia	26020	31064	37139	32186	25270	14049
马来西亚	Malaysia	31183	39264	45979	44980	81747	81058
其　　他	Others	382214	524850	747410	957978	649045	319707

17-13 各市(区)对外经济和国际旅游情况(2015年)

Foreign Economy Trade and International Tourism by City(District)(2015)

地　　区	Region	进出口总值 (万元) Total Value of Imports and Exports (10 000 yuan)	#出　口 Exports	外商投资 Foreign Capital 项目数 (个) Number of Projects (unit)	合同外资 (万美元) Contracts of Foreign Investments (USD 10 000)	实际外资 (万美元) Actually Utilized Foreign Investments (USD 10 000)	星级饭店数 (个) Number of Star-rated Hotel (unit)
全　　省	**Shaanxi**	**18953978**	**9185065**	**112**	**578208**	**462118**	**380**
西 安 市	Xi'an	17617464	8198746	71	470425	400833	111
铜 川 市	Tongchuan	14818	14680				13
宝 鸡 市	Baoji	536087	408465	1	69	268	34
咸 阳 市	Xianyang	286380	152236	5	20070	13443	23
渭 南 市	Weinan	105498	86644	3	854	289	34
延 安 市	Yan'an	68369	68329	1	3127		51
汉 中 市	Hanzhong	55409	43383	1	2237	1054	29
榆 林 市	Yulin	19913	18302	4	13277	10653	29
安 康 市	Ankang	29466	29466				30
商 洛 市	Shangluo	187223	152823	2	1740	152	20
杨凌示范区	Yangling	33351	11991	5	2157	151	6
西咸新区	Xixian New Area						
其　　他	Others			19	64252	35172	

17-14 主要星级饭店基本情况(2015年)
Basic Conditions of Main Star-Degree-Hotels(2015)

饭 店 名 称	Name of Hotel	地 址	Address
五星级	**Five Star**		
维景(阿房宫)饭店	Hyatt Regency Hotel	西安市东大街158号	No.158 East Street,Xi'an
西安喜来登大酒店	Sharaton Hotel	西安市沣镐东路262号	No.262 East Fenghao Avenue,Xi'an
西安金花大酒店	Golden Flower Hotel,Xi'an	西安市长乐西路8号	No.8 West Changle Avenue,Xi'an
西安君樂城堡酒店	Grand Park Hotel,Xi'an	西安市环城南路西段12号	No.12 West Section ,South City Ring Road,Xi'an
索菲特人民大厦	Sofitel,Renmin Square, Xi'an	西安市东新街319号	No.319 East New Street,Xi'an
西安香格里拉大酒店	Shangri-la Hotel,Xi'an	西安市科技路38号乙	No.38 Keji Road,Xi'an
陕西世纪金源大饭店	Empark Grand Hotel	西安市建工路19号	No.19 Jiangong Road,Xi'an
天域凯莱大酒店	Tian-yu Gloria Plaza Hotel	西安市雁塔北路15号	No.15 North Yanta Road,Xi'an
西安建国饭店	Jianguo Hotel,Xi'an	西安市互助路2号	No.2 Huzhu Road,Xi'an
西安吉朗丽大酒店	Swisstouches Hotel Xi’an	西安市高新区沣惠南路22号	No.22 West Fenghui Avenue,Xi'an
西安阳光国际大酒店	Grand Soluxe International Hotel Xi’an	西安市解放路177号	No.177 Jiefang Road,Xi'an
西安赛瑞喜来登大酒店	Sheraton Xian North City Hotel	西安市未央路32号	No.32 Jiefang Road,Xi'an
西安新兴戴斯大酒店	Days Hotel Suites Xinxing Xi’an	西安市金花北路189号	No.189 North Jinhua Road,Xi'an
西安万达希尔顿酒店	Hilton Xian	西安市东新街199号	No.199 East New Street,Xi'an
西安皇冠假日酒店	Crowne Plaza Xi'an	西安市朱雀路中段1号	No.1 Middle Zhuque Road,Xi'an
西安威斯汀酒店	The Westin Xian	西安曲江新区慈恩路66号	No.66 Ci'en Road,Xi'an
西安悦豪酒店	Yohol Hotel	西安市二环南路西段180号	No.180 West Section ,South Erhuan Road,Xi'an
榆林永昌国际大酒店	Yongchang International Hotel,Yulin	榆林市高新技术产业园朝阳路	Zhaoyang Road,High Technology Industry Park,Yulin
四星级	**Four Star**		
唐华宾馆	Xi'an Garden Hotel	西安市雁引路40号	No.40 Yanyin Road,Xi'an
古都新世界大酒店	Grand New World Hotel	西安市莲湖路172号	No.172 Lianhu Road,Xi'an
西安宾馆	Xi'an Hotel	西安市长安北路58号	No.58 North Chang'an Road,Xi'an
西安骊苑大酒店	Le Garden Hotel,xian	西安市劳动南路8号	No.8 South Laodong Road,Xi'an
唐城宾馆	Tangcheng Hotel	西安市含光路南段229号	No.229 South Hanguang Road,Xi'an
陕西皇城豪门酒店	Imperial City Haomen Hotel	西安市东大街334号	No.334 East Street,Xi'an
东方大酒店	East Hotel	西安市朱雀大街393号	No.393 Zhuque Street,Xi'an
润天宾馆	Runtian Hotel	西安市阎良区润天大道15号	No.15 Runtian Road,Yanlian District,Xi'an
高速神州酒店	Sino Pearl Hotel	西安市环城东路9号	No.9 East City Ring Road,Xi'an
陕西奥罗国际大酒店	Aurum International Hotel	西安市南新街30号	No.30 South New Street,Xi'an
西京国际饭店	West Capital International Hotel	西安市西大街241号	No.241 West Street,Xi'an
天翼新商务酒店	Tianyi Commercial Hotel,Xi'an	西安市西二环南段281号	No.281 South Section ,West Second
西安美居人民大厦	Mercure on Renmin Square,Xi'an	西安市东新街319号	No.319 East New Street,Xi'an
西安志诚丽柏酒店	Ziction Liberal Hotel,Xi'an	西安市高新路46号	No.46 Gaoxin Road,Xi'an

17-14 续表 continued

饭店名称	Name of Hotel	地址	Address
万年饭店	Eternity Hotel,Xi'an	西安市长乐中路副11号	No.11 Changle Road,Xi'an
陕西中江之旅时代大酒店	ZhongJiang Journey Time Hotel,Shaanxi	西安市文景路18号	No.18 Wenjing Road,Xi'an
西安皇后大酒店	Xi'an Empress Hotel	西安市兴庆路45号	No.45 Xingqing Road,Xi'an
西安美华金唐国际酒店	Meihua Jintang International Hotel,Xi'an	西安市西大街79号	No.79 West Street,Xi'an
西安军安王朝大酒店	King Dynasty Hotel,Xi'an	西安市大庆路1号	No.1 Daqing Road,Xi'an
西安唐朝酒店	The Tang Dynasty Hotel	西安市凤城三路198号	No.198 Fengcheng 3 Road,Xi'an
西安绿地假日酒店	Green Holiday Hotel,Xi'an	西安市锦业路5号	No.5 Jinye Road, Xi'an
西安雁塔国际大酒店	Yanta International Hotel, Xi'an	西安市西影路西段609号	No.609 West of Xiying Road, Xi'an
陕西华山国际酒店	Huashan International Hotel,Shaanxi	西安市北大街199号	No.199 South Street,Xi'an
长庆宾馆	Changqing Hotel	西安市未央路151号	No.151 Jiefang Road,Xi'an
西安长征国际酒店	Long March international Hotel	西安市高新区西部大道1号	No.1,West Avenue,New&Hi-tech Industrial Development Zone,Xi'an
怡和酒店	Jardine Matheson Hotel	宝鸡市火炬路中段	Middle Section ,Huoju Road,Baoji
高新君悦国际酒店	Gaoxin Junyue International Hotel	宝鸡市高新区高新大道69号	No.69,New&Hi Avenue,New&Hi-tech Industrial Development Zone,Baoji
红螺湾假日酒店	Red screw holiday Hotel	咸阳市渭阳西路中段	Middle Section ,West Weiyang Road, Xianyang
国贸大酒店	International Trade Hotel	咸阳市渭阳中路	Weiyang Zhong Road,Xianyang
邮政大酒店	Post Hotel	汉中市天汉大道中段	Middle Section,Tianhan Avenue,Hanzhong
红叶大酒店	Red Leaf Hotel	汉中市劳动东路中段33号	Middle Section,East Laodong Road, Hanzhong
金江大酒店	Jinjian Hotel	汉中市人民路北段123号	No.123 North Renmin Road,Hanzhong
明江国际酒店	MingJiang International Hotel	安康市滨江大道3号	No.3 Binjiang Avenue,AnKang
光明大酒店	GuangMing Hotel	渭南市朝阳大街82号	No.82 Zhaoyang Street,Weinan
延安旅游大厦	Yan'an Tourism Hotel	延安市中心街	Central Street,Yanan
延安丽森酒店	Lisen Hotel,Yan'an	延安市双拥大道	Double Support Avenue,Yanan
黄陵桥山滨湖酒店	Huangling Bridge Lake Hotel	黄陵县黄帝陵西侧	West Tomb of Huangdi,Huangling
延安高第华苑大酒店	Gaodee Garden Hotel	延安市大桥街6号	No.6 Daqiao Street,Yanan
延安维也纳国际大酒店	Vienna international hotel,Yan'an	延安市火车站南侧	South of Railway Station,Yanan
延安龙飞盛世酒店	Long Fei Sheng Shi International Hotel	延安市双拥大道3333号	No.3333 Double Support Avenue,Yanan
延安隆华花园酒店	Longhua Garden Hotel	延安市隆华路1号	No.1 Longhua Road, Yanan
延安圣通大酒店	Shengtong Hote	延安市东滨路103号	No.103 Dongbin Road, Yanan
亚华商务酒店	Yahua Business Hotel	神木县东新街南端	South Section, East New Street,Shenmu
五洲国际大饭店	Wuzhou International Hotel	神木县东兴街北段	Nouth Section,Dongxing Street,Shenmu
天峰国际酒店	Tianfeng International Hotel	神木县中兴街东段	East Section,Zhongxing Street,Shenmu
天鹿酒店	Tianlu Hotel	商南县塘坝广场西南角	Southwestern Corner,Tangba Square, Shangnan
正阳国际大酒店	Zhengyang International Hotel	铜川新区正阳路16号	No.16 Zhengyang Road, New Zone of Tongchuan
杨凌国际会展中心酒店	International Exhibition Centers	杨凌示范区新桥北路1号	No.1 North New Bridge Road,Yangling

主要统计指标解释

进出口总额 指实际进出我国国境的货物总金额。包括对外贸易实际进出口货物，来料加工装配进出口货物，国家间、联合国及国际组织无偿援助物资和赠送品，华侨、港澳台同胞和外籍华人捐赠品，租赁期满归承租人所有的租赁货物，进料加工进出口货物，边境地方贸易及边境地区小额贸易进出口货物(边民互市贸易除外)，中外合资企业、中外合作经营企业、外商独资经营企业进出口货物和公用物品，到、离岸价格在规定限额以上的进出口货样和广告品(无商业价值、无使用价值和免费提供出口的除外)，从保税仓库提取在中国境内销售的进口货物，以及其他进出口货物。该指标可以观察一个国家在对外贸易方面的总规模。我国规定出口货物按离岸价格统计，进口货物按到岸价格统计。

商品经营单位所在地进、出口额 指在所在地海关注册登记的有进出口经营权的企业实际进、出口额。

商品目的地进口额和商品货源地出口额 目的地进口额指进口货物的消费、使用或最终抵运地的实际进口额；货源地出口额指出口货物的产地或原始发货地的实际出口额。

利用外资 指我国各级政府、部门、企业和其他经济组织通过对外借款、吸收外商直接投资以及用其他方式筹措的境外现汇、设备、技术等。

外商直接投资 指外国企业和经济组织或个人(包括华侨、港澳台胞以及我国在境外注册的企业)按我国有关政策、法规，用现汇、实物、技术等在我国境内开办外商独资企业、与我国境内的企业或经济组织共同举办中外合资经营企业、合作经营企业或合作开发资源的投资(包括外商投资收益的再投资)，以及经政府有关部门批准的项目投资总额内企业从境外借入的资金。

旅游人数

(1)入境旅游人数：指报告期内来我国观光、度假、探亲访友、就医疗养、购物、参加会议或从事经济、文化、体育、宗教活动的外国人、港澳台同胞等入境游客。统计时，外国人、港澳台同胞每入境一次统计1人次。

(2)出境人数：指中国（大陆）居民因公或因私出境前往其他国家、中国香港特别行政区、澳门特别行政区和台湾省观光、度假、探亲访友、就医疗养、购物、参加会议或从事经济、文化、体育、宗教活动的人数，即出境游客。统计时，按每出境一次统计1人次。

(3)国内旅游人数：指在报告期内在中国（大陆）观光游览、度假、探亲访友、就医疗养、购物、参加会议或从事经济、文化、体育、宗教活动的中国（大陆）居民人数，其出游的目的不是通过所从事的活动谋取报酬。统计时，国内游客按每出游一次统计1人次。

国际旅游(外汇)收入 指入境游客在中国（大陆）境内旅行、游览过程中用于交通、参观游览、住宿、餐饮、购物、娱乐等全部花费。

国内旅游收入 又称旅游总花费指国内游客在国内旅行、游览过程中用于交通、参观游览、住宿、餐饮、购物、娱乐等全部花费。

国际旅行社 指经营业务范围包括入境旅游业务、出境旅游业务和国内旅游业务的旅行社。

国内旅行社 指经营范围仅限于国内旅游业务的旅行社。

星级饭店 指设备、设施、服务符合《旅游饭店星级的划分与评定》(GB/T14308-2003)，通过相关旅游管理部门评定，并取得星级饭店称号的饭店（含预备星级饭店）。

Explanatory Notes on Main Statistical Indicators

Total Imports and Exports at Customs refer to the real value of commodities imported and exported across the border of China. They include the actual imports and exports through foreign trade, imported and exported goods under the processing and assembling trades and materials, supplies and gifts as aid given gratis between governments and by the United Nations and other international organizations, and contributions donated by overseas Chinese, compatriots in Hong Kong and Macao and Chinese with foreign citizenship, leasing commodities owned by tenant at the expiration of leasing period, the imported and exported commodities processed with imported materials, commodities trading in border areas (excluding mutual exchange goods), the imported and exported commodities and articles for public use of the Sino-foreign joint ventures, cooperative enterprises and ventures with sole foreign investment. Also included is import or export of samples and advertising goods for which CIF or FOB value are beyond the permitted ceiling (excluding goods of no trading or use value and free commodities for export), imported goods sold in China from bonded warehouses and other imported or exported goods. The indicator of the total imports and exports at customs can be used to observe the total size of external trade in a country. In accordance with the stipulation of the Chinese government, imports are calculated at CIF, while exports are calculated at FOB.

Import Export Value by Location of China's Foreign Trade Managing Units refers to actual value of imports and exports carried out by corporations which have been registered by the local Customs house and are vested with right to run import export business.

Import Value of Commodities by Place of Destination and Export Value of Commodities by Place of Origin in China The former indicator refers to the value of import commodities of the places of their consumption, utilization or the places of their final destination. The latter indicator refers to the value of export commodities of the places of their origin or the places of the commodities dispatched.

Utilization of Foreign Capitals refers to remittance, equipment and technology financed from abroad, by loans, foreign direct investment and other forms undertaken by the Chinese governments at all levels, by various departments, enterprises and other economic units.

Foreign Borrowings refer to funds borrowed from abroad through formal signing of borrowing agreements with foreign institutions, including loans of foreign governments, loans of international financial institutions, commercial loans of foreign banks, export credit, and funds raised by Chinese bonds (and shares before 1996) issued abroad. It is an important part of China's utilization of foreign capitals.

Foreign Direct Investment refers to the investments inside China by foreign enterprises and economic organizations or individuals (including overseas Chinese, compatriots from Hong Kong, Macao and Taiwan, and Chinese enterprises registered abroad), following the relevant policies and laws of China, for the establishment of ventures exclusively with foreign own investment, Sino-foreign joint ventures and cooperative enterprises or for co-operative exploration of resources with enterprises or economic organizations in China.

Number of Tourists

(1) Visitor arrivals refer to the number of foreigners, Chinese compatriots from Hong Kong, Macao and Taiwan Chinese (mainland) who come to China (mainland) for sight-seeing, vacation, visiting relatives, medical treatment, shopping, attending conference, or to engage in economic, cultural, sports and religious activities. In compiling statistics, each time of entering China is counted as one person-time.

(2) Number of Chinese residents going abroad refer to the number of Chinese (mainland) residents going to other countries, Hong Kong Special Administrative region, Macao Special Administrative region and Taiwan for on official or private purposes, for sight-seeing, vacation, visiting relatives, medical treatment, shopping, attending conference, or to engage in economic, cultural, sports and religious activities. In compiling statistics, each time of leaving is counted as one person-time.

(3) Number of domestic tourists refers to the number of Chinese (mainland) residents who travel within China (mainland) for sight-seeing, vacation, visiting relatives, medical treatment, shopping, attending conference, or to engage in economic, cultural, sports and religious activities. In compiling statistics, each time of travelling is counted as one person-time.

Foreign Exchange Earnings from International Tourism refer to the total expenditure of foreigners, overseas Chinese, Chinese compatriots from Hong Kong, Macao and Taiwan during their stay in the mainland of China on transportation, sighting, accommodation, food, shopping and entertainment.

Income from Domestic Tourism refer to expenditure of domestic tourists on transportation, sighting, accommodation, food, shopping and entertainment while they travel.

International Travel Agencies refer to travel agencies engaged in tourism entering China, Chinese residents going abroad and domestic tourism.

Domestic Travel Agencies refer to travel agencies only engaged in domestic tourism.

Star-rated Hotels refer to hotels rated with stars as assessed by the relevant tourism authorities according to GB/T14308-2003 standard with reference to their infrastructure, facilities and service levels.

十八、教育、科技和文化

Education, Science, Technology and Culture

资料整理：杨小侠　宋　鑫　董清刚

简 要 说 明

一、本篇资料反映陕西教育、科学技术活动和文化事业的基本情况。

二、本篇资料主要包括:

1. 各级各类教育基本情况，指标主要包括各级各类的学校数、在校生数、招生数、毕业生数、教职工数和专任教师数等。

2. 科技活动情况，科技成果及科技人员情况，专利申请和授权，规模以上工业企业研究与试验发展（R&D）活动发展情况等。

3. 文化艺术、文物、图书馆、新闻出版、广播、电影、电视等文化事业的机构、人员及业务活动开展情况等。

三、本篇资料来源:

教育统计资料由省教育厅提供。

科技统计资料由省科技厅、省人力资源和社会保障厅提供（其中规模以上工业企业科技活动由统计局根据统计年报整理）。

文化统计资料由省文化厅、省新闻出版局、省广播电影电视局、省文物局等有关部门提供。

Brief Introduction

Ⅰ. This chapter reflects the basic conditions on the development Shaanxi's education, science and technology.

Ⅱ. The data in this chapter mainly include:

1. The data on tertiary, secondary, primary, and kindergarten education and various types of adult education at all levels, including the number of schools, the number of students enrolled, the number of new enrollments, the number of graduates, the number of staff and workers, and the number of full-time teachers of various levels and categories.

2. The data on scientific and technological, including personnel, achievements and prizes of scientific and technical, numbers of patent applications accepted and granted, R&D activities development of industrial enterprises above designated size, etc.

3. The data on institutions, personnel and business activities of culture and arts, cultural relics, libraries, news and publication, radio, film and television, etc.

III. Data sources:

Data on education are provided by Shaanxi Provincial Department of Education.

Data on science and technology are provided by Shaanxi Provincial Department of Science and Technology, Shaanxi Provincial Department of Human Resources and Social Security. (Science and technology activities of industrial enterprises above designated size are processed and prepared in accordance with the annual statistical reports provided by Shaanxi Provincial Bureau of Statistics.

Data on culture are provided by Shaanxi Provincial Department of Culture, Shaanxi Provincial Administration of Press and Publication, Shaanxi Provincial Administration of Radio, Film and Television, Shaanxi Provincial Cultural Heritage Bureau and the related departments.

18.教育、科技和文化

2015年全省

普通高等学校在校学生	109.97	万人
普通高等学校毕业生	29.97	万人
从事科技活动人员	24.17	万人
专利申请量	74904	件
专利授权量	33350	件

高等学校在校学生数（万人）

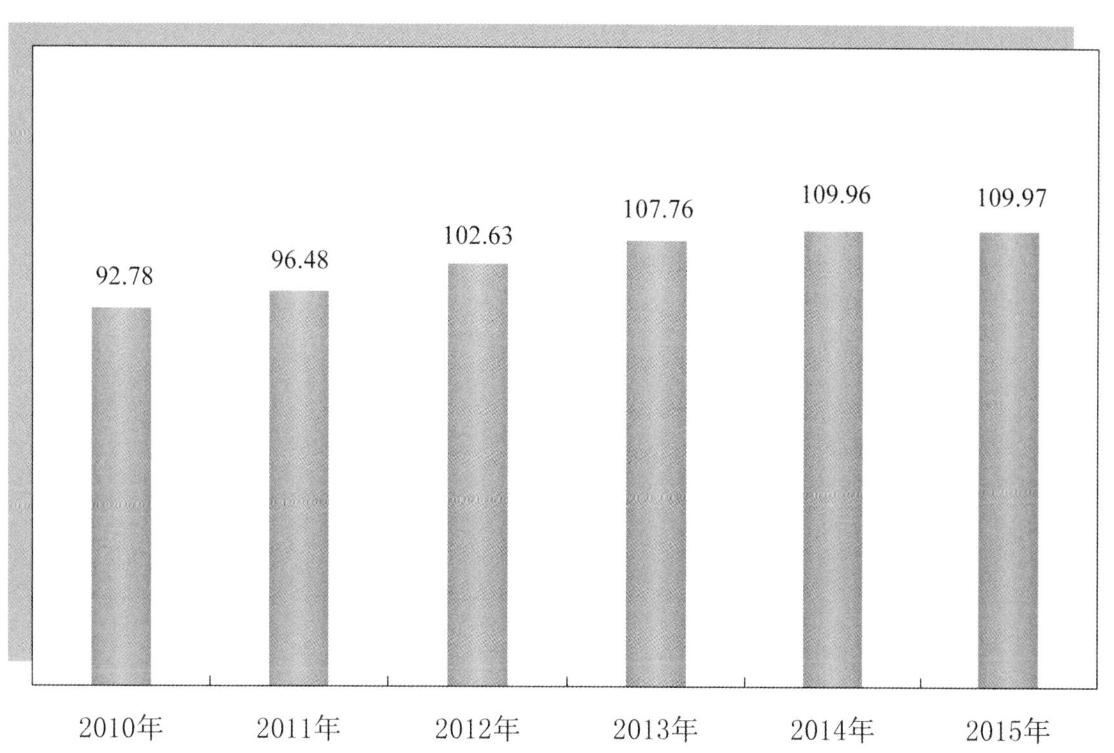

18-1 各级各类教育基本情况(2015年)
Basic Statistics on Schools by Level and Type of School(2015)

指标	Item	学校数(所) Number of Schools (unit)	毕业生数(人) Graduates (person)	招生数(人) New Enrollment (person)	在校学生数(人) Total Enrollment (person)	教职工数(人) Teachers and Staff (person)	# 专任教师 Full-time Teachers
一、高等教育	Higher Education	118	540288	481940	1525763	106824	68700
1.研究生(含科研机构)	Institutions Providing Postgraduate Programs (Include Research Institutions)	49	28491	33294	101962		16212
# 普通高校	Regular Institutions of Higher Education	27	28266	33096	101287		15631
2.普通高等教育	Regular Higher Education	80	299738	306131	1099693	103911	66506
# 地方院校	Local Universities	74	271755	277487	983591	80723	53563
(1)本　科	Enrolled in Full Undergraduate Courses	43	167256	163881	698475		
# 地方院校	Local Universities	37	139273	135237	582373		
(2)专　科	Enrolled in Specialized Courses	37	132482	142250	401218		
# 地方院校	Local Universities	37	132482	142250	401218		
3.成人高等教育	Higher Education for Adult		62226	51193	167903		
# 成人高等学校	Institutions of Higher Education for Adult	16	8170	6875	18328	2913	1613
4.网络本专科	Students Enrolled in Internet-based Courses		59833	87322	156205		
# 本　科	Enrolled in Full Undergraduate Courses		25733	38050	67408		
5.自考助学班	Students Taking Unified Exams after Completing Self-learning Programs						
二、中等职业教育学校	Vocational Secondary Education	435	159136	149328	436867	30890	21704
普通中等专业学校	Regular Specialized Secondary Schools	40	31127	22116	75288	4303	2842
成人中等专业学校	Adult Specialized Secondary Schools	7	2248	255	3009	1490	1014
职业高中学校	Vocational Senior Secondary Schools	241	91685	84064	244044	16186	12029
技工学校	Technical Schools	147	34076	42893	114526	8911	5819
三、普通中学	Regular Secondary Schools	2215	669528	610708	1875698	200853	161752
高　中	Senior Secondary Schools	488	290052	264270	804919		57078
初　中	Junior Secondary Schools	1727	379476	346438	1070779		104674
四、小　学	Primary Schools	5851	347622	425772	2331094	155843	143064
五、幼儿园(含学前班)	Kindergartens(include Pre-schools)	7438	489338	697773	1396960	127418	75529
六、特殊教育学校	Special Education	55	1101	1762	8630	1320	1067
七、工读学校	Schools for Juvenile Delinquents	1	19	17	26	43	33
八、成人中、小学	Adult High and Primary Schools	1522	98459		86732	2888	1720
九、职业技术培训机构	Vocational and Technical Training Institution	8524	1370252		1386203	27145	16118

注：1.研究生培养机构中所含24所普通高等学校的教职工数已计入高等学校教职工总数中。
2.12所独立学院未计入普通高等学校数中，其学生及教职工数等已分别计入高等教育相应指标总数中。

a) Teachers and staff of regular institutions of higher education include the 24 regular institutions of higher education in institutions providing postgraduate programs.

b) 12 non-university tertiary don't count the number of regular institutions of higher education schools. But its students and teachers count corresponding item of regular institutions of higher education respectively.

18-2 普通高等学校基本情况
Basic Statistics on Regular Institutions of Higher Education

年份 Year	学校数 (所) Number of Schools (unit)	招生数 (万人) New Enrollment (10 000 persons)	在校学生数 (万人) Total Enrollment (10 000 persons)	毕业生数 (万人) Graduates (10 000 persons)	教职工数 (人) Teachers and Staff (person)	#专任教师 Full-time Teachers
1978	30	1.37	3.44	0.82	27210	10699
1980	34	1.44	5.39	0.38	31694	12066
1985	45	2.86	8.21	1.47	43210	16516
1990	47	2.62	9.54	2.81	51130	19558
1995	46	4.07	12.83	3.75	52440	20200
2000	39	9.52	24.17	3.51	52220	20723
2001	47	11.55	31.74	4.35	58846	23613
2002	52	14.70	41.16	5.16	63412	27637
2003	57	16.84	49.97	7.98	67405	35716
2004	62	19.98	58.39	11.10	74607	37145
2005	72	20.89	66.69	14.06	82317	42864
2006	76	21.91	72.62	16.23	87981	47549
2007	76	24.36	77.65	19.55	90306	50741
2008	76	27.64	83.97	21.73	94196	53740
2009	77	27.30	89.37	21.20	96485	56171
2010	78	27.44	92.78	23.55	98536	58288
2011	78	29.69	96.48	25.89	99010	59171
2012	79	32.45	102.63	26.53	100881	61500
2013	80	31.13	107.76	25.38	102017	64171
2014	80	30.64	109.96	27.74	103332	64970
2015	80	30.61	109.97	29.97	103911	66506

18-3 中等职业学校基本情况
Basic Statistics on Vocational Secondary Schools

年份 Year	学校数 (所) Number of Schools (unit)	招生数 (万人) New Enrollment (10 000 persons)	在校学生数 (万人) Total Enrollment (10 000 persons)	毕业生数 (万人) Graduates (10 000 persons)	教职工数 (人) Teachers and Staff (person)	#专任教师 Full-time Teachers
1978	89	1.77	2.93	0.45	10401	3297
1980	162	2.54	6.55	0.92	15246	5699
1985	382	5.54	11.92	3.14	29279	11893
1990	499	7.48	17.99	5.89	39880	17960
1995	569	11.64	27.01	8.39	41736	20926
2000	648	13.66	36.37	11.38	40692	21693
2001	535	13.07	34.43	11.49	38050	20746
2002	533	17.26	38.54	10.80	37540	22760
2003	607	20.12	45.57	12.14	41265	25043
2004	588	22.61	50.88	13.33	41817	23868
2005	563	25.43	55.84	15.92	40698	28525
2006	573	28.78	63.55	18.12	40347	25902
2007	691	37.18	76.44	23.09	31986	20916
2008	676	37.19	84.99	25.41	49713	35742
2009	680	35.23	89.91	25.98	52727	36834
2010	663	35.20	89.93	27.35	51534	34619
2011	616	31.45	84.67	30.59	48923	33274
2012	564	24.98	73.31	29.09	44041	30063
2013	520	21.43	60.56	25.76	43440	33025
2014	491	17.71	50.26	22.43	37306	27483
2015	435	14.93	43.69	15.91	30890	21704

18-4 普通中学基本情况

Basic Statistics on Regular Secondary Schools

年 份 Year	学校数 (所) Number of Schools (unit)	招生数 (万人) New Enrollment (10 000 persons)	在校学生数 (万人) Total Enrollment (10 000 persons)	毕业生数 (万人) Graduates (10 000 persons)	教职工数 (人) Teachers and Staff (person)	# 专任教师 Full-time Teachers
1978	7558	90.52	193.47	73.47	116097	91701
1980	5838	52.56	180.85	31.21	127056	97643
1985	3103	56.24	170.33	41.32	122187	93102
1990	3041	47.18	132.64	45.95	127861	98272
1995	2788	55.71	145.07	37.48	129046	100084
2000	2599	88.94	230.52	56.25	149267	122279
2001	2680	97.02	254.75	63.42	160109	131183
2002	2699	103.01	278.26	72.35	169628	140192
2003	2714	104.15	295.41	80.51	178330	148437
2004	2719	103.73	302.56	90.27	185508	154242
2005	2727	102.44	304.56	97.20	191041	159138
2006	2688	102.32	307.93	97.72	193560	162876
2007	2637	96.95	300.09	101.67	195705	166340
2008	2583	93.73	288.87	101.84	198259	169126
2009	2509	88.08	274.68	98.86	198656	170177
2010	2436	83.18	259.91	93.76	198543	170482
2011	2363	79.47	246.80	89.61	210135	170878
2012	2295	73.02	225.70	83.86	207578	168822
2013	2252	68.31	210.13	77.35	206168	167457
2014	2220	63.94	196.83	71.17	203128	164374
2015	2215	61.07	187.57	66.95	200853	161752

18-5 普通小学基本情况

Basic Statistics on Regular Primary Schools

年 份 Year	学校数 (所) Number of Schools (unit)	招生数 (万人) New Enrollment (10 000 persons)	在校学生数 (万人) Total Enrollment (10 000 persons)	毕业生数 (万人) Graduates (10 000 persons)	教职工数 (人) Teachers and Staff (person)	# 专任教师 Full-time Teachers
1978	39747	117.01	450.51	67.91	180682	173003
1980	40800	87.10	452.14	58.76	198082	187394
1985	38815	59.93	367.87	61.41	186208	169225
1990	37155	58.42	353.75	42.74	193292	176756
1995	36471	86.30	451.58	50.12	200359	183152
2000	33336	68.22	480.93	77.00	199395	182297
2001	29359	66.87	461.57	81.32	200185	183464
2002	26989	59.51	433.22	83.04	203733	188394
2003	24922	53.01	401.48	80.62	206447	190964
2004	22988	48.16	370.97	76.57	204007	188062
2005	20711	43.59	340.09	72.46	203262	186644
2006	18590	48.52	325.11	67.98	200256	184573
2007	16316	45.43	305.53	65.26	198058	182940
2008	14185	43.18	286.48	61.79	196323	180898
2009	11583	40.99	271.44	55.56	193530	178320
2010	9710	40.86	261.04	50.59	190545	175184
2011	8867	40.77	253.60	46.46	173769	171011
2012	7994	37.89	234.62	44.86	169723	166822
2013	7356	38.81	227.33	40.05	163908	162841
2014	6574	40.50	226.41	37.46	160287	147511
2015	5851	42.58	233.11	34.76	155843	143064

18-6 技工学校基本情况(2015年)

Basic Statistics on Technical Schools(2015)

指 标	Item	学校数 (所) Number of Schools (unit)	招生数 (人) New Enrollment (person)	在校学生数 (人) Total Enrollment (person)	毕业生数 (人) Graduates (person)	教职工数 (人) Teachers and Staff (person)	# 专任教师 Full-time Teachers
总 计	**Total**	**147**	**42893**	**114526**	**34076**	**8911**	**5819**
一、劳动部门办校	Run by Labour Department	6	583	1620	610	577	278
二、国有经济单位办校	Run by State-owned Unit	43	17173	48735	14023	3870	2689
行业办校	Run by Sector	24	12008	31872	8667	2456	1735
企业办校	Run by Enterprise	19	5165	16863	5356	1414	954
三、民 办	Run by Private	96	25137	64171	19443	4464	2852

18-7 全省科技活动情况

Scientific and Technological Activities in the Whole Province

指 标	Item	2013	2014	2015
一、从事科技活动人员 (人)	Personnel Engaged in S&T Activities (person)	229359	249058	241730
中 央	Central	118472	123878	115622
地 方	Local	110887	125180	126108
二、机构数 (个)	Number of Institutions (unit)			
1.科研院所	Research Institutions	111	113	111
2.高等院校	Regular Institutions of Higher Education	358	387	401
3.规模以上工业企业	Large and Medium-sized Industrial Enterprises	558	574	552
4.其 他	Others	100	100	112
三、R&D经费内部支出 (万元)	Internal Expenditure on R&D (10 000 yuan)	3427454	3667730	3931727
1.按来源构成分	By Composition of Source			
政府资金	Government Funds	1920210	1999843	2202211
企业资金	Self-raised Funds by Enterprises	1328656	1552916	1629506
境外资金	Foreign capital	2142	1191	2140
其他资金	Others	176446	113781	97870
2.按隶属关系分	By Jurisdiction of Management			
中 央	Central	2544284	2652539	2750933
地 方	Local	883170	1015191	1180794
四、科技成果与著作情况	Achievements and Books in S&T			
1.科技论文 (篇)	Technical and Scientific Papers (piece)	64353	64798	71779
2.出版科技著作 (种)	Kinds of Published Scientific Books (unit)	1384	1454	1693

18-8 全省地方登记的科技成果
Achievements in Science and Technology in the Whole Province

单位：项 (unit)

行　业	Sector	2013	2014	2015
总　计	**Total**	**2826**	**2462**	**3299**
农、林、牧、渔业	Agriculture, Forestry, Animal Husbandry and Fishery	304	217	234
采矿业	Mining	118	84	81
制造业	Manufacturing	670	447	447
电力、燃气及水的生产和供应业	Production and Distribution of Electricity,Gas and Water	153	142	203
建筑业	Construction	61	40	57
批发和零售业	Wholesale and Retail Trades	35	1	6
交通运输、仓储和邮政业	Traffic, Transport, Storage and Post	97	46	68
住宿和餐饮业	Hotels and Catering Services		1	4
信息传输、软件和信息技术服务业	Information Transmission, Software and Information Services	267	185	320
金融业	Financial Intermediation	1	2	4
房地产业	Real Estate	1	1	1
租赁和商务服务业	Leasing and Business Services	3		1
科学研究和技术服务业	Scientific Research, Technology Services	488	888	911
水利、环境和公共设施管理业	Management of Water Conservancy, Environment and Public Facilities	47	56	42
居民服务、修理和其他服务业	Residents Service, Repair and other Services	48	25	40
教　育	Education	12	24	2
卫生和社会工作	Health, Social Work	497	271	262
文化、体育和娱乐业	Culture, Sports and Entertainment	6	18	7
公共管理、社会保障和社会组织	Public Management, Social Security and Social Organization	16	14	10
国际组织	International Organizations	2		
其　他	Others			599

18-9 地方公有经济企业专业技术人才分行业情况(2015年)
Situation of Professional and Technical Personnel in Local Public Economy Enterprises(2015)

单位：人 (person)

行 业	Sector	总 计 Total	#工程技术人员 Engi-neering	#农业技术人员 Agri-culture	#科学研究人员 Scientific Research	#卫生技术人员 Health Care	#教学人员 Teaching
总 计	**Total**	**168323**	**94248**	**1367**	**1575**	**8608**	**2767**
农、林、牧、渔业	Agriculture, Forestry, Animal Husbandry and Fishery	3467	1024	974	81	226	46
采矿业	Mining	36446	20058	118	16	3053	987
制造业	Manufacturing	47918	28215	38	852	1766	642
电力、燃气及水的生产和供应业	Production and Distribution of Electricity, Gas and Water	9351	6591	4	1	12	45
建筑业	Construction	28145	22634	32	13	205	32
批发和零售业	Wholesale and Retail Trades	4618	214	22		1923	5
交通运输、仓储和邮政业	Traffic, Transport, Storage and Post	10257	5066	15	14	59	51
住宿和餐饮业	Hotels and Catering Services	1714	260			14	10
信息传输、软件和信息技术服务业	Information Transmission, Software and Information Services	629	186		48	5	10
金融业	Financial Intermediation	4336	113		11	1	7
房地产业	Real Estate	1691	835				9
租赁和商务服务业	Leasing and Business Services	237	52	1			
科学研究和技术服务业	Scientific Research, Technology Services	10274	8016	44	496	118	132
水利.环境和公共设施管理业	Management of Water Conservancy, Environment and Public Facilities	730	394	58	3	3	1
居民服务、修理和其他服务业	Residents Service, Repair and other Services	2402	353			148	24
教 育	Education	1115					711
卫生和社会工作	Health, Social Work	1137	8			1071	
文化、体育和娱乐业	Culture, Sports and Entertainment	3311	228	1	40	4	55
公共管理、社会保障和社会组织	Public Management, Social Security and Social Organization	545	1	60			

18-10 规模以上工业企业研究与试验发展(R&D)人员和经费支出情况(2015年)
R&D Personnel and Expenditure of Industrial Enterprises above Designated (2015)

分组	Item	R&D人员(人) R&D Personnel (person)	#研究人员 Research Personnel	R&D经费内部支出(万元) R&D Internal Expenditure (10 000 yuan)	#政府资金 Government Funds	#企业资金 Enterprises Funds	#境外资金 Foreign Funds
总计	**Total**	**66087**	**24490**	**1725829**	**409136**	**1307024**	**1272**
按企业规模分	**Grouped by Size of Enterprises**						
大型	Large Enterprises	44875	16686	1253149	371329	878256	1179
中型	Medium-sized Enterprises	11393	4254	224544	22500	200338	93
小型	Small Enterprises	9732	3518	244723	15277	225046	
微型	Micro Enterprises	87	32	3413	30	3383	
按登记注册类型分	**By Status of Registration**						
内资企业	Domestic Funded	63362	23413	1572923	406586	1156813	1179
国有企业	State-owned Enterprises	13674	5244	282748	82547	200148	
集体企业	Collective-owned Enterprises	5	1	50		50	
股份合作企业	Cooperative Enterprises	24	11	365	30	335	
有限责任公司	Limited Liability Corporations	39703	14154	1057271	307679	743447	1179
国有独资公司	State Sole Funded Corporations	11146	4189	239887	29280	210607	
其他有限责任公司	Other Limited Liability Corporations	28557	9965	817383	278399	532840	1179
股份有限公司	Share-holding Corporations Limited	6787	2849	160606	11387	148879	
私营企业	Private Enterprises	3062	1141	68175	4943	60245	
私营独资企业	Private-funded Enterprises	71	20	2359	84	2275	
私营有限责任公司	Private Limited Liability Corporations	2601	943	53957	4710	48538	
私营股份有限公司	Private Share-holding Corporations Ltd.	390	178	11859	149	9433	
其他企业	Other Enterprises	107	13	3708		3708	
港、澳、台商投资企业	Enterprises with Funds from Hong Kong, Macao and Taiwan	659	199	14773	671	14102	
合资经营企业(港或澳、台资)	Joint-venture Enterprises	259	59	5203	661	4542	
港澳台商独资经营企业	Enterprises with Sole Investment	103	39	6963		6963	
港澳台商投资股份有限公司	Share-holding Corporations Ltd.	86	40	1756		1756	
其他港澳台投资企业	Other Enterprises with Funds from Hong Kong, Macao and Taiwan	211	61	852	10	842	
外商投资企业	Foreign Funded Enterprises	2066	878	138134	1879	136109	93
中外合资经营企业	Joint-venture Enterprises	844	324	39898	1525	38228	93
外资企业	Enterprises with Sole Funds	1178	532	96992		96992	
外商投资股份有限公司	Share-holding Corporations Ltd.	44	22	1243	355	889	
按国民经济行业分	**By Sector**						
采矿业	Mining	4771	2131	115423	6374	109049	
煤炭开采和洗选业	Mining and Washing of Coal	996	415	26432	70	26362	
石油和天然气开采业	Extraction of Petroleum and Natural Gas	1503	752	47786	1813	45973	
有色金属矿采选业	Mining and Processing of Non-Ferrous Metal Ores	1446	562	19074	325	18749	
非金属矿采选业	Mining and Processing of Nonmetal Ores	41	9	537	65	472	
开采辅助活动	Support Activities for Mining	785	393	21594	4101	17494	
制造业	Manufacturing	59753	21943	1590794	402683	1178441	1272
农副食品加工业	Processing of Food from Agricultural Products	929	288	32385	1468	30340	
食品制造业	Manufacture of Foods	596	184	28250	101	27916	

18-10 续表 continued

分组	Item	R&D人员(人) R&D Personnel (person)	#研究人员 Research Personnel	R&D经费内部支出(万元) R&D Internal Expenditure (10 000 yuan)	#政府资金 Government Funds	#企业资金 Enterprises Funds	#境外资金 Foreign Funds
酒、饮料和精制茶制造业	Manufacture of Wine,Beverages and Refined Tea	702	252	26575	1114	25428	
烟草制品业	Manufacture of Tobacco	91	40	1437		1437	
纺织业	Manufacture of Textile	363	161	7763	334	7429	
纺织服装、服饰业	Manufacture of Textile and Clothing	92	46	470		470	
皮革、毛皮、羽毛及其制品和制鞋业	Manufacture of Leather, Fur, Feather and Related Products and Footwear	40	14	418		418	
木材加工和木、竹、藤、棕、草制品业	Processing of Timber, Manufacture of Wood, Bamboo, Rattan,Palm and Straw Products	82	37	4585	4	4581	
造纸和纸制品业	Manufacture of Paper and Paper Products	103	28	3680	36	3533	
印刷和记录媒介复制业	Printing, Reproduction of Recording Media	108	50	2780		2780	
文教、工美、体育和娱乐用品制造业	Manufacture of Articles for Culture, Education, Arts and Crafts, Sport and Entertainment Activities	42	3	955	1	954	
石油加工、炼焦和核燃料加工业	Processing of Petroleum, Coking, Processing Nuclear Fuel	1501	668	74060	660	71122	
化学原料和化学制品制造业	Manufacture of Chemical Raw Material and Chemical Products	3780	1544	102500	5942	96143	
医药制造业	Manufacture of Medicines	2723	958	74984	2412	72523	
化学纤维制造业	Manufacture of Chemical Fibers	22	10	1555		1555	
橡胶和塑料制品业	Manufacture of Rubber and Plastics	430	162	15934	1658	14275	
非金属矿物制品业	Manufacture of Non-metallic Mineral Products	441	170	13402	3164	9839	
黑色金属冶炼和压延加工业	Smelting and Pressing of Ferrous Metals	587	167	37676	1212	36464	
有色金属冶炼和压延加工业	Smelting and Pressing of Non-ferrous Metals	2884	908	95597	13140	81522	
金属制品业	Manufacture of Metal Products	2523	923	47732	9253	38479	
通用设备制造业	Manufacture of General Purpose Machinery	3479	1137	56478	7215	48887	
专用设备制造业	Manufacture of Special Purpose Machinery	3910	1577	86419	11781	74479	84
汽车制造业	Automotive Industry	4766	1387	60526	7284	53130	
铁路、船舶、航空航天和其他运输设备制造业	Manufacture of Railway,Shipping,Aerospace and Other Transport Equipments	15700	5292	467966	308302	158278	1188
电气机械和器材制造业	Manufacture of Electrical Machinery and Equipment	4095	1647	101464	4796	95271	
计算机、通信和其他电子设备制造业	Manufacture of Computers,Communication and Other Electronic Equipment	7153	3039	195980	20253	175526	
仪器仪表制造业	Manufacture of Measuring Instrument and Machinery	2337	1117	46069	2473	42600	
其他制造业	Other Manufacturing	98	45	2755	54	2701	
金属制品、机械和设备修理业	Industry of Metalwork,Machinery, and Equipment Repair	176	89	401	26	361	
电力、热力、燃气及水生产和供应业	Production and Distribution of Electricity, Gas and Water	1563	416	19613	79	19533	
电力、热力生产和供应业	Production and Supply of Electric Power and Heat Power	1542	408	18246	3	18242	
燃气生产和供应业	Production and Supply of Gas	21	8	1367	76	1291	

18-11 规模以上工业企业研究与试验发展(R&D)项目情况(2015年)
The Situation of Industrial Enterprises above Designated Projects (2015)

分组	Item	项目数 (项) Number of R&D Projects (item)	参加项目人员 (人) R&D Personnel (person)	项目人员全时当量 (人年) Full-time Equivalent of R&D Personnel (man-year)	项目经费内部支出 (万元) Expenditure on R&D Projects (10 000 yuan)
总计	**Total**	**4054**	**57584**	**38498**	**1545768**
按企业规模分	**Grouped by Size of Enterprises**				
大型	Large Enterprises	2017	38424	27066	1112297
中型	Medium-sized Enterprises	933	10090	6529	208246
小型	Small Enterprises	1095	8995	4861	221946
微型	Micro Enterprises	9	75	42	3278
按登记注册类型分	**By Status of Registration**				
内资企业	Domestic Funded	3907	55027	36633	1402136
国有企业	State-owned Enterprises	731	11516	8171	271428
集体企业	Collective-owned Enterprises	1	5	3	50
股份合作企业	Cooperative Enterprises	4	24	17	365
有限责任公司	Limited Liability Corporations	2294	35437	23593	944042
国有独资公司	State Sole Funded Corporations	655	9862	5923	219856
其他有限责任公司	Other Limited Liability Corporations	1639	25575	17671	724186
股份有限公司	Share-holding Corporations Limited	555	5168	3320	122128
私营企业	Private Enterprises	320	2770	1516	60424
私营独资企业	Private-funded Enterprises	6	70	32	2333
私营有限责任公司	Private Limited Liability Corporations	282	2364	1331	47313
私营股份有限公司	Private Share-holding Corporations Ltd.	32	336	153	10778
其他企业	Other Enterprises	2	107	13	3698
港、澳、台商投资企业	Enterprises with Funds from Hong Kong, Macao and Taiwan	36	604	390	13842
合资经营企业(港或澳、台资)	Joint-venture Enterprises	22	256	75	5131
港、澳、台商独资经营企业	Enterprises with Sole Investment	4	62	56	6435
港、澳、台商投资股份有限公司	Share-holding Corporations Ltd.	5	86	59	1487
其他港澳台投资企业	Other Enterprises with Funds from Hong Kong, Macao and Taiwan	5	200	200	789
外商投资企业	Foreign Funded Enterprises	111	1953	1475	129791
中外合资经营企业	Joint-venture Enterprises	73	799	520	32078
外资企业	Enterprises with Sole Funds	37	1121	948	96918
外商投资股份有限公司	Share-holding Corporations Ltd.	1	33	8	795
按国民经济行业分	**By Sector**				
采矿业	Mining	316	3153	1880	91256
煤炭开采和洗选业	Mining and Washing of Coal	80	796	549	25094
石油和天然气开采业	Extraction of Petroleum and Natural Gas	53	683	483	27391
有色金属矿采选业	Mining and Processing of Non-Ferrous Metal Ores	82	918	485	18831
非金属矿采选业	Mining and Processing of Non-metal Ores	4	34	20	437
开采辅助活动	Support Activities for Mining	97	722	343	19504
制造业	Manufacturing	3638	52938	36318	1435646
农副食品加工业	Processing of Food from Agricultural Products	103	883	385	30646
食品制造业	Manufacture of Foods	38	535	212	26864

18-11 续表 continued

分　组	Item	项目数 (项) Number of R&D Projects (item)	参加项目人员 (人) R&D Personnel (person)	项目人员全时当量 (人年) Full-time Equivalent of R&D Personnel (man-year)	项目经费内部支出 (万元) Expenditure on R&D Projects (10 000 yuan)
酒、饮料和精制茶制造业	Manufacture of Wine,Beverages and Refined Tea	71	598	297	23777
烟草制品业	Manufacture of Tobacco	20	86	24	175
纺织业	Manufacture of Textile	23	286	155	7748
纺织服装、服饰业	Manufacture of Textile and Clothing	1	92	11	470
皮革、毛皮、羽毛及其制品和制鞋业	Manufacture of Leather, Fur, Feather and Related Products and Footwear	8	30	6	407
木材加工和木、竹、藤、棕、草制品业	Processing of Timber, Manufacture of Wood, Bamboo, Rattan,Palm and Straw Products	8	80	46	3823
造纸和纸制品业	Manufacture of Paper and Paper Products	5	103	21	3392
印刷和记录媒介复制业	Printing, Reproduction of Recording Media	11	108	85	2162
文教、工美、体育和娱乐用品制造业	Manufacture of Articles for Culture, Education, Arts and Crafts, Sport and Entertainment Activities	3	42	13	784
石油加工、炼焦和核燃料加工业	Processing of Petroleum, Coking, Processing Nuclear Fuel	100	1345	921	71391
化学原料和化学制品制造业	Manufacture of Chemical Raw Material and Chemical Products	430	3385	2315	90298
医药制造业	Manufacture of Medicines	282	2439	1568	62632
化学纤维制造业	Manufacture of Chemical Fibers	1	20	11	1520
橡胶和塑料制品业	Manufacture of Rubber and Plastics	65	333	169	14291
非金属矿物制品业	Manufacture of Non-metallic Mineral Products	36	384	214	12136
黑色金属冶炼和压延加工业	Smelting and Pressing of Ferrous Metals	58	566	345	33502
有色金属冶炼和压延加工业	Smelting and Pressing of Non-ferrous Metals	167	2173	1511	93006
金属制品业	Manufacture of Metal Products	168	2409	2155	46196
通用设备制造业	Manufacture of General Purpose Machinery	209	2735	1406	44233
专用设备制造业	Manufacture of Special Purpose Machinery	262	3619	2276	81159
汽车制造业	Automotive Industry	163	4687	3146	58206
铁路、船舶、航空航天和其他运输设备制造业	Manufacture of Railway,Shipping,Aerospace and Other Transport Equipments	453	14086	11204	394741
电气机械和器材制造业	Manufacture of Electrical Machinery and Equipment	493	3831	2100	98602
计算机、通信和其他电子设备制造业	Manufacture of Computers,Communication and Other Electronic Equipment	330	6212	4641	185568
仪器仪表制造业	Manufacture of Measuring Instrument and Machinery	109	1691	1021	45013
其他制造业	Other Manufacturing	9	85	54	2504
金属制品、机械和设备修理业	Industry of Metalwork,Machinery, and Equipment Repair	12	95	5	401
电力、热力、燃气及水生产和供应业	Production and Distribution of Electricity, Gas and Water	100	1493	299	18865
电力、热力生产和供应业	Production and Supply of Electric Power and Heat Power	96	1472	289	17645
燃气生产和供应业	Production and Supply of Gas	4	21	10	1221

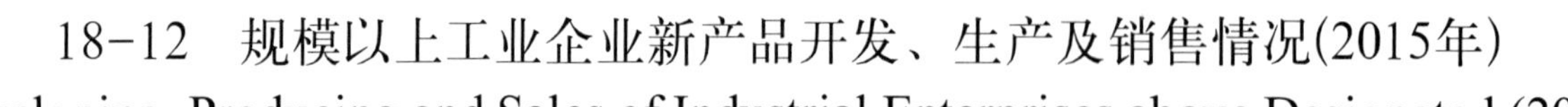

18-12 规模以上工业企业新产品开发、生产及销售情况(2015年)

Developing, Producing and Sales of Industrial Enterprises above Designated (2015)

分组	Item	新产品开发项目数(项) Number of New products Development Project (item)	新产品开发经费支出(万元) New products Development Expenditure (10 000 yuan)	新产品产值(万元) New products Output Value (10 000 yuan)	新产品销售收入(万元) New products Sales Income (10 000 yuan)
总计	**Total**	**4434**	**1637909**	**11726740**	**10409950**
按企业规模分	**Grouped by Size of Enterprises**				
大型	Large Enterprises	1907	1109935	8682624	7686550
中型	Medium-sized Enterprises	1075	236233	1856364	1565785
小型	Small Enterprises	1440	287203	1177877	1148306
微型	Micro Enterprises	12	4538	9875	9309
按登记注册类型分	**By Status of Registration**				
内资企业	Domestic Funded	4229	1473196	10084414	9134981
国有企业	State-owned Enterprises	825	266093	1499250	1286669
集体企业	Collective-owned Enterprises	1	20		
股份合作企业	Cooperative Enterprises	4	447	2797	2796
有限责任公司	Limited Liability Corporations	2289	1002793	7471332	6821959
国有独资公司	State Sole Funded Corporations	572	193984	1572233	1471479
其他有限责任公司	Other Limited Liability Corporations	1717	808809	5899099	5350481
股份有限公司	Share-holding Corporations Limited	619	123481	763205	683264
私营企业	Private Enterprises	490	78943	347830	340294
私营独资企业	Private-funded Enterprises	4	602	3951	4381
私营有限责任公司	Private Limited Liability Corporations	437	71717	322291	317698
私营股份有限公司	Private Share-holding Corporations Ltd.	49	6624	21589	18215
其他企业	Other Enterprises	1	1418		
港、澳、台商投资企业	Enterprises with Funds from Hong Kong, Macao and Taiwan	40	11822	412165	292378
合资经营企业(港或澳、台资)	Joint-venture Enterprises	26	6434	366241	261274
港澳台商独资经营企业	Enterprises with Sole Investment	1	2118		
港澳台商投资股份有限公司	Share-holding Corporations Ltd.	5	1756		
其他港澳台投资企业	Other Enterprises with Funds from Hong Kong, Macao and Taiwan	8	1514	45924	31104
外商投资企业	Foreign Funded Enterprises	165	152891	1230161	982591
中外合资经营企业	Joint-venture Enterprises	113	49116	252032	210630
外资企业	Enterprises with Sole Funds	51	102533	976385	771079
外商投资股份有限公司	Share-holding Corporations Ltd.	1	1243	1744	882
按国民经济行业分	**By Sector**				
采矿业	Mining	173	46989	106131	44306
煤炭开采和洗选业	Mining and Washing of Coal	50	18114	40216	40216
石油和天然气开采业	Extraction of Petroleum and Natural Gas	23	8704		
有色金属矿采选业	Mining and Processing of Non-Ferrous Metal Ores	45	7554		
非金属矿采选业	Mining and Processing of Nonmetal Ores	3	455	3432	3311
开采辅助活动	Support Activities for Mining	52	12162	62483	780
制造业	Manufacturing	4230	1581149	11607360	10348008
农副食品加工业	Processing of Food from Agricultural Products	123	36116	119207	117379
食品制造业	Manufacture of Foods	45	26068	62300	64603

18-12 续表 continued

分　　组	Item	新产品开发项目数（项）Number of New products Development Project (item)	新产品开发经费支出（万元）New products Development Expenditure (10 000 yuan)	新产品产值（万元）New products Output Value (10 000 yuan)	新产品销售收入（万元）New products Sales Income (10 000 yuan)
酒、饮料和精制茶制造业	Manufacture of Wine,Beverages and Refined Tea	79	23799	283880	302412
烟草制品业	Manufacture of Tobacco	24	1426	39466	35367
纺织业	Manufacture of Textile	21	7086	19114	19205
纺织服装、服饰业	Manufacture of Textile and Clothing	3	769		
皮革、毛皮、羽毛及其制品和制鞋业	Manufacture of Leather, Fur, Feather and Related Products and Footwear	9	437	7318	7318
木材加工和木、竹、藤、棕、草制品业	Processing of Timber, Manufacture of Wood, Bamboo, Rattan, Palm and Straw Products	6	4429	1477	5063
造纸和纸制品业	Manufacture of Paper and Paper Products	5	2421	3493	3960
印刷和记录媒介复制业	Printing, Reproduction of Recording Media	8	2064		
文教、工美、体育和娱乐用品制造业	Manufacture of Articles for Culture, Education, Arts and Crafts, Sport and Entertainment Activities	3	955	31	31
石油加工、炼焦和核燃料加工业	Processing of Petroleum, Coking, Processing Nuclear Fuel	40	19303	64658	64943
化学原料和化学制品制造业	Manufacture of Chemical Raw Material and Chemical Products	544	80631	340108	308628
医药制造业	Manufacture of Medicines	311	69291	474213	374437
化学纤维制造业	Manufacture of Chemical Fibers	2	1635		
橡胶和塑料制品业	Manufacture of Rubber and Plastics	73	16640	88643	78184
非金属矿物制品业	Manufacture of Non-metallic Mineral Products	42	14951	99293	130819
黑色金属冶炼和压延加工业	Smelting and Pressing of Ferrous Metals	52	41683	250780	267124
有色金属冶炼和压延加工业	Smelting and Pressing of Non-ferrous Metals	181	69328	972116	964150
金属制品业	Manufacture of Metal Products	170	48042	240067	226277
通用设备制造业	Manufacture of General Purpose Machinery	232	57948	507665	450652
专用设备制造业	Manufacture of Special Purpose Machinery	399	109114	501244	436959
汽车制造业	Automotive Industry	221	79916	1922824	1518940
铁路、船舶、航空航天和其他运输设备制造业	Manufacture of Railway,Shipping,Aerospace and Other Transport Equipments	474	527709	2590602	2508349
电气机械和器材制造业	Manufacture of Electrical Machinery and Equipment	588	111860	1084493	1012083
计算机、通信和其他电子设备制造业	Manufacture of Computers,Communication and Other Electronic Equipment	386	195286	1629280	1288841
仪器仪表制造业	Manufacture of Measuring Instrument and Machinery	169	29415	254247	113552
其他制造业	Other Manufacturing	8	2427	2242	2242
金属制品、机械和设备修理业	Industry of Metalwork,Machinery, and Equipment Repair	12	401	48602	46492
电力、热力、燃气及水生产和供应业	Production and Distribution of Electricity, Gas and Water	31	9771	13249	17635
电力、热力生产和供应业	Production and Supply of Electric Power and Heat Power	27	8416	11278	15950
燃气生产和供应业	Production and Supply of Gas	3	1334	1971	1685

18-13 规模以上工业企业自主知识产权保护情况(2015年)

分组	Item	专利申请数 (件) Number of Patent Application (piece)	#发明专利 Patent of Invention
总计	**Total**	**7521**	**3036**
按企业规模分	**Grouped by Size of Enterprises**		
大型	Large Enterprises	3832	1638
中型	Medium-sized Enterprises	1589	572
小型	Small Enterprises	2085	821
微型	Micro Enterprises	15	5
按登记注册类型分	**By Status of Registration**		
内资企业	Domestic Funded	7290	2942
国有企业	State-owned Enterprises	1380	725
集体企业	Collective-owned Enterprises		
股份合作企业	Cooperative Enterprises	8	
有限责任公司	Limited Liability Corporations	3953	1424
国有独资公司	State Sole Funded Corporations	997	327
其他有限责任公司	Other Limited Liability Corporations	2956	1097
股份有限公司	Share-holding Corporations Limited	1202	451
私营企业	Private Enterprises	747	342
私营独资企业	Private-funded Enterprises	1	
私营有限责任公司	Private Limited Liability Corporations	721	333
私营股份有限公司	Private Share-holding Corporations Ltd.	25	9
港、澳、台商投资企业	Enterprises with Funds from Hong Kong, Macao and Taiwan	49	13
合资经营企业(港或澳、台资)	Joint-venture Enterprises	26	10
港、澳、台商独资经营企业	Enterprises with Sole Investment	4	3
港、澳、台商投资股份有限公司	Share-holding Corporations Ltd.		
其他港澳台投资企业	Other Enterprises with Funds from Hong Kong, Macao and Taiwan	19	
外商投资企业	Foreign Funded Enterprises	182	81
中外合资经营企业	Joint-venture Enterprises	172	80
外资企业	Enterprises with Sole Funds	9	1
外商投资股份有限公司	Share-holding Corporations Ltd.	1	
按国民经济行业分	**By Sector**		
采矿业	Mining	676	243
煤炭开采和洗选业	Mining and Washing of Coal	181	20
石油和天然气开采业	Extraction of Petroleum and Natural Gas	337	152
有色金属矿采选业	Mining and Processing of Non-Ferrous Metal Ores	46	21
非金属矿采选业	Mining and Processing of Nonmetal Ores	90	37
开采辅助活动		22	13
制造业	Manufacturing	6606	2710
农副食品加工业	Processing of Food from Agricultural Products	122	59

Proprietary Intellectual Property Rights of Industrial Enterprises above Designated (2015)

有效发明专利数(件) Number of Effective Patent Invention (piece)	#境外授权 Abroad Authorization	专利所有权转让及许可数(项) Number of Patent Ownership Transfer and Permission (item)	专利所有权转让与许可收入(万元) Income of Patent Ownership Transfer and Permission (10 000 yuan)	发表科技论文(篇) Pulish Technical Thesis (piece)	拥有注册商标数(件) Number of Registered Trademark (piece)	#境外注册 Abroad Register	形成国家或行业标准数(项) Number of National and Trade Standards (item)
7506	**110**	**153**	**4563**	**5976**	**8365**	**1100**	**617**
3167	34	63	390	4555	3553	994	275
1776	14	13	2246	806	2437	81	188
2530	62	77	1928	597	2371	25	153
33				18	4		1
7257	110	150	4563	5944	8039	1088	613
1912	14	16	2436	1645	259	11	107
1					1		1
29		1			3		
3367	64	55	1926	2876	4681	794	288
591	20	23		829	831	136	119
2776	44	32	1925.5	2047	3850	658	169
1127	17	56	200	1228	1868	269	182
821	15	22	2	195	1227	14	35
					2		
790	15	21	2	180	1162	14	30
31		1		15	63		5
53		1		12	67		1
28		1		7	9		1
4				5			
2							
19					58		
196		2		20	259	12	3
168		2		15	24		2
25					**234**	**12**	
3				5	1		1
109	15			1442	19		33
18				600	8		1
47				609			
17				56	1		32
2				4	2		
25	15			173	8		
7306	95	153	4563	4120	8318	1100	584
51		2	451	20	54	1	4

18-13 续表

分 组	Item	专利申请数 (件) Number of Patent Application (piece)	#发明专利 Patent of Invention
食品制造业	Manufacture of Foods	63	20
酒、饮料和精制茶制造业	Manufacture of Wine,Beverages and Refined Tea	116	18
烟草制品业	Manufacture of Tobacco	24	2
纺织业	Manufacture of Textile	6	1
纺织服装、服饰业	Manufacture of Textile and Clothing		
皮革、毛皮、羽毛及其制品和制鞋业	Manufacture of Leather, Fur, Feather and Related Products and Footwear	14	2
木材加工和木、竹、藤、棕、草制品业	Processing of Timber, Manufacture of Wood, Bamboo, Rattan,Palm and Straw Products	3	
造纸和纸制品业	Manufacture of Paper and Paper Products	1	
印刷和记录媒介复制业	Printing, Reproduction of Recording Media	1	1
文教、工美、体育和娱乐用品制造业	Manufacture of Articles for Culture, Education, Arts and Crafts, Sport and Entertainment Activities	1	
石油加工、炼焦和核燃料加工业	Processing of Petroleum, Coking, Processing Nuclear Fuel	148	59
化学原料和化学制品制造业	Manufacture of Chemical Raw Material and Chemical Products	646	409
医药制造业	Manufacture of Medicines	125	70
化学纤维制造业	Manufacture of Chemical Fibers	6	5
橡胶和塑料制品业	Manufacture of Rubber and Plastics	55	22
非金属矿物制品业	Manufacture of Non-metallic Mineral Products	40	26
黑色金属冶炼和压延加工业	Smelting and Pressing of Ferrous Metals	66	17
有色金属冶炼和压延加工业	Smelting and Pressing of Non-ferrous Metals	178	117
金属制品业	Manufacture of Metal Products	203	77
通用设备制造业	Manufacture of General Purpose Machinery	338	106
专用设备制造业	Manufacture of Special Purpose Machinery	919	287
汽车制造业	Automotive Industry	688	147
铁路、船舶、航空航天和其他运输设备制造业	Manufacture of Railway,Shipping,Aerospace and Other Transport Equipments	1080	622
电气机械和器材制造业	Manufacture of Electrical Machinery and Equipment	749	213
计算机、通信和其他电子设备制造业	Manufacture of Computers,Communication and Other Electronic Equipment	692	300
仪器仪表制造业	Manufacture of Measuring Instrument and Machinery	242	95
其他制造业	Other Manufacturing	50	13
金属制品、机械和设备修理业	Industry of Metalwork,Machinery, and Equipment Repair	30	22
电力、热力、燃气及水生产和供应业	Production and Distribution of Electricity, Gas and Water	239	83
电力、热力生产和供应业	Production and Supply of Electric Power and Heat Power	239	83

continued

有效发明专利数（件）Number of Effective Patent Invention (piece)	#境外授权 Abroad Authorization	专利所有权转让及许可数（项）Number of Patent Ownership Transfer and Permission (item)	专利所有权转让与许可收入（万元）Income of Patent Ownership Transfer and Permission (10 000 yuan)	发表科技论文（篇）Pulish Technical Thesis (piece)	拥有注册商标数（件）Number of Registered Trademark (piece)	#境外注册 Abroad Register	形成国家或行业标准数（项）Number of National and Trade Standards (item)
38		1		18	167		86
69				58	371	11	20
5				65	157		1
				5	2	1	
			5				1
12					5		
10							
					1		
24							1
1				1			
111		6		330	35		32
528	16	33	2648	503	1554	175	50
327	9	2	200	101	1518	30	35
				6			
90				30	28		3
84				39	50		8
60				235	1		5
483		1	30	182	433	51	35
275		13	300	137	80		18
337		29		161	326	42	14
778	12	13	840	316	346	25	61
483	16			180	1772	709	29
837	14	13	90	706	213	2	91
582	4	23	0	360	141	4	42
883	9	5	304	437	942	49	41
473	6	12		219	109		6
16	9			10	12		
15				1	1		1
79				414	28		
79				414	28		

18-14 专 利 项 目

Patent Items

单位:件 (piece)

指 标	Item	2013	2014	2015
一、申请量总计	**Patents Application Accepted**	**57287**	**57512**	**74904**
发明专利	Inventions	26487	24399	17322
实用新型专利	Utility Models	26157	16067	21449
外观设计专利	Designs	4643	17046	36133
二、授权量总计	**Patents Application Granted**	**20836**	**22820**	**33350**
发明专利	Inventions	4133	4885	6812
实用新型专利	Utility Models	13936	15405	16151
外观设计专利	Designs	2767	2530	10387

18-15 各类技术合同签定情况

Statistics on Technical Contracts Signed by Type

指 标	Item	合同数(项) Number of Contracts (unit)		成交金额(亿元) Turnover Fulfilled (100 million yuan)	
		2014	2015	2014	2015
合 计	**Total**	**25963**	**22499**	**639.98**	**721.76**
技术开发合同	Technical Development Contracts	9894	9342	320.02	312.88
技术转让合同	Technology Transfer Contracts	330	378	25.02	11.93
技术咨询合同	Technical Consultation Contracts	797	431	41.05	6.93
技术服务合同	Technical Service Contracts	14942	12348	253.88	390.02

18-16 文 化 事 业
Development of Culture Industry

指　　标	Item	2013	2014	2015
艺术表演团体演出场次(万场次)	Number of Performance of Art Troupes (10 000 shows)	2.5	2.4	3.4
观众人次 (万人次)	Number of Spectators (10 000 person-times)	2681	2110	4322
图书馆藏书数 (万册)	Total Collections in Public Libraries (10 000 volumes)	1377	1514	1506
书刊文献外借人次 (万人次)	Number of Books Borrowed by the Readers (10 000 person-times)	335	354	389
书刊文献外借册数 (万册次)	Number of Books and Magazines Lent to Readers (10 000 volume-times)	609	635	681

注：2013年公共图书馆藏书量不含电子图书。
a)The public library hldings don't include electronic book.

18-17 文化事业机构和人员
Number of Institution and Personnel in Cultural Industry

指　　标	Item	2013		2014		2015	
		机构数(个) Number of Institutions (unit)	人　数(人) Number of Persons (person)	机构数(个) Number of Institutions (unit)	人　数(人) Number of Persons (person)	机构数(个) Number of Institutions (unit)	人　数(人) Number of Persons (person)
总　　计	**Total**	**2318**	**21963**	**2136**	**22019**	**2134**	**21523**
# 一、艺术事业	Arts	179	7757	177	7841		
# 表演团体	Arts Performance Troupes	92	6142	91	6137	93	6171
表演场所	Arts Performance Places	84	1588	83	1687	83	1639
二、图书馆事业	Public Libraries	114	2231	114	2167	110	2121
三、群众文化事业	Mass Culture	1772	7567	1772	7590	1591	7384
四、艺术教育事业	Culture and Education	5	228	5	217	4	157

18-18 群众艺术馆、文化馆(站)活动情况
Activities Statistics on Mass Art Centers and Cultural Centers(Stations)

指 标	Item	2013	2014	2015
机构数 (个)	Number of Institutions (unit)	1772	1772	1591
举办展览次数 (次)	Number of Exhibitions (unit)	5441	5299	5229
组织文艺活动次数 (次)	Art Performances and Story-telling Sessions (time)	18113	20186	21539
举办训练班班次 (次)	Number of Training Courses (time)	11147	12222	11801
举办训练班结业人数(万人次)	Number of Training Course Completers (10 000 person-times)	94	103	99
藏 书 (万册)	Books Collected (10 000 volumes)	475	515	492
总收入 (万元)	Total Income (10 000 yuan)	51503	56658	57119
总支出 (万元)	Total Expenditure (10 000 yuan)	52184	57618	89033

注：本表含乡镇文化站的活动情况。

a) Data in this table include those of township cultural stations.

18-19 文 物 事 业
Development of Cultural Relics

指 标	Item	2013	2014	2015
文物机构	**Cultural Relics Institutions**			
机构数 (个)	Number of Institutions (unit)	476	493	625
人员数 (人)	Number of Persons (person)	11555	13054	14099
藏品件数 (件)	Number of Collections (piece)	1355289	1636437	2885836
# 一级品	Grade One	8070	8180	8612
二级品	Grade Two	15878	14592	15068
三级品	Grade Three	83058	86507	87292
参观人次 (万人次)	Number of Spectators (10 000 person-times)	3968	4927	5291
# **博物馆**	**Museums**			
机构数 (个)	Number of Institutions (unit)	221	238	249
人员数 (人)	Number of Persons (person)	6225	7101	8245
藏品件数 (件)	Number of Collections (piece)	1174563	1436898	2675637
# 一级品	Grade One	7517	7630	7788
二级品	Grade Two	14415	13141	13299
三级品	Grade Three	72303	74626	75224
参观人次 (万人次)	Number of Spectators (10 000 person-times)	2874	3831	4208
基本陈列 (个)	Permanent Exhibition (unit)	425	531	652
举办展览 (个)	Exhibition Hold (unit)	422	259	392

注：1.2015年行政主管机构纳入机构统计数。

2.博物馆含民营博物馆、行业博物馆。

2.2014年规范了临时展览的统计口径，由承办展览单位填报，出展单位不再重复填报。

a) The Number of Institutions include Administrative Institutions.

b) Museums include those run by private institutions and Industry museums.

c) The statistic scope of temporary exhibition was revised in 2014,which refers to number reported by the organizer.

18-20 广播电视基本情况
Basic Statistics on Radio and Television

指 标	Item	2013	2014	2015
一、无线广播宣传基本情况	**Radio**			
广播电台 (座)	Number of Broadcasting Stations (set)	10	10	10
调频广播发射台 (座)	Relaying Stations of Frequency Modulation Broadcasting (unit)	171	171	213
调频广播发射机部数和功率 (部／千瓦)	Stations and Power of Frequency Modulation Broadcasting (unit/kw)	378/465.85	381/476.95	383/480.05
节目套数 (套)	Number of Radio Programs (set)	107	107	107
全年播出时间(时: 分)	Length of Public Radio Programs Broadcasted(hour:minute)	458272:55	484669：18	470310：11
广播人口覆盖率 (%)	Radio Coverage of Population (%)	97.37	97.77	98.06
全年制作广播节目(时)	Length of Radio Programs Produced (hour)	254575	241756	245921
新闻节目	News Programs	51025	45578	43085
专题节目	Special Subject Programs	70035	63228	60596
文艺节目	General Entertainment Programs	61688	58997	66413
其他类	Others	71827	73953	75827
二、电视宣传基本情况	**Television**			
电视台 (座)	Number of TV Stations (set)	10	10	10
发射台及转播台 (座)	TV Transmission and Relaying Stations (unit)	124	124	213
发射机功率(部／千瓦)	Power of Transmision (unit/kw)	238/537.44	238/537.44	240/538.44
节目套数 (套)	Number of TV Programs (set)	123	123	123
全年播出时间(时: 分)	Length of Public TV Programs Broadcasted (hour:minute)	611538:34	611069	594965:17
电视人口覆盖率 (%)	TV Coverage of Population (%)	98.26	98.49	98.71
制作电视节目 (时)	Length of TV Programs Produced (hour)	118154	110336	117762
新闻节目	News Programs	36690	35747	36806
专题节目	Special Subject Programs	26453	27729	26420
文艺节目	General Entertainment Programs	16868	14638	15938
影视剧节目	TV Play Programs	1837	486	461
其他节目	Others	36306	31735	38137
三、县广播电视台 (个)	Number of Broadcasting Stations (unit)	88	88	88

注：2015年调频广播发射台含调频广播发射台和电视发射台。
a) Number of relaying stations of frequency modulation in 2015 include relaying stations of frequency modulation and TV.

18-21 图 书 出 版
Number of Books Published

类 别	Category	图书种数(种) Number of Publications (kind)		总印数(万册) Printed Copies (10 000 copies)	
		2013	2014	2013	2014
图书总计	**Total**	**9395**	**9334**	**19328**	**18925**
一、使用“中国标准书号”部分合计	Publications with "China International Standard Book Number"	9385	9332	19325	18925
A.马列主义、毛泽东思想	Marxism-Leninism, Mao Zedong Thought	15	18	16	15
B.哲 学	Philosophy	123	112	56	55
C.社会科学总论	General Social Sciences	51	60	17	19
D.政治、法律	Politics and Law	181	159	252	386
E.军 事	Military Affairs	35	39	26	18
F.经 济	Economics	235	273	67	67
G.文化、科学、教育、体育	Culture, Science, Education and Sports	5264	5077	17040	16770
H.语言、文字	Languages	407	351	288	225
I.文 学	Literature	934	668	586	397
J.艺 术	Arts	274	287	169	91
K.历史、地理	History and Geography	350	366	155	156
N.自然科学总论	General Natural Sciences	5	8	3	5
O.数理科学、化学	Mathematics and Chemistry	166	200	100	91
P.天文学、地球科学	Astronomy and Geology	21	25	39	23
Q.生物科学	Biology	56	60	33	33
R.医药、卫生	Medicine and Health Care	414	637	156	226
S.农业科学	Agricultural Science	70	91	22	25
T.工业技术	Industrial Technology	679	763	219	249
U.交通运输	Transportation	25	41	45	22
Y.航空、航天	Aeronautics and Aerospace	19	26	4	14
X.环境科学	Environmental Science	20	22	16	15
Z.综合性图书	General Books	41	49	16	20
二、不使用“中国标准书号”部分合计	Publications without "China International Standard Book Number"	10	2	3	0.1

18-22 杂志、报纸出版
Number of Magazines and Newspapers Published

类别	Category	种数(种) Number of Publications (kind)		总印数(万份) Printed Copies (10 000 copies)		总印张(千印张) Printed Sheets (1 000 sheets)	
		2013	2014	2013	2014	2013	2014
一、杂　志	**Magazines**	**267**	**267**	**5498**	**5305**	**389092**	**378577**
1.综　合	Synthesis	4	4	7	7	412	405
2.哲学、社会科学	Philosophy and Social Science	49	49	1701	1698	102404	108428
3.自然科学技术	Natural Science and Technology	158	158	646	527	55900	41732
4.文化教育	Culture and Education	38	38	1990	1903	183817	175328
5.文学、艺术	Literature and Arts	12	12	276	223	18117	15415
6.少年儿童	Children's Books	4	4	864	928	27276	35372
7.画　刊	Pictorials	2	2	14	20	1166	1897
二、报　纸	**Newspapers**	**44**	**43**	**68281**	**68245**	**4344767**	**4355040**
1.省　级	Provincial-level Newspapers	29	27	41652	43445	3398831	3526870
2.市　级	City-level Newspapers	15	15	26629	24530	945936	825468

18-23 各市(区)文化事业情况(2015年)
Basic Statistics on Cultural Industry by City(District)(2015)

地区	Region	公共图书馆 (个) Public Libraries (unit)	公共图书馆藏书量 (千册) Total Collections (1000 volumes)	群众艺术馆文化馆 (个) Art Centers Cultural Centers (unit)	文化站 (个) Cultural Stations (unit)	广播人口覆盖率 (%) Radio Coverage of Population (%)	电视人口覆盖率 (%) TV Coverage of Population (%)
全　省	**Shaanxi**	**110**	**15064**	**122**	**1469**	**98.06**	**98.71**
西安市	Xi'an	12	1883	15	183	99.55	99.01
铜川市	Tongchuan	5	532	5	38	99.67	99.98
宝鸡市	Baoji	13	1506	14	119	99.93	99.96
咸阳市	Xianyang	12	1229	14	164	99.47	99.62
渭南市	Weinan	11	984	12	129	95.87	97.50
#韩城市	Hancheng	1	147	1	8	99.60	99.95
延安市	Yan'an	13	957	15	176	99.38	99.83
汉中市	Hanzhong	11	803	13	193	98.11	99.05
榆林市	Yulin	12	1312	13	223	96.71	96.81
安康市	Ankang	11	605	11	141	95.24	97.37
商洛市	Shangluo	8	592	8	98	95.85	99.00
杨凌示范区	Yangling	1	19	1	5	100.00	100.00
省直单位	Others	1	4641	1			

注：公共图书馆藏书量不含电子图书。
a)The public library hldings don't include electronic book.

主要统计指标解释

普通高等学校　指按国家规定的设置标准和审批程序批准举办的，通过全国普通高等学校统一招生考试，招收高中毕业生为主要培养对象，实施高等学历教育的全日制大学、独立设置的学院和高等专科学校、高等职业学校及其他机构（独立学院和分校、大专班）。

大学、独立设置的学院主要实施本科层次以上教育。高等专科学校、高等职业学校实施专科层次教育。其他机构是承担国家普通招生计划任务不计校数的机构，包括独立学院、普通高等学校分校、大专班和批准筹建的普通高等学校等。独立学院指由普通本科高校按新机制、新模式举办的本科层次的二级学院，一些普通本科高校按公办机制和模式建立的二级学院，“分校”或其他类似的二级办学机构不属此范畴。

成人高等学校　指按照国家规定的设置标准和审批程序批准举办的，通过全国成人高等教育统一招生考试，招收具有高中毕业或同等学历的人员为主要培养对象，利用函授、业余、脱产等多种形式对其实施高等学历教育的学校。包括职工高等学校、农民高等学校、管理干部学院、教育学院、独立函授学院、广播电视大学、其他机构等。其他机构是承担国家成人招生计划任务不计校数的机构。

小学学龄儿童净入学率　指调查范围内已入小学学习的学龄儿童占校内外学龄儿童总数(包括弱智儿童，不包括盲聋哑儿童)的比重。计算公式为：

$$\text{小学学龄儿童净入学率}=\frac{\text{已入学的小学学龄儿童数}}{\text{校内外小学学龄儿童总数}}\times 100\%$$

研究与试验发展(R&D)　指在科学技术领域，为增加知识总量，以及运用这些知识去创造新的应用进行的系统的创造性的活动，包括基础研究、应用研究、试验发展三类活动。国际上通常采用 R&D 活动的规模和强度指标反映一国的科技实力和核心竞争力。

R&D 人员　指参与研究与试验发展项目研究、管理和辅助工作的人员，包括项目(课题)组人员，企业科技行政管理人员和直接为项目(课题)活动提供服务的辅助人员。反映投入从事拥有自主知识产权的研究开发活动的人力规模。

R&D 人员全时当量　指全时人员数加非全时人员按工作量折算为全时人员数的总和。例如：有两个全时人员和三个非全时人员(工作时间分别为 20%、30%和 70%)，则全时当量为 2+0.2+0.3+0.7=3.2 人年。为国际上比较科技人力投入而制定的可比指标。

R&D 经费支出合计　指调查单位用于内部开展 R&D 活动（基础研究、应用研究和试验发展）的实际支出。包括用于 R&D 项目（课题）活动的直接支出，以及间接用于 R&D 活动的管理费、服务费、与 R&D 有关的基本建设支出以及外协加工费等。不包括生产性活动支出、归还贷款支出以及与外单位合作或委托外单位进行 R&D 活动而转拨给对方的经费支出。

专业技术人员　指从事专业技术工作和专业技术管理工作的人员，即企事业单位中已经聘任专业技术职务从事专业技术工作和专业技术管理工作的人员，以及未聘任专业技术职务，现在专业技术岗位上工作的人员。包括工程技术人员，农业技术人员，科学研究人员，卫生技术人员，教学人员，经济人员，会计人员，统计人员，翻译人员，图书资料、档案、文博人员，新闻出版人员，律师、公证人员，广播电视播音人员，工艺美术人员，体育人员，艺术人员及企业政治思想工作人员，共十七个专业技术职务类别。用来反映科技人力资源情况。

专利　是专利权的简称，是对发明人的发明创造经审查合格后，由专利局依据专利法授予发明人和设计人对该项发明创造享有的专有权。包括发明、实用新型和外观设计。反映拥有自主知识产权的科技和设计成果情况。

发明（专利）　指对产品、方法或者其改进所提出的新的技术方案。是国际通行的反映拥有自主知识产权技术的核心指标。

实用新型（专利）　指对产品的形状、构造或者其结合所提出的适于实用的新的技术方案。反映具有一定技术含量的技术成果情况。

外观设计（专利）　指对产品的形状、图案、色彩或者其结合所作出的富有美感并适于工业上应用的新设计。反映拥有自主知识产权的外观设计成果情况。

艺术表演团体　指由文化部门主办或实行行业管理（经文化市场行政部门审批或已申报登记并领取相关许可证），专门从事表演艺术等活动的各类专业艺术表演团体，含民间职业剧团。如话剧团、方言话剧团、滑稽剧团、儿童剧团、歌剧团、木偶团、皮影团等以及由若干剧种组成的综合性专业艺术表演团体。不包括群众业余文艺表演团体。

艺术表演场馆　指由文化部门主办或实行行业管理（经文化市场行政部门审批或已申报登记并领取相关许可证），有观众席、舞台、灯光设备，公开售票、专供文艺团体演出的文化活动场所。附属于文化部门机构内非独立核算的剧场、排演场，公开营业的也应单独统计。

广播/电视节目综合人口覆盖率　指根据原国家广电总局制定的《广播电视人口覆盖率统计技术标准和方法》进行统计调查的，在对象区内能接收到由中央、省、地市或县通过无线、有线或卫星等各种技术方式转播的各级广播/电视节目的人口数占全国总人口数的百分比。

Explanatory Notes on Main Statistical Indicators

Regular Institutions of Higher Education refer to educational establishments set up according to the government evaluation and approval procedures, recruiting graduates from senior secondary schools as the main target by National Matriculation TEST. They include full-time universities, colleges, institutions of higher professional education, institutions of higher vocational education, institutions of higher vocational education and others (non-university tertiary, branch schools and undergraduate classes).

Universities and colleges primarily provide undergraduate courses; institutions of higher professional education and institutions of higher vocational education primarily provide professional trainings; and others refer to educational establishments, which are responsible for enrolling higher education students under the State Plan but not enumerated in the total number of schools, including: branch schools of universities and colleges, and universities and colleges that have been approved and under plan for construction. Non-university tertiary refers to the regular undergraduate branch college which is running in new mechanism and mode, excluding the branch schools and other similar branches of educational institutions.

Institutions of Higher Education for Adults refer to educational establishments, set up in line with relevant rules approved by the government, enrolling staff and workers with senior secondary school or equivalent education, and providing higher education courses in many forms of correspondence, spare time, or full time for adults. Professionals thus trained receive a qualification equivalent to graduates studying regular courses at regular universities, colleges and professional colleges. Institutions of higher learning for adults include schools of higher education for staff and workers, schools of higher education for peasants, colleges for management cadres, pedagogical colleges, independent correspondence colleges, Radio and TV universities and other educational establishments. Other educational establishments have undertakings to enrol adult students but not enumerated in the schools under the State Plan.

Net Enrolment Ratio of Primary Schools refers to the proportion of school age children enrolled at schools to the total number of school age children both in and outside schools (including retarded children, but excluding blind, deaf and mute children). The formula is:

$$\text{Net Enrolment Ratio of Primary Schools} = \frac{\text{Total Primary School - age Children at Schools}}{\text{Total Primary School - age Children Whether or Not Attending School}} \times 100\%$$

Research and Development (R&D) refers to systematic and creative activities in the field of science and technology aiming at increasing the knowledge and using the knowledge for new application. R&D includes 3 categories of activities: basic research, applied research and experimentation for development. The scale and intensity of R&D are widely used internationally to reflect the strength of S&T and the core competitiveness of a country in the world.

R & D Personnel refer to persons engaged in research, management and supporting activities of R & D, including persons in the project teams, persons engaged in the management of S&T activities of enterprises and supporting staff providing direct service to the research projects. This indicator reflects the size of personnel engaged in R&D activities with independent intellectual property.

Full-time Equivalent of R&D Personnel refers to the sum of the full-time persons and the full-time equivalent of part-time persons converted by workload. For instance, if there are 2 full-time persons and 3 part-time workers (20%, 30% and 70% of working hours respectively on R&D activities), the full-time equivalent are 2+0.2+0.3+0.7=3.2 person-years. This is an internationally comparable indicator of S&T manpower input.

Total Expenditure of Funds on R&D refers to the real expenditure of surveyed units on their own R&D activities (basic research, application study, test and development) including direct expenditure on R&D activities, indirect expenditure of management and services on R&D activities, expenditure on capital construction and material processing by others. Excluding the expenditure on production activities, return of loan, and fees transferred to cooperated and entrusted agencies on R&D activities.

Professional and Technical Personnel refer to persons engaged in professional and technical work or in the management of professional and technical activities, i.e., people with professional or technical positions who are engaged in professional and technical work or in the management of professional and technical activities, and people without professional or technical positions but are working on professional or technical posts. They include professionals and technicians working in 17 categories of technical occupations including engineering, agriculture, scientific researches, medical service, teaching, economic research and application, accounting, statistics, translation, libraries, archives, cultural and museum service, journalism and publication, lawyers, notarization service, radio and television broadcasting, handicraft and fine arts, sports, performing art, and political workers in enterprises. This indicator reflects the condition of human resources in S&T.

Patent is an abbreviation for the patent right and refers to the exclusive right of ownership by the inventors or designers for the creation or inventions, given from the patent offices after due process of assessment and approval in accordance with the Patent Law. Patents are granted for inventions, utility models and designs. This indicator reflects the achievements of S&T

and design with independent intellectual property.

Patented Inventions refer to new technical proposals to the products or methods or their modifications. This is universal core indicator reflecting the technologies with independent intellectual property.

Patented Utility Models refer to the practical and new technical proposals on the shape and structure of the product or the combination of both. This indicator reflects the condition of technological results with certain technical content.

Designs refer to the aesthetics and industrially applicable new designs for the shape, pattern and colour of the product, or their combinations. This indicator reflects the appearance design achievements with independent intellectual property.

Arts Performance Troupes refer to the various professional performing arts groups, which sponsored by the cultural sectors or guided by the cultural society (approved by the cultural market administration, or registered and permitted with the relative certificate), including non-governmental troupes, such as drama troupes, dialect troupes, comedy troupes, children troupes, Opera troupes, puppetry troupes, Shadowgraph troupes, etc., comprehensive professional arts performance troupes. The mass sparetime arts performance troupes are not included.

Arts Performance Places refer to the various sites for cultural activities, which sponsored by the cultural sectors or guided by the cultural society (approved by the cultural market administration, or registered and permitted with the relative certificate), with the facility of auditorium, stage, and lighting, and selling tickets in public, including the opera halls and rehearse sites, etc. which are affiliated to the culture sectors without independent financial accounts and open to the public.

The Population Coverage Rate of Radio/Television refers to the percentage of the whole country's population who can receive radio/television programmes transmitted by national, provincial, municipal or county stations through wireless, cable or satellite techniques, according to *Statistical Standard and Method on Television and Radio Coverage of Population* established by the former State Administration of Broadcasting, Film and Television.

十九、体育、卫生和其他

Sports, Public Health and Others

资料整理：杨小侠

简 要 说 明

一、本篇资料反映陕西体育、卫生、社会福利、安全生产等情况。

二、本篇资料主要内容及资料来源:

体育部分主要包括体育系统职工人数、群众体育活动开展情况及运动竞技成绩等，资料由省体育局提供。

卫生部分主要包括卫生机构、床位及人员数，农村合作医疗情况等，资料由省卫生厅提供。

社会福利部分主要包括各种社会福利事业的机构数、收养救济人数、婚姻登记状况等，资料由省民政厅提供。

交通、火灾、伤亡事故情况由省公安厅、省安全生产监督管理局提供。

律师、公证及人民调解工作等资料由省司法厅提供。

Brief Introduction

Ⅰ. This chapter reflects the development of Shaanxi's sports, public health, social welfare, safe production and other undertakings.

Ⅱ. Primary coverage and data sources:

The data on sports mainly include the number of staff and workers in sports departments, mass sports and athletics sports, etc. The data are provided by Shaanxi Provincial Bureau of Sports.

The data on public health mainly include the number of health institutions, hospital beds and personnel, situation of rural cooperative medical service and etc. The data are provided by Shaanxi Provincial Department of Public Health.

The data on social welfare mainly include the number of institutions, the number of persons receiving social welfare relief funds and marriage registration status, etc. The data are provided by Shaanxi Provincial Department of Civil Affairs.

The data on traffic, fire and casualties accident are provided by Shaanxi Provincial Department of Public Security and Shaanxi Provincial Bureau of Work Safety.

The data on lawyer, notarization and the people's mediation work are provided by Shaanxi Province Federation of Trade Unions, Shaanxi Women's Federation and Shaanxi Provincial Department of Justice.

19.体育、卫生和其他

2015年全省		
等级运动员发展人数	593	人
等级裁判员发展人数	1886	人
卫生机构数（不含个体诊所）	6186	个
# 医 院	2612	个
卫生技术人员	26.54	万人
# 执业(助理)医师	7.95	万人

卫生技术人员和医生数（万人）

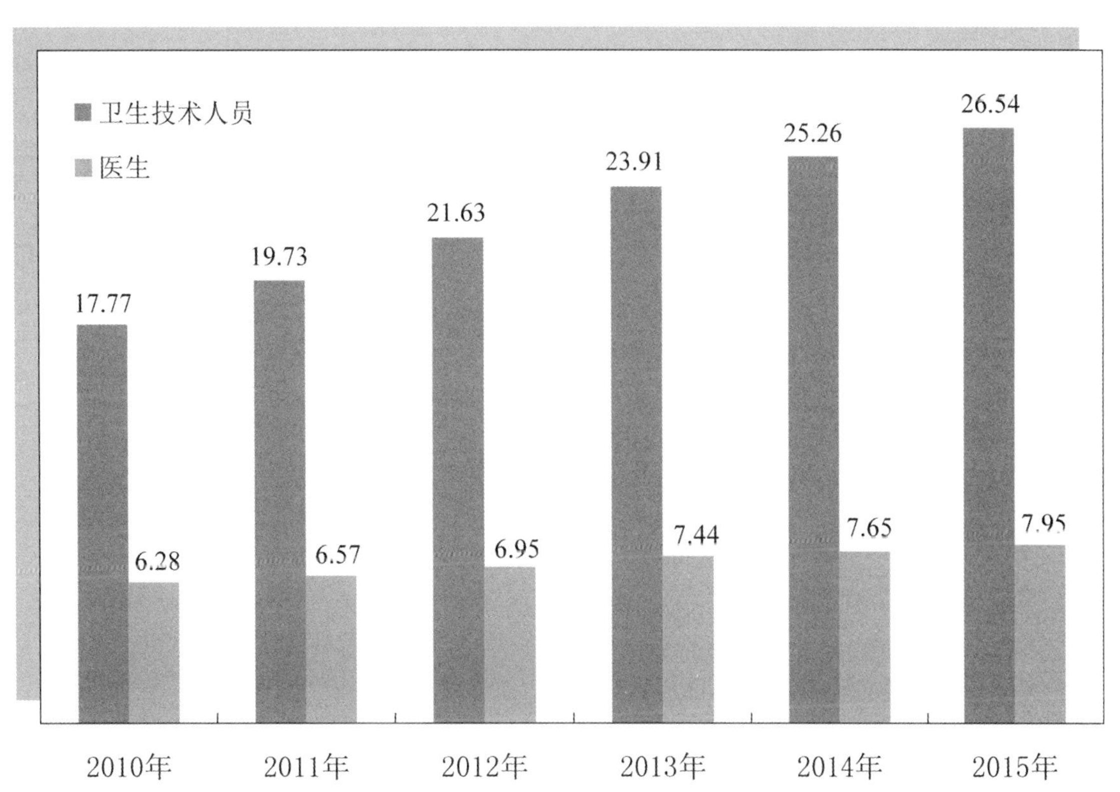

19-1 体 育 事 业
Statistics on Sports Industry

指 标	Item	2011	2012	2013	2014	2015
一、体育系统职工人数 (人)	Employees Sports System (person)	5393	5770	5172	5514	5446
二、等级运动员发展人数 (人)	Number of Class Athlete Development (person)	466	496	685	832	593
#女运动员	Female Athletes	180	152	245	348	150
#国际健将	International Masters Sports	4	5	1	5	2
运动健将	Masters of Sports	35	21	35	30	33
三、等级裁判员发展人数 (人)	Number of Graded Referees (person)	519	965	1191	2403	1886
#女裁判员	Female Referees	135	255	271	672	456
#国家级	National Referees	16			17	
四、少年儿童业余体校 (所)	Spare-time Sports School (unit)	66	82	65	81	76
#重点体校	Key Sports School	26	8	8	10	10
在校学生 (人)	Number of Students in School (person)	8967	9822	10233	10835	9861
五、取得冠军次数 (次)	Number of Champions (time)	41	26	35	26	18
世界冠军	International Champion	16	10	16	7	2
亚洲冠军	Asian Champions		2	2	10	1
全国冠军	National Champion	25	14	17	9	15

19-2 等级运动员发展人数(2015年)
Number of Athletes in Grades by Type of Sports (2015)

单位：人 (person)

地 区	Region	等级运动员 Number of Athletesin Grades	#女 Women	#国际级健将 International Masters Sports	#运动健将 Masters of Sports	#一 级 First Grade	#二 级 Second Grade
全 省	**Shaanxi**	**593**	**150**	**2**	**33**	**182**	**329**
省级直属	Directly under the Provincial	264	47	2	33	182	
西 安 市	Xi'an	23	3				23
铜 川 市	Tongchuan	25	7				25
宝 鸡 市	Baoji	35	16				35
咸 阳 市	Xianyang	49	14				49
渭 南 市	Weinan	47	24				47
延 安 市	Yan'an	57	10				57
汉 中 市	Hanzhong	68	25				68
榆 林 市	Yulin						
安 康 市	Ankang	17	3				17
商 洛 市	Shangluo	8	1				8

19-3 卫生机构、床位及人员数
Number of Health Units, Beds and Staff

年份 Year	卫生机构(个) Health Institutions (unit)	#医院 Hospitals	卫生机构床位(万张) Number of Hospital Beds (10 000 beds)	#医院 Hospitals	卫生技术人员(万人) Medical Technical Personnel (10 000 persons)	#医生 Doctors	#护士(师) Nurses
1978	5598	3064	5.39	4.99	7.12	3.43	1.11
1979	5780	3078	5.78	5.32	7.58	3.60	1.17
1980	5845	3095	6.08	5.52	8.05	3.72	1.19
1981	6158	3109	6.37	5.72	8.84	4.07	1.40
1982	6369	3113	6.51	5.92	9.23	4.20	1.57
1983	6280	3106	6.66	6.06	9.57	4.38	1.73
1984	6251	3119	6.87	6.23	10.01	4.63	1.81
1985	6346	2218	7.20	6.46	10.61	4.97	1.88
1986	6309	2439	7.45	6.70	10.89	5.12	1.93
1987	6293	2559	7.68	6.95	11.22	5.29	2.04
1988	6248	2502	8.03	7.22	11.48	5.70	2.41
1989	6312	2515	8.29	7.47	11.63	5.84	2.64
1990	6416	2521	8.55	7.80	11.82	5.91	2.72
1991	6433	2577	9.02	8.22	11.99	5.87	2.81
1992	6404	2604	9.29	8.51	12.33	5.97	2.87
1993	6215	2389	9.56	8.81	12.28	5.89	2.91
1994	6227	3040	9.84	9.07	12.60	6.20	3.03
1995	6215	3313	9.88	9.05	12.80	6.28	3.10
1996	6033	3315	9.59	9.05	12.82	6.30	3.10
1997	5947	3217	9.48	9.04	12.99	6.23	3.25
1998	5639	2779	9.48	9.09	13.03	6.17	3.37
1999	5493	2753	9.68	9.22	13.28	6.37	3.48
2000	5572	2779	9.69	9.26	13.34	6.43	3.56
2001	5563	2780	9.91	9.43	13.53	6.60	3.62
2002	5240	2748	10.00	9.53	13.53	5.95	3.65
2003	5039	2740	10.27	9.89	13.47	6.03	3.72
2004	5138	2710	10.31	9.97	13.46	5.97	3.75
2005	5366	2674	10.67	10.34	13.66	6.03	3.85
2006	5385	2672	11.12	10.90	13.91	6.06	4.07
2007	4753	2645	11.78	11.42	14.17	5.93	4.25
2008	4429	2629	12.52	12.31	14.82	5.81	4.69
2009	4421	2660	13.45	13.05	16.29	6.13	5.44
2010	4638	2639	14.24	13.72	17.77	6.28	6.13
2011	4669	2611	15.38	14.69	19.73	6.57	7.02
2012	4684	2603	16.92	16.31	21.63	6.95	7.94
2013	6290	2634	18.51	17.93	23.91	7.44	8.96
2014	6314	2587	19.94	18.57	25.26	7.65	9.72
2015	6186	2612	21.19	20.63	26.54	7.95	10.43

注：1.本表卫生机构不含个体诊所，医院、医院床位数含卫生院、妇幼保健院和专科疾病防治院。2013年起新增计划生育技术服务机构。
2.2002年起医生为执业医师和执业助理医师，护士(师)为注册护师。

a) The health institutions in the table does not include private clinics.Hospitals and hospital beds include health center, women and children care agencies and specialized disease prevention &treatment institutes. Since 2013, Family Planning Technical Service Institutions.

b) Since 2002, doctors refer to practicing physicians, practicing physician assistants, nurses (division) refer to registered nurses.

19-4 各类卫生机构、床位及人员数(2015年)
Number of Various Health Units, Beds and Staff (2015)

指标	Item	机构数(个) Health Institutions (unit)	床位数(张) Beds (bed)	人员合计(人) Persons Engaged (person)	卫生技术人员 Medical Technical Personnel	其他技术人员 Other Technical Personnel	管理人员 Management	工勤人员 Support Staff
总计	**Total**	**37030**	**211885**	**349892**	**265381**	**4041**	**24606**	**22691**
一、医院	Hospitals	1014	167248	207121	174066	1948	14998	16109
综合医院	Comprehensive Hospitals	704	125440	159588	134752	1465	11363	12008
中医医院	Hospitals of Traditional Chinese Medicine	154	26071	30552	25876	341	2006	2329
中西医结合医院	Hospitals Combined by Medium Doctors	9	1200	1497	1246	49	129	73
专科医院	Specialized Hospitals	145	14485	15449	12178	93	1489	1689
二、基层医疗卫生机构	Basic Medical and Health Institutions	34098	35636	106433	66358	471	3462	2969
社区卫生服务中心(站)	Community Health Service Center (station)	606	3721	11487	9719	77	939	752
社区卫生服务中心	Community Health Service Center	242	3211	8145	6776	55	645	669
社区卫生服务站	Community Health Service station	364	510	3342	2943	22	294	83
卫生院	Commune Hospitals	1598	31637	38831	34272	377	2282	1900
街道卫生院	Hospitals in the Streets	9	78	182	154	3	14	11
乡镇卫生院	Township Hospitals	1589	31559	38649	34118	374	2268	1889
中心卫生院	Center Hospital	644	18793	21543	19106	214	1094	1129
乡卫生院	Rural Hospitals	945	12766	17106	15012	160	1174	760
村卫生室	Village Clinic	25717		36818	3645			
门诊部	Outpatient Departments	269	278	3622	3290	5	164	163
综合门诊部	Comprehensive Outpatient Departments	173	254	2419	2188	4	108	119
中医门诊部	Chinese Medical Outpatient Department	28		326	296		21	9
中西医结合门诊部	Combination of Traditional Chinese and Western Medicine Outpatient Department	7		55	49		5	1
专科门诊部	Specialist OutPatient Department	61	24	822	757	1	30	34
诊所、卫生所、医务室	Clinics, Health Institute, Medical Office	5908		15675	15432	12	77	154
诊所	Clinics	5127		12932	12785	11	52	84
卫生所、医务室	Health Institute, Medical Office	781		2743	2647	1	25	70
三、专业公共卫生机构	Specialty Public Health Agency							
疾病预防控制中心	Disease Prevention and Controlling Center	1804	7579	33783	23346	1452	5601	3384
专科疾病防治院(所、站)	Specialized Disease Prevention and	119		6184	4704	192	688	600
	Treatment Centers (stations)	6	916	677	503	1	89	84
健康教育所(站、中心)	Health Education Offices (stations or centers)	5		111	57	25	22	7
妇幼保健院(所、站)	Maternity and Child Care Centers (stations)	117	6663	12394	10230	121	1103	940
急救中心(站)	First-aid Center (station)	4		183	65	1	51	66
采供血机构	Blood Collecting and Supply Organizations	10		789	512	31	123	123
卫生监督所(中心)	Health Supervision Centers	115		2881	2208	49	329	295
计划生育技术服务机构	Family Planning Technical Service Institutions	1428		10564	5067	1032	3196	1269
四、其他卫生机构	Other Health Institutions	114	1422	2555	1611	170	545	229
疗养院	Sanatoriums	4	1422	391	279	15	65	32
医学科学研究机构	Research Institutes of Medical Science	11		289	180	19	58	32
医学在职培训机构	Medical On-the-job Training Organizations	37		949	570	94	193	92
临床检验中心(所、站)	Clinical Laboratory Center	1		6			6	
其他	Others	61		920	582	42	223	73

注：本表人员合计中含乡村医生和卫生员。

a) Summation-personnel in this table includes country doctors and medical orderlies.

19-5 传染病发病率和死亡率(2015年)
The Incidence and Death of Infectious Diseases(2015)

病　名	Diseases	发病率 (1/10万) Incidence (1/100 000)	死亡率 (1/10万) Death Rate (1/100 000)	病死率 (%) Mortality Rate (%)
合　计	**Total**	**200.23**	**0.50**	**0.25**
鼠　疫	The Plague			
霍　乱	Cholera			
肝　炎	Hepatitis	82.94	0.03	0.04
痢　疾	Dysentery	13.15		
伤寒+副伤寒	Typhoid and Paratyphoid Fever	0.10		
艾 滋 病	AIDS	1.74	0.30	17.56
淋　病	Gonorrhea	3.47		
梅　毒	Syphilis	24.91	0.010	0.03
脊　灰	Poliomyelitis			
麻　疹	Measles	1.64		
百 日 咳	Pertussis	1.96		
白　喉	Diphtheria			
流　脑	Epidemic Encephalitis			
猩 红 热	Scarlet Fever	6.18		
出 血 热	Hemorrhagic Fever	3.71	0.01	0.14
狂 犬 病	Hydrophobia	0.07	0.07	104.00
血吸虫病	Schistosomiasis			
布　病	Brucellosis	3.23		
炭　疽	Anthrax	0.06		
斑疹伤寒	Typhus	0.05		
乙　脑	JE	0.11	0.01	5.00
黑 热 病	Black Fever	0.04		
疟　疾	Malaria	0.20		
新生儿破伤风	Newborn Tetanus	0.003		
登 革 热	Dengue Fever	0.02		
肺 结 核	Pulmonary Tuberculosis	56.66	0.08	0.14
非　典	SARS			

19-6 出院病人前十位疾病构成（2015年）
Discharged Patients Diseases of the Top Ten (2015)

序号 NO.	城市 Urban		
	疾病	Disease	构成(%) Constitute
1	循环系统疾病小计	Pregnancy, Childbirth and the Puerperium	18.37
2	呼吸系统疾病小计	Respiratory System Diseases	13.42
3	消化系统疾病小计	Digestive Disease	8.88
4	损伤、中毒和外因的某些其他后果小计	Injury, Poisoning and Certain Consequences Caused by the External	8.08
5	妊娠、分娩和产褥期小计	Circulatory System Diseases	6.88
6	影响健康状态和与保健机构接触的因素小计	Musculoskeletal System and Connective Ttssue Diseases	6.67
7	肿瘤小计	Genitourinary System Diseases	5.05
8	肌肉骨骼系统和结缔组织疾病小计	Influencing Health Status and Factors Access to Health Care Institutions	4.89
9	泌尿生殖系统疾病小计	Cancer	4.85
10	眼和附器疾病	Diseases of the Eye and Adnexa	4.05
	构成合计	Total of the Constitute	81.14

19-6 续表 continued

序号 NO.	农村 Rural		
	疾病	Disease	构成(%) Constitute
1	循环系统疾病小计	Respiratory System Diseases	21.84
2	呼吸系统疾病小计	Circulatory System Diseases	20.17
3	妊娠、分娩和产褥期小计	Pregnancy, Childbirth and the Puerperium	8.37
4	损伤、中毒和外因的某些其他后果小计	Injury, Poisoning and Certain Consequences Caused by the External	9.48
5	消化系统疾病小计	Digestive Disease	9.13
6	泌尿生殖系统疾病小计	Some Cases Originating In the Perinatal Period	3.84
7	影响健康状态和与保健机构接触的因素小计	Genitourinary System Diseases	4.13
8	某些传染病和寄生虫病小计	Musculoskeletal System and Connective Ttssue Diseases	3.98
9	肌肉骨骼系统和结缔组织疾病小计	Cancer	3.00
10	症状、体征和临床与实验室异常所见，不可归类在他处者		2.50
	构成合计	Total of the Constitute	86.44

19-7 各市(区)卫生机构、床位及人员数(2015年)
Number of Health Institutions, Beds and Persons Engaged by City(District) (2015)

地 区	Region	机构数 (个) Health Institutions (unit)	床位数 (张) Beds Total (bed)	人员数 (人) Total Staff (person)	卫生技术人员 (人) Medical Technical Personnel (person)	# 执业(助理)医师 Lecensed (Assistant) Doctors	# 注册护士 Registered Nurses
全 省	**Shaanxi**	**37030**	**211885**	**349892**	**265381**	**79496**	**66172**
西安市	Xi'an	5802	54708	102684	81462	26626	23818
铜川市	Tongchuan	946	5219	9198	7310	2158	1640
宝鸡市	Baoji	2999	23091	31963	24460	7924	6505
咸阳市	Xianyang	4715	28458	48139	39044	10219	8274
渭南市	Weinan	4246	22183	37741	26869	7710	5879
延安市	Yan'an	3244	12865	22129	15214	4466	3891
汉中市	Hanzhong	3814	20960	27407	20356	5757	4612
榆林市	Yulin	4861	18301	30830	22191	6151	5324
安康市	Ankang	3113	13215	19918	14765	4349	3021
商洛市	Shangluo	3119	11765	17689	11892	3627	2762
杨凌示范区	Yangling	171	1120	2194	1818	509	446

19-8 农村村级卫生组织情况(2015年)
Situations of Health Institutions in Rural Village (2015)

地 区	Region	村卫生室 (个) Village Health Room (unit)	乡村医生和卫生员 (人) Rural Doctors and Health Workers (person)	乡村医生 Rural Doctors	卫生员 Health Workers
全 省	**Shaanxi**	**25717**	**33173**	**31725**	**1448**
西安市	Xi'an	2958	3832	3588	244
铜川市	Tongchuan	543	544	542	2
宝鸡市	Baoji	1837	3092	2889	203
咸阳市	Xianyang	3266	3726	3630	96
渭南市	Weinan	3223	6016	5878	138
延安市	Yan'an	2515	2528	2489	39
汉中市	Hanzhong	2673	3374	3258	116
榆林市	Yulin	3758	4064	3655	409
安康市	Ankang	2397	2570	2510	60
商洛市	Shangluo	2432	3292	3154	138
杨凌示范区	Yangling	115	135	132	3

19-9 社区卫生服务中心(站)情况(2015年)
Statistics on Community Health Service Centers (Stations) (2015)

地区	Region	社区卫生服务中心(站)(个) Community Health Service Center(station) (unit)	床位数 (张) Beds (bed)	人员数 (人) Persons Engaged (person)	卫生技术人员 (人) Medical Technical Personnel (person)	# 执业(助理)医师 Lecensed (Assistant) Doctors	# 注册护士 Registered Nurses
全省	**Shaanxi**	**606**	**3721**	**11487**	**9719**	**3339**	**3362**
西安市	Xi'an	209	1808	5858	4855	1560	1599
铜川市	Tongchuan	43	226	333	278	100	116
宝鸡市	Baoji	72	648	1148	986	397	344
咸阳市	Xianyang	110	494	1689	1525	515	612
渭南市	Weinan	70	221	954	788	330	260
延安市	Yan'an	27	122	331	273	109	92
汉中市	Hanzhong	18	30	283	230	86	77
榆林市	Yulin	37	102	541	466	116	154
安康市	Ankang	16	30	231	209	84	74
商洛市	Shangluo	4	40	119	109	42	34
杨凌示范区	Yangling						

19-10 新型农村合作医疗情况
Statistics on New Cooperative Medical System

年份 Years	实行新型农村合作医疗县(区) (个) Number of Counties Implementing NCMS (unit)	参加新农合人数 (万人) Number of Enrollees (10 000 persons)	参合率 (%) Rate of Enrollees (%)
2007	104	2434.95	90.05
2008	104	2495.47	91.58
2009	104	2566.11	92.97
2010	104	2581.38	95.00
2011	104	2631.66	97.10
2012	104	2649.65	98.70
2013	91	2550.35	99.40
2014	91	2569.95	99.80
2015	92	2581.16	99.97

19-11 社会福利事业、企业单位机构和人员
Social Welfare, Business Unit Organizations and Personnel

指标	Item	机构（个） Institutions (unit)		工作人员(人) Staff (person)	
		2014	2015	2014	2015
总计	**Total**	**1148**	**1112**	**23372**	**23549**
一、收养性社会福利事业单位	Adopting Social Welfare Institutions	706	691	7577	**8832**
二、社会福利企业单位	Social Welfare Enterprises	200	176	12104	10903
(工商部门登记)	(the business sector registered)				
福利工厂	Welfare Factories	166	147	9906	8814
假肢厂	Artificial Limb Factory	1	1	88	88
安置农场	Placement Farms				
其他福利企业	Other Welfare Enterprises	33	28	2110	2001
三、烈士纪念建筑物管理单位	Martyrs Memorial Building Management Unit	41	40	352	342
四、救助站	Relief Stations	90	89	901	912
五、殡葬事业单位	Funeral Institutions	111	116	2438	2560

19-12 社会福利事业单位基本情况(2015年)
Basic Statistics on Social Welfare Institutions (2015)

指标	Item	院数 (个) Number of Homes (unit)	工作人员 (人) Number of Staff and Workers (person)	床位 (张) Number of Beds (bed)	年在院总人数 (万人) Number of Persons Housed (10 000 persons)
一、民政部门办收养性社会福利事业单位	Adopting Social Welfare Institutions Established by the Home Department	209	2913	31026	239.5
#优抚休、疗养院	Convalescent Homes Founded by the Home Department	23	690	2072	50.8
城市福利院	Urban Welfare	44	1267	10461	242.8
二、老年收养性机构	Adoption of the Old Institutions	455	5087	71999	1127.6

注：1.优抚休、疗养院包括荣誉军人康复医院、复退军人慢性疗养院、复退军人精神病院和国家办光荣院。
2.城市福利院包括社会福利院、社会儿童福利院、社会精神病人福利院。
3.老年收养性机构包括城镇、农村的敬老院、养老院、老年性公寓。

a) Convalescent Homes include the honor military rehabilitation hospital, Futuijunren chronic nursing homes, psychiatric hospitals and the state office of honor Futuijunren hospital.

b) Urban welfare include social welfare, social welfare homes, social welfare of mental patients.

c) Old adoption of institutions include urban and rural areas of the nursing home, nursing homes, senile apartment.

19-13 社会福利企业基本情况(2015年)
Basic Statistics on Social Welfare Enterprises (2015)

地区	Region	单位数 (个) Number of Homes (unit)	年末职工人数 (人) Number of Workers (person)	# 残疾职工 Disabled Employees	# 女性 Female
全省	**Shaanxi**	**176**	**10903**	**3898**	**1322**
西安市	Xi'an	60	3427	1349	418
铜川市	Tongchuan	3	46	44	12
宝鸡市	Baoji	36	2436	673	206
咸阳市	Xianyang	14	1065	420	125
渭南市	Weinan	16	1740	734	296
延安市	Yan'an	6	608	140	68
汉中市	Hanzhong	19	568	254	78
榆林市	Yulin	13	774	213	81
安康市	Ankang	1	23	17	13
商洛市	Shangluo	6	110	40	21
杨凌示范区	Yangling				
厅级小计	Others	2	106	14	4

19-14 城镇社区服务设施(2015年)
Urban Welfare Facilities (2015)

地区	Region	城镇社区服务设施数 (个) Urban Welfare Facilities (unit)	便民利民服务网点 (个) Convenience Services (unit)
全省	**Shaanxi**	**3811**	**2624**
西安市	Xi'an	958	851
铜川市	Tongchuan	198	71
宝鸡市	Baoji	377	608
咸阳市	Xianyang	616	346
渭南市	Weinan	309	14
延安市	Yan'an	273	94
汉中市	Hanzhong	197	185
榆林市	Yulin	166	29
安康市	Ankang	550	404
商洛市	Shangluo	167	22
杨凌示范区	Yangling		

19-15　律师、公证及人民调解工作(2015年)

Lawyers, Notarization and Mediation of Civil Disputes (2015)

项　　目	Item	实有数 Number
一、律师工作	**Lawyers**	
律师人员(人)	Number of Lawyers(person)	7172
#专　职	Full-time Lawyers	6509
兼　职	Part-time Lawyers	499
刑事诉讼辩护及代理(件)	Agent of Criminal Defense(case)	18495
民事诉讼代理(件)	Agent of Civil Case(case)	54437
行政诉讼代理(件)	Agent of Administrative Action (case)	2340
担任法律顾问(家)	As Legal Advisers(unit)	7027
代写法律文书(件)	Legal Document Written on Behalf of Clients(case)	24820
律师事务所(个)	Number of Law Offices(unit)	480
二、公证工作	**Notarial Personnel**	
公证处(个)	Number of Notary Offices(unit)	117
#涉外公证处	Foreign-related Notary Offices	24
公证人员(人)	Notarial Personnel(person)	477
办理公证文书(件)	Notarized Documents (case)	276435
三、人民调解工作	**Number of People's Mediation**	
人民调解委员会(个)	Number of People's Mediation Committees(unit)	29683
调解委员(人)	Member of a Mediation Committee(person)	110957
调解民间纠纷(件)	Number of Civil Disputes Mediated(case)	125687

19-16　国内公证文书分类(2015年)

Domestic Notarized Documents by Type (2015)

分　　类	Type	办证件数(件) Number of Notarial Documents Issued (case)	分　　类	Type	办证件数(件) Number of Notarial Documents Issued (case)
合　　计	**Total**	**190144**	赠　与	Presentation Documents	3456
合同(协议)	Contracts	79724	遗　嘱	Testaments	645
买卖合同	Sale and Purchase Contracts	4147	保证(担保)	Guarantees	419
赠与合同	Gift Contracts	2652	承诺(要约)	Offer(Acceptance)	264
借款合同	Loan Contracts	38911	其　他	Others	567
租赁合同	Lease Contracts	772	现场监督	Field Supervision	855
承揽合同	Work Contracts	308	招标投标	Bidding	433
建设工程合同	Engineering and Construction Contracts	135	拍　卖	Auctions	93
			开奖、评选	Lottery	66
委托合同	Application Contracts	5108	公司会议	Corporate Meeting	17
担保合同	Guaranty Contracts	11523	抽签(摇号)	Draw Lots	184
土地使用权合同	Land Use Rights Contracts	224	其　他	Others	62
知识产权合同	Intellectual Property Contracts	27	保全证据	Evidence Preservation	3075
承包合同	Contracts	88	公司章程	Corporation Constitutions	106
企业经营合同	Operation Enterprises Contracts	41	组织资格	Organization Qualification	92
劳动(劳务)合同	Labor contracts	964	财产权	Property Right	122
其他合同	Other contracts	6252	身　份	Status	157
合伙协议	Partnership Agreements	149	收养关系	Adoption Relationship	73
财产分割协议	Property Partitioning Contracts	337	婚姻状况	Marital Status	247
财产约定协议	Property Agreements	803	亲属关系	Kindred Relationship	1616
扶养协议	Legacy-support Agreements	90	有无违法犯罪记录	have or no Illegal and Criminal Record	1334
出国留学协议	Foreign Study Agreements	1688	其他有法律意义事实	Other Facts of Legal Significance	694
拆迁安置协议	Compensation and Resettlement Agreements	97	证书(执照)	Certificate(License)	750
			签名(印鉴)	Signatures and Seals	16942
赔偿协议	Indemity Agreements	347	文本相符	Text Conformity	2090
还款协议	Payment Contracts	2705	赋予执行效力	Given Executory Effect	28650
其　他	Others	2356	执行证书	Execution Certificate	2003
继　承	Inheritances	11670	抵押登记	Mortgage Registration	148
单方法律行为	Unilateral Legal Act	35502	提　存	Drawing	27
委　托	Proxy	18926	保　管	Reserve	5
声　明	Announcement	11225	其　他	Others	4262

19-17 婚姻登记情况
Registered Marriages

指 标	Item	2012	2013	2014	2015
一、登记结婚数 （对）	**Number of Registered Marriages (couples)**	**374046**	**396187**	**381682**	**356413**
1.内地居民登记结婚数 （对）	Registered Marriages in the Mainland (couples)	373626	395718	381221	355978
初婚数 （人）	Number of First Marriages (person)	656169	688904	655587	598491
再婚数 （人）	Number of Re-marriages (person)	91083	102532	106855	113465
#恢复结婚数	Restoration of Marriages	800	1501	1910	6997
2.涉外婚姻数 （对）	Number of Marriages with Foreigner (couples)	420	469	461	435
二、登记离婚数 （对）	**Number of Registered Divorces (couples)**	**55006**	**63292**	**68328**	**74097**
1.内地居民登记离婚数 （对）	Registered Divorces in the Mainland (couples)	54928	63243	68281	74038
2.涉外婚姻数 （对）	Number of Divorces with Foreigner (couples)	78	49	47	59

19-18 各市(区)婚姻登记情况(2015年)
Registered Marriages by City(District) (2015)

地 区	Region	准予登记结婚数(对) Number of Marriages Registered (couples)	初婚数(人) Number of First Marriages (person)	再婚数(人) Number of Re-marriages (person)	#恢复结婚数 Restoration of Marriages	登记离婚数(对) Number of Divorces Registered (couples)	#涉外婚姻离婚数 Number of Divorces with Foreigner
全 省	**Shaanxi**	**355978**	**598491**	**113465**	**6997**	**74097**	**59**
西安市	Xi'an	80790	134437	27143	1390	18926	
铜川市	Tongchuan	6080	9742	2418	259	1614	
宝鸡市	Baoji	32469	53386	11552	461	5504	
咸阳市	Xianyang	54008	91755	16261	1028	9972	
渭南市	Weinan	53585	90011	17159	1064	11150	
延安市	Yan'an	21398	36571	6225	698	4625	
汉中市	Hanzhong	27538	43878	11198	282	6454	
榆林市	Yulin	34835	60803	8867	1330	7857	
安康市	Ankang	23850	40482	7218	296	4952	
商洛市	Shangluo	20990	36806	5174	187	2984	
杨凌示范区	Yangling						
厅级小计	Others	435	620	250	2	59	59

19-19 交通事故情况
Basic Statistics on Traffic Accidents

地区	Region	事故次数(起) Number of Accidents (case)		死亡人数(人) Number of Deaths (person)		受伤人数(人) Number of Injuries (person)		损失折款(万元) Converted into Cash Losses (10 000 yuan)	
		2014	2015	2014	2015	2014	2015	2014	2015
全省	**Shaanxi**	**5055**	**5406**	**1655**	**1615**	**4609**	**5137**	**3652**	**3742**
西安市	Xi'an	1970	2392	483	481	1832	2318	1264	1470
铜川市	Tongchuan	204	208	32	36	273	276	149	152
宝鸡市	Baoji	902	931	154	152	771	818	516	360
咸阳市	Xianyang	157	157	117	107	103	169	271	168
渭南市	Weinan	457	440	154	149	448	489	262	333
延安市	Yan'an	262	260	203	200	169	157	241	193
汉中市	Hanzhong	296	311	149	148	285	280	148	166
榆林市	Yulin	393	382	190	174	319	325	547	635
安康市	Ankang	150	112	79	75	131	94	184	205
商洛市	Shangluo	188	184	90	89	186	179	56	55
杨凌示范区	Yangling	75	29	4	4	92	32	9	6

19-20 火灾事故情况
Basic Statistics on Fires

地区	Region	事故次数(起) Number of Accidents (case)		死亡人数(人) Number of Deaths (person)		受伤人数(人) Number of Injuries (person)		损失折款(万元) Losses Converted into Cash (10 000 yuan)	
		2014	2015	2014	2015	2014	2015	2014	2015
全省	**Shaanxi**	**13137**	**13548**	**39**	**41**	**16**	**19**	**13875**	**11180**
西安市	Xi'an	2274	2590	17	20	5	7	4400	2402
铜川市	Tongchuan	300	306	3	2		2	167	203
宝鸡市	Baoji	2102	2176	2	3		1	1707	1394
咸阳市	Xianyang	2392	2384	4	2	2	1	1314	2167
渭南市	Weinan	1278	1974	5	4	1		1379	975
延安市	Yan'an	477	525		1	4	2	495	550
汉中市	Hanzhong	682	797	4	1		4	1334	810
榆林市	Yulin	1688	1605	1	2			1789	1310
安康市	Ankang	338	520	1	1	3	2	355	825
商洛市	Shangluo	490	568	1	4	1		665	433
杨凌示范区	Yangling	116	103		1			266	111

19-21 各类伤亡事故情况(2015年)

Statistics on Various Fatal Accident (2015)

类别	Type	总计 Total		一次死亡3-9人 Number of Deaths each Time(3-9 people)		一次死亡10-29人 Number of Deaths each Time(10-29 people)	
		起数(起) Times (time)	死亡(人) Deaths (person)	起数(起) Times (time)	死亡(人) Deaths (person)	起数(起) Times (time)	死亡(人) Deaths (person)
全省	**Shaanxi**	**8972**	**1775**	**15**	**55**		
#工矿商贸	Industry, Mining, Commerce	96	110	6	21		
1.煤矿	Coal Mine	20	25	1	4		
2.金属与非金属矿	Metallic and Nonmetallic Mine	17	20	1	4		
3.建筑施工业	Construction Industry	27	28	3	10		
4.危险化学品	Hazardous Chemicals						
5.烟花爆竹	Fireworks						
6.工商贸其它	Others	32	37	1	3		
铁路交通	Rail Transport	3298	6				
农业机械	Agricultural Machinery	5406	1615	9	34		
水上交通	Waterborne Traffic	129	6				

19-22 社会捐赠和收养登记情况(2015年)

Statistics on Social Donation and Adopting Registration (2015)

地区	Region	捐赠款数额(万元) Donated Fund (10 000 yuan)	捐赠其他物资价值(万元) Value of Other Donated Materials (10 000 yuan)	收养登记合计(人) Number of Registered Adoption (person)	中国公民 Adoption by Chinese	外国人 Adoption by Foreigners
全省	**Shaanxi**	**392.5**	**11.2**	**377**	**188**	**189**
西安市	Xi'an			78	78	
铜川市	Tongchuan			3	3	
宝鸡市	Baoji	52.4		5	5	
咸阳市	Xianyang	213.0		11	11	
渭南市	Weinan			10	10	
延安市	Yan'an		11.0	2	2	
汉中市	Hanzhong	68.8	0.2	35	35	
榆林市	Yulin	45.0		8	8	
安康市	Ankang			30	30	
商洛市	Shangluo	13.3		6	6	
杨凌示范区	Yangling					
厅级小计	Others			189		189

主要统计指标解释

卫生机构 指从卫生行政部门取得《医疗机构执业许可证》，或从民政、工商行政、机构编制管理部门取得法人单位登记证书，为社会提供医疗保健、疾病控制、卫生监督服务或从事医学科研和教育等工作的单位。卫生机构包括医院、疗养院、社区卫生服务中心(站)、卫生院、门诊部、诊所(卫生所、医务室)、急救中心(站)、采供血机构、妇幼保健院(所、站)、专科疾病防治院(所、站)、疾病预防控制中心(防疫站)、卫生监督所、卫生监督检验(监测、检测)机构、医学科研机构、医学在职培训机构、健康教育所(站)等其他卫生机构。

卫生技术人员 包括执业(助理)医师、注册护士、药剂人员、检验和影像人员等卫生专业人员。不包括从事管理工作的卫生技术人员(一律计入管理人员)。

执业医师 指具有《医师执业证》及其“级别”为“执业医师”且实际从事医疗、预防保健工作的人员，不包括实际从事管理工作的执业医师。执业医师类别分为临床、中医、口腔和公共卫生。

执业助理医师 指具有《医师执业证》及其“级别”为“执业助理医师”且实际从事医疗、预防保健工作的人员，不包括实际从事管理工作的执业助理医师。执业助理医师类别同样分为临床、中医、口腔和公共卫生四类。

社区卫生服务中心(站) 指为本社区居民提供预防、医疗、保健、康复、健康教育、计划生育技术服务等的基层卫生机构。包括社区卫生服务中心和社区卫生服务站。

社会福利企业 指以集中安置有一定劳动能力的残疾人员就业为目（残疾职工占生产人员 10%以上)、带有社会福利性质的企业总称。主要包括福利工厂、假肢厂和其他福利企业。

城镇社区服务设施数 指报告期末城镇（街道办事处、居委会）设立的以非盈利为目的，为本社区居民服务，特别是为老年人、残疾人、儿童服务的社区服务中心、活动站、服务站、养老院、老年公寓（托老所），残疾人工疗站、残疾儿童日托所、家务服务站、婚姻介绍所等福利性设施以及职工社会保险管理服务的机构数。几种不同类型的社区服务单位，共用一个场所的，只能统计为一个社区服务设施。成为社区服务设施的条件:（1）是独立核算单位;（2）有固定的从业人员;（3）有一定的服务项目;（4）有一定的场所。

公证人员 指在公证处工作的人员总称，包括公证处主任、副主任、公证员、公证员助理(助理公证员)和其他从事辅助性工作的人员。

公证文书 指公证处根据当事人申请，依照事实和法律，按照法定程序制作的，具有法律效力的司法证明文书。

受理劳动争议案件数 指劳动争议仲裁委员会根据国家有关规定，对劳动争议当事人的申请予以审查，符合受理条件而正式立案、准备处理的劳动争议案件数。

Explanatory Notes on Main Statistical Indicators

Health Care Institutions refer to the units which have been qualified the Certification of Health Care Institution by the administration of public health, or qualified the Certification of Corporate Unit by the civil affairs, administration for industry and commerce, commission office for public sector reform, and engaging in medical care, disease prevention and control, health supervision and inspection, medicine research and health education, etc., including: hospitals, sanatoriums, community health service centers (stations), health centers, clinics (health stations and infirmaries), first-aid canters (stations), blood gathering and supplying institutions, women and children care agencies (centers and stations), special disease prevention and curing agencies (canters and stations), disease prevention and control centers (epidemic prevention stations), health supervision and inspection agencies, sanitary inspection institutions, medicinal scientific research and on-job training institutions, health education canters and so on.

Medical Technical Personnel refer to the professional staff engaged in health care, including licensed (assistant) doctors, registered nurse, pharmacists, laboratory technician, and imaging staff, excluding the medical technical personnel engaged in management job (included as the management staff).

Licensed Doctors refer to the medical workers who have obtained the licenses of qualified doctors and are employed in medical treatment, disease prevention or healthcare institutions, excluding the licensed doctors engaged in management job. The classification of licensed doctors is clinician, Chinese medicine, dentist and public health.

Licensed Assistant Doctors refer to the medical workers who have obtained the licenses of qualified assistant doctors and are employed in medical treatment, disease prevention or healthcare institutions, excluding the licensed assistant doctors engaged in management job. The classification of licensed assistant doctors is clinician, Chinese medicine, dentist and public health.

Community Health Service Centers (stations) refer to the primary units that provide the health care for community residents, such as disease prevention and control, medical treatment, health care, rehabilitation, health education, family planning technical services, including community health service centers and community health service stations.

Social Welfare Enterprises refers to those welfare-oriented enterprises employing a significant number of handicapped people with certain labour ability (handicapped employees shall exceed 10% of the production staff), including welfare factories, artificial limb plants as well as other welfare enterprises.

Number of Service Facilities in Urban Communities refers to the number non-profit welfare facilities set up by urban communities (community offices and residents' committees) to serve the community residents, including, among others, community-based centers that serve senior citizens, the handicapped or children, recreational centers, service centers, nursing homes, apartments for the elderly (nursery for the aged), work and treatment stations for the handicapped, day-care centers for handicapped children, domestic help agencies and dating services, as well as social insurance management agencies for the employees. Different types of community service providers that share the same premise are regarded as one community service facility. The requirements for a social service facility of communities include: (1) independent accounting; (2) fixed employees; (3) provision of services; and (4) premises.

Notary Personnel refers to people working for notary offices including: directors, deputy directors, notaries, assistant notaries and other people providing assistance.

Notary Documents refer to the judicial notary documents drawn up at the request of the interested party and are in accordance with facts and the law and following certain legal proceedings.

Number of Labour Disputes Cases Accepted refers to the number of cases of labour disputes submitted that, after being reviewed by the labour dispute arbitration committees in line with the relevant national regulations, are accepted and registered for treatment.

二十、水利

Irrigation

资料整理：陈　艳　郭力涛　文　燕

简 要 说 明

一、本篇资料反映陕西水利建设基本情况。主要内容包括水利建设投资，水利工程供水，水库，灌区，灌溉面积，水土保持，农村饮水等情况。

二、本篇资料由省水利厅提供。

Brief Introduction

Ⅰ. This chapter reflects the basic conditions of Shaanxi's water conservancy, mainly including investment in water conservancy projects, water supply of water conservancy projects, reservoir, irrigated area, water and soil conservation, drinking water in rural areas and etc.

Ⅱ. The data are provided by Shaanxi Province Department of Water Resources.

20.水 利

2015年全省

有效灌溉面积	1236.77	千 公 顷
农村饮水安全达标新增人口	257.05	万　　人
水利工程供水量	91.16	亿立方米
水库数量	1095	座

水利建设投资（亿元）

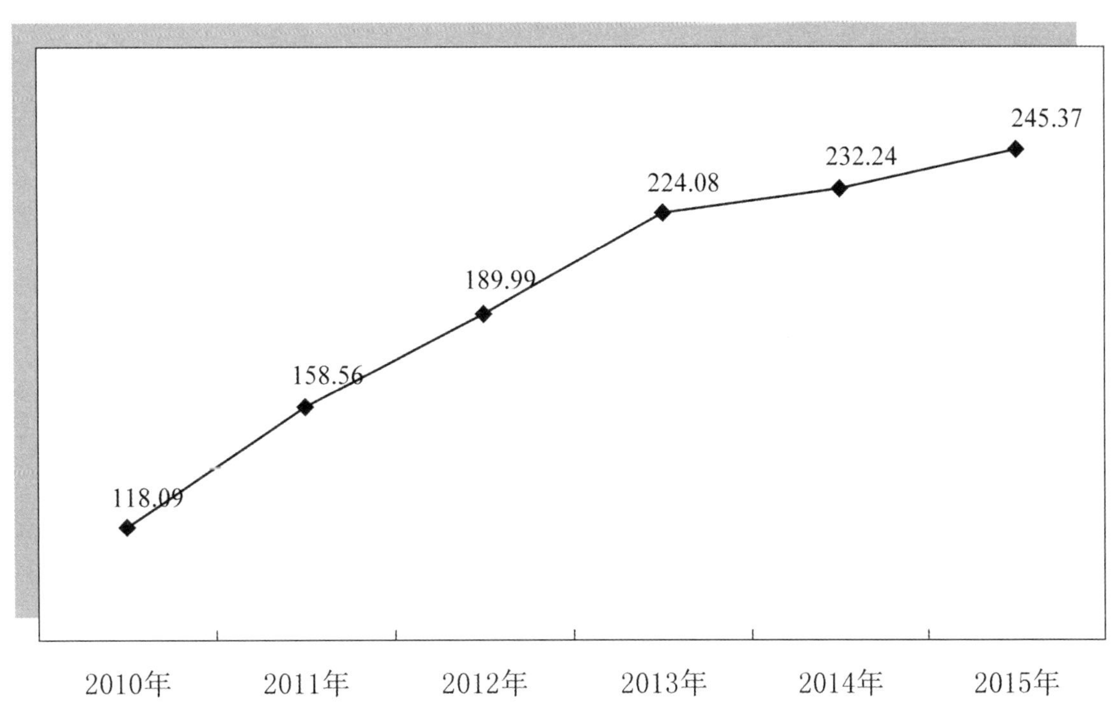

20-1 水利建设投资情况(2015年)
Construction Investment Situation of Hydroproject(2015)

单位：万元 (10 000 yuan)

地 区	Region	水利建设投资总计 Total	中央 Central Level	省级 Provincial Level	市级 City Level	县及县以下 at and below County Level	民间投资 Nongovernment Investment
全 省	**Shaanxi**	**2453695**	**1019808**	**404943**	**458230**	**148048**	**422665**
省 属	Provincial	453150	354671	79761		18719	
西安市	Xi'an	481299	39678	44767	221794		175061
铜川市	Tongchuan	43157	24715	11867	4842	1690	43
宝鸡市	Baoji	181884	76783	44577	8575	18304	33645
咸阳市	Xianyang	183828	53254	37136	20647	45777	27014
渭南市	Weinan	247159	126990	61202	58290	628	48
#韩城市	Hancheng	22278	20530	1693		6	48
延安市	Yan'an	228135	90469	27487	107133	3046	
汉中市	Hanzhong	209157	92626	37685	2874	8600	67372
榆林市	Yulin	148432	55433	19505	30005	35453	8036
安康市	Ankang	164219	68864	24463	400	3988	66504
商洛市	Shangluo	105320	35179	13158	197	11844	44942
杨凌示范区	Yangling	7954	1147	3334	3473		

注：水利建设投资主要包括：防洪、险库、重点水源及枢纽、灌排、饮水、水土保持、农村小水电、渔业等。

a)Construction investment of hydroproject mainly includes flood protection ,dangerous reservoir,key water source and key position,irrigation and drainage ,potable water,water and soil conservation ,rual small hydropower ,fishery industry etc.

20-2 灌溉面积(2015年)
Irrigated Areas(2015)

单位：千公顷 (1 000 hectares)

地 区	Region	设施灌溉面积 Irrigated Areas by Facilities	本年灌溉面积 Irrigated Areas This Year	有效灌溉 Effective Irrigated Areas	林地灌溉 Irrigated Wooded-land Areas	园地灌溉 Garden Plot Irrigated Areas	牧草地灌溉 Irrigated Pasture	其他灌溉 Others
全 省	**Shaanxi**	**1533.84**	**1358.96**	**1236.77**	**10.63**	**96.02**	**1.35**	**14.19**
西 安 市	Xi'an	187.59	183.37	168.29	2.35	11.43		1.3
铜 川 市	Tongchuan	27.82	23.19	18.6		4.33		0.26
宝 鸡 市	Baoji	192.92	175.09	150.36	0.68	23.86	0.01	0.18
咸 阳 市	Xianyang	287.35	243.77	229.98	1.55	11.67	0.3	0.27
渭 南 市	Weinan	421.27	368.25	328.54	1.79	34.66		3.26
#韩城市	Hancheng	16.90	12.86	12.74		0.12		
延 安 市	Yan'an	33.14	32.59	30.46	0.10	2.02		0.01
汉 中 市	Hanzhong	125.28	115.19	109.32	0.6	4.45		0.82
榆 林 市	Yulin	166.11	140.04	130.48	2.18	2.18	0.89	4.31
安 康 市	Ankang	64.03	49.25	42.81	1.35	1.16	0.15	3.78
商 洛 市	Shangluo	22.41	22.36	22.36				
杨凌示范区	Yangling	5.92	5.86	5.57	0.03	0.26		

20-2 续表 Continued

单位：千公顷 (1 000 hectares)

地 区	Region	节水灌溉面积 Water Saving Irrigation Areas	喷灌 Spray Irrigation	微灌 Micro Irrigation	低压管灌 Low Pressure Pipe Irrigation	渠道防渗 Canal Seepage Control	有效实灌面积 Effectively Irrigated Areas	旱涝保收面积 Stable-harvest Farming Areas
全 省	**Shaanxi**	**877.22**	**31.44**	**43.94**	**292.06**	**509.78**	**1023.04**	**739.41**
西 安 市	Xi'an	143.32	4.99	3.48	69.93	64.92	143.2	123.66
铜 川 市	Tongchuan	18.85	0.72	5.81	10.06	2.26	6.63	4.01
宝 鸡 市	Baoji	142.26	5.71	7.44	41.79	87.32	117.63	112.73
咸 阳 市	Xianyang	157.6	3.12	6.86	58.79	88.83	184.97	124.1
渭 南 市	Weinan	229.38	3.17	10.50	43.89	171.82	277.44	168.63
#韩城市	Hancheng	10.84	0.02	0.01	2.31	8.50	9.28	8.50
延 安 市	Yan'an	28.10	4.24	5.00	18.86		22.52	13.01
汉 中 市	Hanzhong	67.10	3.19	0.95	1.96	61.00	97.90	82.58
榆 林 市	Yulin	43.29	3.52	0.74	36.75	2.28	115.94	68.69
#神木县	shenmu	0.15			0.15		11.86	6.50
#府谷县	fugu	0.60			0.35	0.25	2.12	2.12
安 康 市	Ankang	35.37	1.63	1.92	5.21	26.61	37.05	30.62
商 洛 市	Shangluo	7.90	1.12	0.18	2.93	3.67	14.36	6.76
杨凌示范区	Yangling	4.05	0.03	1.06	1.89	1.07	5.40	4.62

20-3 易涝耕地面积治理情况(2015年)
Management Situation of Areas of Floating Plowland (2015)

单位：千公顷 (1 000 hectares)

地区	Region	易涝耕地面积 Areas of Floating Plowland	除涝面积 Area of Waterlogging Control	#本年新增 New-added in This Year	#本年减少 Decrease in This Year
全省	**Shaanxi**	**165.24**	**132.72**	**1.54**	**1.79**
西安市	Xi'an	50.81	44.07	1.13	1.6
铜川市	Tongchuan				
宝鸡市	Baoji	3.91	2.98	0.03	
咸阳市	Xianyang	28.09	24.24		
渭南市	Weinan	35.38	30.36	0.1	0.1
#韩城市	Hancheng	0.40	0.36	0.10	0.10
延安市	Yan'an				
汉中市	Hanzhong	13.35	9.75	0.15	
榆林市	Yulin	22.76	19.44	0.13	0.09
安康市	Ankang				
商洛市	Shangluo	10.71	1.65		
杨凌示范区	Yangling	0.23	0.23		

20-4 用水总量(2015年)
Water Use (2015)

单位：万立方米 (10 000 cu.m)

地区	Region	用水总量 Water Use	农田灌溉用水量 Farmland Irrigation Water	林牧渔畜用水量 Water Consumption of Forestry, Animal Husbandry, Fishery and Livestock	工业用水量 Consumption of Industry Water	城镇公共用水 Consumption of Town Public Water	乡村生活用水量 Residents Living Water	生态环境用水量 Ecological Environment Water
全省	**Shaanxi**	**911629**	**488333**	**91197**	**142151**	**107894**	**52993**	**29061**
西安市	Xi'an	182035	56096	9770	42061	45714	9554	18840
铜川市	Tongchuan	9133	1945	1370	2936	2067	611	204
宝鸡市	Baoji	79160	42689	8705	10323	10295	5943	1205
咸阳市	Xianyang	111348	60136	12513	19731	10138	7001	1829
渭南市	Weinan	156377	98564	19866	18964	11305	5977	1701
#韩城市	Hancheng	8932	2236	678	4370	1082	365	201
延安市	Yan'an	26185	5979	4725	8050	4104	2688	639
汉中市	Hanzhong	163443	125897	12699	10998	6299	6504	1046
榆林市	Yulin	77157	42596	6097	15985	6199	4575	1705
安康市	Ankang	72348	41474	10954	6697	5617	6955	651
商洛市	Shangluo	30506	10976	4088	6219	5148	3037	1038
杨凌示范区	Yangling	3937	1981	410	187	1008	148	203

20-5 水利工程供水总量(2015年)
Water Supply by Water Projects(2015)

单位：万立方米 (10 000 cu.m)

地 区	Region	供水总量 Water Supply	地表水源供水量 Surface Water Supply	蓄 水 Reserve Water	引 水 Channel Water	提 水 Draw Water	人工载运 Artificial Ferried
全 省	**Shaanxi**	**911629**	**560032**	**206572**	**255365**	**97923**	**172**
西 安 市	Xi'an	182035	82076	54448	24134	3494	
铜 川 市	Tongchuan	9133	5792	2929	1592	1253	18
宝 鸡 市	Baoji	79160	37455	26359	7575	3506	15
咸 阳 市	Xianyang	111348	48555	7831	33790	6934	
渭 南 市	Weinan	156377	93232	18303	25298	49611	20
#韩城市	Hancheng	8932	2952	2737	111	104	
延 安 市	Yan'an	26185	16079	5116	5247	5667	49
汉 中 市	Hanzhong	163443	141617	53122	76613	11881	1
榆 林 市	Yulin	77157	43604	9438	25283	8865	18
安 康 市	Ankang	72348	68326	21564	40647	6070	45
商 洛 市	Shangluo	30506	22232	7462	14122	642	6
杨凌示范区	Yangling	3937	1064		1064		

20-5 续表 continued

单位：万立方米 (10 000 cu.m)

地 区	Region	地下水源供水量 Groundwater Supply	深层水 Deep Water	浅层水 Shallow Water	微咸水 A Little Salty Water	其他水源供水量 Other Walter Supply	污水处理回用 Waste Water reuse	雨水利用 Rain Use
全 省	**Shaanxi**	**333884**	**46544**	**285618**	**1722**	**17714**	**16560**	**1154**
西 安 市	Xi'an	89143	15368	73201	574	10817	10746	71
铜 川 市	Tongchuan	3141	104	3037		200	33	167
宝 鸡 市	Baoji	40600	895	39705		1105	832	273
咸 阳 市	Xianyang	59751	4918	54833		3042	2902	140
渭 南 市	Weinan	61533	10986	50236	311	1612	1600	12
#韩城市	Hancheng	4812	265	4547		1168	1168	
延 安 市	Yan'an	9617	3380	6237		489	440	49
汉 中 市	Hanzhong	21634		21634		192		192
榆 林 市	Yulin	33453	10893	21723	837	100	7	93
安 康 市	Ankang	3926		3926		96		96
商 洛 市	Shangluo	8213		8213		61		61
杨凌示范区	Yangling	2873		2873				

20-6 堤防情况(2015年)
Dikes Situation(2015)

地 区	Region	堤防总长度(公里) Dikes Total Length (km)	1级堤防 Level 1 Dikes	2级堤防 Level 2 Dikes	3级堤防 Level 3 Dikes	4级堤防 Level 4 Dikes	5级堤防 Level 5 Dikes	5级以下堤防 Other Grades Dikes	达标堤防长 度(公里) Length of Standard Dikes (km)	1级堤防 Level 1 Dikes	2级堤防 Level 2 Dikes
全 省	**Shaanxi**	**9446**	**413**	**423**	**802**	**1555**	**1897**	**4355**	**4257**	**407**	**353**
西 安 市	Xi'an	1010	192	117	101	223	306	70	650	192	90
铜 川 市	Tongchuan	192		1	42	79	62	7	72		
宝 鸡 市	Baoji	473	104	72	60	124	89	25	424	100	72
咸 阳 市	Xianyang	240	37	32	26	53	89	2	228	34	32
渭 南 市	Weinan	468	50	87	22	98	169	43	391	50	76
# 韩城市	Hancheng	32			9	20	3		32		
延 安 市	Yan'an	409		42	276	49	30	14	353		15
汉 中 市	Hanzhong	1150	13	50	72	375	172	467	465	13	46
榆 林 市	Yulin	503		19	109	58	109	207	289		19
安 康 市	Ankang	990	4	2	35	238	217	494	446	4	2
商 洛 市	Shangluo	3988			57	252	653	3027	925		
杨凌示范区	Yangling	22	12	1	2	7			15	12	1

20-6 续表 continued

地 区	Region	3级堤防 Level 3 Dikes	4级堤防 Level 4 Dikes	5级堤防 Level 5 Dikes	本年新增堤防达标长度(公里) Newly Increased Standard Dikes Length This Year(km)	本年减少达标堤防长度(公里) Newly Reduced This Year Standard Dikes Length	全部堤防保护人口(万人) All the Dikes Protected the Population (10 000 persons)	# 本年新增 Newly Increased This Year	全部堤防保护耕地(千公顷) All the Dikes Protected the Farmland (1 000 hectares)	# 本年新增 Newly Increased This Year
全 省	**Shaanxi**	**744.85**	**1238.14**	**1514.34**	**383.99**	**16.82**	**1080.64**	**40.79**	**599.33**	**21.81**
西 安 市	Xi'an	101.31	191.19	75.20	13.97		243.07	2.75	99.12	1.42
铜 川 市	Tongchuan	3.03	10.89	57.75	10.55		37.55	0.30	6.40	0.70
宝 鸡 市	Baoji	52.89	116.20	81.87	59.24		140.10	6.01	65.37	3.26
咸 阳 市	Xianyang	25.49	53.11	82.94	4.22		96.95	1.61	23.34	5.65
渭 南 市	Weinan	22.32	89.48	152.90	40.56		80.18	2.33	89.04	2.84
# 韩城市	Hancheng	9.32	19.74	3.17	29.23		2.20		1.50	
延 安 市	Yan'an	269.50	47.85	21.07	14.68		114.54	1.35	147.43	0.15
汉 中 市	Hanzhong	70.59	224.41	110.44	70.58	7.92	119.12	5.99	85.98	3.29
榆 林 市	Yulin	106.65	58.35	104.71	19.24		79.73	7.82	9.42	0.17
安 康 市	Ankang	34.16	211.33	195.07	40.49	3.30	66.66	5.47	23.55	0.80
商 洛 市	Shangluo	56.81	235.33	632.40	110.46	5.60	96.62	7.14	47.58	3.53
杨凌示范区	Yangling	2.10					6.12	0.02	2.10	

20-7 水库情况(2015年)

Situation of Reservoir (2015)

地 区	Region	水库数量(座) Reservoir Volume (block)	水库库容(万立方米) Reservoir Storage Capacity (10 000cu.m)	#兴利库容 Hennessy Capacity	#防洪库容 flood control Storage	已淤积库容(万立方米) Storage Capacity Sedimented (10 000cu.m)	灌溉面积(万亩) Irrigated Area (10 000acres) 设计 Design Irrigation	本年实灌 Actual Irrigation This Year
全 省	**Shaanxi**	**1095**	**892721.92**	**439612.42**	**196382.10**	**164696.76**	**7167.22**	**767.02**
西安市	Xi'an	93	38077.60	29197.28	23711.20	5232.20	82.61	14.39
铜川市	Tongchuan	32	11741.59	5770.50	1499.52	3773.20	31.87	22.70
宝鸡市	Baoji	104	86735.10	57132.63	22879.31	16648.73	567.72	344.46
咸阳市	Xianyang	73	50603.75	20318.24	17029.14	9177.08	394.14	103.54
渭南市	Weinan	112	28246.14	16847.28	9630.47	3882.60	84.16	22.06
#韩城市	hancheng	11	6565.33	4043.08	2365.10	936.23	15.15	5.87
延安市	Yan'an	41	61952.94	14317.85	13284.47	30564.15	5634.94	179.68
汉中市	Hanzhong	345	64322.88	40112.83	12048.93	10602.73	100.09	61.53
榆林市	Yulin	94	130845.94	28382.92	26546.33	63209.43	20.41	9.76
安康市	Ankang	149	405880.97	219798.91	65392.89	19153.82	238.76	7.51
商洛市	Shangluo	52	14315.01	7733.98	4359.84	2452.82	12.52	1.40

20-8 万亩以上灌区基本情况(2015年)

Basic Irrigated Area above 10 000Acres (2015)

地 区	Region	灌区数(处) Irrigated Areas (unit)	设施灌溉面积(千公顷) Facilities Irrigation (1 000 hectares)	农田灌溉面积(千公顷) Farmland Irrigation Facilities (1 000hectares)	渠道长度(公里) Channel Length (km) 干渠 Trunk	支渠 Branch Canal	斗渠 Douqu	实际灌溉面积(千公顷) Actual Irrigated Area (1 000 hectares)	节水灌溉面积(千公顷) Water-saving Irrigation Area (1 000 hectares)
全 省	**Shaanxi**	**186**	**1760.59**	**1257.31**	**4774.24**	**7843.46**	**23986.11**	**877.83**	**423.01**
省 属	Directly under the provincial	5	641.29	474.80	768.31	1600.87	5592.49	407.59	249.23
西安市	Xi'an	25	101.92	81.81	341.58	588.51	1348.61	22.24	4.77
铜川市	Tongchuan	3	5.80	3.10	32.80	47.70	65.00	1.80	1.50
宝鸡市	Baoji	20	190.84	152.01	469.40	1000.10	2512.70	45.45	13.22
咸阳市	Xianyang	27	110.02	69.57	306.32	676.34	1677.60	44.43	12.33
渭南市	Weinan	46	485.91	296.98	1024.56	2046.36	8401.87	222.09	102.80
#韩城市	Hancheng	3	22.50	17.87	86.18	185.52	304.60	8.89	
延安市	Yan'an	9	18.90	14.30	197.00	144.00	173.00	6.56	4.20
汉中市	Hanzhong	20	144.47	115.92	675.70	694.86	2640.20	92.70	24.36
榆林市	Yulin	16	30.94	26.02	524.90	258.20	837.00	21.24	4.67
安康市	Ankang	7	18.20	12.88	218.42	307.52	539.60	7.16	2.96
商洛市	Shangluo	8	12.31	9.92	215.25	479.00	198.04	6.57	2.96

20-9 农村饮水安全达标情况(2015年)
Basic Statistics on Rural Drinking Water Safety Standards(2015)

单位：万人 (10 000 persons)

地区 Region	饮水安全达标人口 Population by Drinking Water Safety Standards	集中式供水 Centralized Water Supply	联户供水 Joint Household Water Supply	单户供水 Single-family Water Supply	饮水安全达标当年新增人口 Newly Increased Population by Drinking Water Safety Standards in this year	饮水安全达标当年减少人口 Reduce Population by Drinking Water Safety Standards in this year	"十二五"初期饮水安全未达标人口 Population by Drinking Water Safety Below Standards at the early stage of the 12th Five-year Plan Period	"十二五"累计饮水安全达标人口 Population by Drinking Water Safety Standards in the 12th Five-year Plan
全　省 Shaanxi	**2671.58**	**2604.61**	**10.62**	**68.82**	**257.05**	**160.30**	**1069.17**	**1406.56**
西安市 Xi'an	396.90	394.60	2.30		18.62	5.74	134.54	143.88
铜川市 Tongchuan	43.70	40.76		2.94	3.59	2.14	9.50	14.55
宝鸡市 Baoji	259.39	262.64	4.43	1.56	24.49	19.86	81.27	114.38
咸阳市 Xianyang	374.04	374.04			52.23	40.43	191.61	261.43
渭南市 Weinan	415.82	415.73		0.09	26.63	25.88	177.70	244.66
# 韩城市 Hancheng	25.01	24.92		0.09	2.46	2.41	11.67	13.95
延安市 Yan'an	158.14	135.99	1.28	20.87	14.02	0.10	43.55	56.88
汉中市 Hanzhong	288.01	288.01	2.61		33.26	16.19	130.03	168.56
榆林市 Yulin	290.63	249.85		40.91	33.88	26.04	93.80	122.58
安康市 Ankang	246.21	246.21			34.02	15.27	112.18	165.80
商洛市 Shangluo	186.99	185.04		1.95	16.30	8.66	93.84	112.82
杨凌示范区 Yangling	11.74	11.74		0.50			1.15	1.01

20-10 水土保持情况(2015年)
Basic Statistics on Soil and Water Conservation(2015)

单位：千公顷 (1 000 hectares)

地区 Region	累计水土流失治理面积 Total Area of Soil Erosion under Control	# 小流域治理面积 Area of Small Watershed under Control	本年新增治理面积 Area of Newly Increased Soil Erosion under Control This Year	# 小流域治理面积 Area of Small Watershed under Control	本年减少水土流失面积 Area of Decreased Soil Erosion This Year	# 因植被死亡或破坏 For Death or Destruction of Vegetation	# 因开发建设或开荒、过牧 For Development and Construction or Land Clearing and Overgrazing
全　省 Shaanxi	**7288.32**	**2783.37**	**663.64**	**225.29**	**414.61**	**267.66**	**106.12**
西安市 Xi'an	183.99	23.90	32.05	2.78	26.39	16.42	7.99
铜川市 Tongchuan	196.18	73.88	20.17	6.77	14.13	6.51	6.60
宝鸡市 Baoji	569.66	152.31	40.15	5.42	27.98	16.74	5.47
咸阳市 Xianyang	467.74	190.42	50.26	16.13	12.30	8.52	3.36
渭南市 Weinan	464.48	167.52	60.06	16.34	39.21	13.13	23.76
# 韩城市 Hancheng	67.05	19.83	4.01	0.67	1.20		0.54
延安市 Yan'an	1468.76	372.66	105.56	31.21	82.58	64.62	2.87
汉中市 Hanzhong	809.78	360.88	85.00	42.30	51.02	29.97	19.63
榆林市 Yulin	1775.61	773.41	114.72	19.22	90.33	64.87	17.28
安康市 Ankang	635.47	284.71	85.16	50.55	34.49	24.34	8.34
商洛市 Shangluo	710.69	377.96	70.00	34.10	35.99	22.44	10.73
杨凌示范区 Yangling	5.96	5.72	0.51	0.47	0.19	0.10	0.09

20-11　农村水电装机情况(2015年)
Basic Statistics on Rural Hydropower Installed Capacity(2015)

地　区	Region	处数(处) Number (unit)	容量(千瓦) Capacity (kw)	1(含)~5万千瓦(含) 10 000 kw (inclusive) - 50 000 kw (inclusive) 处数(处) Number (unit)	容量(千瓦) Capacity (kw)	0.1(含)~1万千瓦 1 000 kw (inclusive) - 10 000 kw 处数(处) Number (unit)	容量(千瓦) Capacity (kw)
全　省	**Shaanxi**	**679**	**1385054**	**26**	**489500**	**227**	**760510**
省　属	Directly under the Provincial Government	10	67350	2	37400	7	29450
西安市	Xi'an	48	80633	1	20000	16	50500
铜川市	Tongchuan	1	4200			1	4200
宝鸡市	Baoji	122	157145	1	26000	36	95430
咸阳市	Xianyang	9	87100	1	48000	7	38300
渭南市	Weinan	9	36080			8	35830
延安市	Yan'an	10	5790			1	1500
汉中市	Hanzhong	198	443992	12	208100	57	200830
榆林市	Yulin	5	16750			4	15850
安康市	Ankang	181	429870	9	150000	74	250250
商洛市	Shangluo	85	55424			16	38370
杨凌区	Yangling	1	720				

20-11　续表　continued

地　区	Region	0.1万千瓦以下 Under 1 000 kw 处数(处) Number (unit)	容量(千瓦) Capacity (kw)	本年新增装机 Newly Increased Hydropower Installed Capacity This Year 处数(处) Number (unit)	容量(千瓦) Capacity (kw)	全年发电量(万千瓦时) Annual Electricity Generation (10 000 kwh)	年利用小时(小时) Annual Use Hours (hour)
全　省	**Shaanxi**	**426**	**135044**	**20**	**76942**	**396962**	**2866**
省　属	Directly under the Provincial Government	1	500			21987	3265
西安市	Xi'an	31	10133			30340	3763
铜川市	Tongchuan					820	1952
宝鸡市	Baoji	85	35715			34920	2222
咸阳市	Xianyang	1	800			25524	2930
渭南市	Weinan	1	250			8847	2452
延安市	Yan'an	9	4290			1445	2496
汉中市	Hanzhong	129	35062	4	40110	117286	2642
榆林市	Yulin	1	900	1	3750	7580	4526
安康市	Ankang	98	29620	13	29605	133858	3114
商洛市	Shangluo	69	17054	2	3477	14155	2554
杨凌区	Yangling	1	720			200	2778

主要统计指标解释

灌溉面积 指一个地区当年农、林、牧等灌溉面积的总和。总灌溉面积=有效灌溉面积（耕地）+林地灌溉面积+园地灌溉面积+牧草灌溉面积+其他灌溉面积。

有效灌溉面积（农田或耕地灌溉面积） 指灌溉工程或设备已基本配套，有一定水源，土地比较平整，在一般年景可以进行正常灌溉的农田或耕地灌溉面积。

有效实灌面积 指利用灌溉工程和设施，在有效灌溉面积中当年实际已进行正常（灌水一次以上）灌溉的耕地面积。在同一亩耕地上，报告期内无论灌水几次，都应按一亩计算，而不应按灌溉亩次计算。凡是肩挑、人抬、马拉抗旱点种的面积，一律不算实灌面积。

旱涝保收面积 指有效灌溉面积中，遇旱能灌，遇涝能排的面积。灌溉设施的抗旱能力，按各地不同情况，应达到三十天到五十天，适宜发展双季稻的地方，应达到五十到七十天，除涝达到五年一遇以上标准，防洪一般达到二十年一遇标准的有效灌溉面积。

机电排灌面积 是指由固定站、流动站、机电井、喷灌机械等所有机械、电动力设备进行排水、灌溉的耕地面积。其中，只要有固定的机械排灌的设施，能够进行正常排灌，不论当年是否进行排灌，都应统计为机电排灌面积（含灌排结合面积）。

纯排面积 指在机电排灌面积中，机电设备只单纯用于排水（不需灌溉）的耕地面积。一般地，这部分面积的灌溉往往通过自流方式灌溉，不需要机电灌溉设备来完成。

节水灌溉面积 是指在给农作物进行灌溉时采用先进的设备和手段，在满足农作物需要用水的同时减少了用水。一般要有水源保证，利用渠道防渗、管灌、喷滴灌等工程节水措施，当年已进行正常灌溉的农田、果园、林地、牧草等面积，不包括农作物种植方式、种植品种改变等非工程节水措施的灌溉面积。节水灌溉面积包括渠道防渗面积、低压管道输水灌溉面积、喷灌面积、微灌面积和其他工程节水灌溉面积。在同一灌溉面积上，采用多种节水灌溉工程措施时，只能依主要工程或措施统计一种，不得重复计算。

易涝面积 一些地区由于地势低洼，降雨径流不能及时排走，田间积水超过农作物的耐淹能力，造成农业损失，即为涝。形成的受淹农田面积称为易涝面积，易涝耕地面积是指抗涝能力标准低的低洼涝耕地面积。

除涝面积 通过水利工程如围埝、抽水等对易涝面积进行治理，使易涝耕地免除淹涝称除涝面积。按除涝的标准分为 3－5 年、5－10 年和 10 年以上。易涝面积虽经过治理，但标准尚未达到三年一遇标准的，不作为除涝面积统计。

水土流失 是由于水力、重力、风力等外力引起的水土资源和土地生产力遭到破坏和损失的现象。造成水土流失的原因可分为自然原因和人类活动原因两类。遭到水土流失侵害和损失的土地面积称水土流失面积。

水土流失治理面积（又称水土保持面积） 是指在水土流失面积上，按照综合治理的原则，采取各种治理措施如：坡改梯、淤地坝、谷坊、造林、种草、封山育林育草（指有种林、种草补植任务的）等，以及按小流域综合治理措施所治理的水土流失面积总和。

农村饮水安全标准 农村饮用水安全卫生评价指标体系分安全和基本安全两个档次，由水质、水量、方便程度和保证率四项指标组成。四项指标中只要有一项低于安全或基本安全最低值，就不能定为饮用水安全或基本安全。水质：符合国家《生活饮用水卫生标准》要求的为安全；符合《农村实施〈生活饮用水卫生标准〉准则》要求的为基本安全。水量：每人每天可获得的水量不低于 40～60 升为安全；不低于 20～40 升为基本安全。方便程度：人力取水往返时间不超过 10 分钟为安全；取水往返时间不超过 20 分钟为基本安全。保证率：供水保证率不低于 95%为安全；不低于 90%为基本安全。

农村饮水安全达标人口 是指满足农村饮水基本安全标准的农村地区（即城市及县城关镇以外地区）年末常住人口。农村饮水包括农村居民餐饮、洗涤以及散养畜禽等日常生活用水。

灌区 是指在蓄水灌溉工程、引水灌溉工程、提水灌溉工程等灌溉工程中，灌溉设备齐全、渠系配套完整，自成灌溉体系，有统一管理，设计灌溉面积为万亩及以上和有效灌溉面积达到万亩及以上的灌溉区域。灌区由各省水利厅审定、备案。

堤防 是指修筑在江、河、湖、海岸适用于防止洪水的工程。堤防工程按防洪标准分为五个级别：防洪标准[重现期(年)]>=100 为 1 级，100-50 为 2 级，50-30 为 3 级，30-20 为 4 级，20-10 为 5 级。

供水量 指各种水利供水工程为农业灌溉、工业生产、城镇生活、乡村生活、生态环境等方面的实际供水量，它包括输水损失的毛水量，按供水对象所在区域进行统计。供水量来源包括地表水供水量（蓄水、引水、提水、调水）、地下水供水量和其他水源供水量。

农业灌溉供水量 是指水利工程为农田、林地、果园、牧草灌溉实际毛供水量的总和。

工业生产供水量 是指水利工程为城市及县以下乡镇工业的供水。1991 年以前乡镇工业供水统计在农业供水中，从 1992 年开始统计在工业供水中。乡镇企业供水指水利工程为乡镇工业及农副产品加工实际毛供水量。

城镇生活供水量 是指水利工程对城镇居民生活供水，还包括用于餐饮、服务以及市政环卫等公共服务方面的供水。生活供水主要统计各类水利工程向自来水厂或城镇居民供应的原水量，即未经任何处理的水量。

乡村生活供水量　除居民生活用水外，还包括牲畜用水。

生态环境供水　主要指通过水利工程设施向城镇、乡村生态脆弱地区或恶化地区以及其他地区补水，以维持、控制、恢复、改善原有的生态环境状态，如为了避免湿地萎缩、维持地下水位、防止海水入侵、维持河川基流、恢复原有湖泊、保护植被等目的，以及为了维持人类居住地的生态环境需要所进行的补水。

水利发电供水量　指水利工程为水电站的供水，全国水电供水量2400亿立方米/年，但它基本不消耗水量，如果和工业、农业供水等并列计入供水总量，将影响水资源的平衡核算研究。现行水利统计报表制度规定，水电供水量单独进行统计，不计入供水量总计。

水库　在江河上筑坝（闸）所形成的拦洪蓄水和调节水流的水利工程建筑物，可以用来灌溉、发电、防洪和养鱼。总库容在1亿立方米及以上为大型水库，1000（含1000）万立方米至1亿立方米为中型水库，10万立方米至1000万立方米为小型水库。

水库库容　校核洪水位以下的水库容积，包括死库容、兴利库容、调洪库容（减掉和兴利库容重复部分）之总和，称为总库容。它是一项表示水库工程规模的代表性指标，是划分水库等级、确定工程安全标准的重要依据。

兴利库容　水库在正常运用情况下，为满足兴利要求在开始供水时应蓄到的水位，称正常蓄水位，又称正常高水位、兴利水位，或设计蓄水位。正常蓄水位至死水位之间的水库容就是兴利库容，即调节库容。它主要用以调节径流，提供水库的供水量。

死库容　水库死水位以下的水库容积。除特殊情况外，死库容不参与径流调节，即不动用这部分库容内的水量。

Explanatory Notes on Main Statistical Indicators

Irrigated Area The sum of irrigated areas for agricultural, forest, pasture and grazing areas in a particular region. The total irrigation area is equal to the sum of effective irrigated areas (arable land), forest irrigated areas, orchard irrigated areas, grazing irrigated areas and other irrigated areas.

Effective Irrigated Areas (irrigated areas of farmland or cultivated land) The effective irrigated area refers to farmland or cultivated land with irrigation in normal years, equipped with installed irrigation facilities, water source and relatively leveled land.

Actual Effective Irrigated Area The area of effective irrigated land has been applied irrigation (once or more than once) in the current year, taking the advantage of irrigation works or facilities. No matter how many times irrigation is made in the same area of land within report period, it is all counted as one mu, but not be counted according to the irrigation times. All non-mechanized irrigated areas such as irrigated area with drought-relief measures of people or animal carrying water for irrigation are not included.

Farmlands with Stable Yields Despite of Drought or Waterlogging Farmlands, within effective irrigation areas, can irrigate in drought season and drain in flood season. According to drought-resistant capacity of irrigation facilities under varied conditions of different regions, irrigation may last for 30 days to 50 days, and may last for 50 days to 70 days in the regions suitable for double cropping rice. Waterlogging control in the effective irrigated areas should reach the standard of once in five years return period and flood control should reach the standard of once in twenty years return period.

Electromechanical Irrigation and Drainage Areas The areas are drainage or irrigated by electromechanical facilities, such as fixed and movable irrigation and drainage facilities, electromechanical wells and sprinklers. No matter whether farmlands were irrigated in the current year, whenever fixed irrigation facilities are placed, the area is included in electromechanical irrigation and drainage areas.

Pure Drainage Areas It refers to the area of cultivated land that the electromechanical equipment is used only for drainage in Electromechanical irrigation and drainage areas. Generally speaking, the irrigation of this part is self irrigation, with no need of electromechanical equipment.

Water-saving Irrigated Areas It refers to reducing water consumption by advanced equipment and measures when irrigating, which also meeting the need of plants. Generally, there are actual water resources, and taking measures of leakage free channel, pipe irrigation, jetting and dropping irrigation to save water. The normal irrigation area of arable land, forest areas, orchard areas, grazing areas etc., which do not take water saving measures, such as non engineering measures of planting manner and planting variety in the current year are not included in this indicator. It includes leakage free channel, jetting and dropping irrigation, tiny irrigation, and others. In the same area, with more than two water saving measures taken, only one main project can be counted.

Prone-waterlogging Farmland In some area, for low lying, rain can not be drained in time, plants submerged into water are over endurance, leading to agricultural losses. Farmland of waterlogging are called prone- waterlogging farmland, which refers to low lying farmland with low standard of preventing waterlogging.

Waterlogging Control Areas The controlled area of prone-waterlogging farmland by waterworks such as cofferdams and water pump. The standard of waterlogging control can be divided into 3-5 years, 5-10 years and above 10 years. The area of waterlogging farmland with control measures but has not reached to the standard of once in three years return period, are excluded from waterlogging control areas.

Soil Erosion Damage or losses of water resources and land productivity caused by external forces, such as water power, gravity and wind etc. Soil erosion is usually caused by two reasons of nature or human activities. The damaged or lost farmland areas caused by soil erosion are termed as soil erosion areas.

Improved Eroded Area (also named soil and water conservation area) The sum of improved eroded areas in Mountinous or hilly areas, has implemented comprehensive control measures, including terraced fields, silt retention dam, check dam, reforestation, grass plantation, enclosed reforestation and grass planting (refers to the area with tasks of planting forest and grass) and small watershed comprehensive management, in line with the principle of integrated management.

Standard of Safe Drinking Water in Rural Areas The evaluation index system of drinking water safety in rural areas divides the water into two levels of safe and generally safe, which is formed by four elements of water quality, water quantity, convenience of access to water and guarantee rate. If the value of one of the four indices is lower than the minimum level of safety or generally safety, the drinking water can not be deemed as safe or generally safe. Water quality: water quality that meets the "National Sanitary Standards for Drinking Water" is deemed as safe; water quality that meets the "Implementing Rules of National Sanitary Standards for Drinking Water in Rural Areas" is deemed as generally safe. Water quantity: each person can get 40-60 L water per day or above is deemed as safe; each person get no less than 20-40 L water per day is deemed as generally safe. Convenience of access to water: manpower getting water with no more than 10 minutes is deemed as safe and no more than 20 minutes as generally safe. Guarantee rate: 95% of water supply or more than 95% of water supply is guaranteed is deemed as safe; the guarantee rate is not lower than 90% is deemed as generally safe.

Rural Population with Safe Drinking Water Permanent residential population in the rural areas (outside of urban areas and counties) where drinking water safety standard has been met at the end of the year. Rural drinking water includes daily water use of rural residents for cooking, washing and raising livestock etc.

Irrigation District Irrigation area has above 10,000 mu of designed and effective irrigated area, with complete irrigation facilities, sub-canal system, self-established irrigation system and unified management system, under water storage irrigation project, water diversion irrigation project or pumping irrigation projects. Irrigation districts are approved and recorded by provincial departments of water resources.

Embankment Embankment project is constructed along the banks of river, lake or coast to prevent flood disasters. Embankment project can divided into five classes according to the standard of preventing flood disasters. Class 1: with reappear year over 100 years, class 2: 100-50, class 3: 50-30; class 4: 30-20, class 5: 20-10.

Quantity of Water Supply Actual quantity of water supply provided by all kinds of water supply projects for irrigation, industrial, domestic water use in urban and rural areas and ecological environment etc, including gross water loss in water transportation and data are sorted according to water consumption region for statistics. The quantity of water supply consists of quantity of surface water (water storage, water diversion, pumping and water transfer), groundwater and quantity of water supply of other water sources.

Quantity of Water Supply for Irrigation The sum of actual gross water provided by water projects for farmlands, forests, orchards and grazing irrigation.

Quantity of Water Supply for Industries Water supply provided by water projects for industrial water use in urban and rural areas. Before 1991, the quantity of water supply for township industries is included in agricultural water supply, but from 1992 it began to be counted in industrial water supply. Water supply for township enterprise means actual gross quantity of water supply provided by water projects for township industries and processing of agricultural products and by-products.

Quantity of Urban Water Supply Water supply for urban residents, including restaurants, service industry, municipal environment, sanitation and other public utilities. The quantity of urban water supply is the original quantity of water provided by all kinds of water projects to water plants or urban residents, i.e. quantity of untreated water.

Quantity of Rural Water Supply Quantity of water supply for both rural residents and livestock or big animals.

Water Supply for Ecological Environment. Refers to water recharged to ecological frailty area or ecological deterioration area through water projects, in order to sustain, control, restore and improve the original ecosystem and environment, such as prevent wetlands shrinking, sustain groundwater level, prevent seawater intrusion, keep base-flow of rivers, restore original lake and vegetations, and consider the needs of sustaining ecological environment of living places of human being.

Water Supply for Hydropower Generation Water supply provided by water projects for hydropower generation. In China, the annual water supply for hydropower generation is 2.4×10^{11} m^3, but power generation does not consume water resources. If it is included in the total quantity of water supply as industrial and agricultural water supply, it shall exert impact on water balance calculation. According to the current statistic regulation of water resources, water supply for hydropower generation is calculated independently and excluded from the total quantity of water supply.

Reservoir Storage area that is formed by constructing dams (gates) to detain and store water resources and regulate water flow. Large reservoir: the total storage capacity is over 100 million m^3.Medium reservoir: the total storage capacity is between 10 million m^3 (including 10 million m^3) to 100 million m^3.Small reservoir: the total storage capacity is between 0.1 million m^3 to 10 million m^3.

Storage Capacity of Reservoir It is also called total storage capacity. It refers to storage capacity above the check water level, including dead storage capacity, usable storage capacity, and flood control storage capacity (deducting the repeating part of usable storage). It is a key index for the total scale of a reservoir, and is a key index for dividing the class of reservoir and deciding standard of project safety.

Usable Storage Capacity of Reservoir refers to the water level which called normal water level, that should be reached for providing water in normal conditions. Storage capacity of reservoir between normal water level and dead storage capacity level are called usable storage capacity, which also called adjusting capacity. It is used for adjusting runoff, providing quantity of reservoir.

Dead Storage Capacity of Reservoir It refers to storage below the dead storage water level. It does not take part in adjusting of runoff, it can't be moved.

二十一、全国各省、市、自治区主要指标

Main Indicators of National Economy by Countrywide, Province, Municipality and Autonomous Region

资料整理：孙士梅

简 要 说 明

一、本篇资料反映全国各省、市、自治区经济发展情况，包括生产总值、人口、固定资产投资、居民消费价格指数、城乡居民收入及消费支出、主要产品产量、社会消费品零售总额、进出口总额等指标。

二、本篇资料来源于《中国统计摘要-2016》。

Brief Introduction

Ⅰ. This chapter reflects economic development of China’s provinces, cities and autonomous region, including gross domestic product, population, investment in fixed assets, consumer price indices, incomes and consumptions of both rural and urban residents, output of major products, total retail sales of consumer goods, total export import volume, etc.

Ⅱ. The data sources are obtained from “Chinese statistical abstract-2016”.

21-1 生产总值(2015年)
Gross Domestic Product(2015)

地　区	Region	生产总值(亿元) Gross Domestic Product (100 million yuan)	第一产业 Primary Industry	第二产业 Secondary Industry	第三产业 Tertiary Industry	生产总值比上年增长% GDP Growth over the Previous Year (%)	人均生产总值(元) Per Capita GDP (yuan)
全　国	**National Total**	**676707.8**	**60863.0**	**274277.8**	**341566.9**	**6.9**	**49351**
北　京	Beijing	22968.6	140.2	4526.4	18301.9	6.9	106284
天　津	Tianjin	16538.2	208.8	7688.7	8640.7	9.3	107960
河　北	Hebei	29806.1	3439.5	14388.0	11978.7	6.8	40255
山　西	Shanxi	12802.6	788.1	5224.3	6790.2	3.1	35017
内蒙古	Inner Mongolia	18032.8	1618.7	9200.6	7213.5	7.7	71903
辽　宁	Liaoning	28743.4	2384.0	13382.6	12976.8	3.0	65524
吉　林	Jilin	14274.1	1596.3	7337.1	5340.8	6.5	51852
黑龙江	Heilongjiang	15083.7	2633.5	4798.1	7652.1	5.7	39462
上　海	Shanghai	24965.0	109.8	7940.7	16914.5	6.9	103141
江　苏	Jiangsu	70116.4	3987.9	32043.6	34084.8	8.5	87995
浙　江	Zhejiang	42886.5	1832.8	19707.1	21346.6	8.0	77644
安　徽	Anhui	22005.6	2456.7	11342.3	8206.6	8.7	35997
福　建	Fujian	25979.8	2117.7	13218.7	10643.5	9.0	67966
江　西	Jiangxi	16723.8	1773.0	8487.3	6463.5	9.1	36724
山　东	Shandong	63002.3	4979.1	29485.9	28537.4	8.0	64168
河　南	Henan	37010.3	4209.6	18189.4	14611.3	8.3	39131
湖　北	Hubei	29550.2	3309.8	13503.6	12736.8	8.9	50654
湖　南	Hunan	29047.2	3331.6	12955.4	12760.2	8.6	42968
广　东	Guangdong	72812.6	3344.8	32511.5	36956.2	8.0	67503
广　西	Guangxi	16803.1	2566.0	7694.7	6542.4	8.1	35190
海　南	Hainan	3702.8	855.8	875.1	1971.8	7.8	40818
重　庆	Chongqing	15719.7	1150.2	7071.8	7497.8	11.0	52330
四　川	Sichuan	30103.1	3677.3	14293.2	12132.6	7.9	36836
贵　州	Guizhou	10502.6	1640.6	4146.9	4715.0	10.7	29847
云　南	Yunnan	13717.9	2055.7	5492.8	6169.4	8.7	29015
西　藏	Tibet	1026.4	96.9	376.2	553.3	11.0	31999
陕　西	**Shaanxi**	**18021.9**	**1597.6**	**9082.1**	**7342.1**	**7.9**	**47626**
甘　肃	Gansu	6790.3	954.5	2494.8	3341.0	8.1	26165
青　海	Qinghai	2417.1	208.9	1207.3	1000.8	8.2	41252
宁　夏	Ningxia	2911.8	238.5	1379.0	1294.3	8.0	43805
新　疆	Xinjiang	9324.8	1559.1	3565.0	4200.7	8.8	40036

注：本表绝对数按当年价格计算，增长速度按不变价格计算。

a) Level data in this table are calculated at current prices, while the growth rate are at constant prices.

21-2 年末常住人口
Resident Population and Per Capita GDP

地　区	Region	年末常住人口(万人) Resident Population at year-end (10 000 persons)		城镇人口比重(%) Proportion of Urban Population(%)	
		2014	2015	2014	2015
全　国	**National Total**	**136782**	**137462**	**54.77**	**56.10**
北　京	Beijing	2152	2171	86.35	86.50
天　津	Tianjin	1517	1547	82.27	82.64
河　北	Hebei	7384	7425	49.33	51.33
山　西	Shanxi	3648	3664	53.79	55.03
内蒙古	Inner Mongolia	2505	2511	59.51	60.30
辽　宁	Liaoning	4391	4382	67.05	67.35
吉　林	Jilin	2752	2753	54.81	55.31
黑龙江	Heilongjiang	3833	3812	58.01	58.80
上　海	Shanghai	2426	2415	89.60	87.60
江　苏	Jiangsu	7960	7976	65.21	66.52
浙　江	Zhejiang	5508	5539	64.87	65.80
安　徽	Anhui	6083	6144	49.15	50.50
福　建	Fujian	3806	3839	61.80	62.60
江　西	Jiangxi	4542	4566	50.22	51.62
山　东	Shandong	9789	9847	55.01	57.01
河　南	Henan	9436	9480	45.20	46.85
湖　北	Hubei	5816	5852	55.67	56.85
湖　南	Hunan	6737	6783	49.28	50.89
广　东	Guangdong	10724	10849	68.00	68.71
广　西	Guangxi	4754	4796	46.01	47.06
海　南	Hainan	903	911	53.76	55.12
重　庆	Chongqing	2991	3017	59.60	60.94
四　川	Sichuan	8140	8204	46.30	47.69
贵　州	Guizhou	3508	3530	40.01	42.01
云　南	Yunnan	4714	4742	41.73	43.33
西　藏	Tibet	318	324	25.75	27.74
陕　西	**Shaanxi**	**3775**	**3793**	**52.57**	**53.92**
甘　肃	Gansu	2591	2600	41.68	43.19
青　海	Qinghai	583	588	49.78	50.30
宁　夏	Ningxia	662	668	53.61	55.23
新　疆	Xinjiang	2298	2360	46.07	47.23

21-3 城乡居民人均可支配收入
Per Capita Disposable Income of Urban and Rural Residents

单位：元 (yuan)

地　区	Region	城镇居民人均可支配收入 Per Capita Disposable Income of Urban Residents		农村居民人均可支配收入 Per Capita Disposable Income of Rural Residents	
		2014	2015	2014	2015
全　国	**National Total**	**28844**	**31195**	**10489**	**11422**
北　京	Beijing	48532	52859	18867	20569
天　津	Tianjin	31506	34101	17014	18482
河　北	Hebei	24141	26152	10186	11051
山　西	Shanxi	24069	25828	8809	9454
内蒙古	Inner Mongolia	28350	30594	9976	10776
辽　宁	Liaoning	29082	31126	11191	12057
吉　林	Jilin	23218	24901	10780	11326
黑龙江	Heilongjiang	22609	24203	10453	11095
上　海	Shanghai	48841	52962	21192	23205
江　苏	Jiangsu	34346	37173	14958	16257
浙　江	Zhejiang	40393	43714	19373	21125
安　徽	Anhui	24839	26936	9916	10821
福　建	Fujian	30722	33275	12650	13793
江　西	Jiangxi	24309	26500	10117	11139
山　东	Shandong	29222	31545	11882	12930
河　南	Henan	23672	25576	9966	10853
湖　北	Hubei	24852	27051	10849	11844
湖　南	Hunan	26570	28838	10060	10993
广　东	Guangdong	32148	34757	12246	13360
广　西	Guangxi	24669	26416	8683	9467
海　南	Hainan	24487	26356	9913	10858
重　庆	Chongqing	25147	27239	9490	10505
四　川	Sichuan	24234	26205	9348	10247
贵　州	Guizhou	22548	24580	6671	7387
云　南	Yunnan	24299	26373	7456	8242
西　藏	Tibet	22016	25457	7359	8244
陕　西	**Shaanxi**	**24366**	**26420**	**7932**	**8689**
甘　肃	Gansu	21804	23767	6277	6936
青　海	Qinghai	22307	24542	7283	7933
宁　夏	Ningxia	23285	25186	8410	9119
新　疆	Xinjiang	23214	26275	8724	9425

21-4 地方一般公共预算收支
Local General Public Budget Revenue and Expenditure

单位：亿元 (100 million yuan)

地区	Region	一般公共预算收入 General Public Budget Revenue 2014	2015	一般公共预算支出 General Public Budget Expenditure 2014	2015
地方合计	**Region Total**	**75876.6**	**82982.7**	**129215.5**	**150218.8**
北京	Beijing	4027.2	4723.9	4524.7	5751.4
天津	Tianjin	2390.4	2667.0	2884.7	3233.0
河北	Hebei	2446.6	2648.5	4677.3	5593.2
山西	Shanxi	1820.6	1642.2	3085.3	3443.4
内蒙古	Inner Mongolia	1843.7	1963.5	3880.0	4293.4
辽宁	Liaoning	3192.8	2125.6	5080.5	4461.8
吉林	Jilin	1203.4	1229.3	2913.2	3217.1
黑龙江	Heilongjiang	1301.3	1165.2	3434.2	4022.1
上海	Shanghai	4585.6	5519.5	4923.4	6191.6
江苏	Jiangsu	7233.1	8028.6	8472.4	9681.5
浙江	Zhejiang	4122.0	4809.5	5159.6	6645.6
安徽	Anhui	2218.4	2454.2	4664.1	5233.2
福建	Fujian	2362.2	2544.1	3306.7	3995.8
江西	Jiangxi	1881.8	2165.5	3882.7	4419.9
山东	Shandong	5026.8	5529.3	7177.3	8249.9
河南	Henan	2739.3	3009.6	6028.7	6806.5
湖北	Hubei	2566.9	3005.4	4934.1	6094.2
湖南	Hunan	2262.8	2515.8	5017.4	5657.3
广东	Guangdong	8065.1	9364.8	9152.6	12801.6
广西	Guangxi	1422.3	1515.1	3479.8	4069.4
海南	Hainan	555.3	627.7	1099.7	1241.5
重庆	Chongqing	1922.0	2155.1	3304.4	3793.8
四川	Sichuan	3061.1	3349.2	6796.6	7506.7
贵州	Guizhou	1366.7	1503.3	3542.8	3930.2
云南	Yunnan	1698.1	1808.1	4438.0	4712.9
西藏	Tibet	124.3	137.1	1185.5	1383.9
陕西	**Shaanxi**	**1890.4**	**2060.0**	**3962.5**	**4376.1**
甘肃	Gansu	672.7	743.9	2541.5	2964.6
青海	Qinghai	251.7	267.1	1347.4	1505.4
宁夏	Ningxia	339.9	373.7	1000.5	1138.2
新疆	Xinjiang	1282.3	1331.0	3317.8	3804.3

21-5 居民消费价格分类指数(2015年)
Consumer Price Index by Category(2015)

(上年=100) (preceding year=100)

地区	Region	居民消费价格指数 Consumer Price Index	食品 Food	烟酒及用品 Tobacco and Liquor	衣着 Clothes	家庭设备用品及服务 Household Facilities and Services	医疗保健和个人用品 Health Care and Personal Products	交通和通信 Transportation and Communication	娱乐教育文化 Recreational, Education, Culture	居住 Living
全国	**National Total**	**101.4**	**102.3**	**102.1**	**102.7**	**101.0**	**102.0**	**98.3**	**101.4**	**100.7**
北京	Beijing	101.8	101.6	102.0	103.6	99.9	100.2	102.8	100.8	102.6
天津	Tianjin	101.7	101.7	101.9	103.0	101.0	99.8	97.4	104.2	102.6
河北	Hebei	100.9	100.8	101.7	103.1	101.0	102.7	98.3	101.1	99.9
山西	Shanxi	100.6	100.4	102.6	102.2	100.1	101.8	97.3	101.7	100.2
内蒙古	Inner Mongolia	101.1	101.4	103.7	102.8	100.9	102.3	98.0	101.4	99.7
辽宁	Liaoning	101.4	102.5	103.0	102.0	100.5	101.5	99.0	101.1	100.3
吉林	Jilin	101.7	102.0	103.1	103.2	100.4	103.0	98.9	100.4	101.5
黑龙江	Heilongjiang	101.1	101.1	102.1	101.6	100.8	102.7	99.0	101.3	100.7
上海	Shanghai	102.4	102.9	104.2	107.8	102.9	99.3	97.6	100.3	104.6
江苏	Jiangsu	101.7	103.0	101.9	103.0	102.8	101.6	97.3	101.8	100.9
浙江	Zhejiang	101.4	103.3	103.3	101.8	100.9	102.7	96.0	101.4	100.8
安徽	Anhui	101.3	102.3	101.9	101.4	100.7	104.1	98.1	101.4	99.6
福建	Fujian	101.7	102.3	102.3	102.9	100.8	104.5	98.3	101.2	101.3
江西	Jiangxi	101.5	103.3	103.0	103.2	101.0	101.4	98.8	101.1	98.5
山东	Shandong	101.2	101.2	101.8	103.5	101.7	101.6	98.4	101.9	100.8
河南	Henan	101.3	101.8	101.1	102.3	100.5	102.4	97.9	102.1	101.0
湖北	Hubei	101.5	102.2	102.6	102.7	100.6	101.7	100.2	101.3	100.6
湖南	Hunan	101.4	103.0	102.4	102.2	100.9	101.9	98.1	101.4	99.2
广东	Guangdong	101.5	103.5	101.7	102.3	100.9	101.8	97.9	101.4	100.0
广西	Guangxi	101.5	102.6	101.3	105.0	100.8	101.8	98.5	101.3	99.6
海南	Hainan	101.0	102.9	101.8	103.7	100.6	103.2	96.0	102.8	97.7
重庆	Chongqing	101.3	101.8	99.1	102.8	100.0	102.6	98.0	101.2	101.2
四川	Sichuan	101.5	102.9	100.1	101.4	100.4	102.1	99.3	101.1	100.5
贵州	Guizhou	101.8	102.6	103.2	100.8	101.3	100.7	100.6	103.4	100.6
云南	Yunnan	101.9	103.4	103.9	102.0	101.0	102.5	98.3	101.1	100.6
西藏	Tibet	102.0	103.1	103.6	102.4	101.5	101.4	98.5	101.4	100.7
陕西	**Shaanxi**	**101.0**	**100.9**	**102.4**	**102.3**	**99.8**	**102.0**	**99.7**	**101.5**	**100.2**
甘肃	Gansu	101.6	101.7	103.1	103.1	101.6	101.6	98.6	100.6	101.9
青海	Qinghai	102.6	102.5	101.4	105.1	101.4	102.3	100.4	103.1	103.2
宁夏	Ningxia	101.1	100.4	102.6	102.8	101.4	101.0	98.6	105.7	100.3
新疆	Xinjiang	100.6	99.2	102.0	103.4	100.6	101.5	99.3	100.9	102.0

21-6 固定资产投资
Investment in Fixed Assets

单位：亿元 (100 million yuan)

地区	Region	全社会固定资产投资 Total Investment in Fixed Assets in the Whole Province		固定资产投资(不含农户) Investment in Fixed Assets (Excluding Rural Households)	
		2014	2015	2014	2015
全国	**National Total**	**512020.7**	**561999.8**	**501264.9**	**551590.0**
北京	Beijing	6924.2	7496.0	6873.4	7446.0
天津	Tianjin	10518.2	11832.0	10490.4	11814.6
河北	Hebei	26671.9	29448.2	26147.2	28905.7
山西	Shanxi	12354.5	14074.2	12035.5	13744.6
内蒙古	Inner Mongolia	17591.8	13702.3	17437.8	13529.2
辽宁	Liaoning	24730.8	17917.9	24426.8	17640.4
吉林	Jilin	11339.6	12705.3	11107.9	12508.6
黑龙江	Heilongjiang	9829.0	10183.0	9537.9	9884.3
上海	Shanghai	6016.4	6352.7	6013.0	6349.4
江苏	Jiangsu	41938.6	46246.9	41552.8	45905.2
浙江	Zhejiang	24262.8	27323.3	23554.8	26664.7
安徽	Anhui	21875.6	24385.9	21256.3	23803.9
福建	Fujian	18177.9	21301.4	17869.8	20974.0
江西	Jiangxi	15079.3	17388.1	14646.3	16993.9
山东	Shandong	42495.5	48312.5	41599.1	47381.5
河南	Henan	30782.2	35660.4	30012.3	34951.3
湖北	Hubei	22915.3	26563.9	22441.7	26086.4
湖南	Hunan	21242.9	25045.1	20548.6	24324.2
广东	Guangdong	26293.9	30343.1	25843.1	29950.5
广西	Guangxi	13843.2	16227.7	13287.6	15654.9
海南	Hainan	3112.2	3451.2	3039.5	3355.4
重庆	Chongqing	12285.4	14353.2	12140.8	14208.1
四川	Sichuan	23318.6	25525.9	22662.1	24965.6
贵州	Guizhou	9025.8	10945.5	8778.4	10676.7
云南	Yunnan	11498.5	13500.6	11073.8	13069.4
西藏	Tibet	1069.2	1295.7	1069.2	1295.7
		(18709.5)	**(20177.9)**	**(18357.8)**	**(19826.7)**
陕西	**Shaanxi**	**17191.9**	**18582.2**	**16840.3**	**18231.0**
甘肃	Gansu	7884.1	8754.2	7759.6	8626.6
青海	Qinghai	2861.2	3210.7	2788.9	3144.2
宁夏	Ningxia	3173.8	3505.4	3093.9	3426.4
新疆	Xinjiang	9447.7	10813.0	9067.8	10525.4

注：本表各地区固定资产投资不含跨省项目，括号内数据为陕西含跨省项目投资额。

a) This table, investment in fixed assets by region do not include inter-provincial projects, data in the brackets are investment of Shaanxi that include inter-provincial projects.

21-7 房地产开发企业投资和商品房销售额
Total Investment in Real Estate Development and Total Sale of Commercialized Buildings

单位：亿元 (100 million yuan)

地区	Region	房地产开发投资额 Total Investment in Real Estate Development		商品房销售额 Total Sale of Commercialized Buildings		#住宅 Residential Buildings	
		2014	2015	2014	2015	2014	2015
全国	**National Total**	**95035.6**	**95978.8**	**76292.4**	**87280.8**	**62411.0**	**72753.0**
北京	Beijing	3715.3	4177.0	2738.7	3517.6	2102.5	2512.9
天津	Tianjin	1699.6	1871.5	1486.9	1790.0	1309.7	1646.4
河北	Hebei	4059.7	4285.3	2928.0	3371.6	2501.6	2854.2
山西	Shanxi	1403.6	1494.9	746.1	775.6	639.8	702.3
内蒙古	Inner Mongolia	1370.9	1081.1	1064.8	1052.2	765.0	766.1
辽宁	Liaoning	5301.3	3558.6	3092.1	2255.0	2518.9	1907.6
吉林	Jilin	1030.1	924.2	808.6	816.9	667.6	680.3
黑龙江	Heilongjiang	1324.1	992.1	1208.5	1027.1	962.7	824.2
上海	Shanghai	3206.5	3468.9	3499.5	5093.5	2923.4	4319.9
江苏	Jiangsu	8240.2	8153.7	6898.4	8396.2	5969.6	7374.9
浙江	Zhejiang	7262.4	7111.9	4923.0	6299.5	4172.6	5519.3
安徽	Anhui	4339.0	4424.9	3345.2	3369.4	2691.8	2714.3
福建	Fujian	4567.4	4469.6	3763.5	3585.8	2939.6	2839.8
江西	Jiangxi	1322.5	1520.1	1621.8	1863.7	1379.5	1606.7
山东	Shandong	5818.0	5892.2	4879.7	5408.0	4009.5	4510.8
河南	Henan	4375.7	4818.9	3440.6	3945.6	2739.7	3300.3
湖北	Hubei	3983.8	4249.2	3088.3	3661.4	2543.8	3198.5
湖南	Hunan	2883.6	2613.7	2299.1	2738.9	1858.6	2253.8
广东	Guangdong	7638.5	8538.5	8461.8	11442.8	6960.3	9967.3
广西	Guangxi	1838.5	1909.1	1532.1	1747.8	1274.6	1459.4
海南	Hainan	1431.7	1704.0	935.2	982.8	873.2	908.6
重庆	Chongqing	3630.2	3751.3	2815.0	2952.2	2253.3	2244.4
四川	Sichuan	4380.1	4813.0	3997.4	4199.8	3145.0	3269.5
贵州	Guizhou	2187.7	2205.1	1370.3	1571.7	1000.0	1068.1
云南	Yunnan	2846.7	2669.0	1596.4	1666.9	1165.4	1236.8
西藏	Tibet	52.9	50.0	34.3	21.1	28.6	16.7
陕西	**Shaanxi**	**2426.5**	**2494.3**	**1598.0**	**1597.4**	**1368.1**	**1381.3**
甘肃	Gansu	721.5	768.1	602.3	704.9	513.5	603.1
青海	Qinghai	308.3	336.0	211.3	206.0	155.8	139.8
宁夏	Ningxia	654.8	633.6	465.0	370.3	352.0	284.0
新疆	Xinjiang	1014.8	998.9	840.5	849.2	625.3	641.6

21-8 农林牧渔业总产值(2015年)
Gross Output Value of Farming, Forestry, Animal Husbandry and Fishery (2015)

地区	Region	农林牧渔业总产值(亿元) Total Gross Output Value (100 million yuan)	#农业 Farming	#林业 Forestry	#牧业 Animal Husbandry	#渔业 Fishery	农林牧渔业总产值比上年增长(%) Total Gross Output Value Over the Previous Year (%)
全国	**National Total**	**107056.4**	**57635.8**	**4436.4**	**29780.4**	**10880.6**	**3.9**
北京	Beijing	368.2	154.5	57.3	135.9	11.9	-11.7
天津	Tianjin	467.4	238.0	7.7	130.2	80.4	2.6
河北	Hebei	5978.9	3441.4	121.5	1904.1	198.7	2.7
山西	Shanxi	1522.6	969.5	97.4	359.0	9.9	1.1
内蒙古	Inner Mongolia	2751.6	1418.3	99.4	1160.9	30.8	2.4
辽宁	Liaoning	4686.7	2068.6	166.1	1561.4	689.8	3.8
吉林	Jilin	2880.6	1400.4	109.8	1244.9	39.9	4.3
黑龙江	Heilongjiang	5044.9	2911.9	204.2	1704.8	117.6	5.2
上海	Shanghai	302.6	162.0	12.2	65.6	51.8	-6.7
江苏	Jiangsu	7030.8	3722.1	129.1	1262.1	1517.5	2.6
浙江	Zhejiang	2933.4	1434.7	151.6	426.2	855.9	1.2
安徽	Anhui	4390.8	2174.6	290.1	1259.0	475.1	4.2
福建	Fujian	3717.9	1618.6	314.3	571.3	1082.3	3.9
江西	Jiangxi	2859.1	1326.9	293.7	719.8	420.0	4.0
山东	Shandong	9549.6	4929.9	139.9	2523.2	1524.7	4.3
河南	Henan	7641.3	4610.7	134.3	2445.3	123.6	4.6
湖北	Hubei	5728.6	2780.4	180.6	1503.3	922.8	5.4
湖南	Hunan	5630.7	3043.5	317.4	1601.7	366.9	3.7
广东	Guangdong	5520.0	2793.8	296.7	1117.1	1117.2	3.1
广西	Guangxi	4197.1	2146.4	313.9	1140.3	429.8	3.7
海南	Hainan	1323.9	613.9	99.2	238.5	324.9	5.5
重庆	Chongqing	1738.1	1033.7	60.4	542.9	74.9	4.6
四川	Sichuan	6377.8	3335.5	205.8	2515.6	210.5	3.6
贵州	Guizhou	2738.7	1772.6	137.7	665.2	55.9	6.8
云南	Yunnan	3383.1	1841.5	317.1	1031.0	81.7	6.0
西藏	Tibet	149.5	68.0	2.1	75.3	0.2	4.5
陕西	**Shaanxi**	**2813.5**	**1910.7**	**75.8**	**665.5**	**23.6**	**5.0**
甘肃	Gansu	1722.1	1252.5	28.6	279.4	2.2	5.7
青海	Qinghai	319.3	145.0	7.4	158.4	2.8	1.8
宁夏	Ningxia	483.0	311.0	11.6	122.9	15.8	4.4
新疆	Xinjiang	2804.4	2005.4	53.2	649.5	21.8	6.3

注：本表绝对数按当年价格计算，增长速度按可比价格计算。

a) Level data in this table are calculated at current prices, while the growth rate are at constant prices.

21-9 主要农产品产量(2015年)
Output of Major Farm Crops (2015)

单位：万吨 (10 000 tons)

地区	Region	粮食 Grain	油料 Oil-bearing Crops	棉花 Cotton	蔬菜 Vegetables	水果 Fruit	肉类 Meat	奶类 Milk
全国	**National Total**	**62143.9**	**3537.0**	**560.3**	**78526.1**	**27375.0**	**8625.0**	**3870.3**
北京	Beijing	62.6	0.6	0.01	205.1	87.9	36.4	57.2
天津	Tianjin	181.7	0.4	2.6	441.5	62.7	45.8	68.0
河北	Hebei	3363.8	151.5	37.3	8243.7	2117.2	462.5	480.9
山西	Shanxi	1259.6	15.3	1.4	1302.2	842.6	85.6	92.7
内蒙古	Inner Mongolia	2827.0	193.6	0.0	1445.3	296.7	245.7	812.2
辽宁	Liaoning	2002.5	46.1	0.02	2932.8	882.0	429.4	142.6
吉林	Jilin	3647.0	76.4		860.0	209.0	261.1	52.8
黑龙江	Heilongjiang	6324.0	18.3		957.4	213.5	228.7	574.4
上海	Shanghai	112.1	1.2	0.0	364.5	61.5	20.3	27.7
江苏	Jiangsu	3561.3	143.1	11.7	5595.7	914.8	369.4	59.6
浙江	Zhejiang	752.2	31.3	2.0	1806.9	740.9	131.1	16.5
安徽	Anhui	3538.1	227.9	23.4	2714.2	1029.8	419.4	30.6
福建	Fujian	661.1	30.7	0.01	1903.6	837.0	216.6	15.4
江西	Jiangxi	2148.7	124.0	11.5	1359.1	663.4	336.5	13.0
山东	Shandong	4712.7	324.1	53.7	10272.9	3218.6	774.0	284.9
河南	Henan	6067.1	599.7	12.6	7456.5	2665.1	711.1	352.3
湖北	Hubei	2703.3	339.6	29.8	3852.0	966.3	433.3	16.9
湖南	Hunan	3002.9	242.9	14.5	3996.9	981.0	540.1	9.7
广东	Guangdong	1358.1	110.3		3438.8	1648.5	424.2	12.9
广西	Guangxi	1524.8	64.7	0.3	2786.4	1720.0	417.3	10.1
海南	Hainan	184.0	11.3		572.2	405.9	78.0	0.2
重庆	Chongqing	1154.9	59.9		1780.5	375.9	213.8	5.4
四川	Sichuan	3442.8	307.6	1.0	4240.8	934.2	706.8	67.5
贵州	Guizhou	1180.0	101.3	0.1	1731.9	224.9	201.9	6.2
云南	Yunnan	1876.4	65.9	0.01	1873.9	726.5	378.3	62.5
西藏	Tibet	100.6	6.4		69.6	1.5	28.0	35.0
陕西	**Shaanxi**	**1226.8**	**62.7**	**3.9**	**1822.5**	**1930.9**	**116.2**	**189.9**
甘肃	Gansu	1171.1	71.6	4.3	1823.1	679.0	96.3	39.9
青海	Qinghai	102.7	30.5		166.4	3.6	34.7	32.7
宁夏	Ningxia	372.6	15.3		575.8	298.9	29.2	136.5
新疆	Xinjiang	1521.3	62.9	350.3	1933.9	1635.0	153.2	163.8

注：水果产量含果用瓜。

a) The fruit production includes melons for fruits use.

21-10 主要工业产品产量(2015年)
Output of Major Industrial Products(2015)

地区	Region	原油(万吨) Crude oil (10 000 tons)	天然气(亿立方米) Natural Gas (100 million sq.m)	水泥(万吨) Cement (10 000 tons)	生铁(万吨) Pig Iron (10 000 tons)	粗钢(万吨) Crude Steel (10 000 tons)	钢材(万吨) Steel Products (10 000 tons)	汽车(万辆) Automotive (10 000 units)	发电量(亿千瓦小时) Electricity (100 million kwh)
全　国	**National Total**	**21455.6**	**1346.1**	**235939.6**	**69141.3**	**80382.5**	**112349.6**	**2450.4**	**58105.8**
北　京	Beijing		16.9	553.5		1.5	175.0	202.4	420.9
天　津	Tianjin	3496.8	20.5	777.6	1953.2	2068.9	8186.2	52.9	622.8
河　北	Hebei	580.1	10.4	9126.2	17382.3	18832.0	25244.3	112.9	2497.8
山　西	Shanxi		43.1	3777.1	3576.4	3847.0	4267.3		2449.3
内蒙古	Inner Mongolia	45.8	9.2	5830.8	1461.4	1735.1	1897.2	2.6	3928.8
辽　宁	Liaoning	1037.1	6.6	4567.7	6059.0	6071.3	6321.6	109.0	1665.2
吉　林	Jilin	665.5	20.3	3325.0	974.9	1066.8	1152.5	208.1	731.3
黑龙江	Heilongjiang	3838.6	35.8	3111.9	408.9	418.5	403.8	8.0	873.6
上　海	Shanghai	6.8	1.9	433.6	1686.7	1783.8	2202.7	243.0	792.7
江　苏	Jiangsu	190.5	0.4	18056.1	7044.8	10995.2	13560.8	115.8	4360.8
浙　江	Zhejiang			11330.9	1072.5	1594.9	4047.7	41.1	3010.8
安　徽	Anhui			13207.9	2092.5	2506.0	3334.7	117.0	2061.9
福　建	Fujian			7787.5	980.1	1586.5	2820.7	19.2	1901.0
江　西	Jiangxi		0.4	9458.1	2083.2	2211.0	2577.6	42.1	982.1
山　东	Shandong	2608.0	4.6	15249.1	6747.9	6619.3	9003.2	81.9	4684.6
河　南	Henan	412.1	4.2	16676.2	2903.6	2897.4	4766.8	32.9	2624.6
湖　北	Hubei	71.0	1.4	11145.5	2288.7	2919.8	3421.2	196.4	2301.4
湖　南	Hunan			11680.1	1762.8	1852.8	1951.3	36.3	1314.0
广　东	Guangdong	1572.6	96.6	14560.0	1146.3	1761.7	3271.0	239.4	4034.9
广　西	Guangxi	50.5	0.2	11144.5	1220.3	2146.0	3545.4	229.4	1299.9
海　南	Hainan	30.0	1.9	2225.2		23.9	34.7	7.0	261.0
重　庆	Chongqing		33.3	6840.2	366.6	689.5	1411.4	260.9	679.8
四　川	Sichuan	15.4	267.2	14091.0	1747.4	1947.7	2702.5	42.3	3129.6
贵　州	Guizhou		0.9	9940.9	407.6	466.4	463.0		1814.9
云　南	Yunnan			9436.2	1235.4	1418.1	1695.4	11.7	2553.4
西　藏	Tibet			467.9			2.5		44.8
陕　西	**Shaanxi**	**3736.7**	**415.9**	**8580.1**	**800.9**	**1027.3**	**1655.6**	**34.1**	**1594.1**
甘　肃	Gansu	66.6	0.1	4764.3	690.5	852.1	847.8	2.4	1242.2
青　海	Qinghai	223.0	61.4	1767.9	112.6	120.6	113.6		565.6
宁　夏	Ningxia	13.4		1749.8	175.3	181.8	201.6		1154.7
新　疆	Xinjiang	2795.1	293.0	4278.5	759.5	739.6	1070.5	1.6	2478.5

21-11 社会消费品零售总额和进出口总额
Total Retail Sales of Consumer Goods and Total Import and Export

地区	Region	社会消费品零售总额(亿元) Total Retail Sales of Consumer Goods(100 million yuan)		进出口总额(亿美元) Total Import and Export (100 million USD)		出口总额(亿美元) Total Exports (100 million USD)	
		2014	2015	2014	2015	2014	2015
全国	**National Total**	**271896.1**	**300930.8**	**43015.3**	**39569.0**	**23422.9**	**22749.5**
北京	Beijing	9638.0	10338.0	4155.2	3196.2	623.4	546.7
天津	Tianjin	4738.7	5257.3	1338.9	1143.5	525.9	511.8
河北	Hebei	11820.5	12990.7	598.8	514.8	357.1	329.4
山西	Shanxi	5717.9	6033.7	162.3	147.2	89.4	84.2
内蒙古	Inner Mongolia	5657.6	6107.7	145.6	127.5	63.9	56.5
辽宁	Liaoning	11857.0	12787.2	1140.0	959.6	587.5	507.1
吉林	Jilin	6080.9	6651.9	263.8	189.4	57.8	46.5
黑龙江	Heilongjiang	7015.3	7640.2	389.0	209.9	173.4	80.3
上海	Shanghai	9303.5	10131.5	4664.0	4492.4	2101.3	1959.4
江苏	Jiangsu	23458.1	25876.8	5635.5	5456.1	3418.3	3386.7
浙江	Zhejiang	17835.3	19784.7	3550.4	3473.4	2733.3	2766.0
安徽	Anhui	7957.0	8908.0	491.8	479.7	314.9	322.8
福建	Fujian	9346.7	10505.9	1774.1	1693.6	1134.5	1130.2
江西	Jiangxi	5292.6	5925.5	427.3	424.7	320.3	331.3
山东	Shandong	25111.5	27761.4	2769.3	2417.5	1447.1	1440.6
河南	Henan	14005.0	15740.4	649.7	738.4	393.8	430.7
湖北	Hubei	12449.3	14003.2	430.4	456.0	266.4	292.1
湖南	Hunan	10723.5	12024.0	308.3	293.3	199.4	191.4
广东	Guangdong	28471.1	31517.6	10765.8	10228.7	6460.9	6435.1
广西	Guangxi	5772.8	6348.1	405.5	512.6	243.3	280.3
海南	Hainan	1224.5	1325.1	158.6	139.6	44.2	37.4
重庆	Chongqing	5710.7	6424.0	954.3	744.8	634.0	551.9
四川	Sichuan	12393.0	13877.7	702.0	514.7	448.4	332.3
贵州	Guizhou	2936.9	3283.0	107.7	122.2	94.0	99.5
云南	Yunnan	4632.9	5103.2	296.1	245.2	187.9	166.2
西藏	Tibet	364.5	408.5	22.5	9.1	21.0	5.9
陕西	**Shaanxi**	**5918.7**	**6578.1**	**273.6**	**305.0**	**139.3**	**147.9**
甘肃	Gansu	2668.3	2907.2	86.4	80.0	53.3	58.1
青海	Qinghai	620.8	691.0	17.2	19.3	11.3	16.4
宁夏	Ningxia	737.2	789.6	54.4	37.9	43.0	29.8
新疆	Xinjiang	2436.5	2606.0	276.7	196.8	234.8	175.1

2015年陕西省统计局大事记

1月13日，按照省委统一安排和部署，省统计局领导班子召开民主生活会，会议由党组书记、局长丁云祥同志主持，省委第二巡回督导组全程参加并进行指导。

1月21日，2015年全省统计工作会议召开。江泽林常务副省长对会议及全省统计工作作出重要批示。省统计局局长丁云祥作大会报告并布置2015年全省统计工作6项重点任务。

1月21日，陕西省宣传部长暨精神文明建设工作会议召开，会议表彰了2014年度社会主义精神文明建设先进集体，陕西省统计局被省委、省政府授予“省级文明单位”荣誉称号。

1月22日上午，陕西省人民政府新闻办公室举行新闻发布会，省统计局新闻发言人、副局长张晓光，向社会发布了2014年全省经济运行情况。

1月28日，全省11个市（区）均已成立了1%人口抽样调查工作协调机构。其中宝鸡、渭南、榆林、安康和商洛等五市由政府副秘书长担任机构领导,其他市（区）均由统计局局长担任机构领导。

2月12日，省统计局印发《关于表彰2014年度优秀文明处室的通报》（陕统办字〔2015〕2号），对16个“陕西省统计局2014年度优秀文明处室”予以通报表彰。

2月13日，省统计局印发《关于表彰2014年度目标责任考核优秀单位和个人的通报》（陕统办字〔2015〕1号），对13个目标责任考核先进单位、48名目标责任考核先进个人、10名连续三个年度考核优秀记三等功人员进行表彰。

2月25日至26日，省统计局召开局务会谋划部署全年工作，集中听取各单位2015年工作思路和具体措施汇报，疏理全年工作思路。

3月16日，全省统计系统党风廉政建设暨行风建设工作会议召开，会议主要部署2015年全省统计系统党风廉政建设工作，局领导与分管处室主要负责人和省属调查队主要负责人签订2015年党风廉政建设责任书、与各市统计局签订统计行风建设责任书。

3月16日，省统计局召开目标责任考核工作会议，会议部署了2015年度目标责任考核工作，分管领导与处室代表签订2015年目标考核责任书。

3月13日至18日，省统计局举办基层（县级）统计人员岗位知识培训班，来自省局11个社会经济调查队、杨凌示范区统计局、西咸新区统计中心的70余人参加培训。

3月19日，经省人民政府领导审定，省统计局发布《2014年陕西省国民经济和社会发展统计公报》，并在《陕西日报》全文刊登。

3月24日，省委、省政府召开2014年度全省目标责任考核总结部署会议，表彰2014年度目标责任考核优秀单位，部署2015年度目标责任考核工作，省统计局荣获2014年度目标责任考核优秀单位。

4月8日，根据国家统计局统一部署，省统计局发文成立“陕西省第三次全国农业普查筹备领导小组及办公室”，并明确第三次农业普查筹备领导小组办公室职责，我省第三次农业普查筹备工作正式拉开序幕。

4月14日至17日，全国乡镇统计人员岗位知识培训陕西试点班在西安举办，高陵县乡镇统计系统的50多名学员参加本次培训。

4月24日至28日，由省委组织部、省人力资源和社会保障厅主办，省统计局承办首次承办的“围绕‘三个陕西’建设，打造我省经济升级版”高级研修班在西安举办。

4月29日，省统计局召开全面深化统计改革工作推进会。会议通报了2014年度全面深化统计改革工作考核情况，安排部署统计改革相关工作任务，研究讨论2015年改革任务落实措施。

5月7日，应国家统计局邀请，由韩国统计厅社会调查司司长金光燮为团长的韩国统计代表团一行五人对省统计局进行访问。

5月12日，省统计局召开党组扩大会议安排部署“三严三实”专题教育，局党组书记、局长丁云祥出席会议并讲话，要求专题教育从5月开始，在局处级以上干部中开展，重点抓好5个方面的工作。

5月12日，经省政府批准，省政府第三次经济普查领导小组、省人力资源和社会保障厅、省统计局联合作出《关于表彰陕西省第三次全国经济普查先进集体和先进个人的决定》，对156家先进集体和308名先进个人进行表彰。

5月13日，省统计局召开全省统计信息化和信息安全工作会议，总结2014年工作，安排部署2015年全省统计信息化和信息安全工作任务。

5月22日，省统计局印发《陕西省统计局“制度落实年”工作实施方案》，明确2015年为“制度落实年”，要求强化各项制度执行力度，使制度建设工作规范化、长效化。

6月4日,省政府研究决定，免去何励的陕西省统计局副巡视员职务，退休(陕政任字〔2015〕99号)。

6月5日，省统计局召开机关党建工作会议，传达学习省委常委秘书长刘小燕同志在省直机关党建工作会议上的讲话精神，总结2014年度机关党建工作，安排部署2015年机关党建工作重点任务。

6月9日，省统计局印发《陕西省2015年全国1%人口抽样调查实施方案》，对我省2015年全国1%人口抽样调查的调查目的、组织实施、调查标准时点、调查对象、内容和方式等做出明确要求。

6月9日至11日，省统计局组织各市（区）统计局纪检组长参加了国家统计局举办的强化监督责任培训班。

6月18日，省统计局召开保密工作会议，会议传达了国家统计局保密业务培训会精神，对各单位保密员进行培训，局保密委员会与各处室主要负责人签订《保密承诺书》、与局机关全体干部职工签订《普通手机使用保密承诺书》。

6月30日，省统计局召开上半年全省经济形势分析会，深入分析上半年我省经济运行中出现的深层次问题，提出针对性的对策建议，并对下半年经济运行趋势进行预判。

7 月 1 日，省统计局召开庆祝中国共产党成立 94 周年表彰大会。会议对 2014-2015 年度 4 个先进党支部、21 名优秀共产党员和 7 名优秀党务工作者进行了表彰。

7 月 9 日、省统计局印发《陕西省统计局统计调查项目管理办法》、《陕西省统计局统计调查制度（方案）格式规定》，旨在更科学、有效组织全省统计调查工作，规范统计调查行为提高我省统计工作的科学化、标准化水平。

7 月 20 日，陕西省人民政府新闻办公室举行新闻发布会，邀请省统计局新闻发言人、副局长张晓光发布 2015 年上半年全省国民经济运行情况。

7 月 23 日，省统计局召开新闻办第一次工作会议。会议就资源整合、队伍建设、组织管理等工作进行梳理，明确新闻办的工作职责，并对统计新闻宣传工作提出要求。

8 月 10 日，省政府印发《关于组织做好第三次农业普查的通知》（陕政发〔2015〕36 号），决定成立陕西省第三次全国农业普查领导小组，负责组织和领导全省农业普查工作。

8 月 24 日，省委常委、组织部长毛万春到省统计局调研“三严三实”专题教育活动开展情况，局党组书记、局长丁云祥代表党组进行了专题汇报。

8 月 31 日，《陕西统计年鉴-2015》编印完成并正式出版。

9 月 8 日，为准确把握全省秋粮生产形势，省统计局与农业厅、气象局、水利厅、陕西调查总队等相关涉农部门召开全省秋粮生产形势分析会。

9 月 14 日至 18 日，省统计局在铜川市举办全省统计系统干部能力提升培训班，局机关各单位，省局各社会经济调查队，各市、区、县统计局负责人和业务骨干 130 余人参加培训。

9 月 25 日，省统计局召开各处室负责人会议，学习中央纪委监察部通报，加强“双节”党风廉政教育，省局党组成员、纪检组长李荷旨在会上强调党风廉政建设并提出要求。

9 月 30 日，省统计局召开前三季度全省经济形势分析会，会议对即将上报的前三季度数据质量提出具体要求，并对全年经济运行趋势进行预判。

10 月 16 日，省统计局正式启用“陕西统计”微信公众号，微信公众号设置有“统计数据”、“走进统计”和“交流专区”三个主栏目，每个主栏目下设有多个子栏目。

10 月 18 日，全国统计专业技术资格考试在我省 10 个考点，79 个考场同步进行，考试设置初级、中级和高级三个级别。

10 月 19 日，由国家统计局和陕西省人民政府主办，一带一路国家统计发展会议在西安召开，会议的总主题是：可持续发展和一带一路，衡量经济联系和发展影响。来自一带一路沿线 41 个国家的统计代表和 11 个国际组织代表参加了会议。

10 月 20 日，由国家统计局、联合国统计司和陕西省人民政府主办，第二届世界统计日庆祝活动在西安举办，本次活动主题是：优化数据，改善生活。有关国际组织代表、其他国家政府统计机构代表，中国国家统计局和省级统计局、国家统计局调查总队代表、统计专家、媒体代表等参加了本次庆祝活动。

10 月 28 日，省统计局印发《陕西省全面推进法治统计建设实施方案》，阐述了全面推进法治统计建设的重大意义、明确了指导思想和总体原则，提出了工作要求，确定了 33 项重点任务。

10 月，省统计局权责清单工作全部完成，并在陕西省人民政府门户网站向社会公布，供社会各界查询，接受社会监督。

11 月，由省统计局和各市（区）统计局共同编印的《陕西区域统计年鉴-2015》正式出版。

11 月 10 日，省统计局印发《关于深入学习贯彻党的十八届五中全会精神的安排意见》，对全局深入学习宣传贯彻五中全会精神做出安排部署。

11 月 16 日，省统计局印发《陕西省统计局统计违法案件集体审议制度》(陕统办字〔2015〕19 号)，进一步规范完善省统计局对统计违法案件的审理工作。

11 月 16 日，省政府决定，任命杨忠平为陕西省统计局副巡视员（陕政任字 〔2015〕195 号）。

11 月 26 日，省直机关工委我局检查指导党建工作。检查组主要考评省局 2015 年机关党建重点工作任务的完成情况，并对“党员管理积分制”工作、验收评定星级支部创建工作等方面进行座谈。

11 月 28 日，2015 年度全省公众安全感调查观摩活动正式启动，全省各市、区、县政法委、综治办负责同志和公、检、法、司等政法部门负责同志按照安排到省统计局社情民意调查中心电话访问场进行观摩听访。

12 月 9 日至 10 日，省统计局举办第四期省级部门统计人员培训班，部分省直单位和中央驻陕单位统计工作负责人 60 余人参加培训。

12 月 18 日，省地方志办公室召开《统计志》终审会议，会议对《统计志》终审稿进行了全方位的评审，宣布省统计局编纂的《统计志》通过终审。

12 月 20 日，按照省考核办安排，省局精心准备，2015 年度目标责任考核市(区)和省直部门工作满意度调查在省统计局正式启动。

12 月 22 日，2015 年全省经济形势分析会在西安召开。会议对全省 2015 年经济运行情况作了研判分析，并对即将上报的年度数据质量提出具体要求。

12 月 24 日,省政府决定，免去杨天祥的陕西省统计局总统计师职务，退休(陕政任字〔2015〕217 号)。

12 月 31 日，中共陕西省统计局第五次党员代表大会召开，会议回顾了过去五年工作，提出今后局机关党建的主要工作思路和任务，审议并通过了工作报告。以无记名投票方式，选举产生由魏四新等 11 名委员组成的第九届局机关委员会，由吴永忠等 5 名委员组成的第一届局机关纪律检查委员会。

（苏　明）

2015年陕西调查总队大事记

1月中旬，马建堂局长对陕西总队工作作出批示:“2014年，国家统计局陕西调查总队深入学习贯彻党的十八大、十八届三中四中全会和习近平总书记系列重要讲话精神，坚决落实国家统计局统一部署，稳步实施重点领域统计改革，不断提高分析研究水平，圆满完成各项国家调查任务，深入开展党的群众路线教育实践活动，积极构建系统管理新格局，在基础建设、队伍管理、依法调查、廉政建设等方面做了大量工作，取得了明显成效。希望新的一年能够再接再厉，以“三个提高”为中心，不断增强“两个意识"，进一步深化重点领域统计改革，奋力推进法治统计建设，加快建成与经济发展新常态相适应的现代化服务型统计，继续巩固和拓展教育实践活动成果，坚决打造廉洁统计，力争推动各方面工作再上新台阶。”

1月27日，陕西总队召开2015年陕西国家统计调查工作会议，孙法臣总队长做了题为《励精图治谋发展 砥砺奋进开新篇》的工作报告

1月27日，陕西省委常委、常务副省长江泽林对陕西总队工作作出批示:“在过去一年里，陕西调查总队紧紧围绕省委省政府的中心工作，按照上级部门的要求，不断推进统计调查改革，努力夯实统计调查基础，大力加强调查队伍建设，全面提升统计工作水平，为省委省政府科学决策提供了大量详实的调查数据和分析，圆满完成了国家统计局和省委省政府交办的各项工作任务。向全体同志表示敬意和感谢!”

2月5日，陕西总队发布2014年度全省民生经济调查报告。

2月6日，陕西总队印发《2015年度陕西统计调查工作要点》。

2月25日，陕西省委常委、常务副省长江泽林视察慰问陕西总队，看望机关干部，肯定总队一年来的工作，指出国家统计调查工作极其重要，不可替代。

3月7日至8日，陕西总队完成2015年度公务员招录面试工作。

3月8日，陕西总队与陕西省统计局联合发布《2014年陕西省国民经济和社会发展统计公报》。

3月26日，陕西调查总队党组印发《关于学习贯彻<中共国家统计局党组关于深入开展践行“三严三实”活动扎实推进从严治队的意见>的通知 》，全面推进从严治队。

3月28日至29日，陕西国家统计调查系统党风廉政建设工作会议在西安召开，国家统计局纪检监察局局长贺常明出席，并做了题为《新常态下党风廉政建设的几个问题》的专题报告。

4月8日至10日，陕西总队举办学习习近平总书记回陕视察重要讲话研讨班。

4月16日，陕西总队成立系统践行“三严三实” 扎实推进从严治队活动领导小组,印发《陕西国家统计调查系统践行“三严三实” 扎实推进从严治队活动实施方案》。

4月24日，陕西总队印发《国家统计局陕西调查总队巡查工作暂行办法》。

4月27日，陕西总队举办统计课题及统计分析撰写研讨班。国家统计局综合司巡视员王文波、省委《调

研与决策》编辑部副主任蒋宏权参加会议并指导工作。

4月，陕西总队机关课题评审专家库、分析研究人才库、统计调查信息员库“三库”建设组建完成，标志着机关分析研究机制、体制建设进一步完善。

5月5日，孙法臣总队长就“‘一带一路’为农民增收创造新机遇”问题接受《陕西日报》独家专访。

5月14日，陕西总队启动保密宣传月活动。

5月27日，陕西总队印发《陕西国家统计调查系统文书档案保管期限表》，进一步规范系统档案管理工作。

5月25日，陕西总队与陕西省统计局联合印发《陕西省分市县住户调查工作数据衔接办法》，规范一体化住户调查分市县城乡居民收入数据与全省数据衔接工作。

5月29日，陕西总队召开陕西国家统计调查系统青年联合会第一届委员会第二次全会，开展了“统计人、统计情、统计梦”主题演讲活动。

5月，陕西总队建立并启用网上严重失信企业信息公示平台。

5月，陕西总队在系统青年干部中开展了“我为从严治队谏一言”主题征文活动，号召青年干部从我做起，踏实基层，踏实业务。

6月10日，陕西总队党组印发《开展“三严三实”专题教育实施方案》。

6月17日，陕西总队举办“三严三实”专题教育党课，党组书记、总队长孙法臣讲专题党课。陕西国家统计调查系统“三严三实”专题教育正式启动。

6月18日，陕西总队与西北农林科技大学签署《合作协议书》，建立双向培养机制，并举办“研究生工作站”揭牌仪式。

6月，陕西总队成立统计新闻宣传工作领导小组及新闻宣传办公室，组建陕西国家统计调查系统统计新闻宣传通讯员队伍。

6月，孙法臣总队长署名文章《陕西多措并举促农增收》收录于中国统计出版社发行的《2015 中国发展报告》。

7月2日，陕西总队向陕西省委常委、常务副省长姚引良专题汇报2015上半年民生经济运行情况。

7月3日，陕西总队召开纪念建党94周年主题报告会，陕西省委党史研究室原巡视员姚文琦为机关全体党员讲党课。

7月7日，陕西总队召开系统新招录公务员见面会，党组书记、总队长孙法臣寄语青年干部“有梦、自信、勤勉、坚持”。

7月9日，陕西总队围绕 “严以修身，加强党性修养，坚定理想信念，把牢思想和行动总开关”主题，开展“三严三实”专题研讨。

7月9日至10日，陕西总队在渭南市召开陕西国家统计调查系统2015年中工作座谈会，会上对 “三经普”个体户抽样调查工作先进集体和个人进行了表彰。

7 月 10 日，陕西总队在渭华起义纪念馆开展“三严三实”专题教育主题党日活动，总队班子成员，各处室负责人参加。

7 月 21 日至 23 日，陕西总队首次举办陕西国家统计调查系统辅助调查员岗位师资培训班。

7 月 31 日，陕西总队印发《国家统计局陕西调查总队创建全国文明单位实施方案》，总队创文工作正式启动。

8 月 12 日，陕西总队党组书记、总队长孙法臣带队赴铜川市耀州区瑶曲镇杏树坪村开展爱心助学等帮扶活动。

8 月 19 日，陕西总队在旬邑马兰红色教育基地开展“严以律己”专题教育主题党日活动，总队班子成员，各处室负责人进行主题研讨。

8 月 27 日，陕西总队组织开展中国人民抗日战争暨世界反法西斯战争胜利 70 周年纪念活动。总队机关优秀党员、优秀党务工作者等在延安参观“陕甘宁边区政府统计室旧址”，开展“爱国情延安行——忆统计情，做统计人，圆统计梦”主题党日活动。

9 月 9 日，陕西总队副总队长程军虎应邀接受省政府门户网站在线访谈，解读统计调查工作。

9 月 12 日，陕西总队首次举办 “统计机构进高校”活动，走进西北农林科技大学举办统计公开课，孙法臣总队长做《国家统计调查在陕西实施情况》专题报告。

9 月 21 日至 23 日，国家统计局党组成员、副局长郑京平一行来陕检查督导总队践行“三严三实”推进从严治队专题教育活动，并赴商洛、蓝田调查队检查指导工作。郑京平副局长在陕期间，以《努力践行“三严三实”，争做优秀共产党员》为题，为陕西总队和陕西省统计局全体干部，西安调查队部分干部做专题讲座。

9 月 23 日，陕西总队与陕西省统计局联合举办第六届“中国统计开放日”活动，以“统计公开课”的形式与西北大学、西北农林大学的师生进行互动交流，介绍和宣传统计调查工作。

10 月 9 日，中共陕西省委政策研究室和陕西省人民政府研究室联合发文，表彰年度全省党政领导干部优秀调研成果。陕西总队由王恩斗副总队长主持、综合处承担的课题项目《强化土地适度规模流转 助推粮食安全生产》荣获一等奖；综合处、居民收支处合作撰写的调研报告《惠及民生 政策助力 陕西农民转移性收入快速增长》荣获二等奖。

10 月 10 日，陕西总队召开陕西国家统计调查系统第二轮统计巡查工作会议。

10 月 18 日，陕西总队《“十二五”陕西经济取得五大成就》研究报告在《陕西日报》头版刊载，标志着陕西总队组织撰写的“十二五”陕西民生经济发展成就系列报告陆续完成。

10 月 29 日，陕西总队召开陕西国家统计调查系统“三严三实”严以用权专题研讨会。

10 月 30 日，陕西国家统计调查系统党建工作座谈会在西安召开。

11 月 5 日，陕西总队党组召开领导班子“三严三实”专题组织生活会，总队班子成员，部分处室负责人参加。

11 月 23 日至 27 日，陕西总队举办 2015 年系统新招录公务员初任培训班。

11 月下旬，陕西总队成立陕西省小微企业非金融资产投资调查工作办公室，召开专题会议安排布置小微企业非金融资产投资调查工作。

11 月，陕西总队开展市县调查队重点工作完成情况综合督查检查。

12 月 8 日，孙法臣总队长署名文章《发展成就斐然 发展难点犹存》在《中国信息报》刊载。

12 月 8 日，陕西总队与陕西省统计局联合开展统计执法现场宣传活动。

12 月 10 日，陕西总队举办“统计行风建设——文明礼仪暨道德讲堂”，西安文明办礼仪协会专家为机关干部进行知识讲座。

12 月 24 日，陕西总队成立改进小微企业抽样调查试点工作领导小组，印发《国家统计局陕西调查总队改进小微企业抽样调查试点工作实施方案》。

12 月 28 日至 29 日，陕西总队召开“三农普”遥感测量试点培训会议，启动试点工作。

12 月 29 日，陕西总队召开统计调查工作座谈会，传达 2015 年全国统计工作会议精神，研究贯彻落实措施。总队领导、机关各处室和部分市县队负责人参加了会议。

12 月 30 日，陕西总队党组召开“三严三实”专题民主生活会，国家统计局办公室副主任梁建民参加会议并做指导。

12 月 30 日，陕西总队召开 2015 年度总队领导班子及领导干部考核大会，总队机关全体干部及市级调查队负责人参加。

12 月，陕西总队统计科研课题《资源型城市经济转型升级的统计测度与对策研究》获得全国统计科研“重大项目”立项，该课题由孙法臣总队长主持。

2015 年 5 月至 8 月，陕西总队与省政府办公厅联合组织开展“公民代表进政府”活动，先后接待“西安市民代表团”、“西安大学生代表团”、“渭南大学生亲属团”等四批次 330 位公民代表走进总队机关，并受省政府委托，组织接待了“香港未来之星同学会”，宣传政府统计。王恩斗副总队长全程参加活动，与省政府主要领导共同接待公民代表。

2015 年，陕西总队“征尘未洗再出征”荣获《中国信息报》年度好新闻奖。

（袁　琦）

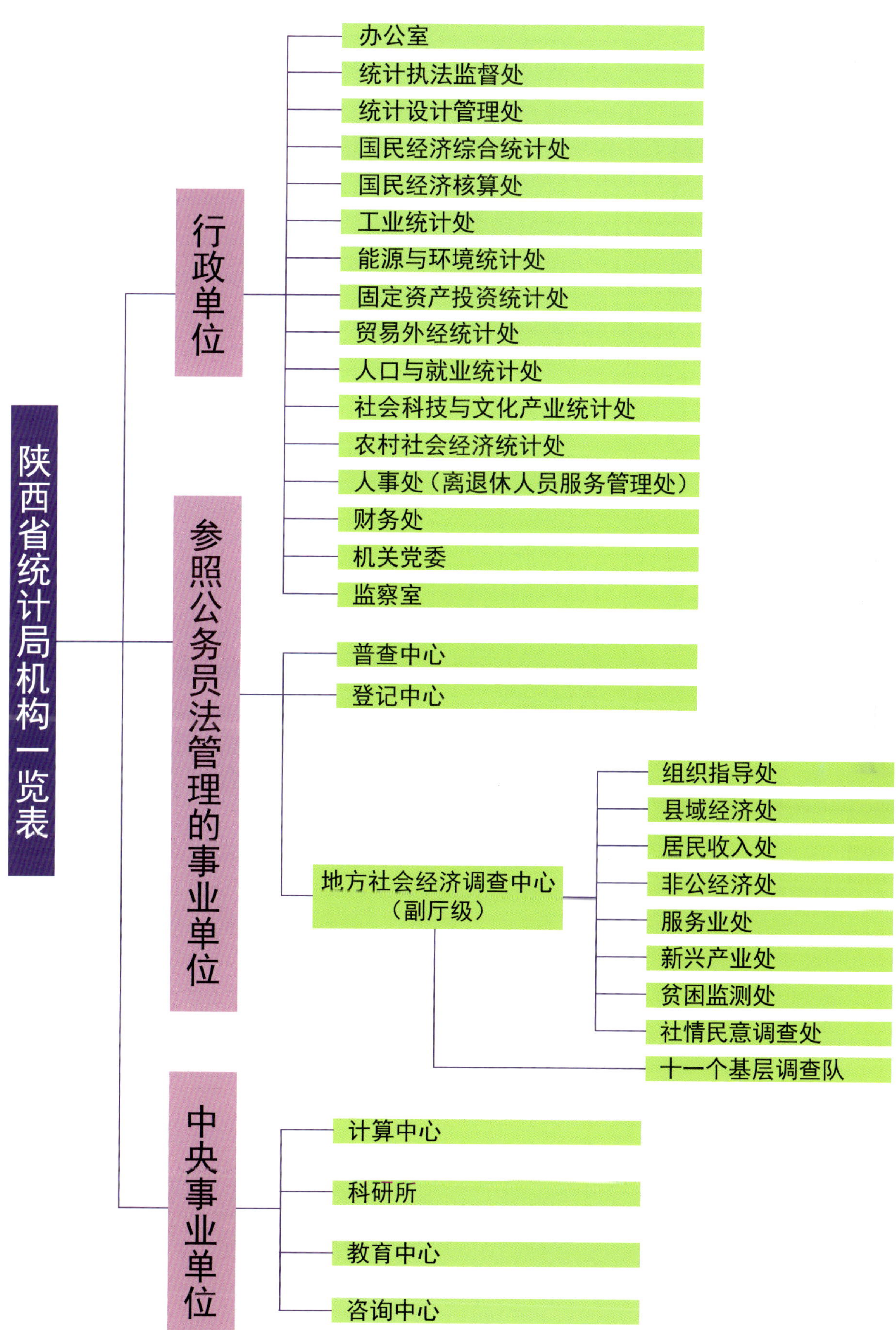
陕西省统计局机构一览表
行政单位
办公室
统计执法监督处
统计设计管理处
国民经济综合统计处
国民经济核算处
工业统计处
能源与环境统计处
固定资产投资统计处
贸易外经统计处
人口与就业统计处
社会科技与文化产业统计处
农村社会经济统计处
人事处（离退休人员服务管理处）
财务处
机关党委
监察室
参照公务员法管理的事业单位
普查中心
登记中心
地方社会经济调查中心
（副厅级）
组织指导处
县域经济处
居民收入处
非公经济处
服务业处
新兴产业处
贫困监测处
社情民意调查处
十一个基层调查队
中央事业单位
计算中心
科研所
教育中心
咨询中心

陕西调查总队机构一览表

总队机关

- 办公室
- 信息网络办公室
- 综合处
- 法规制度处
- 农业调查处
- 居民收支调查处
- 住户专项调查处
- 工业调查处
- 商业和投资建筑业调查处
- 服务业调查处
- 统计监测处
- 专项调查处
- 消费价格调查处
- 生产投资价格调查处
- 人事教育处
- 财务管理处
- 纪检监察室
- 机关党委
- 信息技术应用处

市级调查队

- 西安调查队
- 宝鸡调查队
- 咸阳调查队
- 铜川调查队
- 渭南调查队
- 延安调查队
- 榆林调查队
- 汉中调查队
- 安康调查队
- 商洛调查队
- 杨凌调查队

县级调查队

- 长安 临潼 周至 户县 蓝田 未央
- 陈仓 凤翔 扶风 眉县
- 三原 泾阳 礼泉 彬县 旬邑
- 耀州 宜君
- 大荔 蒲城 澄城 合阳 富平
- 子长 志丹
- 神木 定边 绥德 清涧 子洲
- 城固 略阳
- 汉阴 紫阳 旬阳
- 洛南

社会经济调查队

- 铜川 户县 陇县 临渭 华阴 蒲城
- 略阳 西乡 洛南 宝塔 绥德

统计职业道德规范

忠诚统计

乐于奉献

实事求是

不出假数

依法统计

严守秘密

公正透明

服务社会

陕西统计人精神

严谨　求实　卓越　奉献

严谨：是统计人的科学态度。严谨即严肃谨慎、严密周到。体现在统计人在工作中不浮夸、不马虎、不好高骛远、不粗枝大叶，认真求证每一个统计数据和统计指标、仔细核对每一张统计报表、深入分析每一次统计调查，努力提高统计数据质量、维护政府统计公信力。

求实：是统计人的职业素养。“求”是探究、求证；“实”，真也，是反映在统计数据中的真理、规律。求实，是贯穿于统计生产全过程的一种工作理念。

卓越：是统计人的工作标准。卓越，意味着杰出与超越。是社会发展对统计工作提出的要求，也是检验统计工作好坏的标准。

奉献：是统计人的职业要求。奉献就是付出、给予、呈现。展现统计人在平凡的岗位上，将甘于奉献化作对工作的无限热爱，受得清苦、耐得寂寞、吃苦耐劳、无怨无悔。